Bericht über die 38. Versammlung deutscher Historiker in Bochum

26. bis 29. September 1990

Ernst Klett Schulbuchverlag

Redaktion: Dr. Wolfgang Schmale, Ruhr-Universität Bochum
Ute Aengeneyndt, Verlagsredakteurin

Printed in Germany
Satz: Alwin Maisch, Gerlingen
Druck: Verlagsdruck, Gerlingen
ISBN 3-12-974070-8

Inhalt

Alte Geschichte

Mittelalter

Frühe Neuzeit

19. und 20. Jahrhundert

Außereuropäische Geschichte

Theorie und Didaktik der Geschichte

Einleitung

Der 38. Deutsche Historikertag fand vom 26. bis zum 29. September 1990 in Bochum statt. Zum erstenmal nach dem Duisburger Historikertag 1964 fand damit dieser größte geisteswissenschaftliche Fachkongreß wieder im Ruhrgebiet statt. Die Räumlichkeiten der Ruhr-Universität, vom großen Auditorium Maximum über das Hörsaalzentrum Ost bis zur Mensa und zum Internationalen Begegnungszentrum im Beckmannshof boten vorzügliche Bedingungen für den Ablauf eines großen Kongresses, bei dem es besonders auf nahe beieinander liegende Räume und den engen Zusammenhang von Buchausstellung und Vortragsveranstaltungen ankommt. Auch die in die Buchausstellung integrierte Präsentation von geisteswissenschaftlichen Computeranwendungen und -programmen ließ sich hier günstig unterbringen. Schließlich bot das Stadtparkrestaurant einen attraktiven Rahmen für den Empfang des Ministerpräsidenten des Landes Nordrhein-Westfalen nach der Eröffnung des Historikertages.
Wieder einmal verzeichnete dieser Historikertag, der traditionell gemeinsam mit dem Verband der Geschichtslehrer Deutschlands veranstaltet wurde, eine Steigerung der Besucherzahlen. Ca. 3000 Teilnehmer fanden sich in Bochum ein und sorgten für einen lebhaften Besuch aller Veranstaltungen. Besonders bemerkenswert waren die Teilnehmerzahlen der großen Abendveranstaltungen zur „Lage der DDR-Geschichtswissenschaft" und über „Nation und Nationalstaat in der deutschen Geschichte", an denen ca. 1800 Besucher teilnahmen, aber auch an den großen Abendvorträgen von Arnold Esch und Thomas Nipperdey.
Nicht zuletzt verdankte sich diese erneute Zunahme der Teilnehmerzahl der Tatsache, daß zum erstenmal seit den 50er Jahren wieder Historiker aus der DDR am Historikertag teilnehmen konnten, ohne Mitglieder einer offiziellen Delegation zu sein. In einer für die Veranstalter überraschend hohen Zahl kamen Historiker, Geschichtslehrer und Geschichtsstudenten aus der DDR nach Bochum, insgesamt fast 250 Teilnehmer, denen zum größten Teil günstige Übernachtungsmöglichkeiten angeboten werden konnten. Diese erstmalige Teilnahme von DDR-Historikern am Historikertag und die erwarteten Auseinandersetzungen mit dem Stand der Geschichtswissenschaft in der DDR prägten den Historikertag und die intensive Berichterstattung in den Medien über dieses Ereignis. Die stark besuchte traditionelle Pressekonferenz am ersten Kongreßtag dokumentierte dieses spezielle Interesse, gegenüber dem die wissenschaftlichen Themen beinahe etwas zu kurz kamen. Das Leitthema „Identitäten in der Geschichte", unter das der Verband der Historiker Deutschlands lange vor dem Zusammenbruch der DDR den Bochumer Kongreß gestellt hatte, erwies sich in nicht vorhersehbarer Weise als ideales Konzept, um die vielfältigen Probleme, die sich aus der kurz bevorstehenden Wiedervereinigung der beiden deutschen Staaten ergaben, zu reflektieren.
Wie immer brachte der Historikertag neben den insgesamt 45 Sektionsveranstaltungen, Abendvorträgen und Diskussionsforen ein reichhaltiges Beiprogramm mit Computer-Workshops, Exkursionen und Ausstellungsbesuchen. Besonders hervorzuheben ist hierbei

die einen Tag vor dem Historikertag im Essener Ruhrlandmuseum eröffnete Ausstellung „Vergessene Zeiten – Mittelalter im Ruhrgebiet“, die von einem Bochumer Team unter Leitung von Prof. Dr. Ferdinand Seibt und dem Ruhrlandmuseum vorbereitet war. Eine direkte Busverbindung zwischen Ruhr-Universität und Ruhrlandmuseum erleichterte den Besuch der Essener Ausstellung von Bochum aus. Daneben führten die Exkursionen die Kongreßteilnehmer zu wichtigen historischen Plätzen und technischen Denkmälern und Museen im Ruhrgebiet, auch Untertagefahrten standen auf dem Programm.
Sowohl die Essener Mittelalter-Ausstellung wie auch der Historikertag selbst erfreuten sich der besonderen Förderung durch den Initiativkreis Ruhrgebiet. Diese Unterstützung hat die Vorbereitung des Historikertags erheblich erleichtert, der mit seinem Umfang inzwischen die personellen und technischen Möglichkeiten eines Lehrstuhls erheblich überschreitet. Besonders erfreulich war, daß sich die Deutsche Forschungsgemeinschaft, der Deutsche Akademische Austauschdienst und der Stifterverband für die deutsche Wissenschaft ebenfalls finanziell engagierten, um die Einladung ausländischer Referenten oder den Besuch von DDR-Historikern zu erleichtern. Die Stadt Bochum unterstützte den Historikertag in vielfältiger und mustergültiger Weise, die Ruhr-Universität Bochum selbst half durch die Bereitstellung von Personalstellen und Räumen. Insgesamt kann festgehalten werden, daß die Bereitschaft zur Hilfe bei allen Stellen im Ruhrgebiet sehr groß war, so daß der Impuls des Initiativkreises insgesamt auf fruchtbaren Boden gefallen ist.
Die Bochumer Veranstalter vom Lehrstuhl Neuere Geschichte I haben sich bemüht, diesen 38. Historikertag möglichst weitgehend in eigener Regie durchzuführen. Dies schließt – in Abweichung vom bisherigen Verfahren – auch die Herstellung des traditionellen Berichtsheftes mit ein, was sich nicht zuletzt aus technischen Gründen anbot. Die mit der Vorbereitung und Durchführung des Historikertages verbundenen Belastungen in den letzten beiden Jahren waren erheblich und hätten nicht durchgestanden werden können, wenn nicht kompetente und belastbare Mitarbeiter zur Stelle gewesen wären, ohne die ein solches Unternehmen gar nicht durchzuführen wäre. Stellvertretend für die vielen anderen ungenannten Mitarbeiter will ich hier Gisela Klein, Paula Porbeck und Gregor Horstkemper nennen, die unter der Leitung von Dr. Wolfgang Schmale die Hauptlast der Vorbereitungen zu tragen hatten. Ihrem engagierten Einsatz gilt mein herzlicher Dank!
Der 39. Deutsche Historikertag wird vom 23.–26. September 1992 in Hannover stattfinden.

Bochum, im Januar 1991 *Winfried Schulze*

Zur Gestaltung des Berichtsheftes

Das Berichtsheft über die 38. Versammlung deutscher Historiker in Bochum unterscheidet sich in einigen Punkten von seinen Vorgängern.

1. Auf den nochmaligen Abdruck des Programms wurde – anders als in den Vorjahren – diesmal verzichtet. Da über jede Sektion sowie die Eröffnungsveranstaltung, die beiden Vorträge und die Podiumsdiskussionen in diesem Heft berichtet wird, ist das, was es zu dokumentieren gilt, vollständig dokumentiert.

2. Die Sektionen erscheinen diesmal nicht ausschließlich in ihrer chronologischen Abfolge auf dem Historikertag, sondern nach Bereichen geordnet (Alte Geschichte, Mittelalter, Frühe Neuzeit, 19. und 20. Jahrhundert, Außereuropäische Geschichte, Theorie und Didaktik der Geschichte). Innerhalb dieser Bereiche ist die Ordnung dann chronologisch gemäß Ablauf des 38. Historikertages. Diese Anordnung hatte sich schon bei den Skripten bewährt und war von den Historikertagsteilnehmern ausgesprochen gut aufgenommen worden. Von daher empfahl sich die Beibehaltung dieses Prinzips auch für das Berichtsheft.

3. Mit vorgenannter Änderung verbindet sich die Hoffnung, den „Nutzwert" des Berichtsheftes zu erhöhen. Deshalb wurden auch alle Sektionsleiter gebeten, den Sektionsbeiträgen eine Einleitung voranzustellen. Dies dürfte der Kohärenz des Heftes zugute kommen. Aus demselben Grund wurde versucht, überall dort, wo dies schon möglich war, Hinweise auf zu erwartende Publikationen zu geben. Soweit Sektionen vollständig publiziert werden sollen, finden sich die entsprechenden Hinweise jeweils zu Beginn des Sektionsberichts, soweit die Angaben nur einzelne Beiträge betreffen, finden sie sich am Schluß des jeweiligen Beitrags.

4. Beibehalten wurde das Prinzip, das Rahmenprogramm des Historikertages nicht zu dokumentieren. Es sei jedoch wenigstens darauf hingewiesen, daß anstelle einer ausgesprochenen Sektion zur Datenverarbeitung (wie z. B. in Bamberg) insgesamt 16, z. T. komplexe DV-Workshops angeboten wurden, die eine individuelle und vergleichsweise intensive Befassung mit Software und Techniken vom Bibliotheks- und Archivprogramm über die Bildverarbeitung bis zum „Historical Workstation Project" ermöglichten.

5. Es schien wünschenswert, das Berichtsheft möglichst zügig nach dem Ende des 38. Historikertages erscheinen zu lassen. Allen Sektionsleitern und Referenten sei für die gewährte Unterstützung bei der Verwirklichung dieses Zieles gedankt.

Wolfgang Schmale
(Redaktion)

I
Eröffnung des 38. Historikertages in Bochum

Ansprache

des Vorsitzenden des Verbandes der Historiker Deutschlands, *Prof. Dr. Wolfgang J. Mommsen*

Sehr geehrte Kolleginnen und Kollegen,
meine sehr verehrten Damen und Herren,

im Namen des Verbandes der Historiker Deutschlands möchte ich aus dem Kreis unserer Gäste besonders begrüßen

die Präsidentin des Deutschen Bundestages, Frau *Prof. Dr. Rita Süssmuth,*
Herrn Staatssekretär *Dr. Gerhard Konow* vom Ministerium für Wissenschaft und Forschung des Landes Nordrhein-Westfalen; er vertritt dankenswerterweise die Ministerin für Wissenschaft und Forschung, Frau Anke Brunn, die, ebenso wie Herr Ministerpräsident Rau, wegen des gleichzeitig stattfindenden Parteitages der SPD in Berlin an der Teilnahme verhindert ist,
den Rektor der Ruhr-Universität Bochum, Magnifizenz *Prof. Dr. Wolfgang Maßberg,*
den Oberbürgermeister der Stadt Bochum, Herrn *Heinz Eikelbeck,*
sowie, als Repräsentanten des Initiativkreises Ruhrgebiet, Herrn *Prof. Dr. Jürgen Gramke,*
ferner möchte ich meine Kollegin im Amt der Vorsitzenden des Verbandes der Geschichtslehrer Deutschlands, der seit langen Jahren die Historikertage gemeinsam mit dem Verband der Historiker Deutschlands ausrichtet, Frau *Dr. Traute Petersen* willkommen heißen.
Besonders herzlich aber möchte ich, und ich bin gewiß, damit in unser aller Namen zu sprechen, die zahlreichen Historikerinnen und Historiker aus der noch-DDR begrüßen, die trotz mancher Erschwernisse den Weg nach Bochum nicht gescheut haben.

Es ist dies seit 1951 der erste Historikertag, an dem Historiker aus dem östlichen Teil Deutschlands wieder aus freiem, eigenen Entschluß teilnehmen können, und dies erfüllt uns mit großer Freude. In wenigen Tagen wird, mit dem Beitritt der DDR zur Bundesrepublik, die Epoche der Teilung Deutschlands, und, was die Geschichtswissenschaft angeht, der Zugehörigkeit der Historikerschaft zu radikal unterschiedlichen Wissenschaftssystemen mit gänzlich verschiedenen Rahmenbedingungen und politischen Vorgaben, hinter uns liegen. Damit werden der freien Initiative der Historiker und dem uneingeschränkten Austausch wissenschaftlicher Forschungsergebnisse und konkurrierender Interpretationssätze im Rahmen der internationalen Forschergemeinschaft nicht länger politische oder institutionelle Hindernisse im Wege stehen.

Als das Programm dieses Historikertags vorbereitet wurde, ahnte noch niemand, daß die Erosion des ehemals so machtvollen sowjetischen Empire so rasch voranschreiten und die Mauer binnen Jahresfrist fallen würde; demgemäß konnten nur wenige Kollegen aus der ehemaligen DDR – diese Formulierung mag im Vorgriff auf den 3. Oktober wohl erlaubt sein – aktiv an den zahlreichen Sektionen dieses Historikertages beteiligt werden. Allerdings haben wir nachträglich noch eine Podiumsdiskussion „Zur Lage der Geschichtswissenschaft in der DDR“ in das Programm aufgenommen, die am Donnerstag, den 27. September 1990, um 20.30 Uhr, unter der Leitung von Christian Meier im Auditorium Maximum stattfinden wird. Dazu werden neben zwei westdeutschen Historikern fünf Kollegen aus der DDR zu Worte kommen. Darüber hinaus hoffen wir, daß dieser Historikertag eine Signalwirkung auch auf die Historikerschaft in den östlichen Teilen Deutschlands haben möge und jenen Historikern, die sich bemühen, sich aus dem Prokrustesbett der marxistisch-leninistischen Geschichtsauffassung zu befreien, das ihnen bisher von dem SED-Regime oktroyiert worden war, Anregungen für ihre künftige Forschung zu vermitteln vermöchte.
In der geistigen Situation unserer Gegenwart ist Bedürfnis nach historischer Orientierung in einer Welt, deren Zukunft weniger denn je vorhersehbar erscheint, wieder groß geworden. Das Mißtrauen gegenüber den langfristigen ökologischen und kulturellen Konsequenzen des westlichen industriellen Systems, jedenfalls sofern die Menschheit sich seiner immanenten Selbstläufigkeit gleichsam passiv anvertraut, ist durch den Zusammenbruch des Marxismus-Leninismus nicht geringer geworden. Der schroffe Gegensatz der beiden Weltsysteme des Marxismus-Leninismus und der westlichen marktwirtschaftlichen Ordnung hat in der Nachkriegszeit alle politischen und gesellschaftlichen Gestaltungen auf dem ganzen Erdball überformt. Dieser gehört heute der Vergangenheit an. Dieser Umstand hat dazu beigetragen, daß seit einigen Jahren überall in der Welt nationale Bewegungen zu neuem Leben erwacht sind, selbst in der UdSSR, von der man annahm, daß die traditionellen nationalen Loyalitäten durch den Stalinismus vollkommen ausgerottet worden seien. Umgekehrt aber beobachten wir, daß sich Autonomiebewegungen, die sich auf besondere, historisch erwachsene, regionale oder lokale Loyalitäten stützen können, in vermehrtem Maße gegen die zentralisierenden Instanzen in Politik, Wirtschaft und Gesellschaft zur Wehr setzen. Andererseits ist die Notwendigkeit des großräumigen Zusammenschlusses der bestehenden politischen, sozialen oder kulturellen Verbände und Institutionen in unserer Gegenwart unabweisbar geworden. Das künftige Deutschland beispielsweise wird für seine Nachbarn nur dann auf Dauer ein erträglicher Partner sein können, wenn es eingebunden ist in eine gesamteuropäische Ordnung. Nicht zuletzt deshalb kommt ein Thema „Nation und Nationalstaat in der deutschen Geschichte“, dem eine besondere Podiumsdiskussion gewidmet ist, die am Sonnabend nachmittag stattfinden wird, besondere Bedeutung zu. Das Spannungsverhältnis zwischen regionalen, nationalen, europäischen und internationalen Bindungen wird für die Deutschen in Zukunft aber das gleiche Gewicht haben, wie dies in den vergangenen Jahrhunderten der Fall gewesen ist.
Unter den vorgenannten Gesichtspunkten besitzt das Generalthema des 38. deutschen Historikertages „Identitäten in der Geschichte“ große Aktualität. In zahlreichen Sektionen soll die Mannigfaltigkeit politischer, ökonomischer, sozialer, religiöser und kultureller Formationen, in die der einzelne in der Geschichte immer schon eingebunden war, zur Diskussion stehen. Gleichzeitig soll die identitätsbegründende, zuweilen aber auch

identitätssprengende Kraft, die kollektive geschichtliche Erfahrungen oder kollektive Loyalitäten beziehungsweise die Zugehörigkeit des Einzelnen zu politischen, religiösen, geistigen oder sozialen Verbänden, im Sinne der Terminologie Max Webers, zu haben pflegen, behandelt werden. Dies stellt zugleich ein Kontrastprogramm zu jenem Typ eines erstarrten marxistischen Geschichtsbildes dar, der in den Staaten des sog. „realen Sozialismus", nicht zuletzt in der ehemaligen DDR, zur Staatsdoktrin erhoben und der Geschichtswissenschaft als Richtmaß für Forschung und Lehre bürokratisch vorgegeben wurde. Dies will freilich nicht heißen, daß jene ursprünglich marxistischen Ansätze, die die Identität von Großgruppen in erster Linie auf deren Klassenlage oder den Grad der Entfaltung der Produktivkräfte zurückführen, von vornherein zum alten Eisen zu werfen seien; vielmehr sollten diese als Forschungsansätze hypothetischen Charakters im Rahmen eines grundsätzlich pluralistischen Wissenschaftssystems ernst genommen werden und mit anderen Forschungsansätzen im Rahmen der wissenschaftlichen Diskussion der *scientific community* konkurrieren, statt sich der besonderen Privilegierung durch eine herrschende Klasse zu erfreuen.
In der gegenwärtigen weltpolitischen Situation liegt es demgemäß besonders nahe, sich in einem universalgeschichtlichen Rahmen mit dem Phänomen der Begründung bzw. des Zerfalls von Identitäten sowie den stets zwischen diesen bestehenden Spannungsverhältnissen zu befassen. Dies vermag den Blick zu schärfen für eine adäquate Erfassung gerade auch der säkularen historischen Wandlungsprozesse, die sich in unseren Tagen vollziehen. Zugleich wird dies der Geschichtswissenschaft helfen können, über die überkommenen Paradigmata der Geschichtsschreibung, die sich zum guten Teil der besonderen Situation der Nachkriegsepoche verdanken, die nun hinter uns liegt, herauszugehen und neue Wege zu beschreiten, die unter anderem dazu führen sollten, die deutsche Geschichte weit stärker als zuvor in ihren europäischen und ihren internationalen Zusammenhängen zu behandeln, als dies in den vergangenen Jahrzehnten der Fall war.
An dieser Stelle sei an die Öffentlichkeit, insbesondere aber an die verantwortlichen Instanzen des Bundes und der Länder, appelliert, der Geschichtswissenschaft auch künftighin jene institutionellen und personellen Bedingungen zu gewährleisten, die für eine leistungsfähige historische Forschung auf internationalem Niveau unverzichtbar sind. Aller Augen sind in dieser Beziehung gegenwärtig auf die ehemalige DDR gerichtet. Es sei aber gestattet, darauf hinzuweisen, daß auch in der Bundesrepublik die Dinge nicht zum Besten stehen. Die zahlreichen Stellenstreichungen der letzten Jahre, zugleich aber auch die beständige Zurückschneidung der Sachmittel und der bibliothekarischen Ausstattung der Universitäten, die nur zum geringen Teil durch private Forschungsförderung ausgeglichen worden sind, geben Anlaß zu ernster Besorgnis. An der Ruhr-Universität Bochum beispielsweise wurde seit 1980 ein Drittel der Professorenstellen im Fach Geschichte gestrichen, bei einem gleichzeitigen Anstieg der Studentenzahlen des Fachs von 2306 auf 3004. In anderen Bundesländern mag die Situation vergleichweise weniger arg sein; aber grundsätzlich kann es nicht angehen, daß in einer Phase wachsender Einnahmen der öffentlichen Haushalte weiterhin einseitig die Stellen und die Sachmittel der Geisteswissenschaften, und mit ihnen der Geschichtswissenschaft, zugunsten stärker praxisorientierter Wissenschaften abgeschmolzen werden. Dies trifft bei Lage der Dinge in erster Linie den wissenschaftlichen Nachwuchs und gefährdet auf längere Sicht die Leistungsstandards in Lehre und Forschung, die nur durch die Gewährleistung von Kontinuität der wissenschaftlichen Arbeit über die Generationen hinweg gewährleistet wer-

den können. In diesem Zusammenhang ist es insbesondere auch zu bedauern, daß das Land Nordrhein-Westfalen auch in einer Periode akuten Lehrermangels weiterhin keinerlei Geschichtslehrer einstellt und damit eine ganze Generation von Lehrenden in den höheren Schulen fehlen wird.
Unsere besondere Sorge gilt freilich der Entwicklung der Geschichtswissenschaft und ihrer Institutionen in den Ländern der ehemaligen DDR. Die nicht nur äußerliche, sondern vor allem auch inhaltliche Zusammenführung der historischen Wissenschaft in den beiden Teilen Deutschlands, mit ihren sehr unterschiedlichen methodischen Positionen und thematischen Schwerpunkten, ist die große Aufgabe, vor die die Historikerschaft Deutschlands in den kommenden Jahren gestellt ist. Dies setzt freilich eine grundlegende Neuorientierung der Geschichtswissenschaft in der ehemaligen DDR voraus, die bekanntlich in besonderem Maße für die Legitimierung des SED-Regimes in Dienst genommen wurde. Die Überwindung der ideologischen Residuen des bisherigen Wissenschaftssystems der Geschichtswissenschaft in der ehemaligen DDR wird in erster Linie von den betroffenen Kollegen selbst geleistet werden müssen. Aber ohne die ideelle und materielle Hilfe von westdeutscher Seite wird dies nicht möglich sein.
Der Verband der Historiker Deutschlands hat sich in seinen Erklärungen vom 30. Juni und 6. September 1990 dazu bereits öffentlich geäußert, deshalb will ich mich hier auf einige wenige Bemerkungen beschränken. Mit pauschalen Streichungsmaßnahmen großen Umfangs, wie sie ursprünglich insbesondere für die Zentralinstitute der Geschichtswissenschaft an der Akademie der Wissenschaften der DDR geplant waren und wie sie an den Universitäten drohen, wäre wenig gewonnen. Die unabweisbare Umstrukturierung der Institutionen der Geschichtswissenschaft in der ehemaligen DDR sollte ausschließlich nach wissenschaftlichen Gesichtspunkten und unter maßgeblicher Beteiligung von wissenschaftlichen Gutachtergremien, an denen auch westdeutsche Wissenschaftler mitwirken, erfolgen, so wie sie der Wissenschaftsrat für die Zentralinstitute an der Akademie der Wissenschaften der DDR bereits eingeleitet hat. Dabei kommt viel darauf an, künftighin eine enge personelle und institutionelle Zusammenarbeit dieser Institute mit vergleichbaren Institutionen im westlichen Teil Deutschlands zu erreichen; dies setzt voraus, daß die westdeutschen historischen Forschungseinrichtungen haushaltsrechtlich dazu in die Lage versetzt werden, gegebenenfalls Forscher oder Forschergruppen aus akademischen Institutionen der ehemaligen DDR auf Dauer aufzunehmen, um eine rasche Integration der Historikerschaft aus dem östlichen Teil Deutschlands zu gewährleisten und ein ansonsten zu erwartendes institutionelles Ungleichgewicht zu vermeiden; darüber hinaus wäre auch an die Errichtung neuer historischer Forschungsinstitute, die gleichsam als Auffang für Wissenschaftler an den bestehenden DDR-Institutionen dienen können, zu denken. Vor allem aber sollte auf eine Stärkung der Geschichtswissenschaft an den Universitäten und eine Angleichung ihres Fächerkanons an westdeutsche Verhältnisse hingewirkt werden. Zusätzlich sollte, um eine inhaltliche Erneuerung der Geschichtswissenschaft und die Herstellung einer pluralistischen Wissenschaftsstruktur in den fünf neu entstehenden Bundesländern zu gewährleisten, ein besonderes Förderungsprogramm für Nachwuchswissenschaftler geschaffen werden, die an den Universitäten und sonstigen Hochschulen der fünf neu hinzutretenden Bundesländer ein alternatives, westlichen Vorstellungen entsprechendes, Lehrprogramm anbieten können. Nur auf diese Weise wird es möglich sein, in angemessener Frist eine wirkliche Erneuerung der Ge-

schichtswissenschaft in der ehemaligen DDR zu erreichen, die demokratischen Vorstellungen entspricht.

Davon abgesehen erscheint es unabweisbar, die Voraussetzungen für eine baldige kritische Aufarbeitung der Geschichte der 40 Jahre des SED-Regimes zu schaffen. Dazu gehört insbesondere die Sicherstellung der einschlägigen Aktenbestände, sei es staatlichen, sei es privaten Ursprungs, und deren Überführung in fachkundige archivalische Betreuung, um deren Erschließung für die historische Forschung, bei gleichzeitiger Sicherstellung der legitimen Schutzinteressen primär betroffener Personen im Rahmen der geltenden rechtlichen Bestimmungen sicherzustellen, zum frühestmöglichen Zeitpunkt zu erreichen. Dies gilt insbesondere für die sog. „Stasi"-Akten. Offenbar ist sowohl seitens der Bundesregierung wie seitens des Innenministeriums der DDR zeitweilig die Vernichtung von Teilbeständen dieser Akten erwogen worden, soweit sie Personendaten betreffen und vom Staatssicherheitsdienst der ehemaligen DDR – wie sollte es auch anders sein – gegen geltendes Recht erstellt worden sind; dagegen muß von Standpunkt der historischen Forschung nachdrücklich Einspruch erhoben werden. Darüber hinaus sollte sichergestellt werden, daß die umfangreichen Aktenbestände der SED, die sich gegenwärtig im Besitz der PDS befinden, für die historische Forschung gesichert werden, sei es durch deren Überführung in öffentliche Archive oder gegebenenfalls auch durch die Übernahme durch öffentlich-rechtliche Institutionen, die diese in einer wissenschaftlichen Maßstäben entsprechenden Form archivieren und der Forschung zu den gleichen Bedingungen wie die staatlichen Archive zur Verfügung stellen werden. Es sei dabei bedacht, daß es sich hier um Archivgut handelt, das angesichts der besonderen Rolle der SED als Staatspartei in wesentlichen Bereichen zugleich wichtige staatliche Vorgänge betrifft und von großem, ja unverzichtbarem Wert sein dürfte. Darüber hinaus sollte dem Vorschlag von seiten des „Verbandes der Unabhängigen Historiker in der DDR" Folge geleistet werden, gegebenenfalls in Verbindung mit dem Institut für Zeitgeschichte in München und den westdeutschen DDR-Experten, ein neues zeitgeschichtliches Forschungsinstitut zu begründen, das die Auswertung dieser Materialien vornehmlich betreiben könnte, möglicherweise in enger Verbindung mit dem Sonderbeauftragten für die Stasi-Akten. Es wird dies Teil der umfassenderen Aufgabe sein, vor die sich die deutsche Historikerschaft gestellt sieht, nämlich die Ära der Herrschaft des Stalinismus ebenso in eine Gesamtdeutung der jüngeren deutschen Geschichte einzufügen, wie dies nicht ohne bittere Auseinandersetzungen auch für die Zeit der Herrschaft des Nationalsozialismus gelungen ist.

Bisweilen geht in unserer Gegenwart das Wort vom „Ende der Geschichte" um, sei doch mit dem Zusammenbruch des Marxismus-Leninismus die letzte große Barriere gefallen, die dem Siegeszug der bürgerlich-kapitalistischen Weltzivilisation noch im Wege gestanden habe. Nichts wäre irreführender; gerade die dramatischen Veränderungen der letzten Jahre haben die Mächtigkeit geschichtlicher Prozesse einmal mehr unter Beweis gestellt. Es wäre vermessen, wenn postmoderne Gesellschaften vermeinen sollten, man könne ohne oder doch mit einem geringerem Maß von geschichtlichem Wissen auskommen. Geschichte ist, wie Johan Huizinga in unübertroffener Weise gesagt hat, die Form, in der eine Kultur sich Rechenschaft über ihre Vergangenheit ablegt. Gerade moderne, hochdifferenzierte technokratische Gesellschaften bedürfen des Wissens um die Vergangenheit als eines Widerlagers gegen die angeblichen oder wirklichen Sachzwänge des Alltags, die dem einzelnen allzu leicht als übermächtig erscheinen, um sich damit geistige Frei-

räume zu bewahren oder neu zu erschließen. Beispiele dafür werden sich in der Mannigfaltigkeit der Themen, die in den zahlreichen Sektionen dieses Historikertages verhandelt werden, in vielfältiger Weise finden.
Abschließend sei auf das reichhaltige Rahmenprogramm hingewiesen, insbesondere die Buchausstellungen der Verlage und die Einführungen in die Datenverarbeitung für Historiker, nicht zuletzt jedoch die zahlreich angebotenen Exkursionen, die Ihnen Gelegenheit geben, sich mit Kultur, Wirtschaft und Geschichte eines geographischen Raumes näher vertraut zu machen, der häufig ganz unberechtigter Weise verächtlich als Kohlenpott bezeichnet zu werden pflegt, aber tatsächlich eine Kulturlandschaft von ganz eigenem Reiz darstellt.
Damit eröffne ich den 38. deutschen Historikertag. Ich wünsche Ihnen interessante und erlebnisreiche Tage.

Ansprache

der Vorsitzenden des Verbandes der Geschichtslehrer Deutschlands, Frau *Dr. Traute Petersen*

Frau Bundestagspräsidentin,
Meine Damen und Herren,
liebe Kolleginnen und Kollegen,

im Namen des VGD heiße ich sie herzlich zum Bochumer Historikertag willkommen. Wie bei allen Historikertagen sind die meisten der hier Versammelten Geschichtslehrer: Ihnen gilt mein Gruß in besonderem Maße. Vor allem aber begrüße ich sehr herzlich die vielen Kollegen aus der DDR! Wir freuen uns, daß Sie erstmalig und in so großer Zahl an einem Historikertag teilnehmen können, und ich danke an dieser Stelle allen Personen und Institutionen, die durch private Initiative oder finanzielle Unterstützung diese Teilnahme ermöglichen! Zum ersten Mal seit der Neugründung 1949 führt der Verband der Geschichtslehrer *Deutschlands* seinen Namen zurecht.
Meine Damen und Herren, ich möchte bei meinen Grußworten ausgehen vom Motto des diesjährigen Historikertags und hieran dann einige Bemerkungen zum historisch-politischen Unterricht sowie zur gegenwärtigen Verbandsarbeit anknüpfen.
Das Historikertagsmotto „Identitäten in der Geschichte" stellt uns zunächst vor einige Fragen: Was ist eigentlich Identität? Wie verhalten sich Geschichte und Identität oder Identitäten zueinander? Dies sind im Grund uralte Fragen. Eine archetypische Antwort geben bereits die homerischen Epen. Wer gefragt wird, wer er sei, berichtet von seiner Herkunft und seinem bisherigen Lebensweg. Odysseus ist ein Meister in dieser Ursituation. Mit jeder neuen Geschichte, die er über sich erzählt, erfindet er sich eine neue Identität. Herkunft und Lebensgeschichte eines Menschen prägen seine Individualität; er wird sich ihrer oft aber erst in der Fremde oder in der Begegnung mit Fremden bewußt.
Neben die personale Identität tritt die Gruppenidentität. Der Mönch wird sich zunächst als Angehöriger seines Ordens verstehen, der Funktionär als Mitglied seiner Partei. In beiden Fällen bestimmt die Geschichte der Institution deren Selbstverständnis und damit

dasjenige ihrer Träger. Im Idealfall wird das Individuum hierbei entscheidende Kräfte aus dem Bewußtsein der Gruppenzugehörigkeit gewinnen: Personale Identität versteht sich dann auch als Gruppenidentität. Bonifatius auf seinen Missionsreisen ist solch ein Beispiel. Umgekehrt kann die Institution ihre Mitglieder in tiefe Krisen stürzen, wenn diese Einheit zwischen personaler und Gruppenidentität verloren geht. Der Augustinermönch Martin Luther etwa findet in solch einem Fall schließlich seinen eigenen Weg als Reformator. Den umgekehrten Weg geht zum Beispiel Bucharin. Im Verlauf der Stalinschen Schauprozesse opfert er in erschütternder Weise seine persönliche Identität zugunsten derjenigen mit seiner Partei. Beide, Luther und Bucharin, wählen in einem vergleichbaren Konflikt zwei gegensätzliche, aber eindeutige Lösungen. – Einander widersprechende Identitäten können sich aber auch in einem Menschen langfristig und grundsätzlich kreuzen oder gar bekämpfen. So erklärte beispielsweise Carl Schmidt, der Röhms Ermordung als „Staatsnotwehr“ und somit „rechtens“ verteidigte, zur gleichen Zeit kühl: „Für meinen Privatgebrauch bin ich Katholik“.

Unser Rahmenthema besitzt erstaunliche Aktualität. Es erweist sich geradezu als Schlüssel zum Verständnis der uns in Atem haltenden weltpolitischen Entwicklungen. Es sind vor allem geschichtlich gewachsene Identitäten, die am Ende des 20. Jahrhunderts unvermutete und explosive Kräfte der Veränderung freisetzen. Wirken in den Selbständigkeitsbestrebungen der baltischen Republiken, in Reval und Riga nicht mittelalterlich-hansisch geprägte Traditionen der Selbstverwaltung nach? Treiben nicht jahrtausendalte kulturelle und religiöse Wurzeln die Georgier, bei aller Verehrung des Georgiers Stalin, sich von der Sowjetunion zu lösen? Warum spielt in dem Befreiungsprozeß der Ungarn gerade die Stephanskrone eine so elementare Rolle? Weshalb schwenkte man schon im Herbst 1989 in Dresden weiß-grüne Fahnen? Unterschiedliche ethnische, nationale und regionale, kulturelle und religiöse Traditionen entwickeln gerade in Europa eine erstaunliche Dynamik und ergänzen damit die vielfältigen Formen, in denen sich Völkerverständigung und übernationale Absprachen inzwischen in erfreulicher Selbstverständlichkeit vollziehen. In dieser eigentümlichen Balance entsteht offenbar etwas ganz anderes, als es die Vision einer multikulturellen Gesellschaft gern sähe, die von einem geschichtslosen Kulturbegriff ausgeht.

Ich möchte nun i. F. das Historikertagsmotto auf die tägliche Arbeit des Geschichtslehrers und den historisch-politischen Unterricht beziehen. Der Geschichtslehrer will dem Heranwachsenden zunächst dabei helfen, seine eigene Identität erst einmal zu entwickeln. Gerade der Geschichtsunterricht kann hierzu beitragen, indem Lehrer und Schüler den Blick gemeinsam auf andersartige, wohl auch fremde Identitäten richten, die – aus der zeitlichen Distanz – als Alternativen, Vor- oder auch Gegenbilder erscheinen mögen. Der Jugendliche entwickelt sein Selbstbewußtsein zunächst ja vornehmlich über ein „Nein“ angesichts des jeweils Vorgefundenen und orientiert sich hierbei gern an ganz Anderem, Fremdem. Erst der Blick aus räumlicher oder zeitlicher Ferne auf das zunächst scheinbar Selbstverständliche, erst Vergleich und Kontrast ermöglichen dann allmählich die Erkenntnis, daß sich die Persönlichkeit nur in Freiheit und Gebundenheit zugleich entwickelt.

Insofern enthält die in der Bildungspolitik beliebte, polemische Alternative „Emanzipation oder Identität“, pädagogisch gesehen, gar keine Gegensätze. Unter dem Aspekt der Emanzipation blicken wir auf das, was wir überwinden oder verlassen, unter demjenigen der Identität auf das, was wir erreicht haben oder erstreben.

Ein wesentlicher Schritt im *pädagogischen* Prozeß der Identitätsbildung kann also über historische Betrachtung vorbereitet, aber eben auch nur: vorbereitet werden. Dem eigentlichen Ziel dieses Prozesses entspricht der alte Satz: „Werde, der Du bist!“ In ihm verbinden sich geschichtlich bedingte, unveränderliche Vorgaben, versteckte oder offene Potentiale und die Verpflichtung, diese zu entfalten. Dynamik und Risiko dieses Prozesses werden besonders anschaulich, wenn man den pädagogischen Imperativ: „Werde, der Du bist!“ vergleicht mit seiner betroffenheitsapologetischen Variante „Sei, der Du bist!“ In diesem Selbstbestätigungsritual beschränkt sich Erfahrung auf die simple Bekräftigung des Vorhandenen und langweilige Egozentrik. Die pädagogische Maxime „Werde, der Du bist!“ zielt dagegen auf eine Persönlichkeit, die ihre Identität gerade auch in kritischer Auseinandersetzung und im Zusammenwirken mit anderen herausbildet, auf den Menschen als zoon politikon.
Hieraus folgern nun viele unserer Lehrpläne, auch diejenigen unseres Gastgeberlandes NRW, das höchste Erziehungsziel bestehe darin, dem Jugendlichen eine politische Identität zu verpassen. Als oberstes Leitziel fordern sie deshalb die „demokratische Persönlichkeit“ oder „demokratische Identität“. Aber wird hier nicht der Persönlichkeit einfach eine politische Leerformel vorangestellt? Denn was ist das eigentlich – eine „demokratische Persönlichkeit“? Eine Persönlichkeit, die Volksherrschaft oder demokratische Prinzipien verkörpert? Und wenn ja, welche? Und wie?
Jugendliche reagieren auf solche Leerformeln erfahrungsgemäß ablehnend oder sogar verächtlich. Der Geschichtsunterricht der DDR, Kern des sozialistischen Bildungssystems, ist u. a. hieran gescheitert. Liegt vielleicht *eine* Erklärung für das oft beklagte politische Desinteresse unserer Jugendlichen darin, daß sie manchmal zu aufdringlich und direkt auf demokratische Identität eingeschworen werden sollten? Wenn der historisch-politische Unterricht sich auf unsere bundesrepublikanische Demokratie als Höhepunkt der Geschichte fixiert, kann dies – ähnlich wie in der DDR – ermüden, ja geradezu kontraproduktiv wirken.
Das Historikertagsmotto fordert deshalb manche Sachwalter der politischen Bildung in doppelter Weise zur Kurskorrektur auf: Mit ihrem politologischen Modell des „interesselosen“ Systemvergleichs zwischen den zwei deutschen Staaten haben sie mit der historischen Dimension auch die Wertfrage ausgeklammert, die für politische Bildung konstitutiv ist. Damit haben sie die Erkenntnis der konkreten, geschichtlich bedingten Wirklichkeit geradezu verhindert. Wäre es nach ihnen gegangen, hätte die Wende 1989 gar nicht stattfinden können, ja nicht einmal dürfen! Diese ahistorische, scheinbar wertneutrale Form politischer Bildung ist bei uns ebenso gescheitert wie jenes genau gegenläufige Verfahren, Geschichte auf eine „Pappelallee“ zu unserer heutigen Demokratie zurechtzustutzen. Eine zeitgemäße politische Bildung wird sich dagegen immer als historisch-politische Bildung verstehen und Geschichte vermitteln als offenen, risikoreichen Prozeß. Hierbei müssen die Fülle und Vielfalt historischer Phänomene, vor allem auch ihre Brüche, Widersprüche und Alternativen herausgestellt und insgesamt die anthropologischen Dimensionen der Geschichte stärker berücksichtigt werden. Kritische Loyalität zu unserem Staats- und Gesellschaftssystem gerade im Zeichen der Deutschen Einigung werden wir nur dann erwarten dürfen, wenn wir den jetzt Heranwachsenden nicht vorschnell eine ausschließlich gesellschaftspolitische Identität aufdrängen. Wir sollten ihnen stattdessen mit einer breit angelegten historisch-politischen Bildung die Voraussetzungen dafür schaffen, daß sie sich selbst ein Urteil bilden und sich als Persönlich-

keiten entwickeln können, die in sich durchaus verschiedene Identitäten vereinen können – im historisch-politischen Bereich zumindest auch die des Deutschen und Europäers.
Die historisch-politische Bildung unserer Heranwachsenden verlangt aber auch in anderer Hinsicht, längerfristige Perspektiven zu berücksichtigen. Es geht nicht an, daß aufgrund kurzfristiger finanzpolitischer Erwägungen eine ganze Generation junger Lehrer im Geschichtsunterricht der Schulen fehlen wird, weil selbst hervorragend qualifizierte junge Kollegen mit dem Fach Geschichte nicht mehr eingestellt werden. Wir richten deshalb einen dringenden Appell an alle Kultusminister: Bitte, setzen Sie sich dafür ein, daß dem Geschichtsunterricht diejenigen Impulse nicht verloren gehen, die gerade von einer jungen, befähigten und hochmotivierten Generation ausgehen können!
Eine Zeit, die die „Macht der Geschichte" so eindrucksvoll vor Augen führt, scheint das Tun des Geschichtslehrers glänzend zu rechtfertigen. Sie zwingt uns aber auch angesichts der friedlichen Revolution in der DDR zu Skepsis und Selbstkritik. Wir haben bisher die Überzeugung vertreten, daß eine solide historisch-politische Bildung Voraussetzung jedes verantwortungsvollen politischen Handelns sei. Die Menschen, die in Leipzig, Dresden und Berlin auf die Straße gingen, haben ohne solche Voraussetzungen in einer Weise Politik gemacht, die uns mit Staunen und Hochachtung erfüllt. Warum konnten gerade sie, denen politische Bildung über die berüchtigte Stabü und einen ungeniert indoktrinierenden Geschichtsunterricht hatte vermittelt werden sollen, sich politisch so umsichtig und erfolgreich verhalten? Welchen Stellenwert hat die von uns propagierte historisch-politische Bildung, wenn man offenbar auch ohne sie politisch geradezu vorbildlich handeln kann?
Vielleicht mag eine erste Antwort dahin gehen, daß Ausnahmesituationen oft auch außergewöhnliche Kräfte freisetzen. Unterricht und Erziehung an den allgemeinbildenden Schulen in einem freiheitlichen und pluralistischen Bildungssystem orientieren sich aber am sogenannten „Normalfall", und für diesen müssen wohl die bislang vertretenen Grundsätze auch weiterhin gültig bleiben.
Ich komme hiermit zum dritten und letzten Teil meiner Ausführungen, zu den gegenwärtigen Schwerpunkten unserer Verbandsarbeit. Der Prozeß der Deutschen Einigung fordert den Verband in bisher ungewohnter Weise heraus. Er eröffnet uns aber auch ungeahnte Möglichkeiten angesichts der Notwendigkeit, den historisch-politischen Unterricht an den Schulen der DDR neu zu konzipieren. In beiden Teilen Deutschlands sind sich viele Kollegen darin einig, daß hierbei vor allem folgende Grundsätze beachtet werden müssen: Wissenschaftliche Fundierung des Unterrichts, Altersstufenangemessenheit der Inhalte, Schüleraktivität, Multiperspektivität und Überwältigungsverbot. In Unterricht und Lehrerausbildung müssen inhaltlich und organisatorisch weitgehend neue Wege beschritten werden. Wir sind über diese Fragen in einen fruchtbaren Austausch mit vielen DDR-Kollegen eingetreten, der auch für unsere eigene Arbeit anregende Impulse freisetzt. In Sachen, im Eichsfeld, im Vogtland und in Mecklenburg sind bereits Geschichtslehrerverbände gegründet worden. Wir hoffen, daß weitere folgen!
Um aber auch denjenigen DDR-Kollegen fachliche und kollegiale Angebote machen zu können, die sich aus begreiflichen Gründen noch nicht gleich wieder organisieren möchten, ist Hilfe erforderlich, die über die begrenzten Möglichkeiten eines Fachverbandes hinausgeht. Der VGD bittet deshalb alle zuständigen Ministerien in Deutschland: Unterstützen Sie die dringend notwendige Arbeit auf diesen Gebieten organisatorisch und finan-

ziell – etwa, indem Sie denjenigen Kollegen, die bereit sind, nach den skizzierten Grundsätzen vor Ort tätig zu werden, den erforderlichen dienstlichen Freiraum gewähren und indem Sie die für die vielfältigen Aufgaben benötigten Gelder zur Verfügung stellen!
Der VGD wird derzeit aber auch auf der europäischen Ebene herausgefordert. Wie in der DDR geht es ja auch dort um mehr als um gemeinsame Währung, Parlamentsmehrheiten oder Abgaswerte. Es geht um die Grundlage aller dieser Bemühungen, um das Bewußtsein geschichtlich begründeter, kultureller Gemeinsamkeiten, so wie es der tschechoslowakische Staatspräsident Havel mit seinem Appell „Zurück nach Europa!" fordert. Wir brauchen vor allem, neben einem europäischen Lesebuch, ein europäisches Geschichtsbuch! Der Verband ist dabei, hier die erforderlichen Vorarbeiten zu leisten bzw. zu unterstützen. Wir appellieren deshalb an die Kultusminister in Europa: Tragen Sie dazu bei, daß die Schulen und besonders der Geschichtsunterricht in Europa das Thema der historisch gewachsenen Identität unseres Kontinents aufgreifen und damit selbst einen Beitrag zu diesem Thema leisten! Neben die nationale Identität muß zunehmend die europäische Identität treten!
Vor diesem Hintergrund kann unser Historikertag nicht nur als mehrtägiger wissenschaftlicher Kongreß betrachtet werden. Sein Rahmenthema führt nachdrücklich die Einbindung des Wissenschaftlers in seine Zeit vor Augen. Dem Wissenschaftler wird damit nicht nur wissenschaftliche, sondern auch politische Verantwortung abverlangt. Auf den Verlauf der nächsten Tage dürfen wir gespannt sein.

Grußwort

der Präsidentin des Deutschen Bundestages,
Frau *Prof. Dr. Rita Süssmuth*

(Bei dem hier abgedruckten Text handelt es sich um die zu Beginn der Veranstaltung verteilte schriftliche Fassung)

Der 38. Deutsche Historikertag, zu dem auch ich Sie sehr herzlich begrüßen möchte, ist einem Thema gewidmet, das in einem unmittelbaren Bezug zu dem Geschehen in Deutschland steht, welches uns alle gerade in diesen Tagen besonders bewegt und gefangennimmt.
In wenigen Tagen findet jene dramatische Entwicklung, die vor genau einem Jahr mit der Massenflucht und aus dem Exodus vieler tausender junger Deutscher aus der DDR über unsere Botschaften in Budapest, Prag und Warschau ihren Anfang nahm, einen Abschluß, dem wir mit großer Freude und Dankbarkeit entgegensehen können.
Auf die Frage nach der Identität der Deutschen – altmodisch formuliert in der Verszeile: „Wes ist des Deutschen Vaterland?" – haben die Deutschen in Ost und West eine Antwort gegeben, die in der im Einigungsvertrag vorgesehenen Änderung der Präambel zum Grundgesetz eine würdige und gültige Fassung erhält:
„Die Deutschen in den Ländern Baden-Württemberg, Bayern, Berlin, Mecklenburg-Vorpommern, Niedersachsen, Nordrhein-Westfalen, Rheinland-Pfalz, Saarland, Sachsen, Sachsen-Anhalt, Schleswig-Holstein und Thüringen haben in freier Selbstbestim-

mung die Einheit und Freiheit Deutschlands vollendet. Damit gilt dieses Grundgesetz für das gesamte deutsche Volk."
„Identitäten in der Geschichte" lautet das Rahmenthema Ihrer Tagung. Der Text der geänderten Präambel verdeutlicht, in welchem Maße das deutsche Volk in landsmannschaftliche, in einzelstaatliche Zugehörigkeiten eingebunden ist. Die Rede von den „Identitäten", die den uns geläufigen Begriff der Identität zunächst ganz ungewohnt in den Plural setzt, will – wie es in dem Geleitwort Ihres Vorsitzenden Wolfgang Mommsen heißt – darauf aufmerksam machen, daß die Geschichte der Deutschen immer in einem besonderen Maße durch eine Gemengelage von politischen, religiösen und sozialen Identitäten bestimmt worden ist. Die geistige und politische Bindung des Bürgers an die engere Region bzw. an die Einzelstaaten habe stets in einem latenten und zuweilen in einem offenen Spannungsverhältnis zum Ideal der geeigneten Nation bzw. des Nationalstaates gestanden. Darüber hinaus, so heißt es in dem Geleitwort von Wolfgang Mommsen weiter, „war das nationale Bewußtsein der Deutschen in wechselndem Grade überlagert von Orientierungen europäischen, ja universalistischen Zuschnitts."
Über diesen Umstand hinaus, der in seinen vielfältigen Folgen und Auswirkungen auf Ihrer Tagung beleuchtet und diskutiert werden soll, gibt es gleichwohl noch einen gewissermaßen zeitgeschichtlichen Anlaß, sich mit dieser Frage der Identität zu beschäftigen. Ich denke an zwei Aspekte, die gegenwärtig eine besonders wichtige Rolle spielen.
Der eine Aspekt betrifft jene Frage, die mit dem Begriff der Identität immer mitgegeben ist: Was und wie sind wir Deutschen denn eigentlich? Wie werden wir von anderen gesehen, wie sehen wir uns selbst, von welcher Seite zeigen wir uns, wie verhalten wir uns als Deutsche unserer Mitwelt gegenüber? Das ungeteilte Deutschland wird auf diese Fragen Antworten zu geben haben. Die Blicke der anderen sind in verstärktem Maße auf uns gerichtet. Als ein Volk und ein Staat in der Mitte Europas wird es darauf ankommen, uns für diesen Aspekt besonders sensibel zu machen. Ich meine, daß uns dies auch unsere Geschichte lehrt.
Der zweite Aspekt betrifft unsere Aufgabe, behutsam – und nicht etwa gewaltsam – mit jenen Wunden und ihren Folgen umzugehen, die uns die 40jährige Teilung und die Unterdrückung eines Teiles unseres Volkes beigebracht haben.
Zweifellos war die Frage der Identität für uns Deutsche in der Zeit der andauernden Teilung, der Aufteilung auf zwei Staaten mit gegensätzlichen Verfassungs- und Gesellschaftsordnungen eine offene Frage. Man kann auch sagen: eine offene Wunde, die sich auch nicht durch manche Hilfs- und Brückenkonstruktionen heilen ließ, die man in dieser Zeit entwickelte und erprobte, um diese Wunde – manche sprechen auch von einer „Identitätsneurose" – zu überwinden. Es waren mehr oder weniger tragfähige, aber doch nicht auf Dauer gestellte Konstruktionen: Die Deutschen sollten eine Kulturnation, aber zwei Staatsnationen bilden. An die Stelle der nationalen Solidarität und Loyalität sollte die Loyalität gegenüber der Verfassung, dem Grundgesetz treten – Stichwort: Verfassungspatriotismus.
Andere pochten auf die inneren und die äußeren „Realitäten", auf die Tatsache, daß die Staatenwelt die Existenz von zwei deutschen Staaten anerkannt hatte. Nicht zu bestreiten war auch, daß in Deutschland Generationen herangewachsen waren und schließlich die Mehrheit unserer Bevölkerung bildeten, die mit der Erfahrung der Existenz von zwei deutschen Staaten auf dem Gebiet des ehemaligen deutschen Reiches großgeworden waren. So konnte schließlich sogar die Behauptung gewagt werden, daß die nationale

deutsche Identität der Vergangenheit angehörte und abgelöst werde durch eine DDR-Identität und eine Bundesrepublik Deutschland-Identität.
Es gab kluge, scharfsichtige und historisch geschulte Beobachter, die davon überzeugt waren, daß dieser Zustand einer Zweistaatlichkeit auch bei uns und den Deutschen in der DDR immer mehr Anerkennung und Zustimmung finden und als legitim und normal angesehen würde.
Heute müssen wir uns fragen, ob wir nicht zu sehr die bestehenden Machtstrukturen in Europa für die ganze, unabänderliche Realität genommen und ob wir nicht überkommenen Bindungen und Identitäten ein zu geringes Gewicht beigemessen haben. Hat uns nicht die gewaltige Machtanhäufung der Blöcke auf beiden Seiten den Blick für die Möglichkeiten der Geschichte getrübt?
Vor einigen Jahren gab es anläßlich einer historischen Ausstellung im Reichstagsgebäude einen kleinen Disput über die von einem Historiker (Prof. Lothar Gall) gebrauchte Formulierung, daß mit dem Kalten Krieg oder der Konstituierung der Bundesrepublik und der DDR die Teilung Deutschlands „endgültig besiegelt" wurde und daß der Mauerbau die deutsche Spaltung „vollendet" habe.
So haben es tatsächlich viele gesehen und so konnte man es damals vielleicht auch sehen, wenn man die Machtstruktur der Sowjetunion und ihre Absichten für unabänderlich hielt. Trotzdem war der Einwand (Vizepräsident Richard Stücklen) gegen eine solche Formulierung berechtigt, daß durch die genannten Vorkommnisse die Teilung schlechtestenfalls vertieft würde; von Besiegelung oder Vollendung könnte erst gesprochen werden, wenn die Deutschen hüben und drüben die Wiedervereinigung als politisches Ziel eines Tages aufgegeben haben sollten. Solange sie diese aber wollen, was durchaus noch unterstellt werden müßte, sei nichts besiegelt und nichts vollendet.
Am 17. Juni 1984 sagte der frühere Bundesaußenminister Gerhard Schröder in seiner Ansprache vor dem Deutschen Bundestag:
„Die Geschichte lehrt, daß sich größere Veränderungen nur allmählich, in langen Zeiträumen vollziehen. Wir sollten aber nicht übersehen, daß unsere Zeit auch den raschen Wandel kennt, und so die Hoffnung wachhalten, daß sich unser Wunsch nach Wiedervereinigung in einem vereinten Europa schneller verwirklicht, als dies im Augenblick möglich zu sein scheint."
Ging es früher darum, Lehren aus der Geschichte zu ziehen, so stehen wir heute vor der Aufgabe, unsere Vorstellungen auch an den Erfahrungen der Gegenwart zu überprüfen.
Wir alle waren überrascht, daß in Deutschland der Ruf „Wir sind das Volk" in so kurzer Zeit in den Ruf „Wir sind ein Volk" überging. Ebenso überraschend war, daß die Bevölkerung in der DDR, die doch in ihrer Mehrheit die Existenz der Länder nicht mehr erlebt hat, so selbstverständlich zur Neubelebung einer Landeszugehörigkeit zurückkehrte.
Wie selbstverständlich für andere Völker die nationale Identität ist, erfahren wir, wenn Menschen aus der Sowjetunion, aus Italien oder aus Frankreich vor der Fernsehkamera befragt werden, was sie denn über die bevorstehende Vereinigung der beiden Teile Deutschlands denken. In überwiegendem Maße geben sie die Antwort, dies sei doch ganz natürlich, die Deutschen seien ein Volk, und es sei doch selbstverständlich, daß ein Volk auch als eines zusammenleben wolle und zusammenleben können müsse.
Die Voraussetzungen für die Entwicklung einer gewissermaßen „normalen" Identität

sind auch bei uns gegeben. Es wird allerdings noch einige Zeit dauern und von uns allen Behutsamkeit, Sensibilität und Geduld verlangen, bis die aus der Vergangenheit der Teilung herrührenden seelischen Schäden überwunden sind.
Was mich in diesem Zusammenhang besonders beschäftigt, ist die Frage, wie die jungen Menschen dazu stehen, welche Antworten wir Ihnen geben und wie wir Ihnen unsere Antworten glaubwürdig vermitteln können.
Nach meiner Erfahrung gibt es viele junge Menschen, die meinen, daß ihnen die Zugehörigkeit zur deutschen Nation oder zum deutschen Volk wenig bedeutet. Oft fügen sie hinzu, daß sie deshalb auch mit dem Willen zur Einheit kaum etwas anfangen könnten. Anders äußern sich diejenigen, deren Eltern oder Großeltern aus Mittel- oder Ostdeutschland stammen oder auch jene, die von zu Hause einen Sinn für geschichtliche Zusammenhänge und die sich aus ihnen ergebenden Prägungen und Verpflichtungen mitbekommen haben.
Auch aus diesem Grunde begrüße ich es sehr, daß Sie für den diesjährigen Historikertag das Thema „Identitäten in der Geschichte“ gewählt haben. Der Begriff „Identität“ besagt ja nicht nur, zu irgendeiner Gruppe oder Großgruppe zu gehören. Er erinnert auch daran, daß wir Menschen immer schon in eine vor uns existierende Zusammengehörigkeit – Volk, Nation, Gemeinwesen – hineingeboren werden, der wir etwas schulden und die uns Verantwortungen und Verpflichtungen auferlegt. Nur wenn wir dies einsehen und anerkennen, können wir zum Beispiel davon sprechen, daß wir gegenüber dem jüdischen Volk eine besondere Verantwortung tragen.
Ich sehe hier eine Aufgabe gerade auch für die Historiker und halte es für wichtig, daß an den Schulen etwas von diesem Bewußtsein notwendiger konkreter Loyalität und Solidarität vermittelt wird. Dazu müssen gerade auch die Geschichtslehrer der älteren und der jüngeren Generation gemeinsam wirken, um den jungen Menschen gegenüber eine überzeugende Sprache finden zu können.
Deutet nicht manches darauf hin, daß gegenwärtig das Bewußtsein keineswegs sehr stark entwickelt ist, einer uns vor- und übergeordneten Gemeinschaft anzugehören, die uns bestimmte Leistungen und Opfer abzuverlangen berechtigt ist? Bedarf es deshalb nicht erheblicher geistiger und moralischer Anstrengungen, diese Gedanken jungen Menschen glaubwürdig und überzeugend nahezubringen und einsichtig zu machen?
Dies ist gewiß nicht Aufgabe der Geschichtswissenschaft als Wissenschaft, aber ich würde mich doch freuen, wenn Sie in Forschung, Lehre und Vermittlung auch diese Sorgen und Bedürfnisse der Gegenwart im Auge behielten.
Ich wünsche Ihrer Tagung einen guten und erfolgreichen Verlauf.

Grußwort

des Staatssekretärs im Ministerium für Wissenschaft und Forschung des Landes NRW, *Dr. Gerhard Konow*

(Bei dem hier abgedruckten Text handelt es sich um die zu Beginn der Veranstaltung verteilte schriftliche Fassung)

Ich möchte Ihnen die Grüße der Regierung des Landes Nordrhein-Westfalen überbringen und Sie in unserem Land herzlich willkommen heißen. Besonders herzlich möchte ich die Gäste aus dem Ausland begrüßen. Besondere Freude empfinden wir auch darüber, daß zum ersten Mal eine größere Zahl von Wissenschaftlern aus der DDR am Historikertag teilnimmt und daß dies zugleich das letzte Mal ist, daß sie als Historiker aus der DDR am Historikertag teilnehmen.
Der Herr Ministerpräsident bedauert, daß er Ihre Einladung nicht annehmen konnte. Anders als im Programmheft angegeben, ist auch Frau Brunn, die Ministerin für Wissenschaft und Forschung des Landes Nordrhein-Westfalen, verhindert. Als das Programmheft aufgelegt wurde – das muß nach meinen Recherchen etwa im Mai gewesen sein –, stand der Fahrplan für den deutschen Vereinigungsprozeß noch nicht fest. Man wußte noch nicht, daß der Vereinigungsparteitag der SPD, an dem der Ministerpräsident und die Ministerin teilnehmen, in dieser Woche stattfinden werden. Die Ereignisse überstürzen sich, seitdem im letzten Sommer die Ungarn ihre Grenzen nach Westen für Flüchtlinge aus der DDR öffneten. Ein dramatischer Prozeß. History in the making. Das wird auch bei Ihnen mehr als professionelles Interesse hervorrufen. Sie sollten aber auch aktiv in diesen Prozeß eingreifen. Darauf komme ich noch. Die bedauerliche Konsequenz der Absage von Frau Ministerin Brunn ist nicht nur, daß sie mit dem Staatssekretär des Ministeriums für Wissenschaft und Forschung, einem Beamten, vorlieb nehmen müssen, sondern auch, daß der Frauenanteil bei den Begrüßungsrednern, der sich so schön plakativ auf 50 Prozent eingestellt hatte, jetzt wieder deutlich unter 50 Prozent liegt. Damit nähert er sich ein wenig den realen Zuständen in der Geschichtswissenschaft, die noch immer als eine maskuline Wissenschaft bezeichnet wird, so jedenfalls die Referentin, die mir diesen Satz aufgeschrieben hat. Der Wechsel auf der Liste der Begrüßungsredner lehrt uns einmal mehr, daß die Frauenquote nicht nur vom guten Willen der Männer, sondern auch von der Verfügbarkeit der Frauen abhängt.
Als Nr. 4 in einem Begrüßungsteam von sechs Rednern muß ich mich kurz fassen. Ich beschränke mich deswegen auf drei Punkte, indem ich Ihnen
- zur Wahl des Zeitpunktes für den 38. Historikertag,
- zur Wahl des Themas und
- zur Wahl des Tagungsortes

gratuliere. Sie haben meines Erachtens eine optimale Entscheidung getroffen, was ja in Politik und Geschichte nicht so häufig vorkommen soll.
Zum Zeitpunkt, meine Damen und Herren:
Wir befinden uns noch wenige Tage vor dem Wirksamwerden des Einigungsvertrages zwischen der Bundesrepublik Deutschland und der DDR. Ab 3. Oktober sind die Reste des deutschen Reiches, das, was nach dem 2. Weltkrieg übriggeblieben ist, zu einem

neuen Staat zusammengefaßt, der glücklicherweise den Namen Bundesrepublik Deutschland führen und hoffentlich auch in Zukunft führen wird.
Aber nur wenige Wochen nach dem 3. Oktober beginnt die Regierungskonferenz der EG-Mitgliedstaaten, die sich mit der Weiterentwicklung der Europäischen Gemeinschaft in Richtung auf eine politische Union, die Vereinigten Staaten von Europa, befassen wird, ein Vorgang, der durch die Ereignisse am Golf noch beschleunigt werden dürfte.
Ich will nun nicht sagen, daß mit dem 3. Oktober 1990 ein düsteres Kapitel der deutschen Geschichte abgeschlossen und mit der EG-Regierungskonferenz ein neues, helleres Kapitel der europäischen Geschichte aufgeschlagen wird. Aber ich hoffe, daß die europäische Einigung der dominierende Prozeß der nächsten Jahrzehnte sein wird.
Das Thema des Historikertages „Identitäten in der Geschichte" hat für die Menschen in der Bundesrepublik in ihren alten und in ihren neuen Grenzen hochaktuelle Bedeutung. Wir befinden uns auf beiden Seiten der ehemaligen Demarkationslinie zwischen zwei verschiedenen, feindseligen Welten in einem Prozeß des Identitätsverlustes, des Identitätswandels, der Identitätsfindung. Die zwischen Nordsee und Alpen, Elbe und Rhein lebenden Menschen in der Bundesrepublik Deutschland hatten sich in den letzten 40 Jahren zu einem Gemeinwesen zusammengefunden, das von gemeinsamer erfolgreicher Arbeit in einer weltoffenen Marktwirtschaft auf der Basis einer freiheitlichen, rechts- und bundesstaatlichen Verfassung geprägt war, ohne daß sich ein besonderes Nationalgefühl entwickelt hätte, was ich persönlich nie als Mangel empfunden habe. Dieses Gemeinwesen war für die europäische Einigung weit geöffnet und für internationale Zusammenarbeit und friedlichen Wettbewerb auf allen Gebieten im Europarat, in der NATO, in der OECD und in der KSZE aufgeschlossen.
Wird das Hinzutreten von 16 Millionen Mitteldeutschen diese Identität verändern, werden wir jetzt an Traditionen des deutschen Reiches anknüpfen, das ja nach der Rechtsprechung des Bundesverfassungsgerichts rechtlich noch existent geblieben ist?
In der Diskussion über Hauptstadt und Regierungssitz geht es – abgesehen von den nachrangigen Fragen der Finanzierung – letztendlich um die nationale Identität des neuen deutschen Staates und die Identifikation seiner Bürger. Ich würde es für angemessen halten, wenn die deutschen Historiker in diese Diskussion eingriffen und wenn auch unsere ausländischen Freunde, insbesondere die kritischen Freunde ihre Hoffnungen und Befürchtungen zum Thema der deutschen nationalen Identität in diese Diskussion einbrächten. Wir sollten meines Erachtens auch bereit sein, entgegenzunehmen, wo nach Auffassung unserer ausländischen Freunde Inkompatibilitäten bestehen.
Daß die deutschen Historiker ihre spezifischen Verbands- und fachlichen Identitäts- und Identifikationsprobleme haben, konnte dem aufmerksamen Zeitgenossen nicht entgehen und konnte auch nicht überraschen. Die Geschichtswissenschaft in der DDR ist ja wohl leider zu einer Rechtfertigungswissenschaft – Wissenschaft in Anführungszeigen – für das SED-Regime geworden. Ich glaube nicht, daß es ohne einen neuen Anfang gehen wird. Aber das ist Ihre Sache.
Gestatten Sie mir noch ein Wort zum Tagungsort:
Ich freue mich, daß der Eröffnungsvortrag das Thema „Industrieregion Ruhrgebiet, Aufstieg, Strukturwandel und neuer Aufbruch" zum Gegenstand hat. Die Ruhr-Universität Bochum ist selbst ein überzeugendes Beispiel für diesen Strukturwandel. Sie ist vor kurzem 25 Jahre alt geworden und damit die älteste der zahlreichen jungen, nach dem 2. Weltkrieg gegründeten Hochschulen des Landes Nordrhein-Westfalen. Vor 25 Jahren gab es

im Ruhrgebiet noch Zechen, Bergarbeiter, aber keine Hochschule. Heute sind es noch Zechen, Bergarbeiter, aber Hochschulen, an denen Studenten und Studentinnen studieren.
Diese Entwicklung hat sicher verschiedene Ursachen. Entscheidend waren der technisch-wirtschaftliche Wandel und die Demokratisierung unserer Gesellschaft mit der daraus resultierenden Notwendigkeit, den Bildungsanspruch für alle Schichten der Bevölkerung in allen Regionen des Landes zu befriedigen. Dennoch würde es mich, Herr Professor Köllmann, interessieren, ob es jene Kabinettsorder Wilhelms II. gegeben hat, mit der er es untersagt haben soll, im Ruhrgebiet Garnisonen oder Universitäten zu errichten. Ich behaupte das immer, weil es so schön in die Reden paßt, aber ich würde mich der historischen Wahrheit natürlich unterwerfen.
Meine Damen und Herren, ich schließe mit dem Dank der Landesregierung an alle, die sich um das Zustandekommen dieser wichtigen Veranstaltung in Bochum bemüht haben, besonders an Sie, Herr Professor Mommsen und an den „Initiativkreis Ruhrgebiet", der sich schon große Verdienste um den Strukturwandel im Ruhrgebiet erworben hat.
Ich wünsche Ihrer Veranstaltung einen guten Verlauf und Ihnen einen angenehmen Aufenthalt im Ruhrgebiet und in Nordrhein-Westfalen.

Grußwort

des Oberbürgermeisters der Stadt Bochum, *Heinz Eikelbeck*

Sehr verehrte Frau Bundestagspräsidentin!
Sehr verehrter Herr Staatssekretär!
Magnifizenz!
Meine sehr geehrten Damen und Herren!

Ich begrüße Sie sehr herzlich zum 38. Deutschen Historikertag in Bochum. Ich freue mich, daß unsere Stadt Tagungsort dieser bedeutenden Veranstaltung ist. Für Bochum ist es das erste Mal, die „Versammlung deutscher Historiker" gewissermaßen in seinen Mauern zu haben. Aber es ist, wenn ich das mit einem Ton des Bedauerns sagen darf, leider auch erst das zweite Mal in der Geschichte, daß Sie in unserer Region, im Ruhrgebiet, tagen.
Dabei ist diese Landschaft weiß Gott nicht geschichtslos, obwohl viele Zeitgenossen eine solche Vorstellung vom Ruhrgebiet immer noch haben. Bochum, im Herzen dieses Gebietes liegend, bildet da ganz sicher keine Ausnahme. Obwohl ich bei Ihnen als Historikern sicherlich „Eulen nach Athen" trage, gestatten Sie mir dennoch, Ihnen einige, wie ich glaube markante Daten zu der Geschichte dieser Region am Beispiel Bochums aufzuzeigen.
Unsere Stadt hatte Anteil am „Mittelalter im Ruhrgebiet", wie der Titel einer der Begleitausstellungen zum Historikertag lautet. Zwar kann Bochum nicht mit reichsstädtischem Glanz aufwarten wie Dortmund, und es war auch nicht Sitz einer Reichsfürstin wie Essen. Aber Bochums historisch faßbare Existenz reicht immerhin zurück bis in die Zeit Karls des Großen. Sein Ursprung war ein karolingischer Reichshof, und das St. Peter-Patrozinium der heutigen Propsteikirche stellt ihre Gründung in eine zeitliche Reihe

mit den bedeutenden Domkirchen von Münster und Osnabrück. Die im 13. Jahrhundert einsetzende Stadtwerdung fand ihren Abschluß mit der Bestätigung der Stadtrechte im Jahr 1321.

Meine Damen und Herren!

In diesem Jahrhundert verlegten auch die Landesherren, die Grafen von der Mark, den Hellweg, die bedeutendste Handelsstraße der Region, mitten durch Bochum, und sie verliehen der Stadt das Privilegium des Bierbrauens – eine Kunst, der Bochum bis heute treu geblieben ist. Und deren Resultat Sie im Verlaufe dieser Tagung unbedingt in einem Selbstversuch testen müssen. Eine weitere, bis heute sehr lebendige Tradition knüpft ebenfalls an ein Ereignis aus diesem Jahrhundert an, nämlich das Maiabendfest der Bochumer Junggesellen; inzwischen eines der ältesten und bedeutendsten Heimatfeste der Bundesrepublik Deutschland, das in diesem Jahr bereits zum 602. Mal gefeiert werden konnte.

Bis ins späte Mittelalter nahm Bochum – um es mit einem modernen Begriff auszudrücken – in gewissem Sinne Oberzentrumfunktion ein, sei es als Zentralort des gleichnamigen märkischen Amtes oder als Sitz eines Freigerichts und des landesherrlichen Schultheißengerichts. In der frühen Neuzeit konnte sich in unserer Stadt eine bedeutende jüdische Gemeinde entwickeln; die Aufklärung brachte eine Lesegesellschaft, eine noch heute bestehende Freimaurerloge und eine reformpädagogische Freischule. Ein anschauliches Bild dieser Zeit gibt übrigens die „Jobsiade“, ein Roman, den der Bochumer Arzt und Dichter Carl Arnold Kortum verfaßte. Wenn auch die darin beschriebenen Fakten nicht allesamt historisch haltbar sind, so bekommt man dennoch einen Eindruck, wie Bochum vor fast 200 Jahren aussah. Und ich glaube, daß ich Ihnen Kortums Geschichte der Stadt Bochum auch heute noch als amüsanten Lesestoff empfehlen kann.

Einen wichtigen Einschnitt in der Geschichte unserer Stadt stellt das beginnende 18. Jh. dar. Damals setzte die systematische Förderung des Bergbaus ein. Bochum wurde Sitz des Märkischen Bergamtes, dessen Leitung übrigens zeitweise der Freiherr vom Stein innehatte. Endgültig begann die Phase der Industrialisierung 1844 mit der Abteufung des ersten Tiefbauschachtes und der fast gleichzeitigen Gründung der Gußstahlfabrik Mayer & Kühne, des später so bedeutenden „Bochumer Vereins“. Kohle und Stahl prägten seither Bochum und machten es zeitweise zur zechenreichsten Stadt des europäischen Kontinents, gewissermaßen zur Kohlehauptstadt Europas. Insofern kann Bochum durch seine Geschichte und somit zum Thema des heutigen Eröffnungsvortrags: „Industrieregion Ruhrgebiet: Aufstieg, Strukturwandel und neuer Aufbruch“, einiges beitragen.

Meine Damen und Herren!

Eine weitere Unterstreichung ihrer zentralen Bedeutung erfuhr unsere Stadt noch auf eine andere, zweifelhafte Weise, die aber weder verschwiegen werden soll noch darf.

1931 wurde Bochum Gauhauptstadt des NSDAP-Gaues Westfalen-Süd und so zu einem Zentrum der faschistischen Herrschaft.

Diese exponierte Stellung im Dritten Reich und die Wichtigkeit seiner Betriebe, allen voran des Bochumer Vereins, für die NS-Rüstungswirtschaft bezahlte Bochum im 2. Weltkrieg mit seiner weitgehenden Zerstörung. Durch zahlreiche Bombenangriffe verloren viele Mitbürgerinnen und Mitbürger ihr Leben, 90 % der Innenstadt lagen in Trümmern.

Mit dem Wiederaufbau erhielt Bochum moderne Strukturen, obgleich die wirtschaftliche Monostruktur, die einseitige Fixierung auf Kohle und Stahl, erhalten blieb. Vor allem das Zechensterben in den 60er Jahren zwang die Stadt, diese Monostruktur aufzu-

brechen und zukunftsorientierte Industriezweige anzusiedeln. Die Niederlassung der Firmen Graetz und Opel waren erste Erfolge einer Politik, die in diese Richtung zielte.
Zu den zukunftsorientierten Entscheidungen gehörte zweifellos auch jene, in Bochum die erste Universität nach dem Ende des Zweiten Weltkrieges in Deutschland zu gründen.
Die Ruhr-Universität hat in den 25 Jahren ihres Bestehens einen Rang auf den vorderen Plätzen in der deutschen Hochschullandschaft eingenommen. Sie ist für Bochum nicht nur bedeutender Imageträger, sondern auch einer der großen Arbeitgeber. Ausführlicher und erschöpfender, als es mir an dieser Stelle möglich ist, wird die Entstehung und Entwicklung der Ruhr-Universität und ihre Verflechtung mit der Stadt in einer Ausstellung gewürdigt, die das Stadtarchiv Bochum aus Anlaß des 25jährigen Jubiläums der Universität konzipiert hat und morgen in dessen Räumen an der Kronenstraße eröffnen wird. Diese Ausstellung ist in ihrer dokumentierenden und inszenierenden Form als fachlicher Beitrag der Stadt zu Ihrer Tagung gedacht – ebenso wie die 4teilige Dokumentarfilmserie über den „Nationalsozialismus im Ruhrgebiets-Alltag“, eine Serie, die morgen und übermorgen im Rahmen Ihrer Abendveranstaltungen zu sehen und zu diskutieren sein wird.
Meine Damen und Herren!
Geschichte und damit Vergangenheit ist Ihr Beruf; gleichwohl hoffe ich, daß Sie trotz der Dichte Ihres Programmes aber auch die Gelegenheit haben, gewissermaßen die „Gegenwart des Ruhrgebiets“, das Revier der 90er Jahre, kennenzulernen. Überzeugen Sie sich mit eigenen Augen von dem Strukturwandel, der diese Region erfaßt und von der Aufbruchstimmung, die sich inzwischen hier durchgesetzt hat. Lassen Sie diese Landschaft auf sich einwirken mit dem vielen Grün, den liebevoll restaurierten Zeugen ihrer Vergangenheit.
Erleben Sie die kulturelle Vielfalt dieser Region und die sich manchmal auch hinter einer rauhen Schale verbergende Herzlichkeit der Menschen im Revier. In diesem Sinne wünsche ich Ihnen erlebnisreiche Tage in unserer Stadt und verbinde damit den Dank an alle, vor allem an die Mitglieder des Initiativkreises Ruhrgebiet, die diese Tagung im Jahr des 25jährigen Bestehens unserer Ruhr-Universität ermöglicht haben.
Ich grüße Sie – das ist hier Tradition – mit dem Gruß der Bergleute – Glückauf!

Grußwort

des Rektors der Ruhr-Universität Bochum,
Prof. Dr. Wolfgang Maßberg

(Liegt nicht in schriftlicher Form vor)

Eröffnungsvortrag

Prof. Dr. Wolfgang Köllmann (Bochum)

Industrieregion Ruhrgebiet: Aufstieg, Strukturwandel und neuer Aufbruch

(Zusammenfassung)

Die industrielle Struktur des Ruhrgebiets war in den Grundzügen bereits um die Mitte des 19. Jahrhunderts festgelegt: Bergbau und Eisen- und Stahlindustrie waren die dominierenden Strukturelemente, deren Verbund durch Teufe in zur Verkokung geeignete Kohle führende Flöze, den Beginn der Produktion von Hochtemperaturkoks und seinen Einsatz zur Verhüttung die zukünftige Entwicklung bestimmte. Auch der Ausbau der Infrastruktur – Ruhrschiffahrt, Karrenwege und Eisenbahnbau – hatte begonnen. Insgesamt blieb aber der agrarisch-kleinstädtische Charakter der Siedlung und der Gesellschaft. Auch die Grubenbesitzer und die Bergleute waren in die agrarische Ordnung eingebunden, obwohl die Knappen, der staatlichen Direktion unterstellt und durch die Knappschaft sozial abgesichert, eine gesonderte berufsständische Formation bildeten.
Der Aufstieg zum Industriegebiet begann mit dem ersten Gründungsboom nach 1850. In dieser Phase wurde auch ausländisches Kapital investiert, das in der Gründerkrise nach 1875 durch deutsches abgelöst wurde. Bis zum Ersten Weltkrieg kennzeichneten Expansion und Konzentration den strukturellen Wandel: Der Bergbau drang in die Emscher- und die vestische und Lippezone vor, während die Standorte der Eisen- und Stahlindustrien vor allem in der Hellwegzone lagen. Kennzeichnend wurden Großbetrieb und vertikale Zusammenfassung von der Rohstofferzeugung bis zum Fertigprodukt. Über die Konzerne hinaus setzte sich der Konzentrationsprozeß in Kartellen und Syndikaten, aber auch in Unternehmerverbänden fort. Diese Expansion bedeutete zugleich eine Ausweitung des Arbeitsmarktes, die zur Zuwanderung aus allen Teilen des Deutschen Reiches, seit den 90er Jahren besonders aus Nordostdeutschland führte. Darunter waren auch deutsche Reichsbürger polnischer Nationalität, die sich bewußt gegen eine Integration stellten.
Industrialisierung und Zuwanderung begründeten industrielle Siedlung und industrielle Gesellschaft mit durch Beruf und Einkommen bestimmten sozialen Positionen. Die größte Kontinuität besaßen trotz entsprechender Zuwanderungen die bürgerlichen Ober- und Mittelschichten, während die Bergarbeiterschaft ihre privilegierte berufsständische Position verlor und zum Bestandteil einer proletarischen Arbeiterklasse wurde. Sie entwikkelte aus älterem berufsständischen Denken erste Konfliktstrategien von der Petition bis hin zum Streik, der 1889 zur die traditionsgebundenen Knappenvereine übergreifenden Gewerkschaftsgründung führte.
Der Erste Weltkrieg beendete die Aufstiegsphase. Seit seinem Beginn beeinflußten neben den ökonomischen vor allem politische Faktoren die Entwicklung. Insgesamt stabilisierte sich aber bei von Rationalisierungen verstärkten Konzentrationstendenzen, die sich auch nach den Jahren der alliierten Dekartellisierungs- und Entflechtungspolitik erneut durchsetzen konnten, die vom Montanbereich geprägte industrielle Monostruktur. Der Berg-

bau trug nach beiden Kriegen wesentliche Reparationsleistungen und wurde darüber hinaus wichtigster Energielieferant für den Wiederaufbau. Die Umstrukturierung des Energiemarktes führte seit 1958 zur Bergbaukrise, der seit Mitte der 70er Jahre die Stahlkrise folgte. Beides bedeutete Stillegungen von Produktionskapazitäten mit der Folge des Verlustes von einigen hunderttausend Arbeitsplätzen. Dies bedeutete das Ende des Volkswachstums, nachdem die Zuwanderung in den 20er Jahren, z. T. als Ersatz für abwandernde Polen, und nach dem Zweiten Weltkrieg infolge der Aufnahme von Flüchtlingen und Heimatvertriebenen noch eine wichtige Rolle gespielt hatte. 1961 wurde mit 5,1 Millionen der höchste Bestand erreicht; bis 1987 verringerte sich die Volkszahl infolge von Abwanderungen und Sterbefallüberschüssen um 0,4 Millionen relativ stärker als im Bundesdurchschnitt.
Die Gesellschaft wird weiterhin durch die Industriearbeiterschaft geprägt. In den politischen und sozialpolitischen Konflikten – u. a. dem Aufstand gegen den Kapp-Putsch, dem Passiven Widerstand gegen die Ruhrbesetzung, dem Ruhreisenstreit von 1928, dem Kampf gegen die Demontagen und jüngst gegen die Stillegungen – traten die Metallarbeiter mehr in den Vordergrund. In solchen Kämpfen solidarisierten sich weite Kreise der Bevölkerung mit den Arbeitern. Aber die Auseinandersetzungen zielten auf Erhaltung des Bestandes, nicht auf strukturelle Veränderung. Dies gilt weitgehend auch für die Hilfsmaßnahmen des Landes, des Bundes oder der Europäischen Gemeinschaft. Erst die Ruhrgebietskonferenz 1988 stellte die Strukturveränderung in den Vordergrund.
Führt das wachsende Bewußtsein struktureller Defizite zu neuem Aufbruch? Dagegen sprechen: die weiterhin strukturelle Dominanz der Montanindustrie, die Problematik der Qualifikationsstrukturen und Flexibilität der verfügbaren Arbeitskräfte, der Mangel an von Altlasten freien Flächen für Neuansiedlungen, die in den letzten Jahren kaum veränderte Zahl an Arbeitsplätzen bei über dem Durchschnitt liegenden Arbeitslosenquoten. Dafür sprechen: die strukturverändernde Neuansiedlung von Produktionsbetrieben, die neuen, auf Strukturveränderung zielenden Förderungsprogamme, die Förderung der zukunftsinnovationsorientierten Technologien, die Verbesserung der Qualifikations-Chancen durch Ausbildung des schulischen und universitären Bereichs, das auch in der Förderung kultureller, wissenschaftlicher und sportlicher Veranstaltungen deutlich werdende neue Selbstbewußtsein „Ruhrgebiet“. Insgesamt bleibt jedoch ein Fragezeichen hinter dem „neuen Aufbruch“. Es kommt darauf an, ob der Mut zu Veränderung und Fortschritt sich heute wie in den Anfangszeiten der Industrialisierung durchsetzt.

Diesem Vortrag liegt zugrunde: Wolfgang Köllmann, Hermann Korte, Dietmar Petzina und Wolfhard Weber (Hg.), Das Ruhrgebiet im Industriezeitalter, Geschichte und Entwicklung, 2 Bde., Düsseldorf (Schwann/Patmos) 1990.

II
Öffentlicher Vortrag

A. Esch (Rom)

Viele Loyalitäten, eine Identität: italienische Kaufmannskolonien im spätmittelalterlichen Europa

(Zusammenfassung)

Die Verflechtung der europäischen Märkte, voll ausgebildet gegen Ende des 13. Jahrhunderts, führte zu praktischen Zahlungsproblemen, für die italienische Kaufleute erste Lösungen finden; mit der Weiterentwicklung des Wechselbriefs werden sie diese Verflechtung noch vorantreiben. Italienische, meist toskanische Gesellschaften bauen ein Netz von Filialen über ganz Europa aus. All das führt zahlreiche Italiener in die Fremde: Kaufleute von Professionalität und Dynamik, willens und fähig, in aller Welt mit Waren, Geld und Dienstleistungen zu handeln. Nach ihrer Identität, nach ihren Loyalitäten soll gefragt werden.
Von ihren Fähigkeiten und von ihren Problemen, aber auch von ihrem Selbstwertgefühl zeugt unter anderem die unvergleichliche Geschäftskorrespondenz, wie sie sich etwa in den rund 125 000 Briefen des Archivio Datini in Prato erhalten hat. Für aussagekräftige Bildzeugnisse stehe die Gestalt des Luccheser Kaufmanns Giovanni Arnolfini und seiner Frau auf dem Bilde Jans van Eyck von 1434.
Bei der Orientierung und Behauptung im fremden Land wurde man sich, in der Erfahrung und Übertragung fremder Wert-Hierarchien, der eigenen erst wirklich bewußt: diese italienischen Kaufleute mußten gewissermaßen ihren gesamten Denkapparat um einen festen Angelpunkt – ihre Identität – schwenken und auf eine neue Wirklichkeit einstellen können, und ihn am Schluß doch wieder in die Ausgangsposition zurückführen. Denn die fortdauernde Bindung an die Vaterstadt und das Leben in landsmannschaftlicher Gemeinschaft blieb der feste Bezugspunkt: man organisierte sich, zu solidarischem Handeln, in Kolonien um Kult und Fest des Stadtheiligen, mit eigenen Statuten, eigenen Konsuln, eigener Gerichtsbarkeit. Unter der Dijoner Grabstatue des bedeutenden lucchesischen Kaufmanns, der, sowohl in Paris wie in Brügge engagiert, zum Finanzminister der Herzöge von Burgund für deren Grafschaft Flandern aufstieg und Bürgerrecht in Paris hatte, wird dennoch nur stehen: Dino Rapondi aus der Stadt Lucca in Italien.
Daß die neuen Loyalitäten allmählich gegenüber den ererbten überwogen und zu rascher Assimilation führten, war natürlich möglich, blieb aber Ausnahme. Andrerseits waren es Kaufleute, die von Norden die Ideen der Reformation etwa nach Lucca tragen werden.
Die Bindung an die Vaterstadt ließ die Kaufleute in der Fremde aber auch alte Parteiungen bewahren; gerade im Konflikt werden die Loyalitäten noch deutlicher hervortreten. Den Kern der dennoch unvermindert fortbestehenden Bindung bildet die Familie; und es sind Familienaufzeichnungen (ricordanze) und Familienbriefe sowie Leon Battista Albertis „Trattato della Famiglia", die erkennen lassen, wie den Nachkommen die spezifischen Normen einer Familie tradiert und aus der historischen Erfahrung der Familie ihre Überlebensstrategien entwickelt werden. Für diese Probleme – Bewahrung der Identität, Konflikt der Loyalitäten – geben auch Kaufmanns-Anekdoten und -Novellen sehr konkrete Beispiele.

Aber alle Quellengattungen lassen bald erkennen, daß über das Bewußtsein von Identität direkte Aussagen nicht gemacht werden: wer eine Identität hat, der ruht darin und spricht nicht davon. Unter den Bedingungen der Fremde erfährt der Mensch ganz anders als daheim die Bedeutung von alter und neuer Bindung: was daran wohl tut, und was daran weh tut.

Der Vortrag erscheint demnächst in der Historischen Zeitschrift.

Schlußvortrag

Th. Nipperdey (München)

Einheit und Vielheit. Probleme und Perspektiven der neueren Geschichte

Bei dem hier abgedruckten Text handelt es sich um die gekürzte Fassung, wie sie auch in der Frankfurter Allgemeinen Zeitung am 29. 10. 1990, S. 35, erschienen ist. Eine ungekürzte Fassung wird in der Historischen Zeitschrift, 1991, veröffentlicht werden.

Jeden Tag wird unsere Welt einheitlicher. Die Bürokratie vereinheitlicht Lebensverhältnisse, Produktions- und Verkaufsnormen, das Sozialrecht, die Fernsehgenehmigungen – die Beispiele aus unserer vielgeliebten EG sind Legion, aber überall ist es ähnlich. Alle Kampagnen zur Entbürokratisierung haben daran nichts Entscheidendes geändert. Technik und Markt vereinheitlichen die Produktion, das Management, den Vertrieb, die Arbeit, das Bauen, den Konsum. Informationsverarbeitung, Unterhaltungsindustrie, intellektuelle Moden, medizinische Fortschritte, nobelpreisträchtige Forschungen – das sind andere Beispiele für die fortschreitende Vereinheitlichung, und man kann schier endlos fortfahren. Gleichzeitig wird unsere Welt jeden Tag vielfältiger, unsere Gesellschaften werden Regenbogengesellschaften von Regionalismen, Gruppenidentitäten, Alternativkulturen, die zunehmende Freizeit individualisiert die Lebensstile und ermöglicht das Luxusideal der Selbstverwirklicher wie deren Narzißmus, die Postmoderne proklamiert die Auflösung der einheitlichen Vernunft, die Ethnologen preisen die Vielheit der unterschiedlichen Weltzugriffe, und das schlechte Gewissen des europäisch-atlantischen Publikums nimmt das dankbar auf. Diese Lage bestimmt auch das Nachdenken. Habermas und seine Anhänger beklagen die Unübersichtlichkeiten, in die das eine, ach so schöne, große und einheitliche Projekt der Moderne geraten sei; andere, Erben der skeptischen Aufklärungstradition, wie Odo Marquard, freuen sich ob des Zerfalls jenes Einheitsprojektes, ob der vielen Blumen, die blühen. Die heterodoxen Sozialisten, ob des Zusammenbruchs des Kommunismus in Nöten, freuen sich nicht an der Vielfalt einer freiheitlichen Weltkultur, sondern malen, drohend wie immer schon, die uniforme Welt aus Hamburgern und Coca-Cola (oder D-Mark) an die Wand.
Dieses Doppelgesicht unserer Welt hat eine lange Geschichte. Versetzen wir uns in die Situation nach der Französischen Revolution. Die späteren Konservativen, auch so aufgeklärte Geister wie Möser und Burke, beginnen mit dem Klagegesang über den Untergang der Vielfalt und ihrer Buntheit, über die Nivellierung und ihre Grautöne, die Er-

setzung der vielen Freiheiten durch die eine Freiheit. Der Absolutismus, der einheitliche Untertanen will, und die Revolution, die einheitliche Staatsbürger will, sind da gleich verhängnisvoll, sie wollen die Welt einheitlich rational durchkonstruieren, und dazu benutzen sie dasselbe Mittel, die Bürokratie. Markt und Maschine sind die anderen Großmächte der Vereinheitlichung; Friedrich Engels setzt noch 1845 die vielfältige Schönheit der dörflichen Maibäume im alten England gegen das Grau der Proletariervorstädte und des immer gleichen Fabrikalltags. Solche Perspektiven sind gewiß ideologisch, aber sie beziehen sich doch auf Realitäten, und die Historiker haben diese seither immer genauer untersucht. Die Vielfalt der nahen Lokalwelten geht unter und wird durch die Gleichmäßigkeit der Departements, der Kreise und Bezirke, durch die Gleichmäßigkeit der Rechts-, der Steuer-, der Gewerbe-, der Schulordnungen ersetzt, die vielen konkreten Gemeinschaften durch die eine abstrakte Gesellschaft von Staat und Nation, die vielfältig gegliederte Zeit des Sonnenstandes und des Glockenläutens durch die einheitliche Zeit der Uhren und des Gaslichts. Der Mensch orientiert sich nicht mehr an der Vielfalt anschaulicher Traditionen, sondern er stellt sich auf sich selbst, so aber, daß er sich an Ideen, an einheitlichen Abstraktionen und damit an Großgruppen orientiert. Modern sind nicht die bodenständigen Menschen, sondern die des mobilen allgemeinen Standes, wie Hegel die Beamten und Gebildeten genannt hat.

Andere Kritiker der Zeit beklagen anscheinend das Gegenteil dieser Verluste an Vielfalt. Die französischen Gegenrevolutionäre und die Romantiker wenden sich gegen die Verluste von Einheit, gegen die Tendenz der Moderne, die Welt aufzuspalten. Das Mittelalter und alle mythischen Urzeiten werden nostalgisch angerufen, Zeiten der Einheit, in denen die Welt noch ganz und heil war. Reformation und Renaissance, Subjektivismus und Rationalismus, so meinte Novalis, haben die Christenheit und Europa zerspalten und damit Kälte und Entfremdung in die Welt gebracht. Der Konsens der Tradition wird – so Bonald – durch die Dissense der isolierten Individuen und ihres selbstherrlichen Verstandes abgelöst, die Machträson der konkurrierenden Staaten wird freigesetzt. Auch diese Perspektive ist ideologisch und nennt zugleich Realitäten. Die Religion spaltet sich ja in Konfessionen, die Staaten werden ja autonom, und auch die anderen Lebensbereiche wie die Kultur lösen sich voneinander und von der Religion gar ab; so klagt schon der totalitäre Utopist Campanella in den Kerkern des Absolutismus in Neapel gegen den schrecklichen Auflöser Machiavelli. Europa ist zwischen 1500 und 1789 vielfältiger geworden; und das geht mit dem Hervortreten von Nation und Klasse, dem Auseinandertreten von Arbeits-, Herrschafts- und Deutungswelt fort und fort.

Um die Doppelheit von wachsender Einheit und wachsender Vielfalt zu verstehen, müssen wir einen kurzen Rückblick auf das Mittelalter werfen. Das Mittelalter hat die Vielheit der Götter, die ethnischen Religionen, die magischen Praktiken abgeschafft, ja die quasinatürlichen Nahwelten relativiert. Die Welt ist durch die Einheit der Christenheit geprägt. Zugleich ist das Mittelalter vom Mit- und Gegeneinander von Kirche und Herrschaft geprägt und darunter dann von der Vielfalt des feudalen Systems, den vielen selbständigen Herrschaften, den Klöstern, den Universitäten, den Städten, den Zünften. In diesem Mit- und Gegeneinander bilden sich Freiräume, in denen sich die großen Neuerungsschübe entfalten können oder die neue Schicht der Beweger und Macher, der Gebildeten und Beamten; noch der Zunftstörer Watt konnte nur im Schatten der Immunität einer schottischen Universität die Dampfmaschine erfinden. Und das Gewissen des einzelnen Christen, wie herrschaftlich und institutionell eingebunden es immer ist, kann doch auch ausbrechen gegen die Konvention, davon leben Ordensgründungen und Reformen. Diese Welt war gewiß eine Welt der Ungleichheit und der Unfreiheit, aber es ist diese Vielfalt, es sind die vielen Freiheiten gewesen, die verhindert haben, daß diese Welt in asiatisch-despotischer Unfreiheit aufging. Daß alle Wirklichkeit von Vielfalt und Konflikt bestimmt ist, ist trivial; das Besondere am europäischen Mittelalter ist, daß die Vielfalt legitimiert ist und die Konflikte eingehegt sind. Das ist darum so, weil alle Vielfalt auf den einen transzendenten Ursprung aller Ordnung bezogen ist, die vielen ungleichen Freiheiten auf die eine gleiche und allgemeine Freiheit der Erlösten. Das relativiert das Gegeneinander, das ermöglicht das Zusammenbestehen. Die Vielfalt ist in der Einheit eines Grundkonsenses begründet und dadurch auch begrenzt. Das, was die beiden Parteien der Modernitätskritiker anriefen, die altmodische Vielfalt und die altmodische Einheit, sind in Wahrheit dialektisch verbunden, die zwei Seiten derselben Welt.

Wir kehren zur Debatte von 1800 zurück. Was haben die Modernisten auf jene beiden Vorwürfe, sie nivellierten die schöne Vielfalt und sie zerstörten die alles verbindende Einheit, geantwortet? Die erste Antwort ist wie so oft im Leben ein Gegenangriff. In Wirklichkeit unterdrückt die alte Welt mit Autorität, Konsenszwang und Einbindung, allem mit ihrer unaufhebbaren Ungleichheit, die Vielfalt; denn es kommt nicht auf die Vielfalt von Institutionen oder Korporationen an, sondern auf die der Individuen. Darum ist der Kampf um die religiöse Gewissensfreiheit und um deren Erweiterung zur Gedanken- und politischen Meinungsfreiheit eine der Säulen des modernen Aufstandes gegen die alte Welt. Man muß den Traditionalisten die Verklärung ihrer Welt als Welt der wahren Vielfalt gerade wegnehmen. Das wahre Subjekt von Vielfalt sind darum nicht mehr Institutionen und Korporationen, sondern es sind die Individuen. Wenn man das anerkennt, ist das Argument der Traditionalisten gegenstandslos geworden.

Das, was daraus folgt, ist das zweite Gegenargument: Für die wahre Vielfalt, nämlich die der individuellen Einzelnen, muß man zuallererst die Voraussetzungen schaffen, und zwar dadurch, daß man die fälschlich verklärte Vielfalt der Traditionen abschafft und so die Einheitlichkeit von Lebensbedingungen herstellt. Individuelle Vielfalt gibt es nur auf dem Boden genereller Gleichheit. Man muß also das Vorgegebene vereinheitlichen, damit die wahre Vielfalt möglich wird. Oder: Nicht mehr die alte Doppelheit von Einheit der Religion und Vielfalt der Institutionen soll gelten, sondern umgekehrt die Einheit der Institutionen und die Vielfalt der Lebensentwürfe und Meinungen, wie man jetzt lieber sagt. Dagegen sagen nun wieder die Modernitätskritiker, diese Strategie sei kontraproduktiv, das Mittel werde zum Selbstzweck; die Vereinheitlichung, die Nivellierung der Bedingungen gewinne die Oberhand, auch nur die Möglichkeit individualistischer Vielfalt werde dadurch zerstört. Anders gesagt: Wenn Gleichheit unbedingt zur Vorbedingung der Freiheit erklärt wird, wird die Möglichkeit der Freiheit, im Extremfall jedenfalls, vernichtet.

Gegenüber diesem Argument spalten sich die Modernisten. Die Radikalen nehmen den Vorwurf nicht ernst, sie sehen in ihrer Vereinheitlichungs- oder Voraussetzungsschaffungspolitik keine Gefährdung künftiger Vielfalt. Rousseau oder Marx und Engels sind berühmte Vertreter dieser Position. Damit verschieben sich freilich die Gewichte. Die individualisierte Vielfalt rückt ins eschatologisch Ferne, in die Zukunft, in die Nähe rückt die Vereinheitlichung, die Angleichung. Die Radikal-Progressiven werden darum in Europa die Zentralisierer. Die beiden progressiv-pluralistischen Gruppen, radikal-

demokratische Föderalisten und anarchistische Sozialisten, bleiben außenseiterische Minderheiten.
Die Gemäßigten, das werden die Liberalen, nehmen den Einwand der Kritiker dagegen ganz ernst. Sie halten an der Vereinheitlichung der institutionellen Bedingungen, die auf Freiheit und Vielfalt der einzelnen zielen, fest. Aber dabei wollen sie immer zugleich einen Ausgleich schaffen, wollen nicht nur auf die Individuen der Zukunft warten, sondern jetzt schon Institutionen der Vielfalt einrichten. Gewaltenteilung, Selbstverwaltung, Vereinswesen, Föderalismus, das sind Beispiele solcher Kompensationen. Ja, die Liberalen übernehmen auch dies und das aus der Vielfalt der Traditionen, richten sich mit dem Status quo ein. Ideenpolitisch heißt das, daß man für stabilisierende Gegenhalte im Wirbel der Neuerungen eintritt, die Prägung der Menschen durch ihre Herkunft anerkennt. Daß die Philosophie als führende Weltinterpretations- und Rechthaberinstanz im 19. Jahrhundert von der Geschichte abgelöst wird, ist eine Anerkennung der Wirklichkeitsmacht der Traditionsvielfalt. Denn Philosophie hatte es mit dem Einen, der Vernunft, zu tun, Geschichte aber mit dem Vielen. Der Ausweg derer, die die Tradition im Namen der zukünftigen Vielfalt der Individuen vereinheitlichen wollten, war die Geschichtsphilosophie, in der ein letztes Ziel und eine einheitliche Richtung der Geschichte konstruiert wurde. Die Nostalgiehistoriker dagegen wollten die Vielfalt der Herkunftswelt und ihre umgreifende Einheit bewahren oder gar wiederherstellen. Die große Menge, die sogenannten Historisten, wollten zwischensteuern, Reformfortschritt zwischen Herkunft und Zukunft, viele Wege, viele Ergebnisse, nicht die beste Verfassung, aber die jeweils gute.
Das 19. Jahrhundert ist von der Spannung zwischen den Prozessen der Vereinheitlichung und der Erzeugung ganz neuer Vielfalt, zwischen Entpluralisierung und Neupluralisierung bewegt. Wir vergegenwärtigen uns das am Schicksal des Liberalismus. Kampf gegen die Vielfalt der Herkunftstraditionen und Vorprägungen, Kampf für die Vielfalt durch Leistung, die Vielfalt der Individualitäten in der Zukunft, das war das Konzept der Frühliberalen und auch ihres Verbündeten, des bürokratischen Staates. Rechtsgleichheit und Eigentumsfreiheit, Freisetzung der Privatsphäre des einzelnen durch Rückzug des Staates und Aufhebung der Korporationen, das waren die Mittel, eine homogene Gesellschaft und eine Vielfalt freier Individualitäten das Ziel.
Daraus haben sich drei unbeabsichtigte Konsequenzen ergeben. Einmal, die Macht, die die Traditionen angleichen und die Individuen freisetzen soll, ist der Staat. Darüber wächst er zu gewaltiger Stärke. Schon der liberale Staat hat mit der allgemeinen Wehr-, der allgemeinen Steuer- und der allgemeinen Schulpflicht den Lebenslauf der einzelnen wie nie zuvor geprägt. Der Besuch der gleichmäßig geordneten Schulen, der Dienst beim gesamtstaatlichen Militär begründeten mehr Einheitlichkeit der Bürgerschaft, schon in der Sprache, als es in der Zeit der Untertanen je gegeben hatte. Der Staat wird zentralistischer, rational-bürokratischer.
Noch im 19. Jahrhundert geht er von der Regelung von Rahmenbedingungen zur aktiven Intervention und zur Daseinsvorsorge über. Im Vergleich zu heute waren die Lebenswelten in einem Staat immer noch einigermaßen vielfältig, im Vergleich zur alten Welt waren sie unendlich viel einheitlicher geworden. Das hat die liberale Zielidee von der Vielfalt der Individualitäten nicht verhindern können.
Sodann: Rechtliche Freiheit und rechtliche Gleichheit haben Eigentum und Erbe, Berufs- und Bildungschancen wie Lebensstile neu differenziert, den Menschen neu in seine Her-

kunft eingebunden. Gerade die vereinheitlichende Auflösung der Ständegesellschaft ist es gewesen, die die neue Vielfalt der Klassengesellschaft erzeugt hat. Die Freisetzung der Individuen und die Bildung von Klassen werden überkreuzt von der Neubildung sozialkultureller Milieus, des Landes und der Stadt, der Großstadt und der Kleinstadt, der Protestanten und der Katholiken, der Altbürger, der Bildungs-, der Wirtschaftsbürger, der Landzuwanderer und der Stadtgeborenen unter den Arbeitern zum Beispiel. Die Vielfalt der Milieus verbindet die Reste von Herkunftsvielfalt und die neue Klassen- und Berufsvielfalt. Solche Milieus schieben sich zwischen die Einheitlichkeit einer Gesellschaft und die erwartete Vielfalt der einzelnen Individualitäten. Endlich, diese Ebenen und Geschiebelagen sind durch die Macht der Nation überformt worden. Die Nation, seit 1789 einer der neuen Götter der Welt, hat alle älteren und alle neuen universalistischen Einheiten zerteilt, pluralisiert: die Menschheit, die Vernunft, die Stände, die Konfessionen und die Klassen, die politischen Ideologien. Und sie hat zugleich alle näheren Vielheiten vereinheitlicht, Regionen und Milieus, ja zum Teil auch die Klassen, und hat auch die Vielfalt der eben erst entbundenen modernen Individuen in eine neue, gleichmachende Einheit relativiert, sie setzt sich gegen Universalisten, Partikularisten und Individualisten linker wie rechter Observanz durch, sie wird die neue Zwischenwelt zwischen alten und neuen Einheiten wie Vielheiten. Man kann den Aufstieg des Nationalismus als Antwort auf eine Krise der revolutionären Vereinheitlichung der Traditionswelt verstehen; denn Nation bietet das, was in diesem Prozeß verlorengeht, individuelle und kollektive Identität. Und die Mittel des modernen Staates, Schule, Militär, Verwaltung, Gericht und Gesetze, Eisenbahn und Post, sowie die Gemeinsamkeit der Hochsprache machen aus provinziellen Bauern und Handwerkern Franzosen oder Deutsche. Die zentralistische Stadtkultur überformt das Land, die Bürgerkultur prägt auch Bauern und Arbeiter, das sind andere Formen solcher Nationalisierung. Kurz, Individuen und Regionen, Gruppen und Milieus vereinheitlichen sich zur Nation. Die Welt differenziert sich neu in der Vielfalt von Nationen und ihrem Gegeneinander.

Sieht man aufs Internationale, so findet man dieselbe Doppelheit. Der Nationalismus hat die gegensätzliche Vielheit der Staaten gewaltig intensiviert. Und er hat doch die Welt über die imperialistische Herrschaft und die Ausbreitung der Weltzivilisation vereinheitlicht. Diese Vereinheitlichung bleibt freilich im Rahmen nationaler Rivalitäten, und die Entstehung einer anglophonen und francophonen Zone der Welt erinnert bis heute an diese Dialektik.

Die Liberalen, die Vielfalt des einzelnen unter einheitlichen oder doch homogenen Rahmenbedingungen von Staat und Gesellschaft erstreben und darum, wenn auch mit Vorsicht, die Traditionsvielfalt abzubauen suchen, geraten in die Krise. Kräftige Traditionen wie die des Landes oder die der Kirchen sind resistent gegenüber jener Doppelverheißung der Liberalen. Und die unerwartete neue Vielfalt der Klassen und Milieus ist es ebenso. Und solange Knappheit die Welt regiert, haben die Liberalen dagegen keinen Ausgleich zu bieten. Die Liberalen sind nicht, was sie sein wollen, das Volk, sondern sie sind eine Partei. Ihr Modell vom souveränen Volk und einer Verfassung als der Integration unterschiedlicher Vielheiten von Individuen wie Gruppen ist, so zeigt sich, nur möglich, wo es einen Grundkonsens gibt, der lange in die Herkunft zurückreicht oder sich nur mühsam neu bildet. In Österreich-Ungarn scheitert der gesamtstaatliche Parlamentarismus, in Deutschland und Italien bleibt seine Integrationsfähigkeit beschränkt. Der Glaube der Liberalen, daß Vernunft und Humanität Vielfalt und Einheit zugleich begründen und einhegen, hat sich nicht erfüllt. Kulturkämpfe, Klassenkämpfe, Interessenkämpfe und die Konflikte der Ideologien, die von der Religion jetzt Absolutheitsansprüche übernehmen, sind stärker. Die Liberalen werden ein Opfer des von ihnen entbundenen Prozesses der neuen individuellen Pluralisierung und der neuen Einheitsstiftung.

Natürlich, die Welten vor 1914 waren noch stabil. Zwischen der Vielfalt der einzelnen, der Gruppen, der Interessen und der Ideologien und der Vereinheitlichung von Lebensumständen und Mentalitäten bildete sich eine Zwischenzone. Ordnung und Recht, Knappheit und natürlich die Kraft des Nationalen hielten das Problem von Vielfalt und Einheit, Pluralität und Integration in den einzelnen Gesellschaften in Grenzen. Aber die verheißene Welt der Vielfalt freier Individuen und die sie überwölbende Einheit von Staat und Gesellschaft waren nicht entstanden. Daran knüpft das Krisenbewußtsein der Zeitgenossen an. Die individualistischen Modernisten sehen die Gefahr der bürokratischen Gehäuse, des Konformitäts- und Gruppendrucks, der entfremdeten und anonymen Massen, die Traditionalisten und die integralen Nationalisten sehen die Desintegration durch den Gruppenpluralismus, die Schwierigkeit der Mehrheits- und Konsensbildung angesichts wachsender Konflikte. Und ganz allgemein war es den Zeitgenossen, mehr noch als uns Menschen überhaupt, ein Problem, unterschiedliche weltanschauliche Deutungssysteme, Lebensstile, politische Zielvorstellungen anzuerkennen.

Gewiß, pragmatisch hat sich innerhalb der Nationen ein Normalmaß von Koexistenz eingeschliffen. Aber so selbstverständlich es wurde, daß moderne Menschen jenseits aller Zwänge sie selbst sein wollten, so schwierig blieb es, anzuerkennen, daß andere anders sein wollten. Dissentierendes Verhalten mochte man bei einzelnen tolerieren, bei Gruppen wollte man es gemeinhin nicht hinnehmen, die Kulturkämpfe waren dafür typisch. Um 1910 leiden die Menschen am Relativismus, wie Troeltsch oder Musil das zum Ausdruck gebracht haben, an der widersprüchlichen Vielheit der Werte, an der Anarchie und dem Wertezerfall. Sie wollen den Relativismus überwinden. Und politisch leiden sie am Gruppen- und Konfliktpluralismus. Daher entstehen dann so viele Integrationskonzepte wie der rechte und der linke Traum von der Volksgemeinschaft. Auch ein Modernist wie Max Weber hat sich mit der Einhegung des Pluralismus abgeplagt.

Zwischen 1918 und 1945 verschärft sich die Krise, der Pluralismus wird von den Intellektuellen als Vergleichgültigung von allem und jedem und allem Wichtigen erfahren, als „billiger Pluralismus“. Gegen ihn, gelangweilt vom Liberalismus, revoltiert das junge Europa. Die Massen, immer noch in der Welt der Knappheit, reagieren mit Aufstand und Flucht, der Bolschewismus bot eine neue, totale und globale Einheit an, der Nationalsozialismus eine Gegenwelt gegen die internationale Vereinheitlichung wie die fortschreitende liberale Pluralisierung von Gruppen und Individuen unterhalb der absolut gesetzten Nation.

Zwischen 1789 und 1945 verschiebt sich im Ergebnis das Verhältnis von Vielfalt und Einheit. Die Vielfalt von Traditionen und Institutionen soll durch die Vielfalt von Individuen, von Meinungen und Lebensentwürfen abgelöst werden. Das erfordert die Vereinheitlichung der Lebensumstände. Darauf sollen neue Einheiten von Staaten und Gesellschaften gegründet werden. Aber die Entmächtigung der Vielfalt der alten Welt führt nicht in die neue Welt der Vielfalt der Individuen, sondern in eine neue Vielfalt von Klassen, Milieus, Nationen. Das Problem, wie Einheit und Konsens einerseits, Vielfalt der Freiheiten und der Freiheit andererseits zusammen bestehen können, kehrt in immer neuer und veränderter Form wieder. Der Fortschritt der Neuzeit an möglicher Viel-

falt und wirklicher Einheit erzeugt zugleich die neuen Gefährdungen von Vielfalt wie Einheit.
Der Historiker ist kein Lobsinger, nicht der Einheit, nicht der Vielfalt, und er ist kein Apokalyptiker, vom Ende unserer Welt in der total nivellierenden Einheit eherner Gehäuse, des sinnleeren Konsums, des Medienbetriebs oder in der unendlichen Vielfalt relativistischer Beliebigkeiten, der Regenbogengesellschaften, des „Anything goes". Er bleibt der Beobachtung und Analyse verpflichtet, der Auslotung unserer Alternativen. Die ungeheure Vereinheitlichung der Weltzivilisation hat die Vielfalt der Herkunft und der natürlichen Gegebenheiten nivelliert. Aber auch dieser Prozeß hat neue individualisierte Vielfalt erzeugt, freilich viel, viel problematischer, als man es am Ursprung der Moderne erhofft hatte. Zuerst: Die Vereinheitlichung der Welt hat nicht zu einer wachsenden Rationalität des Handelns geführt, sondern Komplexität, Widersprüche und Ungewißheiten verstärkt, hat das Unbehagen an der Kultur erzeugt. Habermas spricht von der Kolonisierung der Lebenswelt, den symbolisch vermittelten Lebensformen, durch die rationalen Systeme, vor allem von Wirtschaft und Bürokratie, andere schlicht vom Verlust von Sinn. Die postmoderne Subjektivität und ihre Distanz zur Rationalität oder die Ästhetisierung von Nihilismus-Erfahrungen sind Antworten auf die Lage.
Die Vereinheitlichung der Welt zu einem im Prinzip rationalen und ganzheitlichen System macht die Zufälligkeiten des vielfältigen Schicksals, ehedem doch eine Selbstverständlichkeit jeden Lebens, deutlicher und problematischer. Warum bin ich so, wie ich bin, warum sind die Dinge so, wie sie sind? Gerade wo wir von der universalen Veränderbarkeit und Machbarkeit ausgehen können, haben paradoxerweise auch rationale Systemlösungen etwas Zufälliges, es könnte doch auch anders sein. Die Philosophen nennen das die Kontingenz. Sie wird zu einer der großen negativen Erfahrungen der weltweiten Vereinheitlichung, sie wird die Negativspur der Vielfalt.
Aber es gibt auch positive Effekte. Die Vereinheitlichung der Welt hängt mit der Überwindung der Knappheit und der Arbeitsfron durch Technik und Markt zusammen. Wir können unsere Freizeit durch die Auswahl innerhalb eines globalen Angebotes individualisieren, eigene Lebensstile entwickeln. So viel Vielfalt war nie. Die vielfältigen und individualisierten Privatwelten kompensieren gleichsam die Einheitlichkeit oder Uniformität der Arbeits-, Waren- und Bürokratiewelt. Zum Fortschrittsjubel freilich ist kein Anlaß. Die Dritte Welt ist ausgespart. Die Errungenschaften der Vielfalt ermöglichen auch den libertären Hedonismus und Narzißmus der modernen Menschen. Diese aber nagen die Grundlagen ihrer Ermöglichung, nämlich die Rationalität und Disziplin der Vereinheitlichungsprozesse, gerade an. Ähnlich ist das Ergebnis der Medienrevolution. Die Medien präsentieren immer mehr Vielfalt und ermöglichen Auswahl, und sie vereinheitlichen gleichzeitig alles zu einer Weltkultur, sei es nach dem Strickmuster des Kommerzes, sei es nach dem der Medienintelligenz. Aber zwischen verordnetem Pluralismus, sei es Minderheitenkult, sei es Fernstenliebe, und kommerzieller Internationalität geraten die Identitäten der einzelnen wie der realen Gruppen ins Gedränge, ja ins Abseits, das wird den Noch-Gruppen-Zugehörigen zum Problem. Kurz, Der Mensch lebt in einer spezifisch modernen, unaufgelösten Spannung zwischen der Einheit des Weltprozesses und der Vielfalt der Individualwelten.
Politisch hat sich das Leiden am Konfliktpluralismus vom Jahrhundertanfang gelegt. Wohlstand, soziale Sicherheit und politische Kultur haben ihn eingehegt. Auch das ist kein Anlaß zur Euphorie. Wir haben statt dessen einen Proporz- und Ausgleichspluralis-

mus erfunden, der die Probleme vertagt und umgeht. Politik zwischen Interessenvielfalt und Integration bleibt ein Problem, aber es wäre natürlich absurd, hier je endgültige Lösungen erwarten zu wollen. Die jüngsten Ereignisse im Osten mag man als den Untergang des einen Universalismus, die Selbstbehauptung des anderen deuten. Aber ebenso wahr ist: Eine auf Einheit fixierte Zukunftsutopie ist zusammengebrochen, die Vielfalt der Herkunftswelten ist wieder aufgestiegen, zwischen der Einheit einer Weltkultur und der Vielfalt von lauter Individuen und Weltbürgern, gegen die herkunftslose Vorherrschaft von Idee und Realität der Gesellschaft, der Verfassung oder der Rationalität. Das gefällt vielen hierzulande nicht, aber es kommt darauf an, Tatbestände zu begreifen, und man darf den neuen Identitätsnationalismus nicht mit dem Aggressions- und Missionsnationalismus europäischer Vergangenheit verwechseln. Das Problem der Zwischeneinheiten und der Zwischenvielheiten jedenfalls steht wieder ganz obenan auf der Tagesordnung.
Historiker könnten den „Streit der Götter" (Max Weber), den Streit um das rechte Verhältnis von Einheit und Vielfalt, nicht lösen, sie können nur versuchen, ihn aufzuklären. Die Geschichte wirft Licht auf die Gegenwart von weit her und einen langen Schatten. Sie läßt uns zwischen Utopie und Apokalypse, zwischen Nostalgie und ewiger Kritik in aufgeklärter Erinnerung und Skepsis zwischen Einheit und Vielfalt bestehen.

Podiumsdiskussion, 27. September 1990:

Zur Lage der Geschichtswissenschaft in der DDR

Leitung: *Ch. Meier (München)*
Teilnehmer auf dem Podium (in der Reihenfolge der Beiträge):
M. Kossok (Leipzig)
J. Peters (Berlin-Ost)
E. Donnert (Halle)
H. Zwahr (Leipzig)
Frh. K. O. von Aretin (Mainz)
A. Mitter (Berlin-Ost)
J. Kocka (Berlin-West)
Ch. Meier: Zusammenfassung der Diskussionsbeiträge des Publikums
K. H. Blaschke (Leipzig/Dresden): Zur Lage der Geschichtswissenschaft und der Historiker in der DDR

Ch. Meier

Vorbemerkung

Die Diskussion war nachträglich ins Programm eingefügt worden, sie stand unter Zeitdruck (Beginn 20.30 Uhr, Ende 23.00 Uhr). Die Herren auf dem Podium mußten sich also sehr kurz fassen. Ihre Beiträge werden in der Folge wörtlich abgedruckt. Nur der von A. Mitter lag nicht vor, seine These ist aufgrund von Notizen rekonstruiert worden.
Der Diskussionsleiter beschränkte sich darauf, unter Hinweis auf die existentielle Schwierigkeit des Themas für die DDR-Historiker, auf das Glück der westlichen Geburt (respektive des rechtzeitigen Wechsels in den Westen) und die zwischen West und Ost schon ablaufenden gruppendynamischen Prozesse einige Bitten vorzutragen: Möglichst keine persönlichen Vorwürfe, möglichst keine Apologetik; möglichst viel gegenseitiger Respekt – und nach Möglichkeit auch die Emotionen zu bremsen. Es gehe nicht um „Vergangenheitsbewältigung“, sondern um die Erkenntnis der Probleme in ihrer ganzen Komplexität, damit man mit ihnen um so besser umgehen könne.

M. Kossok

Pro historia nova

Jeder gesellschaftliche Zusammenbruch trifft die Geistes- und Sozialwissenschaften, insofern sie Herrschaftswissen und Legitimationsfunktion repräsentierten, auf besondere Weise. An selbsternannten Richtern fehlt es nicht. Dem Historiker, der sich der Macht verschreibt, wird – im Unterschied zum Mediziner, dem eine Operation mißlingt – nicht das Recht auf Kunstfehler zugestanden. Die Situation ist durch Schock und Traumatisierung gekennzeichnet: vom Verlust des Wert- und Weltbildes bis zur nackten materiellen Angst. Die eigentliche Crux der Debatte um die ehemalige DDR-Geschichtsschreibung besteht aus meiner Sicht im hohen Grad aus der Abstraktion, der differenzierte Einschätzungen nicht zuläßt. In nicht geringem Grade werden vor allem Berliner Erfahrungen und Konfliktsituationen verallgemeinert. Das Bemühen um Veränderung und Erneuerung an den einzelnen Universitäten hat aber einen recht unterschiedlichen Stand erreicht. Auffällig ist das Unvermögen, dieses Bemühen gegenüber der Öffentlichkeit transparent zu machen. Im Falle Leipzigs gilt das z. B. für die intensiven Aktivitäten des akademischen Mittelbaus gegen die ministeriell protegierten Tendenzen zur Restauration der traditionellen Ordinarienuniversität. Nicht nur „alte", auch „neue" Kräfte bremsen.

Die ideologische Hypertrophierung breiter Bereiche der Geschichte im Zeichen des dogmatisierten Staatsmarxismus birgt die künftige Gefahr einer Theorieverdrossenheit und des Rückzugs auf einen positivistischen Empirismus in sich.

Einer Versachlichung bedarf die Debatte um das Verhältnis von Forschung und Lehre an den Universitäten. Von einem „Austrocknen" der Universitäten zu Lasten der Akademie zu sprechen, schematisiert die reale Situation. Zu den Gebieten, in denen die Universitäten der Akademie überlegen oder zumindest gleichwertig blieben, gehörte z. B. die Müntzer- und Lutherforschung, die Landes- und Agrargeschichte, die Geschichte des Frühsozialismus, die Universal- und Revolutionsgeschichte, die Weltkriegsgeschichte, die Regionalwissenschaften (Afrika, Nahost, Asien, Lateinamerika). Nicht zuletzt wegen des Widerstands an den Universitäten konnte sich das sowjetische System der Trennung von Forschung und Lehre nicht durchsetzen, ganz abgesehen davon, daß es – wie im Falle Leipzigs – eine gute Zusammenarbeit von Universitäts- und Akademieinstituten gab, die dank persönlicher Initiativen administrative Schranken überwand.

Thema „Herrschaftswissenschaft": Der Vorwurf ist berechtigt und verlangt trotzdem eine kritische Differenzierung. Im jüngsten „Welt"-Interview von Wolfgang J. Mommsen findet sich dazu die nicht unbedeutende Einschränkung: „in bestimmten Grenzen". Tatsächlich bestand das Dilemma gerade der deutschen Geschichte bzw. der Geschichte der Arbeiterbewegung darin, die von der politischen Führung getroffenen Entscheidungen a priori oder ex post zu rechtfertigen. Politikfähigkeit in dem Sinne, daß die Geschichtswissenschaft auf strategische Beschlüsse Einfluß genommen hätte, besaß sie nie.

Thema „Legitimationsfunktion". Hier handelt es sich um kein DDR-spezifisches Problem. Über Legitimationsverständnis, -funktion und -krisen der Geisteswissenschaften als Grundfrage ihrer gesellschaftlichen Gebundenheit ist ausführlich in der Konstanzer Denkschrift vom Mai 1990 nachzulesen. Die Frage ist nicht, *daß* legitimiert wurde – unter „Legitimationszwang" steht letztlich jeder Historiker –, sondern *was* und *wie* legitimiert worden ist. Mit dem Primat der dogmatisierten Politik ging der Anspruch auf Wissenschaftlichkeit verloren.

Die vorgesehene „Durchmischung von Historikern der Noch-DDR und Historikern der Noch-Bundesrepublik" begrüße ich. Nicht nur wegen der nötigen methodologischen und inhaltlichen Erneuerung der DDR-Geschichtswissenschaft. Es geht auch um das Verständnis, wie sich Prozesse des Umdenkens vollziehen. Conversio und mutatio im Geschwindschritt dürften kaum überzeugen. Weniger spektakulär verlaufende Neubesinnung – eine über 40 Jahre gewachsene Identität läßt sich nicht wie eine Schlangenhaut abstreifen, obwohl es an Beispielen dafür nicht mangelt, – gebiert den rasch formulierten

Vorwurf, ein „Stalinist" zu sein. Ein bestimmter Denkansatz für die Erneuerung der Geschichtswissenschaft zielt auf die „biologische" Lösung. Die heute meist sechzigjährigen Inhaber der Lehrstühle gelten per se und pauschal als Vertreter des „alten Diskurses" („jene, die Macht ausgeübt haben"), der „neue Diskurs" könne nur mit der jüngeren, ein- und anpassungsfähigeren Generation geführt werden. Angesichts der Tatsache, daß nicht wenige jüngere Historiker mit originellen Forschungsergebnissen auftreten (und das nicht erst seit Herbst 1989), sollte die Frage erlaubt sein, welche „alten" Persönlichkeiten, aus deren Schule sie kommen, dafür anregend gewirkt haben. Da die Aufgabe, eine Wissenschaft zu erneuern, kein Verordnungsakt (wie momentan angestrebt), sondern einen Prozeß darstellt, steht jetzt schon außer Frage, daß die junge Historikergeneration dabei die Schlüsselstellung einnehmen wird. Dieser Generationswechsel hat in der DDR zwar politische Priorität. Gleichzeitig steht aber auch international ein Generationsumbruch an. Für die jüngeren Historiker Ostdeutschlands stellt sich die Frage, wie sie der einen Bevormundung entkommen können, ohne der anderen Majorisierung zu erliegen.

Jeder Historiker, der zur Selbstprüfung bereit ist, muß zugeben, damit erst am Anfang zu stehen. Zu meinen Lehrern gehörten Persönlichkeiten, die aus Zuchthäusern und Konzentrationslagern des NS-Regimes oder der Emigration an das Pult traten. Trotz unguter Erfahrungen mit der Macht und vieler interner Debatten über die sich aufstauenden Probleme erfolgte dennoch kein offenes oppositionelles Handeln. Welche Mechanismen wirkten hier? Selbstdisziplinierung? Hoffnung auf die „biologische" Lösung? Trägheit des Etablierten? Illusion einer Erneuerung von innen heraus? Zufriedenheit mit der geschaffenen Nische, die in nicht wenigen Fällen – dazu gehörte die Universalgeschichte – einen beträchtlichen Grad an Freizügigkeit ermöglichte? Wissenschaft als Ersatz für eine von der Realität zunehmend widerlegte Vision (oder der von Erich Loest schon 1953 attackierte „Elfenbeinturm mit der roten Fahne")? Das Wissen um die Gebrechen einer marktwirtschaftlichen Alternative mit ihrer europäischen Zweidrittelgesellschaft, die ich in meiner Lateinamerikazeit kennenlernte?

Bleibt die Frage: Was kann die DDR-Historiographie „einbringen"?

Das Einzubringende könnte umfassen:

- ein in bestimmten Bereichen solides Leistungsangebot, das sich durchaus einer fairen nationalen und internationalen Evaluierung stellen kann;
- eine beträchtliche Zahl von hochmotivierten, z. T. bereits über internationale Erfahrung verfügenden Nachwuchskräften;
- das Wissen um eine vor allem sozial dimensionierte DDR-Identität, die nicht mit dem 3. Oktober verschwinden wird, sondern in einem komplizierten Prozeß der Erkenntnis historisch aufgearbeitet werden muß;
- die Herausforderung, daß künftige deutsche Geschichtswissenschaft mehr ist als die Übertragung bundesdeutscher Modelle auf den Osten Deutschlands, sondern daß das über längere Zeit dauernde innere Zusammenwachsen des bisher geteilten Deutschlands eine qualitativ neudimensionierte Geschichtswissenschaft hervorbringen wird;
- die Erfahrung mit der Macht in ihrer repressiven wie deformierend-verführerischen Funktion;
- die Notwendigkeit, aus jener gegenseitigen Selbstblockade zwischen den vermeintlichen „Siegern" und den vermeintlichen „Verlierern" der Geschichte herauszufinden;
- die 1. Warntafel: das fast bismarckisch zu nennende Bild von Nationalgeschichte des

alten Systems kann unter der Einigungseuphorie in einen Prozeß der Renationalisierung umschlagen, der das Bekenntnis zum postnationalen Verfassungsbürger in Frage stellt;
- die 2. Warntafel: den Europaenthusiasmus nicht in einen neuen Europazentrismus als geistige Mauer gegen den „Rest" der Welt auswachsen zu lassen, sondern Geschichte in den Dienst der Idee der *Einen Welt* zu stellen;
- die 3. Warntafel: sich entschieden dem Prozeß der Enthumanisierung (= Funktionalisierung) der Geisteswissenschaften, der im Sozialismus extrem ausgeprägt war, aber nicht nur ihm, sondern jeder modernen Gesellschaft tendenziell eigen ist, entgegenzustellen;
- die enge Berührung der ehemaligen DDR-Geschichtswissenschaft mit den Historikern Ost- und Südosteuropas, die „Veröstlichung" der DDR, umschließt für die gesamtdeutsche Zukunft ein wertvolles Kapitel für eine Brückenfunktion;
- den Anspruch, auf die Pervertierung der sozialistischen Gesellschaft nicht mit einer Ghettoisierung des materialistischen Historismus zu reagieren, sondern dieser Methode einen Platz im pluralistischen Geschichtsverständnis zu geben, der sich durch Leistung und wissenschaftliche Akzeptanz rechtfertigen muß, d. h. nicht nur (wie auch schon empfohlen) den Sparringspartner für die Demonstration einer pluralistischen Wissenschaftslandschaft abgibt.

J. Peters

Zum Podiumsgespräch in Bochum

Ich möchte gern wissen: Welche *Verhaltenstypologie* läßt sich für Historiker im pseudosozialistischen Regime der DDR ausmachen? Die Frage erwächst aus persönlicher Betroffenheit und erkanntem Lernbedarf, auch in einem Institut wie dem meinigen, dem Akademie-Institut für Wirtschaftsgeschichte, wo wir unter dem Schutz und Schirm von Jürgen Kuczynski doch offen sprechen und gleichsam auf einer vor dem Dogmatismus geschützten Insel lebten.
Nach meinem jetzigen Verständnis lassen sich mindestens vier Grundtypen des Historikerverhaltens in der DDR bis zum Oktober 1989 ausmachen:
Erstens die *bedingungslosen Apologeten.* Sie taugten in der Forschung herzlich wenig und hielten nicht viel von wissenschaftlicher Redlichkeit. Das waren vor allem die sogenannten Parteihistoriker, unter Leuten vom Fach ziemlich unbekannt.
Eine zweite, größere Gruppe würde ich als die der *unbekümmerten Anpaßlinge* bezeichnen, fröhlich forschend, solange die ideologische Bevormundung sie nicht traf, und auch dann eigentlich ihre Fröhlichkeit bewahrend. Vermutlich waren sie von einem Gefühl geleitet, am Ende doch Nützliches für Wissenschaft und Erziehung in der DDR leisten zu können, aber sie blieben Anpaßlinge, weil sie sich freiwillig einer harten Selbstzensur unterwarfen, ohne innere Konflikte zu spüren. Sie verzichteten auf ihre eigene Wahrheit und merkten nicht, wie gefährlich geübt sie schließlich im Anpassen geworden waren. Naturgemäß fand man sie eher auf Gebieten wie Geschichte der Arbeiterbewegung und Geschichte der DDR.
Als eine dritte Gruppe würde ich die der *Eigensinnigen* bezeichnen wollen. Sie folgten

ohne eigentliches Widerstandsbewußtsein ihrem Wissenschaftlergewissen und beharrten auf Wahrhaftigkeit. Sie waren immer konfliktgefährdet, besonders wenn sie sich mit politisch brisanter Thematik befaßten, trugen ihre Konflikte aber nicht politisch, sondern mit eigensinnigen Argumenten der Wissenschaftlichkeit aus. Oft zogen sie sich dann doch in Nischen zurück.

Als vierte Gruppe nenne ich die *Subversiven.* Sie konnten eine gewisse Rolle besonders in solchen Zeiten spielen, da die SED-Führer Vernunft, Diskussionsfreudigkeit und internationales wissenschaftliches Ansehen als Mittel ihrer Machterhaltung dem bloßen Kommandieren vorzogen. Die Subversiven wollten ideologisch unsinnige Forschungsvorhaben unterwandern und aushebeln, mit verdeckten, in ihrer Zwecksetzung nicht gleich erkennbaren Methoden. In den letzten Jahren hatten sie gewisse Chancen im Zusammenhang mit der Erbe-Diskussion, mit der Legitimierung der Sozialgeschichte, vor allem aber mit dem zaghaften Sich-Einlassen der Obrigkeit auf die Alltagsgeschichte, die ja in besonders lästiger Weise wissen will, wie sich Politik nicht auf geduldigem Programm-Papier, sondern im Leben von Menschen wirklich darstellt.

Ich glaube nicht, daß man von einer fünften Gruppe, einer *Historiker-Opposition politischen Charakters,* vor dem Herbst 1989 sprechen kann.

Eine solche Typologie von Verhaltensweisen ist anwendbar nur als grobes Raster, im Einzelfalle kaum: der „konkrete Historiker“ wird sich als ein mixtum compositum empfinden und war es wohl oft auch, nicht immer, denn Eindeutigkeiten gab es auch.

Und wie steht es um die Verhaltenstypologie von DDR-Historikern heute, mit Blick auf die Veränderungen des verflossenen Jahres? Es lassen sich gruppenspezifische Metamorphosen feststellen. *Apologeten* und *Anpaßlinge* haben die geringsten Schwierigkeiten mit den neuen Verhältnissen gehabt. Für sie handelt es sich zunächst und vor allem wohl um einen einfachen Wechsel im System von Dienstbarkeit, speziell um einen Austausch der als gewünscht erfühlten Programme. Mich erschüttert die Leichtigkeit, mit der die genannten beiden Gruppen ihre Wende vollzogen. Besonders bedenklich stimmen ihre öffentlichen Auftritte, wenn man weiß, daß sie zu den rückgratlosen Hauptrednern und Hauptreisenden gehörten.

Die *Eigensinnigen* und *Subversiven* haben weit größere Umstellungsprobleme. Sie sind eben weniger Beamte, haben mit peinlicher Selbstbefragung und Selbstprüfung zu tun, sind mit ihren wissenschaftlichen Erkenntnissen innerlich verbunden und fürchten zudem neue, vielleicht raffiniertere Formen von Abhängigkeit, wohl wissend, daß es neben rostigen auch goldene Käfige gibt und daß Abhängigkeitsverhältnisse und Anpassungszwänge keine DDR-Erfindung sind.

Interessant wäre auch eine Typologie unserer bundesdeutschen Kollegen vom Fach. Sie hier vorzunehmen, ist meine Absicht und mein Vermögen nicht. Nur diesen Eindruck will ich wiedergeben, daß neben einer verständigen Grundströmung ohne Berührungsängste gegenüber der Gerade-Noch-DDR durchaus gegenteilige Verhaltensweisen spürbar sind, gespeist wohl aus allerlei Quellen: vom Unmut über die Hinnahme politischer Instrumentalisierung, von Enttäuschung über das Beharrungsvermögen von Leuten, die man ausgewechselt sehen möchte, vom Verhalten gewendeter Anbiederer, bei einigen wohl auch vom Ärger über die vergleichsweise leichtere Erreichbarkeit von Rang und Namen in der Universitätshierarchie bei vergleichsweise geringeren Leistungen, von unterschwelligem Konkurrenzdenken oder schlicht von unangemessener Selbstgerechtigkeit.

Wie auch immer, die Zeit unverbindlicher Exotik im Umgang miteinander ist vorbei. Prüfen wir auch unser *Verhalten,* nun, da wir ernsthaft aufeinander zugehen.

E. Donnert

Die rasante politische Entwicklung, die in den letzten Monaten, Wochen und Tagen in der DDR vor sich ging und im selben Tempo weiter verläuft, offenbart mit aller Deutlichkeit das Scheitern des bisherigen Staatswesens DDR. Gescheitert mit der DDR ist auch die den in diesem Land wirkenden Historikern vom Ulbricht-Honecker-Regime aufgezwungene Geschichtswissenschaft, der die vornehmliche Aufgabe zugewiesen war, dem bestehenden Herrschaftssystem die historische Legitimation zu verleihen. Es dürfte wohl kaum einen mit geschichtswissenschaftlicher Forschung und Lehre befaßten Historiker aus der DDR geben, der von dieser Sachlage unberührt geblieben ist. Obgleich von Historikern in der DDR (im Unterschied zu Philosophen, Literaturwissenschaftlern, Schriftstellern u. a.) keine Gegenbewegung ausgegangen ist, so wurden doch auch Historiker gemaßregelt, aus ihren Ämtern entfernt, in den Westen getrieben, jahrelang überwacht und in ihrer Entwicklung behindert. Anstand und Gerechtigkeit erfordern, diejenigen, die sich an der Unterdrückung und Verfolgung anderer beteiligt haben, zur Rechenschaft zu ziehen. Ungeachtet aller Restriktionen und Behinderungen ist es aber zahlreichen Historikern in der DDR gelungen, in verschiedenen Bereichen der historischen Forschung eine international anerkannte Arbeit zu leisten, an die es anzuknüpfen gilt.

Bei der Beschäftigung mit der gegenwärtigen Lage in der Geschichtswissenschaft der DDR, die am 3. Oktober der BRD beitritt, scheint es wichtig zu beachten, daß es *die* DDR-Geschichtswissenschaft als einheitliches Ganzes zu keiner Zeit gegeben hat. So ist die massenhafte Geschichtsklitterung in bestimmten Bereichen der neuesten Geschichte (Geschichte der DDR, SED) hauptsächlich von in den Parteiinstituten tätigen Historikern ausgegangen, die in vielen Fällen auch – nach ihrer dortigen Ausbildung bzw. Ausrichtung – an den Instituten der Akademie der Wissenschaften sowie der Universitäten und Hochschulen der DDR wirkten. Dabei wird der Anteil, den der einzelne Historiker an den Deformationen der Geschichtswissenschaft in der DDR hat, von diesem selbst zu verantworten sein.

Ohne den Anspruch zu erheben, die bisherigen Diskussionen von übrigens recht wenigen Philosophen und Historikern der DDR über die Erneuerung der Philosophie und Geschichtswissenschaft in der DDR zu übersehen, muß ich doch sagen, daß diese Diskussionen bislang (jedenfalls bis in den Sommer hinein) wenig Substantielles erbracht haben. So geht es den Philosophen bei aller Distanzierung von der vom alten Regime verkörperten Partei- und Regierungswissenschaft vor allem um die Erarbeitung einer „neuen“ oder „modernen Sozialismuskonzeption“, während die Historiker bei der kritischen Bestandsaufnahme von einzelnen Bereichen der bisherigen historischen Arbeit in der DDR stehenbleiben. Was jedoch angesichts des Zusammenbruchs der DDR für die Historiker auf der Tagesordnung steht, ist die Integration der Geschichtswissenschaft der bisherigen DDR in das Wissenschaftssystem der Bundesrepublik Deutschland.

Wie die ersten Schritte in dieser Richtung zeigen, ergeben sich hierbei nicht wenige Schwierigkeiten, und zwar in vielerlei Hinsicht. Wenn ich recht sehe, gibt es, was das

Zusammenwachsen der beiden Geschichtswissenschaften in einem Gesamtdeutschland anlangt, in der Noch-DDR lediglich Vorstellungen einzelner Historiker, im Höchstfall eines historischen Instituts oder Seminars. Im übrigen bestehen aus meiner Sicht gegenwärtig zwischen den geschichtswissenschaftlichen Einrichtungen der DDR so gut wie keine Verbindungen. Jedenfalls weiß ich nicht, was sich im Augenblick bei meinen Fachkollegen in Berlin, Rostock, Greifswald oder andernorts tut. Was die historischen Institute an den Universitäten angeht, so scheint es notwendig, die postulierte Erneuerung mit all ihren Konsequenzen zügig zu verwirklichen. Dabei sollte auch streng darauf geachtet werden, daß die bisher einseitig auf die neueste Geschichte ausgerichtete Orientierung überwunden und die zum geschichtswissenschaftlichen Grundbestand gehörigen Fächer, wie die alte, mittelalterliche und frühneuzeitliche Geschichte, in gebührender Weise repräsentiert wird.
Inhaltliche Erneuerung der Geschichtswissenschaft und Herstellung einer pluralistischen Wissenschaftsstruktur sowie Erhöhung des Niveaus in der geschichtswissenschaftlichen Forschung und Lehre erfordern eine Zusammenarbeit mit westdeutschen Fachkollegen, die möglichst für längere Zeit als Gastdozenten an ehemaligen DDR-Universitäten lehren sollten. In diesem Sinne habe ich an der Universität Halle bereits im März/April diesen Jahres auf dem Fachgebiet der Osteuropäischen Geschichte eine Vorlesungs- und Vortragsreihe für Wissenschaftler und Studierende unter der Bezeichnung „Osteuropäisches Kolloquium“ eingerichtet, die bis zum Juli gelaufen ist. Die Veranstaltung soll im nächsten Semester fortgeführt werden. Die bisherigen Kolloquien vermittelten sowohl Wissenschaftlern als auch Studenten wertvolle Impulse für eine wirkliche Erneuerung der Geschichtswissenschaft in der DDR auf der Grundlage pluralistischer demokratischer Anschauungen. Ausgehend davon will das Seminar für Osteuropäische Geschichte an der Universität Halle, das ich hier vertrete, das notwendige Zusammenwachsen mit den westdeutschen Seminaren für Osteuropäische Geschichte bewerkstelligen.

H. Zwahr

Die Demokratiebewegung hat uns in welcher Gestalt auch immer, aufrecht vielleicht, gebeugt vielleicht, vielleicht mit dem Gefühl tiefer Verunsicherung, hierher geführt: in diese große Nähe zu Ihnen.
Dieses Hiersein, das hier Sprechenwollen, -können und auch -müssen (im Sinne eines auch moralischen Auftrags), beispielsweise bei so vielen Mißtönen der nachzulesenden Auseinandersetzung, allein das wäre ein Punkt bohrender Selbstprüfung für alle, die es betrifft. Und ich möchte wiederholen, was auf der öffentlichen Ratssitzung der Sektion Geschichte in Leipzig zur Vergangenheitsbewältigung von mir gesagt worden ist: Man mußte nicht – mußte sich so nicht auseinandersetzen! Ich habe niemanden leiden sehen, der davon absah.
Hier sprechen wollen, aber auch müssen – auch angesichts eines so hartnäckigen Brükkenschlags der Einladungen an manchen von uns in den zurückliegenden Jahren, bei Übernahme aller Kosten durch den Einlader, und fahren können oder nicht fahren können. Die Briefwechsel, auch diejenigen, die nicht zum Erfolg führten, füllen dicke Hefter. Immer wieder ist die Brücke gebaut worden, aber wer sie betrat, stand im Privileg. Er lief Gefahr, sich von denen zu isolieren, die ihm hinterhersahen oder den Zu-

rückkehrenden erlebten – in erster Linie die StudentInnen und AssistentInnen. Allein, daß es damit ein Ende hat, daß dieses Reisen im Privileg erledigt ist, läßt mich mit großer Festigkeit sagen: Nie wieder in einer geschlossenen Gesellschaft leben. Alle Begründungen versagen angesichts dieser und anderer Wirklichkeit.

Auf den Tag genau gestern, am 25. September, vor einem Jahr bewegten sich Leipziger von dem engen Vorplatz der Nikolaikirche aus über den Karl-Marx-Platz sowie ein erstes großes Stück auf dem Ring. Seit dem 2. und 9. Oktober redeten Menschen anders, auch Historiker und Historikerinnen, von denen waren es zu wenige. Andere verstummten in Erwartung des noch Kommenden. Erinnere ich mich an die Jahre besonders seit 1968, denke ich an das autoritäre Erbe, aber auch an Übergänge in die offene Gesellschaft; es gab sie vereinzelt schon vor dem Herbst, als die eine Erfahrung sich zu der Erkenntnis verdichtete: Das parteiadministrative System muß überwunden werden; vollständig; und als die andere Erfahrung im Wissen um die Ökumene der Historiker und die internationalen Trends der Forschung den Entschluß stärkte: Es ist das zur wissenschaftlichen Selbsterhaltung Notwendige zu tun, die zu den Quellen gehende Geschichtsbetrachtung aufrechtzuerhalten, die am Detail festhielt, selbst wenn das von der Warte der großen Gegenstände her wenig galt. Da waren die soliden Fundamente, die etwa Lamprecht und Kötzschke gelegt hatten, oder Lehrer wie Heinrich Sproemberg und Walter Markov.

Übergänge in die offene wissenschaftliche Forschung sind gesucht worden, gemeinsam mit einer zunehmenden Zahl von Nichtetablierten, etwa in dem seit 1982 bestehenden sozialgeschichtlichen Arbeitskreis. Gerade bei nicht wenigen von den Jüngeren an der Leipziger Sektion wie bei den Arbeitskreis-Mitstreitern von außerhalb hat es einen Paradigmawechsel gegeben, so daß die Engagierten durchaus werden Schritt halten können mit den Anforderungen. Wenn sie eine Chance dazu finden. Diese Übergänge haben aber auch den Blick geschärft gegenüber der Betonköpfigkeit im administrativen System. Deshalb sollten wir die Selbstreflexion öffentlich machen; jeder für sich. Das hat an der Leipziger Sektion, und nur für diese kann ich sprechen, begonnen. Die Studenten (besser: ein Teil unserer Studenten) und vor allem der frei gewählte Studentenrat haben sehr kritische Analysen versucht.

Einen meiner Punkte vom Juli möchte ich jetzt aufgreifen: *Identitäten in der Geschichte* heißt das Thema dieses 38. Historikertages, und Michael Mitterauer sprach heute in einer Sektion über Individualisierung und Ich-Identität. Der Andersdenkende konnte sie in unserer Realität nicht öffentlich werden lassen. Die Folge war das Schafsgesicht, die Maske. In Hannover wohl hängt Wolfgang Mattheuers Gemälde (dieses Leipziger Malers Sinnbild): *Geh aus deinem Kasten* (1985). Da öffnet sich eine Tür, und er, ein Noah unserer Tage, wirft alle seine Hüllen ab; nackt entwindet er sich ins Freie. Diese Nacktheit gibt den Blick frei auf seine Ich-Identität, ist kein Verlust, auch kein Opportunismus. Sie wird sichtbar werden, wo es sie gab. Das sind wir! Auf diesen Punkt müssen wir kommen, sonst werden wir *verdrängen* und noch einmal Schaden nehmen. Wir sollten fähig sein, das Erlebte zu historisieren, uns schreibend zu öffnen, der Diskussion zu stellen.

Ich verkenne nicht, daß das Verbergen und Verbergenmüssen einer Überzeugung, einer Vision, selbst im engeren Kreis, etwa der tschechoslowakischen Alternative von 1968, etwas Schlimmes war: der absolute Vertrauensverlust! Dieser hat letztlich gemeinsames Vorgehen, die Aktion gegen den Apparat verhindert. Aber es gab auch ernste Gründe dafür. Das Umstelltsein durch die „Organe“ hat die Selbstbefreiung außer der, die auf der Straße in Gang kam, verhindert. Eine andere Haltung bestand darin, den Grundrechte- und Freiheitsverlust gar nicht (oder scheinbar nicht) zu bemerken. Für den Historiker, die Historikerin, sofern sie das wirklich nicht erkannten, in allem, was da ablief, war das die doppelte Niederlage. Ich zeige auf niemanden. Die Selbstprüfung nur kann erweisen, wie tief bzw. wie hoch die Schwellen einer im Demokratismus verwurzelten individuellen Kritikfähigkeit bzw. der im Autoritären begründeten Kritikunfähigkeit waren.

Zum Schluß: Warum der eine oder andere zu leise war, wo er hätte laut(er) sein müssen, aufrechter, drängender, auch im Sinne des Leitspruches, den ein DDR-Kirchentag im Sommer 1989 in Leipzig gewählt hatte, nämlich: *Vertrauen wagen!,* ist ein weites Feld. Gut wäre es, Vertrauen jetzt zu wagen (von unserer Seite), Zurückhaltung aber dort zu fordern, wo Vertrauen (etwa beim Antrag auf Verbandsmitgliedschaft) andere auf eine zu schwere Probe stellen würde. Schließlich, und das können nur wir selbst tun, ist jene Offenheit hervorzubringen, die es den Beteiligten erlaubt, besser zu verstehen.

Frh. K. O. von Aretin

Bei der Diskussion mit unseren Kollegen aus der DDR ist sicherlich vieles zu beachten. Ich klammere bewußt die internen Vorgänge innerhalb der Historikerschaft der DDR aus, weil ich darüber keine Kenntnisse besitze, die es mir erlauben würden, darüber zu urteilen. Ich möchte von meiner Seite nur folgendes betonen:

1. Die Geschichtswissenschaft in der DDR war stärker als die meisten anderen Wissenschaften Teil des Regimes. Es war daher, insbesondere in der Zeitgeschichte, eine starke Abhängigkeit von der offiziellen Linie der Regierung zu spüren. Wieweit sich das in letzter Zeit gelockert hat, war in der Bundesrepublik schwer zu beurteilen. Die Veränderung in der Beurteilung des bürgerlichen Widerstandes kann ein Indiz dafür gewesen sein.

2. Unerträglich, und darin unterschied sich die Geschichtswissenschaft in der DDR erheblich von der in Ungarn und Polen, war die Absolutsetzung von Ansichten von Marx, Engels und Lenin. Dieses Vorgehen erinnerte an die Art, wie die Evangelien im Mittelalter behandelt wurden. Hier waren die DDR-Historiker in geradezu unwürdiger Weise von der Praxis der sowjetischen Kollegen abhängig. Die Begründung für ausgewählte Forschungsthemen wurde mit Zitaten von Marx, Engels und Lenin in einer Weise belegt, die für uns nicht nachvollziehbar war.

3. Die in Auftrag gegebenen Arbeiten zur deutschen Geschichte waren in ihrer Abhängigkeit von marxistischen Vorgaben schwer lesbar und auch nicht wirklich forschungsbezogen.

4. Das bedeutet aber nicht, daß von DDR-Historikern, insbesondere in dem von mir vertretenen Gebiet der Frühen Neuzeit, nicht auch wichtige und allgemeingültige Arbeiten geschrieben wurden. Manfred Kossok hat wichtige Anregungen zur Absolutismusforschung gegeben. Dasselbe gilt für Erich Donnert. Die Biographie Friedrichs II. von Preußen von Ingrid Mittenzwei gehört ebenfalls hierher. Diese Beispiele mögen genügen, um zu zeigen, was ich meine.

Ich bin daher der Meinung, daß, wo eine wissenschaftliche Diskussion geführt werden kann, diese auch aufgenommen werden soll, unabhängig davon, was ein Autor sonst geschrieben hat. Hierbei wird sich erweisen, daß es durchaus ernstzunehmende und weiterführende Arbeiten gegeben hat, daß aber der in der DDR herrschende Wissenschaftsbetrieb eine Fülle von Arbeiten und Zeitschriftenaufsätzen hervorgebracht hat, von der es nicht lohnt, sich damit abzugeben.

[A. Mitter]

A. Mitter kritisierte die etablierten DDR-Historiker, speziell die Professoren sehr scharf. Sie seien durchaus Subjekte der Herrschaft gewesen (keineswegs nur Objekte, wie sie es jetzt gern erscheinen ließen). Sie hätten unter dieser Herrschaft nicht gelitten, sondern von ihr profitiert, hätten sie untermauert, indem sie ganzen Generationen ein total falsches Geschichtsbild vermittelten. So hätten sie nicht nur ideologisch, sondern auch moralisch und intellektuell versagt. Sie hätten inzwischen auch keine wirkliche Wende vollzogen. Jetzt versuchten sie ihr Versagen zu verdrängen. Sie dächten nur an das eigene Überleben. So sprächen sie vom notwendigen Zusammenwachsen der beiden deutschen Geschichtswissenschaften. Aber das könne so einfach nicht gehen.
Entscheidend müsse heute der Gedanke an die nächsten, neu heranwachsenden Generationen sein. Sie müßten zur Demokratie erzogen werden. Das aber könnten die bisher repräsentativen DDR-Historiker nicht leisten. „Diese Herren sind nicht demokratiefähig". Sie hätten deswegen abzutreten. Es könne nicht angehen, daß sie auf ihren Professoren-Stühlen blieben. „Sie müssen weg". Unbelastete Historiker (solche, die keine Karriere gemacht haben) und Historiker aus dem Westen – und Mitter nannte einige prominente Historiker aus der Bundesrepublik namentlich – hätten die jüngeren Generationen an den ostdeutschen Universitäten heranzubilden.

J. Kocka

1. Die DDR-Geschichtswissenschaft war eine Geschichtswissenschaft in der Diktatur. Davon wurde sie tief beschädigt. Ihr fehlte das unabdingbare Maß an Autonomie. Die Auswahl des Personals geschah unter starker Berücksichtigung politischer Loyalitätskriterien, das bedeutete wissenschaftlichen Rationalitätsverlust. Reise- und Informationsmöglichkeiten wurden arg beschnitten, eine gewisse Rückständigkeit war die Folge. Zensur und andere politisch-administrative Gängelung wirkten zusammen, mangelnde Mobilität und Flexibilität folgten daraus, oft auch ein Mangel an Motivation: es lohnte nicht.
2. Die Geschichtswissenschaft war dem DDR-System enger verbunden als die meisten anderen Kulturwissenschaften. Weil sich das System in hohem Maß historisch zu legitimieren versuchte, benötigte und pflegte es die Geschichtswissenschaft in besonderer Weise, als Legitimationswissenschaft. Daraus ergab sich mehreres. Die politische Instrumentalisierung der Geschichtswissenschaft war ausgeprägter als die der meisten anderen Kulturwissenschaften. Ihre Grundannahmen waren der Kritik entzogen. Es gab politisch bedingte Verbiegungen, die vor allem im Bereich der neuesten Geschichte zur Ge-

schichtsklitterung wurden. Die Zahl der Historiker war außerordentlich hoch und ist es weiterhin, mit charakteristischen Verzerrungen hin zur neueren und neuesten Geschichte wie auch zur Politikgeschichte. Viele Historiker an Schulen und Hochschulen hatten forschungsfremde Schulungsarbeit zu treiben, während die Forschung der Tendenz nach in reinen Forschungsinstituten konzentriert wurde.

3. Aus all dem ergaben sich tiefe Prägungen und Schäden, die auch in der entstehenden gesamtdeutschen Geschichtswissenschaft als schwere Belastungen weiter wirken werden. Aber es gibt auch eine andere Seite. *Damit* die Historiker ihre besonderen Aufgaben im kommunistischen System wahrnehmen konnten, mußte dieses System ihnen erlauben, ein ganzes Stück weit nach ihren eigenen Regeln zu arbeiten, um als Wissenschaftler zu existieren und anerkannt zu werden, möglichst auch international. Überdies gilt, daß Historiker sich auch unter diktatorischen Bedingungen als Wissenschaftler – professionell – verstehen und also institutionell, methodisch und inhaltlich gewisse Eigenständigkeit beanspruchen, statt reine Propagandisten zu sein. Auch die Geschichtswissenschaft in der DDR ist in ihrer Rolle als Legitimationswissenschaft nicht aufgegangen. Vor allem in den etwas politikferneren Bereichen ist ansehnliche empirische Arbeit geleistet worden, die auch in der Bundesrepublik und im Ausland Beachtung und Zustimmung gefunden hat – vor allem im Detail, weniger in den großen Linien. Hier gab und gibt es zahlreiche Möglichkeiten zur Zusammenarbeit. Sie nahmen in den letzten Jahren zu. Überhaupt ist die DDR-Geschichtswissenschaft in den letzten Jahren etwas weniger dogmatisch, etwas offener und auch interessanter geworden.

Das resultierende Gesamtbild ist also vielfältig, schwer auf einen Begriff zu bringen. Was ist zu tun? Nach dem Zusammenbruch des DDR-Systems und dem Beitritt der DDR zur Bundesrepublik wird es nur noch eine, in sich allerdings vielfältige, deutsche Geschichtswissenschaft geben können. Damit stellen sich schwierige Integrationsprobleme, zumindest auf drei Ebenen:

1. Auf der grundsätzlichsten Ebene kann es kein Zusammenwachsen der beiden Wissenschaften auf mittlerem Grund geben, sondern das Ziel ist die Verwirklichung wissenschaftlicher Grundsätze auch in jenen Bereichen der DDR-Geschichtswissenschaft, in denen sie bisher nur mangelhaft verwirklicht waren und ständig verletzt wurden. Zu diesen Grundsätzen gehören: innere Pluralität statt Homogenität, institutionalisierte Kritik, Selbstkritik und Revisionsbereitschaft statt Dogmatismus, institutionell abgesicherte Autonomie statt Instrumentalisierung, die individuelle Verantwortung des Wissenschaftlers statt schädlicher Hierarchien, die Orientierung an der regulativen Idee der Objektivität statt Parteilichkeit.

Auch wenn solche Prinzipien nirgends hundertprozentig realisiert werden – auch hier nicht –, ist die prinzipielle Verpflichtung auf solche Grundsätze wissenschaftlicher Rationalität *die* zentrale Voraussetzung der Zugehörigkeit zu einer Wissenschaftlergemeinschaft, die eben durch die Verpflichtung auf solche Grundsätze über sonstige Meinungsunterschiede der Mitglieder hinweg zusammengehalten wird. – Nun ist nicht zu sehen, daß von DDR-Historikern derzeit noch gegen solche universellen Grundsätze von Wissenschaftlichkeit theoretisch begründete Einwände kämen. Die seinerzeit gängige Abwertung dieses universellen Wissenschaftsbegriffs als „bürgerlich“ scheint mit dem SED-System zusammengebrochen zu sein. Doch bleiben riesige Glaubwürdigkeitsprobleme übrig. Wie lange, wie systematisch und programmatisch muß einer jene Prinzipien verletzt haben, um sich als Wissenschaftler hoffnungslos diskreditiert zu haben? Wie lange wirkt die Gewöhnung an Anpassung nach? Was folgt daraus für die Anerkennung oder Nicht-Anerkennung durch Kollegen? Darüber braucht das Fach eine sehr offene Diskussion – wohl gemerkt nicht über politische Gesinnungen von Privatpersonen, sondern über die Wissenschaftlichkeit von Historikern, ausweislich ihrer vorliegenden Publikationen und ihres bekanntgewordenen beruflichen Verhaltens, und zwar öffentlich, nicht in Hinterzimmern oder hinter vorgehaltener Hand. Die Profession litte Schaden – und mit ihr die politische Kultur –, wenn hier unter den Teppich gekehrt und sogleich zur Tagesordnung übergegangen würde.

2. Die Integration hat schwierige institutionelle und personelle Seiten. Dazu jetzt nur ein Gedanke: Das Gebot der inneren Vielfalt von Ansätzen und der auch kritischen Kommunikation zwischen ihnen gehört zu den zentralen Prinzipien unserer Wissenschaft, als Bedingung ihrer Leistungsfähigkeit. Daraus folgt als mittelfristig zu realisierendes Ziel die Pluralisierung von Ansätzen, die Aufbrechung von Homogenität, die Durchmischung von Wissenschaftlergruppen, neue Verflechtung – was die DDR-Seite unbestreitbar viel nötiger braucht als die westdeutsche. Das heißt: Dozentenaustausch, die möglichst schnelle Herstellung von überregionalen Arbeitsmärkten, die Öffnung des Verbandes für die Historiker aus der vorgehenden DDR als Regel, so etwas wie ein Fiebiger-Programm für die DDR, möglichst viele Um- und Neubesetzungen von Professuren, gemeinsame Projekte auf Zeit, neue institutionelle Verflechtungen zwischen West und Ost. Das kostet auch Geld. Aus Interesse an seiner politischen Kultur und seiner geistigen Zukunft wird das Gemeinwesen hier hoffentlich nicht geizen.

3. Im Rahmen der hoffentlich zunehmenden innerfachlichen Vielfalt kann man dann fragen, was denn die Historiker aus der bisherigen DDR an Methoden, Fragen und Ansätzen *spezifisch* und *bereichernd* in die allmählich entstehende gesamtdeutsche Geschichtswissenschaft einbringen können, über den nötigen Nachvollzug dessen hinaus, was sie bisher versäumt haben oder was ihnen bisher versperrt war. Hat vielleicht die jahrzehntelange Erfahrung der Diktatur nicht nur gelähmt, sondern auch sensibilisierend gewirkt? Undogmatisch verwendet, können bekanntlich marxistische Ansätze sehr produktiv sein. Was bringen die DDR-Historiker da mit? Marxistische Traditionen, die durch Dogmatismus und Diktatur nicht zutiefst diskreditiert wurden? Wir durchleben gegenwärtig eine Vereinigungskrise. Manchmal fördern Krisen die Innovationsfähigkeit. Entsteht in der DDR intellektuell derzeit Neues?

Die „Kosten“ der deutschen Vereinigung sind nicht nur finanzieller Natur. Zu ihnen gehört auch der Zwang, mit der Gesellschaft und Kultur der bisherigen DDR bösartige Schäden und tiefe Verformungen zu absorbieren. Die Integration der bisherigen DDR-Geschichtswissenschaft ist aus bundesrepublikanischer Perspektive vor allem eine Last und eine Aufgabe, deren Realisierung ihre Zeit brauchen wird.

Ch. Meier

Zusammenfassung der Diskussionsbeiträge des Publikums

Die Diskussion in der sehr stark besuchten Sektion war außerordentlich lebhaft. Sie wurde vornehmlich von Historikern aus der DDR bestritten. Unter ihnen waren sowohl Studenten, die einigen ihrer Lehrer bescheinigten, daß sie sie durchaus zur Selbständigkeit angeleitet hätten, wie Opfer des Regimes, die aus ihrer eigenen Geschichte berichteten, schließlich ein Historiker, der am Museum für deutsche Geschichte tätig war, von den schweren Restriktionen, denen er unterlag, berichtete und darlegte, daß er keinerlei Gelegenheit hatte, sich zu qualifizieren. Andere brachten vor, daß keiner zur Karriere gezwungen gewesen sei, starke Bedenken wurden geäußert, wonach unter den DDR-Historikern noch kaum nachhaltiges Umdenken zu beobachten sei. Auch im zweiten Glied seien sie gefährlich; sie lägen dort wie der Knöterich auf der Lauer. Es wurde die Schwierigkeit der Vorruhestandsregelung (relativ geringe Einkünfte, geringer Anreiz also, diese Möglichkeit zu wählen) angesprochen, umgekehrt befürchtete ein jüngerer Historiker aus dem Westen Nachteile für die dortigen Nachwuchswissenschaftler.
Ein Teil der Diskussion kreiste um die Frage, mit welchen Mitteln man die politische Belastung der DDR-Historiker feststellen könne. Die Personalpapiere seien allesamt total gereinigt (der Mitarbeiter des Museums für deutsche Geschichte wies geradezu einen Teil seiner eigenen Akte vor, den zu beseitigen, bevor die „neuen Herren" einzögen, er aufgefordert worden wäre). Einigung wurde am ehsten darauf erzielt, daß man sämtliche Schriften der Betreffenden zu prüfen habe, bis hin zu Zeitungsaufsätzen. Es sei keiner gezwungen gewesen, in Rezensionen etwa westliche Kollegen aufs Ungerechteste zu behandeln und dogmatische Thesen vorzutragen. Rückhaltlose Offenheit sei erforderlich. Stark wurde auch auf die Notwendigkeit zu differenzieren hingewiesen. M. Kossok bezeichnete es als „moralische Niederlage", daß „nicht wir zu dieser Diskussion eingeladen haben".
Die Zuhörerschaft nahm diese Diskussion – die übrigens unter den Augen zahlreicher etablierter DDR-Historiker (die unter andern Umständen durchaus als „Aufpasser" hätten fungieren können) stattfand – weithin mit Betroffenheit und Entsetzen auf. Am Schluß bemerkte J. Kocka, man habe gesehen, was alles am 3. Oktober nicht zu feiern sei. Der Diskussionsleiter dankte insbesondere den Herren auf dem Podium dafür, daß sie sich dieser so ungemein schwierigen Diskussion so offen gestellt hätten.

K. H. Blaschke

Zur Lage der Geschichtswissenschaft und der Historiker in der DDR

Im Herrschaftssystem des SED-Staates hatte die Geschichtswissenschaft die Aufgabe, die Richtigkeit der Politik der Regierung zu beweisen (Parole des 4. Historikerkongresses in Leipzig 1968), der Historiker hatte in erster Linie „Geschichtspropagandist" zu sein. Die Wissenschaft von der Geschichte war eindeutig und erklärtermaßen zur Magd der Politik einer Partei gemacht worden. Nur wer sich diesen Bedingungen unterwarf, hatte beruf-

liche Chancen. Eine marxistische Grundposition und die Mitgliedschaft in der SED waren die Voraussetzungen für die Besetzung historischer Lehrstühle und leitender Posten in Instituten. Wer diese Voraussetzungen nicht erfüllte, mußte sich mit untergeordneten oder Randpositionen begnügen oder verließ das Land.
Die Zunft der Historiker war fest in den Händen der SED und auf deren Ideologie festgelegt. Die Mitgliedschaft in der einzigen Berufsorganisation der Historiker war statutengemäß an die materialistische Geschichtsauffassung gebunden. Mit der Mitgliedschaft in der SED war ein Historiker durch Parteidisziplin und die Verpflichtung zur Ausführung von Parteiaufträgen persönlich verfügbar, sein beruflicher Status und damit seine Pfründe hingen von seinem Gehorsam gegenüber dem SED-Regime ab, das von ihm den krummen Gang der Unterwerfung verlangte.
Darüber hinaus schuf die SED ein wirksames System institutioneller Kontrollen. 1969 wurde der Rat für Geschichtswissenschaft als oberstes Leitungsorgan geschaffen, zu dessen Vorsitzendem der stellvertretende Direktor des Instituts für Marxismus-Leninismus beim Zentralkomitee der SED *Ernst Diehl* berufen wurde, der auch selbst dem Zentralkomitee angehörte. Dieses Partei-Institut war die Brutstätte des doktrinären Marxismus in seiner terroristischen Praxis innerhalb des SED-Systems. Diehl hat nicht ein einziges Buch als eigene historiographische Leistung veröffentlicht, als bedeutsamste eigene Arbeit erschien eine Broschüre von 22 Seiten Umfang über „Die Geschichte unseres sozialistischen Vaterlandes, Kern und Zielpunkt unseres wissenschaftlichen Geschichtsbildes" 1984. Er wurde in die Akademie der Wissenschaften der DDR gewählt, was gleichzeitig ein trübes Licht auf die Berufungspraxis der beiden Akademien in Berlin und Leipzig wirft. Nach dem Urteil seiner eigenen Fach- und Parteigenossen war dieser Vorsitzende des Rates für Geschichtswissenschaft seinen Aufgaben in dieser Stellung nicht gewachsen, aber die SED hatte ihn auf diesen Posten gesetzt, auf dem es ihm selbst nicht recht wohl zumute war. Das ist Parteidisziplin.
Eine weitere Kontrolle geschah durch die Akademie für Gesellschaftswissenschaften beim ZK der SED, die sämtliche Aktivitäten auf dem Gebiet der Geschichtswissenschaften koordinierte und kontrollierte. Alle Veranstaltungen, Tagungen, Kolloquien und Kongresse mußten in bezug auf Programmgestaltung und Teilnehmer vorher mit dieser Institution abgestimmt werden. Schließlich wurden alle internationalen Beziehungen durch das Nationalkomitee der Historiker geregelt, dessen entscheidender Mann der in Lehre, Forschung und Veröffentlichungen völlig unproduktive „Historiker" *Manfred Krause* war. Seine beiden unveröffentlicht gebliebenen Promotionen A und B sind reine Parteipropaganda zur Beschönigung der Unterdrückungspolitik gegen die Blockparteien. Er hat in zehn Jahren nicht einen einzigen Aufsatz veröffentlicht, wurde aber zum Professor und noch im Frühjahr 1989 zum Ehrenmitglied der Historikergesellschaft ernannt. Als graue Eminenz hat er eine für die Geschichtswissenschaft der DDR schädliche Rolle gespielt.
Die Geschichtswissenschaft der DDR war ein Zweig des umfassenden SED-Apparates. Gewiß gab es auch einzelne Historiker, die sich bei der unabdingbaren formalen Unterwerfung ihr selbständiges Denken und ihre wissenschaftliche Integrität zu bewahren suchten und die mit ihren Leistungen international anerkannt waren, aber sie beherrschten nicht das allgemeine Erscheinungsbild der DDR-Geschichtswissenschaft. Aufs Ganze gesehen hat diese sich vielmehr als Instrument der ideologischen Ausrichtung und Manipulation der Gesellschaft gebrauchen lassen. Sie wurde daher folgerichtig ebenso wie der

Staatssicherheitsdienst nicht von der Regierung, sondern von der Partei angeleitet und kontrolliert.

In diesem Rahmen haben die SED-Historiker ihren allgemeinen Parteiauftrag erfüllt und in oft liebedienerischer Weise die SED-Politik gepriesen und ideologisch untermauert. Die Absendung einer Ergebenheitsadresse an den Parteichef der SED gehörte zum Ritual jedes Historikerkongresses. „Im Kampf um die Herzen und Hirne der Menschen" haben diese Historiker ihr Wissen „produktiv auf die Lösung politischer Aufgaben anzuwenden" verstanden und es „in Kraftbewußtsein und Zukunftsoptimismus umgesetzt", was als „eine der schönsten und verantwortungsvollsten Aufgaben der marxistisch-leninistischen Geschichtswissenschaft der DDR" betrachtet wurde (Zitate aus dem Jahre 1982). Es war das Elend der DDR-Geschichtswissenschaft, daß die Theorie stets den Rahmen abgab und das Ergebnis schon vor Beginn der Arbeit feststand, die dann nur noch die Aufgabe hatte, die Theorie als richtig zu beweisen.

Bei dieser tiefen Verstrickung ist es nicht verwunderlich, daß die offizielle Geschichtswissenschaft von den revolutionären Ereignissen des Herbstes 1989 schwer getroffen wurde. Ihre Vertreter waren im Gegensatz zu denen anderer Berufsgruppen im Prozeß der Wende und in deren Sinne nicht zu hören. Sie fanden ihre Sprache erst dann wieder, als der Umbruch unumkehrbar geworden war. Am 29. November beschäftigte sich das Präsidium der Historikergesellschaft „mit der in der Geschichtswissenschaft der DDR entstandenen Situation und der tiefen Krise des Geschichtsbewußtseins in der DDR", wobei in einer „heftigen Diskussion" nach den Ursachen für die sichtbar gewordenen Defizite gefragt und mehr „Ehrlichkeit, Nüchternheit und Wahrhaftigkeit" gefordert wurde. Am 5. Dezember löste sich der Rat für Geschichtswissenschaft auf, wobei ihm die Mitverantwortung für die tiefe Krise von Teilen (!) der Geschichtswissenschaft angelastet und auf die Rolle „jedes einzelnen" hingewiesen wurde.

Die Rede von der tiefen Krise der Geschichtswissenschaft klingt abstrakt und anonym. Nicht Menschen haben sie heraufbeschworen, sondern die Struktur, das System, der Apparat; die Partei wohl nicht, denn die hatte ja „immer recht". Wird es wirklich diesen „jeden einzelnen" geben, der bereit ist, sich seiner Verantwortung zu stellen, seine Schuld zu bekennen und die Folgen zu tragen? Die bisher erkennbaren Verhaltensweisen lassen bis auf wenige Ausnahmen eher das Gegenteil vermuten. Kaum einer wird freiwillig seinen Posten aufgeben, jeder wird versuchen, die Wende für sich zu bewältigen und sich an die neue Lage anzupassen, viele werden ihre bisherige Einstellung verleugnen und ihr ideologisches Hemd wechseln. Das aber beweist nur, welch eine dünne Tünche die angebliche marxistische Überzeugung war und daß die SED-Mitgliedschaft oft nicht auf Überzeugung beruhte, sondern von Opportunismus und Karrieremacherei getragen war, womit es sich einmal mehr zeigt, daß das ganze SED-Regime auf Lug und Trug und Heuchelei aufgebaut war.

Bei alledem ist freilich zu bedenken, daß die Rede von „den SED-Historikern" die tatsächlichen Verhältnisse vereinfacht. Es gab und gibt unter ihnen Fachleute von hohem Rang, die im internationalen Vergleich gut bestehen können und die mit ihrer sauberen Quellenarbeit und ihrem logischen Denkvermögen die Geschichtswissenschaft insgesamt bereichert haben. Bei äußerer Anpassung an das SED-Regime hatten sie eine Position gefunden, die ihnen eine sachliche Arbeit ermöglichte. Aber auch sie waren Bestandteile des herrschenden ideologischen Systems, indem sie als SED-Mitglieder die Partei materiell mit getragen und sich ihrer Disziplin unterworfen haben. Es bedurfte nicht der Intelligenz von Universitätsprofessoren, um den menschenverachtenden Charakter dieses Regimes zu bemerken. Wer sich ihm trotzdem freiwillig einordnete und in ihm verblieb, mußte wissen, was er tat. Sie alle haben mit der Tatsache gelebt, daß das Parteibuch die erste Voraussetzung für die Karriere als Historiker war. Sie haben ohne Skrupel die damit verbundenen Privilegien in Anspruch genommen und haben es ungerührt geschehen lassen, daß ihre Kollegen ohne Parteibuch und ohne Anpassungsbereitschaft einschließlich der in Ungnade gefallenen Leute aus den eigenen Reihen „ausgegrenzt", boykottiert und diskriminiert wurden. Jeder dachte nur an sich und hütete sich davor, mit dem Parteiapparat in Konflikt zu kommen. „In großen Zeiten entscheidet Charakter mehr als Geist und Wissen" (Frh. vom Stein), und wer wollte unserer Zeit die Größe absprechen: Ohne die Erkenntnis persönlicher Schuld und ohne offenes Bekenntnis zu dieser Schuld wird es schwer sein, den alten SED-Historikern einen Platz in der Geschichtswissenschaft des vereinigten Deutschland zuzugestehen. Aus eigener Kraft und Einsicht haben sie nicht die „tiefe Krise der Geschichtswissenschaft" offengelegt. Wären im Herbst 1989 nicht die Hunderttausende auf die Straße gegangen, dann würde der Rat für Geschichtswissenschaft weiterhin sein Unwesen treiben, die Historikergesellschaft in ihrer alten Struktur und ideologischen Festlegung verharren und die SED die Geschichtswissenschaft der DDR immer noch fest im Griff halten. Die eindeutig auf die SED-Linie eingeschworenen Historiker würden wie bisher die Geschichtswissenschaft der Bundesrepublik verunglimpfen und als treue Diener ihrer Partei die Abgrenzungsideologie traktieren. Sie würden wie seit Jahrzehnten pflichtgemäß eine auf vereinfachte Theorien reduzierte Geschichtsauffassung wehr- und widerstandslosen Studenten beibringen, die dann als Lehrer für Geschichte und Staatsbürgerkunde diese Weisheiten in die Schulen und das ganze Volk verbreiten würden.

Der deutsche Historikertag in Bochum 1990 wird von vielen Historikern aus der DDR besucht werden, von jungen Leuten, die zum ersten Male in ihrem Berufsleben die Möglichkeit erhalten, die freie Luft eines nicht ideologisch beherrschten Historikerkongresses zu atmen, von älteren Fachleuten, die als „Reisekader" schon immer auf internationalem Parkett aufgetreten sind, und von jenen, die mit gewendetem Sinn ihre Vergangenheit vergessen lassen möchten und die Anbiederung bei denen suchen, die sie bisher als ihre Gegner behandelt haben. Die Gastfreundschaft und Höflichkeit der Gastgeber wird dabei ebenso notwendig sein wie die kritische Distanz zu jenen SED-Historikern, die sich schuldig gemacht haben. Bochum wird einen kleinen Vorgeschmack von dem geben, was in den kommenden Jahren bei der Herausbildung einer einheitlichen Historikerzunft in Deutschland zu bedenken sein wird.

Podiumsdiskussion, 29. September 1990:

Nation und Nationalstaat in der deutschen Geschichte

Leitung: *R. Vierhaus (Göttingen)*
H. Schulze (München)
H.-U. Wehler (Bielefeld)
H. A. Winkler (Freiburg)
F. Klein (Berlin)
G. Stourzh (Wien)
H. Mommsen (Bochum)

In seiner Einführung betonte *R. Vierhaus* die Aktualität des Themas. Angesichts der deutschen Einigung stelle sich die Frage nach der Kontinuität der deutschen Geschichte und nach der deutschen Identität mit neuer Dringlichkeit.

Die historischen und politischen Gründe für die fast zwanghaften Bemühungen um den Nachweis von Kontinuität der deutschen Geschichte und die fast habituelle Nachfrage nach nationaler Identität weisen auf strukturelle Defizite in der deutschen politischen Kultur hin, durch die die Einsicht erschwert wird, daß die Vereinigung der beiden deutschen Staaten etwas anderes ist als eine nationale Wiedervereinigung. Das vereinigte Deutschland wird einerseits mehr Nationalstaat sein als das Deutsche Reich von 1871 und 1919; denn es gibt keine für die deutsche Staatsnation reklamierbaren Volksgruppen in Osteuropa mehr. Andererseits wird es weniger Nationalstaat im traditionellen Sinne sein als es das Reich war; denn seiner Gesellschaft wird eine wachsende Zahl von Nicht-Deutschen angehören; überdies wird der künftige deutsche Staat nicht mehr im herkömmlichen Sinne souverän und stärker durch regionale Unterschiede geprägt sein. Der Typus des zu immer größerer Einheitlichkeit der Ideen und Institutionen strebenden souveränen Nationalstaates ist in Europa historisch überholt. Es könnte sein, daß die Deutschen, die aus ihrer Geschichte besondere Voraussetzungen dafür mitbringen, diese Tatsache eher realisieren als andere Nationen, aber auch, daß sie unter dem Eindruck der Vereinigung in die Kategorien engen nationalstaatlichen Denkens zurückfallen, vor allem, wenn sie die Schwierigkeiten des realen Vereinigungsprozesses zu spüren bekommen.

Das nationale Bewußtsein der Deutschen verfügt nicht über die Selbstverständlichkeit wie in älteren Staatsnationen. Tendiert es einerseits zu übersteigerten und ausschließenden Loyalitätsanforderungen, so andererseits zu forcierten Absagen – und zwar seitdem sich im Kampf gegen Napoleon die Vorstellung festsetzte, der deutsche Nationalstaat müsse gegen äußere Feinde erreicht werden. Das hat dem deutschen Nationalismus, spätestens seit 1871, einen militanten und aggressiven Anschein gegeben, der durch die Mittellage des Reiches und auf Grund seiner Bevölkerungszahl, Wirtschaftskraft und technisch-industriellen Entwicklung bei den Nachbarvölkern Unruhe und Sorge weckte – eine Sorge, die durch die Vereinigung neuen Auftrieb erhalten hat. Was aber war und ist an der nationalstaatlichen Einheit der Deutschen gefahrdrohend? War der Weg dahin ein falscher? Fehlen den Deutschen auf Grund ihrer Geschichte und ihrer geographischen Lage wesentliche Voraussetzungen für einen Nationalstaat? Oder ist es ihnen bisher nicht gelungen, für ihn eine Form zu finden, die ihrer Geschichte entspricht, nämlich den de-zentralen, förderativen Nationalstaat?

Die kritische besorgte, forcierte Nachfrage nach der deutschen Identität trägt Züge einer Nabelschau und läßt politischen Defaitismus erkennen, der andere Nationen ebenso beunruhigen muß wie einstige Artikulationen eines aggressiven Nationalismus. Die Unausgeglichenheit, Verklemmtheit und Übertreibungen in der Ablehnung des nationalen Bewußtseins lassen die Deutschen als politisch unberechenbar erscheinen. In einem vereinigten Europa, das immer noch ein Europa der Vaterländer, der Nationen sein wird, kann das vereinigte Deutschland nur dann ein vertrauenswürdiges Mitglied sein, wenn die Deutschen ein gelassenes nationales Bewußtsein entwickeln, das den deutschen Staat berechenbar macht. Dieses Bewußtsein muß mehrere Identitäten übergreifen und integrieren können – selbstverständlich auch die nationale Identität der Deutschen.

Hagen Schulze warf die Frage auf, ob deutsche Historiker heute anders über Nation und Nationalstaat reden und schreiben müssen als ein Jahr zuvor. Bis dahin seien die politischen Diskussionen vor dem Hintergrund einer politischen Konstellation geführt worden, in der die Veränderungen von der Dritten Welt ausgingen, während die beiden hegemonialen Weltsysteme in unbeweglicher Starre einander in Schach hielten, darin zwei Deutschland, gebunden zum einen durch ihre besondere Rolle in der weltpolitischen Konfrontation, zum anderen durch ihre besondere historische Verantwortung für diese Nachkriegsordnung. Aus dieser Lage ergaben sich spezifische Perspektiven auf die deutsche Nationalgeschichte. Heute seien die Konstellationen in Europa so offen und ungewiß wie nach dem Zusammenbruch des napoleonischen Reichs und vor der erneuten Zementierung durch den Wiener Kongreß. Besteht wieder eine Situation, in der die nationalen Träume der Deutschen nur auf dem Weg über die Trümmer des europäischen Staatensystems ihre Erfüllung finden können? Leisten die Historiker erneut einem deutschen Sonderbewußtsein Vorschub, wenn sie die Frage nach der deutschen Nation und deren historische Einbettungen zum Gegenstand ihrer Betrachtung machen? Diese Befürchtung ist gegenstandslos; ein neuer deutscher „Sonderweg“ ist nicht zu erwarten. Denn in mehrfacher Hinsicht sind alte Kontinuitäten der deutschen Geschichte abgebrochen und damit auch entscheidende Voraussetzungen für das Wiederauferstehen der Mythen des konservativen Nationalismus entfallen.
Unter vier Aspekten unterscheide sich die deutsche Gegenwart grundlegend von der deutschen Vergangenheit: 1. Vom 3. Oktober 1990 an ist der deutsche Nationalstaat das erstemal in der Geschichte vollständig gegenwärtig. Die Bundesrepublik Deutschland ist die einzige denkbare staatliche Hülle der deutschen Nation. – 2. Das erstemal in ihrer Geschichte können die Deutschen beides, Einheit und Freiheit, ganz haben. Laut „Vertrag zur deutschen Einheit“ soll die Präambel zum Grundgesetz geändert werden. An die Stelle des Passus, das deutsche Volk bleibe aufgefordert, die Einheit und Freiheit Deutschlands zu vollenden, tritt künftig der Satz: „Damit gilt dieses Grundgesetz für das gesamte Volk.“ Die alte Diskussion darüber, ob die Identität der Deutschen durch nationale Tradition oder durch Verfassungsbindung erfolge, hat sich erledigt. 3. Das erstemal in ihrer Geschichte haben sich die Deutschen nicht gegen ihre Nachbarn, sondern mit deren Zustimmung zusammengeschlossen. Zum deutschen Nationalstaat gibt es keine Alternative mehr; seine raison d'être besteht allein darin, als schützendes Gehäuse für die Verfassungsinstitutionen zu dienen, bis diese Aufgabe in einem vereinten Europa erfüllt wird. – 4. Der deutsche Nationalstaat ist unwiderruflich mit dem Westen verbunden. Heute sind diejenigen, die den Institutionen wie der Kultur der westlichen parlamentarischen Demo-

kratie ablehnend gegenüberstehen und politischen oder kulturellen Sonderwegsträumen nachhängen, eine politisch aussichtslose Minderheit.
Heute ist deutlich, daß die Frage nach Nation und Nationalstaat keineswegs in die Abgründe zerstörerischer Mythen führen muß, sondern im Gegenteil die Voraussetzung dafür darstellt, Bedingungen, Chancen und Gefährdungen von Nation und Nationalstaat im übernationalen Zusammenhang kritisch zu reflektieren und zu bestimmen.

Hans-Ulrich Wehler charakterisiert den deutschen Nationalismus als eine Erscheinung erst des 19. Jahrhunderts, die scharf von früheren, vornationalen Identitäten in der deutschen Geschichte zu unterscheiden ist. Dieser Nationalismus artikulierte sich als Antwort auf die napoleonische Herausforderung, war also Ergebnis einer spezifischen Krisensituation und zugleich der ersten politischen Reformphase des Jahrhunderts. Seine Funktion war die einer liberalen Oppositions- und Emanzipationsideologie gegen den Partikularismus der Fürstenstaaten und die Adelsprivilegien. Bis zur Revolution 1848 fand er zunehmende Massenresonanz, selbst in der frühen Arbeiterbewegung. Auch nach dem Scheitern der Revolution blieb der konstitutionelle Nationalstaat Ziel der bürgerlichen nationalen Liberalen, die in der zweiten Reformphase von 1867–1877 eine beträchtliche soziale Modernisierung erreichten. Unter dem Eindruck der Bismarckschen Reichsgründung, der ökonomischen Depression und der konservativen Wende in der Reichspolitik vollzog sich dann, mit dem politischen Niedergang des Liberalismus, ein Funktionswandel des Nationalismus; es formte sich ein konservativer, expansionistischer, sog. „Reichsfeinde“ ausgrenzender Reichsnationalismus aus, der nach 1890 dominierend wird. Auch er war die Reaktion auf eine spezifische Herausforderung, die von der Hochindustrialisierung, dem so effektiv erscheinenden monarchisch-konstitutionellen Machtstaat und der zunehmend imperialistischen Dynamik im europäischen Mächtesystem ausging.
In vieler Hinsicht entsprach dieser Reichspatriotismus den Nationalismen in anderen Ländern. Es stellt sich die Frage, wann und warum sich die illiberalen, radikalnationalen und integralistischen Tendenzen vom deutschen Reichsnationalismus durchgesetzt haben. Sie traten bereits im Kaiserreich auf, nahmen in der Vorkriegszeit militante Züge an und erreichten im Kriegsnationalismus einen Höhe-, jedoch keinen Endpunkt; es führt eine deutliche Entwicklungslinie zum radikalen Nationalismus der Rechten in der Weimarer Republik und zu seiner Übersteigerung durch den Nationalsozialismus. Nationalismus, das zeigt sich gerade an der Entwicklung in Deutschland, ist nicht als konstante Ideologie zu verstehen; er reagiert auf historische Umstände, seine Funktion wandelt sich.

Heinrich August Winkler stellt die These auf, daß der Vertrag von Versailles seine traumatische Wirkung nur entfalten konnte, weil sich die große Mehrheit der Deutschen weigerte, der Wahrheit über die Kriegsschuldfrage von 1914 und die deutsche Kriegszielpolitik bis 1918 ins Auge zu sehen. Der Nationalismus der Weimarer Republik war zugleich konsensuell und polarisierend. Es gab einen prinzipiell klassen- und parteiübergreifenden Anspruch auf Revision des Versailler Vertrages und namentlich des Kriegsschuldartikels 231. Dieser revisionistische Konsens war ungleich stärker als der Verfassungskonsens von 1919, dessen Brüchigkeit bereits bei den ersten Reichstagswahlen 1920 sichtbar wurde. Die Weigerung, Kriegsschuldfrage und Kriegszielpolitik kritisch aufzuarbeiten, bedeutete den Verzicht auf einen moralischen Bruch mit dem Kaiserreich. Der extreme Nationalismus von rechts trachtete danach, durch die Radikalisierung der Revisionsparole die Republik und ihre Träger zu delegitimieren.

Hatte sich im Kaiserreich die bürgerliche Linke der Usurpation der nationalen Parole durch die Rechte mit Hilfe eines spezifisch „liberalen“ Imperialismus zu widersetzen versucht, so konterte die Weimarer Sozialdemokratie den „rechten“ Nationalismus durch einen Rückgriff auf die großdeutschen Traditionen der Partei. So waren 1919 die Sozialdemokraten in Österreich und im Reich die entschiedensten Verfechter des Anschlußgedankens. Der Versuch, den Nationalsozialisten den nationalen Donner zu stehlen, ging in den letzten Jahren der Republik so weit, daß Sozialdemokraten und Aktivisten des Reichsbanners Hitler eine Verzichtspolitik in Sachen Südtirol vorwarfen. Da die SPD sich gleichzeitig als einzige deutsche Partei zu den Vereinigten Staaten von Europa bekannte und bis zuletzt für eine Politik der deutsch-französischen Verständigung einsetzte, konnte solchen taktischen Manövern kein Erfolg beschieden sein. Nicht weniger illusorisch war der Versuch der Kommunisten, durch eine forcierte Anti-Versailles-Propaganda Wähler der Rechten an sich zu ziehen. Das Nein der Deutschen Demokratischen Partei zum Versailler Vertrag gehört ebenso in diesen Kontext wie die Außen- und Reparationspolitik des Zentrumskanzlers Brüning. Nutznießer der Folgen von Brünings Durchhaltepolitik in der Reparationsfrage waren in erster Linie die Nationalsozialisten. Ihr Nationalismus war zunächst eine „rechte“ Antwort auf die „linke“ Herausforderung.

Aber das war nicht seine einzige Funktion. Die Beschwörung des nationalen Wiederaufstiegs diente dazu, der Angst vor sozialem Abstieg entgegenzuwirken und die Widersprüche zwischen den Versprechungen zu verdecken, die die NSDAP einzelnen sozialen Gruppen machte. Der Erfolg dieses Rezepts war besonders groß bei den Mittelschichten, die auf Grund wirtschaftlicher Interessengegensätze einen starken Bedarf an symbolisch vermittelter, metaökonomischer Zusammenfassung ihrer Kräfte hatten. Die NSDAP reichte jedoch auch weit in Oberschicht und Arbeiterschaft hinein; soziologisch war sie seit 1930 eine „Volkspartei“.

Der integrale Nationalismus der NSDAP konnte an das anknüpfen, was im Kaiserreich Antisemitenparteien, Alldeutsche und Vaterlandspartei vorexerziert hatten; er war jedoch weit radikaler, zumal er nicht nur das verbreitete Ressentiment gegenüber der angeblichen Auflösung der nationalen Einheit durch Parlamentarismus und Pluralismus, sondern auch den Anspruch der Massen auf politische Teilhabe artikulierte. Die fortschreitende Ausschaltung des Massenwillens durch die Präsidialkabinette gab Hitler die Chance, sich zum Anwalt scheinbar demokratischer Forderungen zu machen. Mit der Machtübertragung an Hitler endete nicht nur die Weimarer Republik, sondern das Deutsche Reich als Rechts- und Verfassungsstaat. Die Zerstörung des deutschen Nationalstaats lag in der inneren Logik des Regimes, das im Januar 1933 an die Macht kam. Rainer Lepsius hat von der „Entlegitimierung des deutschen Nationalismus durch den Nationalsozialismus“ gesprochen. Die Geschichte der ersten vier Jahrzehnte der Bundesrepublik Deutschland spricht für dieses Urteil.

Fritz Klein ging aus der Sicht eines Historikers der DDR auf die widerspruchsvolle Entwicklung der offiziellen Aussagen zum Verhältnis von Staat und Nation in der Geschichte der DDR und auf Aspekte der Nationsproblematik in der marxistischen Theorie und Praxis der Arbeiterbewegung ein.

1. Die Verfassung der DDR von 1949 war, wie das Grundgesetz der Bundesrepublik, auf ein einheitliches Deutschland angelegt. Art. 1: „Deutschland“ ist eine unteilbare demokratische Republik; sie baut sich auf den Ländern auf“. „Deutsche Demo-

kratische Republik" sollte nicht der Name eines Separatstaates, sondern Gültigkeit für ganz Deutschland beanspruchen. Eine Präzisierung des Geltungsbereichs der Verfassung enthält der Text nicht; sie fehlt auch in der Verfassung von 1968, die implicite jedoch den gesamtdeutschen Anspruch aufgegeben hat. Wenn es gleichwohl heißt, die Deutsche Demokratische Republik sei ein sozialistischer Staat deutscher Nation, und die Herstellung normaler Beziehungen zwischen beiden deutschen Staaten auf der Grundlage der Gleichberechtigung als „normales Anliegen", die Annäherung der beiden deutschen Staaten bis zu ihrer Vereinigung auf der Grundlage der Demokratie und des Sozialismus als Ziel bezeichnet sind, dann war offenbar die Nation als fortbestehend gedacht. In der revidierten Verfassung von 1974 ist dann jeglicher Bezug auf die Nation und jede Erwähnung des anderen deutschen Staates aus dem Text verschwunden. In den Dokumenten des 8. Parteitags (1971) findet sich zwar noch die These von der sozialistischen deutschen Nation; innerdeutschen Beziehungen aber ist eine scharfe Absage erteilt, zwischen der sozialistischen Deutschen Demokratischen Republik und der monopolkapitalistischen BRD könne es nur Beziehungen auf der Grundlage des Prinzips der friedlichen Koexistenz geben.

2. Unter dem Eindruck der Junikämpfe in Paris 1848 schrieb Marx: „... Der augenblickliche Triumph der brutalen Gewalt ist erkauft mit der Vernichtung aller Täuschungen und Einbildungen der Februarrevolution, mit der Auflösung der alt-republikanischen Partei, mit der Zerklüftung der französischen Nation in zwei Nationen, die Nation der Besitzer und die Nation der Arbeiter ...". Diese Aussage – eher eine Metapher als ein Definitionsversuch – wurde später als marxistische Auffassung dogmatisiert, wonach es grundsätzlich falsch sei, von einer einheitlichen Nation zu sprechen. Die Priorität der Klassen gegenüber der Nation führte zu der theoretisch verklemmten, sachlich irrigen Behauptung, die Arbeiterklasse sei historisch berufen, die nationale Frage endgültig zu lösen. Zweifellos aber steckt ein Körnchen Wahrheit in der Hervorhebung des Klassenmäßig-Sozialen gegenüber der nationalen Einheitsparole, die alle Interessen unter einem zumeist konservativ verstandenen Nationalismus einzuebnen sucht.
3. In der Haltung linker Gruppen zur Nation im 20. Jahrhundert gibt es bemerkenswerte Vorgänge. Bis zum Ausbruch des ersten Weltkriegs war die deutsche Sozialdemokratie zumindest programmatisch einheitlich in ihrer zwischen feindseliger Ablehnung und kritischer Distanz oszillierenden Haltung zu Nation und Patriotismus. Als der Krieg das Vaterland in Gefahr brachte, ändert sich – aus Überzeugung, aus Konvention oder aus Disziplin – diese Einstellung; man war der Fesseln ledig, die lange gehindert hatten, sich als Deutscher zu seinem Vaterland zu bekennen. Wenig hilfreich ist von den Historikern die Frage diskutiert worden, ob das Verhalten der Sozialdemokratie als „Verrat" einzustufen sei oder nicht.
4. Daß das vereinigte Deutschland ein Provisorium bleiben und in einem größeren Europa aufgehen solle, ist eine sympathische und notwendige Vision. Ist sie auch eine realistische? Die „sozialistische Nation" war eine Schimäre; abstrakter Internationalismus hat sich als unwirksam erwiesen. Ob es gelingt, Nation durch Europa zu ersetzen, ist höchst fraglich. Und warum Europa und nicht die Welt? Aus Brechts Kombination von Demokratismus und selbstverständlicher, unaggressiver Vaterlandsliebe entsteht am dauerhaftesten ein humaner Internationalismus.

Gerald Stourzh, der die historische Entwicklung Österreichs unter dem Aspekt der Frage nach einer österreichischen politischen Identität behandelte, stellt ein sozio-kulturelles Eigensein der habsburgischen Länder schon seit dem 15. Jahrhundert fest, das nicht auf ethnische Gründe zurückgeführt werden kann. Im 19. Jahrhundert, nach der Auflösung des Alten Reiches, wird das Deutschbewußtsein vor allem vom deutsch-österreichischen Bildungsbürgertum getragen; es kam besonders stark 1848 in der Paulskirche, nach dem Ausgleich von 1868 und in den 1890er Jahren in der Badeni-Krise zum Ausdruck und erreichte seinen Höhepunkt in den Anschlußbestrebungen 1918/19. Die tiefe Identitätskrise, in die Österreich nach dem Zerfall und der Auflösung der Habsburgermonarchie gestürzt war, hat die erste Republik bis 1938 begleitet; großdeutsche Vorstellungen, romantisierende Reichsideen, aber auch – besonders bei Sozialdemokraten – die Option für einen demokratischen Bundesstaat nach dem Vorbild der Schweiz konkurrierten miteinander.
Die Jahre des „Großdeutschen Reiches" 1938 bis 1948 haben den großdeutschen Traum definitiv zerstört. Im Widerstand gegen den Nationalsozialismus formierte sich das Konzept einer österreichischen Nation. Nach dem Krieg wurden die Bundesländer und die Verfassung der ersten Republik wiederhergestellt, die Verwaltung gesäubert, auch die Beziehungen zu den anderen Nachfolgestaaten der Habsburgermonarchie wieder angeknüpft. Vom gegenwärtigen lebendigen Bewußtsein österreichischer Identität, vom Selbstverständnis einer österreichischen Nation her stellt sich auch die Frage nach der österreichischen Geschichte neu.

Hans Mommsen betont, daß die Vereinigung von Bundesrepublik und DDR nicht das Resultat einer nationalen Bewegung war, sondern die Folge einer demokratischen Minderheitsrevolution gepaart mit dem vollständigen Verfall der Autorität des SED-Regimes und dem Zusammenbruch seiner wirtschaftlichen Grundlagen. Entscheidender Auslöser waren nicht die deutsche Politik, sondern der Abbau des Ost-West-Gegensatzes und die Mitteleuropapolitik Gorbatschows. Zwar wandelte sich der Ruf „Wir sind das Volk" vorübergehend in das Schlagwort „Wir sind ein Volk", doch ist die anfängliche nationale Euphorie gegenüber Ernüchterung, Unsicherheit und Mißtrauen zurückgetreten. Eine Analyse des Verhältnisses von Nation und Nationalstaat in Deutschland hat heute auch zu erklären, warum seit dem Zusammenbruch des Dritten Reiches nationale Traditionen und Bewußtseinshaltungen bei breiten Teilen der deutschen Bevölkerung eine untergeordnete Rolle spielen.
Ein Grund für das Ende der Orientierung am deutschen Nationalstaat des 19. Jahrhunderts liegt darin, daß sich infolge der ausgebliebenen inneren Reichsgründung ein gefestigtes nationales Bewußtsein nicht hat ausbilden können. Antisemitische und völkische Strömungen stellten ebenso wie der integrale Nationalismus der imperialistischen Phase eine Kompensation für die im Innern ungefestigte soziale Struktur des Kaiserreiches dar. Die Weimarer Republik hatte das Verdikt zu tragen, gegen die Kräfte des Bismarckreiches gegründet zu sein; die politische Rechte denunzierte sie als pazifistisch-internationalistisch. Wo es einen parteiübergreifenden nationalen Konsensus gab, wurde dessen Substanz in den Dienst innenpolitischer, selbst innerparteilicher Interessen gestellt und ausgehöhlt. Die Instrumentalisierung des nationalen Gedankens durch die NS-Diktatur zur Erzwingung der Massengefolgschaft mündete in dessen vollständige Entwertung. Die NS-Ideologie und die Stilisierung der Machteroberung als „nationale Erhebung" sogen alle nationalen Überlieferungen auf und verschmolzen sie mit Antibolschewismus und Antisemitis-

mus. Die völkische, deutschnationale und neokonservative Bewegung und der politische Irrationalismus der Weimarer Jahre hatten dieser Entwicklung vorgearbeitet; am Ende stand die Instrumentalisierung der nationalen Überlieferung und des nationalen Identitätsbewußtseins durch den nationalsozialistischen Führerkult.
Sie mußte notwendig in nationale Indifferenz umschlagen, als die zerstörerischen Züge des NS-Regimes unübersehbar wurden, und nach dem Zusammenbruch zu anhaltender „Ohne Mich"-Stimmung und zur Flucht vor der Geschichte führen. Das erklärt, warum die bundesrepublikanische Gesellschaft lange im wesentlichen ökonomistischen Interessen folgte, in etwas anderer Form auch die DDR. Eine wirkliche Aktivierung breiter Bevölkerungsgruppen für die Bewahrung der deutschen Einheit erfolgte nicht. So entwickelte sich ein Sonderbewußtsein der Bundesrepublik, das mit der Zeit durchaus nationale Züge gewann, wenngleich der amtliche Sprachgebrauch ihr einen nationalen Charakter verwehrte. Ansätze zur Herausbildung einer besonderen nationalen Einheit waren auch in der DDR spürbar – nicht auf der Ebene des sozialistischen Patriotismus und der Annexion von Teilen der deutschen Geschichte, vielmehr auf Grund der Erfahrung des Auf-sich-selbst-Angewiesenseins. Die Ansätze zur Binationalisierung haben im Bewußtsein der Deutschen einen bis heute nachwirkenden Niederschlag gefunden. Deshalb ist ein Rückfall des deutschen politischen Denkens in den älteren machtstaatlichen Nationalismus vorderhand nicht zu befürchten.
Geht man davon aus, daß sich Nationalismus und nationale Gemeinsamkeit an der Realität oder Fiktion gemeinsamer Geschichte festzumachen pflegen, stellt sich die Frage nach deren möglichen Inhalten neu. Wie sich in der Bundesrepublik in den 50/60er Jahren geschichtliches Bewußtsein auf regionaler Ebene neu bildete, so anscheinend jetzt in der ehemaligen DDR. Den Ländern wird eine identitätsstiftende Funktion und national-analoge Symbolik, der Geschichte der Regionen ein unerwartet hoher Stellenwert zugesprochen. So kann es nach der Vereinigung nicht darum gehen, auf gesamtdeutsche Überlieferungen zurückzugreifen oder nach „nationalen Mythen" zu rufen. Analog zur Republik Österreich darf man jedoch erwarten, daß der mühsame Prozeß der inneren Angleichung und soziokulturellen Integration zur Stiftung eines Bewußtseins nationaler Gemeinsamkeit beitragen wird, das sich an der Überwindung der Existenzkrise der Nation ausrichtet. Das SED-Regime erscheint aus dieser Sicht als spiegelverkehrte Fortsetzung des NS-Regimes.
Die spezifisch westliche Orientierung der politischen Kultur der Bundesrepublik impliziert ein Element der Diskontinuität des nationalen Gedankens, der lange durch die Fiktion eines „deutschen Wegs" geprägt war. Ein einheitliches „Geschichtsbild" aber hat es in Deutschland nie gegeben. Nicht die nationalstaatliche, sondern die Vielfalt regionaler geschichtlicher Überlieferungen wird für die Regenerierung des historischen Bewußtseins und des nationalen Selbstverständnisses konstitutiv sein. Die Vereinigung wird zu stärkerer Entfaltung regionaler Eigenständigkeit Anstöße geben und damit den Geltungsanspruch nationalstaatlicher Solidarität modifizieren. Vielleicht gelingt es, jene dritte Dimension deutscher Geschichte, die hinter dem borussisch geprägten Geschichtsverständnis beider deutscher Staaten zurückgedrängt blieb, nämlich die mitteldeutsch-sächsische Variante, die eng mit der Durchsetzung demokratischer Prinzipien und der modernen Arbeiterbewegung verknüpft ist, ins öffentliche Bewußtsein zu heben. Dies läge auf einer Linie mit der Idee eines Föderalismus europäischer Regionen.

(Zusammenfassung: R. Vierhaus)

III
Sektionen

Ganztägige Sektion

Zugehörigkeit zur Stadt in Antike und Mittelalter – Max Webers Ansätze unter der Frage, wie man sie überholen kann

Leitung: *Ch. Meier (München)*

Ch. Meier: Einleitung

W. Nippel (Bielefeld): Synoikismos, Verbrüderung und der Verbandskult der Polis-Bürger. Zu Herkunft und Tragweite Weberscher Kategorien

H. Bruhns (Paris): Die Bedeutung von Verwandschaftsstrukturen für die antike Stadt

J. Martin (Freiburg): Der Verlust der Stadt

O. G. Oexle (Göttingen): Kulturwissenschaftliche Reflexionen über soziale Gruppen in der mittelalterlichen Gesellschaft: Tönnies, Simmel, Durkheim – und Max Weber

K. Schreiner (Bielefeld): Stadtautonomie, Legitimität, Rationalisierung. Drei Kategorien Max Webers zur Analyse mittelalterlicher Stadtgesellschaft – wissenschaftsgeschichtlicher Ballast oder unabgegoltene Herausforderung?

E. Voltmer (Trier): Leben im Schutz der Heiligen. Die mittelalterliche Stadt als Kult- und Kampfgemeinschaft

Ch. Meier

Einleitung

Die Sektion sollte Antike und Mittelalterliche Geschichte in eine Diskussion miteinander bringen. Sie sollte zugleich in einem bestimmten Ausschnitt Max Weber zum Gegenstand einer Verhandlung auf dem Historikertag machen. Sie sollte aber auch einen Beitrag zum Zentralthema leisten.

Sie versuchte dies, indem sie sich Webers Begriffe und Kategorien, seine Thesen zu zentralen Problemen der Zugehörigkeit zur Antiken und Mittelalterlichen Stadt vornahm; sehr wohl in Hinsicht auf Weber, dessen Erkenntnisse kritisch, auch auf ihre Entstehung hin zu untersuchen sind. Aber zugleich sollte der webersche Grundsatz nicht vernachlässigt werden, wonach es nicht nur unser aller Schicksal, sondern sogar unsere Aufgabe ist, überholt zu werden.

Folglich konnte es keineswegs einfach um Weber-Philologie gehen, sondern darum, weiterzukommen, als er gekommen ist.

In einem wird man ihn, wenn ich recht sehe, nicht überholen können: in der Erkenntnis nämlich, daß die Eigenart der okzidentalen Stadt und speziell der ihr insgesamt eigenen Zugehörigkeitsstrukturen (Bürgerverband etc.) nur in einer universal die Bedingungen möglicher Stadt- und überhaupt Gesellschaftsbildung bedenkenden Betrachtung zu ermitteln ist. Diese übergeordnete Fragestellung kann hier kaum eine Rolle spielen, sie ist aber sehr wohl zu beachten.

Doch wird man, so vermute ich, auch innerhalb der Betrachtung der okzidentalen Stadt Weber insofern weiterhin zum Vorbild, wenn nicht gar – einstweilen – als Leitfaden nehmen müssen, als er durch seine Weise, Fragen und Einsichten im Vergleich zwischen Antiker und Mittelalterlicher Stadt (sowie deren Spezialformen) zu gewinnen, den Weg gewiesen hat, auf dem allein wesentliche Erkenntnisse über die Eigenart der beiden Stadtformen und ihrer spezielleren Typen gewonnen werden können.

Allein, im einzelnen, so ergibt sich, ist vielfach anders zu fragen, und viele Antworten werden jedenfalls ganz verschieden ausfallen müssen. Die Sektion sollte, auf wesentliche Aspekte der Zugehörigkeit zur Stadt bezogen, formulieren, wie heute die Fragen innerhalb der Alten und der Mittelalterlichen Geschichte zu stellen sind. Dabei ging es nicht nur um die diversen speziellen Tatbestände, sondern darum, die Fragen selbst neu zu bedenken, damit die Eigenart unserer Gegenstände so begriffen werden kann, wie es nur möglich ist, wenn man zugleich verwandte Erscheinungen im Auge hat!

Die Vorträge hatten Gegenstände *entweder* der Alten *oder* der Mittelalterlichen Geschichte zum Thema. Sie sollten aber offen sein für das Vergleichen, für ein zugleich auf die allgemeine Problematik gerichtetes Interesse. Sie sollten zugleich möglichst Fragen an die anderen Vortragenden enthalten. Eben das ist weitgehend geschehen.

Die Ergebnisse der Sektion (die im Lichte anderer Referate sowie der Diskussion umgearbeiteten Referate) sollen als Beiheft zur Historischen Zeitschrift erscheinen.

W. Nippel

Synoikismos, Verbrüderung und der Verbandskult der Polis-Bürger. Zu Herkunft und Tragweite Weberscher Kategorien

In den einschlägigen Ausführungen Max Webers zur griechisch-römischen Antike spiegelt sich auch die sukzessive Ausweitung seines Vergleichsrahmens und die fortschreitende Differenzierung seiner Fragestellung.

In der (posthum publizierten, heute in ‚Wirtschaft und Gesellschaft' inkorporierten) Abhandlung über die ‚Stadt' wird – im Kontrast zu den früheren Darstellungen (‚Römische Agrargeschichte' 1891; ‚Agrarverhältnisse im Altertum' 1909) – die Analyse des Bedingungsverhältnisses politisch-militärischer und ökonomischer Strukturen um eine religionssoziologische Dimension erweitert.

Die antike Stadt tritt hier – im Verein mit der mittelalterlichen – als Variante der okzidentalen Stadt auf, die sich von der orientalischen durch ihren Rechtscharakter, als sich selbst verwaltende Bürgerschaft, abhebt. Die okzidentale Stadt zeichnet sich durch die „Verbrüderung" aus, die Konstituierung eines einheitlichen, sich zumal in der Speisegenossenschaft manifestierenden Kultverbandes; dies sei, wegen der entgegenstehenden rituellen Tabus, im Orient nicht möglich gewesen.

Für das europäische Mittelalter konvergierten in der Verbrüderung ein religiöses und ein politisches Element: der Zusammenschluß der Bürger findet vor dem Hintergrund einer durch die Abendmahlsgemeinschaft schon erfolgten Aufhebung ritueller Schranken statt.

Das antike Äquivalent dazu findet Weber in der Konstituierung der Polis durch *synoikismos,* der nun nicht mehr primär (wie in den früheren Schriften) als Chiffre für eine Stadtgründung aus Handelsinteressen, sondern als Ausweis der Konstituierung der neuen lokalen Kultgemeinschaft verstanden wird.

Es ist zu fragen, wie weit es Weber damit gelingt, die primär aus der mittelalterlichen Perspektive gewonnene Kategorie der Verbrüderung für eine religionssoziologische Betrachtung des antiken Stadtstaats fruchtbar zu machen. In einem wissenschaftsgeschichtlichen Teil soll die Herkunft seiner Kategorien und vor allem das Verhältnis (oder Nicht-Verhältnis) seiner Konzeption zu der von Fustel de Coulanges bzw. Jacob Burckhardt diskutiert werden. Im zweiten Teil ist nach der Wirkung und dem Ertrag seines Polis-Modells und nach eventuell noch unausgeschöpften Anregungen für weitere Forschungen zu fragen.

H. Bruhns

Die Bedeutung von Verwandtschaftsstrukturen für die antike Stadt

In der Typologie der Stadtformen, die Max Weber in seinem Essay ‚Die Stadt' und in der ‚Wirtschaftsethik der Weltreligion' entwickelt, unterscheidet sich die autonome Bürgerstadt des Okzidents von der Stadt des Orients u. a. wesentlich dadurch, daß die Zugehörigkeit des Bürgers zur Stadt hier nicht durch Verwandtschaftsverbände mediatisiert wird, und daß die Stadtbewohner nicht aufgrund von Verwandtschaftsbindungen, Ahnenkulten, etc. in außerstädtische Strukturen konkurrierend eingebunden sind. Diese Unterscheidung zur orientalischen Stadt gilt dabei nicht in gleichem Maße für die Antike wie für das Mittelalter. Innerhalb der okzidentalen Entwicklung selbst sieht Weber den entscheidenden Beitrag des Christentums darin, daß es die Sippenbande entwertet und somit die Herausbildung der (‚idealtypischen') Bürgerstadt ermöglicht habe. Verwandtschaftsgruppierungen und -bindungen stellen innerhalb Webers Stadttheorie somit in gewisser Weise den Rationalisierungsprozeß hemmende Relikte aus vorpolitischer Zeit dar.

In der ganz anderen Typologie der antiken Stadtformen in den ‚Agrarverhältnissen im Altertum' war Weber der Frage der Bedeutung der Sippen und Geschlechtsverbände für die Entstehung der Polis nachgegangen und hatte sich gegen die Theorie einer Evolution von der frühen „Stammesorganisation" der Gesellschaft, die auf Sippen beruhte, zu einer politischen und territorialen Organisation gewandt. Die Adelspolis sah er als eine adlige Sippenkonföderation, die von der Stadt aus das platte Land beherrschte, als eine Umbildung der Gewalt des Stadtkönigs einerseits, der Sippenältesten andererseits zu einer Honoratiorenherrschaft der voll wehrhaften, erbcharismatischen Geschlechter. Der Entstehung der Bürgerpolis – im Sinne der zunehmenden Durchführung des Anstaltscharakters des politischen Verbandes – korrespondierten ein Macht- und Funktionsverlust der Sippenverbände, die Schaffung künstlicher Verwandtschaftsverbände, die Veränderung des Erbrechts u. a. mehr.

Ansonsten interessierte Weber sich für Verwandtschaftsstrukturen und -verbände vornehmlich unter folgenden Aspekten:

- unter dem von Vergemeinschaftung und Vergesellschaftung: das Gemeinschaftshandeln der Sippe entbehrt der Vergesellschaftung, und sie funktioniert nur in Ausnahmefällen als politischer Verband, und auch da nicht sui generis;
- in der Rechtssoziologie vor allem unter dem Aspekt des Sühneverfahrens zwischen Sippen.

Trotz einer großen Zahl über weite Teile des Werkes verstreuter Bemerkungen blieb Weber in bezug auf die Antike im Grunde bei zwei Fragen stehen:

- Entstehung, Zerschlagung bzw. teilweises Fortleben von Geschlechterverbänden
- Auswirkung von Erb-, Ehe- und Mitgiftregeln auf die Verkehrsfreiheit des Bodens und die Transmission von Besitz.

Die Verwandtschaftsstrukturen selbst werden dabei immer in Gruppenbegriffen und vornehmlich unter dem Aspekt der Filiation gedacht. Demgegenüber haben neuere Untersuchungen zu Familie und Verwandtschaft in Griechenland und Rom Fragestellungen aus der Sozialanthropologie und der historischen Anthropologie aufgegriffen und verwenden einen Verwandtschaftsbegriff, der es erlaubt, die je unterschiedliche Strukturierung der Verwandtschaftsbeziehungen sowohl in ihrer Gleichzeitigkeit wie auch in ihrem historischen Wandel zu erfassen.

Gegenüber der Weberschen Auffassung der Verwandtschaft als einem – verkürzt gesagt – vorpolitischen und rationalitätshemmenden Element, wurde versucht, anhand weniger Beispiele aus der griechischen und römischen Geschichte zu zeigen, welche Bedeutung Verwandtschaftsstrukturen unter den genannten Aspekten für die besonderen Formen der Vergesellschaftung in der antiken Stadt hatten.

An so unterschiedlichen Beispielen wie dem perikleischen Bürgerrechtsgesetz, Platons Utopie der Abschaffung der Familie, dem Epiklerat und schließlich den Mythen über die Zeugung des Atheners wird deutlich, daß Verwandtschaftsstrukturen, wenn man sie nicht nur unter den Aspekten der Filiation und des Gruppenverbandes betrachtet, sondern auch unter denen des Konfliktes, der Allianz und des Geschlechtsverhältnisses, eine nicht zu unterschätzende Bedeutung für das Selbstverständnis und die soziale Wirklichkeit der griechischen Polis hatten.

Auch unsere Auffassung der römischen Familie und Verwandtschaft hat sich in den letzten Jahren dahingehend gewandelt, daß sich das Bild einer Gesellschaft ergibt, die nach ‚Häusern', und nicht nach Abstammungsgruppen organisiert war. Im Verlaufe der römischen Republik veränderten sich die Verwandtschaftsstrukturen dahingehend, daß die Dominanz des agnatischen Prinzips zugunsten des cognatischen zurückgedrängt wurde. Die bilaterale Orientierung der Verwandtschaft begünstigte die Multiplizierung der Bindungen und förderte die Tendenz zu kurzfristigen und horizontalen Allianzen. Die Verwandtschaft spielte in Rom in den sozialen Beziehungen und in der Ideologie eine überaus große Rolle; im Vergleich zu anderen aristokratischen Gesellschaften war sie hier jedoch erstaunlich schwach strukturiert. Die römische Gesellschaft verfügte ferner über ein wohl unvergleichbar großes Potential an Mitteln, in die natürliche Verwandtschaft und in die Verwandtschaftsstrukturen einzugreifen. Dieser Verfügbarkeit und den Veränderungen des Verwandtschaftssystems standen andere Elemente gegenüber, die in vielen Bereichen über sehr lange Dauer hin normierend wirkten.

In komplexen Gesellschaften, wie den antiken, strukturiert die Verwandtschaft nicht das soziale System insgesamt, sondern sie stellt einen Teilbereich dar, und Verwandtschaftsstrukturen werden in ihnen für ökonomische, politische oder andere Ziele eingesetzt. Max Weber teilte diese Erkenntnis, betonte aber einseitig den Ausdruck, den Verwandtschaftsstrukturen im Recht oder in ökonomischen Entwicklungen fanden, und vernachlässigte ihre Auffassung als eines Systems von Praktiken und Vorstellungen.

J. Martin

Der Verlust der Stadt

Bei Max Weber fallen die hellenistischen und die frühkaiserzeitlichen Städte aus dem Typus der antiken Stadt heraus. Deshalb wurde gefragt, ob dieser Typus angemessen konstruiert worden ist. Die antike Stadt ist für Weber Wehrverband der voll wehrfähigen Hopliten, d. h. der sich selber equipierenden Grundbesitzer, deren Interesse auf für die Abkömmlichkeit der Bauern wichtigen Land- und Menschenbesitz gerichtet gewesen sei. Von hierher erklärt sich das Konzept der Rentner- und Konsumentenstadt. Zum zweiten betont Weber den „Anstaltscharakter" der antiken Stadt: durch die Tribusgliederung z. B. sei Rom zu einer „anstaltsmäßigen Gebietskörperschaft" geworden, das Recht als rational gesetztes (der Gegensatz ist die charismatische Judikation) zu einem Anstaltsrecht.

Zwischen dem Konzept eines „irrationalen" Wirtschaftens einerseits und der angenommenen Rationalität des Anstaltscharakters andererseits besteht eine eigentümliche Spannung. Von ihr her läßt sich die Konzeption Webers aufbrechen, wenn man auf die Widersprüche achtet, die der Analyse inhärent sind. Obwohl nach der Schaffung der Hoplitendisziplin die Hopliten überall die ausschlaggebende Klasse der Vollbürger gewesen sein sollen, habe „der ackerbürgerliche Charakter des römischen Heeres" „die Festhaltung der Herrschaft durch die großen stadtsässigen Senatorenfamilien" ermöglicht (WuG Stud.Ausg. 951, 1018). Was bedeutet dann aber noch die volle Wehrfähigkeit, die in der Republik jedem zukommt, dessen Einkommen ein bestimmtes Zensusminimum überschreitet? Und warum können die stadtsässigen Senatorenfamilien die Herrschaft beibehalten, wenn doch alle grundbesitzenden Ackerbürger wehrfähig sind und politische Teilnahme an der Wehrfähigkeit hängt? Weber hat offenbar das Ungenügen seiner Analyse selber gespürt, denn am Schluß seiner Ausführungen über die Stadt, als er über die Exklusivität des Bürgerrechts spricht, schiebt er eine Erklärung nach: Der römische Adel habe über „feudale und halbfeudale Abhängigkeitsverhältnisse" eine einzigartige Stellung behalten. „Nirgends in der Welt ist eine derartige politische Patronage in den Händen einzelner, formell rein privater Familien vereinigt gewesen" (1031). Das ist (abgesehen von der Terminologie) richtig, aber durch diese Ausführungen wird Webers Konzept einer „anstaltsmäßigen Gebietskörperschaft" aufgehoben, aufgehoben auch – zumindest im Hinblick auf Rom – die Vorstellung von „Rationalität", die sich Weber von der antiken Polis macht. Die sehr verschiedenen Formen von Beziehungen, die sich zwischen Gruppen unterschiedlicher Art entwickeln können, werden von Weber in den eben zitierten Passagen zwar (teilweise) benannt, haben aber in seiner Konstruktion des Typus der antiken Polis keinen Platz gefunden. Man muß deshalb diese Konstruktion aufgeben.

Ein alternatives Konzept könnte von folgenden Prämissen ausgehen: 1. Es gibt Bürger verschiedener Klassen (adlige Hausväter, Hausväter, die Klienten sind, schließlich alle Gewaltunterworfenen einschließlich der Freigelassenen). 2. *Jeder* ist in die bestehenden Gewalt- und Abhängigkeitsverhältnisse eingeordnet; diese bestimmen die Gehorsamsmodalitäten und die Formen der politischen Kommunikation in Rom. 3. Das römische politisch-gesellschaftliche System ist statusorientiert und sichert selbst den Ärmsten noch einen Rang unabhängig von ihrer Armut (pauvreté sociale nach E. Patlagean). Der Status wird gesichert durch Einordnung in die skizzierten Beziehungsverhältnisse, die ihrerseits gestützt werden durch einen immer größere Ausmaße annehmenden Gabentausch. 4. Dieses System erfordert einen erheblichen Konsum.

Ein solches Konzept hat den Vorteil, daß es auch die hellenistische und kaiserzeitliche Stadt mit einschließt. Ferner werden die nichtbesitzenden Schichten, die ja nicht zu Webers „Kriegerzunft" gehören, nicht aus der Stadt ausgeschlossen. Für die „Irrationalität" des Wirtschaftens bietet das Konzept zumindest eine zusätzliche Erklärung.

Auch die Schicksale der Stadt in der Spätantike lassen sich von den vorgetragenen Prämissen her gut verstehen. Zwar stimmt die Aussage Webers, daß fiskalische und liturgische Anforderungen des Staates stiegen; gleichzeitig sank aber der Anteil der freiwilligen Leistungen, welche die Oberschichten vorher erbracht hatten (z. B. im Bereich der heidnischen Kulte). Indem die Oberschichten zu Erfüllungsgehilfen des Staates, die Unterschichten zu direkten Objekten des staatlichen Zugriffs werden, funktioniert die auf dem Gabentausch beruhende Zuweisung von Status nicht mehr. Den Honoratioren wird kein „honor" mehr erwiesen, der Bürger wird zum subiectus. Bischöfe können in vielen Städten des Westens eine beherrschende Stellung erlangen. Die trotz aller Bedeutung des Kultes für antike Vergesellschaftungen wesentlich säkulare Kommunikation zwischen den Stadtbewohnern macht der Predigt des Bischofs Platz, die durch Gaben zugewiesene Ehre der caritas, die pauvreté sociale der pauvreté économique. Insgesamt bedeutet dies den Verlust der antiken Stadt.

O. G. Oexle

Kulturwissenschaftliche Reflexionen über soziale Gruppen in der mittelalterlichen Gesellschaft: Tönnies, Simmel, Durkheim – und Max Weber

Die Erneuerung der kulturwissenschaftlichen Forschung in den drei Jahrzehnten von etwa 1890 bis 1920, vor allem durch E. Durkheim, G. Simmel und Max Weber, war gekennzeichnet durch die Bearbeitung gleichartiger Fragestellungen und Probleme. Dazu gehörte (a) die Konstituierung einer neuen Wissenschaft, der Wissenschaft von der Gesellschaft, und die Definition ihrer Gegenstände; (b) die Begründung einer neuen Theorie der historischen Erkenntnis und der wissenschaftlichen Erkenntnis überhaupt; (c) die Reflexion über Religion und Gesellschaft, was bei allen drei Autoren sich äußerte, in der wissenschaftlichen Beschäftigung mit Religion als einem System der Sinnstiftung und Weltdeutung, das in der Gesellschaft notwendige, aber andere Funktionen erfüllt als das System der Wissenschaft. Die Notwendigkeit der Bearbeitung gerade dieser Fragen ergab sich bei allen drei Autoren aus dem Erlebnis ihrer Gegenwart, aus der Erfahrung der Krisenhaftigkeit der modernen Gesellschaft und der Fragwürdigkeit der ihr eigenen

Formen von Wissenschaft. Diese Erfahrung nötigte einerseits zur Erörterung des Wertproblems und der Objektivität wissenschaftlicher Erkenntnis, andererseits auch zur Frage nach der spezifischen Struktur der Moderne. Es ist bemerkenswert, daß diese Frage immer wieder erörtert wurde in der Gegenüberstellung von Moderne und Mittelalter. Dieser Gegensatz liegt F. Tönnies' Werk, ‚Gemeinschaft und Gesellschaft' (1887) ebenso zugrunde wie G. Simmels Deutung der Moderne in seiner ‚Philosophie des Geldes' (1900).
Gegenstand des Vortrags ist nun (1) die bei allen genannten Autoren anzutreffende Pointierung der Erforschung der Gesellschaft in ihren historischen und aktuellen Dimensionen durch das Interesse an der Erforschung sozialer Gruppen. Die Frage nach den „Formen der Vergesellschaftung" ist die Mitte der ‚Soziologie' G. Simmels (1908). E. Durkheim hat, vor allem in seiner Religionssoziologie (‚Les Formes élémentaires de la vie religieuse', 1912), die Realität kollektiver Denkformen und Mentalitäten in ihrem Zusammenhang mit konkreten sozialen Gruppen als Forschungsgegenstand definiert und damit der sozialgeschichtlichen Forschung in Frankreich seit den 1920er Jahren ihr wichtigstes Thema vermittelt. Außerdem geht es (2) um die Tatsache, daß die Erforschung sozialer Gruppen hier vielfältig verknüpft wurde mit der Deutung der Moderne in ihrem Gegensatz zum Mittelalter. Das gilt nicht nur für F. Tönnies' so überaus folgenreiche Unterscheidung von ‚Gemeinschaft' und ‚Gesellschaft' von 1887, sondern auch für E. Durkheims Versuch, den Anomien der modernen Gesellschaft, nämlich der sozialen Desintegration und der Schwäche der Bindungen des Individuums an die Gruppen, die moralischen und religiösen Bindungen der „professionellen Gruppierungen" des Mittelalters, der mittelalterlichen Zünfte und Korporationen normativ gegenüberzustellen (‚De la division du travail social', 1893, 2. Aufl. 1902).
Max Weber ging von denselben Fragen aus, aber er beantwortete sie anders. An die Stelle eines angenommenen Gegensatzes von Mittelalter und Moderne tritt bei Weber die Frage nach der konstitutiven Bedeutung des Mittelalters für die moderne Gesellschaft, nach den mittelalterlichen Bedingungen der Moderne. Sie wird u. a. beantwortet mit dem Hinweis auf die weitreichenden historischen Wirkungen der Lebensnormen sozialer Gruppen, vor allem jener Gruppen, in denen Menschen sich in Konsens und Vereinbarung und in der Form vertraglichen Handelns nach selbst gesetzten Zwecken und frei gewählten Lebensnormen zusammenschlossen. Dazu gehören z. T. die monastische Kommunität, vor allem aber die Erscheinungsformen der ‚gewillkürten' und ‚geschworenen' Gruppen: Schwureinung, Gilde, Kommune. Anhand des mittelalterlichen Mönchtums entdeckte Weber sein weitreichendes Thema der ‚innerweltlichen Askese' und entwickelte dabei zugleich eine Betrachtungsweise des Mönchtums, deren Bedeutung in allen ihren Dimensionen eigentlich noch zu entdecken ist. Andererseits beleuchteten Webers Forschungen und Reflexionen über ‚Willkür' und „Verbrüderung" die Schwureinung als ein wesentliches Element des Prozesses der okzidentalen Kultur, das unter anderem in der Genese der mittelalterlichen Stadt zu weitreichenden, die Moderne tiefgehend prägenden Strukturen geführt hat. Die Aneignung dieser Perspektiven im Werk Max Webers ermöglicht eine bessere Erkenntnis der Auffassungen Webers über das Bürgertum und gibt zugleich auch Impulse für die aktuelle Forschung, die gesellschaftliche Prozesse nicht allein unter dem Gesichtspunkt der Entstehung von Ständen und Klassen, sondern auch unter dem Gesichtspunkt der Entstehung sozialer Gruppen und ihre geschichtlichen Wirkungen fassen will.

K. Schreiner

Stadtautonomie, Legitimität, Rationalisierung. Drei Kategorien Max Webers zur Analyse mittelalterlicher Stadtgesellschaft – wissenschaftsgeschichtlicher Ballast oder unabgegoltene Herausforderung?

Haben Mediävisten Grund, jene unvollständig gebliebene „Skizze der Entwicklung des Europäischen Bürgertums in der Antike und im Mittelalter", die Marianne Weber nach dem Tod ihres Mannes im 3. Heft von Bd. 47 des ‚Archivs für Sozialwissenschaft und Sozialpolitik' im Jahre 1921 unter dem Titel „Die Stadt. Eine soziologische Untersuchung" veröffentlichte, von neuem zu lesen, um daraus zu lernen, mit welchen ‚Ansätzen' sie Eigenart und Besonderheit mittelalterlicher Städte erkunden und erkennen sollen? Sollten Kenner und Liebhaber des Mittelalters nicht eher von einem sozialwissenschaftlichen Klassiker Abschied nehmen, dessen idealtypische Verallgemeinerungen dem Befund der Quellen nicht durchgängig standhalten?
Sich auf Max Webers Traktat über die Stadt von neuem einzulassen, kommt nicht der Pflicht gleich, treuherzig auf die Worte des Meisters zu schwören. Zur Diskussion steht die analytische und systematisch-interpretative Kraft von Kategorien, deren sich Weber bediente, als er „spezifische Züge der mittelalterlichen Städte zur Zeit ihrer höchsten Selbständigkeit" zu erfassen suchte. Neu zu formulieren ist Webers bis heute aktuell gebliebene Frage nach der Kulturbedeutung der mittelalterlichen Stadt. Webers Deutungs- und Erklärungsangebote sind vor allem und nicht zuletzt mit den Erkenntnissen der Mittelalter-Forschung zu vermitteln und gegebenenfalls zu modifizieren, zu ergänzen und zu verbessern. Alles in allem bleibt zu überlegen, ob angesichts eines grundlegend veränderten Wissensstandes, den unsere Gegenwart von der Zeit Max Webers trennt, aus dessen Stadttraktat auch förderhin gelernt werden kann und soll, wie die Geschichte des mittelalterlichen Städtewesens vernünfigerweise zu befragen, zu untersuchen und zu deuten ist.
Am Leitfaden von drei Begriffen soll versucht werden, die problemstrukturierende und interpretative Kraft von Webers Stadttraktat zu erproben. Zur Diskussion stehen Autonomie, Legitimität in der politischen, wirtschaftlichen und geistig religiösen Lebenswirklichkeit mittelalterlicher Städte.
Autonomie, wie sie sich in der Selbstregierung und Selbstgesetzgebung mittelalterlicher Stadtgemeinden konkretisierte, betrachtet Weber als unverwechselbares Merkmal der mittelalterlichen Stadt des Okzidents. Die Anfänge städtischer Verbandsbildung führt Weber auf einen Akt „schwurgemeinschaftlicher Verbrüderung" zurück. Im Kontext hochmittelalterlicher Kommunebewegung von „Eidverbrüderung" zu sprechen, rechtfertigt die bereits von Zeitgenossen herausgestellte Affinität zwischen urchristlichen und stadtbürgerlichen Gemeindestrukturen. Spricht aber Weber von der „hohen Zeit der Stadtautonomie", erwähnt er nicht mehr die verbandsbildende Kraft christlicher Brüderlichkeitsethik, sondern zählt Rechte auf, die mit der Ausbildung des mittelalterlichen Korporationsgedankens zu tun haben. Webers Erwägungen über städtische Autonomie im hohen und späten Mittelalter lassen sich unschwer mit korporationsrechtlichen Erwägungen hoch- und spätmittelalterlicher Kanonisten und Legisten in Einklang bringen. Mittelalterliche Stadtautonomie, wie sie von Weber gesehen und beschrieben wird, hat das Zeugnis der Quellen auf ihrer Seite, obschon sich Weber um ein solches nicht expli-

zit bemüht hatte. „Bruderschaft“, wäre zu Weber ergänzend zu sagen, spielt in der Begründung städtischer Autonomie allerdings keine Rolle mehr. Der Begriff „Bruderschaft“ verliert im späteren Mittelalter, wenn er auf die städtische Gesamtgemeinde angewandt wird, seine religiösen und rechtlich-politischen Konnotationen. Er verengt und verfestigt sich langfristig zum terminus technicus für soziale Lebenskreise, Gemeinheiten und Genossenschaften, in denen nur unter Mitgliedern der eigenen Gruppe, unter sozial Standesgleichen also, Dienste und Leistungen ausgetauscht werden.

Mit welchen *Legitimitätsgründen* mittelalterliche Bürgergemeinden ihren Anspruch auf politische Unabhängigkeit und rechtliche Autonomie rechtfertigten, war eine Kernfrage seiner stadtgeschichtlichen Forschungen. Im Hinblick auf die Selbstkonstituierung mittelalterlicher Bürgergemeinden betonte Weber das usurpatorische Element ihrer Verbandsbildung. Die „Durchbrechung des Herrenrechtes“ begründete seiner Auffassung nach verstärkten Legitimationsdruck. Webers Konzept der Legitimitätsbeschaffung wirft Fragen auf, macht Vorschläge zu deren Beantwortung und lenkt den Blick auf Probleme, deren sich – wenngleich in einer anderen Begrifflichkeit – bereits hoch- und spätmittelalterliche Zeitgenossen bewußt waren. Ist Webers Auffassung von den Geltungsgründen bürgerlicher Rechtmäßigkeit mit den religiösen, historischen, sozial-philosophischen und rechtlich-politischen Legitimitätsgründen zu vereinbaren, die in der Öffentlichkeit mittelalterlicher Städte geäußert und diskutiert wurden, um Herrschaft von Bürgern über Bürger annehmbar zu machen? Einzubeziehen in Webers Fragen- und Problemkatalog ist die legitimatorische Funktion öffentlicher Rituale, deren sich mittelalterliche Kommunen bedienten, um durch Formen symbolischer Partizipation Loyalitäten aufzubauen, die sich in Krisenzeiten bewährten. Kollektive symbolische Handlungen stärkten das Bewußtsein der Zugehörigkeit zu einer Kult- und Rechtsgemeinschaft, von deren Heilswirkungen und Funktionsfähigkeit das zeitliche und weltliche Wohlergehen aller abhing.

Weber war der Überzeugung, daß die Entwicklungsdynamik mittelalterlicher Städte folgenreiche Prozesse der *Rationalisierung* in Gang brachte. Den Zugewinn an Vernünftigkeit und zweckrationaler Handlungsrationalität, wie sich dieser in der Lebensführung und im Affekthaushalt städtischer Bürger, in ihrem politischen, wirtschaftlichen und rechtlichen Handeln abzeichnet, quellennah herauszuarbeiten, bleibt für Historiker des Mittelalters immer noch eine lohnende und spannende Aufgabe. Webers Rationalisierungskonzept enthält Vorgaben und Anstöße, die aufzugreifen und zu realisieren dazu beitragen kann, die Stellung der mittelalterlichen Stadt in der Kulturentwicklung des Okzidents genauer und anschaulicher zu bestimmen. Hält man sich an Webers Einsichten und Deutungen, beruht das Verlangen der Laienchristen nach lebendiger Anteilnahme am Leben der Kirche, nach bewußter und selbständiger Aneignung des Christlichen auch und nicht zuletzt auf rationalen Denk- und Verhaltensformen, die sich in Städten des Mittelalters unter Bedingungen verdichteter Kommunikation herausbildeten. Wahlverwandtschaften zwischen Christentum und städtischem Leben gehören zu den theoretischen Grundtheoremen seiner Religionssoziologie. Webers Auffassung nach war das Christentum von seinem Ursprung her „eine ganz spezifisch städtische, vor allem: bürgerliche, Religion“; die „spezifischen Qualitäten des Christentums als ethischer Erlösungsreligion und persönlicher Frömmigkeit“ hätten „ihren gemeinsamen Nährboden auf dem Boden der Stadt“ gefunden. Was Christentum und bürgerliche Lebenswelt im Sinne Max Webers miteinander verbindet, bedarf der Erweiterung und Präzisierung. Formen einer spezifisch bürgerlichen Berufsethik, die Gewinnstreben und kapitalistischen

Geist nicht mehr als Faktoren religiöser Schuldverstrickung brandmarkt, sondern mit Hilfe biblischer und gesellschaftstheoretischer Argumente rechtfertigt, haben sich bereits im späten Mittelalter herausgebildet.
Nimmt, wie Weber immer wieder darlegt, die mittelalterliche Stadt des Okzidents eine „entwicklungsgeschichtliche Sonderstellung" ein, bleibt die Frage zu beantworten, ob von der Stadt des Mittelalters freiheitsbildende Wirkungen ausgingen, die es rechtfertigen, die Stadt des Mittelalters als Faktor politischer, ökonomischer und sozialer Modernisierung in die Freiheitsgeschichte des vormodernen Europa einzuordnen. War, wie Weber gleichfalls behauptet, die Autonomie mittelalterlicher Bürgerverbände nur ein zeitlich befristetes „historisches Intermezzo", wäre die Anschlußfrage zu stellen, wie sich diese Tatsache langfristig auswirkte – als freiheitsmindernde Ausweitung landesherrlicher und kaiserlicher Befugnisse, als Refeudalisierung und Retheologisierung stadtbürgerlicher Herrschaft, die hinter den bürgerlichen Rationalismus des Spätmittelalters zurückfiel? Als Defizit an Bürgerlichkeit, das als Überhang von ständischen Wertvorstellungen bürgerliche Aufklärung verhinderte? Oder als Tatbestand, der weder das expansive Wirtschaftshandeln der Bürger einschränkte, noch ihr Verlangen nach politischer Teilnahme drosselte?
Ist – wie Max Weber mit gleichbleibender Hartnäckigkeit immer wieder betonte – die unverwechselbare Eigenart eines historischen Phänomens nur durch Vergleiche mit ähnlich strukturierten Gebilden zu bestimmen, ist zu fragen und zu bedenken, welche Gemeinsamkeiten und Unterschiede sich zwischen antikem und mittelalterlichem Städtewesen ergeben, sofern man die Konstituierung rechtlich-politischer Autonomie, die Rechtfertigung von Herrschaft sowie die Formen von Rationalisierung zu Maßstäben des Vergleichs macht.

E. Voltmer

Leben im Schutz der Heiligen.
Die mittelalterliche Stadt als Kult- und Kampfgemeinschaft

Wie kaum anders zu erwarten, finden sich anregende und grundlegende Beobachtungen und Gedanken zu diesem Themenkomplex bereits in Max Webers Abhandlungen über das Wesen der entwickelten antiken bzw. mittelalterlichen Stadt: so z. B. zu ihrer sich nicht nur auf die Verteidigung des Mauerrings beschränkenden „Wehrhaftigkeit"; zu ihrem Charakter als eines „als Verbrüderung konstituierten oder so gedeuteten Verbands" mit entsprechenden religiösen Symbolen; zu der „für ihre Bildung grundlegend wichtigen Eigenschaft der christlichen Religion"; zu ihrem Wesen als „Kultverband". Doch bleibt es bei derart verkürzten, eher aperçuhaften Bemerkungen, die nicht weiter ausgeführt werden, und daher bleibt auch – angesichts der Interessenlage und des Standes der Forschung damals nicht verwunderlich – die gesamte, nicht nur geistes- und mentalitätsgeschichtlich bedeutsame Dimension und Funktion des Religiösen für den Stadtwerdungsprozeß und die Entwicklung eines Gemeinschaftsbewußtseins im Sinne einer verbindenden, von „allen" erfahrbaren Identität der Stadtbewohner nicht vollständig ausgelotet. Bei aller Empfänglichkeit für diese Fragen sieht Weber den Bewohner der ma. Stadt zuvörderst als „homo oeconomicus" und die ma. Stadt selbst zu sehr nach „kirchlichen" und „weltlichen" Bereichen trennbar wie allgemein auch bereits zu sehr „säkulari-

siert“. Seine Fixierung auf das Prinzip einer – für ma. Verhältnisse anachronistischen – formalen Legitimität im Sinne eines Gewaltmonopols verhindert, daß Weber die wichtige herrschaftslegitimierende Kraft religiöser Vorstellungen und Symbole in ihrer vollen Tragweite zur Kenntnis nehmen kann (obwohl das Phänomen ihm durchaus bekannt ist, wie seine Bemerkungen über die „politische und hierokratische Herrschaft“ zeigen). Weil ihm zumeist das Bild der vollentwickelten Stadt vor Augen steht, deren Bestand kaum noch gefährdet ist, fehlt ihm offenbar das Gespür für die Bedeutung der Friedensidee (Gottesfrieden) im Prozeß der Stadtentstehung und Gemeindebildung sowie für die Notwendigkeiten des Kampfs für den inneren und äußeren Frieden. Von der Stadt als besonderem Friedens- und Schutzbezirk ist jedenfalls so gut wie nie die Rede. Demgegenüber werden die revolutionären Elemente der Gemeindebildung, und insbesondere die Bedeutung der „coniurationes“ zu einseitig hervorgehoben und die eher evolutionären Übergänge von der „geistlichen“ zur „bürgerlichen“ Stadt zu wenig ins Blickfeld gerückt.
Gesellschafts- und Gemeinschaftsvorstellungen bleiben im Mittelalter lange vom religiösen Denken geprägt. Das Vorbild und die Erfahrung mit religiösen Gemeinschaften werden auch auf andere „universitates“ übertragen. So werden die Städte auch als Sakralgemeinschaften gesehen, deren Bewohner in einem von einem Kranz von Kirchen umwehrten und so gleichsam von Heiligen bewachten Bezirk leben, dessen Erde durch deren Gräber und Reliquien geweiht ist, mit denen des Stadtpatrons an der Spitze, der in besonderer Weise als Beschützer der Stadt und der Menschen erscheint. Diese Auffassung von der Heiligkeit der Städte und vor allem die gemeinschaftsstiftende Wirkung des Heiligenkults lassen bei oberitalienischen Chronisten des 11. Jahrhunderts die „civitas“ häufig als „societas hominum“ erscheinen, die gemeinsam handelt, denkt, fühlt. Derartige religiöse Vorstellungen helfen mit bei der Herausbildung eines neuen Prinzips menschlichen Zusammenlebens in sakral-politisch-sozialer Gemeinschaft, wie es die Kommune bzw. die Stadtgemeinde ist. Wachsende innere Autonomie und die identitätsstiftende Abgrenzung nach außen kennzeichnen das Milieu, in dem Einflüsse aus der religiösen Bewegung des 11. Jahrhunderts den Übergang zur Stadtgemeinde/Kommune bewirken. Es sind letztlich Versuche, aus einem neuen Verständnis christlicher Gemeinschaft heraus zu einer dauerhaften, auf Nächstenliebe und Recht gegründeten Friedensordnung zu gelangen, welche die Kommune hervorbringen. Dahinter steht die – utopische – Idealvorstellung einer christlichen Gemeinschaft in brüderlicher Einheit, die im gemeinsamen, einträchtigen Entscheiden, Handeln und auch Kämpfen ihren Ausdruck findet und die in einem Kontext steht, dessen Gedankengut einen Zusammenhang mit der Friedensbewegung des 11. Jahrhunderts erkennen läßt. Hagen Keller hat mit neuen, überzeugenden Argumenten die Beobachtung wieder aufgegriffen, wonach die kommunale Bewegung der französischen Gottesfriedensbewegung direkte Anstöße verdanken dürfte. Die Idee der Kommune/Stadtgemeinde – im Sinn einer politischen Gemeinschaft – verbindet sich so mit der religiösen Friedensbewegung. Der Grundgedanke, die Ordnung der eigenen Gemeinde und des eigenen Gemeinwesens auf die Übereinstimmung „aller“ zu gründen und so auch die Schwachen gegen Unrecht und Gewalt zu verteidigen, war im religiösen Denken der Zeit schon vorhanden. Grundlage der Kommune ist daher letztlich auch eine religiöse Idee, als deren Ausdruck besondere Herrschaftszeichen und Symbole für den Kampf, so z. B. der Fahnenwagen (carroccio), entstanden sind und südlich wie nördlich der Alpen gebraucht werden.

Alte Geschichte

1. Integrationsprobleme in griechischen Bürgerverbänden der klassischen Zeit

Leitung: *H.-J. Gehrke (Freiburg)*
H.-J. Gehrke: Einleitung
E. Flaig (Freiburg): Die schwierige Integration der Minderheit. Entscheidungsrisiken bei der Abstimmung nach der Mehrheitsregel im klassischen Griechenland
J. Deininger (Hamburg): Bürger, Verbannte, fremde Söldner: Integrationsprobleme der griechischen Polis am Beispiel von Syrakus
G. A. Lehmann (Köln): Das klassische Athen unter oligarchischem Regiment
D. Lotze (Jena): Integrationsprobleme im klassischen Sparta

H.-J. Gehrke

Einleitung

Das Rahmenthema „Identitäten" läßt im Bereich der griechischen Geschichte verschiedene thematische Schwerpunkte zu. Geht man aber auch von dieser selbst und der in ihr liegenden Problematik aus, so erscheint der hier gewählte Aspekt als besonders wichtig. Der Widerstreit zwischen verschiedenen Zuordnungen, Loyalitäten, Identitäten kam ja in den Poleis nicht zuletzt in den enormen Schwierigkeiten zum Ausdruck, für die darin zusammengeschlossenen Bürgerverbände eine integrierende Mitte zu finden. Die permanente Gefährdung durch innere Kriege ist deutlichstes Symptom dieser Integrationsprobleme. Andererseits beobachten wir, gerade unter dem Vorzeichen des Polispatriotismus, eine erstaunliche Konsistenz dieser politischen Einheiten.
Die Diskussion dieser Problematik in der Sektion erfolgt auf zwei Ebenen: Auf ein eher theoretisch-grundsätzliches Referat (Flaig) folgen drei Vorträge, die Fallstudien aus den drei wichtigsten griechischen Poleis (Athen, Sparta, Syrakus) bieten (Deininger, Lehmann, Lotze).

E. Flaig

Die schwierige Integration der Minderheit. Entscheidungsrisiken bei der Abstimmung nach der Mehrheitsregel im klassischen Griechenland

Leitfrage: Wie hängen Mehrheitsprinzip und Stasis (Bürgerkrieg) in der griechischen Polis systematisch zusammen, und wie wird dieser Zusammenhang im politischen Diskurs reflektiert?

A) Die Mehrheitsregel verhindert die Anwendung des Konsensprinzips

1. Die Mehrheitsregel wurde als Prinzip zur Herbeiführung von Entscheidungen in der griechischen Kultur „erfunden" (Glotz, Loraux) und erstmals umfassend angewandt (Van Effenterre, Larsen).
2. Bedingung für die Anwendung der Mehrheitsregel ist a) die Anerkennung aller Stimmen als gleichwertig (weswegen sie in Rom sich nie durchsetzen konnte), b) der Verzicht auf die Zustimmung aller zur Option, die für alle verbindlich sein soll.
3. Die Mehrheitsregel leistet eine schnelle Kristallisierung politischer Optionen und eine rasche Herstellung eines klar formulierten Willens innerhalb der Führungsgruppe bzw. der politischen Gemeinschaft. Sie negiert die Ungleichheit der Präferenzstärken (Sartori). Das Konsensprinzip hingegen erlaubt, a) die Präferenzstärken abzutasten, b) die Einmütigkeit einer Gruppe (durch Nachgeben nach dem Prinzip der vertagten Gegenleistung) herzustellen. Dies erfordert freilich viel Zeit. Ein Beispiel für die Rücksichtnahme auf die Präferenzstärke (den intensiv geäußerten Willen, einer politischen Option nicht zuzustimmen) ist die Verhinderung eines Kriegsbeschlusses der Spartaner gegen Athen durch Hetoimaridas (Diodor XI 50).

B) Die Mehrheitsentscheidung entzweit die Abstimmenden und spaltet die Polis

1. Die Mehrheitsregel wird desto riskanter, je weniger ihre Anwendung auf ein kleines Gremium (Repräsentativsysteme, oligarchische Systeme) beschränkt bleibt, je mehr sie innerhalb der politischen Gemeinschaft als Ganzes angewandt wird, insbesondere dann, wenn – wie bei Face-to-face-Gesellschaften der Fall – die Abstimmenden sich versammelt einander gegenüberstehen.
2. Die Operation besteht in einer kontroversen Debatte mit anschließender entgegengesetzter Willensbekundung der Abstimmenden. Es ist die stärkste semiotische Zuspitzung einer (ungewaltsamen) Entzweiung einer Gemeinschaft. Sie beruht auf einer (ersten) Simulation: der größere Teil steht für das Ganze.
3. Die politische Sprache der Beschlußfassung bleibt eine Sprache des Sieges (agonale Adelsethik). Der Sieg des einen Teils über den anderen wird vom Diskurs der Polis (d. h. der Tragödie) als Hypothek empfunden und verfemt (der „böse Sieg" – Aischylos, Eumeniden, dazu Loraux, 1980).
4. Der Unterlegene muß so tun als sei die siegreiche Option auch die seinige (zweite Simulation). Somit wird das Vergessen konstitutiv für die politische Praxis (Loraux). In dieser Verleugnung des eigenen Willens steckt ein explosives Moment (ein hohes Entscheidungsrisiko).
5. Wenn die Bipolarität der Politik in den Poleis den „Kern der Stasis" (Gehrke) freigibt, dann ist nach dem Motor der Polarisierung zu fragen. Diese indiziert in jedem Falle (Vergleich: italienische Städte des Hochmittelalters) einen äußerst hohen Grad an *Konsensunfähigkeit* innerhalb der Führungsschicht. Diese Konsensunfähigkeit wird in Hellas (anders als etwa in Italien) durch die Mehrheitsregel geübt, eingewöhnt und auf Dauer gestellt.
6. Die Mehrheitsregel tendiert dazu, die politischen Positionen auf 2 zu reduzieren. Bei starker Personalisierung der Politik entstehen automatisch rivalitäre Paare. Diese Bipolarität kann gefährlich werden:
   a) wenn die Rivalität eine Schärfe annimmt, die für das politische System dysfunk-

tional wird (Themistokles-Aristides): diese Dysfunktionalität wird in ritueller Sprache thematisiert (Plutarch, Arist. 3).

b) Wenn sich die Polarisierung nicht mehr abschwächt oder verlagert, so daß sich die Fronten verhärten. Die politische Polarisierung droht die Spaltung der Polis nach sich zu ziehen (Athen 411/10). Der politische Diskurs denkt die Stasis als stets anwesend (Solon) – Stasis als Unbeweglichkeit der Position (Finley).

C) Das Dilemma der politischen Abhilfen

1. Das Problem besteht darin, daß der ständig unterliegende Teil der Führungsschicht nicht ausschert. Seine Integrierbarkeit hängt davon ab, wie er sich noch auf die eigene Polis beziehen kann, wie stark seine Identifizierung mit ihr noch bleibt.
Dabei ist die Größe und die äußere Macht der jeweiligen Polis ein kardinaler Faktor. Das Prestige, zur Führungsschicht einer mächtigen Polis zu gehören, kann lange ausreichen, um sich mit ihr zu identifizieren und für ihre Machterweiterung sich zu engagieren. Erleidet diese Stellung der Polis einen Schlag, können signifikante Teile der Führungsschicht plötzlich der Polis ihre Loyalität entziehen (Athen 411/10).

2. Ein institutionelles Mittel zur Behebung schwerer Polarisierung der Bürgerschaft ist sehr schnell der Ostrakismos (Scherbengericht) geworden. Er eliminiert eine der (beiden) Personen, die die Polis polarisieren; er erlaubt somit Umschichtungen und Auflockerungen der Frontlinien. Der Ostrakismos wird ab dem Augenblick nicht mehr angewandt, als er durch eine Übereinkunft der stärksten Rivalen manipulierbar wird und man ihn als politisches Sündenbock-Ritual handhaben kann (contra: Vernant).

3. Eine nicht-institutionelle Reaktion kann das Aufkommen einer „mittleren Partei" genannt werden. Sie ist nicht anzusehen als Repräsentant benennbarer sozialer Gruppen, sondern als derjenige Teil der Führungsschicht, der bei Polarisierungen die Kohäsion der gesamten Führungsschicht im Auge behält. Diese Gruppe nützt das Funktionieren des Mechanismus der Polarisierung dazu, einen Raum für eigenes politisches Handeln zu gewinnen, zu vermitteln; und sie schöpft daraus Prestige. Hier entstehen neue Habitusformen und eine neue politische Semantik (Maßstab der politischen Nützlichkeit ist die Eintracht der Politen, d. h. der Führungsschicht). Die traditionelle politische Semantik der „Mitte" (Aisymneten z. B.) wird uminterpretiert und gewinnt einen neuen Sinn (Euripides).

D) Die Mehrheitsentscheidung im politischen Diskurs

1. Aischylos Eumen. 752 ff. und Xenophon (Memorab I 2.40–46) verhandeln die Problematik eines Beschlusses, der gegen den Willen einer zu integrierenden Gruppe gefaßt wird (Meier, 1980). Da die Opposition von akoon und hèkoon („freiwillig"/„unfreiwillig") zur Achse der Argumentation gemacht wird, ist das Problem der Zustimmung automatisch ein Problem der Überzeugung (Peitho). Aufgenötigte Akzeptierung einer Entscheidung – nicht durch Überzeugung – erscheint in diesem semantischen Kontext als Bia (Gewalt):

a) ein Mehrheitsbeschluß ist daher ebenso „gewaltsam" wie die Anordnung eines Tyrannen (Memorab I 2.45);

b) wenn man *nachträglich* überzeugen muß, dann wird das Dilemma erst recht offensichtlich (Eumen. 795).

2. Daraus ergäbe sich, daß entweder es *keine Abstimmung* geben dürfte (Xenophon), oder aber daß die Beschlüsse *einstimmig* gefaßt werden müßten (Aischylos, Hiketiden 621 f. u. 943), was freilich ebenso auf einen Verzicht auf die Abstimmung hinausliefe.
3. Zur Debatte steht – in der politischen Reflexion – die Autorität des Gesetzes überhaupt, nämlich unter den Bedingungen des spezifischen Politischen bei den Griechen. Sie zahlen einen hohen Preis für die Ausdehnung des Raums gemeinschaftlicher Verfügung (J. Burckhardt): Wenn die Quelle des Gesetzes (= der Entscheidung) der Wille der Bürger sein soll, und wenn die Entscheidung gegen einen explizit manifestierten Willen gefaßt wurde, dann bleibt die Autorität des Gesetzes notwendig prekär.

J. Deininger

Bürger, Verbannte, fremde Söldner: Integrationsprobleme der griechischen Polis am Beispiel von Syrakus

Im Blick auf die identitätsstiftende Kraft der griechischen Polis, die am Ende bekanntlich allenthalben der Fremdherrschaft erlag, lassen sich zwei sehr gegensätzliche moderne Sichtweisen unterscheiden: Ist sie an ihrer mangelnden Integrationskraft, ihren zahllosen „Staseis", an dem vielfach behaupteten Zerbrechen der Bürgergemeinschaft an übermäßigen sozialen und politischen Gegensätzen gescheitert, oder – umgekehrt – an einer gleichsam allzu starken Identifikation der Bürger mit ihr, indem für diese die Autonomie ihres jeweiligen Stadtstaates letzlich immer höher stand als alle Versuche der Schaffung von polisübergreifenden Organisationen?
Wenigstens eine erste Annäherung an diese überaus vielschichtige Problematik soll am Fall von Syrakus im 5. und 4. Jh. v. Chr. unternommen werden; und dies nicht nur, weil es sich dabei um die bedeutendste Polis des griechischen Westens und in mancher Hinsicht auch einen Gegenpol zu Athen handelt, sondern weil bestimmte Aspekte des Integrationspotentials der griechischen Polis und seiner Grenzen gerade in der bewegten Geschichte von Syrakus in dieser Zeit besonders klar erkennbar werden. Für Syrakus charakteristisch ist im 5. Jh. zunächst die ‚ältere' Tyrannis von Gelon bis Thrasybulos, dann die dem Sturz der Tyrannis folgende Demokratie. Während dies einem weit verbreiteten Muster der Polisentwicklung entspricht, spiegelt das folgende 4. Jh. mit der überragenden Rolle des Regimes einzelner Machthaber bzw. von Vertretern der ‚jüngeren' Tyrannis von Dionysios I. über Dionysios II., Dion usw. bis zu Agathokles eine im Vergleich zu anderen führenden griechischen Poleis doch eher exzeptionelle Situation wider, die sich bei genauerer Betrachtung als ein ständiger Kampf zwischen stets neu an die Macht gelangenden Alleinherrschern und der Bürgerschaft von Syrakus bzw. jedenfalls großer Teile davon enthüllt, in dem es nie einen endgültigen Sieger gegeben hat, auch nicht im späteren Verlauf; erst die römische Eroberung der Stadt im II. Punischen Krieg machte ihrem bisherigen politischen Leben ein Ende. Dabei treten die Hauptfaktoren in der inneren Entwicklung des „freien" Syrakus stets in relativ großer Deutlichkeit hervor: auf der einen Seite die syrakusanische Bürgerschaft, ihrerseits geteilt in Demos und Führungsschicht und zugleich das Bürgerheer bildend, andererseits die immer wieder auftretenden Machthaber und insbesondere die Söldnertruppen, die in aller Regel die Hauptbasis von deren Herrschaft darstellen. Dieser im einzelnen vielfach wechselnden,

im ganzen jedoch mehr oder weniger konstanten Kräftekonstellation entsprachen, neben dem Gegensatz zwischen „Demokraten“ und „Oligarchen“ in der Bürgerschaft, für Syrakus typische Integrationsprobleme vor allem bei drei Gruppen, nämlich (1) den zwangsweise durch Tyrannen Umgesiedelten, (2) den Verbannten und (3) den fremden Söldnern. Eine nähere Analyse dieser Gruppen im Syrakus des 5. und 4. Jh. soll zeigen, daß bei aller oft verheerenden Schärfe nicht nur der innen- bzw. verfassungspolitischen Gegensätze das Zwangsumsiedler- und das Verbanntenproblem langfristig auf die eine oder andere Art eine Lösung fanden, während eine irgendwie geartete Integration der (griechischen wie ‚barbarischen‘) Söldner praktisch unmöglich erschien. Diese charakteristische Nichtintegrierbarkeit der Söldner entsprach jedoch letztlich nur dem elementaren Faktum, daß eine monarchische Position in der Polis niemals dauerhaft legitimiert werden konnte. Bei allen Besonderheiten seiner inneren Entwicklung war Syrakus gerade darin ein eindrucksvolles Paradigma der griechischen Polisentwicklung überhaupt. Doch auch insgesamt ist die griechische Polis ähnlich wie Syrakus selbst nicht an ihren Integrationsproblemen und damit einer inneren „Krise der Polis“ gescheitert, sondern, außer an weit überlegenen äußeren Gegnern, vor allem an ihrer mangelnden Fähigkeit zur Bildung größerer politischer Einheiten und insofern doch mehr an einer zu starken als einer zu schwachen Identifikation der Politen mit ihrer Polis.

G. A. Lehmann

Das klassische Athen unter oligarchischem Regiment

Jede der oligarchischen Machtergreifungen bzw. Verfassungsumbildungen im klassischen Athen – sowohl während der Endphase des Peloponnesischen Krieges (411/10 u. 404/3 v. Chr.), als auch in der Diadochen-Zeit (322–19 bzw. 317–307 v. Chr.) – zielte auf eine massive Desintegration der bestehenden demokratischen Bürger-Gemeinde. Hier sollen einerseits in prägnanter Kürze die jeweiligen Rahmenbedingungen und Wirkfaktoren für den Verfassungsumbruch signalisiert, andererseits das jeweilige Selbstverständnis bzw. die vorherrschende „Ideologie“ der zur Macht gelangenden antidemokratischen Bewegungen sowie ihr Herrschaftssystem auf spezifische Besonderheiten analysiert und miteinander vergleichend in Beziehung gesetzt werden. Reale wie scheinbare Krisenphänomene der jeweils vorangehenden Demokratie-Phasen sollen dabei ebenso ins Blickfeld gerückt werden wie die Strategie und Taktik in diesen oligarchischen Machtergreifungen – vor allem auch die dabei faßbaren unterschiedlichen Reaktionen auf das schließliche Scheitern der antidemokratischen bzw. nichtdemokratischen Herrschaftsbegründungen (411, 404/3, 322–319 v. Chr.). Dabei wird deutlich werden, daß die Herrschaft der „Vierhundert“ im Sommer 411 v. Chr. tatsächlich aus einer revolutionären Situation erwachsen ist und zumindest anfangs über einen starken gesellschaftlichen Rückhalt und eine regelrechte „Ideologie“ verfügt hat. Hier verdient die Frage besondere Beachtung, inwiefern Zielsetzung und Selbstverständnis der oligarchisch-antidemokratischen „Aktivitäten“ 412/1 v. Chr. von Vorstellungen und Ideengut der zeitgenössischen sophistischen „Aufklärung“ beeinflußt worden sind. Auch das Umsturzregime der „Dreißig“ (Sommer 404 v. Chr.) war durchaus im Besitz einer Ideologie, die ihre gläubigen Anhänger ins Recht setzte, wenn sie bewußt zu brutalen Gewaltanwendungen schritten und das geltende Recht brachen. Zudem stand 404/3 ein geschlossenes Modell zur Verfügung, nach dem die bisherige athenische Bürgergemeinde auseinandergerissen und die Staatsordnung radikal angepaßt werden sollten: der „Kosmos“ der Lakedaimonier als siegreiche Hegemonialmacht.

Demgegenüber sind die Oligarchiebegründungen in der beginnenden Diadochen-Zeit (nach dem Tode Alexanders d. Gr.) primär „Produkte“ der katastrophalen Niederlage der attischen Seemacht im hellenischen Freiheitskampf des „Lamischen Krieges“ gegen das makedonische Weltreich gewesen. Im Vordergrund des Interesses steht hier einerseits die Frage nach möglichen Krisenphänomenen in der spätklassischen Demokratie vor 323/2 v. Chr., andererseits das Problem einer adäquaten Einordnung des (vom Diadochen-Machthaber Kassandros abhängigen) Regimes des Demetrios von Phaleron, das seinen Schöpfern zufolge überhaupt nicht als Oligarchie gelten sollte, sondern mit der Institutionalisierung einer (relativ liberalen) „Drei-Viertel-Gesellschaft“ vorgab, eine „verbesserte Demokratie“ im besten Einklang mit der athenischen Staatstradition zu sein. Gleichwohl zeigt der abrupte Kollaps auch dieses Regimes in einer militärisch-machtpolitischen Krisenlage 307 v. Chr., daß auch nach dem irreversiblen Verlust der attischen Seemacht-Stellung allein die uneingeschränkte, direkte Demokratie auf Solidarität und Rückhalt in der athenischen Bürgergemeinde zählen konnte.

D. Lotze

Integrationsprobleme im klassischen Sparta

Das Bild des Staates der Lakedaimonier war schon im Altertum durch eine Minderheit innerhalb des Gesamtverbandes geprägt, die Mitglieder der herrschenden Gemeinde Sparta. Die Spartiaten waren exklusiv und nahmen sogar unter sich Ausgrenzungen verschiedenen Grades vor. Einen Weg zum (Wieder-)Aufstieg in das volle Bürgerrecht bildete immerhin das Durchlaufen der streng geregelten Staatserziehung als sog. Mothakes an der Seite junger Spartiaten, deren Väter dafür sowohl eigene uneheliche Söhne als auch Söhne von Spartiaten geminderten Rechts und vielleicht gar Periöken auswählen konnten.

Periöken blieben sonst grundsätzlich in ihrem zwar freien, aber gegenüber den Spartiaten zurückgesetzten Stande. Obwohl ebenfalls Lakedaimonier, kamen sie schon deswegen nicht für eine Einbeziehung in die Gemeinschaft der Spartiaten in Frage, weil sie eine Vielzahl relativ selbständiger Gemeinden bildeten. Andererseits mußten die Spartiaten ein zunehmendes Interesse an einer partiellen Integration wenigstens auf dem militärischen Sektor haben. Die Periöken stellten im 5./4. Jh. v. Chr. etwa die Hälfte des lakedaimonischen Heeres, wahrscheinlich mehr. Xenophon faßt wiederholt Spartiaten und Periöken als „Bürgerheer“ zusammen (im Unterschied zu bundesgenössischen Kontingenten). Offenbar waren die Periöken in der Hoplitenphalanx und auch sonst nicht von den Spartiaten zu unterscheiden, nicht einmal hinsichtlich der Kampfmoral, obwohl sie nicht Berufskrieger waren.

Einzelne Indizien lassen vermuten, daß eine gehobene Schicht der Periöken, die noch schmaler war als die der Hoplitendienstfähigen, sich besonders eng mit Sparta verbunden fühlte. Die Zugehörigkeit zu einem mächtigen Staat und seiner renommierten Armee mag ihnen ein Gefühl des Stolzes gegeben haben. Kaum möglich ist es hingegen, sich eine Vorstellung von der Mentalität der Mehrheit der Perioken zu machen, also jener Bewohner teils weit von Sparta entfernter Ortschaften, die weder als Hopliten noch als Reiter noch als Flottenoffiziere dienten und womöglich nur selten einen Spartiaten zu Gesicht bekamen. Sie waren fast gar nicht in das übergreifende Staatswesen integriert. Vielleicht konnten sie das in Verbindung mit der äußeren Sicherheit, die ihnen gewährleistet war, normalerweise als Vorteil empfinden. Das Fehlen von Mitbestimmung in den Organen der Gemeinde Sparta brauchten sie nicht zu vermissen, sofern nicht etwa Benachteiligungen in der Rechtspflege für den einzelnen spürbar wurden. Politischer Ehrgeiz ist nur bei wohlhabenden Perioken denkbar. Doch die straffe Lebensordnung der Spartiaten wirkte wohl nicht unbedingt verlockend, so daß der Neid auf sie sich in Grenzen hielt und die gewährten Befriedigungen ausreichten, um die Treue der Perioken zu sichern.

2. Selbstverständnis und Integration sozialer Gruppen in der römischen Antike

Leitung: H. Halfmann (Münster)

Th. Hantos (Göttingen) Italische Bankiers- und Händlerfamilien im 3. und 2. Jahrhundert v. Chr. Zur Frage von Identität und Integration

W. Dahlheim (Berlin): Bürger und Soldat. Der römische Berufssoldat und sein Verhältnis zur Zivilbevölkerung

J. Wiesehöfer (Kiel): „Geteilte Loyalitäten", Religiöse Minderheiten des 3. und 4. Jahrhunderts im Spannungsfeld zwischen Rom und dem sāsānidischen Iran

Th. Hantos

Italische Bankiers- und Händlerfamilien im 3. und 2. Jahrhundert v. Chr. Zur Frage von Identität und Integration

Der römisch-republikanische Staat hat in die Handels- und Geldgeschäfte seiner eigenen Bürger sowie in die der Bürger italischer Staaten im wesentlichen nicht regulierend eingegriffen. Italische Bankiers und Händler waren im Mittelmeerraum bereits tätig, bevor die Römer sich auf diesem Feld engagierten. Aufgrund vor allem epigraphischen Materials können Herkunft und sozialer Status der im Westen und Osten des Mittelmeerraumes tätigen italischen Bankiers und Händler bestimmt werden: Freie, Freigelassene und Sklaven ließen sich an den wichtigsten Handelszentren in Ost und West nieder, um dort den Umschlag der Waren zu organisieren und zu kontrollieren. Ihrer geographischen Herkunft nach entstammten sie nicht allen Staaten Italiens (außer Rom zur Zeit des Ersten Punischen Krieges etwa 150), sondern kamen überwiegend aus Süd- und Mittelitalien, darunter auch den griechischen Stadtstaaten der Apeninnenhalbinsel. Manche Bankiers- und Händlerfamilien sind an ein und demselben Ort über mehrere Generationen nachweisbar. Die italischen Kaufleute wohnten meist nicht in geschlossenen, von den einheimischen und den übrigen fremden Bevölkerungsgruppen geschiedenen Siedlungen. Sie organisierten sich allerdings in berufsspezifischen, kultischen Kaufmannsclubs und verehrten in ihren Häusern den Genius, die Laren und Penaten in den für Italien bekannten Formen. Von den jeweils anderen Bevölkerungsgruppen vor Ort wurden sie, obwohl unterschiedlichen Staaten entstammend, als eine einheitliche Gruppierung gesehen. In dem Vortrag wird es vor allem um die Beantwortung der Frage gehen, welche Auswirkung die Gruppenbildung im Ausland auf den einzelnen italischen Bankier und Händler in bezug auf die Einschätzung der eigenen Identität hatte, von welchen Faktoren die Einschätzung und das zum Teil veränderte Bewußtsein bestimmt gewesen sein könnten und auch, welche Ausstrahlungskraft von der im Ausland entwickelten Identität im Hinblick auf integrative Entwicklungen auch in anderen geographischen Räumen ausging.

W. Dahlheim

Bürger und Soldat.
Der römische Berufssoldat und sein Verhältnis zur Zivilbevölkerung

Die militärische Ordnung war in Rom – wie sonst auch – niemals Objekt der freien staatlichen Entscheidung oder auch nur rationaler Berechnung. Der Grund liegt in ihrer Funktion: Das römische Heer mußte nicht nur nach außen, gegen potentielle Feinde von jenseits der Grenzen wirken, es mußte auch den Bestand der politischen Herrschaftsordnung im Inneren sichern; schließlich hatte es die soziale Ordnung und ihre Aufrechterhaltung zu begünstigen, weswegen Sklaven z. B. nicht in den Krieg zogen. Die römische Armee nahm also (wie alle Armeen) die sozialen Frontstellung innerhalb der römischen Gesellschaft und nicht minder die historischen Stationen in sich auf, die ihre Zusammensetzung jeweils neu bestimmten.
Die Armee gehorchte also den Ordnungsvorstellungen der sozialen und politischen Welt in ihrer Zusammensetzung. Sie spiegelte diese und ihre Interessen jedoch keineswegs immer und schon gar nicht vollständig: In ihr konnten bestimmte soziale Schichten dominieren, die im zivilen Raum der Gesellschaft nichts oder nur wenig bedeuteten, und die Festlegung ihrer Wünsche und Absichten hing von den verschiedensten Faktoren ab, von denen der militärische nur ein Teil ist.
So unterlag in der Republik die Entwicklung vom Miliz- und Berufs- und schließlich zum stehenden Heer Faktoren, die einerseits durch die Zwänge der Expansion und des Weltreiches, andererseits durch den politischen Todeskampf der Republik bestimmt wurden: Das Ausmaß der im Vollzug der Eroberungskriege gebündelten militärischen Energien verschob innerhalb der Armee den sozialen Schwerpunkt der Gesellschaft, was wiederum die Entfesselung von Bürgerkriegen und schließlich den Sturz der bestehenden politischen Ordnung möglich machte. Der Lohn, der dem Soldaten für seine Beihilfe geschuldet wurde, war 43 v. Chr. z. B. nur um den Preis der Vertreibung von Zehntausenden italischer Bauern von ihren Höfen bereitzustellen. Es war dies zugleich der Gipfelpunkt der Entfremdung zwischen Armee und Zivilbevölkerung, die in den 80er Jahren zum erstenmal offen zutage getreten war.
Der erste Monarch hat große Teile der Armee nach Hause geschickt, den Rest an die

Grenzen des Weltreiches verbannt und die Mobilisierung provinzialer Truppenteile befohlen, um die Angriffsfähigkeit seiner Legionen zu erhalten. Das in dieser Entwicklung zentrale Moment der Standortgebundenheit der Truppen veränderte die Rekrutierungspraxis und damit die soziale Zusammensetzung der Armeen. Der Umgang mit der zivilen Bevölkerung orientierte sich an diesem Tatbestand und an den sozialen Erwartungen der Soldaten vor und nach ihrer Entlassung.

J. Wiesehöfer

„Geteilte Loyalitäten": Religiöse Minderheiten des 3. und 4. Jahrhunderts im Spannungsfeld zwischen Rom und dem sāsānidischen Iran

Die althistorische Forschung bemüht sich schon sehr lange darum, die Beziehungen zwischen römischem Staat auf der einen und Christen und Manichäern als religiösen Minderheiten auf der anderen Seite als einen Weg zu kennzeichnen, dessen einzelne Etappen vom Zusammenspiel unterschiedlicher Faktoren bestimmt waren: Von den religiösen Grundüberzeugungen der Kaiser und der ihnen angemessen bzw. vorteilhaft erscheinenden religionspolitischen Reaktion auf die jeweilige Lage des Imperiums, vom Unverständnis der heidnischen Gesellschaft für die Formen christlichen Kultvollzugs und ihre Umgewichtung der irdischen Existenz, von der Bewertung des Manichäismus als ‚persische Gefahr' bzw. ‚Häresie' durch staatliche und christliche Autoritäten, von Einschätzung von Kaiser und Imperium durch die Minderheiten selbst sowie vom Ausbau und von der theologischen und politischen Bewertung ihrer Organisationen.

Im Gegensatz zu diesem Bemühen um Differenzierung und zeitbezogene Bewertung erscheint das Bild, das vom sāsānidischen Umgang mit seinen – z. T. identischen – religiösen Minderheiten gezeichnet wird, oft seltsam statisch und einförmig: Von enger Verbindung zwischen ‚Thron und Altar' ist dort die Rede, von intolerantem und nahezu missionarischem Eifer der Könige um die Ausbreitung des zoroastrischen Glaubens; ja selbst die Ausdrücke ‚Staatsreligion' und ‚Staatskirche' werden bemüht. Die Religionspolitik der Sāsāniden wird dabei zumeist nur gestreift; sie erscheint vornehmlich als Triebkraft für die neue Dynamik iranischer Außenpolitik, und allein auf diesem Felde werden die Perser denn ja auch als für die römische Geschichte bedeutsam vorgestellt. Dabei hat eine – detaillierte und differenzierte – vergleichende Perspektive bei der Darstellung des Umgangs mit religiösen Minderheiten sowie des Selbstverständnisses dieser Minoritäten in beiden Reichen nicht nur den Vorteil, eher Fremdes mit weitgehend Bekanntem zu vergleichen; der besondere Reiz eines solchen Ansatzes liegt auch in der Tatsache begründet, daß Herkunft und Schicksal von Manichäern und Christen in die Geschichte der römisch-iranischen Beziehungen hineinbezogen sind: Christliche Gemeinden, zunächst im Imperium Romanum entstanden, hatten sich nicht nur dort, sondern auch in den Gebieten jenseits von Euphrat und Tigris ausgebreitet, wogegen der manichäische Glaube mit seinen Ursprüngen im sāsānidischen Mesopotamien gerade auch im Westen erfolgreich Mission betrieb und unter Diokletian geradezu als ‚persische Gefahr' firmierte.

Voraussetzung für eine solche Perspektive ist jedoch die intensive quellenkritische Beschäftigung mit der Überlieferung auf östlicher Seite, mit den (zeitgenössischen) Selbstzeugnissen der Sāsānidenkönige ebenso wie mit der christlichen Tradition und der ‚kirchengeschichtlichen' Literatur der Manichäer. Sie hat zur Konsequenz, daß man von manch liebgewonnener Vorstellung Abschied nehmen muß: Weder gab es durchgängig das enge Bündnis von ‚Thron und Altar' noch erscheint es angemessen, von einer sāsānidischen ‚Staatskirche' zu sprechen. Vielmehr spielten für das Selbstverständnis der Beteiligten wie für ihre Beziehungen untereinander auch im Osten ähnliche Faktoren eine Rolle wie im Westen: die persönliche Glaubensüberzeugung einzelner (Sāsāniden)-Herrscher, dann vor allem die allgemeine innen- und außenpolitische Lage; daneben der Konflikt zwischen der iranischen zoroastrischen Priesterschaft und den auf Universalität angelegten und nun tatsächlich auch universalen Glaubensrichtungen der Christen und Manichäer, auf den Bereich der Tradition bezogen der Streit zwischen den ‚Leuten des Buches' und den Anhängern der damals noch oral vermittelten Heilslehre Zarathustras, im Selbstverständnis der Betroffenen zwischen den ‚Leuten Gottes' (Christen) bzw. den *electi* und *auditores* (Manichäer) und den Mōgs, Mōbads und Hērbeds, für die Iranismus und Zoroastrismus zusammenfielen.
Ähnlichkeiten mit den Verhältnissen im Westen zeigen auch die christliche Reaktion auf die Verfolgungen, z. B. im Bemühen um den Beweis staatsbürgerlicher Loyalität und im Umgang mit den *lapsi, so*wie die Bedeutung der Verfolgungen für die Ausbreitung des Christentums. In einem entscheidenden Punkte jedoch unterschieden sich die Wege des östlichen und des westlichen Christentums; zu einem Bündnis von Staat und Kirche mit all seinen Folgen auch für die ehemals Verfolgten selbst ist es im Sāsānidenreich nie gekommen.
Entscheidend für die Praxis sāsānidischer Religionspolitik, d. h. für Verfolgung, Tolerierung oder gar Förderung religiöser Minderheiten, sind im 3. und 4. Jahrhundert weniger die Bewertung von Glaubensinhalten und Kultvollzug von Christen und Manichäern gewesen als vielmehr zwei politische Faktoren: Die Machtverhältnisse im Innern zwischen dem König auf der einen sowie dazu die Beschaffenheit der Beziehungen zu Rom sowie vor allem auch die Lage eben derselben Minderheiten im Imperium Romanum. Detailuntersuchungen zur Religionspolitik der Könige Šābuhr I., Vahrām II., Narseh und Šābuhr II. vermögen dies zu belegen: Šābuhr I. akzeptierte die Christen nicht zuletzt auch deshalb, weil sein Gegenspieler Valerian sie verfolgte (zudem scheinen ihm Christen und Manichäer als auf Universalität bedachte Glaubensrichtungen auch sonst – zumindest vorübergehend – ‚sympathisch' gewesen zu sein); der Priester Kirdīr konnte vor allem deshalb Religionsverfolgungen anstiften, weil der Herrscher angesichts der umstrittenen Erbfolge und der Bedrohungen im Westen und Osten des Reiches um Rückhalt bei Adel und Priesterschaft bemüht sein mußte; der ‚laue' Zoroastrier Narseh suchte die erneute Festigung der Stellung des Herrschers (und zunächst den *modus vivendi* mit Rom) und benötigte dafür Ruhe und stabile Verhältnisse im Innern; sein Enkel Šābuhr erstrebte die Revision des Diktatfriedens von Nisibis gegen einen sich inzwischen als Beschützer der gesamten Christenheit gerierenden Constantin und seinen Sohn Constantius. Unsere Zeugnisse machen in letzterem Fall besonders deutlich, daß gerade nach den anfänglichen Erfolgen Roms die Christen der Illoyalität beschuldigt und verfolgt wurden (und sich z. T. wohl auch illoyal verhalten hatten).
Die Geschichte des Manichäismus im Sāsānidenreich ist ähnlich politisch mitbestimmt

wie im Westen: Galten z. B. seine Anhänger dem Diokletian wegen ihrer Herkunft aus Persien als suspekt, vor allem aber als Bedrohung der Identität von Recht, Religion und Moral, wie sie ihm zur Festigung des Reiches dienen sollte, so waren sie im Osten zu eben dieser Zeit ihrer Verfolgung im Westen tolerierte Minderheit.

Ein letztes: Gemeinsames Schicksal und – im Westen allerdings nur vorübergehender – gemeinsamer Minoritätenstatus haben Christen und Manichäer nicht davon abhalten können, sich gegenseitig vornehmlich als Konkurrenten aufzufassen. Dabei sind den Christen Mani und seine Anhänger ebenso als ‚Häretiker' erschienen wie Kirdīr und der zoroastrischen Priesterschaft; die Manichäer wiederum stellten, wenn man den christlichen Märtyrerakten glauben darf, ihre Loyalität zum Sāsānidenkönig auch dadurch unter Beweis, daß sie den staatlichen und religiös-juristischen Autoritäten beim Aufspüren und bei der Denunziation der christlichen ‚Landesverräter' halfen.

Faßt man die Ergebnisse zusammen, so ergibt sich vor allem Viererlei: a) Auch im Sāsānidenreich deuten die zeitgenössischen Zeugnisse auf Phasen von religionspolitischer ‚Toleranz' und ‚Intoleranz'; b) ‚Toleranz' und ‚Intoleranz' sind staatlicherseits weniger genuin religiös als (religions)politisch determiniert gewesen; c) religiöse und staatliche Autoritäten handelten nicht immer im Einklang miteinander; d) religiöse Minderheiten in Iran verstanden sich – bei aller Ähnlichkeit ihres Status – immer auch als Konkurrenten. Es nimmt nicht wunder, daß angesichts weiterer Auseinandersetzungen zwischen dem christlichen (Ost)Rom und dem überwiegend zoroastrischen Sāsānidenreich die Christenverfolgungen dort zunächst nicht aufhörten, angesichts der Vorherrschaft des Zoroastrismus die Manichäer ihre Mission weiter in den Osten verlegten. Erst nach den großen christologischen Streitigkeiten des 5. und 6. Jh., welche das Sāsānidenreich zum Zufluchtsort und zur Heimat vor allem der nichtorthodoxen Strömungen des Christentums werden ließen, zugleich aber auch zur Spaltung der sāsānidischen Christenheit beitrugen, fanden sāsānidischer Staat und christliche Kirchen einen dauerhaften *modus vivendi.*

3. Junge Historiker stellen sich vor (Alte Geschichte)

Leitung: *D. Timpe (Würzburg)*

K. Brodersen (München): Der sogenannte Erste Heilige Krieg

St. Podes (Tübingen): Bezahlung und politische Partizipation. Das Beispiel Athen

F. Quaß (Göttingen): Bemerkungen zur „Honoratiorenherrschaft" in den griechischen Städten der hellenistischen Zeit

M. Jehne (Passau): Die destabilisierende Wirkung der Κοινὴ εἰρήνη in der zwischenstaatlichen Politik der griechischen Poliswelt des 4. Jahrhunderts v. Chr.

K. Brodersen

Der sogenannte Erste Heilige Krieg

Unter Heiligen Kriegen versteht man gewöhnlich solche, „die wegen einer religiösen Idee, einer vermeintlich göttlichen Verpflichtung oder zur Verteidigung ‚heiliger' Bereiche geführt werden" (Brockhaus); für die griechische Antike nennt man vier Heilige (jeweils zugunsten von Delphi geführte) Kriege. Eine Betrachtung der Quellen soll ergeben, ob für diese Konflikte die Bezeichnung als „Heiliger Krieg" belegt ist und ob das entsprechende Konzept auch in der griechischen Antike erscheint.
Am sog. „Ersten Heiligen Krieg" (Anfang 6. Jh. v. Chr.), der mit der Zerstörung des an der Küste bei Delphi gelegenen Krisa (Kirrha) endete, waren die Amphiktyonen unter einem thessalischen Heerführer beteiligt; die Kriegsbeute ermöglichte ihnen die Einrichtung der Pythien von Delphi, eines Agon um Geldpreise, ab 582 v. Chr. um einen Kranz (vgl. ZPE 82, 1990, 25–31). Als weitere Kriegsbeteiligte werden Athen (mit einer in den Quellen immer stärker ausgebildeten Rolle des Solon) und Sikyon (unter dem Tyrannen Kleisthenes) genannt, als Kriegsgründe allgemeine Verfehlungen der Kirrhäer, etwa (wie beim trojanischen Krieg) Frauenraub. Der mehrfach betonte Reichtum der Kirrhäer und die aus der Beute finanzierte Stiftung der delphischen und sikyonischen Pythien sowie die Errichtung von Bau- und Kunstwerken weisen auf einen nicht religiös motivierten archaischen Beutekrieg; das Konzept eines Heiligen Krieges ist hierbei nicht erkennbar. Es fehlt auch die Bezeichnung als „Heiliger Krieg": die Quellen sprechen vom „Krisäischen" Krieg, vom „Krieg gegen Krisa".
Der Begriff „Heiliger Krieg" erscheint erstmals bei Aristophanes (Vögel 556) und wird im Scholion als „Krieg gegen die Götter" erklärt. Zugleich spielt Aristophanes jedoch auf die Auseinandersetzungen um Delphi zwischen Sparta und Athen in der Mitte des 5. Jh. v. Chr. an, die Thukydides als „sogenannten" Heiligen Krieg erwähnt. Ein solcher Zusatz soll offenbar auf einen besonderen Sprachgebrauch aufmerksam machen; er findet sich auch in vielen Quellen zum „Dritten" Heiligen Krieg, während der „Vierte" in den Quellen wiederum nicht als „Heiliger Krieg" bezeichnet wird.
Die Bezeichnung (und Numerierung) der vier griechischen „Heiligen Kriege" erweist sich also als modernes Konstrukt. Zu fragen bleibt, inwiefern auch ein entsprechendes Konzept fehlte: Sind – wie z. B. W. Burkert meint – im griechischen Polytheismus Heilige Kriege im geläufigen Sinn schwer vorstellbar, oder finden sich etwa in der Auseinandersetzung mit „Barbaren" (z. B. beim Rachefeldzug gegen die Perser) doch Ansätze zu einem „Heiligen Krieg"?

Veröffentlichungshinweis: Eine erweiterte Fassung wird in der Zeitschrift „Gymnasium" erscheinen.

St. Podes

Bezahlung und politische Partizipation. Das Beispiel Athen

Im klassischen Athen beschließen die Bürger sukzessive in einem Zeitraum von gut 50 Jahren, von der Mitte bis zum Ende des 5. Jh., bestimmte Formen politischer Aktivität (Besuch der Volksversammlung, Bekleidung des Ratsherrenamts usw.) zu bezahlen.

Einleitend wird eine generelle Übersicht über die verschiedenen Diätentypen und ihre einzelnen Merkmale (Höhe, Zahlungsmodus usw.) gegeben.

Im Zentrum des Vortrags steht das Bemühen, durch die Einbeziehung sozialwissenschaftlicher Forschungsergebnisse herkömmliche Einsichten zum Phänomen Diätenzahlungen zu modifizieren und neue Einsichten zu gewinnen.

Im einzelnen wird dieser methodische Zugriff an drei Aspekten des Themas demonstriert: 1. am Akzeleratoreffekt (Der Umfang der Diätenzahlungen nimmt sowohl nach der Anzahl der betroffenen Zahlungsarten wie nach der Höhe der Zahlungen in einer sich beschleunigenden Dynamik zu.), 2. am Effekt der Zahlungen auf das Ausmaß der politischen Partizipation und 3. am Effekt der Zahlungen auf die Zusammensetzung der politischen Institution Volksversammlung.

Aus dem Bereich der Sozialwissenschaften haben die Ergebnisse der strukturell-individualistischen Forschungsrichtung, speziell aus dem Bereich ‚rational choice theory', Berücksichtigung gefunden. Im einzelnen handelt es sich *(ad 1)* um das Konzept ‚charitable exploitation' (uneigennützige Ausbeutung), *(ad 2)* um ein Konzept der ‚bounded rationality', das die fehlende Reaktion auf relative Preisänderungen erklären kann, und *(ad 3)* um Forschungen zur Leistungsmotivation, die geeignet erscheinen, innerhalb des *homo oeconomicus*-Modells Fragen der politischen Psychologie zu klären.

Veröffentlichungshinweis: Erscheint voraussichtlich in „Rationality and Society".

F. Quaß

Bemerkungen zur „Honoratiorenherrschaft" in den griechischen Städten der hellenistischen Zeit

Die hellenistischen Städte besaßen im Durchschnitt eine demokratische Verfassung, die von den Griechen selbst als ‚Demokratie' apostrophiert wurde. Die Demokratie hatte aber in erster Linie einen formalen Charakter und die sog. Verfassungswirklichkeit war durch die beherrschende Rolle einer kleinen Oberschicht charakterisiert. Zur Klärung der realen Verhältnisse läßt sich der von Max Weber klar definierte Begriff der Honoratiorenherrschaft bzw. Honoratiorenverwaltung, zu der jede unmittelbare Demokratie neige, heranziehen. Aufgrund der Analyse der Quellen, vor allem der Ehrendekrete, die seit dem letzten Drittel des 4. Jh. von den Städten gefaßt und auf Stein verewigt wurden, ergeben sich freilich sowohl ein spezifisches Erscheinungsbild der griechischen Stadthonoratioren als auch besondere Prämissen und Erscheinungsformen ihrer Herrschaft. Das Sozialprestige und eine darauf basierende führende Stellung des Einzelnen wie seiner

Familie resultierten nicht aus ihrer privaten Existenz und Lebensführung, sondern hauptsächlich aus verdienstvoller öffentlicher Tätigkeit und deren Anerkennung durch die Gemeinde. Die Voraussetzungen für die Profilierung und den Einfluß dieses besonderen Honoratiorentums lagen u. a. in der außenpolitischen Abhängigkeit der Städte und der Unentbehrlichkeit persönlicher Kontakte in den Beziehungen zu den Exponenten der größeren Mächte. Die hierdurch bewirkte Personalisierung der städtischen Politik und ihre Monopolisierung in den Händen der Honoratioren wurde noch verstärkt durch den Zwang, mit z. T. neuartigen Bedürfnissen im Inneren, etwa bei der Versorgung, den Bauten, dem Schulwesen, den Festen, fertig zu werden. Die Lösung dieser Probleme ließ sich mit den öffentlichen Einkünften nicht bewerkstelligen; sie führte zwangsläufig zur materiellen Belastung der betreffenden Funktionsträger (Agoranomen, Gymnasiarchen, Agonotheten usw.) und damit zu einer sich sukzessive vollziehenden Leiturgisierung der Exekutive, die sich seit dem 3. Jh. und teilweise noch früher beobachten läßt. Die Entwicklung der wichtigsten staatlichen Funktionen zu ‚leiturgischen Ämtern' machte deren Wahrnehmung zu einem Privileg der vermögenden und leiturgiepflichtigen Bürger; sie machte sie aber auch zu einer Last, deren Übernahme nicht ins Belieben gestellt oder lediglich eine ‚Ehrenpflicht' war, wie Weber es formulierte, sondern eine prinzipielle rechtliche Verpflichtung darstellte. Diese innere Ordnung der Städte läßt sich, da die politische Wirksamkeit an Geld und prestigeträchtige Verdienste geknüpft war, als ‚Honoratiorenherrschaft (bei formaler Demokratie)' oder als ‚meritokratische Oligarchie' beschreiben. Sie war allerdings, wie man im Hinblick auf die Ansicht Webers über die Neigung der unmittelbaren Demokratie, zur Honoratiorenherrschaft überzugehen, betonen muß, nicht ohne Not entstanden, sondern als das Produkt einer zwangsläufigen Anpassung an die bestehenden politischen Verhältnisse und ihre Anforderungen.

M. Jehne

Die destabilisierende Wirkung der Κοινὴ εἰρήνη in der zwischenstaatlichen Politik der griechischen Poliswelt des 4. Jahrhunderts v. Chr.

Für die Κοινὴ εἰρήνη, den allgemeinen Friedensschluß, war die Bestimmung konstitutiv, daß allen griechischen Staaten der Ägäiswelt außer den ausdrücklich ausgenommenen die Autonomie garantiert wurde. Die Κοινὴ εἰρήνη griff damit über den Kreis der an dem vorangegangenen Krieg und an dem nun abgeschlossenen Frieden tatsächlich beteiligten Staaten hinaus; da sich jedoch die griechische Welt keineswegs im Zustand der Autonomie befand, schrieb die Κοινὴ εἰρήνη ein Statut für ganz Hellas fest, das von der Realität recht weit entfernt war: Die Κοινὴ εἰρήνη besaß folglich einen programmatischen Charakter.

In der Praxis hat diese im 4. Jh. neu entwickelte Form zwischenstaatlicher Vereinbarungen, die mit dem Königsfrieden 386 zum ersten Male realisiert wurde, wenig Befriedungswirkung erzielt, wie allein schon die recht häufigen Erneuerungen – nach 386 wurde 375, zweimal 371, 365, 362 und 337 jeweils eine Κοινὴ εἰρήνη abgeschlossen – deutlich machen. Daß die ständigen Kriege, in denen sich die griechischen Poleis zermürbten, durch die allgemeinen Friedensschlüsse nicht nennenswert eingedämmt werden konnten, liegt aber in der Grundstruktur dieses Instituts selbst begründet. Mit der zentralen Klausel, der Autonomiegarantie für alle Griechen, wurde nämlich allen Vertragsteilnehmern die moralische Verpflichtung auferlegt, diese idealen Verhältnisse in der Zukunft herbeizuführen. Da gleichzeitig die schwammige Autonomieformel breiten Interpretationsspielraum bot, bedeutete das für die stärkeren Mächte, daß sie sich bei der Verfolgung ihrer konventionellen Machterweiterungsinteressen auf die Autonomiebestimmung des Friedens berufen konnten. In der Κοινὴ εἰρήνη lag also der bequeme Vorwand zur erneuten Aggression. Daß dann 337 tatsächlich eine gewisse Stabilisierung gelang, ist der makedonischen Hegemonie zuzuschreiben, zu der die Κοινὴ εἰρήνη nur noch einen äußerlichen Organisationsrahmen und eine brauchbare Rechtfertigung beisteuerte.

Mittelalter

1. Bedingungen und Formen weiblicher Lebensgestaltung im frühen Mittelalter

Leitung: *H.-W. Goetz (Hamburg)*

H.-W. Goetz: Frauenbild und weibliche Lebensgestaltung im frühen Mittelalter

D. B. Baltrusch-Schneider (Berlin): Klosterleben als alternative Lebensform zur Ehe?

R. McKitterick (Cambridge): Frau und Schriftlichkeit im frühen Mittelalter

I. Heidrich (Bonn): Besitz und Besitzverfügung verheirateter und verwitweter freier Frauen im merowingischen Frankenreich

L. Kuchenbuch (Hagen): „Opus feminile". Das Geschlechterverhältnis im Spiegel von Frauenarbeiten

Veröffentlichungshinweis: Die Beiträge erscheinen geschlossen u. d. T.: „Weibliche Lebensgestaltung im frühen Mittelalter", Köln (Böhlau) 1991 [Frühjahr].

Vor dem Hintergrund einer seit mehreren Jahren intensiver betriebenen Frauengeschichte soll hier im Rahmen des Generalthemas des Historikertages („Pluralismus der Identitäten") der Versuch unternommen werden, die Möglichkeiten weiblicher Lebensgestaltung in verschiedenen Ausgestaltungen von ihren Bedingungen her und daher auch in ihren Grenzen zu diskutieren.

H.-W. Goetz

Frauenbild und weibliche Lebensgestaltung im frühen Mittelalter

Frauenbild und weibliche Lebensgestaltung sind gleichsam zwei komplementäre, aufeinander bezogene Betrachtungsweisen historischer Existenz von Frauen: die eine ideell (wie Frauen leben *sollten*), die andere materiell (wie Frauen leben *konnten*). Entgegen verbreiteten Ansichten, daß Frauen im frühen Mittelalter (1) minderberechtigt waren, (2) keine eigene, spezifische weibliche Lebensform und folglich (3) nur einen engen, von Männern abgesteckten Handlungsspielraum besaßen, zeichnet eine Durchsicht der Quellen und neueren Forschungsergebnisse ein weit differenzierteres Bild.

1. Zwar unterlag die Frau der Munt des Mannes, anfängliche Benachteiligungen im Ehe-, Scheidungs-, Erb- und Besitzrecht (vgl. Beitrag Heidrich) aber zielten unter kirchenrechtlichem Einfluß zumindest tendenziell auf eine Gleichbehandlung der Geschlechter. Der Rechtsschutz der Frauen vor männlicher Gewalt ist ebenso Ausfluß ihrer Wehrlosigkeit wie Ausdruck der Wertschätzung, besonders der durch ein hohes Wergeld geschützten gebärfähigen Frau: Die erwachsene freie Frau hatte überall mindestens den gleichen Wert wie der Mann (Hallgren).

2. Die weithin übliche Reduzierung weiblicher Lebensformen auf Ehe und Kloster – die im übrigen allenfalls für die Oberschichten als wirkliche Alternative anzusehen sind – vernachlässigt eine Reihe von Aspekten: Einmal haben beide Lebensformen ein „männliches Pendant“; zum andern sind hier die wichtigen Existenzformen der Witwen und Unverheirateten vergessen; außerdem begegnen Frauen im Zusammenhang mit Krankenpflege, Wahrsagerei und Zauberei. Ihr Anteil an der Schriftlichkeit im Rahmen des geistlichen Lebens bedarf ebenso einer neuen Einschätzung (vgl. Beitrag McKitterick) wie der Anteil der Frauenarbeit im bäuerlichen Leben (vgl. Beitrag Kuchenbuch). Schließlich aber garantiert eine innere Differenzierung sowohl (anfangs) verschiedener Eheformen wie verschiedener geistlicher Lebensformen (als Heilige, Klausnerin, Nonne, Kanonisse, fromme Laiin) eine Vielfalt weiblicher Existenzmöglichkeiten, ganz abgesehen von Unterschieden des Standes, des Alters, der Stellung und Funktion. Auch erweist sich das Kloster bei näherer Betrachtung keineswegs durchweg als Zufluchtsort, um der (an sich geachteten) Ehe zu entgehen (vgl. Beitrag Baltrusch); vielmehr sind auch die Verbindungslinien zwischen geistlicher und weltlicher Lebensform zu betonen (etwa durch Klostergründungen und Schenkungen).

3. Im Rahmen dieser mehrschichtigen Lebensformen bot sich den Frauen trotz rechtlicher, biologischer und auch ideologischer Beschränkungen ein zumindest individuell ausfüllbarer, von der jeweiligen Stellung abhängiger Handlungsspielraum in Politik, Kirche, Wirtschaft und Familie. Die Chroniken bezeugen politische und kirchenpolitische Aktivitäten von Königinnen, Adligen und Äbtissinen sowie mehrfach einen aus politischem Ehrgeiz erwachsenen Einfluß auf die Männer. Insgesamt ergeben sich Handlungsspielräume für Frauen aus der Vielfalt der Lebensgestaltungsmöglichkeiten, den strukturell nicht immer klar abgegrenzten Rollenverteilungen sowie aus der Diskrepanz zwischen Norm und Realität.

Solche potentiellen Einflußmöglichkeiten bedeuten freilich nicht, daß man diese auch guthieß: Das frühmittelalterliche Frauenbild setzte ihnen zugleich Grenzen. Das Geschlechtsverhältnis folgerte aus der Unterordnung der Frau einerseits deren Anspruch auf Schutz und Liebe und betonte damit erneut ein Aufeinanderbezogensein, besonders in der Ehe. Gegenüber gemeinsamen Merkmalen wurden andererseits aber auch die geschlechtsspezifischen Unterschiede hervorgehoben, die sich äußerlich in verschiedener Kleidung und Haartracht manifestierten und eine geschlechtsbezogene Erziehung zur Folge hatten. Ob daraus eine Identität der Frau (als Frau) erwachsen konnte, muß allerdings fraglich bleiben, zumindest war eine solche überlagert von der Identifizierung mit der jeweiligen Stellung (etwa als Königin). In der Wertung hielten sich negativ und positiv gezeichnete Frauengestalten wohl die Waage. Insgesamt aber hob das Frauenbild die Schwäche (infirmitas, fragilitas etc.) als Merkmal der Frau hervor und folgerte daraus sowohl eine größere moralische Anfälligkeit als auch Grenzen der Handlungsfähigkeit; Kämpfen zählte beispielsweile nicht zu ihren Aufgaben, und mit der Negativzeichnung einzelner Frauen scheint oft auch deren politische Tätigkeit an sich verurteilt; die Frau erscheint als Zauberin und als Versucherin (zur Prüfung männlicher Heiligkeit). Die festgestellte Vielfalt der Lebensformen wurde daher nicht durchweg begrüßt; die Quellen suchten vielmehr ein bestimmtes Frauenbild zu vermitteln, das einerseits geschlechtsspezifisch orientiert war und den Frauen Lebensbereiche zuwies, in denen sie vorbildhaft wirken konnten, das andererseits aber den Mann zum Maßstab machte und einen „männlichen Geist“ an Frauen lobte. In solcher Ambivalenz begründen sich strukturelle Möglichkeiten wie auch ideelle Grenzen weiblicher Lebensgestaltung.

D. B. Baltrusch-Schneider

Klosterleben als alternative Lebensform zur Ehe?

An Hand vorwiegend angelsächsischen Quellenmaterials konzentriert sich der Vortrag auf die Zeit bis ca. 850. In diesem Zeitraum waren die Frauen am aktivsten am Klosterleben beteiligt, hatten insbesondere als Äbtissinnen von königlichen Doppelklöstern große Macht und Einfluß sowohl innerhalb der Klostergemeinschaften selbst (bzgl. der persönlichen Bindung von Nonnen und Mönchen an sie, der Seelsorge und Liturgie) als auch nach außen (als Vermittler des göttlichen Heils und weltlichen Schutzes für ihre Familien, als Vermittler zwischen Kirche und Welt). Im ersten Teil des Vortrags soll also das Leben der Frauen mit dem der Männer in den Klöstern verglichen werden hinsichtlich der Möglichkeiten, die es für die einzelne Religiose bot, am wissenschaftlichen (z. B. schriftl. Tätigkeit), organisatorischen (z. B. Klosteraufbau, Mission etc.) und religiösen Leben (z. B. Liturgie) teilzunehmen. Es wird die Frage aufgeworfen, warum die soziale Elite (nur die konnte in die Klöster eintreten), die von ihren Klöstern als Machtbasen ausgehend in der frühen angelsächsischen Epoche so aktiv am religiösen wie am politischen Leben teilnahm, die Frauenklöster der späteren Epoche (also bis 1066) mied, warum die weiblichen Religiosen nur noch geringen Einfluß auf Welt und Kirche auszuüben vermochten.

Im zweiten Teil des Vortrags soll nach dem Motiv der Frauen gefragt werden, in ein Kloster einzutreten. Aufschluß darüber kann einmal die Zusammensetzung der Konvente erbringen, in denen junge Mädchen und Witwen dominierten, zum anderen die Verweildauer der Frauen in den Klöstern; d. h. da es möglich war, aus den Klöstern zwecks Eheschließung auszuscheiden (wie es von den weltlichen Gesetzgebern ausdrücklich vorgesehen wird) und eine „doppelte Klosterkarriere“, nämlich als unverheiratetes Mädchen und Witwe, in mehreren Fällen nachzuweisen ist, scheint der Schluß, der vorwiegend von amerikanischen Historikerinnen vorgetragen wird, daß die Ehe ein Gefängnis sei und die Frauen sich nur mit Hilfe des Klosters von ihrer festgelegten Geschlechtsrolle hätten befreien können, völlig falsch. Nicht als Alternative zur Ehe ist das klösterliche Leben der Frau zu sehen, sondern vielmehr als Alternative zum ehelosen Leben in der Welt.

R. McKitterick

Frau und Schriftlichkeit im frühen Mittelalter

Nach einleitenden Bemerkungen über Schriftlichkeit im frühen Mittelalter und die Relevanz schriftlicher Kommunikations- und Überlieferungsformen im geistlichen und weltlichen Leben der Zeit sowie über Erziehungsmodelle soll das Problem der Beziehungen der Frauen zur Schriftlichkeit unter drei Aspekten betrachtet werden:
1. Frauen als Schreiberinnen: Über Bischoffs Diskussion der Nonnen von Chelles hinaus läßt der paläographische Befund Schlüsse auf weitere Skriptorien in Frauenklöstern des späten 7. und 8. Jahrhunderts zu, beispielsweise in Jouarre, Trier, Laon, Soissons oder in der Würzburger Diözese, wo der Bischof auf die Hilfe von Nonnen zurückgriff. Daß Frauen auch im 10. Jahrhundert noch als Schreiberinnen fungierten, beweist der Befund aus Remiremont, Gandersheim, Niedermünster und Meschede. Aus paläographischen Studien heraus wird auf diese Weise der Anteil der Frauen an der frühmittelalterlichen Buchproduktion, besonders für pastorale und missionarische Zwecke, sichtbar. Tatsächlich läßt sich zeigen, daß Schreiben im frühen Mittelalter keineswegs eine auf Mönche und Männer beschränkte Tätigkeit war. Das Abschreiben von Büchern war eine anerkannte Beschäftigung zumindest eines Teils der Mitglieder religiöser Frauenkonvente.
2. Frauen als Autorinnen: Neben der unbezweifelbaren Autorschaft von Frauen, etwa bei den Viten der Radegund, Bertila und Balthild, läßt sich fragen, ob nicht noch weitere Werke von Frauen verfaßt worden sind; beispielsweise die Annales Mettenses priores oder das Leben Gregors des Großen aus Whitby. Dabei ist nach dem spezifisch weiblichen Interesse an der Geschichtsschreibung und nach weiblichen Eigenarten der Schreibkunst zu fragen, wie es zumindest für spätere Zeiten schon behauptet worden ist. Auch über Dhuoda und Hrotsvith von Gandersheim wäre einiges mehr zu sagen.
3. Frauen als Leserinnen: Die Belege aus dem 7. bis 9. Jahrhundert über lesende Frauen sind beträchtlich. Bücher wurden Frauen gewidmet, für Frauen abgeschrieben, von Frauen besessen oder ausgeliehen. Der Briefwechsel zwischen Alkuin und Gisela ist bezeichnend, steht aber keineswegs allein in der Karolingerzeit. Zu fragen wäre auch nach den Lesegewohnheiten und den vorherrschenden inhaltlichen Interessen von Frauen. Schließlich ist zu untersuchen, inwieweit der Gebrauch der Schriftlichkeit Frauen zu sozialem, politischem und rechtlichem Einfluß verhalf und auf diese Weise die Möglichkeiten weiblicher Lebensgestaltung förderte.

I. Heidrich

Besitz und Besitzverfügung verheirateter und verwitweter freier Frauen im merowingischen Frankenreich

Die Möglichkeit zur selbständigen Lebensgestaltung war zu allen Zeiten auch bedingt durch die wirtschaftliche Grundlage der Einzelperson und ihre Verfügungsmöglichkeit über diese wirtschaftliche Grundlage. Wirtschaftliche Grundlage hieß in der Adelsgesellschaft des frühen Mittelalters vornehmlich Grundbesitz. Die Beantwortung der Frage, ob Frauen im frühen Mittelalter eigenen Besitz haben und inwieweit sie über diesen frei verfügen konnten, berührt also einen wichtigen Aspekt des in der Sektion angesprochenen globalen Problems. Im Vortrag geht es nicht um die Rechtsnormen, sondern um die Rechtspraxis. Quellengrundlage sind daher die überlieferten Urkunden, die Formulae, d. h. zu Mustern stilisierte Urkunden, und die Informationen aus erzählenden Quellen. Die Quellengrundlage bedingte eine Einschränkung auf den Zeitraum 6. bis 8. Jahrhundert und auf das Frankenreich und ließ auch eine Begrenzung auf die Gruppe der verheirateten und verwitweten Frauen sinnvoll erscheinen. Die Beschränkung auf die freien Frauen ergab sich aus der Fragestellung, da nur Freie Besitz haben und über diesen verfügen konnten.

Erwerb von Besitz durch Frauen geschah in der Praxis auf dem Weg des Erbgangs, der Mitgift, der sogenannten Dotierung durch den Ehemann anläßlich der Heirat und durch Kauf. Zeugnisse für die Erbeinsetzung von Töchtern und Ehefrauen bieten Formulae, indirekt auch Urkunden, gelegentlich erzählende Quellen. Mitgift- und Dotierungspraxis sind detailliert aus den Formulae zu entnehmen. Kauf durch Frauen ist urkundlich bezeugt. Daß Ehefrauen zusammen mit ihren Männern schenken, kaufen und anderweitig verfügen konnten, ist eindeutig belegt; dagegen ist die Frage nicht generell zu beantworten, ob Ehefrauen dies auch selbständig zu Lebzeiten ihres Mannes tun konnten, doch gibt es dafür Einzelbeispiele. Klar erkennbar ist dann wieder, daß Witwen weitgehend selbständig über ihren Besitz, auch denjenigen an Unfreien, verfügen konnten; gelegentlich ist in solchen Fällen die Mitwirkung ihrer Söhne bezeugt. Eine besonders ausgeprägte Verfügungsfreiheit haben offenbar im Franken- wie im Langobardenreich klösterlich lebende Frauen gehabt. Die Möglichkeit der Frau, ihren Mann zu verlassen und eine Ehescheidung zu initiieren, ist für den romanischen Teil des Frankenreiches im 6. und 7. Jh. bezeugt, ist aber seit dem 8. Jh. unter dem Einfluß germanischen Rechts und kirchlicher Ehevorstellungen verloren gegangen.

Das Bild, das sich für die Stellung der freien, verheirateten und verwitweten Frau aus den Quellen zur Rechtspraxis ergibt, unterscheidet sich damit deutlich von dem, das wir aus den Leges gewinnen. Kontakt mit spätrömischen Rechtsvorstellungen und gewohnheitsrechtlichen Praktiken eröffneten den Frauen Mitentscheidungsmöglichkeiten und – vor allem im Fall der Witwenschaft – Verfügungsfreiräume, die ihre in den normativen Texten betonte Unterordnung unter die Munt (Vormundschaft) des Vaters, Ehemannes oder der Sippe aushöhlen konnten. Als Erbinnen konnten sie auch schon im Frankenreich bedeutsam werden für die Heiratspolitik der Adelsfamilien, als Erblasserinnen für den Besitz bestimmter Nachkommen und kirchlicher Stiftungen. Durch die von ihnen vorgenommenen Freilassungen und Regelungen im Fall von Ehen zwischen Freien und Unfreien konnten die besitzenden freien Frauen erheblichen Einfluß auf die ständische Situation nehmen. Ihre Freiräume waren jedoch abhängig von der jeweiligen Situation und dem „Gewicht" der Einzelperson. Zumindest der Befund der Formulae spricht dafür, daß sich der Verfügungsfreiraum der Frauen im nachmerowingischen Frankenreich verengt hat.

L. Kuchenbuch

„Opus feminile". Das Geschlechterverhältnis im Spiegel von Frauenarbeiten

Ausgangspunkt des Vortrags ist die Beobachtung, daß in grundherrlichen Registern des frühen Mittelalters bisweilen ein Anteil des Rentensolls der Hufen als „opus feminile" bezeichnet wird. Bei näherem Hinsehen erweist sich diese Pflicht als Pauschalausdruck für die „opera textilia" – alles, was vom Flachsraufen oder Schafscheren über das Spinnen und Weben bis zur Wäsche reicht. Dieser Tätigkeitsbereich gilt nicht nur in der Sichtweise der Grundherrschaft, sondern auch der der Kirche als harter Kern fraueneigenen Werkens. Er wird in der Kette der Sonntagsarbeitsverbote (6.–10. Jahrhundert, ins kanonische Recht mündend) männereigenen Tätigkeiten verschiedenster Art gegenübergestellt (Umgang mit Zugvieh, Pflug und Karre, Rodung, Holzschlag, Steinbruch, Hausbau, Jagd, Marktgang, Gerichthalten). Dieses Muster der funktionalen Geschlechtertrennung täuscht jedoch darüber hinweg, daß es wesentlich mehr Domänen fraueneigenen Subsistenzhandelns gibt, daß die Distinktion der Geschlechter von Ort zu Ort, von Region zu Region variiert, daß Frau und Mann im agricolen Paarbetrieb eng aufeinander bezogen werken, daß die Betriebsart die Aufgabenteilung mitbestimmt.
Derlei ist aus der genaueren Durchsicht grundherrlicher Register ersichtlich und zeigt, wie wichtig es ist, bei der Suche nach den Beziehungen zwischen Männern und Frauen die Eigenart der jeweiligen Überlieferungsgattung zu bedenken. Zudem ist es nahezu unmöglich, das, was heutiger Erfahrung entsprechend als „Arbeit" gilt, aus dem Sinn des Überlieferten herauszusprengen.
Um so wichtiger ist es deshalb, auch Überlieferungsgattungen einzubeziehen, die aus anderer Sicht fraueneigene Handlungsweisen zum Ausdruck bringen. Wichtig sind hier kirchliche Rechtsquellen, insbesondere solche zur Synodalgerichtsbarkeit, in denen Frauen und Männern verschiedene Deliktarten zugeschrieben werden. Auch hier zeigt sich ein herrschaftlicher Gestaltungswille, der der Realitätsgeltung geschlechtlich geschiedener Handlungs-, Wissens- und Verhaltensformen Rechnung trägt, diese aber zugleich ändern und regulieren möchte. Mirakelberichte dagegen bezeugen, ausgehend vom Einzelschicksal, unterschiedliche Verfehlungs-, Anheimstellungs- und Heilungsformen – auch hier lassen sich, bei aller Vorsicht, frauen- und männereigene Praktiken ausmachen. In Schenkungs-, Tausch- und Leihurkunden ist die Beschreibung der den Besitzer wechselnden Abhängigen viel stärker auf verwandtschaftliche bzw. familiale Gruppierungen und ständische Staffelung abgestellt, rührt aber auch Details des Innehabens von Hufen (sowie ihrer Pertinenzen) und der Beteiligung am Ritual des Rechtsgeschäfts (Zeugnis). An Freilassungsurkunden ist sogar der namentlich verbürgte Einzelfall studierbar, an Gerichtsurkunden die Handlungs- und Beteiligungsform von Männern und Frauen: Beklagbarkeit, Zeugnisfähigkeit, Urteilsrecht.
In all diesen Zeugnisarten kommen Frauen handelnd, mit ihren Rechten, ihren Aufga-

ben, ihrer Macht zur Sprache – sei es in namentlicher Nennung, sei es als namenloser Anhang zu anderen namentlich Genannten, sei es endlich als abstrakt spezifizierte Kategorie: mit einem bestimmten Rechtsstand (ingenua ancilla), im Ehestand (uxor, vidua), mit besonderen Aufgaben, als Inhaberin von Hufe und Ackerland.
Wollte man die Beobachtungen an diesen Überlieferungsarten bündeln, dann wäre vor allem die erstaunliche Fülle und Vielfalt der Details selbst das wichtigste Ergebnis. Darüber hinaus ist es nicht zu gewagt, wenn man feststellt, daß neben den offiziellen Verdeutlichungen der Distinktion der Geschlechter ihre Nebeneinanderstellung im Glauben und vor der Kirche ins Auge fällt, genauso aber „coniugatio" im census und servitium verpflichteten agricolen Kleinbetrieb.

2. Friedrich Barbarossa: Hof, Reich und Regionen

Leitung: *A. Haverkamp (Trier)*

A. Haverkamp: Einleitung

P. F. Ganz (Oxford): Friedrich Barbarossa: Hof und Kultur

B. Töpfer (Berlin): Kaiser Friedrich I. Barbarossa und der deutsche Reichsepiskopat

U. Dirlmeier (Siegen): Friedrich Barbarossa – auch ein Wirtschaftspolitiker?

K. Leyser (Oxford): Friedrich Barbarossa. Hof und Land

Veröffentlichungshinweis: Die Beiträge dieser Sektion werden zusammen mit zahlreichen anderen voraussichtlich 1991 in einem Band der „Vorträge und Forschungen" des Konstanzer Arbeitskreises im Thorbecke-Verlag, Sigmaringen, erscheinen u. d. T.: „Friedrich I. Barbarossa. Handlungsspielräume und Wirkungsweisen des staufischen Kaisers", hg. von A. Haverkamp.

A. Haverkamp

Einleitung

Im Mittelpunkt der Sektion stehen die komplexen Wechselbeziehungen zwischen der Herrscherpersönlichkeit, ihrem „Haus" und ihrem Hof, also dem engeren persönlichen Umfeld, einerseits und andererseits den Wirkungsweisen der kaiserlichen Politik innerhalb der drei Königreiche Deutschland, Burgund und Italien wie auch außerhalb des Imperiums. Aus pragmatischen Gründen konzentrieren sich die Referate auf das *regnum teutonicum;* das *regnum Italiae* wird in den Ausführungen von Ulf Dirlmeier stärker berücksichtigt. Angestrebt wird ebenfalls der Vergleich mit anderen westeuropäischen Reichen und Herrschern, wofür vor allem die Darlegungen der beiden Oxforder Referenten Peter Ganz und Karl Leyser Grundlagen bieten.
Zudem wird das Thema aus unterschiedlichen Blickwinkeln und Erfahrungshorizonten betrachtet. Der Oxforder Germanist und Kulturhistoriker Peter Ganz schildert zunächst den kaiserlichen Hof, dessen wechselnde Zusammensetzung auch ein Reflex des weitreichenden kaiserlichen Itinerars war, und geht unter Einbeziehung der kaiserlichen Persönlichkeit der zentralen Frage nach, inwieweit Friedrich I. im Zusammenwirken mit

seinem engeren persönlichen Umfeld die verschiedenen Bereiche des kulturellen Lebens beeinflußte oder davon beeinflußt wurde. Bernhard Töpfer, Mittelalterhistoriker an der Humboldt-Universität, analysiert die Beziehungen Friedrichs I. zum deutschen Reichsepiskopat und damit zu einer Gruppe von Herrschaftsträgern, die für die Wirkungen der Kaiser und den Zusammenhalt des Reichs seit den Anfängen der deutschen Geschichte wesentlich waren; deren Stellung innerhalb der über die deutschen Lande hinausgehenden Reichsherrschaft Barbarossas kann als Gradmesser für Konstanz und Wandel des Reichs und der kaiserlichen Politik dienen. Der Siegener Mediävist Ulf Dirlmeier geht hauptsächlich der Frage nach, wieweit der Kaiser mit seinen Ratgebern bereit und in der Lage war, auf wirtschaftliche Gegebenheiten, Vorgänge und Interessen zu reagieren oder diese zu beeinflussen und in dieser Weise auch auf lokaler und regionaler Ebene zu handeln. Der abschließende Vortrag des Oxforder Mittelalterhistorikers Karl Leyser greift unter einer eher verfassungsgeschichtlichen Perspektive das Zentralthema in vergleichender Betrachtung auf und verschafft so weitere Einblicke über die vom Kaiser und seinem Hof ausgehenden Intentionen und Maßnahmen, um von der „wandernden" und auch in seiner personellen Zusammensetzung „unfesten Zentrale" auf lokale und regionale Machtverhältnisse und Interessen Einfluß zu nehmen. Unter dieser Perspektive wird die Vielfältigkeit des Reichs und zugleich der räumlich weit ausgreifenden Reichsherrschaft während der fast vier Jahrzehnte umfassenden Regierungszeit Friedrichs I. verdeutlicht. Während dieser Zeit blieben die äußerst unterschiedlichen Kulturräume, in denen die staufische Reichsherrschaft über sehr verschiedenartige Grundlagen und Handlungsmöglichkeiten verfügte, keineswegs stabil; vielmehr wurden sie in wesentlichen Lebensbereichen verändert, wovon auch die Handlungsspielräume und Wirkungsweisen des staufischen Kaisers wesentlich geprägt wurden.

Auf der Grundlage ihrer bisherigen Forschungen bringen die Referenten verschiedene Fragestellungen und Methoden, die über die dominanten Tendenzen der bisherigen Forschung zumeist hinausgehen, in die Sektion ein. Die Referenten sind zudem aufgrund ihrer bisherigen, sehr unterschiedlichen Lebenserfahrungen in der Lage, genügend Abstand zu jenen Vorstellungen über Barbarossa zu gewinnen, die innerhalb der deutschsprachigen Öffentlichkeit und eines Großteils der deutsch-nationalen Geschichtswissenschaft seit dem 19. Jahrhundert bestimmend gewesen sind. Bekanntlich wurde Friedrich I. seit dem 19. Jahrhundert im deutschen Sprachraum zumeist als Symbolfigur für das Verlangen nach nationaler Einheit und Größe genutzt. Ein solcher Mißbrauch dieser Herrschergestalt wirkte weit bis in unser Jahrhundert nach und erfuhr in der Zeit des Nationalsozialismus eine Steigerung, an der sich auch Fachhistoriker beteiligten. Die beiden Oxforder Gelehrten Peter Ganz und Karl Leyser wurden in ihrer Jugendzeit vom nationalsozialistischen Deutschland wegen ihrer jüdischen Herkunft verfolgt und ins Exil getrieben. Beide gelten auf ihren Forschungsgebieten als beste Kenner der deutschen mittelalterlichen Geschichte im anglo-amerikanischen Raum. Bernhard Töpfer hat während der Nachkriegszeit in der DDR andere Schattenseiten der jüngeren deutschen Geschichte erfahren. Ulf Dirlmeier und der Sektionsleiter sind in ihrem persönlichen Erfahrungshorizont vom westeuropäisch geprägten Nachkriegsdeutschland beeinflußt und zudem von akademischen Lehrern – wie Erich Maschke und Karl Bosl – unterrichtet worden, die im westlichen Nachkriegsdeutschland jeweils neue Wege zu gehen versuchten.

In diesem Zusammentreffen von disziplinübergreifenden Fragestellungen und Methoden und Forschern, die die jüngere deutsche und europäische Geschichte so verschiedenartig erfahren haben, besteht die Chance, neue Zugänge zur Persönlichkeit des staufischen Kaisers zu finden und zugleich neue Aufschlüsse über die deutsche und europäische Geschichte der zweiten Hälfte des 12. Jahrhunderts zu gewinnen.

P. F. Ganz

Friedrich Barbarossa: Hof und Kultur

Es wird versucht, den Hof als unfeste Größe zu beschreiben. Überlegungen über die Größe von Kapellanat und Notariat werden angestellt und Verflechtungen in der Besetzung der Hofämter skizziert. Dann folgen Betrachtungen über die geistigen Interessen des Kaisers, dessen Lateinkenntnisse gering waren, und der sich wohl eher in Gesprächen über das, was ihn interessierte, informieren ließ. Zu den Gelehrten, mit denen er sich unterhielt, gehörten die Bologneser Juristen, der Übersetzer Burgundio von Pisa und Theologen wie Hugo von Honau und Anselm von Havelberg. Sein Interesse an Jurisprudenz, Geschichtsschreibung und auch Theologie geht von ihrem praktischen Wert aus. Eine eigentliche, bewußt gesteuerte Hofhistoriographie scheint es nicht gegeben zu haben, und der Kaiser, der ja wohl als ‚illiteratus' zu bezeichnen ist, scheint auch keinen Einfluß auf die Entwicklung der deutschen volkssprachigen Dichtung ausgeübt zu haben. Sein Hof scheint eher als Magnet gewirkt zu haben, als daß neue Impulse von ihm ausgingen. Die Frage, ob es so etwas wie ein ‚Kunstkreis' um ihn gegeben hat, so wie man es für Heinrich den Löwen postuliert hat, ist schwer zu beantworten. Nichts weist darauf hin, daß eine kaiserliche Bauhütte existierte, von der aus der Pfalzenbau zentral geleitet wurde. Die Skulpturen und Kunstgegenstände, die er Kirchen und Kathedralen stiftete, scheinen aber vielleicht zum Teil wenigstens eigene Vorstellungen des Kaisers zu verwirklichen, so z. B. die Aachener Reliquiare und der Cappenberger Kopf. Im Stil aber ordnen sich auch diese Objekte den Arbeiten der großen Kunstwerkstätten zu. Erst die nächste Staufergeneration Heinrichs VI. und Philipps von Schwaben scheint eigene literarische Interessen entwickelt zu haben.

B. Töpfer

Kaiser Friedrich I. Barbarossa und der deutsche Reichsepiskopat

Nach gegenwärtigem Forschungsstand war für Barbarossa ähnlich wie für die ottonischen und salischen Vorgänger die Herrschaft über die Reichskirche eine entscheidende Machtstütze; der Kaiser habe einen entscheidenden Einfluß auf die Erhebung der Bischöfe im regnum Teutonicum ausgeübt.
Hinsichtlich des Einflusses auf die Bischofserhebungen ist festzustellen, daß Friedrich I. über das Wormser Konkordat hinausgehend bei zwiespältigen Wahlen unter Berufung auf das Reichsrecht den Anspruch erhob, von sich aus einen neuen Kandidaten einsetzen zu können (so z. B. in Magdeburg 1152, in Mainz 1160). Dennoch hat er dabei durch Vertreter der betreffenden Kirche stets einen wenigstens formalen Wahlakt vornehmen lassen – im Unterschied zu Heinrich VI. 1192 in Lüttich.

Die Wahlen in den 6 deutschen Erzbistümern wurden vom Staufer intensiv beeinflußt, vor allem in Mainz und Köln, wo eine direkte Beeinflussung aller 7 Wechsel erkennbar ist und viermal Reichskanzler den erzbischöflichen Stuhl erhielten. Anders war die Situation in den 33 Bistümern des regnum Teutonicum, die unter Barbarossa den Status von Reichsbistümern hatten. Hier gab es 94 Wechsel auf den Bischofsstühlen, aber nur in 18 Fällen ist ein Eingreifen des Staufers erkennbar. Das spricht dafür, daß sich das kanonische Wahlrecht in hohem Maße durchgesetzt hatte und Barbarossa – abweichend von den Zugeständnissen des Calixtinum – nur in Ausnahmefällen von der praesentia regis bei Wahlen Gebrauch machte. Die Erzbistümer Mainz und Köln nehmen in dieser Beziehung eine Ausnahmestellung ein. Sehr häufig erhielten Mitglieder des jeweiligen Domkapitels bzw. Dompröpste das Bischofsamt durch reguläre Wahl. Das ist Ausdruck einer zunehmenden Einbeziehung der Bischofssitze in die Interessenkonstellation des regionalen Adels und einer Tendenz zu eigener Herrschaftsbildung der Bistümer.
Insgesamt erscheint somit die kaiserliche Einflußnahme auf die Bischofswahlen als ein in bestimmten Fällen, aber keineswegs regelmäßig genutztes Mittel, die Reichskirche unter Kontrolle zu halten. Wenn Barbarossa dennoch eine weitgehende Kontrolle über die deutschen Reichsbistümer erreichte, dann resultierte das in hohem Maße aus der konsequenten Durchsetzung der Regalieninvestitur vor der Bischofsweihe als reichsrechtlicher Norm und der damit realisierten lehnrechtlichen Bindung der Bischöfe an den Herrscher. Auch die regelmäßige Inanspruchnahme des Regalien- und des Spolienrechts basierte auf lehnrechtlichen Vorstellungen, so daß faktisch ein kaiserliches Obereigentumsrecht an dem der mensa episcopalis zugehörenden Teil des Reichskirchengutes in Anspruch genommen wurde.
Bedeutsam ist unter diesen Voraussetzungen die Frage, inwieweit die deutschen Bischöfe der Heerfahrts- und Hoftagspflicht, den wichtigsten Pflichten eines Lehnsmannes, nachkamen. Die Teilnahme deutscher Bischöfe an den Italienzügen und auch an den beiden Reichsheerfahrten gegen Heinrich den Löwen 1180 und 1181 war beachtlich, aber von einer auch nur annähernd vollständigen Beteiligung kann selbst bei dem mit großem Aufgebot geführten 2. Italienzug, auf dem mindestens 16 Inhaber von erzbischöflichen und bischöflichen Stühlen festzustellen sind, nicht die Rede sein. Abgesehen von den regelmäßig anwesenden Erzbischöfen von Mainz und Köln gab es somit im Vergleich zu den weltlichen Fürsten kaum eine überdurchschnittliche Beanspruchung der Reichsbischöfe, wie schon G. Gattermann feststellte. Auch die Hoftagsteilnahme der deutschen Bischöfe war differenziert und entsprach etwa der weltlicher Fürsten. Dank seiner intensiven Hoftagspraxis gelang es dem Kaiser jedoch, Verbindungen zu allen Reichsbischöfen aufrechtzuerhalten. Beträchtliche zusätzliche Belastungen für viele Bistümer resultierten allerdings aus den häufig in Bischofsstädten abgehaltenen Hoftagen (in Worms 13, in Würzburg und Regensburg je 12).
Insgesamt existierte also im regnum Teutonicum weiterhin eine Reichskirche, die unter Barbarossa allerdings nicht mehr so straff kontrolliert wurde wie etwa zwischen 1002 und 1056. Von einer einseitigen Orientierung der Politik Barbarossas vor allem auf die geistlichen Fürsten kann man nicht sprechen. Die Politik des Kaisers war nicht zuletzt infolge der Intensivierung der Italienpolitik nur mit Hilfe von Zugeständnissen an weltliche und geistliche Fürsten und durch eine stetige Zusammenarbeit mit diesen Fürsten zu realisieren.

U. Dirlmeier

Friedrich Barbarossa – auch ein Wirtschaftspolitiker?

Im 12. Jahrhundert bestanden im Rahmen der hochmittelalterlichen Aufbruchsbewegung auch auf Reichsebene günstige Voraussetzungen für eine engere Verbindung von Staatsgewalt und Wirtschaft. Trotz des eindeutig in erster Linie auf die Bewahrung von Recht und Frieden ausgerichteten Staatszwecks läßt sich zeigen, daß in den allgemeinen Begründungen (Arengen) von Urkunden Friedrichs I. Bezug genommen wird auch auf das Allgemeinwohl und die Wohlfahrt der Beherrschten. Wichtig ist, daß solche Gedanken nicht nur ganz abstrakt geäußert werden, sondern auch Erlassen vorangestellt sind, die ganz konkrete, wirtschaftlich relevante Verfügungen treffen. Auffallend ist auch, daß häufig die besondere Nähe zum Herrscher als Anlaß für materielle Förderung in kaiserlichen Privilegien hervorgehoben wird.
Ob und wie weit derartige, gewissermaßen vortheoretische Überlegungen in praktische (Wirtschafts-)Politik umgesetzt wurden, ist angesichts der Überlieferungslage nur schwer nachprüfbar. Unter dem Aspekt von Friedrichs I. Nähe zu Wirtschaftsfragen ist zunächst zu beachten, daß und in welchem Ausmaß er Geld und Mittel der Politik eingesetzt hat, in welchem Umfang er Machtbesitz auch finanziell nutzbar machen konnte. Darüber hinaus läßt sich anhand der Herrscherurkunden zeigen, daß Friedrich und seine Umgebung mit einer Fülle von Tatbeständen befaßt waren, die im weitesten Sinn als Wirtschaftsrealitäten zu bezeichnen sind. Sie reichen von der Waldnutzung über Weinbergsanlagen bis zum Bau von Wasserleitungen.
Nur ausnahmsweise, wie bei der Förderung von Aachen und Duisburg, werden Ansätze einer zusammenhängend geplanten Wirtschaftsbeeinflussung in größeren räumlichen Dimensionen erkennbar. Ganz überwiegend ist aber gerade der punktuelle Ansatz charakteristisch für die wirtschaftspolitischen Maßnahmen unter Friedrich Barbarossa. Dies entspricht völlig den verfassungspolitischen Gegebenheiten der Zeit: Eine flächendeckende Herrschaftsausübung als Voraussetzung für eine flächendeckende staatliche Wirtschaftspolitik hat es noch nicht gegeben.

K. Leyser

Friedrich Barbarossa. Hof und Land

Ein gemeinsames Charakteristikum der Herrschaftspraxis in West- und Südeuropa im 12. Jahrhundert stellen die zunehmenden und intensivierten Wege und Mittel dar, durch die der Wille von zumeist, aber durchaus nicht immer, reisenden Königen örtlichen Gemeinschaften übermittelt wurde sowie die neue Art und Weise, wie Richtlinien und Anweisungen von oben durch zuständige Agenten regional und an Ort und Stelle ausgeführt werden sollten. Wo diese Verbindungen häufig waren und zur ständigen Routine wurden, da entwickelten sich zentrale und lokale Institutionen und Behörden. Interessengruppen und Karrieren bildeten sich nicht nur an den Ausgangs- sondern auch an den Endpunkten dieses Verwaltungsverkehrs und entlang seiner Wege. Sie waren die unentbehrlichen, treibenden Kräfte, beinahe die Gradmesser der Staatsbildung. Nur wo diese

Verbindungen häufig, normal und notwendig waren und zur Routine wurden, kann man überhaupt sinnvoll den Staatsbegriff auf die führenden Königreiche des Hochmittelalters beziehen. Hier hilft eine kurze, vergleichende Übersicht.

Integrale Beziehungen zwischen dem königlichen Hof und den Grafschaften waren das Rückgrat der anglo-normannischen und der anglo-angiovinischen Herrschaft in England, und schon dem späteren angelsächsischen Königtum waren sie nicht fremd. Die Kapetinger in Frankreich entwickelten im 12. Jahrhundert rege Bindungen mit ihren Prevots, und auch in Aragon und Sizilien sind engmaschige Kontakte zwischen zentralen und lokalen königlichen Beauftragten gang und gäbe trotz der Uneinheitlichkeit der lokalen Verhältnisse im *regno*. Wenn nun hier die Frage nach dem Nexus zwischen lokaler und zentraler Regierung im Bereich von Friedrich Barbarossas Herrschaftspraxis in Deutschland aufgeworfen wird, so muß natürlich zwischen seinen Verbindungen mit den aufstrebenden Mittelgewalten und dem hohenstaufischen Eigenbesitz oder Reichsbesitz unterschieden werden. Um dem Problem gerecht zu werden, mögen zunächst zwei Grundbedingungen seiner Regierung in Erinnerung gerufen werden. Er war ein reisender Herrscher mehr als die meisten seiner königlichen Zeitgenossen, die, wenn sie auch viel unterwegs waren, doch zur gleichen Zeit permanente Herrschaftsmittelpunkte und Residenzen entwickelten. Dazu kam, daß die permanente Begleitung Friedrichs, die Zahl der zur Verfügung stehenden *capellani* und Protonotare, recht klein blieb.

Das Charakteristische im 12. Jahrhundert war die Entwicklung und intensive Anwendung relativ differenzierter Mittel zur lokalen Erkundung sowie zur Planung und Durchführung von Regierungsmaßnahmen. Hier spielten, besonders in England, die Enquete, die geschworenen Aussagen von dazu verpflichteten Untertanen, und reger schriftlicher Verkehr zwischen Grafschaften und Königshof eine große Rolle. Es wäre nun ganz verfehlt zu behaupten, daß es derartiges im deutschen Bereich Friedrich Barbarossas nicht gab, doch fließen die Quellen weit weniger reichlich. Außer den Briefsammlungen, die kaum spezifisch Verwaltungszwecken dienten, haben wir hauptsächlich Friedrichs Diplome. Durch sie gewinnen wir Zeugnisse für Inquisitionen durch königliche *nuntii*, die schriftlich berichteten; selbst von Italien her konnte der Kaiser verfügen, daß im Elsaß Besitzstreitigkeiten durch sachkundige Aussagen unter Eid beigelegt werden. Die wichtigsten Exekutoren und amtlich Beteiligten bei diesen Verfahren waren staufische Ministeriale, wie zum Beispiel der Vogt Rüdiger von Hagenau und Wolfram der Marschall.

Zu diesen Einzelmaßnahmen (örtliche Inquisitionen vom Kaiserhof veranlaßt) kommen dann noch die lokalen Einwirkungen der Friedensgesetze, besonders des Landfriedens für Rheinfranken von 1179 und das Brandstiftergesetz für das ganze Reich von 1186 oder 1188. Hier ist es wichtig zu beobachten, daß die ausführenden Organe die schon bestehenden Gewalten, also Laienfürsten, Bischöfe und Grafen waren. Ihre Ächtungsurteile konnte der Kaiser selbst nur mit ihrer Zustimmung aufheben. Die kaiserlichen Friedensgesetze enthielten manches, das wir auch in den Assisen Heinrichs II. finden, nur die Durchführung war anders: keine königlichen Reiserichter und auch kein allgemeines Fehdeverbot.

Am Ende muß die Frage gestellt werden, warum die durchaus anspruchsvollen Mittel der staufischen Lokalherrschaft (z. B. Entsendung von kaiserlichen Boten vom Hof zur Regelung örtlicher Fälle; Einsatz staufischer Ministerialen oder Reichsministerialen beim Vollzug von Regierungsmaßnahmen in ihrem näheren Umkreis; Inquisitionen und schriftliche Berichterstattung) nicht zur Routine wurden. Wahrscheinlich ist sehr viel

Routinekorrespondenz, die sich auf die zentrale Leitung von örtlichen Belangen bezog, verloren, doch darf man sich diese Verluste nicht zu gigantisch vorstellen. Anderenfalls hätte es auch am Hofe zu einer Art von Behördenbildung kommen müssen. Das aber geschah unter Barbarossa in Deutschland nicht. Es scheint also, daß er und seine engeren Familienmitglieder ihre Herrschaftsaufgaben einfach nicht als solche tagtägliche, administrative Kleinarbeit ansahen, und dafür waren sie auch nicht geschult. Mit Friedrich II. sollte das anders werden. Der Akzent bei Barbarossa lag auf persönlicher Autorität und den großen Reichs- und Hoftagen, an denen sich Fürsten, Herren und bevorzugte Ministeriale um den Herrscher versammelten. Selbst diese feierlichen Hoftage dürften nicht nur als Ausgangspunkt verbindlicher Regierungsabschlüsse und Maßnahmen bewertet werden, sondern vor allem auch als große gesellschaftliche Ereignisse, die den führenden Schichten ihre eigene Zusammengehörigkeit erst vermittelten.

3. Pfründenmarkt und Klerikerkarrieren. EDV-gestützte Auswertung vatikanischer Quellen des Spätmittelalters

Leitung: *B. Schwarz (Rom)*

B. Schwarz: Einleitung

E. Meuthen (Köln): Auskünfte des Repertorium Germanicum zur Struktur des deutschen Klerus im 15. Jahrhundert

H. Höing (Hannover): Die Erschließung des Repertorium Germanicum durch EDV-gestützte Indices. Technische Voraussetzungen und Möglichkeiten

D. Brosius (Hannover): Kurie und Peripherie. Das Beispiel der niedersächsischen Kirchengeschichte

A. Meyer (Rom): Der deutsche Pfründenmarkt im Spätmittelalter

Veröffentlichungshinweis: Die Sektionsbeiträge erscheinen in: Quellen und Forschungen aus Italienischen Archiven und Bibliotheken 70 (1990).

B. Schwarz

Einleitung

Im Vatikanischen Archiv lagern Schätze zur Sozialgeschichte der deutschen Kirche und des Spätmittelalters überhaupt, die erst einmal gehoben und ausgewertet werden müssen. Von der Fülle können die Regal-Kilometer von Registern eine Vorstellung geben, nicht jedoch von dem unvergleichlichen Reichtum.

Das dort gesammelte Material ist einzigartig, aber auch eigenartig. Es geht nämlich (fast ausschließlich) auf Initiative von Parteien in der Peripherie zurück, die sich direkt an die Kurie wandten, und ist nicht etwa Produkt bürokratischen Handelns entlang einem Instanzenzug der Hierarchie. Das hat nicht nur Folgen für die Zusammensetzung (wer wendet sich an die Kurie, und warum?), sondern auch auf die Art der Dokumente. Denn diese wurden dem Petenten mitgegeben in die Heimat, wo es ihm überlassen blieb, ob und – wenn ja – wann und wie er sie einsetzen wollte. Erst in der Heimat mußte er den Wahrheitsbeweis für die in den kurialen Briefen enthaltenen Tatsachenbehauptungen antreten, was die Kurie nicht als ihre Aufgabe ansah. Ebensowenig als Aufgabe betrachtete sie die Aufbewahrung dieses Materials in ihren Registern. Da in partikularem Interesse ergangen, archivierte sie, was von fiskalischer Erheblichkeit für sie schien. Ein weiteres Selektionsmoment waren die schweren Registerverluste unter Napoleon.

Die meisten Einträge stammen aus dem Umkreis des Pfründenmarktes, den die deutsche Kirche des Spätmittelalters zu einem erheblichen Teil über die Kurie abwickelte. Hier war die Konkurrenz hart und die Spielregeln wurden immer komplizierter, nach denen päpstliche Anrechte auf und Vorrechte im Kampf um Pfründen vergeben wurden. Diesem Markt und seinen Gesetzen verdankt die Wissenschaft ungeheure Datenmassen für den hieran beteiligten Klerus (über dessen Abkunft, Alter, körperliche Verfassung, Stand, Bildungsgang, Zugehörigkeit zu einer Klientel, sozialen Verbindungen zu anderen Klerikern, besonders den Vorbesitzern der Pfründe), zu den Pfründen selbst (ihrem materiellen und Prestigewert, ihren Belastungen, den Machtfaktoren am Ort, die über die Besetzung und Behauptung der Pfründe entschieden) und über die Konkurrenten.

Um die Sammlung und die Aufbereitung dieser Schätze für die wissenschaftliche Nutzung haben sich Gelehrte seit nunmehr 100 Jahren bemüht, wobei der Kampf mit den Datenmassen zunächst aussichtslos schien. Erst die Entwicklung einer besonderen Technik, an der führend Johannes Haller, Emil Göller, und Gerd Tellenbach beteiligt waren, brachte den Durchbruch. Ein weiterer war der Einsatz der EDV für das *Repertorium Germanicum* seit den 70iger Jahren, die nun die Erschließung der Daten in Personen-, Orts-, Sach- und anderen Indices ermöglicht. Die Forschung kann nun bald für einen Zeitraum von fast 100 Jahren (1378–1473) Längsschnittuntersuchungen anstellen an diesen Daten, seien sie im Zusammenhang mit dem Pfründenmarkt entstanden oder nicht. Zu den ersteren sind – unter Heranziehung örtlicher Quellen – nun Studien möglich, etwa zu den Gesetzen des regionalen Pfründenmarktes, zu den Verbindungen zwischen der Kurie und der Peripherie, zur Bildungsgeschichte des Klerus, zur Ausbildung der Kirchenherrschaft, zur Bildung neuer Stände und Gruppen. Ein weites Feld für die moderne Landesgeschichte. Aber auch allein vom römischen Material her gewinnt man neue Einblicke in Verhaltensmuster, soziale Konfigurationen und Trends, wie von keiner anderen Stelle aus, etwa zum Verhalten von Aufsteigern, zur Sozialdisziplinierung, zum Mentalitätenwandel.

Im letzten Drittel wird die Einführung sich auf bislang unbekannte Nutzungsmöglichkeiten konzentrieren, die z. T. in dem Material stecken, das nicht direkt mit dem Pfründenmarkt zusammenhängt: für die Wirtschaftsgeschichte, die Rechtsgeschichte, die Baugeschichte, die Medizingeschichte, die Musikgeschichte, die Geographie und die Germanistik. Dies soll an Beispielen demonstriert werden und zum Suchen nach weiteren Nutzungsmöglichkeiten in dem – nun zunehmend durch die EDV verfügbaren – Material anregen.

E. Meuthen

Auskünfte des Repertorium Germanicum zur Struktur des deutschen Klerus im 15. Jahrhundert

Bereits Johannes Haller erkannte, daß das Repertorium Germanicum (RG) neben „Spezialforschungen jeder Art zur deutschen Geschichte“ „darüber hinaus noch weitaus mehr ... ein Bild des deutschen Klerus“ ermögliche. Wie und wieweit das RG solche strukturgeschichtlichen Erwartungen erfüllen kann, ist Thema des folgenden Beitrages. Er klärt zunächst die methodischen Ausgangspunkte, welche das RG als Prosopographie bietet, und weist dabei nachdrücklich auf die Notwendigkeit hin, die personengeschichtliche Auswertung des RG, sei sie nun biographischer, institutionengeschichtlicher oder statistischer Natur mit der Überlieferung außerhalb der römischen Register zu verflechten; denn auch für strukturgeschichtliche Studien stellt das RG keine autonome Quelle im Hinblick auf die Frage nach dem damaligen deutschen Klerus insgesamt dar, da sie nur einen geringen Prozentsatz desselben erfaßt, der nämlich mit der Kurie zu tun hatte. Hierbei handelt es sich auch insofern nicht um einen repräsentativen Querschnitt durch den deutschen Klerus, als nur randhaft dessen untere Kreise betroffen sind. Eine weitere Unsicherheit für repräsentativ-statistische Erhebungen ergibt sich aus den von Pontifikat zu Pontifikat unterschiedlich starken und in ihrem jeweiligen Umfang nur schwer zu ermittelnden Registerverlusten. Sie zwingt, vom Vergleichen absoluter Zahlen zum Vergleich von jeweiligen Zahlenverhältnissen überzugehen, da unterstellt werden kann, daß die Verluste innerhalb eines Pontifikats die aussagefähigen Zahlenrelationen nicht betroffen haben. Als Grundlage solcher Vergleiche sind zunächst für die einzelnen Diözesen die von Pontifikat zu Pontifikat wechselnden Basiszahlen zu errechnen, mit denen die Bistümer überhaupt vertreten sind. Dabei wird von einem Wert von jeweils 100 für Mainz als dem stets am häufigsten genannten Bistum ausgegangen. Von dieser Basis aus lassen sich dann zeitlich und regional differierende Unterschiede ermitteln, die auch kartographisch dargestellt werden können; z. B. wie regional unterschiedlich dicht sich die Hinwendung des deutschen Klerus zur Kurie entwickelte, welche regionalen Abweichungen aufgrund der Angaben über akademische Grade im RG hinsichtlich der Akademisierung innerhalb des Reiches bestanden, aber auch, wie sich klerusrelevante Sachverhalte diachronisch verfolgen lassen. Da der bisherige Bearbeitungsstand noch nicht die vorreformatorische Epoche insgesamt erfaßt hat, muß es freilich zunächst mehr um Anregungen zu entsprechenden Untersuchungen, um methodische Überlegungen und Hinweise als um übergreifende Resultate gehen. Die nach 1500 nur noch geringe Zahl deutscher Betreffe in den römischen Registern läßt allerdings auch die Frage stellen, ob derartige Untersuchungen für diese Zeit noch möglich sind.

H. Höing

Die Erschließung des Repertorium Germanicum durch EDV-gestützte Indices. Technische Voraussetzungen und Möglichkeiten

Das Repertorium Germanicum ist – wie der Untertitel besagt – ein Verzeichnis der in den päpstlichen Registern vorkommenden Personen, Kirchen und Orte des Deutschen Reiches, seiner Diözesen und Territorien vom Beginn des Schismas bis zur Reformation. Es ist ein Regestenwerk, das seinerseits herkömmlicherweise durch einen Index der Personen und einen Index der Orte erschlossen wurde. Allein für die Zeit zwischen 1378 und 1464 ist die Zahl der einschlägigen Betreffe auf etwa 180 000 veranschlagt worden. Die Zahl der darin vorkommenden Namen beträgt ein Vielfaches davon.
Angesichts solcher Datenmengen bietet sich der Einsatz der elektronischen Datenverarbeitung (EDV) zu ihrer Bewältigung an. Die Regesten (Daten in Form von Fließtexten) werden einmal eingegeben und elektronisch gespeichert. Sie stehen dann für eine Auswertung unter (theoretisch) beliebig vielen und verschiedenen Gesichtspunkten weiterhin zur Verfügung.
Tatsächlich sind im Jahre 1989 zwei Bände des Repertoriums erschienen, bei denen erstmals in seiner 100-jährigen Geschichte die EDV als Hilfsmittel bei der Satzherstellung und bei der Anfertigung der Indices eingesetzt wurde. Das speziell für Aufgaben der wissenschaftlichen Textverarbeitung entwickelte „Tübinger System von Textverarbeitungsprogrammen (TUSTEP)“ leistete dabei wertvolle Dienste. Über die bei der Indexierung gemachten Erfahrungen soll hier berichtet werden.
Die Zahl der Indices konnte gegenüber den früher erschienenen Bänden um einen Index der Patrozinien, einen Index der Orden, einen Index der Wörter und Sachen, eine Konkordanz der Kalenderdaten und der Fundstellen erweitert werden. Ohne allzu große Mühe bei der Anfertigung dieser Indices aufzuwenden, wurden dadurch die Nutzungsmöglichkeiten des Repertoriums erheblich vermehrt. Der Gebrauch der Indices und die erweiterten Möglichkeiten sollen an mehreren konkreten Beispielen aufgezeigt werden, ohne daß die Grenzen verschwiegen werden.
Die Daten des Repertoriums liegen indessen nicht nur in ausgedruckter Form vor; sie stehen weiterhin auch elektronisch gespeichert zur Verfügung. Die elektronische Speicherungsform bewahrt gegenüber dem Buch die Flexibilität und Sortierbarkeit des Zettelkastens und zeichnet sich diesem gegenüber durch den Vorteil der Schnelligkeit und der Verknüpfbarkeit von Suchbegriffen aus. Eine Überführung in Datenbanken und kombinierte Auswertung mit anderen Dateien bietet sich für die Zukunft an. Ausblickartig sollen die zukunftsweisenden Möglichkeiten der programmgesteuerten Auswertung angesprochen werden.

D. Brosius

Kurie und Peripherie. Das Beispiel der niedersächsischen Kirchengeschichte

Der norddeutsche Raum gilt für das 15. Jh. zu Recht als ein „reichsfernes" Gebiet. Seine Territorien spielen im politischen Kalkül der deutschen Könige und Kaiser kaum eine Rolle, und seine Fürsten halten sich mit wenigen Ausnahmen aus allen Verwicklungen in die Reichsaffären heraus. Es ist nicht überraschend, daß unter diesen Gegebenheiten der deutsche Norden auch aus dem Blickwinkel der römischen Kurie nur eine Randlage einnimmt, zumindest im Vergleich mit den sehr viel intensiveren Beziehungen zum Süden und Westen des Reichs. Diese Tatsache ist auch an dem durch das Repertorium Germanicum erschlossenen Quellenmaterial ablesbar. Schon die Zahl der Petenten aus norddeutschen Diözesen, die an der Kurie um die Verleihung einer Pfründe oder die Gewährung einer Gnadenbezeugung einkamen, bleibt nicht nur absolut, sondern auch relativ, im Verhältnis zur Gesamtzahl der Geistlichen, hinter anderen Regionen beträchtlich zurück. Dadurch ist natürlich der Beitrag des Repertoriums zu einer Prosopographie der niedersächsischen Geistlichkeit im Spätmittelalter quantitativ geringer als für Gebiete, die engere Beziehungen zur Kurie unterhielten.

Dennoch vermag das Regestenwerk einen qualitativ nicht geringzuschätzenden Beitrag auch zur niedersächsischen Landes- und speziell zur Kirchengeschichte zu leisten. Von Interesse ist schon die Frage, wer sich denn aus der Ferne des Nordens an den Papst wandte und mit welchen Absichten oder in welcher konkreten Situation das geschah. Gab es einzelne Fürsten, die sich – aus welchen Gründen auch immer – der Kurie stärker verbunden fühlten als die meisten ihrer Standesgenossen? Wie weit nutzten sie solche Verbindungen, um ihren Günstlingen einträgliche kirchliche Ämter zu verschaffen? Wurde umgekehrt die Ferne zur Kurie zum Anreiz, päpstliche Provisionsansprüche beiseitezuschieben, um den eigenen Einfluß auf die Stellenbesetzungen nicht schmälern zu lassen? Auch in Niedersachsen gab es viele Fälle von Pfründenkumulation. Wer waren diese „Pfründenjäger", und hatten sie ihren Pfründbesitz überwiegend an der Kurie oder eher mit Hilfe der örtlichen Kollatoren erlangt? Zu fragen ist auch nach den Prokuratoren und den kurialen Amtsträgern niedersächsischer Herkunft, von denen etliche später in gehobenen Positionen im Lande selbst wiederzufinden sind. Schließlich läßt sich in besonderen Konstellationen, z. B. bei der Besetzung von Bistümern oder dann, wenn – wie im Lüneburger „Prälatenkrieg" um die Mitte des 15. Jh. – generelle kirchliche Interessen auf dem Spiel standen, durchaus ein aktives Handeln der Kurie beobachten, das im Gegensatz steht zu jener Beschränkung auf eine rechtliche Prüfung der Eingaben, wie sie die Reskriptlehre unterstellt.

Auf manche der angeschnittenen Fragen können vorerst nur vorläufige Antworten gegeben werden. Gesicherte Erkenntnisse werden erst möglich sein, wenn das in den bisherigen Bänden des Repertoriums vorliegende Material über einen längeren Zeitraum hinweg mit Hilfe der EDV auch statistisch ausgewertet werden kann.

A. Meyer

Der deutsche Pfründenmarkt im Spätmittelalter

Die moderne historische Forschung hat das spätmittelalterliche kirchliche Benefizialwesen bislang als eigenständiges Thema leider stark vernachlässigt, und wenn sie im Rahmen anderer Themen auf diese Problematik zu sprechen kam, folgte sie nur zu gerne der Argumentation der Reformatoren, die speziell an diesem Aspekt kirchlichen Lebens kaum ein gutes Haar gelassen hatten. Die weit fortgeschrittene Erschließung der vatikanischen Registerserien durch das Repertorium Germanicum erlaubt es nun, diese Problematik auf breiter Quellenbasis unvoreingenommen aufzuarbeiten. Dieser Beitrag schildert in Kürze, wie das spätmittelalterliche Pfründenwesen entstanden ist und wie es funktioniert hat. Es handelt sich dabei um ein komplexes Beziehungsnetz innerhalb der kirchlichen Hierarchie und zwischen der Kirche und weltlichen Institutionen.

Der spätmittelalterliche Pfründenmarkt kannte drei Anbieter von kirchlichen Benefizien:

1. die ordentlichen Kollatoren (v. a. Klöster, Stiftskirchen, adlige Familien und städtische Gremien), denen das Verleihungsrecht aus der Stiftung einer Pfründe erwachsen ist;
2. die Päpste aufgrund ihrer im 12. Jh. definierten Allmacht über die Gesamtkirche;
3. die deutschen Könige (sowie die oft ihrem Beisiel folgenden Landesherren) aufgrund des Gewohnheitsrechts.

Die Kunden auf dem Pfründenmarkt waren unbepfründete oder mit zu wenig einträglichen Benefizien versehene (ein durchaus relativ zu verstehender Wert) Weltgeistliche (also Kapläne, Pfarr-, Stifts- und Domherren; keine Mönche!), die diesen Lebensweg nur selten aus innerer Berufung gewählt hatten.

Wer ein kirchliches Benefiz erlangen wollte, suchte mittels Bittschriften oder Empfehlungsschreiben den Kontakt zu den Anbietern auf dem Pfründenmarkt.

Die Beziehungen zwischen ordentlichen Kollatoren und päpstlicher Kurie waren starkem Wandel unterworfen. Mittels des römisch-kanonischen Prozeßrechtes gelang es der Kurie im frühen 14. Jh., eine fast monopolartige Position auf Kosten der ordentlichen Kollatoren aufzubauen; das Wiener Konkordat von 1448 sodann garantierte den ordentlichen Kollatoren die Verleihung mindestens der Hälfte der Pfründen. Von der starken Stellung der Kurie im Pfründenmarkt profitierten insbesondere Angehörige kurialer Personengruppen und akademisch, v. a. juristisch gebildete Geistliche. Leidtragende waren jene, die sich auf die traditionellen Beziehungsmuster verlassen hatten.

Nicht auf allen Gebieten des Reiches waren die Beziehungen zur Kurie gleich intensiv (vgl. Abb. 1). In der geografischen Herkunft der Bittsteller von 1407 widerspiegelt sich nicht nur die persönliche Haltung der Petenten zum Schisma, sondern auch die unterschiedliche kirchliche Struktur in den einzelnen Diözesen besonders hinsichtlich des Kollaturrechts, der Anzahl und der Dotierung der Benefizien. Weiter dürfte das landsmannschaftliche Gefüge bei dem Weg, den man wählte, um zu einer Pfründe zu kommen, eine wichtige Rolle gespielt haben, wie der Vergleich der Herkunft der Petenten von 1407 mit jener des kurialen Personals der römischen Obödienz (Abb. 2) ergibt.

Auf der Grundlage der im 13. Jh. entstandenen rechtlichen Normen besaß die Kurie nur einen begrenzten Spielraum für Reformen. Die rasch ansteigende Zahl von

Abbildung 1: Die geographische Herkunft der Petenten von 1407

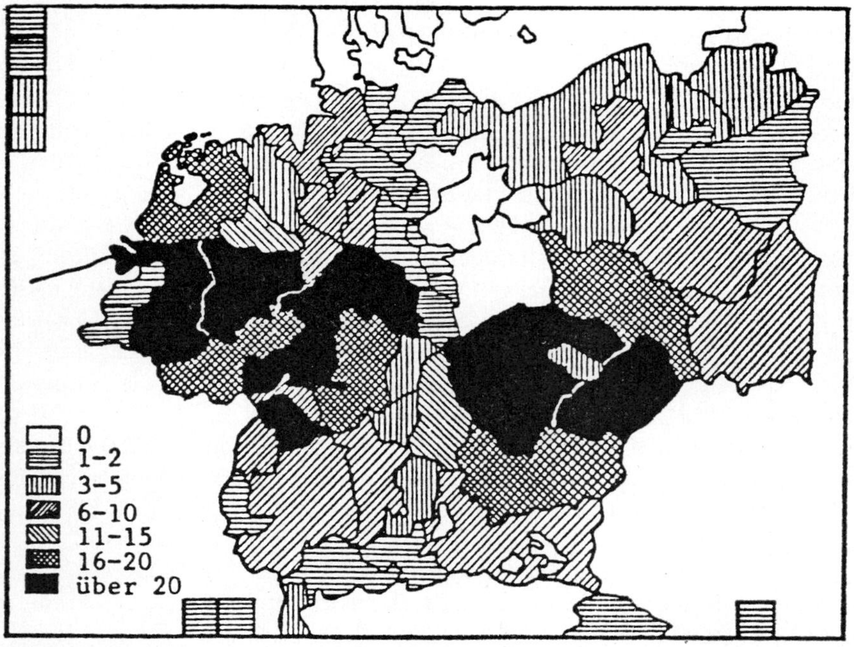

Abbildung 2: Die Herkunft der „deutschen" Kurialen (aus: Chr. Schuchard, Die Deutschen an der päpstlichen Kurie im Spätmittelalter, Tübingen 1987, S. 177)

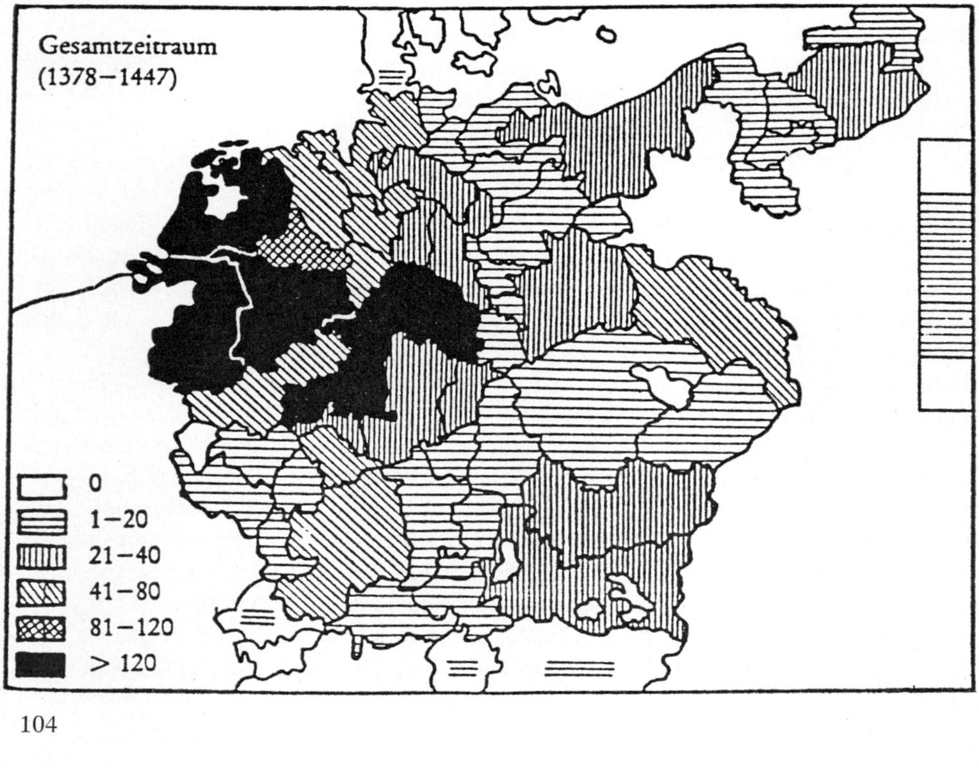

Bittstellern um Pfründen führte bald dazu, daß die im geschriebenen Recht enthaltenen Bestimmungen über den Vollzug päpstlicher Gnadenerweise nicht mehr genügten, um einerseits den Petenten weiterhin eine relative Rechtssicherheit zu gewähren und andererseits die Erledigung der täglichen Geschäfte in der Kanzlei zu garantieren. Die Umsetzung der Normen in die tägliche Praxis gelang ihr immer weniger und bot Anlaß zu Kritik.

4. Regionale Identität und soziale Gruppen im Mittelalter

Leitung: *B. Schneidmüller (Braunschweig)*
B. Schneidmüller: Einleitung
H. Schmidt (Oldenburg): Stammesbewußtsein, bäuerliche Landesgemeinde und politische Identität im mittelalterlichen Friesland
V. Henn (Trier): Städtebünde und regionale Identitäten im hansischen Raum
J. F. Battenberg (Darmstadt): Einungen mindermächtiger Stände in der hessischen Wetterau
B. Schneidmüller: Landesherrschaft, welfische Identität und sächsische Geschichte

B. Schneidmüller

Einleitung

Politische Identitäten, auf geographische Räume bezogen und historisch in der Vorstellung von gemeinsamer Geschichte mit spezifischen Werten, von gemeinsamer Sprache, Kultur und Tradition verankert, wurden geprägt und getragen von sozialen Gruppen. Darauf hat 1961 Reinhard Wenskus in seinem Buch „Stammesbildung und Verfassung" nachdrücklich hingewiesen, und zu ähnlichen Ergebnissen kam das Schwerpunktprogramm „Nationes" der Deutschen Forschungsgemeinschaft.
Die nationale Ausrichtung der Geschichtswissenschaft hat nicht allein in Deutschland dazu geführt, daß nach politischen Identitäten vor allem auf der Ebene von Reich und Königtum geforscht wurde. Dabei verrät selbst eine oberflächliche Betrachtung der mittelalterlichen Historiographie die Verhaftung der Autoren in ihren jeweiligen regionalen Lebenskreisen. Dies ist nicht etwa ein Produkt jener Krise monarchischer Zentralgewalt im spät- und nachstaufischen Reich. Regionale Identitäten besaßen vielmehr im gesamten Mittelalter hohe Bedeutung und banden das Individuum in engere räumliche Zusammenhänge als in den Lehnsbereich eines mehr oder minder fernen Königtums oder in den offenen Rahmen des regnum Teutonicum ein. Ihr spezifisches Gesicht unterlag dabei ähnlichen Wandlungen, wie sie für alle Gemeinschaftsvorstellungen und politischen Einheiten kennzeichnend sind. Diesen Wandel intensiver und vergleichend in den Blick zu nehmen, wird unser Wissen von der historischen Bedeutung der Stämme, Länder, der Territorien, der Regionen in der deutschen Geschichte erweitern. Wir dürfen dabei an-

knüpfen an die reiche Tradition der deutschen landesgeschichtlichen Forschung und ihrer Bindung an die mittelalterliche Verfassungs- und Bewußtseinsgeschichte.
Die Sektion kann kaum über den erreichten Stand der Forschung zum Thema umfassend orientieren, noch weniger über die landesgeschichtliche Spezialforschung. In methodisch durchaus unterschiedlichen Näherungen soll der Zusammenhang von regionaler Identität und ihren Trägerschichten betrachtet und dabei jene sozialen Gruppen in den Blick genommen werden, die im Hoch- und Spätmittelalter an der Umformung gentiler Traditionen beteiligt waren oder auf Grund ihrer politischen oder wirtschaftlichen Position neue Gemeinschaftsvorstellungen ausbildeten. Diese beiden Ebenen der mittelalterlichen Bewußtseinsgeschichte, Umformung und Wandel auf der einen, Neubildung auf der anderen Seite, werden anhand vier sozialer Großgruppen der mittelalterlichen Geschichte erhellt, der bäuerlichen Landesgemeinde in Friesland, des städtischen Bürgertums im hansischen Raum, von Grafen und Herren in der hessischen Wetterau und schließlich der Welfen, einer Familie des Reichsfürstenstandes.
Die Beispiele sollen weniger in räumlicher Hinsicht repräsentativ für Bewußtseinsbildungen in der deutschen Geschichte des Mittelalters sein, sondern sie verdanken ihre Zusammenfügung vielmehr der Hoffnung, unterschiedliche Trägergruppen von verschiedenen Identitäten beleuchten zu können.

H. Schmidt

Stammesbewußtsein, bäuerliche Landesgemeinde und politische Identität im mittelalterlichen Friesland

Seit dem späten 11. Jahrhundert ist in friesischen Rechtsquellen mit gesamtfriesischem Geltungsanspruch die Auffassung erkennbar, „alle Friesen" lebten in persönlicher Freiheit und mit voller Verfügungsgewalt über ihren Besitz; die „friesische Freiheit" wird im friesischen Selbstverständnis des hohen Mittelalters zum entscheidenden Merkmal friesischer Identität. Mit dem Bewußtsein von ihr verbindet sich dabei wohl von vornherein die Forderung nach wechselseitigem Beistand der „sieben Seelande" gegen Angriffe von außen und Störungen des Gleichgewichts untereinander. Sie spiegelt eine Tendenz zur politischen Organisation gesamtfriesischer Gemeinsamkeiten – zugleich aber die Realität der Aufgliederung Frieslands in eine Vielzahl politisch eigenständiger Verbände bzw. „Länder". Ihre „Landesgemeinden" sind im 12. und 13. Jahrhundert und z. T. auch noch im späten Mittelalter der personale Entwicklungs- und Geltungsbereich friesischer Landrechte; sie agieren als die wichtigsten Träger und Bewahrer des Landfriedens; sie dienen der wirtschaftlichen und politischen Interessenwahrnahme nach außen hin. Die landesgemeindliche „universitas" bietet dem friesischen Selbstverständnis den wesentlichsten politischen Organisationszusammenhang; Bestrebungen zur Ausbildung einer auch politisch handelnden „tota Frisia" bleiben dagegen von relativer Bedeutung. Das Bewußtsein von der „friesischen Freiheit" findet seine politisch-rechtlichen Konkretisierungen vor allem in den landesgemeindlichen Ordnungen, z. T. auch noch in deren Gliederungselementen (Landesviertel, Kirchspiele) – jedenfalls in kleinräumigen Zusammenhängen, die den Möglichkeiten und Bedingungen bäuerlicher Teilhabe an politischer Autonomie im hohen und späten Mittelalter angemessener sind als eine großräumige, das gesamte friesische Stammesgebiet umfassende politische Organisation der friesischen Identität. Das Bewußtsein von ihr hob innerfriesische Regionalegoismen nicht auf, konnte sie vielmehr geradezu bestätigen. Die Kleinräumigkeit der politischen Bewußtseinsorientierungen in der bäuerlichen Sphäre Frieslands war freilich zugleich eine Voraussetzung dafür, daß sich bäuerliches Selbstgefühl im späten Mittelalter mit dem Aufstieg dynastischer Herrschaften und der Ausbildung territorialstaatlicher Strukturen in Teilen des Stammesraumes zu arrangieren vermochte – so mit der Entstehung und Existenz einer Grafschaft Ostfriesland seit 1464. An ihr orientierte sich in der Folge ein Bewußtsein regionaler Identität, hinter dem das ältere Stammesbewußtsein mehr und mehr verblaßte.

V. Henn

Städtebünde und regionale Identitäten im hansischen Raum

Im hansegeschichtlichen Schrifttum gelten die seit den 40er Jahren des 13. Jahrhunderts in Norddeutschland urkundlich bezeugten regionalen Städtebünde – neben den Genossenschaften der niederdeutschen Kaufleute im Ausland – weithin als die eine der beiden Wurzeln, aus denen im Laufe des 13. und beginnenden 14. Jahrhunderts die Deutsche Hanse entstanden ist. Vielfach werden sie als die unmittelbaren Vorläufer der sog. Städtehanse angesehen. In jüngster Zeit sind sie sogar als „untrennbare Bestandteile des hansischen Bündnissystems" (H. Wernicke) und dem allgemeinen Hansetag nachgeordnete Organe der Hanse bezeichnet worden. Je enger man jedoch die regionalen Städtebünde mit gesamthansischen Organisationsformen in Verbindung bringt, desto leichter übersieht man die regionale Gebundenheit der städtischen Bündnispolitik und mißversteht zugleich das Wesen der Hanse selbst. Diese landschaftliche Gebundenheit und die ihr jeweils zugrunde liegende regionale Identität – verstanden als das auf den eigenen Lebensraum bezogene und aus der Erfahrung verbindender Gemeinsamkeiten erwachsene Zusammengehörigkeitsbewußtsein/-gefühl, das die Selbstzuordnung zu einer landschaftlich bestimmten Gruppe möglich macht und Ausdruck eines besonderen sozio-kulturellen und zugleich politischen Raumbewußtseins ist – waren das Thema der vorgetragenen Überlegungen, die sich hauptsächlich auf Quellen des 13. und 14. Jahrhunderts stützten.
Dabei war an zwei Beobachtungen anzuknüpfen: Zum einen waren zur Zeit des Aufkommens der regionalen Städtebünde in den hier untersuchten hansischen Teilräumen östlich von Rhein und IJssel mit Westfalen und Sachsen zwei durch die Weser getrennte Großlandschaften entstanden, in denen sich über die Grenzen der werdenden Territorien hinweg bereits im hohen Mittelalter auf gentilizischer Grundlage ein jeweils ausgeprägtes politisches Raumbewußtsein entwickelt hatte; nordöstlich der Elbe, im „wendischen" Kolonisationsgebiet, bildete sich dieses im Laufe des 12. und 13. Jahrhunderts aus der Verschmelzung der ansässigen heidnisch-slawischen Bevölkerungsgruppen mit den zuwandernden deutschen Siedlern. – Zum anderen war die Entstehung von Städtebünden abhängig vom Vorhandensein kommunaler Autonomie, die den Städten eine eigenständige „Außenpolitik" überhaupt erst erlaubte, sowie einem hinreichend entwickelten städtisch-bürgerlichen Selbstbewußtsein, einer gewissermaßen lokalen Identität, die resp. das die Freiheit und die besonderen Rechte der Stadt als schützenswerte Güter begriff.

Träger dieses Bewußtseins war in erster Linie die ratsfähige Oberschicht, die mit den wirtschaftlich führenden Familien weitgehend identisch war. Ihrer Interessenlage entsprachen die wirtschaftlichen und politischen Zielsetzungen der Städtebünde: die Befriedung der Handelswege und die Herstellung der Rechtssicherheit der Kaufleute sowie der Schutz der städtischen Autonomie gegen Übergriffe von seiten der Stadt- und Landesherren; im 14. Jahrhundert trat als Bündniszweck die gegenseitige Unterstützung bei innerstädtischen Unruhen hinzu.

Vor allem von den beiden erstgenannten Zielen konnten raumgestaltende und Identität stiftende Impulse ausgehen. Indem die Städte, getragen vom Willen zur landschaftlichen Selbsthilfe, die Friedenswahrung selbst übernahmen oder sich an landesherrlichen Landfriedensbündnissen beteiligten, nahmen sie nicht nur eine zentrale herrschaftliche Aufgabe wahr, was für sich selbst schon eine Stärkung des Wir-Bewußtseins bedeuten konnte, sondern sie schufen zugleich einen überlokalen, auch die territorialen Grenzen überschreitenden, durch spezifische Rechtsnormen geeinten Friedens- und Rechtsbezirk. In diesem Kontext stehen am Beginn der städtebündischen Aktivitäten in Westfalen der 1246 zwischen Osnabrück und Münster geschlossene Landbergener Bund, dem später Minden, Herford und Coesfeld beigetreten zu sein scheinen. 1253 schlossen sich die Städte Münster, Dortmund, Soest und Lippstadt im Werner Bund zusammen und ergänzten damit das Landbergener Bündnis nach Süden. Dieser Werner Bund wurde in der Folge der Kern eines westfälischen Bündnissystems, das unter der Federführung der westfälischen Vierstädte (Dordmund, Soest, Münster, Osnabrück) mit den ihnen zu Gebote stehenden Mitteln der Wahrung des Friedens „in terminis Westfalie“ (Westf. UB VII, 1145) diente. Gerade die westfälischen Quellen aber zeigen noch ein weiteres. In dem Maße nämlich, in dem im Laufe des späten Mittelalters die Landesherren die ordnungstiftenden und raumbestimmenden Kräfte im Lande wurden und die Terrritorien Gestalt annahmen, mehrten sich innerterritoriale Städtebünde, die sich zur Wahrung der eigenen Rechte gegenüber dem Landesherrn zusammenfanden, aber auch „ton gemeinen besten deses landes“ (Niesert III, 4). Solche Städtebünde haben eine wichtige Rolle im Zusammenhang der Ausbildung der landständischen Städtekurieren gespielt. In ihnen manifestiert sich im Sinne des verfassungsgeschichtlichen Dualismus von „Land“ und „Herrschaft“ ein „landstandschaftliches“ Selbstbewußtsein, eine auf das Territorium bezogene regionale Identität, die sich aus dem Bewußtseins der Mitverantwortlichkeit für das Land speist.

Östlich der Weser bietet sich ein etwas anderes Bild. Zwar ändert sich nichts an den Bündniszwecken. Auffallend ist aber die Kleinräumigkeit der seit der Mitte des 13. Jahrhunderts, seit dem Bündnis der herzoglich braunschweigischen Städte zwischen Harz und Weser, auf sächsischem Boden entstehenden Bündnisstrukturen. Zu raumübergreifenden Bündnissen der „stede in deme lande to Sassen“ (HR I, 3, 179) kam es erst seit der 2. Hälfte des 14. Jahrhunderts. Einigende Momente waren dabei das gemeinsame Bemühen um den Schutz des Friedens und das Bewußtsein der gemeinsamen Zugehörigkeit zum sächsischen Rechtskreis. Gleichwohl zeugt die Bündnispolitik der sächsischen Städte noch im späten 14. und beginnenden 15. Jahrhundert von der regionalen Binnenstruktur des größeren Bundes.

Jenseits der Elbe war Lübeck die treibende Kraft des städtischen Bündniswesens. Besondere Aufmerksamkeit widmete die Travestadt dabei aus verschiedenen Gründen dem Bündnis mit den benachbarten mecklenburgischen und vorpommerschen Städten Wismar,

Rostock, Stralsund und Greifswald, das, ausgehend von dem Bündnis Lübecks mit Wismar und Rostock (1259), in wechselnden Bündniskonstellationen zum Schutz der Kaufleute zu Lande und zur See abgeschlossen wurde. Darüber hinaus offenbaren sich auch hier, vor allem in den „territorialen“ Einungen der vorpommerschen Städte Stralsund, Greifswald, Anklam und Demmin, ein engeres Raumbewußtsein und Ansätze zu einer landständischen Organisation.

Das städtische Bündniswesen zeigt folglich „regionale Identität“ auf zwei Ebenen, der überterritorialen, landschaftlichen, eher gentilizisch geprägten und der territorialen, herrschaftlich bestimmten Ebene. Diese regionalen Identitäten sind zunächst keine spezifisch städtischen Erscheinungen. Die Städte als Glieder des „Landes“ und der Landschaft nehmen vielmehr das allgemeine Raumverständnis in die eigene lokale Identität auf. Als Stätten hoher wirtschaftlicher, politisch-administrativer und kultureller Zentralität und als Träger einer den gemeinsamen Interessen dienenden Bündnispolitik leisten sie aber zugleich einen wesentlichen Beitrag zur Verdichtung und Festigung dieser regionalen Identitäten.

In der gesamthansischen Betrachtung ergibt sich, daß zwar vielfältige und enge Beziehungen zwischen den Städten und der Hanse bestanden, daß aber die städtische Bündnispolitik weniger von gesamthansischen Interessen bestimmt war als vielmehr den unmittelbar lokalen und regionalen Bedürfnissen folgte. Die regionalen Städtebünde waren auch keine dem Hansetag unterstellten „Organe“ der Hanse. Bestehende Bündnissysteme konnten allenfalls im Sinne einer bequemeren Kommunikation „hansisch mitgenutzt“ (F. B. Fahlbusch) werden.

J. F. Battenberg

Einungen mindermächtiger Stände in der hessischen Wetterau

Das Aufkommen einer regionalen Identität ist selbst bei einem heute recht klar konturierten Geschichtsraum wie dem der Wetterau nur sehr schwer für das Mittelalter nachweisbar, da sich Quellen, die einen subjektiven Bezug zur jeweiligen Landschaft herstellen, kaum erhalten haben. Für die Wetterau bleibt die Stimme des Theologen Erasmus Alber, der in den dreißiger Jahren des 16. Jahrhunderts eine Beschreibung der Wetterau veröffentlicht hat, vereinzelt. Jedenfalls aber sind schichtenspezifische Bezüge zu den jeweiligen Landschaften zu unterscheiden, die zu einem je verschiedenen Identitätsbewußtsein geführt haben konnten. Für die Wetterau bieten sich die Einungen mindermächtiger Stände als Untersuchungsgegenstand an, da diese in der Frühen Neuzeit im Wetterauer Grafenverein eine quasi-staatliche Entwicklung unterhalb der Territorialebene genommen haben (s. dazu jetzt Georg Schmidt, Der Wetterauer Grafenverein, Marburg 1989). Parallel dazu kann auch der Niederadel einbezogen werden, der sich zunächst in Burgfriedenseinungen konstituierte, um sich seit dem 16. Jahrhundert neben dem Grafenverein als Kanton Wetterau der Reichsritterschaft zu institutionalisieren. In beiden Korporationen erhielt sich nicht nur die Bezeichnung „Wetterau“ zur Charakterisierung einer geographischen Einheit, sondern sie wurde auch mit zwei nebeneinander stehenden politischen Gebilden gleichgesetzt, die zumindest ihren Mitgliedern, daneben aber auch den jeweiligen Untertanen Identifizierungsmöglichkeiten bot.

Es gab keine geradlinige Entwicklung von den mittelalterlichen Einungen zu den beiden angesprochenen Reichskorporationen. Es verbanden sich Gedanken der Landesfriedenswahrung, der Abwehr territorialer Ambitionen von außen, der Sicherung des Familienzusammenhalts im Hochadel und der Reichsgutsverwaltung miteinander. Als königsnahe Landschaft, in der eine Vielzahl von etwa gleich starken Ministerialen-, Grafen- und Herrengeschlechtern begütert waren, war die Wetterau in besonderem Maße auf den Ordnungsfaktor Königtum angewiesen, wenn sie sich der drohenden Territorialisierung durch benachbarte Reichsfürsten, wie die Landgrafen von Hessen, die Kurfürsten von Mainz und von der Pfalz, erwehren wollte. Inwieweit sich dies auf die Konstituierung der Wetterau als geographisch klar umrissenen und politisch als Einheit aufgefaßten Raum auswirkte, bliebe zu klären. Anhaltspunkte können aus der älteren Entwicklung gezogen werden.
Ausgangspunkt der Entwicklung war der fränkische Gau Wetterau, der als politischer Landschaftsbegriff zur Bezeichnung einer Verwaltungseinheit benutzt wurde, der sich aber schon im Hochmittelalter verflüchtigte. Der Begriff lebte in der Bezeichnung der mit der Grafschaft Nürings identischen Grafschaft Wetterau weiter, die in die Hände der ministerialischen Familie v. Münzenberg und später v. Falkenstein-Münzenberg geriet. Spätestens mit dem Aussterben der Falkensteiner und der Aufteilung ihres Wetterauer Besitzes auf verschiedene hochadelige Geschlechter geriet auch dieses Überbleibsel aus der karolingischen Zeit in Vergessenheit. Der Begriff Wetterau blieb seither nur noch eine geographische Bezeichnung zur Identifizierung von Ortschaften u. a.
Auf ganz anderer Ebene kam es im Spätmittelalter zu einem Neuansatz. Über die vier Reichsstädte Frankfurt, Gelnhausen, Friedberg und Wetzlar sowie einheimische Adelsgeschlechter hatte die Wetterau ihre enge Verbindung zum Königtum bewahrt. Da eine dominierende Territorialmacht nicht vorhanden war, hatte der König die Möglichkeit, mithilfe seiner Amtleute als regionale Ordnungsmacht in Erscheinung zu treten. Landvogt und Landfriedensgericht verhalfen ihm zum nötigen Handlungsspielraum, innerhalb dessen er eine von lokaler Adelsherrschaft losgelöste regionale Landschaft ausbilden konnte, die zumindest teilweise die Chance zur Identitätsbildung bot.
Ausgestattet mit unmittelbarer königlicher Autorität wurden der Hohe Adel und die Reichsstädte der Landschaft Wetterau in die Lage versetzt, ein Machtgleichgewicht herzustellen. Der Gesichtspunkt der Landfriedenswahrung bot Raum zur Überschreitung der engen Herrschaftsgrenzen.
Als sich das Königtum mit der Aufhebung der Landvogtei und der Neuorganisierung der Landfriedensbereiche im beginnenden 15. Jahrhundert aus der Wetterau zeitweise zurückzog, blieben nur noch die Alternativen einer Territorialisierung der Landschaft oder einer Selbstregulierung, die sich allenfalls noch der königlichen Legitimation bedienen konnte. Der Anfall der Falkensteiner Erbschaft, der zu einer Solidarisierung einheimischer Grafengeschlechter gegen die Ansprüche des königlichen Erbkämmerers Konrad von Weinsberg führte, und der Tod des letzten Wetterauer Landvogts boten offenbar den letzten Anstoß dazu, daß man sich in einer ersten Einung im Kreis mindermächtiger Stände der Wetterau zusammentat. Diese konnten über die zu einem guten Teil an der Falkensteiner Erbschaft beteiligten und damit an der alten Grafschaft Wetterau partizipierenden Vertragspartner, auch über die Absicht zur gemeinsamen Verwaltung und Nutzung neu hinzugewonnener Güter und Recht, eine gewisse landschaftliche Verknüpfung mit der Wetterau erreichen. Überwiegend blieb sie jedoch ein Familien-

verband zur Wahrung dynastischer Interessen in einer Region, die eher zufällig ihren Schwerpunkt in der Wetterau hatte.
Die ursprünglich nicht als dauerhaft gedachte Verbindung zwischen Landschaft und Einung wurde erst gegen Ende des 15. Jahrhunderts unter dem Territorialisierungsdruck der Landgrafen von Hessen institutionalisiert. Erneut versuchte man, sich jetzt königliche Autorität zuzulegen, indem man die Schiedsinstanz des neugegründeten Bundes als quasikaiserliches Gericht ausstattete und deren Entscheidungen als nichtappellable Endurteile erklärte. Als die Grafen- und Herreneinung von 1493 im Bündnis mit den ritterlichen Ganerbschaften des Landes 1496 nach außen hin handelnd in Erscheiung trat, war sie mit diesem zusammen als verfassungsrechtlich festgelegter Verband der „Grafen, Herren und Ritterschaft in der Wetterau" konstituiert. Daß der hohe Adel der Grafen und Herren sich späterhin wieder vom niederen Adel der Reichsritter absetzte und eigenständige Korporationen einging, kann als eine von globalen Entwicklungen des Reiches her erklärbare sekundäre Erscheinung angesehen werden, die die einmal entstandene Identität im Rahmen der Region Wetterau nicht mehr infrage stellte. Die Identifizierungsmöglichkeit wurde nicht dadurch gestört, daß unterschiedliche soziale Gruppen ihre jeweiligen Beziehungsräume, die hinsichtlich ihrer Reichweite und ihrer politischen Relevanz differierten, in je anderer Perspektive sehen konnte.
Die Voraussetzungen einer regionalen Identitätsbildung in der Wetterau deuteten sich nach einzelnen Vorläufern somit erst in den neunziger Jahren des 15. Jahrhunderts an, in einer Zeit rapiden Verfassungswandels. Das verdichtete Reich erforderte überall die Ausbildung regionaler Koordinationsforen, die die Herrschaftsinteressen jeweils einheimischer sozialer Gruppen zu bündeln und politisch zu aktivieren versuchten. Erst in dem Augenblick, als die sich ausbildenden Handlungsverbände im Rahmen des Reichssystems politisch wirksam wurden, konnte sich so etwas wie eine regionale Identität ausbilden die auch solche Schichten erreichte, die nicht zu den jeweiligen sozialen Trägerschichten zählten.

B. Schneidmüller

Landesherrschaft, welfische Identität und sächsische Geschichte

Die welfische Hausüberlieferung des 12. Jahrhunderts spiegelt den politischen Aufstieg eines Geschlechts, das im Hochmittelalter die Geschicke des Reichs mitbestimmte und dem staufischen Königtum gleichrangig zur Seite trat. Zwei Bildprogramme berühmter genealogischer Tafeln aus der zweiten Hälfte des 12. Jahrhunderts zeigen die Krise welfischer Herrschaft in der Stammlandschaft nördlich des Bodensees und den Aufbau einer Sonderstellung mit europaweiten Bezügen: Der Weingartener Welfenstammbaum läßt die Geschichte der welfischen Familie auf die staufischen Erben zulaufen, das Krönungsbild im Evangeliar Heinrichs des Löwen gibt die Welfengenealogie zu Gunsten eines monarchisch geprägten Ensembles auf.
Ausgehend von diesen bekannten Zeugnissen welfischer Familiengeschichte will der Vortrag die Verarbeitung der politischen Umbrüche von 1180 und 1235 in der historiographischen Überlieferung aus dem Umkreis der Welfen verfolgen, die seit der Begründung des Herzogtums Braunschweig-Lüneburg ihre Heimat unter Aufgabe süddeutscher

Bezüge in Sachsen, in Braunschweig und Lüneburg, gefunden hatten. Diese neue Orientierung läßt sich sowohl an der Hofkultur als auch am Heiratsverhalten im 13. Jahrhundert ablesen.
Dem Aufbau spätmittelalterlicher Landesherrschaft korrespondierte die fast ausschließliche Betonung sächsischer Wurzeln der Welfen: Über die Billunger und Brunonen wurde die Anbindung an die frühmittelalterlichen sächsischen Führungsschichten der Widukind-Sippe und der Liudolfinger erreicht.
Die Suche nach solchen sächsischen Bezügen läßt sich in der Historiographie ebenso wie in wenig beachteten genealogischen Bildtafeln beobachten, die die Welfen zu einem sächsischen Herrengeschlecht stilisieren, das seit dem 12. Jahrhundert seine kultische Mitte unter Aufgabe der Weingartener Memorialtradition in Braunschweig und Lüneburg fand.
In der Zuspitzung historischer Traditionen des sächsischen Stammes auf das welfische Herzogtum entstand vor allem in Braunschweig das Bewußtsein politischer Kontinuität vom Früh- zum Spätmittelalter, das die sächsische Geschichte in der eigenen Herrschaft bewahrt und repräsentiert sah. Propagiert im Umkreis des welfischen Hauses, vor allem im Braunschweiger Kollegiatstift St. Blasius, war damit die Plattform gemeinsamer Geschichte von Herzog und Land, von Fürst und städtischem Bürgertum geschaffen. Entsprechende Vorstellungen fanden Eingang in die städtische Historiographie und in die bauliche Repräsentation kommunaler Eliten des Spätmittelalters.
In zunehmender Genealogisierung und Regionalisierung formierte sich im Wandel des Bewußtseins vom Stamm zur Landesherrschaft eine neue welfische Identität, die von unterschiedlichen sozialen Gruppen – Fürst, Klerus, Bürgertum – aufgenommen wurde: Das historisch-politische Bewußtsein des Spätmittelalters ließ die Geschichte des frühmittelalterlichen Stammes im eigenen „Land“ oder in der eigenen Stadt aufgehen.

5. Junge Historiker stellen sich vor (Mittelalterliche Geschichte)

Leitung: *E. Meuthen (Köln)*

K. Elmshäuser (Bremen): Wassermühlen und Getreideanbau in einer Grundherrschaft des frühen Mittelalters. Das Beispiel Saint-Germain-des-Prés, Paris

A. Hedwig (Bremen): Bemerkungen zur Stellung der Eigenkirche nach den urbarialen Quellen zur fränkischen Grundherrschaft zwischen Loire und Rhein

M. Vöckler (Jena): Die Termineien der thüringischen Bettelmönche im Mittelalter. Entstehung, Struktur, Funktion

U. Neddermeyer (Köln): Buchdruck und Leseinteresse. Die Verbreitung und Wirkung literarischer, religiöser und wissenschaftlicher Gebrauchsliteratur seit dem Spätmittelalter

K. Elmshäuser

Wassermühlen und Getreideanbau in einer Grundherrschaft des frühen Mittelalters. Das Beispiel Saint-German-des-Prés, Paris

Die fränkischen Polyptycha des 9. Jahrhunderts geben als Besitzverzeichnisse in erster Linie zur Struktur größerer Grundherrschaften, zur Agrarverfassung und zur Stellung ländlicher Siedlungen innerhalb des zweigeteilten Systems Auskunft. Sie erlauben aber auch die Untersuchung der selbständigen Wirtschaftseinheiten in grundherrlicher Hand, so der gegen Zins vergebenen Getreidemühlen und deren Einbindung in größere wirtschaftliche und soziale Zusammenhänge.
Das Polyptychon von Saint-Germain-des-Prés von ca. 825 liefert hierbei Informationen über einen zentralen agrarhistorischen Vorgang des frühen Mittelalters, nämlich die Durchsetzung des Brotgetreides (Mehl) als Grundnahrungsmittel auch der ländlichen Bevölkerung, d. h. die „Vergetreidung" der fränkischen Landwirtschaft mit den hieraus resultierenden Folgen.
Spätestens seit M. Blochs Aufsatz zum „Antritt und Siegeszug der Wassermühle" (1935) weiß man um den zentralen Stellenwert dieser einzigen Großtechnologie des Mittelalters. Für die erste Durchsetzungsphase dieser Technik blieben jedoch entscheidende Fragen offen, die anhand der Analyse grundherrlicher Quellen erhellt werden können. Neben den Aussagen über den Verbreitungsgrad der Wassermühle lassen sich hierbei ungeklärte Fragen zur Rechtsstellung der Mühle und des Müllers in der Grundherrschaft, zur technischen Ausstattung und zur Kapazität dieser Anlagen anschneiden.
Bereits für das frühe 9. Jahrhundert sind ausgedehnte Mühlenlandschaften in Kernregionen des fränkischen Reiches erkennbar, deren Entstehung jedoch nur auf der Grundlage regionaltopographischer Analysen zu verstehen ist. Zusammen mit den demographischen Angaben des Polyptychons und den Aussagen zur verfügbaren agrarischen Nutzfläche erlauben diese Analysen u. a. folgende Schlußfolgerungen:

- Die Wassermühle ist bereits im 9. Jahrhundert eine Standardtechnik in grundherrlicher Hand.
- Feststellbar ist ein über den Rahmen der Grundherrschaft hinausgehendes Mahlangebot des Grundherren an die örtliche Bevölkerung.
- Begünstigt wurde dieses neben der Nachfrage der ländlichen Bevölkerung durch die attraktive Einnahmemöglichkeit, die die Wassermühle als zinsleistendes Objekt den Grundherren eröffnete.
- Zinserwartungen als marktorientierte Mechanismen und Einnahmen aus den Wassermühlen, die der Verhandlung offenstanden, da sie über den Eigenbedarf hinausgingen, kennzeichnen diese Zusammenhänge.
- Die Wassermühle des Frühmittelalters ist eine grundherrliche Technik, Wassermühlen in Gemeinde- oder Genossenschaftsbesitz sind nicht nachweisbar. Andererseits ist der Mühlenbann mit Mahlzwang – anders als vielerorts behauptet – eine Entwicklung frühestens des 10. und 11. Jahrhunderts.

A. Hedwig

Bemerkungen zur Stellung der Eigenkirche nach den urbarialen Quellen zur fränkischen Grundherrschaft zwischen Loire und Rhein

Die „Eigenkirche“ gehört zum festen Begriffsinventar der jüngeren Wirtschafts- und Sozialgeschichte. Diejenigen Kirchen, die frühmittelalterlich-grundherrschaftlichen Verhältnissen zugewiesen werden können, werden – in Anlehnung an die Studien von U. Stutz – als Eigenkirchen qualifiziert. Nach einer Kurzdefinition ist die Eigenkirche „ein Gotteshaus, das dem Eigentum oder besser einer Eigenherrschaft derart unterstand, daß sich daraus nicht bloß die Verfügung in vermögensrechtlicher Beziehung, sondern auch die volle geistliche Leistungsgewalt ergab“. Die Eigenkirche erscheint somit vor allem als sachenrechtliches Gebilde.

Eine ausführlichere Behandlung des Themas Eigenkirche seitens der Sozial- oder Wirtschaftshistoriker gibt es erstaunlicherweise bisher nicht.

Nach Durchsicht der einschlägigen urbarialen Quellen ist eine besitzrechtliche, ökonomische und soziale Differenzierung innerhalb der Grundherrschaft möglich, die die Forschungen von U. Stutz in entscheidenden Punkten relativieren. Als wichtigste Ergebnisse lassen sich anführen:

- Die Eigenkirche kennt verschiedene Erscheinungsformen: besitzrechtlich lassen sich deutlich Privatkirchen von grundherrschaftlich eingebundenen (Gemeinde-)Kirchen – letzteres ist die weitaus größte Gruppe – unterscheiden.
- Die wirtschaftliche Stellung ist keineswegs so schlecht, wie Stutz meinte: Über die Dotation, den Kirchen-*mansus,* hinaus gehört zu einer großen Anzahl von Kirchen weiterhin assoziiertes Gut, das von abhängigen Bauern bewirtschaftet wird.
- Die Verfügung des Priesters über dieses Zusatzgut kennzeichnet gleichzeitig seine soziale Stellung im grundherrschaftlichen Rahmen: Als Freier im Hörigenverband nimmt er eine privilegierte Stellung ein, er ist der einzige *minister,* dem Hörige des Grundherren zum eigenen Nutzen – bzw. dem der Kirche – unmittelbar zugeteilt sind.
- In der Tendenz können die Kirchen ihre Rolle im Laufe des 9. Jahrhunderts stärken, ihre Eigenständigkeit gegenüber dem Grundherren nimmt zu; so sind sie in der Lage, weitere Einnahmequellen zu erschließen: Wachszinser, spezielle Zuwendungen für den Friedhof. Besonders deutlich spiegelt sich dieser „Emanzipationsprozeß“ in der Redaktion der Quellen.
- Erst zum Ende des Jahrhunderts sind harte Eingriffe in die Rechte der Niederkirchen zu verspüren: Im Prümer Urbar hat der Grundherr tatsächlich in einigen (Einzel-)Fällen den Zehnt usurpiert.

Insgesamt muß aus der Sicht der urbarialen Quellen festgestellt werden, daß die von U. Stutz erarbeitete negative Sicht der Rechtsstellung der Niederkirchen im 9. Jahrhundert nicht bestätigt werden kann. Im Gegenteil sind positive Entwicklungslinien zu verfolgen, die erklären wie die Kirchen sich später zu sozialen und administrativen Zentren der ländlichen Gemeinden entwickeln konnten.

M. Vöckler

Die Termineien der thüringischen Bettelmönche im Mittelalter. Entstehung, Struktur, Funktion

Die Untersuchung der Termineien der Bettelmönche ist – von Ausnahmen abgesehen – bisher eher ein Randproblem der Forschung gewesen. Dies gilt zum einen vielfach für die Darstellung der Geschichte einzelner Konvente, wo ein näheres Eingehen auf diese Problematik wegen der oftmals recht schwierigen Quellenlage z. T. kaum möglich war, mehr aber noch für komplexere, ganze Regionen umfassende Studien. Dabei scheint mir gerade die letztgenannte Art des Herangehens der praktikabelste Weg zu sein, um dieses Phänomen besser verstehen zu lernen. Der o. g. Vortrag beschäftigt sich, ausgehend von ersten Untersuchungen im Rahmen meiner Dissertation und auf weiterführenden Forschungen aufbauend, mit folgenden Problemkreisen:

- einige Spezifika der Ansiedlung sowie Ursachen der Entstehung der Termineien der Bettelmönche in Thüringen;
- Anlage, Organisation und Struktur der Termineien thüringischer Mendikanten;
- Termineien und Rechte des Terminierens als Konfliktstoffe zwischen den Mendikanten selbst sowie zwischen den Mendikanten und dem übrigen städtischen und ländlichen Klerus;
- Reaktionen der Bürgerschaften sowie der Räte der thüringischen Städte auf das „Missionsbedürfnis" der Mendikanten (Gemeinsamkeiten und Unterschiede zwischen den thüringischen Kommunen).

Aufgrund des Vorhandenseins eines sehr detaillierten Verzeichnisses der Termineien des Erfurter Augustinereremitenkonvents lassen sich die territoriale Ausbreitung und die nahezu flächendeckende Wirksamkeit zumindest der Erfurter Augustiner auch außerhalb der Städte sehr anschaulich nachweisen.

U. Neddermeyer

Buchdruck und Leseinteresse. Die Verbreitung und Wirkung literarischer, religiöser und wissenschaftlicher Gebrauchsliteratur seit dem Spätmittelalter

Die ‚bibliothekswissenschaftliche Grenze' von 1500 und die fehlenden umfassenden Bibliographien zum Buchdruck des 16. und 17. Jahrhunderts haben eine systematische Untersuchung des Leseverhaltens und der Breitenbildung im späten Mittelalter und in der frühen Neuzeit bisher verhindert.

Wichtige Aufschlüsse über die Wirkung der religiösen, literarischen und wissenschaftlichen Gebrauchsliteratur ergeben sich aus der Anzahl der Auflagen einzelner Werke. Um eine möglichst umfassende Zusammenstellung der Editionen zu erreichen, werden die gedruckten Kataloge der großen Nationalbibliotheken ausgewertet. Dazu kommen die leider nicht gedruckten italienischen Nationalkataloge in Rom und Florenz, die Zentralkataloge der deutschen Bundesländer, Spezialbibliographien, z. B. die der Inkunabeln (Hain-Copinger, Panzer) und Frühdrucke, der deutschen Drucke des 16. Jahrhunderts (VD 16) usw. Für die mittelalterlichen Autoren liefert August Potthasts ‚Bibliotheca

historica medii aevi‘, für die Klassiker Ludwig Anton Schweigers ‚Handbuch der classischen Bibliographie‘ [1] weiteres Material.
Methodische Mittel und Maßstäbe, um die so gewonnenen Daten auszuwerten, können nur in einer Darstellung entwickelt werden, welche die ‚Druckgeschichte‘ von Einzeltiteln in einen Gesamtrahmen stellt [2] und den Vergleich verschiedener Werke und Werkgruppen ermöglicht. Soweit keine *absoluten* Werte vorliegen, müssen einige über lange Zeiträume hinweg erfolgreiche Titel (neben der Bibel z. B. Sallust) als *relative* Norm für die Wirkung anderer Bücher dienen. Obwohl auch für die Verbreitung der Handschriften Zahlenmaterial vorliegt, das über die erste Sammlung B. Guenées weit hinausgeht, zeigt ein Vergleich, daß im Gegensatz zu mittelalterlichen Manuskripten bei gedruckten Büchern die Möglichkeit besteht, ihre Wirkung zeitlich, geographisch und nach dem Leserpublikum recht genau zu spezifizieren.
Grundsätzliche methodische Überlegungen und erste Ergebnisse einer systematischen Untersuchung des Buchdrucks sollen exemplarisch vorgeführt werden – hauptsächlich anhand der historiographischen Literatur:
1) Wie veränderte sich die historische Gebrauchsliteratur nach der Erfindung des Buchdrucks?
2) Welche historischen Werkgruppen (Klassiker, mittelalterliche Autoren, Universalgeschichten, Zeitgeschichte usw.) wurden besonders bevorzugt?
3) Welche Titel dominierten (in welchen Zeiträumen) die einzelnen historischen Teilgebiete?
4) Wie schnell reagierten Buchdrucker, Händler (und Leser) auf neuerschienene Werke und geänderte Bedürfnisse?
5) Wie sah es um die Geschichtskenntnisse der frühen Neuzeit aus?
Die Verbreitung und Wirkung literarischer, religiöser und wissenschaftlicher Gebrauchsliteratur läßt wichtige Aufschlüsse über das Leserinteresse, die Breitenbildung und die in Europa verfügbare Literatur seit der Erfindung des Buchdrucks zu und beleuchtet die europäische Kulturlandschaft mit ihren über nationale, kulturelle und politische Grenzen hinweggehenden Verbindungslinien, zeigt aber auch konfessionell bedingte Gegensätze auf, die sich in der zweiten Hälfte des 16. Jahrhunderts entwickelten und bis weit ins 18. Jahrhundert bestehen blieben.

[1] Der hierauf beruhende europäische Vergleich E. Burkes [A survey of the popularity of ancient historians, 1450–1700; in: History and Theory 5 (1966) 135 ff.] führt zu irreführenden Ergebnissen, da Schweigers Schwerpunkt in Mitteleuropa bzw. Deutschland liegt.
[2] F. Seybold [15th century editions of the ‘Legenda aurea’; in: Speculum 21 (1946) 327 ff.], vergleicht auf völlig unterschiedlicher bibliographischer Basis Bibel und ‘Legenda aurea’.

Frühe Neuzeit

1. Dynamik der Tradition. Zur sozialhistorischen Interpretation von Volks- und Elitekultur in der frühen Neuzeit

Leitung: *R. van Dülmen (Saarbrücken)*

R. van Dülmen: Einleitung

N. Schindler (Konstanz): Das Pflug- und Blochziehen. Historisch-anthropologische Bemerkungen zur Geschichte einer populären Rügesitte

R. Habermas (Saarbrücken): Der Kampf um das Wunder. Zur Logik populärer Tradition im Bayern des 18. Jahrhunderts

E. Saurer (Wien): Religiöse Praxis und Sinnesverwirrung. Kommentare zu Vorfällen in Österreich um 1800

W. Kaschuba (Tübingen): Das Volk auf der Straße. Fest und Protest als Öffentlichkeitsform zwischen Aufklärung und Vormärz

R. van Dülmen

Einleitung

Die europäische Volkskultur ist kein unbekanntes Forschungsfeld der Sozialgeschichte mehr. Einseitige Positionen und Interpretationen haben ausgedient, der Blick weitet sich und wird differenzierter. Die populäre Kultur läßt sich einmal nicht mehr als eine statische Traditionsgröße beschreiben; vielmehr wohnt ihr eine eigensinnige, dynamische Kraft inne, die, wenn sie auch nicht unmittelbar zur ‚Moderne' beiträgt, so doch dem Verherrschaftlichungstrend seit dem 17. Jahrhundert deutliche Grenzen setzt und Freiräume schafft. Zum anderen wird die Volkskultur nicht mehr als eine archaisch-autonome Kultur verstanden, die sich aus der Abgrenzung und dem Gegensatz zur Elitekultur bestimmt; sie reagiert und agiert – mit unterschiedlicher Intensität zwar – auf herrschaftliche, kirchliche wie bürgerliche Eingriffe und Interessen und formuliert sie dadurch stets neu. Gerade im praktischen Handeln fügen sich Tradition und Moderne keinem einfachen Deutungsraster.

So unterschiedlich die Forschungsinteressen der Referentinnen und Referenten auch sein mögen, relativ einig sind sich alle in ihrer historisch-anthropologischen Zugangsweise als der den Gegenständen entsprechenden Methode, die vom Traum unilinearer Erklärungen Abschied nimmt. Ihr sensibler Umgang mit den Quellen, ihre vorsichtige Ausleuchtung der „Innensicht" und ihre Analyse eröffnet m. E. neue, bisher wenig gesehene Problemfelder.

N. Schindler

Das Pflug- und Blochziehen.
Historisch-anthropologische Bemerkungen zur Geschichte einer populären Rügesitte

Der Beitrag möchte mit dem Pflug- und Blochziehen ein seit dem späten Mittelalter bezeugtes, im Laufe der Neuzeit unterdrücktes und heutzutage fast vergessenes Stück Volkskultur vorstellen. Er handelt von einer fastnächtlichen Rügesitte, bei der junge Frauen und Mädchen, die, der allgemeinen Erwartung zuwider, noch immer nicht verheiratet waren, von den ledigen Burschen ihres Dorfes bzw. Stadtviertels in einen Pflug oder vor einen Baumstamm gespannt wurden, den sie unter dem Gespött der Zuschauer eine gewisse Wegstrecke weit ziehen mußten. Das Ritual diente der Beseitigung von Engpässen der lokalen Heiratsmärkte, und die Schande, mit der es arbeitete, bestand darin, daß den Frauen eine ebenso ungewohnte wie ungewöhnliche symbolische Arbeit auferlegt wurde, weil sie sich – so zumindest der Vorwurf – der mühevollen ‚Arbeit der Ehe' entzogen hätten.

Der Beitrag wird, literarisches und volkskundliches Material historisch-anthropologisch reinterpretierend, den Bedeutungswandel und die Symbolstruktur des Rügebrauchs herausarbeiten. Im Mittelpunkt steht dabei eine genauere Analyse des Blochziehrituals, die die Vielschichtigkeit und Ambivalenz der rituellen Praxis freilegen und ihre Einbettung in die ländliche Alltagskultur dokumentieren soll. Denn Riten enthüllen ihren sozialen Sinn nur, wenn sie nicht als isolierte, aus den alltagspraktischen Zusammenhängen gerissene Phänomene bzw. Kuriositäten behandelt, sondern in ihrem sozialen und kulturellen Kontext interpretiert werden. Und erst wenn man sie auf diese Art und Weise befragt, zeigen sie sich gesprächig über das, worüber man für gewöhnlich nicht zu sprechen braucht – die zentralen Wertvorstellungen der populären Kultur. Zu diskutieren wäre nicht nur, wie ernst dieser Karnevalsspaß gemeint war, d. h. wie sich das Mischungs-

Abb. 1: Pflugziehen in Regensburg am Aschermittwoch 1532 (Flugblattillustration von Erhard Schön zu Hans Sachs' „Die hausmaid im pflug" [1532]), aus: Die Welt des Hans Sachs. 400 Holzschnitte des 16. Jahrhunderts, Ausstellungskatalog Nürnberg 1976, Nr. 130, S. 148.

verhältnis von Ernst und Unernst in diesem Rügebrauch darstellt und in der Logik der Riten der ‚Verkehrten Welt' einfügt, sondern auch – und ungleich wichtiger –, ob ein Brauchgeschehen, in dem sich der männliche Herrschafts- und Kontrollanspruch über die weibliche Sexualität so drastisch geltend machte, mit dem Etikett ‚Diskriminierung der Frau' bereits hinreichend beschrieben ist. Es wäre ja schließlich nicht auszudenken, wenn die schlichten Vorstellungen von der Hierarchie der Geschlechter, die wir den alten Gesellschaften mit größter Selbstverständlichkeit unterstellen, am Ende bloß unsere eigenen wären.

R. Habermas

Der Kampf um das Wunder. Zur Logik populärer Traditionen des 18. Jahrhunderts

Im katholischen Bayern war der Wunderglaube bis zur Mitte des 18. Jahrhunderts ein unhinterfragtes und selbstverständliches Deutungsmuster. Vom gemeinen Mann bis zum Adel pflegten alle, gleich welchen Standes oder Geschlechtes, eifrig auf Wallfahrt zu gehen. Insbesondere die Marienwallfahrtsorte wurden zur Mitte des 18. Jahrhunderts von wahren Pilgerströmen überflutet. In allen nur erdenklichen Krankheiten und psychischen Bedrängnissen setzten die Pilgerinnen und Pilger ihre letzte Hoffnung auf die heilige Maria. In immer üppigeren Prozessionen priesen und ehrten sie ihre wundertätigen Kräfte.

Erst gegen Ende des Jahrhunderts sollte sich dieser von allen Ständen getragene Wunderglaube nachhaltig verändern. Teile des Klerus wie vor allem die staatliche Obrigkeit begannen in zusehends strengeren Verordnungen gegen die nun als Allgemeinwohl abträglich geltenden Wallfahrten vorzugehen, zahlreiche Feiertage wurden schlicht verboten, Figuren und Fahnen, die man auf Bittgängen mitzutragen pflegte, wurden als Geschmacklosigkeiten verhöhnt und schließlich verbot man bestimmte, seit alters her übliche Wallfahrten. Die wiederholt vorgetragenen ökonomischen und moralischen Argumente gegen das Wallfahrten verfehlten jedoch nicht selten ihre Wirkung und zuweilen gar führte diese neue Wunderpolitik zu gewalttätigen Auseinandersetzungen: Immer zahlreicher wurden gegen Ende des Jahrhunderts die tumultartigen Aufstände ganzer Gemeinden, die sich, trotz obrigkeitlicher Verordnungen und unter Androhung von Strafen, gegen die Wallfahrtsverbote zur Wehr setzten.

Einigen dieser Konflikte soll nachgegangen werden, um zu untersuchen, wer sich da in abgelegenen oberbayerischen Dörfern „zusammenrottete", welche Forderungen der „Pöbel" vorbrachte und wie er diese Forderungen schließlich zuweilen auch realisieren konnte. Und um so näher man diesen Konflikten zwischen den Wundergläubigen und ihren aufgeklärten Kritikern zu kommen sucht, desto deutlicher wird, daß hier weit mehr als die herkömmliche Welt des Wunders auf dem Spiel steht.

Letztlich nämlich unterscheiden sich die Vertreter einer aufgeklärten Wunderpolitik und die Verteidiger der herkömmlichen Welt des Wunders nicht nur in ihrem Wunderglauben, sondern auch aufgrund ihres Selbstverständnisses, das im Verlaufe der Auseinandersetzungen immer mehr zum eigentlichen Gegenstand des Konfliktes wird. Auf dem Höhepunkt der Auseinandersetzung fordern die Aufständischen neben der Wiederherstellung der traditionellen Welt des Wunders auch die Anerkennung einer genuin „volkstümlichen Identität der Ebenbürtigkeit". Spätestens jetzt wird augenscheinlich, daß Maria über Jahrhunderte hinweg nicht nur die vermeintliche Erlöserin aus großem Leid gewesen war, sondern auch Garant für eine Identität, die dem gemeinen Volk weit mehr zu bieten hatte als die Pädagogik der „aufgeklärten Weltbürger". Ausgelöst durch die neue Wunderpolitik, eskaliert aufgrund von Wallfahrtsverboten, entpuppt sich der Kampf um das Wunder immer deutlicher als ein Kampf um Identitäten.

Und so verwandeln sich diese Tumulte unter der Hand in „soziale Dramen" (Victor Turner) – soziale Dramen insofern, als keine für beide Parteien akzeptable Lösung gefunden werden kann und es fast zwangsläufig zum Bruch zwischen einer sich in diesem Kampf formierenden populären Kultur und einer Elitekultur kommt. So entsteht im Moment eines vermeintlichen Verlustes einerseits – der Welt des Wunders – und eines vermeintlichen Fortschritt andererseits – die von der aufgeklärten Wunderpolitik immer wieder gepriesene ökonomische Effizienz und der sittsame Lebenswandel – etwas gänzlich Neues – erstmals nämlich reklamierte das gemeine Volk im Verlauf eines durch den Kampf um das Wunder ausgelösten Prozeß der „kollektiven Reflexivität die Anerkennung einer „Identität der Ebenbürtigkeit" –, das weder als Verlust noch als Fortschritt beschrieben werden kann und gleichsam Zeugnis ablegt von der inneren Dynamik des Wechselspiels zwischen Volks- und Elitekultur.

E. Saurer

Religiöse Praxis und Sinnesverwirrung. Kommentare zu Vorfällen in Österreich um 1800

Religiöse Melancholie war seit dem frühen 18. Jahrhundert Gegenstand des aufgeklärten Diskurses, der in ihr einen spezifischen Enthusiasmus ebenso wirksam sah wie die „Unvernunft" der Religion selbst. Eine Religion, die Frohsinn verbietet, Furcht und Aberglauben fördert, macht krank. Enthusiasmus, „Schwärmerei" lassen keinen Weg offen aus der kontinuierlichen Selbstanklage, Skrupelhaftigkeit und Hypochondrie. Autobiographien und Romane machten diese religiös-psychischen Konstellationen deutlich lesbar. Im Laufe des 18. Jahrhunderts wuchsen die Opfer dieser Krankheit, wie Schär ausgehend von Selbstmordfällen in Zürich, feststellen konnte. Der Melancholie-Diskurs, von Philosophen, Ärzten und (protestantischen) Theologen getragen, transformiert sich in einen Diskurs um den religiösen Wahn, der nun primär von Psychiatern bestimmt wurde. Die Pathologisierung der religiösen Melancholiker (Schings) wird zu ihrer Psychiatrisierung. Das große entsprechende Werk schrieb K. W. Ideler, Leiter der Charité: Versuch einer Theorie des religiösen Wahnsinns. Ein Beitrag zur Kritik der religiösen Wirren der Gegenwart (1848/50). Aber schon bei dem französischen Psychiater Pinel war die religiöse Melancholie Teil des religiösen Wahns, und im Wiener Irrenhaus waren 5–6 % der Patienten und 9–10 % der Patientinnen, beide vorzüglich aus den ländlichen Unterschichten, mit der Diagnose *religiöser Wahnsinn* eingeliefert worden (1846/47). Dieser umfaßte Formen von Traurigkeit, Autonomieansprüchen (religiöser Unterricht durch Frauen aus der Unterschicht), von Verschwendung, vor allem aber intensive, den Tag ausfüllende, religiöse Praktiken. Das traditionelle Verständnis von Religion und Heiligkeit als Wahn hatte sich in sein Gegenteil verkehrt. Es war nicht mehr der Wahnsinn, der die Welt gerettet hatte (Erasmus), sondern diese mußte vor ihm bewahrt werden.

Die „Vorfälle“, aufgetreten in den frühen 20er Jahren, schienen der Regierung und den kirchlichen Zensurbehörden zu bestätigen, daß es einen Zusammenhang von religiöser Lektüre, Wahn und kriminellem Akt gäbe: Eine ledige Mutter tötete ihr Kind nach der Vorlesung aus dem Exempelbuch des Martin von Cochem, ein Bauer wurde nach der Lektüre des Leben Jesu desselben Autors zur Brandstiftung veranlaßt. Die Schriften des Kapuziners aus dem späten 17. Jahrhundert wurden in der Folge neuerlich verboten oder purgiert.

Die Bedeutung der Lektüre, des Buches war schon im Kontext der Melancholiediskussion aufgetreten. Die psychiatrische Literatur hat dies aufgegriffen und vermehrte die oben angeführten Beispiele beträchtlich.

Kein Zweifel, der Leser, die Leserin befanden sich um 1800 in einer neuen Situation. Nicht nur, weil der Roman dem religiösen Buch den Kampf angesagt hatte und weil sich neue Leseformen durchsetzten (Schön). Die Wiederholungslektüre, das Auswendiglernen von Büchern, die erst hiermit als gelesen gelten konnten, das Vorlesen, die traditionellen Lektüreformen also, wurden von jenen eingeholt, die das individuelle Lesen pflegten und mit der Wiederholungslektüre auch die alte Ehrfurcht vor dem Gedruckten aufgaben. Die Kirche konnte ihre restriktiven Praktiken, was Inhalt und Verbreitung der religiösen Literatur und des Romans betrifft, nicht durchsetzen.

Das Bedürfnis nach religiöser Literatur war nicht nur in den Erweckungsbewegungen wach, wie bei den oberösterreichischen Pöschlianern, sondern generell in Teilen der ländlichen Unterschichten. Ideler verstand den unübersehbaren Zusammenhang von religiösem Wahn und sozialer Schicht als psychisch-soziales Phänomen: Der religiöse Hochmut der Unterschichten entstünde aus einem übertriebenen Selbstgefühl. „Hieraus erklärt es sich, daß der religiöse Hochmut bei Personen der untersten Volksklassen eine verhältnismäßig häufige Erscheinung in Irrenhäusern ist; denn da ihnen die Aussicht auf weltlichen Glanz versperrt bleibt, so suchen sie sich gerne in religiösen Contemplationen überirdische Verhältnisse hinwegzusetzen“. Unter ihnen dominierten die Frauen.

Über deren Vertrautheit mit religiöser Literatur berichten die Ärzte, über die Lektüre als Ausgangspunkt weiblicher Offenbarungen, die Historiker. Nachdem Pöschl der Kaufmannsgattin Magdalena Sickinger aus dem Gebetbuch des Bischofs Sailer vorgelesen hatte, setzten ihre Offenbarungen ein. Nicht nur Cochem wurde als Handlungsanleitung gelesen, sondern auch die „aufgeklärte“ Erbauungsliteratur: Ein Dienstmädchen griff einen Satz aus Zschokkes umfangreichen Werk „Stunden der Andacht“ in dem Sinne auf, daß ihr verstorbener Geliebter wiederauferstanden sei. Die Psychiater berichten von religiösen Frauen und Männern, die Heiligenviten als Anleitung zur Rettung ihrer Familienangehörigen vor den Sünden der Welt verstanden und dadurch zum Mord getrieben wurden.

Die Verschiedenheit der Erbauungsschriften, die von den Leser/innen in einem wörtlichen Sinne, die Metapher nicht akzeptierend, verstanden wurden, läßt die These zu, daß nicht der Buch-Inhalt, sondern die Lese-Form die Sinnkonstruktion bestimmt hat. Der Pluralität des Gebrauchs desselben Buches (Chartier) kann ebenso großes Gewicht eingeräumt werden wie dem homogenen Gebrauch verschiedener Schriften. Es waren nicht nur die „Send-Schreiben der armen Seelen aus dem Fegenfeuer“ und die detailreichen Schilderungen von Bußpraktiken der Heiligen (Cochem), die von den ländlichen Unter-

schichten mit großen Erwartungen gelesen wurden (wenn sie ihnen auch zugänglicher waren), sondern ebenso „romantische" oder „aufgeklärte" Schriften, vorausgesetzt sie boten mehr als didaktische Erörterungen.
Lesen war um 1800 zu einem „echten Bedürfnis" geworden (Schenda) und war zumindest bei den Leser/innen religiöser Literatur mit Hoffnungen verbunden, vor denen die Theologen schon länger gewarnt hatten. Sie nannten diese nicht „Wundergläubigkeit", sondern sprachen von Erwartungen, „die Gott nicht verheißen hat" (Lauber und Hirscher). Sie meinten Martin von Cochem, aber die Lesenden hielten sich nicht an diese Einschränkung. So läßt sich der Zusammenhang vor religiöser Lektüre und religiösem Wahn insofern bestimmen, daß er nämlich als ein Disziplinierungsversuch von oben zu verstehen ist, der aber auch in einem veränderten Lese- und Erwartungsverhalten seinen Ursprung hat.

W. Kaschuba

Das Volk auf der Straße.
Fest und Protest als Öffentlichkeitsformen zwischen Aufklärung und Vormärz

Volkskultur als eine gemeinsame historische Imprägnierung von Erfahrungs- und Verhaltensweisen – pauschal gesagt – der vorindustriellen Unter- und Mittelschichten ist bislang überwiegend unter dem Aspekt der longue durée betrachtet worden: populare Wertmuster. Bräuche und Rituale als Ausdruck geschichtlicher Kontinuität als Zitate und Rückverweise auf kulturelle Selbstverständnisse und Traditionen des „einfachen Volkes", oft auch als ein symbolisches Veto gegen soziale Veränderung und kulturellen Wandel. Unter diesem Blickwinkel stand die gesamte ältere volkskundliche Forschung, deren Bild eines archaischen, historisch stillgestellten „Volkstums" (W. H. Riehl) sich damit selbst ihre Bestätigung schuf: Ihr bäuerlich gedachtes Volk verharrte in seinen Überlieferungen und beharrte so auf seiner statischen und magischen Weltsicht. Und auch die neuere sozial- und kulturgeschichtliche Beschäftigung mit einer Volkskultur, die nun sozial differenzierter und dynamischer gesehen und damit quasi wieder in die Geschichte zurückgeholt wurde, geht im Grundsatz immer noch von rückwärtsgewandten Denkverfassungen und Wertehorizonten „des Volkes" aus.
Nun ist das Traditionsmotiv in den populären Kulturen der Neuzeit gewiß zentral und dominant. Bräuche und Rituale sprechen die Sprache des historisch Gewachsenen und kollektiv Überlieferten, sie verkörpern gleichsam lebendige Gegenthesen zu jenen Konzepten der Dynamisierung und Modernisierung von Gesellschaft, wie sie von den Eliten immer wieder vorgetragen werden – seien es wirtschaftsbürgerliche oder intellektuelle Gruppen, städtische oder staatliche Bürokratien.
Dennoch kann man sich fragen, ob damit die Rolle popularer Kultur auf dem Weg in die Moderne zureichend beschrieben ist: ausschließlich als Modernisierungshindernis, als Bremse in historischen Wandlungsprozessen. Dem ließe sich die These entgegensetzen oder zumindest beifügen, daß gerade im 18. und frühen 19. Jahrhundert in solch traditionellen Kulturformen zunehmend auch ein „inneres" Modernisierungspotential sichtbar wird, ein Erwartungshorizont von gesellschaftlichen Motiven und Anliegen, der nun

stärker auch Ansprüche „nach vorn“ formuliert: Kritik an gesellschaftlichen Privilegien und Hierarchien, Forderungen nach Mitbestimmung und Öffentlichkeit.
Dann wäre die „Traditionalität“ der Volkskultur nicht einfach als ein vordergründiges Beharrungsprinzip zu verstehen, sondern im Blick auf das Verhältnis von (kultureller) Form und (sozialem) Inhalt neu zu bewerten. Dann diente die traditionelle Form des Brauchs, des Rituals oder des Festes quasi als gesellschaftlich-politische Legitimationshilfe: Sie zitiert sich selbst, verweist auf Gewohnheitsrechte und Herkommen, um dem eigenen Anliegen dadurch mehr Nachdruck und Durchschlagskraft zu verleihen. Die traditionale „authentische“ Form, die Kultur selbst wird als Argument benutzt.
Tatsächlich läßt sich dieser symbolische Umgang in den Quellen immer wieder feststellen: Inhaltlich drückt sich in den „Rügesitten“ oft kaum verhohlene Sozialkritik aus, in manchem „Brauch“ tarnt sich sozialer Protest. Genereller gesprochen: Die lokalen, dezentralen Modelle und Muster verallgemeinern sich, städtische und ländliche Kulturpraxen vermischen sich stärker, Markt und Verkehr mobilisieren und politisieren auch die Kultur. Entgegen dem ersten Anschein spiegelt sich auch in den tradierten Formen insofern jener Prozeß der Vergesellschaftung von Erfahrungen und Erwartungen wider, den wir bislang allein den „modernen“ Mustern späterer politisch-parlamentarischer Kultur zugeschrieben haben.
Ohne nun die Trag- und Reichweite dieser Artikulationsmuster als „Wortmeldungen von unten“ überschätzen zu wollen, ist dies ein Plädoyer dafür, doch etwas genauer hinter die Kulisse einer sich manchmal geradezu folkloristisch gebenden Volkskultur zu schauen, sie als Vorschule einer „Politik von unten“ ernster zu nehmen. Ich möchte diese politische Qualität an Hand einiger Beispiele aus dem späten 18. und dem frühen 19. Jahrhundert zu verdeutlichen versuchen. – Also in einer Zeit, in der unter dem Eindruck der deutschen Spätaufklärung und der spätabsolutistischen Etatisierung und Sozialdisziplinierung die gesellschaftlich-politischen Konfliktthemen und -formen insgesamt schärfer hervortreten und in der sich der „Modernisierung von oben“ zunehmend eine Art „Gegenöffentlichkeit von unten“ entgegenstellt.
Was sich dabei in Gesellenriten und Charivaris, in Hungerunruhen und Karnevalsbräuchen, in Festen und demonstrativem Konsum artikuliert, das ist auch ein Prozeß der „Veröffentlichung“ von sozialen Bedürfnissen und von neuen Konflikterfahrungen. In ihm drücken sich „alternative Ideen über die Natur der gesellschaftlichen Beziehungen“ aus (Raymond Williams) – Beziehungen, die im Rahmen der neuzeitlichen Markt- und Staatsbildung einseitig zu Lasten der sozial Schwächeren verändert werden sollen. Von den Unterschichten abgewehrt wird dabei nicht einfach jede Veränderung, sondern offenbar gezielt die Veränderung von oben und von außen, die Durchsetzung von Herrschaft und Staatlichkeit auf Kosten lokaler politischer Selbstregulationsfunktionen und sozialer Teilautonomien. Volkskultur in diesem Sinne wäre als aktiver Teil eines offen ausgetragenen gesellschaftlichen Diskurses über ethisch-moralische Leitwerte zu verstehen – als empirische Standortbestimmung im symbolischen Kampf um soziale Positionen und kulturelle Bedeutungen in einer sich wandelnden Gesellschaft. – Seit Whyl oder Wackersdorf nehmen wir ähnliche Diskurse in unserer Gegenwart zurecht ernst und betrachten dies als Ausdruck neuer „regionaler Politik“ und „sozialer Bewegung“. Die Geschichte mag Gleiches für sich beanspruchen können.

2. Politische Kultur der Französischen Revolution

Leitung: *R. Reichardt (Mainz)*

R. Reichardt: Einleitung

H.-J. Lüsebrink (Passau): Strukturwandel der Öffentlichkeit. Soziokulturelle Relecture eines epochalen Paradigmawechsels zwischen Aufklärung und Französischer Revolution

H. Blömeke (Ann Arbor): Jakobiner in der Provinz. Zum politischen Alltag der Französischen Revolution „vor Ort"

C. Ulbrich (Bochum): Jacques Bonhomme ergreift das Wort. Fallstudien zu den Bauernaufständen in der Französischen Revolution

M. Wagner (Hauenstein): Die französischen Gegenrevolutionäre und die politische Kultur nach dem 9. Thermidor

R. Reichardt: Plebejische Soziabilität. Medien, Inhalte und Wirkungsweisen der revolutionären Volkskultur 1789–1794

Veröffentlichungshinweis: Die Sektionsakten sollen entweder im Rahmen eines Themenheftes der Zeitschrift „Geschichte und Gesellschaft" (1992) oder in Zusammenarbeit mit dem neugegründeten Leipziger Institut für Universalgeschichte veröffentlicht werden.

R. Reichardt

Einleitung

Ein Jahr nach zweihundert Revolutionskolloquien in Frankreich und zwei Dutzend entsprechenden Tagungen und Ringvorlesungen in der Bundesrepublik ein Schwerpunkt zur Französischen Revolution auf dem Historikertag? Ich meine zum einen, daß auch diese ‚zünftige' Institution sich dem wichtigen Thema nicht verschließen sollte. Zum anderen und vor allem ergibt sich so die Möglichkeit, in systematischer Absicht erklärende Konzeptionen entwickeln und erproben zu helfen, die im Trubel der Jubelfeiern von '89 vernachlässigt worden sind.

Wenn das wissenschaftliche Bicentenaire – von der Detailforschung abgesehen – Neues ergeben hat, dann wohl dies, daß es der zuvor nur vereinzelt geäußerten These, die Französische Revolution sei auch und besonders eine Kulturrevolution gewesen, ziemlich allgemein zum Durchbruch verholfen hat. Zur ‚Kultur' zählt man dabei Malerei und Architektur, Religion und Zeitrechnung, Schulwesen und Sprache ebenso wie Mode und Musik, Theater und Feste, Gärten und Museen; und zu all diesen Bereichen liegen Neuerscheinungen vor. Doch merkwürdig: je detailreicher und genauer die sich entwickelnden Teildisziplinen diese einzelnen Bereiche je für sich erforschen, desto fraglicher erscheint oft, worin hier eigentlich die Revolution besteht, desto mehr verschwimmt der Zusammenhang mit dem politisch-sozialen Prozeß der Revolution. Um diese überzeugend als Kulturrevolution begreifen zu können, bedarf es integrierender Arbeits- und Darstellungskonzepte. Als ein solches Konzept, das wir im Rahmen dieser Sektion zur Diskussion stellen wollen, soll das Konzept der ‚politischen Kultur' vorgeschlagen werden. Politische Kultur freilich weder im Sinne unserer veröffentlichten Meinungen als sogenannte gute demokratische

Sitten und Umgangsformen noch im vagen Verständnis der Politologie als psychisch-mentale Orientierungsmuster politischer Handlungen. In bezug auf die Französische Revolution und im Unterschied etwa zu der von Keith M. Baker u. a. herausgegebenen Kongreßtrilogie (The Political Culture of the French Revolution, vol. 1–3, London 1987–89) verstehen wir ‚politische Kultur' semiotischer, funktionaler, konkreter und prozeßhafter als zeichenhafte kollektive Sinnbildung in einer erweiterten und politisierten Öffentlichkeit, wobei Meinungsbildung, Symbolhandlungen und handfeste Aktionen ineinanderübergehen.

*

Die folgenden Skripten beschränken sich bewußt auf den allgemeinen Tatsachenhintergrund der einzelnen Beiträge, ohne die in diesen enthaltenen Fallstudien wiedergeben zu können. Das soll in ausgearbeiteter Form mit Quellendokumentation und Belegen in einer gemeinschaftlichen Veröffentlichung nachgeholt werden.

H.-J. Lüsebrink

Strukturwandel der Öffentlichkeit. Soziokulturelle Relecture eines epochalen Paradigmawechsels zwischen Aufklärung und Französischer Revolution

Jürgen Habermas' Pionierwerk „Strukturwandel der Öffentlichkeit. Untersuchungen zu einer Kategorie der bürgerlichen Gesellschaft" (1962) ging von der These eines grundlegenden Paradigmawechsels vor repräsentativer zu bürgerlicher Öffentlichkeit aus, der sich im 18. Jahrhundert in allen westeuropäischen Ländern und vor allem in Frankreich vollzogen habe. Obwohl die Grundthese des Buches, aus einer längerfristigen historischen Entwicklung heraus gesehen (17.–20. Jahrhundert), durchaus seine Gültigkeit behalten hat, so hat doch die sozialhistorische Forschung vor allem in Frankreich, in den USA und der BRD in den letzten 15 Jahren den von Habermas postulierten Strukturwandel präziser zu fassen versucht und Bruchstellen sowie Diskontinuitäten ausgemacht, die in erster Linie in der Umbruchperiode der Französischen Revolution liegen. Die vorgeschlagene sozialhistorische und sozio-kulturelle ‚Relecture' des Habermas'schen Werkes wird von vier Analyseperspektiven ausgehen, die seinen Ansatz, auf der Grundlage empirischer Forschungen, differenzieren und ausweiten:

1. die Analyse von *Kommunikationssituationen,* die symptomatisch für die Dynamik öffentlicher Diskussionsprozesse in Frankreich ab der zweiten Hälfte des 18. Jahrhunderts erscheinen (u. a. öffentliche Diskussionen von Skandalprozessen);
2. die Analyse *rhetorischer und ästhetisch-publizistischer Formen,* vor allem in der Presse der Jahre 1780–1794, die den Strukturwandel der Öffentlichkeit in der Spätaufklärung und der Französischen Revolution nicht nur begleiten, sondern *konstituieren;*
3. die Analyse *sozialer Rollenbilder,* die ein neues, auf breite Öffentlichkeitswirkung zielendes Selbstverständnis von Schriftstellern, Rechtsanwälten und Publizisten belegen und die zweite Hälfte des 18. Jahrhunderts zur Entstehungsepoche der modernen Intelligentsia machen;
4. die Einbeziehung der *plebejischen Öffentlichkeit,* die auf einer spezifischen Soziabilität beruhte (cf. den Sektionsbeitrag von R. Reichardt) und vor allem in den Jahren

1789–99 Strukturen (Diskussionsnetze, Rollenbilder, Institutionen, Medien und rhetorisch-publizistische Formen) ausbildete, die von der Struktur bürgerlicher Öffentlichkeit grundlegend verschieden waren und die Dynamik der politischen und kulturellen Wandlungsprozesse der ersten Revolutionsjahre entscheidend prägte.

H. Blömeke

Jakobiner in der Provinz.
Zum politischen Alltag der Französischen Revolution „vor Ort"

1. Im Zentrum der revolutionären Dynamik standen die Klubs und Volksgesellschaften, die 1793–94 in über 12 Prozent aller Gemeinden bestanden. Das Klubnetz erfaßte Regionen und Bevölkerungsgruppen, die von den Gebildeten-Sozietäten nicht erreicht worden waren.
2. In den Klubs machten Angehörige der klein- und unterbürgerlichen Schichten in einem zuvor nicht gekannten Umfang erste konfessions- und gewerbeunabhängige Organisationserfahrungen.
3. Beim Aufbau wie beim Zusammenhalt des Klubnetzes spielten Presseorgane eine herausragende Rolle. Die Ausdehnung und Demokratisierung der neuen politischen Kultur wurde von den Klubs durch die Einrichtung von öffentlichen oder privaten Lesezirkeln, die Verlesung von Zeitungsmeldungen auf Plätzen oder in Versammlungen gefördert.
4. Das Klubnetz bildete keinen monolithischen Block, funktionierte aber nach ähnlichen Spielregeln und verbreitete damit das Modell einer demokratischen Soziabilität.
5. Die Kommunikations- und Organisationsformen der Klubs orientierten sich an den Gesetzen der Schriftkultur und befolgten die von den Gebildeten-Sozietäten entwickelten Spielregeln. Erprobte „kulturelle Vermittler" (Anwälte, Lehrer, Pfarrer, Wundärzte o. ä.) übernahmen eine herausragende Rolle bei der Begegnung zwischen Eliten- und Plebejerkultur.
6. In ihrer politischen Praxis versuchten die Klubs zwar, den Wahrnehmungs- und Verhaltensmustern der klein- und unterbürgerlichen Schichten Rechnung zu tragen, aber die soziale, administrative wie politische Kompetenz der Leitungsgruppen, die von diesen entworfenen und beachteten Geschäftsordnungen und die Zwänge der schriftlichen Kommunikation wirkten vielfach als Erziehungs- und Disziplinierungsinstrumente der Verkehrsformen und Protestrituale der unterbürgerlichen Schichten.
7. Die kollektiven Lernprozesse der Mitglied- wie Zuhörerschaft erwiesen sich als mühsam und blieben infolge der Kurzzeitigkeit der Phase einer intensiven Politisierung vielfach unvollendet. Das politische Handeln der Klubs war daher oft spontan und stark auf Erfahrungen, Situationen oder Personen bezogen. Dabei verschränkten sich innovative und traditionelle Tendenzen, so daß die Trennungslinien zwischen Anpassung und Widerstand, Kooperation und Resistenz vielerorts nur schwer zu erkennen waren.
8. Die Klubs leisteten einen Beitrag zur Entgrenzung des lokalen Horizonts und förderten dadurch die Integration der Bevölkerungsmassen in den entstehenden Nationalstaat.
9. Das Gemeinschaftsleben erfuhr durch die Bildung einer nationalen Organisations- und Ideologiemodellen verpflichteten Institution nicht nur eine Politisierung, sondern eine

weitreichende Emotionalisierung und Polarisierung: Tradierte Werte wurden durch den Traum von Glück, Gleichheit und Selbstverwirklichung in Frage gestellt, das Eindringen von „Politik“ belastete oder zerriß vielfach familiäre wie soziale Bande. Die Klubs begründeten ‚vor Ort‘ eine republikanische Tradition und Mythologie.

C. Ulbrich

Jacques Bonhomme ergreift das Wort. Fallstudien zu den Bauernaufständen in der Französischen Revolution

1. Die Revolution und die Bauern
Die bedeutende Rolle der Bauern in der FR wird seit den Studien von G. Lefebvre nicht mehr bestritten. Die Revolution der Bauern war eine eigenständige, agrarindividualistischen Tendenzen entgegengesetzte Bewegung. Noch bevor sie – 1793 – endete, brachen in der Vendée Aufstände aus, an denen Millionen von Bauern beteiligt waren. Wenn sie auch in G. Lefebvres Überlegungen über die Beziehung zwischen Bauern und Revolution keinen Platz finden, so braucht man sich nur den französischen „Historikerstreit“ über den „Völkermord in der Vendée“ zu vergegenwärtigen, um sich ihrer Bedeutung bewußt zu werden. Die Bauernaufstände der Revolutionszeit stehen in engem Zusammenhang mit der Entstehung regionaler bzw. nationaler Identität. Ohne sie wäre die Spaltung Frankreichs in ein katholisch-konservatives und ein laizistisch-republikanisches Lager kaum denkbar.

2. Revolutionäre Praxis und bäuerlicher Alltag
Bauernaufstände wurden bislang primär unter politischen und sozio-ökonomischen Aspekten analysiert. Die Beziehung zwischen den sich verändernden politischen, wirtschaftlichen und soziokulturellen Rahmenbedingungen und der kulturellen Praxis sind dagegen kaum erforscht. Um den Sinn kultureller Praktiken aufzudecken und zu ermitteln, inwieweit die ländliche Bevölkerung einerseits Träger von Veränderungen war, andererseits neue Formen des Widerstands gegen sie organisierte, ist es erforderlich, mikrohistorisch zu arbeiten, nicht nur das spektakuläre Ereignis, den Bauernaufstand, sondern auch die weniger auffällige alltägliche Auseinandersetzung mit einer „fremden“ Kultur unter die Lupe zu nehmen. Die „interessanteste“ Phase der Revolution ist die radikale Revolution des Jahres II, die eine enorme Herausforderung an den bäuerlichen Alltag stellt (Einführung des Revolutionskalenders, Schließung der Kirchen, Zerstörung der Heiligtümer, Verbot des Kartenspielens . . .).

3. Vom Protest zur Prozession
Die der Analyse zugrundeliegenden Fallstudien beziehen sich auf Deutschlothringen. In den untersuchten Dörfern spielte in der ersten Phase der Revolution der Widerstand gegen das Ancien Régime eine erhebliche Rolle. Er hatte eine lange Tradition und fand in der Bauernrevolution seinen unbestrittenen Höhepunkt und Abschluß. Einschneidender war die Forderung des Priestereides. Sie mobilisierte die Dorfgesellschaft, verlangte Stellungnahme. Eine quantitative Erhebung der Priestervertreibungen in der Region und der Indizien für die Dechristianisierung zeigen (abweichend von den globalen Befunden von Tackett und Vovelle) eine tiefe Spaltung. Letztlich setzt aber der Angriff auf die reli-

giösen Praktiken und die traditionellen Lebensgewohnheiten einen konservativen Bewußtwerdungsprozeß in Gang, der den Revolutionsgegnern eine Massenbasis verschafft (Reichardt). Viele Menschen suchen ihre Zuflucht in der Religion, in demonstrativen Formen öffentlicher Kultausübung (kollektive Angstbewältigung, Rückgewinnung autonomer Formen der Frömmigkeit, Rehierarchisierung der Dorfgesellschaft, Ablehnung des politischen Systems). Nun sind es vor allem die Frauen, mehr Opfer als Nutznießer der Revolution, die das Wort ergreifen . . .

M. Wagner

Die französischen Gegenrevolutionäre und die politische Kultur nach dem 9. Thermidor

Der 9. Thermidor eröffnete für die Gegner der Revolution eine ambivalente Perspektive. Einerseits war es der Revolutionsregierung Ende 1793 gelungen, den Bauernaufstand in der Vendée, die größte revolutionsfeindliche Massenbewegung, niederzuwerfen. Die Erfolge der französischen Truppen gegen die Armeen der Ersten Koalition machten zudem eine Niederschlagung der Revolution von außen höchst unwahrscheinlich. Andererseits jedoch gab es in weiten Teilen Frankreichs, besonders im Westen (Chouannerie) und Süden des Landes, eine starke royalistische Guerilla, die teilweise schon seit 1790 bestand und sich vor allem aus der Landbevölkerung rekrutierte. Die Reaktion gegen den politischen, sozialen und religiösen Radikalismus des Jahres II und die „Terreur", die Ablehnung der Versuche der „Thermidorianer", ihre Herrschaft zu perpetuieren, die Lasten des Krieges, die schlechte Wirtschaftslage und die verstärkten Aktivitäten des eidverweigernden Klerus schufen ein breites Potential von Unzufriedenen in allen Schichten der Bevölkerung, aus dem die organisierte royalistische Opposition schöpfen konnte.
Bis in den Sommer 1796 suchten die Royalisten in der Emigration und in Frankreich selbst sowie ihr wichtigster ausländischer Verbündeter, die englische Regierung, nach einem militärischen Weg zum Sturz der Republik. Die Pazifizierung der westfranzösischen Aufstandsgebiete und die militärischen Erfolge Frankreichs (Italienfeldzug Bonapartes) bewirkten 1796 eine Änderung der Strategie. Die Führer der royalistischen Opposition bemühten sich nun, durch eine massive publizistische Beeinflussung der Öffentlichkeit und durch die Bildung einer möglichst breiten Front gegen das Direktorium die im Frühjahr 1797 anstehenden Wahlen zu gewinnen und auf diese Weise die Basis für eine parlamentarische Liquidierung der Revolution zu schaffen. Der große Wahlsieg der Royalisten im April 1797 konnte vom Direktorium im Putsch vom 18. Fructidor des Jahres V (4. September 1797) nur durch den Einsatz der Armee gegen das Parlament konterkariert werden.
Die politische Wirksamkeit der royalistischen Opposition wurde durch ihre ideologische und soziale Heterogenität stark beeinträchtigt. Zwei Konfliktebenen lassen sich unterscheiden:
1. Den Anhängern einer möglichst totalen Restauration der politischen und sozialen Zustände vor 1789 standen die Befürworter einer konservativen, antirepublikanischen Stabilisierungspolitik auf der Basis der 1789/90 durchgeführten Veränderungen gegenüber.

2. Hinzu kamen die Spannungen zwischen den adlig-bürgerlichen Eliten und den Unterschichten, welche an der Wiederherstellung der vorrevolutionären Privilegiengesellschaft nur wenig interessiert waren und primär durch die Ablehnung konkreter Neuerungen der Revolution (Wehrpflicht, Kirchenpolitik, liberale Agrar- und Wirtschaftspolitik) motiviert wurden und sich zudem nur schwer in eine gesamtnationale politische und/oder militärische Strategie einfügen ließen.
Stärker als 1789–1792 machte die royalistische Opposition seit 1794/95 von den Möglichkeiten des seit der Demontage des „gouvernement révolutionnaire" bestehenden politischen Pluralismus Gebrauch: Presse, Publizistik, Clubs, Wahlbeeinflussung und parlamentarische Manöver gehörten jetzt ebenso zu ihrem Arsenal wie Agentennetze und Geheimgesellschaften. 1796/97 wurden die Royalisten in Paris und in weiten Teilen des Landes zur dominierenden Kraft in der politischen Öffentlichkeit. Das Verhältnis eines großen Teils der Royalisten zur politischen Kultur der Revolution war allerdings weithin rein instrumentell. Ziel blieb die Rückgängigmachung der Revolution mit ihren eigenen Mitteln, nicht die Formierung einer systemimmanenten, konservativen Alternative auf der Basis einer 1789 akzeptierenden konstitutionellen Monarchie. Die Rückkehr zum bewaffneten Kampf und in den Untergrund nach dem 18. Fructidor beendete ein Experiment, das der ‚harte Kern' der gegenrevolutionären Opposition sowieso nur höchst widerwillig in Angriff genommen hatte.

R. Reichardt

Plebejische Soziabilität.
Medien, Inhalte und Wirkungsweisen der revolutionären Volkskultur 1789–1794

Als größtes Medienereignis seit den Tagen der Reformation hat die Französische Revolution auch eine noch kaum überschaubare Fülle und Vielfalt von Zeugnissen hervorgebracht, mit denen sich kleine Leute erstmals in der politischen Öffentlichkeit spontan selbst zu Wort meldeten und/oder die sich in didaktischer Absicht an die Frau und den Mann auf der Straße wandten.
Das gilt – um nur vier markante Beispiele zu nennen – zunächst für die sich demokratisierende Presse: von Carras radikalrevolutionären *Annales patriotiques* über Héberts im „genre poissard" gehaltenen *Père Duchesne* bis zur *Feuille villageoise* für die Landbevölkerung.
Konstitutiv war dieser didaktische Grundzug zweitens für zahlreiche ‚patriotische Vaterunser', Bürgerfibeln und Sansculotten-Katechismen. Sie bedienten sich eingeübter Darstellungs- und Lehrverfahren der katholischen Reform, um die neuen Grundwerte der Revolution zu popularisieren.
Hinzu kommt drittens die Liedpublizistik, zumal die nur ausschnitt- und bruchstückhaft überlieferte Produktion patriotischer Straßensänger. Der politische Gehalt und damalige Reiz ihrer Chansons bestand auch im situationsgebundenen Umfunktionieren alter Volksmelodien und ihres Sinns; er muß aus fliegenden Liedblättern und Chansonniers rekonstruiert werden.
Was die vorgenannten Medien verbalisierten, wurde viertens von einer neuartigen populären Bildpublizistik visualisiert. Häufige Nachstiche bestimmter Blätter und die Aus-

wahl der gleichen Themen auf preisgünstigen Bilderbogen zeigen, daß Karikaturen der alten ‚Aristokratie' und Darstellungen der Macht und Würde des ‚Volkes' die größte Resonanz fanden.

*

All diese Printmedien bildeten nun aber nicht jeweils autonome Gattungen, sondern integrierende Bestandteile eines kontinuierlichen publizistischen Zusammenhangs, Faktoren einer neuen politischen Öffentlichkeit und Soziabilität. Das belegen zum einen zahlreiche Querverbindungen und Verknüpfungen: wie Zeitungen und Bürger-Katechismen auch Bilder und Lieder enthielten, so visualisierten allegorische Karikaturen konkrete Pressetexte, so vereinigten die „canards" Ereignisstiche, Zeitungsreportagen und Lieder zu populären Bildzeitungen.
Gemeinsam ist jenen Medien zum anderen ihr semi-oraler Charakter und damit ihre Nähe zur schriftarmen, stark mündlich geprägten Volkskultur. Liegt dies bei Bildern und Liedern auf der Hand, so erweist es sich bei Zeitungsartikeln und didaktischen Texten darin, daß sie vorgelesen, gemeinsam buchstabiert und aufgesagt wurden.
Denn schließlich und vor allem waren jene volksnahen Medien Träger und zugleich erste Ergebnisse einer neuen politischen Geselligkeit der kleinen Leute besonders in den städtischen Zentren. Zu den Orten und Formen dieser plebejischen Soziabilität gehörten spontane Straßenversammlungen und Umzüge ebenso wie die Sitzungen der Volksgesellschaften, Gemeinschaftsessen in den Pariser Stadtvierteln und öffentliche Feste. Bei all diesen Gelegenheiten wurden Texte, Lieder und Bilder vorgetragen, gemeinsam memoriert und gesungen, gezeigt und beredet. Daraus ergab sich nicht nur ein nachhaltiger Politisierungsschub bei maßgeblichen Teilen der Grundschichten, es wurden auch Vorstellungs- und Handlungsmuster vorgeprägt, die sich etwa in konkreten Aktionen der Sansculotten niederschlugen.

3. Rahmenbedingungen und Handlungsspielräume europäischer Außenpolitik im Zeitalter Ludwigs XIV.

Leitung: *H. Duchhardt (Münster)*

H. Duchhardt: Einleitung

J. Kunisch (Köln): Der Nordische Krieg von 1655–1660 als Parabel frühneuzeitlicher Staatenkonflikte

K. Malettke (Marburg): Ludwigs XIV. Außenpolitik zwischen Staatsräson, ökonomischen Zwängen und Sozialkonflikten

M.-L. Recker (Bayreuth): Wilhelm III. und die französische Herausforderung

B. Sicken (Münster): Heeresaufbringung und Koalitionskriegführung im Pfälzischen und im Spanischen Erbfolgekrieg

J. Burkhardt (Eichstätt): Konfession als Argument in den zwischenstaatlichen Beziehungen

Veröffentlichungshinweis: Die Beiträge dieser Sektion werden geschlossen als Beiheft der „Zeitschrift für Historische Forschung", Berlin 1991, erscheinen.

H. Duchhardt

Einleitung

In der deutschen Geschichtswissenschaft ist seit einigen Jahren ein neues Interesse an dem Forschungsfeld „Außenpolitik – internationale Beziehungen“ zu erkennen, das verstärkt sogar das Mittelalter einzubeziehen beginnt. Natürlich bedeutet dies keine Rückkehr zur Diplomatiegeschichte alten Stils, der Aneinanderreihung der „Haupt- und Staatsaktionen“; moderne Arbeiten über die Außenpolitik der Staaten und das internationale Kräftespiel haben selbstverständlich Faktoren wie Demographie und Sozialstruktur, Wirtschaft und Ressourcen, Mentalitäten, Ideologien und Institutionen zu berücksichtigen und deren Interdependenz mit dem politischen Wollen des Fürsten/der politischen Elite zu gewichten. Das Zeitalter Ludwigs XIV. bot sich als Fallbeispiel für einen nach den Strukturen, den Voraussetzungen, Rahmenbedingungen, Handlungsspielräumen und Ausprägungen von Außenpolitik fragenden Ansatz gewissermaßen an: eine von Veränderung und Beschleunigung geprägte Phase der internationalen Politik, in der die Staatengesellschaft neue Konturen und eine neue Ordnung zu finden suchte. Es ging zum einen um die Abwehr erdrückender Großmachtsysteme und zum anderen um die Neubestimmung der Plazierungen der Einzelstaaten in der europäischen Staatengemeinschaft, und um diese Ziele zu erreichen bzw. um diesen Prozeß für sich günstig zu gestalten, instrumentalisierten die Staaten alles, was ihnen zur Verfügung stand: Fürstenehrgeiz und Staatenwirtschaft, Ideologie (Gleichgewicht der Kräfte) und Konfession, dynastisches Recht und Völkerrecht, vor allem aber den Krieg in all seinen Abschattierungen, der dem Zeitalter Ludwigs XIV. seine ganz eigentümliche Signatur verleiht.
Die Referate haben einerseits nach der Typik bestimmter Konflikte und Phänomene der internationalen Politik gefragt, d. h. die für die Epoche typischen Faktoren, die für Krisen und Kriege verantwortlich waren, zu präzisieren gesucht (Kunisch), bzw. im Längsschnitt Probleme der Kriegführung (Sicken) und der „ideologischen Unterfütterung“ von Konflikten (Burkhardt) thematisiert. Andererseits wurden in zwei „nationalen“ Beiträgen die außenpolitischen Konzeptionen zweier dominierender Staaten und Fürstenpersönlichkeiten sowie das Zusammenspiel von Innen- und Außenpolitik in Frankreich (Malettke) und England (Recker) schärfer und neu belichtet.

J. Kunisch

Der Nordische Krieg von 1655–1660 als Parabel frühneuzeitlicher Staatenkonflikte

Geplant ist, den Nordischen Krieg von 1655–1660 im Hinblick auf seine Vorgeschichte und seinen Verlauf als ein Modell für Staatenkonflikte zu analysieren, wie sie typisch für das gesamte Zeitalter des Absolutismus gewesen sind. Zum einen bietet dieser den gesamten Ostseeraum, die Seemächte, Frankreich, das Kaiserhaus und das Zarenreich einbeziehende Krieg Einblick in eine Reihe klassischer Konfliktsituationen absolutistischer Mächtepolitik in der Phase des Übergangs vom konfessionellen Zeitalter zum dynastisch geprägten Mächteeuropa des 17. und 18. Jahrhunderts. Zum anderen offenbart er vor allem am Beispiel Brandenburg-Preußens und Dänemarks, in welchem Maße die Politik

der großen Mächte, also die im 17. Jahrhundert rasch wechselnden Staatenkonstellationen, die innere Entwicklung beeinflussen und prägen konnten.
Neben der Abfolge der Haupt- und Staatsaktionen, dem Konflikt der beiden Wasa-Linien in Schweden und Polen, der Einbeziehung Brandenburgs in den bereits voll entbrannten Konflikt, der Formierung der antischwedischen Allianz, der Handelspolitik der Seemächte und der diplomatischen Vermittlung Frankreichs, ist deshalb sowohl auf die Frage nach der Interdependenz von Innen- und Außenpolitik im frühneuzeitlichen Staateneuropa wie auf die Grundelemente einzugehen, die die große Politik der Kabinette im 17. und 18. Jahrhundert zu charakterisieren vermögen. Dabei wird sowohl auf das Phänomen dynastischer Rivalität, auf konfessionelle Faktoren im Kalkül der Mächte und auf Frühformen einer europäischen Balancepolitik eingegangen und darüber hinaus zu dokumentieren sein, welcher Rang den europaweiten Handelsinteressen – besonders der Seemächte – eingeräumt werden muß. Die eigentümliche Bündelung dieser Motive, die sich teils auf ältere Denk- und Verhaltensmuster zurückführen lassen, teils aber auch einem neuen Instrumentarium der Mächtepolitik zuzuordnen sind, macht den Nordischen Krieg des 17. Jahrhunderts zu einem Exempel, an dem Grundsätzliches des frühmodernen Staatensystems verdeutlicht werden kann.

K. Malettke

Ludwigs XIV. Außenpolitik zwischen Staatsräson, ökonomischen Zwängen und Sozialkonflikten

Kurzfassung

Ludwig XIV. hat während der gesamten Zeit seiner vierundfünfzigjährigen persönlichen Regierung die Außenpolitik als die ureigenste Domäne seines Metiers als König betrachtet und entsprechend gehandelt. Aber obwohl wir über eine Fülle wissenschaftlicher Arbeiten über den wohl markantesten Repräsentanten des monarchischen Absolutismus verfügen, sind unsere Kenntnisse über dessen Außenpolitik immer noch recht oberflächlich und sehr lückenhaft. Eine moderne, vor allem auf der Auswertung der in Pariser Archiven und Bibliotheken lagernden Archivalien basierende Monographie über die Außenpolitik Ludwigs XIV. ist nach wie vor ein Desiderat der Forschung.
Im Rahmen des Vortrags werden folgende drei Fragenkomplexe behandelt:

I. Grundelemente und Grundzüge der Außenpolitik Ludwigs XIV.
II. Ludwigs XIV. Außenpolitik im Kontext wirtschaftlicher und sozialer Faktoren und Entwicklungen
III. Frankreichs außenpolitische Position am Ende der Regierung Ludwigs XIV.

I. Ausgehend von der These, daß Ludwig XIV. auf dem Felde der Außenpolitik kein langfristig konzipiertes Programm, kein „grand dessein“, verfolgt hat und sich als ein Pragmatiker erweist, der die in den jeweiligen politischen Konstellationen angelegten Handlungsmöglichkeiten im Interesse der Krone und des Staates aufzugreifen entschlossen war, werden in diesem Teil folgende Fragen behandelt:

1. die Rolle seines Strebens nach „gloire“ und „réputation“ sowie die Funktion der „Fundamentalgesetze“ Frankreichs in der Politik des Königs;

2. die Bedeutung des französischen Sicherheitsinteresses gegenüber dem Haus Habsburg für die Außenpolitik. In diesem Kontext ist zu fragen, ob der König eine „Passagen- und Pfortenpolitik" in der Kontinuität Richelieus und Mazarins verfolgt und welchen Stellenwert die französische „Grenzsicherungspolitik" im Rahmen der Außenpolitik gehabt hat. Es wird die These vertreten, daß die ausgreifende und zunehmend aggressive „Grenzpolitik" im Kontext des französischen Sicherheitsbedürfnisses zu sehen ist. Manches spricht für die Annahme, daß die in Reaktion auf die französische Außenpolitik entstandenen und gegen Frankreich gerichteten europäischen Koalitionen das subjektiv vorhandene französische Sicherheitsbedürfnis weiter verstärkt haben, was sich wiederum in aggressiven Akten Frankreichs äußerte. Das französische Sicherheitsstreben und die nicht zuletzt daraus resultierende Konfrontationspolitik nahmen zu, als zu dem traditionellen französisch-habsburgischen Gegensatz nach 1679 der französisch-englische hinzutrat und den ersteren überlagerte. Dieser Vorgang hatte u. a. auch eine Veränderung der Methoden der bisherigen „Grenz- und Sicherheitspolitik" im Osten zur Folge. „In dem Augenblick, in dem rheinische Staaten ihre Funktion nicht mehr als abschirmende Barriere erfüllen wollten oder konnten (eine Funktion, die in erster Linie durch diplomatische Mittel zu erreichen war), und wo sie statt dessen in einen der Schwerpunkte der europäischen Auseinandersetzung mit Frankreich gerieten, gewannen militärische und strategische Interessen die Oberhand und mußten Maßnahmen in den Vordergrund treten, die auf eine unmittelbare territoriale Verfügbarkeit ausgerichtet waren." (Hermann Weber)

II. Vor dem Hintergrund der langfristigen wirtschaftlichen Depressionsphase im Frankreich des 17. Jahrhunderts wird die Frage untersucht, inwieweit ökonomische Zwänge und soziale Konflikte Einfluß auf die außenpolitischen Entscheidungen Ludwigs XIV. ausgeübt haben.

1. Ausführlicher wird in diesem Kontext der Krieg Frankreichs gegen die Republik der Vereinigten Niederlande analysiert. Es wird die Frage behandelt, ob Colbert diesen Krieg von Anfang an mitgewollt und geplant hat und die These vertreten, daß der Minister den offenen militärischen Konflikt lange Zeit hat vermeiden wollen und sich zuletzt nur der Kriegsentscheidung des Königs gebeugt hat. Des weiteren werden die finanzielle, fiskalische und wirtschaftliche Entwicklung sowie die Sozialkonflikte in Frankreich während des Krieges erörtert. Hinsichtlich der Frage, welche Rolle diese Faktoren und Entwicklungen bei der Entscheidung des Königs, den Konflikt zu beenden, gespielt haben, wird die These vertreten, daß den finanziellen und wirtschaftlichen Problemen Frankreichs sowie den inneren Sozialkonflikten eher eine sekundäre Bedeutung für die Entscheidung Ludwigs XIV. beizumessen ist. Für den König rangierte damals noch Machtpolitik vor wirtschaftlichen und sozialen Erwägungen.
2. Trifft diese Feststellung auch noch in gewisser Weise für den Beginn des „Pfälzischen Erbfolgekrieges" zu, so gilt dies nicht mehr für den weiteren Verlauf des Krieges. Die sich zuspitzenden finanziellen und wirtschaftlichen Gegebenheiten wirkten sich zunehmend auf die Politik des Königs aus. Zur Zeit von Rijswick, als die Basis für die Schaffung einer Balance der Mächte in West- und Zentraleuropa gelegt wurde, war Ludwig XIV. gezwungen, seine politischen Intentionen den ökonomischen Zwängen und sozialen Realitäten in der Monarchie anzupas-

sen. Sie dürften für seine Friedensbereitschaft und die erheblichen Konzessionen letztlich den Ausschlag gegeben haben.

3. Nach der Erörterung der Frage, welche Faktoren zum Ausbruch des Spanischen Erbfolgekrieges geführt haben und welchen Anteil Ludwig XIV. daran hatte, werden die wachsenden finanziellen Probleme und Schwierigkeiten Frankreichs und die wieder ausbrechenden Sozialkonflikte und demographischen Krisen in der Monarchie erörtert. Es wird die These formuliert, daß diese Entwicklungen bereits seit 1704/06 einen entscheidenden Einfluß auf die Politik des Königs gewannen. Daß sich Ludwig XIV. im Verlauf des Spanischen Erbfolgekrieges zu äußerst weitreichenden Konzessionen verstand, ist ganz sicher auf die ökonomischen Zwänge und katastrophale Lage im Innern Frankreichs zurückzuführen.

III. In diesem Teil wird die außenpolitische Lage Frankreichs am Ende der Regierung Ludwigs XIV. resümierend dargestellt und das Urteil Paul Kennedys diskutiert, der im Frankreich Ludwigs XIV. einen von Beginn an sich ständig übernehmenden Staat zu erkennen glaubt, der niemals zu einer „Supermacht“ aufsteigen konnte.

M.-L. Recker

Wilhelm III. und die französische Herausforderung

Der Regierungsantritt Wilhelms III. und die Einbindung Englands in die sich formierende antiludovizianische Koalition ist zu Recht als „Revolution in Foreign Policy“ (G. C. Gibbs) bezeichnet worden, die den parallelen innen- und verfassungspolitischen Veränderungen der Jahre 1688/89 in nichts nachgestanden hat. In dreifacher Hinsicht bedeutet dieses Datum einen wichtigen Einschnitt für die englische Außenpolitik:
1) Oberstes politisches Ziel des neuen Monarchen war es, den Inselstaat zum Kern und Motor einer europäischen Mächteallianz zu machen, die in der Lage wäre, dem französischen Hegemonialstreben entgegenzuwirken und es einzudämmen. Dies ließ – nach einer Phase des Rückzugs vom Kontinent bzw. einer eher schwankenden, unsteten außenpolitischen Linie – England zu einem entscheidenden Faktor der europäischen Politik werden, dessen Potential und Stimme in den kontinentalen Mächtebeziehungen großes Gewicht zukam.
2) Diese Option für eine neue außenpolitische Rolle wurde von der politischen Elite des Landes mit getragen und unterstützt und konnte deshalb die Regierungszeit des Oraniers überdauern. Indem Wilhelm die verfassungspolitische Ordnung des Glorious Settlement akzeptierte, konnte er Parlament und Öffentlichkeit für seine außenpolitische Linie gewinnen, zumal die Anti-Stuart-Politik der Whigs und Tories diese Option ohnehin nahelegte (und diese Konstellation angesichts der Furcht vor einer jakobitischen Restauration auch nach 1689 erhalten blieb). Das als Inkarnation von „arbitrary rule“ verabscheute absolutistische Regierungssystem in Frankreich, dessen Verfolgung der hugenottischen Minderheit wie auch die wachsende handelspolitisch-maritime Konkurrenz zwischen beiden Staaten – all dies bewirkte eine tiefsitzende und dauerhafte Festlegung der englischen Politik auf die von Wilhelm vorgegebene Linie.
3) Englands neue Schlüsselrolle im europäischen System wurde mehr und mehr mit der

Schaffung und Erhaltung eines Gleichgewichts der Kräfte identifiziert. Diese Metapher war nicht neu, konnte nun aber zum prägenden Prinzip der englischen Außenpolitik heranwachsen. Auch hier war Wilhelm der entscheidende Faktor: hatte er die Große Alllianz um der Eindämmung der Hegemonialbestrebungen des Roi Soleil willen zustandegebracht, so zögerte er nicht, diese Allianz aufzukündigen und mit Ludwig zusammenzugehen, als nun die größere Gefahr für die Balance von Wien auszugehen schien. Die Aufrechterhaltung eines Gleichgewichtssystems in (West- und Mittel-)Europa kam nicht nur den nationalen Sicherheitsbelangen der Niederlande und Englands entgegen, es sollte zum dauerhaften Ordnungsprinzip der kontinentalen Mächtebeziehungen gemacht werden und damit friedensstiftend wirken – selbst wenn (begrenzte) Kriege zu seiner Aufrechterhaltung notwendig waren.
Somit wurde die französische Herausforderung zur Geburtsstunde eines neuen außenpolitischen Prinzips, das ganz wesentlich von London getragen war und im Namen „Europas" eine umfassende Friedensordnung zu schaffen (Rijswijk, Utrecht) und zu erhalten beabsichtigte.

B. Sicken

Heeresaufbringung und Koalitionskriegführung im Pfälzischen und im Spanischen Erbfolgekrieg

In die langjährigen kriegerischen Auseinandersetzungen um die Wende vom 17. zum 18. Jahrhundert waren zahlreiche europäische Staaten und Territorien verwickelt. Begrenzte machtpolitische Ziele oder das Streben nach Hegemonie, oft begründet durch dynastische Ansprüche, bildeten zumeist die Ursache dieser Konflikte, hinter der die wirtschaftliche Konkurrenz zwar noch generell zurücktrat, doch zunehmend an Gewicht gewann, während weltanschauliche Differenzen – von den Kriegen mit dem Osmanischen Reich abgesehen – ohne maßgebenden Einfluß waren. Diese Auseinandersetzungen ließen offenbar keine Neutralität zu, seit sie politisch-propagandistisch als Kampf gegen eine drohende habsburgische oder bourbonische Universalmonarchie bzw. für ein Gleichgewicht der Kräfte verstanden und durchweg als Koalitionskriege ausgefochten wurden, die vordergründig auch die Berücksichtigung unterschiedlicher Kriegsziele erlaubten. Davon künden die „Großen Allianzen", die sich nach den ersten Erfahrungen mit der expansiven Politik Ludwigs XIV. in den Jahren 1689 und 1701 bildeten. Die Zusammenarbeit in diesen Koalitionen, die sich zu Beginn oder im Vorfeld bewaffneter Konfrontationen formierten und über keine gemeinsamen Institutionen zur Kooperation verfügten, war im allgemeinen schwierig, weil sowohl die Lage, die Gefährdung und die Interessen der Verbündeten als auch ihre Machtmittel und demnach die militärischen Leistungen divergierten. Das erwies sich gerade bei längeren opferreichen Kriegen als problematisch und lockerte den Zusammenhalt im Bündnis oder gab gar zu Separatabmachungen mit dem Gegner Anlaß, bevor die wichtigeren gemeinsamen Kriegsziele erreicht waren. Da Auseinandersetzungen in jener Epoche in der Regel nicht auf die Vernichtung des Gegners angelegt waren, sondern lediglich seine Schwächung erstrebten, ohne die Existenz des Unterlegenen grundsätzlich in Frage zu stellen, war bei fehlender oder bloß partieller Übereinstimmung der Kriegsziele, bei veränderter Zielsetzung im Kriegsverlauf oder

übermäßiger Beanspruchung der Ressourcen ein vorzeitiges Ausscheiden Alliierter weder ungewöhnlich noch in besonderer Weise anstößig, selbst wenn in der politischen Öffentlichkeit ein anderer Eindruck erweckt wurde.
Mit der Heeresaufbringung und der Koalitionskriegführung sollen strukturelle Probleme analysiert werden, vor die die „Großen Allianzen" von 1689 und 1701 gestellt waren, als sie der Hegemonialpolitik Frankreichs entgegentraten. Einerseits soll dazu mit der Rekrutierung der Mannschaften, des unteren Funktionspersonals und der Offiziere, der Bewaffnung, Ausrüstung, Ausbildung und Versorgung der Truppen sowie den Leit- und Wertvorstellungen der Soldaten die Binnenstruktur der Streitkräfte behandelt werden, und andererseits sollen jene organisatorisch-institutionellen, ökonomischen, finanziellen und konzeptionellen Voraussetzungen und Bedingungen zur Handhabung des Kriegsinstruments diskutiert werden, die sich aus dem Einsatz von Koalitionsheeren bzw. aus Kontingenten zusammengesetzten Streitkräften auf verschiedenen, zum Teil entlegenen Kriegsschauplätzen ergaben.

Arbeitsthesen:
– Die Rekrutierung von Kriegsvolk und der Ersatz von Verlusten bereiteten im Pfälzischen und im Spanischen Erbfolgekrieg keine unüberwindlichen Schwierigkeiten, wenn eine angemessene und regelmäßige Besoldung zu erwarten war.
– Kriegsanlaß, Kriegsursachen und Kriegsziele blieben ohne nennenswerten Einfluß auf die Haltung der Soldaten, da die Leit- und Wertvorstellungen in den Streitkräften einer systemimmanenten Prägung unterlagen.
– Der Aufstieg in militärische Führungspositionen war nicht in erster Linie von der Leistung, sondern von Geburtsstand, Protektion und Besitz abhängig und demnach den tradierten Eliten vorbehalten.
– An der Wende vom 17. zum 18. Jahrhundert waren die Truppenkörper (Regimenter, Kompanien) weder nach Kopfzahl noch nach Bewaffnung, Ausrüstung und Ausbildung hinlänglich vereinheitlicht, so daß vor allem die aus Kontingenten zusammengesetzten Heere erhebliche Strukturschwächen aufwiesen.
– Der Zwang zur ausreichenden Versorgung der Feldheere schloß größere Truppenkonzentrationen über einen längeren Zeitraum aus, begrenzte die Operationsgebiete und nötigte immer wieder zur weiträumigen Dislokation.
– Unpräzise und vielfältige Kriegsziele erleichterten die Bildung mitgliedsstarker Koalitionen, gefährdeten aber bei ungenügender Rücksichtnahme auf die raison d'état der Alliierten den Zusammenhalt.
– Die Angaben der Verbündeten über die Stärke ihrer Streitkräfte und den Zeitpunkt der Verfügbarkeit waren strukturbedingt oft korrekturbedürftig und erschwerten dadurch nicht nur die Operationsführung, sondern ließen auch Zweifel am militärischen Engagement aufkommen.
– Eine Koalition war beim Fehlen eines Oberkommandos und gemeinsamer Stäbe gegenüber einem hauptsächlich auf die eigenen Kräfte setzenden Gegner im Nachteil, weil von weisungsgebundenen Heerführern informell die erforderliche militärische Koordination und Kooperation nicht gewährleistet werden konnte.

J. Burkhardt

Konfession als Argument in den zwischenstaatlichen Beziehungen

Der frühmoderne Staat im Aufbau blieb auch nach 1648 ein Konfessionsstaat. Das galt nicht nur innenpolitisch, sondern prägte auch die noch keineswegs konfessionsneutralen zwischenstaatlichen Beziehungen mit. Was bedeutete das für das System von Krieg und Frieden?

Der Vortrag bedenkt ein klassisches Fallbeispiel einmal neu, das Max Braubach mit seinen ‚Vorstadien der diplomatischen Revolution' freigelegt hat. Braubach hat das Bündnis zwischen Frankreich und Österreich, das 1756 eine mehr als 250jährige Gegnerschaft durch eine spektakuläre und dauerhafte Aussöhnung beendete, bis auf Anfänge und Episoden einer Annäherung zwischen den verfeindeten Häusern in der Zeit Ludwigs XIV. zurückverfolgt. Anknüpfungspunkt und Argument war dabei stets die gemeinsame Religion. Der Appell an die konfessionelle Solidarität, formal zwischen Motivation und Legitimation, fungierte als Gegenideologie zur geschichtsbildgestützten Feindtradition, konnte aber auch realen Konfliktstoff aufnehmen.

Mit den „letzten Instruktionen Ludwigs XIV." 1715 wurde die konfessionell begründete Kooperation vorübergehend zu einer echten Alternative, die einen kriegstreibenden europäischen Dauerkonflikt hätte entschärfen können.

Dabei sind jedoch zwei problematische Folgen abgeblendet:

1. Das konfessionelle Integrationsargument reaktiviert den nun auf die katholische Seite beschränkten christlichen Universalismus, aus dessen Rangkonflikten sich gerade der Hegemonialanspruch ableitet. (Exkurs Dreißigjähriger Krieg, Revokationsedikt von Fontainebleau 1685). Als Ausweg wird eine Art Universalkondominat vorgeschlagen, nicht eine staatensystemverträgliche Lösung.
2. Das konfessionelle Integrationsargument braucht auch das konfessionelle Feindbild. Durch die Konvergenz von konfessionellen und politischen Grundoppositionen wäre eine sich gegenseitig verstärkende bellizistische Energie freigesetzt gewesen, die seit 1635 durch gemischt-konfessionelle Bündnissysteme begrenzt wurde.

Kontrafaktische Überlegung: Was wäre geschehen, wenn die „Neuorientierung des europäischen Staatensystems" (M. Braubach) 1715 tatsächlich gelungen wäre?

Als sie 50 Jahre später Wirklichkeit wurde, bot das Anlaß zum Siebenjährigen Krieg, dem schwersten Konflikt der Epoche. Obwohl im Zuge der Aufklärung und kirchenpolitischen Entwicklung die konfessionelle Motivation vergleichsweise weit herabgesetzt war, gewann selbst dieser Krieg noch aufgrund der Bündniskonstellation einen nicht zu unterschätzenden Religionskriegsaspekt. Was hätte das werden sollen, wenn die Diplomatische Revolution schon 1715 passiert wäre? Das ludovizianische Zeitalter hat sich kein Ruhmesblatt in der Geschichte des Friedens erworben und auch keines in der Geschichte der religiösen Toleranz, aber dank des präventiven habsburgisch-bourbonischen Strukturgegensatzes hat es uns den großen Religionskrieg doch erspart.

Literaturhinweise:

Recueil des instructions données aux ambassadeurs et ministres de France depuis les Traités de Westphalie jusqu'à la Révolution française. Bd. 1: Autriche, hg. v. A. Sorel, Paris 1884.

Max Braubach, Versailles und Wien von Ludwig XIV. bis Kaunitz. Die Vorstadien der diplomatischen Revolution im 18. Jahrhundert, Bonn 1952.

Heinz Duchhardt, Protestantisches Kaisertum und Altes Reich. Die Diskussion über die Konfession des Kaisers in Politik, Publizistik und Staatsrecht, Wiesbaden 1977.

Heinz Duchhardt (Hg.), Der Exodus der Hugenotten, Köln 1985. Beiträge von Duchhardt und H. Weber.

Johannes Burkhardt, Abschied vom Religionskrieg. Der Siebenjährige Krieg und die päpstliche Diplomatie, Tübingen 1985.

Konrad Repgen, What is a 'Religious War'? In: Politics and Society in Reformation Europe. Essays for Sir Geoffrey Elton on his 65th birthday, London 1987, S. 311–328.

Harm Klueting, Das Konfessionelle Zeitalter 1525–1648, Stuttgart 1989.

Johannes Burkhardt, Der Dreißigjährige Krieg. Neue Historische Bibliothek (erscheint demnächst).

4. Geschlechtsidentitäten: Frauen und Männer (14.–16. Jh.)

Leitung: *H. Wunder (Kassel)*
H. Wunder: Einleitung
C. Opitz (Essen): Mutterschaft und Vaterschaft als geschlechtsspezifische Identitäten im späten Mittelalter (14. und 15. Jahrhundert)
S. Burghartz (Basel): Weibliche Ehre im 16. Jahrhundert
L. Roper (London): Männlichkeit und männliche Ehre im 16. Jahrhundert

Veröffentlichungshinweis: Die Beiträge dieser Sektion werden geschlossen im „Journal für Geschichte", Heft 1, 1991, veröffentlicht.

H. Wunder

Einleitung

Geschlechtsidentität wird gemeinhin als ein Problem von Frauen angesehen: sie haben Schwierigkeiten, mit sich selbst identisch zu sein. Dies liegt vor allem darin begründet, daß ihnen keine „Pluralität von Identitäten" zugestanden, sondern immer wieder versucht wird, sie auf *eine* Geschlechter*rolle* festzulegen, und zwar mit Argumenten, die jeweils „auf der Höhe der Wissenschaften" stehen, sei es in der antiken Philosophie, der mittelalterlichen Scholastik oder in den modernen Naturwissenschaften: Frauen sollen ihre biologischen *Möglichkeiten* als *Determinanten* ihres Lebens akzeptieren. Identität als Prozeß, in dem sich die einzelnen ein Leben lang mit neuen Herausforderungen auseinandersetzen und die eigenen Möglichkeiten und Grenzen erfahren, wird im Prinzip nur Männern zugestanden. Frauen haben eine „Bestimmung", auf die sie ihre Erziehung ausrichten soll und die ihr Erwachsensein prägt. Dieser Befund ist Anlaß, das Problem der Geschlechtsidentitäten vergleichend, d. h. im Hinblick auf Männer und Frauen, zu bearbeiten.

Die in der abendländischen Geschichte dominante Tradition asymmetrischer Konstruktion der Geschlechterbeziehungen wurde theologisch, philosophisch und medizinisch, seit dem 19. Jahrhundert auch biologisch begründet und formuliert. Die Frauen abwertenden und unterordnenden Diskurse stimmten mit den gelebten Geschlechterbeziehungen keineswegs überein, sondern standen in spannungsvollen Wechselwirkungen mit egalitären Tendenzen sowohl in der Kirche als in der Laiengesellschaft. Das bis zum Ausgang des Mittelalters bezeichnende Nebeneinander von zwei großen Definitionsmächten unterwarf die einzelnen z. T. konfligierenden Verhaltensanforderungen und Orientierungen, ließ ihnen aber auch Spielräume, zumal das kirchliche Ideal der zölibatären Lebensweise noch eine hoch bewertete Lebensform anbot. In diesen gesellschaftlichen Konstellationen waren die Geschlechtsidentitäten von Frauen und Männern inhaltlich anders definiert als in den modernen, stark psychologisch geprägten Vorstellungen von Identität, in der der eigenen Verhaltenssteuerung den Individuen eine große Bedeutung zugemessen wird. Der Prozeß der Herausbildung „moderner" Geschlechtsidentitäten am Beginn der Moderne soll Thema der Sektion „Geschlechtsidentitäten: Frauen und Männer" sein.

Die ausgewählten Aspekte „Mutterschaft – Vaterschaft" und „weibliche Ehre – männliche Ehre" sollen in der Gegenüberstellung die jeweilige Wertigkeit für die Begründung von gesellschaftlichem Status und Rang als wesentlichem Teil von Geschlechtsidentität sichtbar machen. Zugleich soll der gesellschaftliche Wandel, der sich im Wandel von Zuschreibungen und Erwartungen an geschlechtsspezifische Identifikationen akzentuieren läßt, nicht nur im Hinblick auf Frauen, sondern gleichermaßen im Hinblick auf Männer thematisiert werden. Dieses Fragemuster schließt eine „Pluralität von Identitäten" der Geschlechtsidentität im Lebenslauf der einzelnen ein.

C. Opitz

Mutterschaft und Vaterschaft als geschlechtsspezifische Identitäten im späten Mittelalter (14. und 15. Jahrhundert)

Mit der Zurückdrängung der älteren Sippen- bzw. Abstammungsfamilie seit dem Hochmittelalter entwickelt sich, zunächst im städtischen Rahmen, dann auch auf dem Land eine Familienstruktur, die als „Hausfamilie" bezeichnet werden kann und in deren Zentrum das Ehepaar steht, das gleichzeitig auch Elternpaar ist (oder sein soll).

Zur Diskussion steht aus diesem Grund in den zeitgenössischen Quellen bis über das Ende des Mittelalters hinaus weit mehr die Beziehung von Ehemann und Ehefrau als die von Eltern – d. h. Müttern und Vätern – zu ihren Kindern.

Zwar dient das Bild des Vaters schon von alters her zur Legitimation von Herrschaft, und ist ihrerseits die Vaterrolle primär durch Autorität und „Gewalt" charakterisiert. Doch eine spezifische Höherbewertung der Bindung an die Kinder – im Vergleich etwa zum Gesinde – ist damit zunächst nicht verbunden.

Die mit dem Aufstieg des Ehe- und Elternpaars verbundene männliche Rolle läßt sich deshalb m. E. am besten mit dem Begriff „Haus- und Eheherr" fassen.

Auch die Mutterschaft genießt bei zeitgenössischen Autoren wenig Aufmerksamkeit; im klerikalen Rahmen fällt sie sogar einer gewissen Ablehnung anheim: Mutterschaft ist die Pflicht der Töchter Evas, die mit Erbsünde und dem Fluch behaftet sind, „unter Schmerzen Kinder zu gebären".

Die im Spätmittelalter relativ hochbewertete Stellung der verheirateten Frau definiert sich deshalb im theologischen wie im juristischen Bereich weit weniger über Mutterschaft, als über ihre Funktion als Stellvertreterin des „Ehe- und Hausherrn". Ihr kommt damit im familiären Bereich eine von der Stellung des Mannes „abgeleitete" Identität zu.

Wohl aus diesem Grund bleibt die jungfräulich-zölibatäre Lebensweise die hochrangigere, gerade für Frauen, und erlaubt ihnen, wie aus autobiographischen Äußerungen zu ersehen ist, eine größere Eigenständigkeit im Denken wie im Handeln.

Ehe und Mutterschaft sind ihrerseits eng verbunden; sterile Frauen riskieren verstoßen zu werden; fruchtbare können damit bisweilen ihre gesellschaftliche oder familiäre Position verbessern. Dabei steht aber weit mehr als die „soziale Mutterschaft" ihre biologische Komponente im Mittelpunkt: Eine gute Mutter ist eine fruchtbare Gebärerin; Kindererziehung und -pflege sind, insbesondere in den Oberschichten und in der Stadt, häufig die Aufgabe von Ammen, (weiblichen) Verwandten oder befreundeten Familien.

Die Erfahrung von Entvölkerung und Sterblichkeit durch Pest- und Hungerkrisen führt dann zu einem verstärkten Interesse am Kind und seinem Überleben. Auch die wachsende Spezialisierung in Handwerk und Handel erfordert eine größere Sorgfalt im Umgang mit dem familiären Nachwuchs: Am Ende des Mittelalters führen solche Tendenzen, zumindest im Kreis der Humanisten, gar dazu, Mutterschaft als Frauenberuf schlechthin anzuerkennen. Gewinnen Frauen dadurch auch innerhalb der Familie eine „eigene" Identität?

S. Burghartz

Weibliche Ehre im 16. Jahrhundert

Die Begriffe Identität und Ehre stehen in einem gewissen Spannungsverhältnis zueinander. Während Identität auf eine bestimmte Selbstkonzeption, die auch gegen äußere Einflüsse und Angriffe verteidigt werden kann, zielt, ist die Ehre einer Person ohne ihren sozialen Kontext nicht vorstellbar. Ehre zielt immer auf das Verhältnis einer Person zu anderen, nicht zu sich selbst; dennoch ist die eigene Ehre, das Ansehen bei anderen wichtig für die persönliche Identität. Ehre beschreibt und bestimmt in den entsprechenden Gesellschaften Handlungsmöglichkeiten und -grenzen, Verhaltenserwartungen und -maßstäbe, die für die Ausbildung und Erhaltung der eigenen Identität von großer Bedeutng sind. Wesentlich ist weiter, daß Ehrencodes sich für verschiedene soziale Gruppen (etwa Männer/Frauen, Adlige/Städter/Bauern, Marginalisierte/Juden/Christen) deutlich unterscheiden, ohne daß die Trennungen immer kompatibel sein müssen.

In der historischen Forschung gibt es unterschiedliche Konzepte, um „Ehre" zu fassen. Im folgenden steht „Ehre" nicht für einen Normen- oder Tugendkatalog, sondern wird als „Idiom" oder „Code" aufgefaßt. Dieser Zugang wurde zunächst von der Ethnologie für mediterrane Gesellschaften erarbeitet. Ehre wird hier als symbolisches System verstanden, das grundlegend um den Gedanken der Reinheit kreist. Eine zentrale Rolle nimmt in diesem System die weibliche Ehre ein; die Integrität des weiblichen Körpers wird zum Zeichen für die Integrität und Stärke der patrilinealen Gruppe. Die Ehre ist kein Attribut der Frau an sich: die Ehre einer isolierten Frau existiert nicht. Sie ist der Ausdruck der Kraft der Männer, die sie besitzen und beschützen. Symbolisiert werden diese Vorstellungen vor allem in den Figuren der „Jungfrau“ und der „Hure“. Inwiefern dieses Konzept auch auf Vorstellungen von „weiblicher Ehre“ in nordalpinen Gesellschaften in der frühen Neuzeit anwendbar ist, wird im folgenden zu prüfen sein.

Weibliche Ehre und Jungfräulichkeit: Zum Beispiel Basel im 16. Jahrhundert

Thematisiert wird weibliche Ehre in der Ehegesetzgebung, aber auch vor dem Ehegericht, in den zahlreichen Fällen, in denen Frauen auf Bruch des Eheversprechens klagen. In der Ehegerichtsordnung von 1533 wird explizit formuliert, unter welchen Bedingungen Frauen für „rechte Jungfrauen“ angesehen werden können. Hier wird festgehalten, daß Geschlechtsverkehr von unverheirateten Frauen mit Männern nur unter ganz bestimmten Umständen als ehrbar gilt. Zentral ist noch nicht, daß eine Frau als Jungfrau in die Ehe geht, sondern daß sie nur solche sexuellen Beziehungen unterhält, die anschließend durch eine Ehe legitimiert werden können. Legitimer, anerkannter vorehelicher Geschlechtsverkehr von Frauen findet im 16. Jahrhundert in einer spezifischen Konstellation statt. Während im Hochmittelalter noch die männlichen Verwandten der Frau ihren Beischläfer zur Rechenschaft ziehen, d. h. zur Heirat zwingen konnten, so daß die Aufrechterhaltung der weiblichen Ehre als Bestandteil der Familienehre bei den männlichen Verwandten lag, ist im 16. Jahrhundert die Frau bereits selbst verantwortlich. Sie muß dafür sorgen, daß Männer nur dann Geschlechtsverkehr mit ihr haben, wenn sie ihr zuvor ein gültiges Eheversprechen gegeben haben; gelingt ihr die Kontrolle der Situation oder ihrer eigenen sexuellen Bedürfnisse nicht entsprechend, so wird sie nicht mehr „für eine rechte junckfrauw und tochter“ geachtet. Als Kontrollinstanz sind die männlichen Verwandten der Frau weitgehend durch das Gericht ersetzt. Während im 16. Jahrhundert die Handlung selbst (also vorehelicher Geschlechtsverkehr) noch keine eindeutige Qualität hat, die Frau ihr Verhalten kontextbezogen kontrollieren muß, wird mit der Reformationsordnung von 1637 voreheliche Sexualität gesetzlich eindeutig verurteilt. Entsprechend entwickelt die Obrigkeit jetzt auch das Delikt der frühzeitlichen Niederkunft. Im 16. Jahrhundert dagegen wird weibliche Ehre noch nicht allein am Zustand des Körpers (also an der physiologisch unversehrten Jungfräulichkeit) festgemacht, sondern am kontextbezogenen richtigen Gebrauch von Sexualität gemessen. Im Unterschied zur Ehre der Jungfrauen hat die weibliche Ehre der verheirateten Frauen, die etwa in Scheidungsprozessen wegen Ehebruchs thematisiert wird, einen direkten Zusammenhang mit der Ehre ihrer Ehemänner. Der Ehebruch einer Frau schädigt nicht nur ihre eigene Ehre, sondern auch die ihres Ehemannes. Die Kontrolle der Sexualität ihrer Frauen war für die Männer auch eine Frage ihrer Ehre und damit ihrer sozialen Existenz.

L. Roper

Männlichkeit und männliche Ehre im 16. Jahrhundert

Though there is now a sizeable literature on women and on femininity in the early modern period, we have only just begun to self-consciously explore the meanings of masculinity, a category which is usually taken for granted. This paper seeks to explore how masculinity was understood in a particular historical period. In doing so, it argues that an approach which restricts itself to the study of male honour would miss the ways in which masculinity was a disruptive and not a functional set of qualities in the sixteenth century.

Within the craft world, for exemplare, masculinity and male honour were celebrated in guild processions, weddings, guild premises, and in representations of collective identity.

However, the occasions for collective display and celebration of men's honour were also situations in which violent and disruptive behaviour might occur. Male behaviour posed a serious public order problem. Although the Hausvater was meant to be the lynchpin of the stable patriarchal order which secular authorities wished to create, he was also constantly suspected of drinking, gambling and violent behaviour, thus undermining that order.

Men's working and political lives involved them in collectivities; women's by contrast did not. Women's honour could be much more closely related to their bodies and to chastity; men's honour seems to concern external activities.

However, masculinity involves far more than adherence to a code of male honour. Like femininity, it also involves a historically conditioned understanding of the (male) body. To get at this level, one needs to use different sources which are not explicitly about masculinity. So, for instance, when one examines the literature about sins, one discovers that this literature is profoundly gendered and that there is a concept of the male body which underlies it. To explore this understanding of the male body in more detail, I take two examples: drinking and fighting. In the last analysis, male honour could be defended by the body, in fighting. I argue that the male body is imagined as continually breaking its boundaries and polluting others.

I conclude that masculinity cannot be understood as a simple set of qualities, and that we need to develop a historical psychology which will do justice to its contradictory power.

5. Kleidung und kollektive Identität in der Ständegesellschaft

Leitung: *N. Bulst (Bielefeld); R. Jütte (Stuttgart)*

R. Jütte: Einleitung

N. Bulst: Kleidung als sozialer Konfliktstoff. Probleme kleidergesetzlicher Normierung im sozialen Gefüge

R. Jütte: Kleidung als Stigma. Kleidung als identitätsstiftendes Merkmal in gesellschaftlichen Randgruppen (Juden, Dirnen, Leprose, Bettler)

G. Jaritz (Krems): Kleidung und Prestige-Konkurrenz. Unterschiedliche Identitäten in der städtischen Gesellschaft unter Normierungszwängen

M. Dinges (Köln/Marburg): Der „feine Unterschied". Die soziale Funktion der Kleidung in der höfischen Gesellschaft

R. Jütte

Einleitung

Bei der Ausbildung eigenständiger Identitäten kommt der Kleidung – in der ständisch-feudalen noch mehr als in der modernen bürgerlichen Gesellschaft – eine bedeutende Funktion zu. Ihre Elemente kennzeichnen die soziale Rolle des Trägers „nach vereinbarten, vom Träger nicht abänderbaren Regeln. Sie verweisen eindeutig auf Zugehörigkeiten, Anlässe, Rangplätze, Vorrechte, Funktionen und Pflichten einer Gruppe oder Gesellschaft" (H.-J. Hoffmann, Kleidersprache, Frankfurt/M. 1985, S. 53). Nicht nur nationale Identitäten können an unterschiedlicher Kleidung festgemacht werden, wie die Geschichte in Georg Wickrams „Rollwagenbüchlin" über den Maler, der keinen deutschen Mann in seiner Tracht malen konnte, augenfällig zeigt, auch ständische oder soziale Identitäten lassen sich anhand der getragenen Kleidung erschließen. Kleidung gehört soziologisch gesehen in die Nähe der „Konvention", da sie wie diese „ständischen Prestigeinteressen" (Max Weber) entspringt. Allerdings hat sich die mittelalterliche und frühneuzeitliche Kleidungsforschung (vgl. u. a. die Beiträge von Jaritz, Jütte, Schüppert im Sammelband „Terminologie mittelalterlicher Sachgüter: Das Beispiel der Kleidung", Wien 1988, mit ausführlichen bibliographischen Nachweisen, sowie speziell für die Normenkontrolle den Überblick von Bulst in: Renaissance du pouvoir legislatif et génèse de l'état, Montpellier 1988, S. 29 ff.) bislang eher mit Normierungsversuchen (d. h. Kleiderordnungen) und kostümgeschichtlichen Problemen befaßt und den Zeichencharakter, den Kleidung im Rahmen übergreifender politischer und sozialer Systeme hat, meist vernachlässigt. Dabei fehlt es durchaus nicht an theoretischen Ansätzen, die in der empirischen Kulturwissenschaft, Ethnologie, Soziologie und Sozialpsychologie und Semiologie entwickelt worden sind und die Anstöße für eine historisch-anthropologisch orientierte Kleidungsforschung geben könnten.

Über die verschiedenen Möglichkeiten, solche Ansätze in der historischen Forschung fruchtbar zu machen, sollte im Rahmen eines Historikertags, der unter dem Leitthema „Pluralismus der Identitäten" steht, einmal ausführlich diskutiert werden. Denn gerade ein Phänomen von so vielschichtiger Bedeutung wie „Kleidung" eignet sich hervorragend, die Ausbildung des modernen individualistischen Denkens und die Unterschiede von ständischer Gesellschaft und moderner Massengesellschaft und den darin jeweils wirksam werdenden identitätsstiftenden Faktoren aufzuzeigen.

N. Bulst

Kleidung als sozialer Konfliktstoff. Probleme kleidergesetzlicher Normierung im sozialen Gefüge

1. Welche soziale Brisanz Kleidung für die vormoderne Gesellschaft barg, zeigt ein Blick auf den gewaltigen Umfang der Ordnungsgesetzgebung in Westeuropa, die sich mit dieser Materie befaßte. Doch nicht nur die Vorschriften, wer solche Kleidung und welchen Schmuck jemand tragen durfte, welche Stoffe, welche Farben und welche Accessoires dafür verwendet oder nicht verwendet werden durften, also nicht nur den Normen galt

die Aufmerksamkeit der städtischen Magistrate und der Landesherren, sondern, was bisher in der Forschung zumeist übersehen wurde, in nicht geringerem Maße auch der Umsetzung dieser Normen, der Sorge um ihre Einhaltung und der Ahndung von Verstößen.

2. Kleidung, dies zeigen sowohl die Kleiderordnungen selbst und die Begründungen, die für ihren Erlaß gegeben wurden, als auch die vielfältigen Aussagen zur Zeit- und Sittenkritik, war ein – offensichtlich unschwer entzifferbarer Code – zur Kennzeichnung von sozialem Status. Unstandesgemäße Kleidung, die soziale Grenzen verwischte, mußte folglich proskribiert werden. Je differenzierter sich besonders im Verlauf der frühen Neuzeit die soziale Hierarchie ausgestaltete, je stärker auf den verschiedenen gesellschaftlichen Ebenen der Wunsch wurde, den eigenen Status bzw. die darüber hinaus gehenden Ansprüche nach außen zu dokumentieren, desto komplizierter und dichter wurden das Regelwerk und die Überwachungsmechanismen.

3. Indem die Kleidergesetzgebung Standesgrenzen festschrieb, trug sie einerseits dazu bei, sozialen Aspirationen zusätzlichen Antrieb zu bieten. Rangunterschiede etwa zwischen einzelnen Zünften und Handwerken ließen sich auf diese Weise ebenso sichtbar machen wie standesübergreifende Ansprüche des Bürgertums, das sich dem Adel gleichzustellen suchte. Andererseits verpflichtete die Zuweisung eines detailliert definierten Aufwandes für Kleidung an einen bestimmten sozialen Status die jeweiligen Betroffenen, ungeachtet ihrer tatsächlichen wirtschaftlichen Möglichkeiten, den zugewiesenen Rahmen auszufüllen – mit der Konsequenz, daß z. B. der verarmte Adel sich einen seinem Rang entsprechenden Aufwand bei Kleidung nicht mehr leisten konnte, während reiche Kaufleute weit über das zugewiesene Maß hinaus versuchten, ihren sozialen Rang und ihre Selbsteinschätzung durch ihre Kleidung zur Schau zu stellen.

4. Angesichts der erheblichen für Kleidung aufgewendeten Mittel war die Gesetzgebung der frühen Neuzeit zunehmend von wirtschaftlichen Motiven geleitet, sei es, daß sie generell zu teuren Luxus bei der Kleidung als schädlich für den Einzelnen und die Wirtschaft des gesamten Landes zu unterbinden suchte oder daß sie aus dem Bedürfnis nach Selbstdarstellung und Luxus fiskalischen bzw. über den Strafvollzug finanziellen Nutzen zog.

5. Über den sozialen Status zuweisenden Charakter von Kleidung ließ sich schließlich unstandesgemäßes Verhalten durch Zuweisung unstandesgemäßer Kleidung ahnden und somit dauerhafter, als dies nur kurzfristig wirkende entehrende Strafen vermochten, soziale Disziplinierung erreichen.

R. Jütte

Kleidung als Stigma. Kleidung als identitätsstiftendes Merkmal in gesellschaftlichen Randgruppen (Juden, Dirnen, Leprose, Bettler)

Die Griechen verstanden unter Stigma ein körperliches Zeichen, das dazu bestimmt war, etwas über den (schlechten) moralischen Zustand seines Trägers auszusagen. Heute versteht man unter diesem Begriff auch Eigenschaften und Attribute, die zur Konsequenz haben, daß die damit in Verbindung gebrachten Personen zutiefst diskreditiert sind und dementsprechend auch häufig diskriminiert werden. Meist wird dieser Terminus so gebraucht, daß er eher auf die daraus resultierende Unehre als auf deren körperliche Erscheinungsweise abhebt. Nach Goffman unterscheiden wir drei verschiedene Typen von Stigmata, erstens solche, die sich auf physische Deformationen (Krüppel, Blinde etc.) gründen; zweitens solche, die auf vermeintlichen individuellen Charakterfehlern beruhen (z. B. Verstöße gegen die herrschende Sexualmoral); und drittens solche, die sich auf Rasse, Nation oder Religion beziehen. Beispiele für diese verschiedenen Stigma-Typen in der spätmittelalterlichen und frühneuzeitlichen christlich-abendländischen Gesellschaft sind die Leprosen (1), Bettler und Dirnen (2) sowie die Juden bzw. auch die Ketzer (3). Kleidung war – sicherlich damals noch mehr als heute – ein wichtiges Stigmasymbol. Unter Stigmasymbol verstehen wir mit Goffman „Zeichen (. . .), die besonders wirksam darin sind, Aufmerksamkeit auf eine prestigemindernde Identitätsdiskrepanz zu lenken, und die ein andernfalls kohärentes Gesamtbild durch konsequente Reduktion unserer Bewertung zerbrechen lassen.“ Vor allem in den Fällen, in denen Physiognomie, Gestik und Stimme nur recht vage Hinweise auf die soziale Identität eines mit einem Stigma behafteten Individuums geben, kann die Gesellschaft auf zusätzliche Identifikationsmerkmale nicht verzichten. Hier bietet sich die Kleidung als Gruppenabzeichen geradezu an.

Die „vestimentären“ Stigmasymbole, wie ich sie im folgenden nennen möchte, gliedern sich in mehrere Gruppen und Untergruppen. Sie unterscheiden sich von den Prestige- oder Statussymbolen, die ebenfalls mit einer bestimmten Kleidung oder Kleiderteilen assoziiert werden, vor allem dadurch, daß sie eine negative soziale Information übermitteln. Allerdings gibt es auch „vestimentäre“ Stigmasymbole, die in ihrer semantischen Klassifikation polyvalent oder mehrdeutig sind. Ein bestimmtes Kleiderabzeichen kann beispielsweise für die Umwelt etwas Negatives bedeuten, während dieses für seinen Träger vielleicht ein Objekt des Stolzes ist oder jedenfalls so uminterpretiert werden kann. Doch gibt es auch den umgekehrten Fall, nämlich daß „vestimentäre“ Prestigesymbole sehr leicht zu Stigmasymbolen werden können, wie beispielsweise die Geschichte der Bettlerzeichen zu zeigen vermag.

Juden

Die äußerliche, zwangsweise Kenntlichmachung der Juden durch Kleidung und bestimmte Abzeichen ist nicht ein Phänomen, das sich erst in den christlichen Staaten des Mittelalters zeigt. Auch in islamischen Ländern mußten sich Juden und Christen unterschiedlich kleiden. Die Juden sind insofern ein Sonderfall unter den gesellschaftlichen Randgruppen, als sie sich aufgrund ihrer religiösen Tradition (Barttracht, Kopfbedekkung) lange Zeit von ihrer muslimischen oder christlichen Umwelt unterschieden haben, so daß eine zusätzliche Kennzeichnung nicht notwendig erschien. Das änderte sich erst, als im frühen und vor allem im hohen Mittelalter die Juden sich rein äußerlich immer mehr ihrer Umgebung anzugleichen versuchten. Solche assimilatorischen Tendenzen manifestierten sich zuerst in einigen westeuropäischen Ländern. Im deutschen Reich setzten solche Tendenzen offenbar erst ein Jahrhundert später ein. Die Juden, die dort zu kaiserlichen „Kammerknechten“ geworden waren, unterschieden sich bis ins späte Mittelalter von ihrer christlichen Umgebung durch die typische spitze Kopfbedeckung, den sogenannten „Judenhut“ (pileus cornutus) und die Barttracht. Erst als sich die Hutmode änderte und die Kopfbedeckung leicht Verwechslungen zuließ, sahen sich auch deutsche

Städte und Territorialherren gezwungen, auf ausreichende Unterschiedsmerkmale in der Kleidung zu achten.
Die Art der Kennzeichnung weist starke räumliche und zeitliche Unterschiede auf. Zunächst beschränkte man sich darauf, den Juden bestimmte Kleidungsstücke vorzuschreiben. Das konnte ein spezieller Umhang sein oder auch ein besonders langer Talar, wie ihn König Johann von Aragon für seine Juden vorschrieb. Im Deutschen Reich war es vor allem die Kopfbedeckung, die bereits früh zum Gegenstand von Kleiderordnungen für Juden wurde.

Prostituierte

Ähnlich wie die Juden waren im späten Mittelalter auch die Prostituierten durch Kleiderordnungen und räumliche Segration (Ghettoisierung) eindeutig marginalisiert, doch im Unterschied zu diesen war ihr Stigma „erworben", d. h. es hing mit ihrem unmoralischen Lebenswandel zusammen. Die ältesten überlieferten Kleidervorschriften aus dem deutschsprachigen Raum stammen aus dem 13. Jahrhundert. Mit ihnen sollten die ehrbaren Frauen von den „unerlike[n] wandelbare[n] druwen" (Hamburg 1292) in der Öffentlichkeit der mittelalterlichen Stadt unterscheidbar werden. Gerade diese Verwischung des „feinen" Unterschieds mußte der weltlichen und kirchlichen Obrigkeit ein Dorn im Auge sein. Die Kleidervorschriften für Prostituierte dürfen somit nicht nur im Zusammenhang mit ähnlich verlaufenden Stigmatisierungsprozessen bei anderen mittelalterlichen und frühneuzeitlichen Randgruppen gesehen werden, sondern müssen auch im Kontext der seit dem 13. Jahrhundert einsetzenden Kleider-, Aufwands- und Luxusgesetzgebung betrachtet werden.
In der Forschung ist darauf hingewiesen worden, daß die Kleiderordnungen für Prostituierte und unehrbare Frauen in der zweiten Hälfte des 15. Jahrhunderts kumulieren und daß sich dieser Trend somit nahtlos in den der allgemeinen Kleidergesetzgebung einpaßt. Auffällig ist weiterhin, daß die Stigmasymbole im Laufe der Jahrhunderte an Bedeutung verlieren und in den Ordnungen des ausgehenden Mittelalters nur noch selten erwähnt werden. Der gelbe oder grüne Schleier, die besonderen Schulterstreifen oder Hutbänder, die Glöckchen am Kleid – all das wird zwar auch in einigen Kleiderordnungen des 15. Jahrhunderts den Prostituierten weiterhin vorgeschrieben, doch stehen in den meisten einschlägigen Ordnungen ganz andere Details (Verbot von Schmuck bzw. einzelner Kleidungsstücke oder Materialarten) im Vordergrund.

Aussätzige

In der Forschung ist bereits häufiger darauf hingewiesen worden, daß die Marginalisierung der Leprakranken paradigmatische Züge trägt. Teil dieses Marginalisierungsprozesses war auch der spezielle Habit, den der Lepröse fortan tragen mußte. Zu erkennen waren die Aussätzigen (nicht nur im deutschen Sprachraum) häufig an ihren langen grauen oder schwarzen Mänteln, die ihren von Lepra befallenen Körper fast vollständig bedeckten. In einigen Fällen mußten die Aussätzigen sogar Handschuhe tragen, die offenbar ihre verstümmelten Gliedmaße verbergen und vor versehentlicher Berührung schützen sollten. Als weiteres Kennzeichen kam mancherorts noch eine einprägsame Kopfbedeckung hinzu. Doch sehr viel eindeutiger als durch die Kleidung gaben sich die Aussätzigen in der Öffentlichkeit durch ein akustisches Signal, nämlich das Schlagen der obligatorischen Klapper, zu erkennen. Im Unterschied zu anderen Randgruppen hatte die spezielle Kleidung der Aussätzigen eher diskriminierende als diffamierende Funktion. Sie sollte entsprechend der herrschenden medizinischen Lehre dazu beitragen, daß Gesunde Abstand zu den almosenheischenden Siechen hielten. Die Gemeinsamkeit besteht in diesem Fall in dem konservativen Zug, der die Tracht der Leprosen wie auch die Kleidung anderer Randgruppen kennzeichnet.

Arme und Bettler

Mit Ausnahme der Insassen von Armenspitälern oder später auch der Zuchthäuser besaßen die Bedürftigen, die in den Genuß der „offenen" Armenpflege kamen, zunächst keine spezifische Kleidung. Gleichwohl waren sie für jedermann häufig leicht erkennbar, und zwar an ihrer zerlumpten und zerschlissenen Kleidung. Diese sogenannte „Demutstracht" wurde von einigen Bettlern geradezu stilisiert, um auf diese Weise umso eindrucksvoller um ein Almosen bitten zu können. Hier haben wir es mit einem typischen Fall von Selbst-Stigmatisierung zu tun. Problematisch wurde die ausreichende Kennzeichnung der Bedürftigen erst, als weltliche Obrigkeiten seit der Mitte des 15. Jahrhunderts verstärkt darauf achteten, zwischen „erlaubtem" und „verbotenem" Bettel zu unterscheiden. Die mangelhafte Kleidung allein reichte fortan als Erkennungszeichen nicht mehr aus, denn sie war längst zu einem integralen Bestandteil des Alltags einer breiten städtischen und ländlichen Unterschicht geworden. So kam man in einigen Städten bereits sehr früh (in Augsburg bereits 1491) auf die Idee, den „berechtigten" Almosenempfänger ein spezielles Zeichen an die Kleidung zu heften. Meist handelt es sich dabei um eine stilisierte Darstellung des Stadtwappens, entweder in Form eines aufgenähten Flickens oder als Plakette aus Metall (meist Messing oder Blech) zum Anstecken an die Oberkleidung.

G. Jaritz

Kleidung und Prestige-Konkurrenz. Unterschiedliche Identitäten in der städtischen Gesellschaft unter Normierungszwängen

Die ‚äußerliche Kenntlichmachung' der Zugehörigkeit zu einer sozialen Gruppe etc. erscheint als unabdingbar notwendiges Phänomen (nicht nur) einer (städtischen) Gesellschaft des Spätmittelalters und der frühen Neuzeit. Das ‚Erkennen des Unterschiedes' spielt sowohl in den vielfältigen Normierungsmodi als auch in der gesellschaftlichen Praxis eine entscheidende Rolle. Im Rahmen dieser Unterscheidung erweist sich

1. die Kleidung als ein wichtiger, wenn nicht als der wichtigste bzw. der zumindest regelmäßigste Faktor;
2. das Moment von Prestige und Konkurrenz als eine bedeutende, wenn auch keinesfalls allein ausschlaggebende Komponente im Rahmen einer Identitätsverdeutlichung und Identitätserhaltung nach außen. Es trägt gleichzeitig wohl auch in entscheidendem Maß zu einer eigenen Identitätsfindung bei.

Zeichen der Kleidung, die eine notwendige ‚freiwillige' oder ‚aufgezwungene' Einordnung und Kenntlichmachung ermöglichen bzw. verursachen, sind in großer Vielfalt anwendbar und nachzuweisen. Das durch Kleidung mitrepräsentierte äußerliche Merkmalbündel einer Gruppenmitgliedschaft und der damit verbundene Zeichencharakter können ihre Legitimation, Handhabung und Einordnung allerdings auf den verschiedensten, miteinander verknüpften und sich überlappenden Ebenen erhalten, die insgesamt ihren Beitrag zur Errichtung und zum Erhalt eines „système vestimentaire" leisten. Wirtschaftliche bzw. finanzielle Momente können, brauchen allerdings keinesfalls unbedingt oder allein ausschlaggebend zu sein. Das Zeichen kann – jeweils relativ – teuer sein, braucht es aber nicht.

Damit können auch die mit den wirtschaftlich-finanziellen Komponenten eng verbundenen Faktoren von Prestige und Konkurrenz im Rahmen des Kleidungswesens und seiner Unterscheidungsmöglichkeiten auf verschiedenen, miteinander verknüpften und voneinander abhängigen Ebenen auftreten bzw. eruiert werden:

1. auf der Ebene des Objektes im weitesten Sinn (inklusive dessen Material, Form, Farbe etc.). Hier ist die grundsätzliche Frage zu beantworten, inwieweit und warum ganz bestimmte Objekte prädestiniert sind, diesbezüglich Anwendung zu finden, inwieweit direkte und konkrete Verbindungen zwischen Objekt und Gruppenkennung bestehen, in welcher Art und Weise diese zum Tragen kommen, inwieweit und aus welchen Gründen sie Veränderungen unterworfen sind. Kann etwa die in anderen Bereichen nachzuweisende Feststellung, daß die ‚Hoffahrt im Detail' liegt, im übertragenen Sinn auch hier getroffen werden?
2. auf der Ebene der Zugehörigkeit von Trägern zu einem Stand, einer sozialen Gruppe oder im Rahmen einer allgemeinen sozialen Differenzierung;
3. auf der Ebene gruppeninterner und gruppenexterner Komponenten;
4. auf der grundsätzlichen Ebene der Varianten von Öffentlichkeit und Privatheit;
5. damit in Zusammenhang auf der Ebene von die Kleidung beeinflussenden Anlässen;
6. auf der geschlechtsspezifischen Ebene;
7. auf der Ebene des Heimischen bzw. Gewohnten in seiner Unterscheidung vom Fremden bzw. Anderen;
8. auf der Ebene von weiteren spezifischen Gegebenheiten eines bestimmten Umfeldes.

Dabei ist die grundsätzliche Frage zu stellen, inwieweit gerade der städtischen Gesellschaft in einem auf das Kleidungswesen bezogenen Konkurrenz- und Prestigedenken eine zentrale Rolle zukommt bzw. inwieweit sich diesbezügliche Phänomene auf den städtischen Raum konzentrieren, oder ob die Stadt nur einen von mehreren Bereichen darstellt, in welchen gleiche Verhaltensmuster auftreten, jedoch auf Grund der Kumulierung unterschiedlichster Gruppen und Gruppenbildungen ein Schwerpunkt im Rahmen der überlieferten städtischen Argumentation feststellbar ist.

Die Polarisierung zwischen Unveränderlichkeit einerseits und Veränderung andererseits erweist sich als eines der entscheidensten Kriterien der Interpretation. Prestige- und Konkurrenzdenken beinhalten einerseits das Desiderat nach Bestand des Status Quo (vor allem – vereinfacht ausgedrückt – in bezug auf eine Erhaltung des ‚Abstandes nach unten und oben'), andererseits das Ziel der Veränderung (in bezug auf eine Verringerung des ‚Abstandes nach oben' bzw. eine Vergrößerung des ‚Abstandes nach unten'). Zum einen gewährt somit Unveränderlichkeit eine angestrebte Sicherheit und Stabilität. Zum anderen kommt augenscheinlich die dauernde Gefahr zum Tragen, daß die Stabilität des Systems durch ein Ausbrechen aus dem bestehenden Zeichencode gefährdet wird, daß damit Ab-

stände verändert werden oder gar zum Verschwinden kommen. Gelingt ein solches Ausbrechen, erscheint die Reaktion von Betroffenen nötig und es muß versucht werden, die ‚Stabilität der Äußerlichkeit' wiederherzustellen, um die ‚Unveränderlichkeit' des hierarchischen Modells weiter zu gewährleisten. Dies führt dann zur Möglichkeit, daß die Aufrechterhaltung von Stabilität nur mit Hilfe andauernder Veränderungen auf den verschiedensten Ebenen des ‚système vestimentaire' erreicht werden kann.
Damit in engem Zusammenhang ist der Problemkreis anzusiedeln, inwieweit die etwa bei Puget de la Serre 1631 geäußerte Meinung, „Tout le monde se met en peine de paraître ce qu'il n'est pas, et pas un ne s'étudie à se faire voir tel qu'il est", aus ihrem ideologischen Predigtkontext gelöst und dennoch verallgemeinert werden kann, ob sie im Widerspruch zu jenem Bestreben der einheitlichen Kenntlichmachung durch Kleidung steht oder ob ein präsumptiver dauernder Versuch des Ausbrechens in Richtung ‚Anders Scheinen als Sein' gerade mit einer solchen Einheitlichkeit von Kennung im Rahmen eines Prestige- und Konkurrenzdenkens in Einklang bzw. Konnex steht.
Die Interpretation der oben angeführten Punkte kann und muß mit Hilfe unterschiedlichsten Quellenmaterials durchgeführt werden. Dabei spielt nicht nur die entscheidende Frage nach Norm und deren Verwirklichung bzw. ‚Wirklichkeit' eine wichtige Rolle, sondern allgemein das Problem der ‚représentation' (nach Chartier – gemeint als ‚Vorstellung' und ‚Darstellung') des angeschnittenen Phänomens in den unterschiedlichen Überlieferungen. Eine sehr entscheidende Rolle spielen hierbei auch die bildlichen Quellen. – Die Auseinandersetzung mit dem Thema erfolgt vorrangig auf der Basis von Quellenmaterial aus dem deutschen Sprachraum.

M. Dinges

Der „feine Unterschied".
Die soziale Funktion der Kleidung in der höfischen Gesellschaft

1) Kleidung erfüllte in der Gesellschaft des Ancien Régime besonders gut Distinktionsfunktion, da sie ohne zeitliche und räumliche Distanz zum Inhaber des „Prestigefetischs" jederzeit an seinem Körper der ganzen jeweiligen Öffentlichkeit den Rang der Person vor Augen stellt. Tendenziell ermöglicht sie damit die Annahme der Identität zwischen der Kleidung und ihrem Träger.
2) In der zeitgenössischen Literatur werden am Thema der Kleidung die fundamentalen Grenzziehungen der Gesellschaft diskutiert: Die Unterscheidbarkeit der Geschlechter, der Zivilstände, der Stände und der „Nationen" bzw. Regionen; der Topos des richtigen Maßes und die Gefahr des sozialen Abstiegs durch ruinöse Kleiderpracht.
3) Den Abhandlungen über Kleidung liegt implizit der Anspruch zugrunde, die Kleidung müsse die „Lesbarkeit der wohlgeordneten Welt" garantieren. Jeder müsse als der erkennbar sein, der er ist. Die genannten Diskurse zeigten die gegenteiligen Wirkung der Kleidung: Sie diente den Interessen sozialer Aufsteiger zur Verwischung von Standesgrenzen, entsprechend der Logik ostentativen Konsums am Hof konnte sie zu sozialem Ruin führen.
4) Die Entwicklung der normativen Kleidungsdiskurse verweist auf eine Karriere des Themas, die sich in Phasen gliedern läßt. In der hofkritischen Literatur werden die topi-

schen Argumente vom beginnenden 16. Jahrhundert bis zum beginnenden 18. Jahrhundert weiter entfaltet bis hin zur Identifikation von Kleiderpracht und Hof. Im 18. Jahrhundert verfällt nach einer Verschiebung ins Ökonomische das kritische Potential des Kleidungsthemas, da die Kritik fundamentaler wird.

5) Ähnlich entwickeln sich die aus spätmittelalterlichem Erbe weiterentwickelten territorialherrlichen Kleiderordnungen. Sie sind ein Versuch, gegen die soziale Dynamik die „Lesbarkeit der wohlgeordneten Welt" aufrechtzuerhalten. Sie werden ständisch weiter ausdifferenziert und nach einem Höhepunkt solcher Normierungsversuche um 1700 ab 1720 immer mehr fallen gelassen.

6) Diese Themenkarrieren legen die Thesen nahe, daß bereits in der Frühen Neuzeit zwei Modelle gesellschaftlicher Distinktion durch Kleidung ausgebildet wurden: Idealtypisch *betrifft* das erste bis 1720/1760 dominante Modell Stände, Zivilstände und Geschlechter. Das *Realitätsprinzip* ist der gezeigte Rang. *Regulierungsmodus* ist dominant die autoritative Zuordnung von festen Kleidungszeichen zu bestimmten Ständen, während die standesspezifisch unterschiedliche Variationsgeschwindigkeit von Kleidung sekundär bleibt. *Regulierungsinstanz* ist die Obrigkeit. Die *Erwartung an politische Steuerung* durch Kleidungspracht und machtrelevanten Prestigekonsum steigt noch. Zentrum und *Vorbild* für das Kleidungsverhalten ist der Hof. Die Kleidung dient (auf einer Skala abnehmender Bedeutung) zur *Thematisierung* von sozialer Ordnung, politischer Herrschaft, Geschlechtsordnung, Moral, ökonomischem Verhalten, Umgangsformen und „nationaler" Identität. Der *Zusammenhang* zwischen gesellschaftlicher Ordnung und Kleidung wird eng konzipiert.

7) Demgegenüber wird ab 1720/1760 ein zweites Distinktionsmodell dominant. Es *betrifft* unterschiedlich kaufkräftige Gruppen nach dem *Realitätsprinzip* von Reichtum und zunehmend Berufsfunktionen. *Regulierungsmodus* ist die sich selbst regulierende gesellschaftlich unterschiedliche Variationsgeschwindigkeit von Kleidung in Schichten. Die *Regulierungsinstanz* fällt weg. Die *politischen Steuerungserwartungen* sinken, Prestigekonsum ist nicht mehr machtrelevant. Zentrum und *Vorbild* für das Kleidungsverhalten sind Modeinstanzen wie die Modezeitschriften. Die Kleidung dient nun zur *Thematisierung* von Geschlechterordnung, Moral, ökonomischem Verhalten, Umgangsformen und Hygiene. Der *Zusammenhang* zwischen Kleidung und Gesellschaftsordnung wird viel lokkerer.

8) Der Wechsel zum jüngeren Distinktionsmodell dürfte sich teilweise aus den strukturellen Grenzen erklären, in einem Klassifikationssystem die Übereinstimmung zwischen Ständeordnung und Kleiderordnung herzustellen. Dieser Versuch ist problematisch, weil den einzelnen Kleidungsstücken oder Materialien nur unter hohem Beschreibungs- und Durchsetzungsaufwand bestimmte ständische, zivilständische oder geschlechtsspezifische Qualitäten zugeordnet werden können. Das System Kleidung ist zu komplex, extrem variantenreich und deshalb sehr labil. Besonders geeignet ist es, feinste Unterschiede auszudrücken. Demgegenüber wird die Ständegesellschaft als einheitliches hierarchisches System mit klaren schwellenförmigen Abstufungen gedacht.

9) In den Kleiderordnungen selbst steckte aber bereits ein weiterer struktureller Bruch: Bis auf eine kurze Phase der höchsten Reglementierung auch des Hofadels (um 1700) scheinen sie auf zwei „Regulierungsprogrammen" zu beruhen: Einerseits sollten sie die Ständegliederung durch die feste Zuordnung von bestimmten (Kleidungs)zeichen zu bestimmten Ständen abbilden; andererseits erlauben sie unterschiedliche Geschwindigkeiten

für die Zirkulation von Kleidungszeichen in den Ständen, wobei für den Hof die höchste, für die anderen Stände geringere Zirkulationsgeschwindigkeiten zugelassen werden.
10) Insgesamt verliert die Kleidung ihre Bedeutung zum Sichtbarmachen (Repräsentation) von politischer Herrschaft und vorgestellter sozialer Ordnung, damit auch ihr kritisches Potential in Diskussionen um die Gesellschaftsordnung. Die Möglichkeit von Kleidung, die „Lesbarkeit der wohlgeordneten Welt" zu garantieren, schwächt sich ab. Die „Lektüre" schnell wechselnder Kleidung setzt einen differenzierteren Blick auf die gesamte Bekleidung voraus, einzelne „Marker" reichen nicht mehr aus. Folglich stieg auch die Irrtumswahrscheinlichkeit.
11) Damit sank aber nicht gleichzeitig das Interesse aller an der „Lesbarkeit der Welt": In Bayern verlangten die unteren Stände weiter Verbesserungn ihrere Position im System der Kleiderordnungen. „Feine Unterschiede" mußten nun aber mit Hilfe des „Geschmacks" hergestellt und erkannt werden und Geld für raffinierten Kleidungsaufwand blieb weiterhin selbstverständliche Voraussetzung für die Teilnahme am „gesellschaftlichen Spiel". Nicht die Distinktion durch Kleidung wurde abgeschafft, sondern sie wurde als variableres Modell der weiter ausdifferenzierten Gesellschaft angepaßt.
12) Nun galt ein anderes wirksameres Modell gesellschaftlicher Distinktion mit geringerem Normierungsbedarf. Die höfische Gesellschaft hat insofern bereits im 18. Jahrhundert das Modell für die gesellschaftliche Funktion der Kleidung entwickelt, das noch heute dominiert: Die schnelle Zirkulation von Kleidungszeichen, die hauptsächlich sich selbst bedeuten und für die „Lesbarkeit der Welt" nur wenig hergeben.

6. Junge Historiker stellen sich vor (Frühe Neuzeit)

Leitung: *J. Kunisch (Köln)*

H. Schüle (Tübingen): Normenüberwachung und Normenwandel durch strafrechtliche Sanktionen im deutschen Südwesten der frühen Neuzeit

H.-D. Kittsteiner (Berlin): Die Entstehung des modernen Gewissens. Kulturgeschichtliche Untersuchung zum Begriff und zur Realität des Gewissens im protestantischen Deutschland im 17. und 18. Jahrhundert

(Schriftliche Zusammenfassungen der Vorträge liegen nicht vor)

19. und 20. Jahrhundert

1. Bürgertumsgeschichte in der Erweiterung

Leitung: *H.-U. Wehler (Bielefeld)*

H.-U. Wehler: Einleitung

R. Boch (Bielefeld): Der Wandel ökonomischer Zielvorstellungen im rheinischen Wirtschaftsbürgertum 1814–1850

M. Hettling (Bielefeld): Bürgertum und Revolution 1848

J. Jacobi (Bielefeld): Bürgerliche Mädchenerziehung in England und Deutschland im 19. Jahrhundert

O. Janz (Bielefeld): Die evangelische Pfarrerschaft im Bürgertum des 19. Jahrhunderts

H.-W. Schmuhl (Bielefeld): Honoratiorenverwaltung und städtische Bürokratie in Nürnberg und Braunschweig, 1790–1914

H. Zwahr (Leipzig): Die Entstehung der sächsischen Unternehmerbourgeoisie

Veröffentlichungshinweise: siehe jeweils am Schluß der Beiträge

H. U. Wehler

Einleitung

Der Titel der Sektion lehnte sich bewußt an Werner Conzes Formulierung aus der Mitte der 1970er Jahre an, um die Vielfalt der gegenwärtigen bürgertumsgeschichtlichen Ansätze zu demonstrieren. Deshalb setzte die Sektion drei Schwerpunkte der neueren Bürgertumsforschung voraus, band sich aber nicht ausschließlich an einen von ihnen. Zu denken ist hier:

1. an die Diskussionen im „Arbeiterkreis für moderne Sozialgeschichte"; sie können in vier Bänden über die Geschichte des deutschen Bildungsbürgertums nachgelesen werden.
2. an den Bielefelder DFG-Sonderforschungsbereich zur Sozialgeschichte des neuzeitlichen deutschen Bürgertums im internationalen Vergleich. Die Ergebnisse werden nach Möglichkeit in der neuen Reihe des SFB: „Bürgertum, Beiträge zur europäischen Gesellschaftsgeschichte" zusammengefaßt.
3. an die auf ein rundes Dutzend Städte beschränkte Bürgertumsgeschichte, wie sie in der Frankfurter Forschungsgruppe von Lothar Gall betrieben wird. Auch hier hat eine Reihe mit ersten Ergebnissen zu erscheinen begonnnen.

Die Sektion war bestrebt, unterschiedliche Themen in thesenartig zugespitzter Form zur Diskussion zu stellen. Über die sechs Referate geben die folgenden Kurzberichte der Referenten Auskunft.

R. Boch

Der Wandel ökonomischer Zielvorstellungen im rheinischen Wirtschaftsbürgertum 1814–1850

Seit der Neuordnung des kontinentalen Europa in den Jahren 1814/15 gab es im rheinischen Wirtschaftsbürgertum mehrere, überaus lebhafte, teilweise öffentlich in Zeitschriften, später auch in Handelskammern und auf den Provinziallandtagen geführte Debatten über Ausmaß und Zielrichtung gewerblich industrieller Entwicklung, die bis in die 1840er Jahre andauerten. An ihnen waren drei Generationen von Wirtschaftsbürgern beteiligt. Die Wortführer der zwischen 1760 und 1790 geborenen Generation sahen die rasante Ausdehnung der gewerblichen Warenproduktion seit dem späten 18. Jahrhundert noch nicht als den Beginn eines anhaltenden ökonomischen Wachstumsprozesses, sondern als ein durch die Französische Revolution und die fast 25jährige Kriegsepoche bedingtes, einmaliges Ereignis. Außerdem wurde „industrieller Fortschritt" noch isoliert auf die Blüte einiger Sektoren bezogen. Die gemeinsame Prämisse der Debattenteilnehmer blieb die Vorstellung von nur sehr begrenzt steigerbaren Konsumbedürfnissen. England galt den Rheinländern um 1820 nicht als Vorbild, sondern als gewerblich überentwickelt, krisenanfällig und von sozialen Unruhen gefährdet. Der rheinische Weg in die Zukunft sollte vielmehr zu einem Gleichgewicht von Produktion und Konsumtion zurückführen, wie es angeblich die glücklichen Jahre des 18. Jahrhunderts beherrscht hatte und jetzt durch Begrenzung der Industrieentwicklung auf höherem Niveau wiedergewonnen werden sollte.

Die 1830er Jahre leiteten einen – zur breiten Akzeptanz einer beschleunigten Industrieentwicklung im Wirtschaftsbürgertum führenden – Paradigmenwechsel ein. Sie wurden zu einer Art „Sattelzeit" der Industrialisierungsdebatten. An die Stelle älterer Leitideale traten neue Denkkategorien, die sich unserm heutigen Weltverständnis annäherten. So galt die Industrie fortab nicht mehr als eine Beschäftigungsform unter anderen, sondern wurde als das eigentliche, dynamische Zentrum der Gesellschaft definiert. Immer mehr rheinische Wirtschaftsbürger begriffen sich in den 1830er Jahren als Teilnehmer an einem permanenten Wachstumsprozeß mit offenem Ende. Industrielles Fortschreiten wurde zunehmend nicht mehr als isolierter, sektoraler Prozeß, sondern als ein systemischer, zusammenhängender Prozeß begriffen. Wie die Nation zum Bezugsrahmen einer systemisch verbundenen Industrie wurde, rückte der Staat als Instrument der planerischen Gestaltung einer nun als offen begriffenen Zukunft immer stärker ins Blickfeld des Wirtschaftsbürgertums.

Die Rekonstruktion der Industrialisierungsbedatten zielte nicht nur auf den Nachweis eines einschneidenden Paradigmenwechsels im Wirtschaftsbürgertum. Sie sollte einen Zugang zur Kollektivmentalität einer räumlich und sozial klar einzugrenzenden bürgerlichen Schicht eröffnen, für welche die Auseinandersetzung um die Zukunft der Industrie auch ein zentrales Mittel ihrer internen Selbstverständigung war. Die Analyse der rheinischen Industrialisierungsdebatten verfolgte mithin auch das Ziel, die ideen- und mentalitätsgeschichtliche Dimension eines bürgerlichen Klassenbildungsprozesses zu beleuchten. Erst die weitgehende Vereinheitlichung eines Programms forcierter industrieller Entwicklung seit den frühen 1840er Jahren – so eine zentrale These – machte aus einer marktbedingten Erwerbs- und Leistungsklasse von Kaufleuten, Verlegern und Manufakturisten mit anfangs eher heterogenen ökonomischen Interessen eine, zumindest zeitweilig und auf wichtigen politischen Feldern, bewußt handelnde, freilich regional auf das Rheinland begrenzte, Bourgeoisie.

Der Vortrag ist eine knappe Skizze der Habilitationsschrift, die im Frühjahr 1991 unter dem Titel „Entfesselung der Industrie? Das rheinische Wirtschaftsbürgertum und die Industrialisierungsdebatten von 1814 bis 1857" bei Vandenhoeck & Ruprecht in Göttingen erscheinen wird.

M. Hettling

Bürgertum und Revolution 1848

In neueren Arbeiten zu 1848 und den Trägerschichten der politischen Vereine wird deutlich, daß konservative, liberale und demokratische Vereine ihre Mitglieder im Großen und Ganzen aus demselben Milieu rekrutierten, den verschiedenen Teilen der Sozialformation Bürgertum. Ein anderes soziales Milieu gerät erst ins Blickfeld, wenn man die verschiedenen Gruppen analysiert, die die Hauptakteure des Sozialen Protests stellten. Für 1848 kann man damit zwei verschiedene soziale Lager unterscheiden, ein bürgerliches und ein proletaroides. Gemeinhin überwiegt eine Betrachtungsweise, die die Bewegungen von 1848 nach den politischen Richtungen differenziert und untersucht; in diesem Vortrag wurde versucht, den Blick auf die Gemeinsamkeiten innerhalb des bürgerlichen Lagers zu richten. Zwei Schwerpunkte wurden dabei gesetzt.

1. Aktionsformen: Für 1848 läßt sich, unbeschadet aller politischen Verschiedenheiten, die Gemeinsamkeit der politischen Handlungsmuster und Aktionsformen innerhalb des bürgerlichen Milieus deutlich zeigen. In den Klubs, Vereinen und Parlamenten wurde agiert, hier bildeten sich politische Lager, versuchte man, institutionelle Veränderungen durchzusetzen – oder zu verhindern. Demgegenüber steht die Aktionsebene unterbürgerlicher Schichten, wie sie vor allem in den Agrarunruhen vom Frühjahr 1848 und in den verschiedenen Protestformen städtischer Unterschichten sichtbar wurde. Wie Manfred Gailus für Berlin prägnant gezeigt hat, lag die Dynamik dieser Aktionen in ihrer Gewalthaftigkeit, in der Besetzung des öffentlichen Raums. Für 1848 ergeben sich damit zwei getrennte Handlungsebenen, einmal die bürgerliche innerhalb geschlossener Räume, dann die unterbürgerliche der Straße. Das Dilemma der bürgerlichen Bewegung 1848 lag nun nicht zuletzt darin, daß ein entschiedener Veränderungsimpuls nur von diesen gewalthaften Straßenaktionen ausging, die große Mehrheit des Bürgertums derartige Aktionen aber ablehnte.

2. Denkvorstellungen: Anders als in Frankreich gab es in Deutschland keine ausgreifende Revolutionsrhetorik, im Sprachgebrauch des bürgerlichen Lagers wurde der Begriff zurückhaltend gebraucht und oft vermieden. In der Debatte der Berliner Nationalversammlung im Juni 1848 über die „Anerkennung der Revolution“ setzte sich denn auch die legalistisch, reformerische Mehrheit durch und lehnte die Würdigung der Barrikadenkämpfer des 18. März ab. Die Auseinandersetzung um die Märzgefallenen wurde daher zum Ersatz für die Erörterung der politischen Machtfragen. Bekundungen revolutionären Selbstverständnisses fehlen 1848 im bürgerlichen Lager in Deutschland weitgehend. Statt dessen finden sich zwei Begriffe, mit denen vermieden wurde, zum Problem der „Revolution“ Stellung zu nehmen: Tod und Nation. Der Totenkult, wie er um die Märzgefallenen entstand und dann noch einmal um Robert Blum, diente der Vergewisserung des Bruchs mit der Vergangenheit, die Toten des Jahres 1848 bezeugten das Ende des alten Regimes. Die politischen Erwartungen hinsichtlich der Zukunft, des entstehenden neuen Reiches, kondensierten sich um den Begriff der Nation. In ihm schienen die noch bestehenden Gegensätze aufhebbar; die erst zukünftig zu erlangende Nation wurde dabei als schon existente Handlungseinheit gedacht. Die dem Begriffspaar Tod und Nation zugrundeliegenden Denkvorstellungen begrenzten damit ebenfalls den Handlungsspielraum des Bürgertums, indem sie Wahrnehmungsmuster bildeten, die es erschwerten, die Situation 1848 als politischen Konflikt zu sehen und die realen Machtstrukturen der Gesellschaft zu erkennen.

Der Vortrag führt eine Argumentation fort, die an meine Dissertation (Reform ohne Revolution. Bürgertum, Bürokratie und kommunale Selbstverwaltung in Württemberg von 1800 bis 1850, Göttingen 1990) und Aufsätze (Revolution, Tod und Opferkult, in: Archiv für Kulturgeschichte 70. 1988) anschließt.

J. Jacobi

Bürgerliche Mädchenerziehung in England und Deutschland im 19. Jahrhundert

Am Anfang des 19. Jahrhunderts stand die Herausbildung der bürgerlichen Familie, in der Frauen die Sorge um den privaten Binnenraum oblag. An seinem Ausgang gab es ein breites Ausbildungsangebot für sog. Frauenberufe im sozialen, pflegerischen und pädagogischen Bereich und die Zeitgenossen erlebten noch vor der verfassungsmäßigen Gleichstellung die formale Zulassung von Frauen zu fast allen Ausbildungswegen, die bisher Männern vorbehalten waren. Diese beiden Pole markieren die formale und inhaltliche Ausgestaltung der bürgerlichen Mädchenerziehung in den beiden betrachteten Ländern im 19. Jahrhundert.

Zur Forschungslage: Die Erziehung des viktorianischen Mädchens der „middle classes" ist in zahlreichen familiengeschichtlich orientierten Fallstudien, bildungs- und schulgeschichtlichen sowie literatursoziologischen Arbeiten gründlich untersucht. Darüberhinaus liegen für England vielfältige biografische Arbeiten über Protagonistinnen der Frauenbildungsbewegung und Gruppenbiografien vor. Für den deutschen Fall gibt es außer der schulgeschichtlichen Studie von J. Albisetti (The Schooling of German Girls and Women, Princeton 1989) einige eher spezielle literatursoziologische, lehrplangeschichtliche und pädagogische Monographien, die ihre Ergebnisse jedoch kaum im breiteren Rahmen von Bürgertumsgeschichte diskutieren. Verstreute Aufsätze zu einzelnen Aspekten der bürgerlichen Mädchenerziehung vervollkommnen das Bild durchaus noch nicht. Vor allem bleibt die Erziehung der Mädchen im Binnenraum der Familie als zentraler Gesichtspunkt für einen weiterführenden Zugriff auf das Thema ein Desiderat. So reizvoll die Herausarbeitung der nationalen Unterschiede zwischen der Mädchenerziehung in Deutschland und England ist, dieser Beitrag konzentriert sich auf die bei diesem Thema für die Perspektiven der Bürgertumsforschung systematisch gewichtigeren Gemeinsamkeiten in beiden Ländern.

Strukturelle Merkmale der bürgerlichen Mädchenerziehung: Für die bürgerlichen Mädchen bedeutete die Aufgabenstellung als „Hausfrau, Gattin und Mutter", so programmatisch von J. H. Campe 1793 formuliert, daß ihre Erziehung nicht nur länger und in der ersten Hälfte des Jahrhunderts oft ausschließlich im Haus stattfand, sondern daß sie auch inhaltlich an den späteren Familienaufgaben orientiert war.

Außer der Haushaltsführung, die vielfältige Organisations-, Geschäfts- und Erziehungsaufgaben bereithielt, mußten die Mädchen ein breites Repertoire an sozialen Fähigkeiten entwickeln, für die es nur wenig formalisierte Hilfestellungen gab. Wie Freundschaften auszuwählen und zu pflegen sind, wie die Gastlichkeit eines Hauses zu gestalten ist, wie die rechte Konversation geführt wird, ebenso wie eine maßvolle Gemütslage errungen und stabilisiert werden kann, gehört ebenso zur Mädchenerziehung wie die Einübung in die Pflicht zur Nächstenliebe (charity) und Wohltätigkeit (benevolence). Aus den häuslichen Aufgaben heraus entwickelte sich seit den 1840er Jahren zunächst ein wesentlicher Teil der sozialen Fürsorge in Form von Armen- und Krankenpflege, in dem in der zweiten Hälfte des Jahrhunderts dann zunehmend Ausbildungsberufe und außerfamiliale Tätigkeitsfelder von Frauen entstanden.

Außer diesen an den zukünftigen Aufgaben als Hausfrau, Gattin und Mutter orientierten oder aus ihr abgeleiteten Berufszielen entwickelte sich jedoch – in Deutschland frü-

her und im Verlauf des Jahrhunderts auch quantitativ bedeutsamer als in England – ein allgemeinbildendes Schulwesen für die Töchter des Bürgertums. Die deutsche Bezeichnung dieser Schulen als „Töchterschulen“ unterstreicht zugleich, wie eng die Vorstellungen auch auf diesem Feld vom Bild der Familie geprägt waren. Auch in der Lehrplangestaltung – und das gilt wiederum für beide Länder – wurden diese Schulen durch die doppelte Zielsetzung – Allgemeinbildung mit dem Ziel einer möglichen Berufsausbildung in einem Frauenberuf und Vorbereitung auf die familialen Aufgaben – geprägt. Insofern muß die Mädchenerziehung als eine eigenständige Form der bürgerlichen Kindererziehung betrachtet werden.
Das Bürgertum hat im 19. Jahrhundert einen beträchtlichen ideologischen, sozialen und pädagogischen Aufwand zur Ausgestaltung des Geschlechterverhältnisses getrieben, durch den auch das 20. Jahrhundert noch ganz geprägt ist. Der Beitrag der Frauen – bisher in der Bürgertumsforschung wenig beachtet – öffnet Perspektiven, die dem bisher bekannten Bild nicht nur mehr Tiefenschärfe, sondern auch eine neue Dimension geben wird.

O. Janz

Die evangelische Pfarrerschaft im Bürgertum des 19. Jahrhunderts

Das evangelische Pfarramt hatte am Beginn des 19. Jahrhunderts endgültig die Konturen eines bürgerlichen Bildungsberufes eingenommen. Die Pfarrerschaft war ein Teil der eximierten Oberschicht, die der Staat durch rechtliche und soziale Privilegierung aus der ständischen Gesellschaft herausgelöst hatte. Sie war eingebettet in die für die Bildungsschicht konstitutive Berechtigungskette von Gymnasien, Abitur, Universitätsstudium und staatlichen Prüfungen, die in privilegierte Berufspositionen führten. Die akademische Theologie hatte das Monopol in der Pfarrervorbildung und war fest in die reformierte Universität integriert. Der Pfarrernachwuchs durchlief ein Bildungsstudium, das starke historische, philologische und philosophische Bestandteile enthielt. Die evangelischen Theologen partizipierten im frühen 19. Jahrhundert weitgehend an der neuhumanistischen Bildungsidee, die für die Identität der gebildeten Oberschicht zentrale Bedeutung hatte. Auch in Studentenverbindungen und in bürgerlichen Vereinen waren die Theologen vertreten. Als Träger wissenschaftlicher Bildung und bürgerlicher Hochkultur wiesen die Pastoren oft breite außeramtliche Interessen auf. Ihr Leitbild war der gebildete, am geselligen und kulturellen Leben teilnehmende Stadtpfarrer. So war die Pfarrerschaft um die Mitte des 19. Jahrhunderts nach Bildung und sozialem Status, kulturellem Selbstverständnis und Sozialverhalten ohne Zweifel eine Kerngruppe des gebildeten Bürgertums.
Durch Herkunft und Heirat waren die Pfarrer jedoch nicht sehr stark in das übrige Bürgertum integriert. In ihrer Rekrutierung und ihrer Lebenssituation war die Pfarrerschaft die ländlichste Gruppe der Bildungsschicht. In der zweiten Jahrhunderthälfte verstärkt sich die Bürgertumsferne der Pfarrerschaft. Ihre im geistlichen Amt angelegte gesellschaftliche Sonderrolle akzentuiert sich nun beträchtlich. In Bildungsgang und Kandidatenlaufbahn, Selbstverständnis und Sozialverhalten, Familienstrukturen und Konnubium zogen sich große Teile des Pfarrerstandes immer mehr aus dem gebildeten Bürgertum in eine kirchlich-pastorale Subkultur zurück. Die massive Statusbedrohung der Pfar-

rerschaft, die Entkirchlichung des Bürgertums, das Erstarken konservativer Frömmigkeitsstile und der Wandel der Gemeindestruktur haben diesen Vorgang begünstigt. So trug die evangelische Pfarrerschaft in hohem Maße dazu bei, daß sich die akademische Bildungsschicht professionell, kulturell und sozial immer mehr segmentierte und an einheitlichen, berufsübergreifenden Konturen verlor.
Auch wenn die Pastoren nach 1850 den Beamtenstatus verloren und ihre Funktionen als Standesbeamte und Schulaufseher im Kaiserreich abgeschafft oder ausgehöhlt wurden, war der Pfarrerberuf im Dienst- und Sozialrecht weiterhin durch eine weitgehende Beamtenähnlichkeit geprägt. Das landesherrliche Kirchenregiment dauerte fort. Mit ihm erhielten sich staats- und behördenkirchliche Strukturen. Auch in der Herkunft und im Konnubium der Pfarrer und im Berufs- und Heiratsprofil ihrer Kinder dominierten weiterhin staatsnahe Sozialgruppen. Die zunehmende Bedrohung ihres sozialen Status rief in der Pfarrerschaft sogar eine wachsende Anlehnung an Staat und Beamtentum hervor. Am deutlichsten wird dies an der Entwicklung der Besoldung. Sie basierte zunächst noch auf lokalen Pfründen. Im Kaiserreich wurde die Alimentation, unter starkem Druck von Kirche und Pfarrerschaft, durch eine zentrale und staatlich subventionierte Gehaltsregelung nach dem Modell der Beamtenbesoldung abgelöst. Durch ihre ausgeprägte Beamtenähnlichkeit und Staatsnähe hat die Pfarrerschaft zu den Eigenarten des deutschen Bürgertums massiv beigetragen. Ihre Fixierung auf bürokratische Sozialmodelle bildete wohl die markanteste Besonderheit des preußisch-deutschen Pfarrertums im internationalen Vergleich.

Der Vortrag basiert auf einer Dissertation am Fachbereich Geschichte der FU Berlin über die Sozialgeschichte der evangelischen Pfarrschaft in Preußen 1850–1914.

H.-W. Schmuhl

Honoratiorenverwaltung und städtische Bürokratie in Nürnberg und Braunschweig, 1790–1914

Die Entfaltung der kommunalen Leistungsverwaltung zwischen der Reichsgründung und dem Ersten Weltkrieg gilt zu Recht als eine der größten Modernisierungsleistungen in der neueren deutschen Geschichte. Wer waren die sozialen Träger dieses säkularen Modernisierungsprozesses?
Die städtische Selbstverwaltung war in der ersten Hälfte des 19. Jahrhunderts eine Honoratiorenverwaltung, beherrscht vom gehobenen Wirtschafts-, insbesondere Handelsbürgertum. Um die Mitte des 19. Jahrhunderts setzte dann eine Politisierung der städtischen Selbstverwaltung ein, die vier Teilprozesse umfaßte.
1. die Auswertung der politischen Partizipationschancen im Zuge des Übergangs von der Bürger- zur Einwohnergemeinde;
2. das Eingreifen politischer Vereine und Parteien in Kommunalwahlkämpfe;
3. die Fraktionierung der gemeindlichen Gremien entlang den Parteigrenzen, und
4. die Verdrängung der Honoratioren durch Berufspolitiker.

Der Übergang von der Bürger- zur Einwohnergemeinde wurde sowohl in Nürnberg als auch in Braunschweig erst nach der Revolution von 1918/19 vollzogen. Hier – wie auch in den meisten anderen deutschen Städten – war und blieb die Selbstverwaltung eine *Eliten*-Demokratie. Die parteipolitische Organisation der Kommunalwahlen setzte dagegen sowohl in Nürnberg als auch in Braunschweig (und wohl auch in anderen Städten) mit der Gründung der ersten politischen Vereine in der Revolution von 1848 ein und war bis zur Reichsgründung weitgehend abgeschlossen. Wichtig ist, daß der Zugang zu den gemeindlichen Gremien seit Ende der 1860er Jahre vollständig (wie in Nürnberg) oder weitgehend (wie in Braunschweig) von (links-)liberalen Vereinen und Parteien kontrolliert wurde. Zu einer parteipolitischen Fraktionierung der Stadtvertretungen ist es daher in Nürnberg und Braunschweig im 19. Jahrhundert nur in Ansätzen gekommen. Der Typus des Berufspolitikers schließlich taucht in den Stadtvertretungen der von uns untersuchten Städte erst zu Beginn des 20. Jahrhunderts vereinzelt auf – und zwar vorzugsweise in den Reihen der Sozialdemokraten. Die Vertreter der liberalen Parteien waren und blieben auch in der zweiten Hälfte des 19. Jahrhunderts Honoratioren. Allerdings änderte sich die Berufsstruktur der politisch aktiven Honoratiorengruppen, gewannen vor allem bildungsbürgerliche Erwerbsklassen relativ an Einfluß hinzu, ohne daß indessen der Primat des Wirtschaftsbürgertums gefährdet wurde. Man kann daher mit Blick auf die Stadtvertretungen auch für diesen Zeitraum durchaus noch von einer Honoratiorenherrschaft sprechen – organisiert in Honoratioren*parteien,* mit deren Vordringen das alte Elitenkartell erweitert, aber nicht gesprengt wurde. Der Übergang von der Honoratioren- zur Parteiherrschaft war also kein scharfer Bruch, sondern ein langfristiger Prozeß, wobei die zweite Hälfte des 19. Jahrhunderts in gewisser Weise ein Übergangsstadium darstellt.

Bedroht wurde die Honoratiorenherrschaft nicht nur durch die politischen Partizipationsansprüche der unterbürgerlichen Schichten, sondern auch durch das Vordringen des gemeindlichen Berufsbeamtentums. Infolge des lawinenartig anwachsenden Umfangs der städtischen Verwaltungstätigkeit, vor allem aber der Entwicklung der Städtetechnik, waren die politischen Führungsgruppen auf eine wachsende Zahl von Berufsbeamten angewiesen. Damit sich aber die städtischen Beamtenstäbe nicht allzu sehr verselbständigten, versuchten die städtischen Honoratioren, die politisch einflußreichen magistratischen Beamten an sich zu binden. Dabei sind vor allem vier Aspekte zu berücksichtigen.

Erstens lag die Auswahl der städtischen Beamten bei den von Honoratioren beherrschten gemeindlichen Gremien, und diese bevorzugten bis weit in die zweite Jahrhunderthälfte hinein Bewerber, die bereits soziale Kontakte in das städtische Bürgertum hinein geknüpft hatten.

Zweitens war die Gemeindebeamtenschaft in einem Prozeß der Verberuflichung begriffen. Bei der allmählichen Gleichstellung mit den Beamten im Staatsdienst, die erst im letzten Drittel des 19. Jahrhunderts in etwa erreicht wurde, waren die höheren Gemeindebeamten von den politisch führenden Honoratiorengruppen abhängig.

Drittens war die Vermehrung besoldeter Magistratsstellen nur durch einen Beschluß der Stadtvertretungen möglich, und diese sorgten dafür, daß die Balance zwischen Berufs- und Ehrenbeamtentum gewahrt blieb.

Viertens wuchs die höhere städtische Beamtenschaft im Laufe des 19. Jahrhunderts in die Heirats- und Verkehrskreise des städtischen Bürgertums hinein.

Die Analyse kommunalpolitischer Entscheidungsprozesse im Zusammenhang mit der Ausweitung der Leistungsverwaltung läßt die aktive Rolle der städtischen Honoratioren beim Aufbau der modernen Daseinsvorsorge deutlich hervortreten. Die Träger des kommunalen Modernisierungsprozesses sind deshalb nicht nur in der professionellen Bürokratie zu suchen, sondern auch in Teilen des städtischen Bürgertums.

Zwischenergebnisse eines Forschungsprojektes zum Thema „Städtisches Bürgertum und städtische Verwaltung in Braunschweig und Nürnberg vom Ende des 18. bis zum Beginn des 20. Jahrhunderts", das im Rahmen des SFB „Sozialgeschichte des neuzeitlichen Bürgertums: Deutschland im internationalen Vergleich" an der Universität Bielefeld durchgeführt wird. Die Endergebnisse dieses Projekts werden voraussichtlich 1992 in Form einer Monographie publiziert.

H. Zwahr

Die Entstehung der sächsischen Unternehmerbourgeoisie

Der leichtindustrielle Typ der Industrialisierung Sachsens bietet einen der Ausgangspunkte, von dem mit einiger Sicherheit auf das Grundmuster der Konstituierung der sächsischen Unternehmerbourgeoisie zurückgegangen werden kann. Zur Reichsgründungszeit nahm Sachsen im Industrialisierungsvergleich unter den deutschen Ländern in zweierlei Hinsicht prozentual den ersten Platz ein: Einmal arbeiteten etwa 50 % aller Erwerbstätigen im Bergbau- und Hütten-, Industrie- und Bauwesen (in der preußischen Rheinprovinz waren es 41 %); mit 171 Einwohnern pro qkm hatte Sachsen zum anderen die größte Bevölkerungsdichte (Rheinprovinz: 133 Einwohner).
Daraus ergeben sich die Grundannahmen: die Massenhaftigkeit des Übergangs in das gewerbliche Kapitalverhältnis sowie die ausgeprägte Bindung der Industrieentwicklung an ältere gewerbliche und auch demographische Entstehungsgrundlagen. Auf diesen bewegten sich bestimmte Personenkreise, die im Übergang vom 17. zum 18. und besonders vom 18. zum 19. Jahrhundert unternehmerisch tätig waren und durch einen generations- wie branchentypischen Gestaltwandel schließlich eine solche ökonomische und soziale Konsistenz gewannen, die es erlaubt, von einer relativ stabilen unternehmerischen Erwerbs- und Besitzklasse zu sprechen. Dieser Ausgangspunkt wurde zunächst am Beispiel (teils in Anlehnung an Kaufhold) der sechs größeren Gewerbelandschaften Sachsens überprüft, er leitete bezüglich der Übergänge ins industrielle Kapitalverhältnis sowie der Konstituierung einer vorindustriellen wie industriellen Unternehmerbourgeoisie zu sieben Thesen über.
Erstens. Im Vergleich etwa mit dem rheinischen Wirtschaftsbürgertum und dessen Notablenelite aus den Reihen der Großkaufleute und Verleger entstand die Unternehmerbourgeoisie Sachsens in ihrer Mehrheit in einem teils nichtbürgerlichen ländlich-dörflichen, teils klein- und mittelständischen Lebens- und Produktionszusammenhang der exportorientierten Gewerbe. In der Verknüpfung von meist textiler Exportgewerberegion, Unternehmensbildung und unternehmerischem Gestaltwandel besteht ein Grundmuster der Genese der sächsischen Unternehmerbourgeoisie.
Zweitens. Die ältere Produktionsnähe bzw. Produktionsgebundenheit ließ eine Unternehmerbourgeoisie entstehen, die bei aller Abschließung von werktätigen Elementen ihres Ursprungs infolge des Umgangs auch mit den Belegschaften in heimische Milieus eingebunden blieb.
Drittens. Die Bedürfnisse der Textilunternehmer führten zur ökonomischen und sozialen

Konstituierung von Unternehmern in Maschinenbau- und Gießereibetrieben. Diese kamen vorzugsweise aus dem Handwerk.
Viertens. Das Herkunftsprofil der Unternehmer wies durchaus branchenspezifische Merkmale auf.
Fünftens. Mit der Erschließung des Zwickauer Steinkohlenreviers entstand offenbar kein eigenständiger schwerindustrieller Unternehmertyp.
Sechstens. Die sonstigen leichtindustriellen Investitionsgüterindustrien sind in ihrer sächsischen Vielfalt und Bedeutung für die Entstehung einer Unternehmerbourgeoisie schwer überschaubar. Vor allem die „Industrien" der Steine und Erden und das Mühlengewerbe waren für Unternehmensbildung und Verbürgerlichung gerade in ländlichen Ortschaften wichtig.
Siebentens. Die multipotenten (Allround-)Unternehmer blieben vor allem auf Leipzig beschränkt. Sie sind dem einflußreichen rheinischen Großbürgertum am ehesten vergleichbar. Der Kern der Unternehmerfunktion wurde in Übereinstimmung mit Redlich, Chandler und Kocka bestimmt. Den Schluß bildete ein Exkurs zur zeitgenössischen Begrifflichkeit unternehmerischer Existenz.

2. Industrie- und Technikgeschichte am Beispiel des Ruhrgebiets

Leitung: *F. Stephan-Kühn (Krefeld)*
F. Stephan-Kühn: Zusammenfassung der Sektion
W. Reininghaus (Dortmund): Das Westfälische Wirtschaftsarchiv Dortmund: Einrichtung, Aufgaben und Bestände mit besonderer Berücksichtigung der Technikgeschichte
R. Brütting (Dortmund): Die Verwendung von Materialien des Westfälischen Wirtschaftsarchivs im Geschichtsunterricht

Veröffentlichungshinweis: Es ist geplant, die Beiträge der Sektion in „Geschichte, Politik und ihre Didaktik", Heft 3/4 (September 1991) zu veröffentlichen.

F. Stephan-Kühn

Zusammenfassung der Sektion

Angesichts des Genius Loci bot sich in Bochum eine Sektion zur Industrie- und Technikgeschichte im Unterricht an.
Es ist eine Tatsache, daß nur wenige Lehrerinnen und Lehrer die Lehrbefähigung für das Fach Geschichte in Kombination mit einem Fach aus dem mathematisch-naturwissenschaftlichen Bereich haben, so daß von daher keine günstigen Voraussetzungen für die Berücksichtigung technik- und industriegeschichtlicher Aspekte im Unterricht gegeben sind. Dem gegenüber steht die von Teilen der Öffentlichkeit erhobene Forderung, der Geschichtsunterricht müsse sich stärker für solche Aspekte öffnen. Es wird behauptet, die Schule trage in den geisteswissenschaftlichen Fächern, auch in Geschichte, zu einer Technik- und Technologiefeindschaft bei. Gegen diese Behauptung ist anzuführen, daß

der Geschichtsunterricht natürlich in verschiedenen Epochen auch den technischen Fortschritt behandelt. Die Industrielle Revolution nimmt einen zentralen Platz in allen Geschichts-Curricula ein.

Dennoch lehrt ein genauerer Blick zum Beispiel auf die Unterrichtswerke, daß die erhobenen Vorwürfe nicht ganz unberechtigt sind. Zwar wird die Industrielle Revolution nicht mehr monokausal in der Form „James Watt erfand die Dampfmaschine, und die Industrialisierung war die zwangsläufige Folge“ erklärt, aber in den Ursachenbündeln ist die technische Entwicklung allenfalls ein, zum Teil nicht einmal besonders hervorgehobener, Faktor.

Die Vernachlässigung technik- und industriegeschichtlicher Fragestellungen könnte eine Ursache darin haben, daß eine Urteilsbildung bei der heute zu Tage tretenden Ambivalenz des technischen Fortschritts so schwierig ist, daß man den Gegenstand lieber ausspart. In der Tat verbietet sich eine blinde Fortschrittsgläubigkeit von selbst. Es scheint aber beinahe, als ob die zahlreichen Quellen, die die Industrialisierung positiv werten, bewußt aus dem Unterricht ferngehalten werden. Die Schüler erhalten zu wenig Gelegenheit, sich mit der Bewußtseinslage des 19. Jahrhunderts auseinanderzusetzen. Eine konkretere Beschäftigung mit der technischen Entwicklung auch unter mentalitätsgeschichtlichem Ansatz könnte hier Abhilfe schaffen.

Wesentlichste Hindernisse für eine stärkere Berücksichtigung der Technik- und Industriegeschichte sind aber wohl noch eher der für die meisten Geschichtslehrerinnen und -lehrer hohe Fremdheitsgrad des Gegenstands sowie die scheinbar schwierige Quellenbeschaffung, -aufbereitung und -auswertung. Die Sektion wollte einen Beitrag dazu leisten, etwa vorhandene Berührungsängste abzubauen. Hierzu stellte Wilfried Reininghaus das Westfälische Wirtschaftsarchiv in Dortmund mit seinem Bestand an Firmenarchiven vor; Rolf Brütting zeigte konkret, wie man mit Schülerinnen und Schülern in diesem Archiv arbeiten und ausgewählte Archivalien für den Unterricht verwenden kann. Eine weitere Möglichkeit der Vermittlung industrie- und technikgeschichtlicher Inhalte stellen entsprechende Museen dar. Hier stehen sich zwei Museumskonzepte gegenüber. Michael Dauskardt erläuterte den Aufbau und die Idee des Westfälischen Freilichtmuseums in Hagen, in dem Zeugnisse aus der vor- und frühindustriellen Zeit zusammengetragen und alte Techniken möglichst in Anwendung gezeigt werden. Das von Jörn Christiansen vorgestellte Rheinische Industriemuseum dagegen bewahrt Fabriken vornehmlich des 19. Jahrhunderts *in situ,* ist also auf verschiedene Standorte verteilt. Beide Ansätze haben unter didaktischem Aspekt ihre Vor- und Nachteile.

Jede Aufnahme neuer Aspekte in den Geschichtsunterricht und das zeitaufwendige Verlassen des Lernorts Schule in Richtung Archiv und Museum geht allerdings zu Lasten anderer Gegenstände und Perspektiven. Es wurde daher auch gefragt, ob nicht ein Teil dieser Aufgaben von anderen Fächern übernommen werden kann. Dazu muß der Prozeß der Enthistorisierung der Schulfächer umgekehrt werden. Eine Chance hierzu scheint sich in dem zumindest für das Gymnasium relativ neuen Fach Technik zu bieten. Peter Klatte und Klaus Trimborn stellten anhand der nordrheinwestfälischen Richtlinien für dieses Fach dar, daß dieses durchaus offen für technik- und damit verbundene sozialgeschichtliche Fragestellungen ist.

W. Reininghaus

Das westfälische Wirtschaftsarchiv Dortmund: Einrichtung, Aufgaben und Bestände mit besonderer Berücksichtigung der Technikgeschichte

Das Westfälische Wirtschaftsarchiv Dortmund (WWA) zählt zu den vier regionalen Wirtschaftsarchiven in der Bundesrepublik und ist als eine Stiftung privaten Rechts organisiert. Die Träger der Stiftung sind die Industrie- und Handelskammern in Westfalen und Lippe, der Landschaftsverband Westfalen-Lippe, das Land Nordrhein-Westfalen, die Stadt Dortmund und die Gesellschaft für Westfälische Wirtschaftsgeschichte e. V. Nach der Satzung des Archivs soll es als zentrale Aufbewahrungs- und Sammelstelle von Schriftgut der Wirtschaft in Westfalen-Lippe und den angrenzenden Wirtschaftsräumen dienen. Schon wegen des Standorts Dortmund macht das Ruhrgebiet einen Schwerpunkt in der Tätigkeit des WWA aus. Der primäre Aufgabenbereich aller Archive wie des WWA liegt in der Ordnung, Verzeichnung und Erschließung ihrer Bestände für die Benutzer. Aus den laufenden Arbeiten erwachsen Ausstellungen, die das Archiv der Öffentlichkeit vorstellten, z. B. vier Ausstellungen über illustrierte Briefköpfe („Fabrik im Ornament"). Über Ausstellungen hinaus sucht das Archiv einen engen Verbund mit der Forschung; es plant, 1991 einen Sammelband mit neuen Ergebnissen zu Stahl und Eisen herauszugeben.

Ausführlich werden vier Einzelbestände vorgestellt, die exemplarisch die Geschichte des Ruhrgebiets im 19. und frühen 20. Jahrhundert behandeln:

1. die Märkische Maschinenbau-Anstalt in Wetter, 1819 von Friedrich Harkort gegründet;
2. die Arenberg'sche Aktiengesellschaft für Bergbau und Hüttenbetrieb in Essen, die seit 1863 in Bottrop Zechen betrieb;
3. die Werkzeugmaschinenfabrik Wagner & Co. in Dortmund, die älteste Maschinenfabrik dieses Typs im Ruhrgebiet;
4. die Handelskammer zu Bochum, der Louis Baare vom Bochumer Verein über 25 Jahre lang vorstand.

R. Brütting

Die Verwendung von Materialien des Westfälischen Wirtschaftsarchivs im Geschichtsunterricht

Seit Anfang der 70er Jahre sind außerschulische Lernorte verstärkt in den Unterrichtsalltag aufgenommen worden, wobei der quellennahe Arbeitsunterricht im Archiv leider noch zu wenig praktiziert wird. Gründe hierfür dürften neben dem erhöhten Zeitaufwand vor allem Schwellenängste mancher Lehrer und die Scheu vor didaktisch nicht aufbereiteten Originalen sein. Ein neues Rollenverständnis des Lehrers (und des Archivars) als Organisator von entdeckendem und forschendem Lernen bis hin zum wissenschaftspropädeutischen Arbeiten als Ziel der reformierten Oberstufe sollten zunehmend Kooperation ermöglichen: Lernziele und methodisch-didaktische Vorstellungen des Lehrers korreliert der Archivar mit dem vorhandenen Material, daraufhin wird gemeinsam die genaue Themenstellung fixiert.

Im lokal- und regionalgeschichtlichen Ansatz versichert sich der Schüler seiner eigenen Geschichte, er verfolgt den historischen Prozeß im kulturellen Kleinraum. Dabei gewinnt er aus der Arbeit mit Originalen ein deutliches Mehr an Erkenntnis als aus edierten Quellen. Äußere Form und Inhalt stehen im ursprünglichen Zusammenhang von Auftraggeber, Verfasser, Schreiber und Adressat; Thema, Funktion, Einschübe, Korrekturen vermitteln ersten methodischen Umgang mit äußerer und innerer Quellenkritik. Nicht hoch genug zu schätzen ist schließlich das affektive Moment: choc par les documents, der Blick in die Werkstatt des Historikers, die Mosaiksteinchen einer Vielzahl von Einzeluntersuchungen vor einer Aussage.

Das WWA bietet reiches Material für repräsentative Fallstudien; im folgenden werden verschiedene Quellensorten aus den von Wilfried Reininghaus vorgestellten Einzelbeständen auf ihre Verwendung im Geschichtsunterricht hin in stichwortartiger Analyse skizziert:

Harkort, Exzerptenbuch ‚Technische Angelegenheiten'

Herkunft der Exzerpte? Welche technisch-mechanischen Objekte? Bandbreite und Bereiche der technischen Probleme, Erfindungsdruck. Sozialbiographie der Patenthalter.

Harkort, Copier-Buch 1826/27

Geschäftspartner, Orte, Erzeugnisse, Banken, Finanzierung. Verfolgen einzelner Geschäftsbeziehungen.

Harkort, Arbeiterzeugnisse 1828–1855

Berufe, Herkunftsregionen/-orte, Dienstzeit, Betragen, Entlassungsgründe.

Grundzüge der Arbeit mit Personenlisten, Einführung in quantitative Methoden.

Arenberg, Grubenbetriebsbuch 1890–1893

Namen, Geburtsorte/-provinzen: Rheinland, Westfalen, Schlesien, Pommern, Posen, Rußland (Polen). Prozentuale Verteilung und diachronische Entwicklung. Auswertung der Bemerkungen wegen Streiks, Tierquälens, Bummelei, Agitation, Auskneifens, Auswanderung ...

Wagner, Festschrift zum 75jährigen Betriebsjubiläum 1940

Werksgeschichte in Korrelation zur Ruhrgebietsgeschichte. Städtebau, Siedlung, Architektur. Prosopographie, Sozialbiographien.

Wagner, Exporte in die Sowjetunion um 1930

Verweis auf Bestandsinventar; Analyse der Kontakte zur sowjetischen Handelsvertretung, Art und Frequenz der Annoncen.

IHK Bochum, Jahresberichte und/oder Protokolle 1856–1881

1874 Dokumentation des Gründerkrachs in der Region; Erkenntnis der ‚zweiten Reichsgründung' durch Vergleich der Jahresberichte für 1878 und 1879.

Möglichkeiten einer didaktischen Zuordnung

<table>
<tr><th></th><th>Sekundarstufe I</th><th>Sekundarstufe II</th></tr>
<tr><td>Maschinenfabrik Wetter (Harkort)</td><td>Exzerptenbuch
‚Technische Angelegenheiten'</td><td>Briefkopierbücher
Arbeiterzeugnisbücher</td></tr>
<tr><td>Arenberg Bergbau AG</td><td colspan="2">Grubenbetriebsbuch</td></tr>
<tr><td>Werkzeugmaschinenfabrik Wagner & Co.</td><td>Festschrift 1940</td><td>Annoncen in SU-Zeitschriften</td></tr>
<tr><td>IHK Bochum</td><td colspan="2">Jahresberichte Protokolle</td></tr>
</table>

3. Nationale Identitäten und nationale Bewegungen im sowjetischen Vielvölkerreich

Leitung: *A. Kappeler (Köln)*
A. Kappeler: Einleitung
S. Kivimäe (Tallinn): Die Esten
R. Mark (Mainz): Die Ukrainer und ihre Abgrenzung von den Großrussen
U. Halbach (Köln): Islam und Nation
P. Hilkes (München): Die Sowjetunion-Deutschen und ihr Verhältnis zu anderen ethnischen Gruppen (Ergebnisse eines Befragungsprojekts)

A. Kappeler

Einleitung

Seit etwa drei Jahren vollzieht sich in der Sowjetunion eine Explosion nationaler Bewegungen, die heute alle größeren ethnischen Gruppen mobilisiert hat. Die Öffentlichkeit, die Politiker und auch die meisten Wissenschaftler wurden davon überrascht, wie groß die Integrationskraft nationaler Identität und die Dynamik nationaler Bewegungen nach Jahrzehnten der Sowjetisierung und der Erziehung im Geist des proletarischen Internationalismus ist. Heute können wir beobachten, wie der Nationalismus das ideologische Vakuum in der Sowjetunion füllt und die nationalen Bewegungen das von Krisen geschüttelte sowjetische Imperium sprengen.
Nationale Identitäten der Gegenwart sind eng verbunden mit „Identitäten in der Geschichte", dem Thema dieses Historikertages. Gerade am Beispiel der nationalen Bewegungen in der Sowjetunion von heute zeigt sich das augenfällig. Zum einen bieten sich historische Parallelen an: Schon in den Revolutionen von 1905 und 1917 entfalteten sich etwa bei den Esten, Letten, Litauern oder Ukrainern nationale Bewegungen mit dem Ziel politischer Autonomie und staatlicher Souveränität, schon damals standen sich bei den Muslimen Rußlands die panislamische, pantürkische und ethnisch-nationale Option gegenüber, und schon damals forderte die bewaffnete Konfrontation zwischen Armeniern und Aserbeidschanern unzählige Opfer. Schon in der Krisenzeit des Spätzarismus wandte

sich ein von Teilen der Gesellschaft getragener russischer Nationalismus gegen den imperialen Staat, in seinem extremen Flügel schon damals mit Rückgriff auf den Antisemitismus. Auch Parallelen zum Zerfall anderer multinationaler Imperien, des Habsburger und des Osmanischen Reiches, sind offensichtlich.

Zum anderen ist das kollektive historische Gedächtnis für den heutigen nationalen Aufbruch in der Sowjetunion von konstitutiver Bedeutung. Das zeigt sich in zahlreichen Manifestationen zum Gedächtnis an nationale Glückstage oder Katastrophen der Vergangenheit, die Demonstrationen im Baltikum zum Gedächtnis an die Jahre 1939 und 1940 waren besonders eindrückliche Beispiele. Die nationale Identität versucht sich in der Geschichte zu verankern, in den nach dem 1. Weltkrieg entstandenen – und mit Ausnahme des Baltikums – ephemeren Nationalstaaten, in den vorangehenden nationalen Bewegungen, in Goldenen Zeitaltern des Mittelalters oder der frühen Neuzeit, aber auch in der frühen Sowjetzeit, als in den 20er Jahren die nationalen Kulturen eine Renaissance erlebten. Die Frage stellt sich, ob es möglich ist, an diese Vorbilder anzuknüpfen und den Weg zur nationalen Selbstbestimmung, der durch Sowjetisierung und Stalinismus unterbrochen wurde, fortzusetzen.

Für den Historiker und besonders den Nationalismus-Spezialisten ist die Sowjetunion von heute auch so etwas wie ein Labor, das die Beobachtung und Analyse einer ganzen Reihe von Typen nationaler Identitäten und Bewegungen erlaubt, die hier gleichzeitig im Rahmen eines Herrschaftsverbandes auftreten. Einige Typen will Ihnen diese Sektion heute vorstellen. Das klassische Beispiel einer demokratischen, politisch kontrollierten Befreiungsbewegung sind die *Esten*. Während die estnische Identität breit verankert ist, ist die Identität der fast 50mal zahlreicheren *Ukrainer* noch weniger gefestigt. Dazu tragen ihre sprachliche, kulturelle und historische Nähe zu den Russen und ihre auf unterschiedlicher historischer Erfahrung wurzelnde Heterogenität bei. Für die Identität der sowjetischen *Muslime* stellt sich heute ähnlich wie für die islamischen Länder des Nahen und Mittleren Ostens die Frage nach dem Wechselverhältnis religiöser und nationaler Elemente; ethnische Konflikte in dieser Region verliefen bisher nicht selten gewalttätig. Die *Deutschen* der Sowjetunion stellen schließlich den Typ einer diskriminierten Minderheit ohne Autonomie dar, deren Identität gefährdet ist und die deshalb in Massen auswandern. Diese Fallstudie stellt methodisch einen für Historiker reizvollen Ansatz vor, als sie auch auf Ergebnisse des Münchner Forschungsprojekts „Deutsche in der Sowjetunion", einer groß angelegten Befragung von Aussiedlern, zurückgreift.

S. Kivimäe

Die Esten

Fennougrische Mundarten sprechend kamen die Vorfahren der Esten vor 6000 Jahren an die Ostsee und wurden eines der ältesten im selben Gebiet ackerbautreibenden Völker. Im 13. Jahrhundert begann im Baltikum die Fremdherrschaft. Besonders durch die Hanseverbindungen wurde diese Region dem europäischen Kulturkreis angegliedert, dessen Einfluß auf den estnischen Bauernstand jedoch gering gewesen ist. Die geopolitische Lage hat die Esten adaptionsfähig geformt. Ihre Identität wurde aber durch die im tausendjährigen Existenzkampf gebildete engste Zusammengehörigkeit mit diesem Erd-

boden bewahrt. Die Esten haben sich selbst Landvolk genannt. Ein weiteres Kriterium ist die Sprache gewesen, die die Esten immer von den Herrschern unterschied.
Erst die gründliche Umwandlung des agrarökonomischen Systems in der Mitte des 19. Jahrhunderts schuf die Voraussetzungen für das nationale Erwachen. Sozio-ökonomische Faktoren blieben bei der Bildung des Nationalbewußtseins ausschlaggebend. Die Dynamik der nationalen Bewegung, die die führende Rolle der Intellektuellen und die Gründung von zahlreichen Organisationen charakterisiert, ist gut geforscht und vom tschechischen Historiker W. Hroch in seiner Studie über die Nationalbewegungen der Kleinvölker Europas vergleichend dargestellt. Die sich vor allem in den kulturellen Aktivitäten äußernde Bewegung bezeichnete eigentlich den Kampf gegen die deutsche Vorherrschaft. Die Russifizierung hat diese wohl eingeschränkt, aber ihrerseits die nationale Unterdrückung der Esten verstärkt.
Mehr als das Selbständigkeitsmanifest im Jahre 1918 hat der Sieg über die Russen und Deutschen im Freiheitskrieg dem Nationalgefühl den Sinn gegeben. Im eigenen Staat bildete sich endlich die nationale Identität der Esten heraus. Die stalinistische Politik war bestrebt, dieses Zeitalter aus dem Gedächtnis des Volkes auf ewig auszulöschen. Unter dem totalitären Regime hielt das Nationalgefühl die bewußt kultivierte Kultur am Leben.
Zwar hatte „die singende Revolution“ im Frühsommer 1988 die nationalen Aktionen vorbereitet, doch eine entscheidende Rolle spielte dabei das im Rahmen von Perestroijka vorgeschlagene Programm vom selbstbewirtschafteten Estland. Symptomatisch ist, daß die drohende Ökologiekatastrophe das estnische Volk gegen die Zentralgewalt mobilisiert hat. Als Kernfrage erhob sich die Existenz des Volkes (die Zahl von Esten erreicht knapp die Eine-Million-Grenze) und seiner Sprache. Aus verschiedenen Initiativen entstanden zwei nationale Richtungen. Die extreme Gruppe verlangt die bedingungslose Wiederherstellung des Status vom Jahre 1939. Die meisten politischen Kräfte haben sich mit der Volksfront vereinigt, die auf der Suche nach geschichtlichen Identitätsfaktoren die Symbolik der Eigenstaatlichkeitszeit übernommen hat, aber von den existierenden Machtstrukturen ausgeht. Die russische Bevölkerung distanziert sich zum großen Teil von den estnischen Bewegungen.
Der baltische Regionalismus ist stets eine Konzeption der oberen Mächte gewesen, den die baltischen Völker sich jetzt zu eigen gemacht haben.

R. Mark

Die Ukrainer und ihre Abgrenzung von den Großrussen

Die Ukraine nimmt nicht nur ihrer strategisch wichtigen Lage, ihrer Größe und ihres ökonomischen Potentials wegen einen besonderen Platz unter den Völkern der SU ein. Es ist auch die enge ethnische Verwandtschaft, die der Beziehung von Russen und Ukrainern einen speziellen Charakter verleiht, sowie die trotz Unterbrechung viele Jahrhunderte lang bestehende staatliche Gemeinschaft, die bis zu den Anfängen der ostslawischen Geschichte zurückreicht. Dahinter versteckt bleibt jedoch bis heute die eigentliche Geschichte der Ukrainer, ihre eigenständige ethnokulturelle, sozialökonomische und politische Entwicklung, die unter anderen Bedingungen verlief als die Rußlands, dessen politischer und staatlicher Aufstieg auch in Interdependenz mit dem umgekehrt verlaufenden Prozeß in der Ukraine, deren Niedergang im 17. und 18. Jahrhundert zu sehen ist. Der historisch betrachtet augenfälligste Unterschied zwischen Rußland und der Ukraine besteht in der Tatsache, daß die Russen auf eine nationale Geschichte zurückblicken, deren entwicklungsbestimmende Hauptmerkmale ein lange vor der modernen Nationsbildung entstandenes Staatswesen, ein sich ständig erweiterndes Staatsterritorium, Stabilität von Dynastie und Staatsführung sowie eine schon früh auf Identität von Volk und Glaubensgemeinschaft hinwirkende Staatsreligion waren.

Die Geschichte der Ukrainer verzeichnet dagegen bis 1917 lediglich Ansätze von Eigenstaatlichkeit, regionale Sonderentwicklungen und Diskontinuitäten sowie eine sehr spät einsetzende moderne Nationsbildung, deren volle Entfaltung erst im zweiten Viertel des 20. Jahrhunderts deutliche Konturen annahm. Das Scheitern des nationalen Revolutionsversuchs in den Jahren 1917–1921 resultierte auch aus diesen historischen Entwicklungsdefiziten. Aufgrund der fehlenden Basis einer national optierenden Bevölkerung verhallten damals alle Appelle der Führung der UNR um Unterstützung im Kampf für eine unabhängige Ukraine im Wind. Aber auch unter der schmalen nationalbewußten Elite gab es nicht wenige, für die das Konzept eines unabhängigen ukrainischen Staates einen Rückschritt in die Nationalstaatsideologie des 19. Jahrhunderts darstellte, die weder mit der Philosophie des historisch-politischen Denkens in der Ukraine vereinbar war, noch den aktuellen nationalen Bedürfnissen entsprach und an keine Traditionen anknüpfen konnte. Für ein mit Formen von Eigenstaatlichkeit verbundenes nationales Bewußtsein der Ukrainer gibt es in deren Geschichte nur wenig Evidenz, sieht man einmal von der primär regionalen Bedeutung des kosakischen Hetmanstaates und der weit zurückliegenden Kiever Rus ab. Hier konnten und können keine historischen Wurzeln gesucht und höchstens Versatzstücke für ein Identitätstiftendes nationales Geschichtsbild gefunden werden; dies wird auch in der Präambel des Programms von ‚Ruch' deutlich. Der große ukrainische Historiker und Soziologe M. Hruševs'kyj hat dies zu Beginn unseres Jahrhunderts mit den Worten auf den Punkt gebracht: „Die ökonomische, soziale und kulturelle Geschichte des ukrainischen Volkes ist für manche Perioden seine einzig mögliche Geschichte".

Die Erfahrungen und Ergebnisse der Jahre 1917–1921 sowie der in den 20er und 30er Jahren durch die Sowjetisierung und Industrialisierung stark vorangetriebene soziale Differenzierungs- und nationale Integrationsprozeß haben – trotz aller Rückschläge – erst die Voraussetzungen dafür geschaffen, daß ein übergreifender ukrainischer Selbstbehauptungswille entstehen und sich zunehmend mehr in Kategorien nationaler und staatlicher Selbstbestimmung artikulieren konnte. Seine Äußerungsformen waren ein integraler ukrainischer Nationalismus und eine ideologisch weit gefächerte Dissidentenbewegung, für die heute die ukrainische ‚Helsinki-Gruppe' und ‚Ruch' stehen. Der Austritt aus der Union gehört jedoch – wie es noch scheint – keineswegs zu den vorrangigen Zielen der Bewegung. Viel wichtiger sind Forderungen nach echter Autonomie und damit eng verknüpft nach nationaler Abgrenzung von den Russen, ihrer Geschichte und Kultur.

Die als kolonial charakterisierte Abhängigkeit ihres Landes von den Russen wird von den Ukrainern als ein Wesensmerkmal ihrer Geschichte und als das Hauptproblem der nationalen Erneuerung und Identitätsfindung betrachtet. Es resultiert aus der seit dem 16. Jahrhundert voranschreitenden imperialen Expansion des russischen Reiches, in de-

ren Verlauf der größte Teil der Ukraine zu einer Provinz dieses Imperiums wurde – mit weitreichenden Folgen: Historisch gewachsene Formen der nationalen Existenz wurden zerstört bzw. der sozialen, ökonomischen und politischen Struktur Rußlands angepaßt mit verheerenden Folgen für die Entwicklung einer modernen Gesellschaft und Nationalkultur. Die Tatsache der nahen Verwandtschaft des Ukrainischen mit dem Russischen diente als Vorwand, das Ukrainische als Kleinrussisch zu einer minderen Mundart der russischen Sprache und die Kleinrussen zu einer Territorialgruppe der Großrussen werden zu lassen. Dabei wurden der Terminus Rus' seiner spezifischen historischen Semantik und die Kleinrussen ihrer nationalen Identität beraubt. Ähnliches gilt für den Bereich Kirche und Religion, wodurch die Union mit der russischen Orthodoxie die ukrainischen nationalen Organisationsstrukturen und Kirchen aufgelöst oder unterdrückt wurden. Mit der Annexion des Territoriums und der Nivellierung von Gesellschaft und Nationalkultur ging der Verlust der Nationalgeschichte einher, deren Sonderentwicklungen praktisch zu folkloristischen Randerscheinungen der russischen Geschichte degradiert oder von deren Historikern einfach negiert wurden.
Der Versuch der Rückgewinnung bzw. Neukonstituierung einer sich von den Russen deutlich abhebenden nationalen Identität der Ukrainer stößt heute auf Hindernisse, deren retardierendes Moment in der unterschiedlichen Bedeutung der Identitätstiftenden Faktoren für einzelne Teile und Schichten der Bevölkerung zu sehen ist. Ein Kernproblem ist das sogenannte ‚Kleinrussentum' als Ausdruck nationaler Indifferenz bzw. mangelnder Abwehrbereitschaft gegenüber allem Russischen, basierend auf Zweisprachigkeit oder auch der Dominanz der russischen Sprache. Es hat tief reichende historische Wurzeln und weist eine regional sehr unterschiedliche Intensität und Verbreitung auf, wobei sozialökonomische und politische Faktoren eine Rolle spielen. Vergleichbare Probleme existieren bei der Parallelisierung von Nationalität und Konfession, weil Orthodoxie und griechischer Katholizismus in einem Konkurrenz- und Spannungsverhältnis stehen, wobei auch hier regionale Besonderheiten zum Tragen kommen und ein weiteres Problemfeld sich antagonistisch erweisender Traditionselemente berührt wird: die Frage nach der Zugehörigkeit zum östlichen oder westlichen Kulturkreis.

U. Halbach

Islam und Nation

1) Der Terminus „Muslim" ordnet in der Sowjetunion über 50 Millionen Menschen aus 38 Ethnien der Kulturwelt des Islam, nicht dem individuellen Glaubensbekenntnis zu. Er umfaßt Gläubige und Nichtgläubige der *historischen Muslimregionen Wolga–Ural, Aserbaidshan, Nordkaukasus und Mittelasien,* die sich nach Zeitpunkt und Modus der Islamisierung und der Annexion an Rußland und nach Varianten islamischen und nationalen Bewußtseins in der Gegenwart unterscheiden. Das Spektrum des Islam reicht vom islamischen Modernismus (Jadidismus) über Traditionalismus und Volksislam bis zu konservativen Sufi-Bruderschaften und „fundamentalistischen" Gruppierungen.
2) In vorsowjetischer Zeit existierte mit wenigen Ausnahmen (Aserbaidshan, ansatzweise Kasachstan) kein partikulares Nationalgefühl im Sinne eines „Usbeken-" oder „Kirgisentums". Die ethnischen Gemengelagen, das Fehlen historischer „Nationalstaaten" mit

klarer Ethnos-Territorium-Zuordnung und relevanter ökonomischer, politischer und sozialkultureller Voraussetzungen verhinderte die Entwicklung von Nationalbewußtsein entlang ethnisch-territorialer Unterscheidungslinien. Identifikation wurde auf *subnationaler* (Stämme, Städte, Siedlungsgebiete) und auf *supranationaler Ebene* (islamische 'Umma) vollzogen. Der Islam verminderte mit seiner Priorität für die Gemeinschaft des Glaubens ('umma) vor jeder ethnischen Loyalität die Unterschiede zwischen den ethnischen und tribalen Bevölkerungselementen in Mittelasien und anderen Muslimregionen. Dieser Integrationsfunktion kamen Sprachverwandtschaft (Überwiegen der Turksprachen) und konfessionelle Homogenität (sunnitische Mehrheit, hanefitische Rechtsschule) entgegen. Dennoch gab es ethnische, sozialkulturelle und ökonomische Trennungsfaktoren, die in der Islamgemeinschaft nicht aufgehoben wurden (Nomaden versus Seßhafte, eingewanderte Tataren versus einheimische Mittelasiaten u. a.).
3) Im späten 19. Jahrhundert entstand eine teilweise von außen beeinflußte (Tanzimat, Panslavismus u. a.) „muslimische Nationalbewegung“ gegen die russische Oberherrschaft, die kulturelle Autonomie und Rechtsgleichstellung mit den Russen forderte. Sie entwickelte eine alle Muslime des Zarenreiches ansprechende Pan-Variante (Panislamismus/Panturkismus) und regionale Varianten. Die Relation von Islam und Nation wird vor allem in frühsowjetischer Zeit durch die Ideologie der „muslimischen Nationalkommunisten“ (Sultangaliev) definiert. Sie opponiert gegen die Bestrebung der Sowjetmacht, die Muslime Rußlands durch „nationale Abgrenzung“ in sozialistische Einzelnationen aufzuspalten und den islamischen und türkischen Zusammenhang aufzuheben.
4) Durch nationale Abgrenzung in separate Sowjetrepubliken und durch unterstützende sprachen-, kultur- und geschichtspolitische Maßnahmen führte die Sowjetmacht eine Politik des Identitätswechsels in den Muslimregionen durch. Aus einer Schaffung von „Pseudonationen“ in ethnisch und sprachlich problematischen Grenzen wurde ein Bezugssystem neuer nationaler Identitäten und Loyalitäten. Die intendierte Eingliederung in die „Sowjetgemeinschaft“ wurde letztlich nicht oder nur unvollkommen erreicht. (Statt „Sowjetisierung“ „Balkanisierung“?)
5) Nationale Abgrenzung und Sowjetisierung konnten islamisches Zusammengehörigkeitsgefühl dennoch nicht aufheben. Besonders in der Konfrontation mit Russen und Europäern wird der Islam als *ethnisches Merkmal* eingesetzt und in der Befolgung bestimmter Riten und Verhaltensnormen als Loyalität gegenüber der eigenen Nation behauptet („Ein Nichtmuslim/ ein Unbeschnittener kann nicht Usbeke sein“). Die Gleichsetzung von Islam mit „nationalem Erbe“ bildet den „religion-nationalism-linkage“ (Rakowska-Harmstone), den sowjetische Kommentatoren seit langem beklagen. Ein über ethnischen Kategorien völlig erhabener universalistischer Islam wird nur von Minderheiten der muslimischen Intelligenzija vertreten. Islam trat in der Sowjetunion vor allem als „Kulturislam“ in Erscheinung. Die Differenz zwischen Kultur- und Glaubensislam wird aber zunehmend geringer.
6) Ethnisches Bewußtsein sowjetischer Muslime ist auf subnationaler, supranationaler und nationaler Ebene angesiedelt. *Lokale und tribale Identität und Loyalität* überwiegt in ethnisch zersplitterten Regionen (Nordkaukasus) und bei ehemaligen Nomadenvölkern mit starken Stammestraditionen. Sie spielt eine bedeutende Rolle bei der Bildung ethnischer Gefolgschaften, mit denen lokale Machteliten ihre Herrschaft gegen Moskau und Perestrojka absicherten. *Supranationale Identität* zielt am ehesten auf einen mittelasiatischen Regionalismus (Turkestanismus) und ist seit langem in der Literatur (Mirasis-

mus) nachzuweisen. Das heute intensiv diskutierte Problem der „Baumwoll-Monokultur“ stiftet ebenfalls regionales Oppositionsbewußtsein gegenüber der Unionsgewalt. Eine alle Muslimregionen über Panislamismus oder Panturkismus integrierende muslimische Nationalbewegung ist allenfalls in Ansätzen vorhanden. *Partikularer Nationalismus* gewinnt in einigen Unionsrepubliken (vor allem Aserbaidshan und Usbekistan) zunehmend an Bedeutung, während er in anderen kaum vorhanden ist (Turkmenien). Als bewußtseinsbildende Faktoren treten dabei hervor: Sprache (Nationalsprachen als Staatssprachen der Republiken), Kultur und Geschichte (Mittelasiatische Kultur- und Geschichtssymbole werden für eine „usbekische Nationalgeschichte“ vereinnahmt), Territorium (Territorialkonflikte als Katalysator nationalen Bewußtseins) und Islam (Banner des Propheten als „nationales Banner“).
7) Aktuelle Trends unter Gorbatschow, vor allem die Souveränitätsbestrebungen der Unionsrepubliken, begünstigen die Entwicklung partikularer Republik-Nationalismen. Vernetzungserscheinungen in der Nationalitätenszene (interrepublikanische Kommunikation von Volksfronten) übertragen westliche Elemente „nationaler Emanzipation“ von der sowjetischen Zentralgewalt an die muslimische Peripherie (Souveränitätserklärungen Aserbaidshans, Usbekistans).

P. Hilkes

Die Deutschen in der Sowjetunion und ihr Verhältnis zu anderen Nationalitäten. (Ergebnisse eines Befragungsprojekts)

Deutsche in der Sowjetunion sind in den letzten Jahren zunehmend Gegenstand der wissenschaftlichen Arbeit und Thema öffentlicher Diskussionen geworden. Die vom Osteuropa-Institut München durchgeführten und noch geplanten Befragungsstudien mit Aussiedlern aus der UdSSR umfassen neben den Lebensbedingungen in der UdSSR auch den Integrationsprozeß von Aussiedlern in der Bundesrepublik Deutschland. Aufgrund von Erhebungen aus den Jahren 1985/86 und 1989/90 liegt eine Vielzahl von Daten aus den verschiedenen Gesellschaftsbereichen der Sowjetunion vor. Aus den gewonnenen Daten ergeben sich hervorragende Vergleichsmöglichkeiten. Untersuchungen in der UdSSR und Studien der nordamerikanischen Emigrationsforschung bilden eine für die eigene Arbeit unerläßliche Ergänzung.
Die Vielfalt der die nationalen Beziehungen in der UdSSR kennzeichnenden Prozesse und Einflußfaktoren wird in den Befragungsstudien deutlich. Deutsche in der UdSSR und ihre heutige Situation sind insbesondere durch die Vor- und Nachkriegsgeschichte seit 1945 geprägt: Sie besaßen vor 1941 ebenso wie andere Nationalitäten im Vielvölkerstaat in Form von autonomen Gebieten etwa in der Ukraine und im Kaukasus sowie einer autonomen Republik an der Wolga „eigene“ Territorien. Mit ihrer Auflösung Ende der dreißiger Jahre bzw. 1941 wurden die Deutschen nach dem Angriff der Wehrmacht auf die Sowjetunion nach Sibirien, Mittelasien und Kasachstan deportiert. Diskriminierungen durch Staats- und Parteiorgane sowie durch Angehörige anderer Nationalitäten während des Zweiten Weltkrieges und danach, massive Angriffe auf die Freiheit und das Leben des einzelnen haben ihr Leben bis heute bestimmt.

Insbesondere in Mittelasien und Kasachstan sowie im Wolgagebiet sehen sich Deutsche heute zunehmendem Druck der einheimischen Bevölkerung gegenüber. Die schlechte Versorgungslage führt zu einem täglichen Kampf um lebenswichtige Güter. Von der einheimischen Bevölkerung werden bei dieser Mangelsituation die übrigen als Konkurrenten empfunden. Die Rückbesinnung auf einheimische Traditionen und Wertvorstellungen richtet sich gegen die dort lebenden „Europäer", u. a. Russen, die häufig für die Mangelsituation und den Verlust der einheimischen Sprache, Kultur und Traditionen verantwortlich gemacht werden.

Deutsche in der UdSSR haben durch die häufig erzwungenen Wohnortwechsel und ihre Streusiedlung insgesamt einen sehr guten Einblick in die nationalen Beziehungen. Unter den im Winter 1989/90 befragten Aussiedlern gaben 47,8 % an, die Beziehungen zwischen den Nationalitäten hätten sich seit Mitte der 80er Jahre verschlechtert. Diese negative Einschätzung wird noch dadurch verstärkt, daß ca. 40 % angaben, die Beziehungen seien unverändert, d. h. die Probleme der Deutschen bestünden weiter.

Multinationalität ist ein die eigene Lebenssituation in der UdSSR bestimmendes Merkmal. Sprache, Bildung und Kultur, Religion, eigenes Territorium, Traditionen sowie Einstellungen und Verhaltensweisen sind wesentliche Einflußfaktoren, die zur Identitätsstiftung beitragen und das Verhältnis zu anderen Nationalitäten beeinflussen. Weiterhin steigende Russisch- und sinkende Deutschkenntnisse führen u. a. in Mittelasien und Kasachstan zu einer zumindest sprachlich engen Anlehnung an die russische bzw. russischsprachige Bevölkerung, ungeachtet der Notwendigkeit des Russischen als lingua franca in der UdSSR. Nur ca. 20 % der Befragten konnten sich auf Deutsch gut unterhalten und alles verstehen. Nicht einmal 5 % von ihnen beherrschten nach eigenen Angaben perfekt Deutsch (Hochsprache oder Dialekt).

Trotz der hohen Bedeutung des Russischen weisen die Befragungsergebnisse darauf hin, daß die ausgereisten Deutschen sich bewußt als Deutsche wahrnahmen. Dies gilt z. B. sowohl für die Arbeitswelt als auch für das Familienleben. Es ist dabei jedoch eindeutig zwischen Arbeitswelt und Familie zu unterscheiden. So wünschten sich zwar fast zwei Drittel der Befragten deutsche Kollegen am Arbeitsplatz, doch hatten sie gegen die übrigen Nationalitäten wie Usbeken, Kasachen, Russen, Ukrainer als Kollegen nichts einzuwenden. Grundsätzlich standen sie Russen und Ukrainern positiver gegenüber als Kasachen oder Usbeken.

Im Bereich der Familie lassen sich völlig andere Einstellungen beobachten, die auf die nationale Distanz zu anderen Nationalitäten hindeuten. Auf die Frage, wer als Verwandter bei einer Eheschließung in die Familie aufgenommen werden sollte, befürworteten über 90 % der Befragten eindeutig Angehörige der deutschen Nationalität. Russen, aber v. a. Armenier, Kasachen oder Usbeken wurden von meist mehr als 75 % eindeutig abgelehnt. Dies gilt insbesondere für diejenigen Befragten, die zuletzt in Kasachstan gelebt hatten.

Islamische Traditionen der Einheimischen in Mittelasien und Kasachstan und ihr wachsendes Selbstbewußtsein haben die Kluft zu den Deutschen größer werden lassen. In anderen Regionen des Landes sind ähnliche Prozesse feststellbar. Aus vorliegenden Untersuchungen wird deutlich, daß dies in besonderem Maße für die ausgereisten Deutschen gilt. Es ist jedoch zu vermuten, daß dies auch viele der in der UdSSR noch lebenden Deutschen betrifft.

4. Milieus, Identitäten und politisches Verhalten im Ruhrgebiet

Leitung: *K. Rohe (Essen)*
K. Rohe: Einleitung
G. Brakelmann (Bochum): Das kirchennahe protestantische Milieu im Ruhrgebiet 1890–1933
D. Geary (Nottingham): Die Auswirkungen der Arbeitslosigkeit auf die Ruhrarbeiterschaft
W. Jäger (Bochum): Resistenz und Anfälligkeit unterschiedlicher Milieus der Ruhrbergarbeiterschaft gegenüber dem Nationalsozialismus
B. Faulenbach (Bochum/Recklinghausen): Sozialdemokratische Milieubildung in der Nachkriegszeit am Beispiel zweier Ruhrgebietsstädte (Skizze)
A. von Plato (Hagen): Die Veränderung traditioneller Milieus, neue Kommunikationseliten und Lokalredaktionen im Ruhrgebiet nach 1945

K. Rohe

Einleitung

Daß der diesjährige Historikertag eine besondere Ruhrgebietssektion besitzt, verdankt sich wohl auch der Einsicht, daß das zentrale Thema dieses Jahres nirgendwo so gut durchdekliniert werden kann wie am Beispiel des Ruhrgebiets. Wenn es ein Grundcharakteristikum des alten Reviers gibt, dann die sozialräumliche Koexistenz unterschiedlichster Identitäten und Milieus in engster Nachbarschaft; das dürfte es in dieser Form nirgendwo in Deutschland sonst gegeben haben. Darüber werden sie in den folgenden Referaten einiges hören. Um der Gefahr vorzubeugen, daß zwar eine Fülle von Informationen vermittelt wird, jedoch kein Gesamtbild der regionalen Entwicklung entsteht, will ich versuchen, mit wenigen Sätzen wenigstens umrißhaft und etwas vergröbernd die Großentwicklung der politischen Gesellschaft in dieser Region nachzuzeichnen. Dabei werde ich bewußt den politischen Katholizismus ein wenig stärker hervorheben, einmal deshalb, weil ohne ihn das Bauprinzip, das der historischen Ruhrgebietsgesellschaft zugrunde liegt, schlechterdings nicht begriffen werden kann, und zum anderen, weil bedauerlicherweise in der Sektion kein Referat dem Katholizismus gewidmet ist.

Folgende Phasen sollen grob unterschieden werden:

1. Die Phase zwischen 1848er/49er Revolution und der Reichsgründung

Anders als in Teilen der Rheinprovinz und Westfalens gab es 1848/1849 noch keinen politischen Katholizismus im Ruhrgebiet, oder genauer in jenem Raum, der sich gerade anschickte, das Ruhrgebiet zu werden. Wählerschaft und Eliten teilten sich auf in Demokraten und Gemäßigte, später dann, damit freilich nicht identisch, in Konservative und Liberale, oder vielleicht richtiger: in jene Gruppierungen, die „ministeriell", und jene, welche „oppositionell" orientiert waren.
Diese Grundkonstellation, die im Prinzip quer zu den Konfessionsgrenzen stand, bestimmte auch noch die Wahlen zum Norddeutschen Reichstag. Um es beispielhaft zu demonstrieren: In Essen votiert die große Mehrheit der katholischen Wähler für den

konservativen Kandidaten, der nach eigenem Eingeständnis die Unterstützung aller Elementar-Lehrer, aller protestantischen Geistlichen und auch der Mehrheit der katholischen Geistlichen besaß. In Dortmund dagegen findet der Kandidat der Fortschrittspartei, der „rote Becker", in katholischen Landgemeinden eine stärkere Unterstützung als in protestantischen Landgemeinden.

2. *Die Phase des Zwei-Lagersystems (1870–1890)*

Dieses tradierte, regionale Parteiensystem wurde 1870/71 gleichsam über Nacht ausgetauscht für ein Parteiensystem, das sich entlang der Konfessionsgrenzen polarisierte und seinen maßgebenden politischen Ausdruck in der Zentrumspartei einerseits und dem später vornehmlich durch die Nationalliberalen repräsentierten Nationalen Lager andererseits fand. Folgende Aspekte des neuen regionalen Parteiensystems, das sich zum ersten Male bei den preußischen Landtagswahlen 1870 in allen Wahlkreisen etablierte, sind besonders hervorzuheben:

– daß der Cleavage, der die regionale Gesellschaft spaltete, entlang der Konfessionslinie verlief, aber zusätzlich durch einige kulturelle und soziale Fermente angereichert war.

– daß in die beiden neu gebildeten politischen Lager, vornehmlich in das nationale Lager, politische Traditionen einflossen, die sich vormals politisch erbittert bekämpft hatten. Beispielsweise weigerten sich noch 1867, bei den Wahlen zum Norddeutschen Reichstag, die Essener Konservativen kategorisch, den nationalliberalen Kandidaten Dr. Hammacher, als von der Regierung gestützten Kandidaten, zu akzeptieren. Wenig später war jedoch der Nationalliberalismus zu *dem* politischen Ausdruck des nationalen Lagers, vornehmlich im westlichen Ruhrgebiet, geworden, während sich im stärker altpreußisch bestimmten östlichen Ruhrgebiet die Nationalliberalisierung des bürgerlichen Lagers nicht zufällig etwas verzögerte. Aber auch das katholische Lager war weniger geschlossen, als es auf den ersten Blick scheinen mag. Am spektakulärsten sichtbar wurden diese Spannungen bei den Reichstagswahlen des Jahres 1877, als sich in der Stichwahl ein Kandidat des „bürgerlichen Zentrums" und ein Kandidat der Christlich-Sozialen im Wahlkreis Essen gegenüberstanden und der Christlich-Soziale, mit Unterstützung der Sozialdemokratie, das Mandat knapp gewann. Freilich war die Sozialdemokratie zu diesem Zeitpunkt im westlichen Ruhrgebiet keine bedeutsame Größe mehr. Bei den Wahlen zum Norddeutschen Reichstag hatte man noch glauben können, daß das westliche Ruhrgebiet sich zu einer Hochburg der sozialistischen Arbeiterbewegung entwickeln würde. Bei einer Nachwahl im Wahlkreis Duisburg hatten die Lassalleaner ihren Kandidaten Hasenclever durchgebracht. Es war jedoch nur ein sozialistischer Frühling, dem kein sozialistischer Sommer folgte. Es gingen 40 Jahre ins Land, bevor sich ein sozialdemokratischer Reichstagskandidat im westlichen Ruhrgebiet wieder durchsetzte.

3. *Die Epoche eines Drei-Lagersystems 1890–1933*

Dieses Zwei-Lagersystem wurde seit den 1890er Jahren allmählich durch ein Drei-Lagersystem abgelöst, in dem die SPD gegen Ende des Kaiserreichs sogar zur stärksten politischen Kraft in der Region wurde. Verursacht bzw. ermöglicht wurde der regionale Durchbruch der Sozialdemokratie zu einer Massenpartei vor allem durch zwei Faktoren: Durch eine politische Spaltung des nationalen Lagers entlang der Klassenlinie, die bei den ersten Reichstagswahlen nach dem großen Bergarbeiterstreik von 1889 zum ersten

Male deutlich zu Tage trat. Vor allem einige Bergarbeiterorte in den protestantischen Teilen des westfälischen Ruhrgebiets, die vordem überwiegend nationalliberal, in geringerem Umfang auch die Fortschrittspartei gewählt hatten, und zwar bei einer außergewöhnlich hohen Wahlbeteiligung – Indiz dafür, daß das bisherige Zwei-Lagersystem durchaus popular verankert war –, schwenkten nunmehr über Nacht fast geschlossen zur Sozialdemokratie über. Der andere, entscheidende Faktor war die Masseneinwanderung um die Jahrhundertwende, ohne die, den zeitgenössischen Sozialdemokraten durchaus bewußt, die Entwicklung der SPD zu einer Massenbewegung nicht möglich gewesen wäre. In der Zeit nach der Jahrhundertwende drang die Sozialdemokratie allmählich auch auf katholisches Terrain vor, während sie vordem faktisch eine Partei auf protestantischer Grundlage gewesen war. Dabei war sie vor allem in den nördlichen Zonen des Ruhrgebiets erfolgreich, wo sie auf einen noch stark bäuerlich geprägten Katholizismus traf, der weder bereit noch in der Lage war, die Neueinwanderer sozial und kulturell zu integrieren. Ganz offensichtlich sind es also nicht Säkularisationsprozesse, sondern der Herausfall aus der katholischen Parochia, der hinter den Erfolgen der Sozialdemokratie steht. Anders wäre das Raummuster des Wahlverhaltens in dieser Zeit nicht plausibel zu erklären. Indirekt fällt von dort her einmal ein erhellendes Licht auf die Fundamente, auf denen der politische Katholizismus in dieser Region beruht; zum anderen werden damit auch die kulturell heterogenen Grundlagen der Sozialdemokratie im Ruhrgebiet vor 1914 sichtbar. Die Ruhrgebiets-SPD war nur in eingeschränktem Maße eine Milieu-Partei; auch das Verhältnis zwischen protestantischer Bergarbeiterschaft und Sozialdemokratie läßt sich besser begreifen, wenn man es als eine „politische Koalition“ interpretiert, die ein von der sozialistischen Arbeiterbewegung kulturell nur wenig geprägtes Bergarbeitermilieu von einem bestimmten Zeitpunkt an mit der Sozialdemokratie eingeht. Als politische Massenbewegung in der Region muß sie jedoch in erster Linie als breite soziale Protestbewegung begriffen werden, die durch die Masseneinwanderungen um die Jahrhundertwende erst ermöglicht wird.

Diese historischen Grundlagen der Sozialdemokratie sind von konstitutiver Bedeutung, wenn man die regionale Ausdifferenzierung des sozialistischen Lagers in der Weimarer Republik angemessen begreifen will. Zumindest im Ruhrgebiet, anders als im Remscheider Raum, ruht die KPD auf einem sozialen, nicht einem kulturellen Radikalismus auf, während die arg geschrumpfte „reformistische“ Sozialdemokratie in der Region wohl auch ein nicht nur in momentanen materiellen Interessenlagen begründetes, sondern längerfristig angelegtes kulturelles Fundament besaß.

Über die Weimarer Jahre werden Dick Geary und Wolfgang Jäger ausführlich berichten. Hier nur so viel: Die politischen und institutionellen Veränderungen, die den Übergang vom Kaiserreich zur Weimarer Republik begleiten, sind sehr wohl auch mit einigen bedeutsamen wählerpolitischen Veränderungen verknüpft. Der politische Katholizismus muß nicht unerhebliche Verluste hinnehmen, deren Ausmaß vor allem dann deutlich wird, wenn man berücksichtigt, daß er in außergewöhnlich hohem Maße vom neu eingeführten Frauenwahlrecht profitiert. Dennoch kommt es nicht zu einer qualitativen Veränderung des bisherigen lagermäßig fundierten Parteiensystems. Seine kulturellen Grundlagen werden nicht wirklich erschüttert. Auch der Aufstieg der NSDAP, der es gelingt, das bisherige nationale Lager, ergänzt durch die Nichtwähler, die im Ruhrgebiet stets so etwas wie eine stille Reserve des nationalen Lagers gewesen waren, politisch zu besetzen, läßt sich am besten als „Koalitionswechsel“ und nicht als Zerstörung des Milieus begreifen. Hieraus läßt sich als verallgemeinerungsfähige These ableiten, daß der Aufstieg des Nationalsozialismus weder als „Radikalisierung des Mittelstandes" noch als „Radikalisierung der Unpolitischen" verstanden werden kann, sondern vielmehr als Radikalisierung der dominanten politischen Kultur interpretiert werden muß. Das, was letztlich zählt, ist nicht Sozialstruktur, sondern Kultur, oder präziser: kulturell überformte Sozialstruktur. Daraus läßt sich als weitere Hypothese ableiten, daß die Resistenz und Anfälligkeit gegenüber dem Nationalsozialismus ganz wesentlich von der Nähe oder Ferne zu dieser dominanten Kultur abhängig war.

4. *Auf dem Weg zur sozialdemokratischen Hegemonie*

Zur politischen Entwicklung nach 1945 liegen zwei Referate vor. Deshalb auch wiederum nur einige kurze Anmerkungen. Der strategische Ausgangspunkt für die Analyse der politischen Entwicklungen nach 1945 muß der spirituelle und moralische Zusammenbruch des einstmals so bedeutsamen nationalen Lagers im Ruhrgebiet sein. Es hatte gleichsam im Nationalsozialismus seine letzte Steigerung erfahren, trug damit aber auch schon den Keim seines Untergangs in sich. Nach 1945 war es in der Region aus sich heraus nicht mehr politikfähig. Die FDP war von Anfang an nur ein schwacher Abglanz einstiger nationalliberaler Stärke. Im Prinzip haben sich die einstigen Wähler dieses Lagers auf alle Parteien verteilt; es kann jedoch kein vernünftiger Zweifel daran bestehen, daß es die Sozialdemokratie im Ruhrgebiet war, die den Löwenanteil aus der Konkursmasse des einstigen nationalen Lagers einsacken konnte. Da sie vor allem nach dem KPD-Verbot, aber auch schon früher, auch den Großteil der einstigen kommunistischen Wähler für sich zu mobilisieren vermochte und es ihr überdies vor allem in den 1960er Jahren gelang, in das kirchennahe katholische Milieu vorzudringen, wurde sie zu *dem* authentischen politischen Ausdruck des Ruhrgebiets und damit, neben der CSU in Bayern, zur vielleicht erfolgreichsten regionalen Partei in der Geschichte der Bundesrepublik.

G. Brakelmann

Das kirchennahe protestantische Milieu im Ruhrgebiet 1890–1933

1. Kirchennahes protestantisches Milieu: die ihres evangelisch-reformatorischen Glaubens gewisse und sich zum kirchlichen und religiös-patriotischen Leben einer Ortsgemeinde haltenden Personen, Familien, Frauen-, Männer- und Jugendvereine. Es sind Menschen und Gruppen mit differenzierter aktiver Kirchenmitgliedschaft: Besuch der Gottesdienste, Inanspruchnahme der Kasualien (Taufe, Trauung, Beerdigung), christliche Erziehung der Kinder, Teilhabe an Gemeindegruppen und kirchlicher Selbstverwaltung (Presbyterien u. a.), sozialkaritatives Engagement. Bibel, Gesangbuch und Katechismus als religiöse und pädagogische Bildungsgüter, ergänzt durch umfangreiche religiöse Traktatliteratur. – Neben der Verortung in der Ortsgemeinde gibt es für viele eine aktive Mitarbeiterschaft in freien kirchlichen Organisationen: Jugendarbeit, Frauenverbände, Männerarbeit, männliche und weibliche Diakonie, Evangelischer Bund, Reichselternbund, Lehrerverbände, Vereine der Äußeren Mission, Volksmission u. a.

2. Es existiert ein kompliziertes Verschränkungsverhältnis von Ortsgemeinden und dem freien Verbands- und Vereinsprotestantismus. Beide Bereiche strukturieren das kirchen-

nahe protestantische Milieu. Die Gemeinde vermittelt religiös-kirchliche Einübung und gibt religiös-pädagogische Prägung, vermittelt an Schrift und kirchliche Lehre gebundene Glaubensinhalte und an christliche Gebotsethik gebundene Frömmigkeitspraxis. Religion stiftet Sinn und schafft Ordnung. Positiv: Einbindung des einzelnen und von Familien in ein Soziosystem, das integrative und lebensstabilisierende Funktionen hat. Die Dominanz praktischer Sittlichkeit führt zur Ausbildung von Tugenden und Einstellungen, die für das tägliche Leben hilfreich sind. – Negativ: starke Tendenz der Anpassung an vorgegebene Strukturen, wenig Protest- und Widerstandspotential gegen herrschaftliche Praxis. Tendenz zur Einübung in Unterordnung und Untertanenschaften: Eltern–Kinder, Lehrer–Kinder, Pfarrherren–Kinder, Lehrherren–Lehrlinge, Betriebshierarchien–Arbeiter, Besitzer–Abhängige, Obrigkeit–Bürger, Offizier–Soldat u. a.

3. Pfarrer, Lehrer und Eltern orthodox-religiösen und konservativ-politischen Zuschnittes haben durch Verkündigung, Lehre und Erziehung ein geistiges und lebenspraktisches Milieu mitgeschaffen, das moderne Impulse religiöser, geistiger und politischer Emanzipation nicht nur im alltäglichen Leben zu verhindern suchte, sondern in ihnen die zielgerichtete Zerstörung göttlicher Ethos- und Ordnungsstrukturen gesehen hat. Dieses antimodernistische Religionsverständnis hat in den von Landwirtschaft, Handwerk und beginnender Industrialisierung bestimmten traditionellen Ortsgemeinden bis in die dreißiger Jahre hinein große Unterstützung gehabt. Auch der Wandel vom Dorf über den Industrieort zum städtischen Ballungsgebiet hat viele vorindustrielle Lebens-, Gefühls- und Denkmuster bis 1933 kaum überwinden können. Viele Gemeinden waren Zufluchtstätte für agrarisch-kleinbürgerliche Reste einer vergehenden Epoche, Hort gegen Modernismus und Mobilismus. – Politisch bedeutet das: monarchistische Gesinnung, Ja zum christlichen Staat und preußischen Obrigkeitssystem als göttliche Schöpfungsordnung, Ja zum ständischen Ungleichheitssystem, Ja zum Autoritätsprinzip in Kultur und Bildung. Andererseits: Erziehung zum verantwortlichen Patriarchalismus, zur sach- und menschengerechten Arbeits- und Berufsausübung, zur Charakterfestigkeit in Fragen der persönlichen Moral, zur praktischen Nächstenliebe. Von zentraler Bedeutung: die Entwicklung eines Pathos und Ethos einer religiös fundierten Hochschätzung der Arbeit und des Familienlebens, gepaart mit der Bereitschaft zum Arbeits- und Lebensleid (Theologische Stichworte: Sünde, Strafe, Kreuz, Hoffnung auf die Zukunft des Reiches Gottes).
In diesem Milieu Entwicklung und Formung religiös-emotionaler und politisch-weltanschaulicher Widerstandskräfte gegen philosophische und politische Aufklärung, gegen Liberalismus, Demokratismus und Sozialismus. Theoretische und praktische Kampfansage gegen die „Prinzipien von 1789“. Von 1890 bis 1918 sah dieses protestantische Milieu den Hauptfeind des christlichen Glaubens, der christlichen Personal- und Sozialethik in der atheistisch-materialistischen Sozialdemokratie. Sie geistig-weltanschaulich und praktisch-politisch durch eine Rechristianisierung des Volkes zu überwinden, war das umfassende religiös-politische Ziel. Industrialisierung und Urbanisierung von christlichen Ordnungs- und Sinnvorstellungen bestimmt sein zu lassen, war das pädagogisch-sozialethische Ziel.

4. Ein zweiter Typ milieuprotestantischer Kirchlichkeit entwickelt sich in Gemeinden, die zwar auch traditionelle Frömmigkeit vermitteln, sich aber den sozial- und gesellschaftspolitischen Herausforderungen ihrer Zeit öffnen. Idealtypisch gesehen sind das solche Industrie- und Bergarbeitergemeinden, in denen sich evangelische Arbeitervereine bilden, die

man dem protestantischen Sozialkonservatismus zurechnen kann. Sie wenden sich nach 1890 dem zu, was sie Ausbau des Sozialstaates auf konstitutionell-monarchistischer Basis nennen (siehe als Verbandsorgan den „Arbeiterboten"). Diese Vereine tragen dazu bei, daß die traditionellen Themen und Funktionen der Ortsgemeinden durch Behandlung sozialer Fragen erweitert werden. Sie fordern 1893 in ihrem Aktionsprogramm: Ausbau der staatlichen Arbeiterversicherung und Arbeiterschutzgesetzgebung, Kürzung der Arbeitszeit, Sonntagsruhe, Verbot der Nachtarbeit, Koalitionsfreiheit für die Arbeiter, gesetzlich anerkannte Gewerkschaften, Arbeiterausschüsse in den Betrieben, Überführung von Grundstoffindustrien in Gemeineigentum u. a. Mitbestimmung und Miteigentum, Gleichberechtigung der Arbeiter in Staat und Wirtschaft – das sind Spitzenforderungen. – Diese Vereine, gemeindlich organisiert, aber zu einem Gesamtverband auf Reichsebene zusammengeschlossen, stellen den Schritt in die Mitarbeit an der Sozialreform dar. Nicht vom „Klassenkampf" erwarten sie eine Veränderung der Lage der Abhängigen, sondern von zunehmender Staatstätigkeit im Arbeits- und Sozialrecht. Ansonsten sind sie antidemokratisch und antisozialistisch wie die Mehrheit des Milieuprotestantismus. Aber als ein Teil der „bürgerlichen Sozialreformbewegung" haben sie im Raum der evangelischen Kirche mitgeholfen, das Thema der Lösung der sozialen Frage auf die kirchliche Tagesordnung (in Publizistik, auf Pfarrkonferenzen, Synoden u. a.) zu bringen. Namen: Ludwig Weber, Franz Arndt, F. W. Niemeyer.

5. Ein dritter Typ, der im Ruhrgebiet existierte, aber keinen neuen Gemeindetyp ausgebildet hat, ist nur in einzelnen Personen und Kleingruppen greifbar. Exemplarisch: Pfarrer Lic. Gottfried Traub aus Dortmund. Er schreibt 1904 das Buch „Ethik und Kapitalismus", 1905 die Programmschrift „Der Pfarrer und die soziale Frage". Er repräsentiert den sozialliberalen Reformtyp im Ruhrgebietsprotestantismus. Er bejaht zunächst den technischen und ökonomischen Fortschritt der kapitalistischen Produktions- und Wirtschaftsweise. Aber um der sozialethischen Ziele der Freiheit aller und der Gerechtigkeit für alle willen entwickelt Traub ein Konzept der Transformation des „absolutistisch-patriarchalischen Kapitalismus" über konstitutionelle Formen der Teilhabe der Arbeitnehmer in eine „Wirtschaftsdemokratie". Das Ziel der Überwindung des privatkapitalistischen Systems ist dieses: „Der Arbeiterstand muß Gelegenheit haben, an der Industrie selbst persönlich verantwortlich mitzureden ... Jede Persönlichkeit verlangt, daß sie nicht in der Erwerbsarbeit untergeht. Es ist aber nicht genug, nur zu verlangen, daß der Arbeiter seine Erwerbsarbeit möglichst abkürzen könne, um desto mehr freie Zeit zu geistiger Arbeit und sittlicher Förderung zu bekommen. Die Erwerbsarbeit selbst muß in Beziehung zu der sittlichen Erziehungsarbeit treten können. Man muß *von der Arbeit* und *in der Arbeit* leben können."

Wie sein Gesinnungsfreund F. Naumann verlangt er Mitbestimmung am Arbeitsplatz und im Betrieb. Langfristig geht es um den „Übergang des Besitzes in die Hand der organisierten Arbeitsgemeinschaft", geht es um „industrielle Selbstverwaltung". Und schließlich konstatiert und fragt er kritisch: „Man hat bis jetzt die soziale Frage viel zu einseitig als bloße Frage materieller Versorgung angesehen, sie ist im Großbetrieb einfach die Frage des Menschenrechtes ... Und nun sehen wir eine Zukunft mit immer größeren Riesenbetrieben heranrücken. Wird diese Zukunft eine neue Sklaverei sein, ein Ende aller liberalen Träume, eine Hörigkeit der Masse? Oder gibt es eine Form der Mitwirkung der Beamten und Arbeiter an der Leitung, die derartige moderne Versklavung unmöglich macht? Behalten wir Menschenrecht im Industrialismus? Das ist das tiefste Problem der Industrieverfassung."

6. Es ergibt sich also für die Kaiserzeit ein differenziertes Spektrum protestantischer Orientierungen und Praxis im Ruhrgebiet: traditionalistische, sozialkonservative, sozialliberale bis gemeinwirtschaftliche Positionen stehen nebeneinander. Eine genauere Quantifizierung der Typen ist noch nicht leistbar. Das durchschnittliche Gemeindemilieu dürfte von Typ 1 bestimmt gewesen sein, eine qualifizierte Minderheit von Typ 2, zu dem allerdings die Mehrheit der Pfarrer selbst zu rechnen ist und eine klare Minderheit von Typ 3.

7. Die aufgeführten Grundtypen in den rheinisch-westf. Gemeinden halten sich weithin in der Weimarer Zeit durch. Deutlicher allerdings werden ihre parteipolitischen Zuweisungen. Das kirchengemeindenahe Milieu wählt überwiegend die antirepublikanische Sammlungsbewegung der DNVP. Der sozialliberale Flügel geht mehrheitlich zur DDP und eine Minderheit zur DVP. Die kleine neu entstehende Gruppe der Religiösen Sozialisten arbeitet innerhalb der SPD. – Der Ruhreisenstreit von 1928 zeigt fast in klassischer Form die differenten Reaktionen des Ruhrgebietsprotestantismus: Solidarisierung mit den Ausgesperrten auf christlich-sozialer Seite, Versöhnungsappelle durch die kirchenamtlichen Organe (Stichworte: Kirche über den Parteien), Verstärkung der sozialkaritativen Arbeit der Ortsgemeinden und der Inneren Mission. Die inhaltliche Argumentation verläuft weithin im Sinne der „Sozialen Botschaft" von Bethel 1924 durch den Ev. Kirchentag.

8. Das kirchenprotestantische Milieu hatte aber schon vorher und vor allem nach 1930 einen Themenwechsel vollzogen. Der weltanschauliche, der politische und vor allem kulturpolitische Kampf gegen die wenig geliebte Republik dominiert. Die antisäkularistischen, antidemokratischen, antisozialistischen Tendenzen der Vorkriegszeit – nun noch verstärkt durch Antikommunismus – wurden stärker und militanter. Die politische Option für die sog. „nationalen Parteien und Verbände", für einen starken Obrigkeits- und Machtstaat, für Volksgemeinschaft und autoritäres Führertum gewannen die Oberhand. Die Machtübergabe Hindenburgs an Hitler wurde in Gemeindehäusern und auf Kanzeln als Sieg über die undeutsche Demokratie und den unchristlichen Säkularismus gefeiert. Aber die Freude über den Untergang der Republik war nicht identisch mit einem Ja zur nationalsozialistischen Weltanschauung oder zu einem faschistischen totalen Staat. Man sah im 30. Januar 1933 den Sieg der nationalen Rechten über westliche Demokratie und östlichen Bolschewismus. Das kirchennahe prot. Milieu blieb überwiegend nationalkonservativ und ließ sich nicht auf deutsch-christliche Programmatik und Praxis in der Kirche ein. Aber: die Innen-, die Außen- und Kulturpolitik des Reichskanzlers Hitler lag in der eigenen Traditionslinie.

9. Der vorläufige Befund ist ein doppelter: in der sozialen Frage hat es einen prot. Pluralismus gegeben. Im ganzen hat der Sozialprotestantismus konstruktive Beiträge zur Profilierung eines modernen Sozialstaates geleistet. In der nationalen Frage geht die Haupttendenz auf Gegnerschaft gegen Demokratie und Republik. Hier wird die Anfälligkeit für autoritäre Staatlichkeit überdeutlich.

Literatur

Brakelmann, G., Ruhrgebiets-Protestantismus, Bielefeld 1987; ders., Ev. Kirche in sozialen Konflikten der Weimarer Zeit – das Beispiel des Ruhreisenstreits, Bielefeld 1986; Hofmann, K. M., Die ev. Arbeitervereinsbewegung 1882–1914, Bielefeld 1988; Przybylski, H., Religion in Zahlen – Pfarrschaft u. kirchliches Verhalten im westfälischen Teil des Ruhrgebiets, Bochum 1987.

D. Geary

Die Auswirkungen der Arbeitslosigkeit auf die Ruhrarbeiterschaft

Als schwerindustrielle Region wurde das Ruhrgebiet besonders hart von der Weltwirtschaftskrise (1929–33) betroffen. In einigen Städten, wie z. B. in Herne, war fast die Hälfte der Bevölkerung 1932 von Arbeitslosen- bzw. Krisen- oder Wohlfahrtsunterstützung abhängig. Die Folgen dieser Arbeitslosigkeit wurden ursprünglich fast immer vom jeweiligen politischen Standpunkt her analysiert. Insbesondere stellte man die Frage: Was war das Verhältnis zwischen der Entwicklung der Arbeitslosigkeit und der Entstehung des Nationalsozialismus? Genauere Analysen der Reichstagswahlen in Bochum und Herne sowie die reichsweiten Studien von Thomas Childers und Jürgen Falter zeigen aber ganz deutlich, daß die Stimmen der Erwerbslosen den Nazis nicht zugute kamen. Im Gegenteil. Die Hauptnutznießer der Arbeitslosenstimmen waren tatsächlich die Kommunisten, die besonders stark in Städten wie Castrop-Rauxel, Wanne-Eickel und Herne und insbesondere in den Stadtteilen vertreten waren, die an hohen Erwerbslosenanteilen litten. Mitte 1932 waren über 80 % der kommunistischen Parteimitglieder des Ruhrgebiets ohne Arbeit.

Das bedeutet jedoch nicht, daß Dauer- und Massenarbeitslosigkeit keine verhängnisvollen Folgen für die Geschichte der deutschen Arbeiterbewegung hatte. Sie verschärfte die Unterschiede zwischen den Arbeiterparteien, weil die KPD fast ausschließlich eine Organisation der Erwerbslosen wurde, während die Tolerierung der Deflationspolitik Brünings auf Seiten der SPD und ihre prinzipielle Unterstützung der Rationalisierung der deutschen Industrie es den Sozialdemokraten schwer machte, etwas den Arbeitslosenmassen zu bieten. Die Zersplitterung der deutschen Arbeiterschaft war immerhin nicht nur eine *politische* Frage, sondern fand einen Ausdruck im alltäglichen Leben.

Erstens wurden Betriebsräte und Gewerkschaftsfunktionäre mit der Frage konfrontiert, *welche* Arbeiter entlassen werden sollten. Normalerweise versuchten sie, die Stellen der älteren verheirateten Genossen zu schützen; was selbstverständlicherweise die Konflikte zwischen den Arbeitergenerationen verschärfte. Es war kein Zufall, daß die SPD und die Freien Gewerkschaften immer mehr Organisationen der älteren Arbeiterschaft wurden, während die KPD ihre Mitglieder aus der Jugend rekrutierte.

Zweitens konnte die Drohung von Zechenstillegungen die Bergarbeiter einer Zeche gegen die einer anderen Zeche aufbringen. Wie die *Bergwerkszeitung* der Unternehmer berichtete, wurde die ‚künstliche' Solidarität der Gewerkschaft und Klasse durch die ‚natürliche' Solidarität der einzelnen Zeche ersetzt.

Drittens entwickelte sich in den Arbeiterkolonien eine Reihe von Spannungen zwischen den Erwerbslosen und den Erwerbstätigen. Das war besonders der Fall bei Streiks, die während der Weltwirtschaftskrise relativ ungewöhnlich waren. Oft waren es Arbeitslose, die Streikposten standen und dadurch diejenigen konfrontieren mußten, die noch arbeiten wollten und die normalerweise die Mehrheit der Arbeiterschaft bildeten. Bei solchen Konflikten kam es oft zur Gewalttätigkeit.

Für die deutschen Arbeitnehmer bedeutete die Dauer- und Massenarbeitslosigkeit nicht nur Streitigkeiten zwischen verschiedenen Arbeitergruppen, sondern auch eine immer größere Demobilisierung und Passivität. Das sieht man nicht nur am Rückgang der Streikzahlen, sondern auch darin, daß sowohl Gewerkschaftsfunktionäre als auch Arbeitgeber berichteten, daß viele Arbeitnehmer Angst davor hätten, ihre Krankheiten anzumelden, weil sie fürchteten, daß man sie entlassen würde. In derselben Angst verbrachten einige Arbeiter ihren Urlaub. Die zunehmende Passivität bzw. Resignation der deutschen Arbeiterklasse läßt sich auch aus einer Analyse der Polizeiberichte des Ruhrgebiets erkennen. Im Herbst 1923 gab es fast jeden Tag und in fast allen Städten des Reviers riesige Erwerbslosendemonstrationen, wobei die Rathäuser gestürmt wurden und Geschäftsplünderungen stattfanden. Die Polizeipräsidenten fürchteten, daß die ganze soziale Ordnung gefährdet würde. In den Jahren 1929 bis 1933 war das nicht der Fall. Die Demonstrationen während dieser späteren Zeitspanne fanden nicht so häufig statt; und die Zahl der Demonstranten war viel kleiner als vorher. Diese Situation läßt sich daraus erklären, daß 1923 die Arbeiterschaft fast drei Jahre ohne große Arbeitslosigkeit erlebt hatte. Die Erwerbslosigkeit der zweiten Hälfte des Jahres 1923 war deswegen eine neue und noch nicht demobilisierende Erscheinung. Während der Weltwirtschaftskrise jedoch sah es ganz anders aus. Die Erfahrung der Dauer- und Massenarbeitslosigkeit bildete einen Faktor, der jede Aktionsform gefährlich machte und der noch zu erforschende Folgen für die Psyche der einzelnen Arbeitnehmer hatte.

W. Jäger

Resistenz und Anfälligkeit unterschiedlicher Milieus der Ruhrbergarbeiterschaft gegenüber dem Nationalsozialismus

Die letzten ‚Weimarer' Betriebsratswahlen im Ruhrbergbau vom 27. bis 29. März 1933 brachten ein überraschendes Ergebnis: Bei einer Rekordwahlbeteiligung von 88,7 % konnten die Listen der Nationalsozialistischen Betriebszellenorganisation (NSBO) eine relative Mehrheit der Arbeiterstimmen von 29,7 % auf sich vereinigen, während die freien Gewerkschaften nur 29,4 %, die christlichen Gewerkschaften beachtliche 22,8 % und die kommunistische RGO nur noch 10,3 % erzielten. Dieses Wahlergebnis stand im krassen Gegensatz zum bekannt gewordenen Teilergebnis der Wahlen auf Reichsebene – die freien Gewerkschaften dominierten weiterhin mit einem Mandatsanteil von 73,4 % –, wenngleich aus einzelnen Großbetrieben der Eisen- und Stahlindustrie sowie der chemischen Industrie durchaus vergleichbare Ergebnisse wie im Ruhrbergbau überliefert sind.

War den Nationalsozialisten schon Ende März 1933 ein tiefer Einbruch in die Ruhrbergarbeiterschaft gelungen, der bei den Reichstagswahlen vom 5. März 1933 in diesem Ausmaß noch nicht gegeben war? Besaßen die Bergarbeitermilieus trotz des heroenhaften Widerstands aus den Reihen der Bergarbeiter in ihrer Breite keine Resistenz gegenüber dem Nationalsozialismus?

Die Analyse der Betriebsratswahlen von 1933 muß zunächst den Ausnahmecharakter der Wahl betonen. Die kommunistische RGO hatte nur noch in 79 von 143 Betrieben Kandidatenlisten einreichen können, und die Nationalsozialisten hatten schon durch ihr terroristisches Vorgehen in den Kommunen gezeigt, daß sie eine Opposition in den neuzuwählenden Betriebsräten nicht dulden würden. Gleichwohl konnten die freien Gewerkschaften, darunter vor allem der Alte (Bergarbeiter-)Verband, und die christlichen Gewerkschaften, vor allem der Gewerkverein christlicher Bergarbeiter, mit ihren Listen zur Wahl antreten, und es gibt in den schriftlichen Quellen keine Hinweise dafür, daß die Wahlhandlung wie die Stimmenauszählung manipuliert worden sind. Grundsätzlich konnten die knapp 176 000 Bergarbeiter mindestens zwischen drei Vorschlagslisten wählen.

Der Ruhrbergbau hatte seit Anfang 1930 eine bislang beispiellose krisenhafte Entwicklung hinter sich. Die Belegschaft im Ruhrbergbau war durch Massenentlassungen nahezu halbiert worden, das durchschnittliche Einkommen eines Bergarbeiterhaushalts mit arbeitsbesitzendem Familienvorstand war um mehr als ein Drittel und für einen Bergarbeiterhaushalt mit arbeitslosem Ernährer um zwei Dittel reduziert worden, während die Lebenshaltungskosten nur um ein Viertel zurückgegangen waren. Die höchst unterschiedliche Feierschichtenpraxis der Bergbauunternehmer führte allerdings dazu, daß die Einkommen der beschäftigten Bergarbeiter sehr stark differierten: Während auf einzelnen Schachtanlagen so gut wie keine Feierschichten wegen Absatzmangels eingelegt werden mußten, waren die Belegschaften anderer Schachtanlagen dermaßen betroffen, daß ihr monatliches Einkommen nahezu auf das von Wohlfahrtserwerbslosen absank.

Die naheliegende Annahme, daß die Belegschaften, die von der Krise am stärksten gebeutelt wurden, ihr Vertrauen zu den Tarifgewerkschaften verloren hatten oder in der Wahl kommunistischer Betriebsräte 1933 keine adäquate Form des Protestes mehr sahen, erweist sich als nicht zutreffend: Zwischen dem stark differierenden Feierschichtenanteil auf den 119 untersuchten Schachtanlagen und dem Stimmenanteil der NSBO in den einzelnen Betrieben besteht kein statistischer Zusammenhang.

Dasselbe Ergebnis ergibt eine Untersuchung des Zusammenhangs von Belegschaftsabbau auf den Zechen im Ruhrbergbau und NSBO-Wahlergebnissen. Obwohl der Belegschaftsabbau auf den einzelnen Zechen sehr unterschiedlich gewesen ist und somit in den Belegschaften die Angst vor der Arbeitslosigkeit nicht in der gleichen Intensität gewesen sein dürfte, ist kein Einfluß auf die Erfolge und Mißerfolge der Nationalsozialisten bei den Betriebsratswahlen festzustellen.

Erst eine bivariate Korrelationsanalyse zwischen dem Alter der Schachtanlagen und den Ergebnissen der Betriebsratswahlen gibt erste Aufschlüsse, die einer Erklärung den Weg weisen können: Es besteht ein schwach positiver Zusammenhang zwischen dem Alter der Schachtanlage und den Wahlergebnissen für die freien und christlichen Gewerkschaften, während ein allerdings äußerst schwacher negativer Zusammenhang für die NSBO-Ergebnisse festzustellen ist.

In der statistischen Analyse erweisen sich also die ökonomischen Variablen ‚Feierschichtenzahl' und ‚Belegschaftsabbau' als bedeutungslos. Lediglich das Alter der Zechen und damit ihrer Belegschaften ist von Relevanz.

Ein Vergleich mit der vorangegangen Betriebsratswahl von 1931 und der Betriebsratswahl von 1922 – für diese Wahl liegen die Einzelergebnisse nach Bergrevieren im Oberbergamtsbezirk Dortmund vor – gibt erste Aufschlüsse über Wählerwanderungen.

Die freien Gewerkschaften hatten von 1931 auf 1933 einen Stimmenanteil von 5,6 % eingebüßt, die christlichen Gewerkschaften ihr Ergebnis von 1931 so gut wie gehalten (— 1,4 %), während die RGO von 29,3 % auf 10,3 % zurückfiel und die NSBO analog ihren Stimmenanteil von 3,6 % auf 29,7 % verbessern konnte. Was sich im Vergleich der Gesamtergebnisse von 1931 und 1933 schon andeutet, kann durch einen Vergleich mit der Betriebsratswahl von 1922 erhärtet werden: Die NSBO besaß dort ihre Hochburgen, wo zum einen die kommunistische Bergarbeiter-Union einstmals dominiert hatte – in der Emscher-Zone des Ruhrgebiets –, und zum anderen am südöstlichen Rand des Ruhrgebiets, wo der Alte Verband bislang eine herausragende Position besessen hatte. Die geringsten Wahlerfolge erzielte die NSBO in der Hellweg-Zone, wo im westlichen, katholischen Teil der Gewerkverein christlicher Bergarbeiter 1922 wie 1933 seine Hochburgen und im östlichen, protestantischen Teil der Alte Verband 1922 wie 1933 seine Hochburgen vorweisen konnte.

Wie können diese Befunde mit der politischen Geschichte der Bergarbeitermilieus an der Ruhr verknüpft werden?

Das katholisch-soziale Bergarbeitermilieu mit seinem Kerngebiet im westlichen Teil des Landkreises Essen besaß seit der Wiedergeburt des politischen Katholizismus im Jahre 1870 eine stabile politische Koalition mit der Zentrumspartei, die durch die exzeptionelle Stellung der Christlich-Sozialen im Wahlkreis Essen eine besondere politisch-kulturelle Prägung erhielt. Dieses älteste politische Bergarbeitermilieu zeichnet sich durch ein besonders großes Maß an Resistenz gegenüber dem Nationalsozialismus aus und übertrifft darin deutlich das verwandte traditionell-katholische Kötterbergleutemilieu im südlichen Teil des Essener Landkreises und in der Lippe-Zone. Ein weitgehend resistentes Verhalten gegenüber dem Nationalsozialismus zeigt ebenfalls das sozialdemokratische Bergarbeitermilieu im östlichen Teil der Hellweg-Zone, ein sozialdemokratisches Milieu, das schon in den 1870er Jahren vor dem Sozialistengesetz entstanden ist. Das sozialdemokratische Kötterbergleutemilieu in der östlichen Ruhr-Zone hingegen, das nach dem Bergarbeiterstreik von 1889 schlagartig eine politische Koalition mit der Sozialdemokratie geschlossen hat, erweist sich als durchaus anfällig gegenüber dem Nationalsozialismus. Das Milieu mit der größten Anfälligkeit ist das kommunistische Bergarbeitermilieu gewesen, das aber in sich, wie die anderen Bergarbeitermilieus, nicht einheitlich war. Als bedeutsamster Unterschied ist die politische Vorgeschichte der späteren kommunistischen Milieus im Kaiserreich herauszustellen. Kommunistische Bergarbeitermilieus, die im Kaiserreich eine gleichwohl junge politische Koalition mit der SPD besaßen, waren resistenter gegenüber dem Nationalsozialismus als kommunistische Milieus, die sich durch eine spezifisch ethnische Komponente auszeichneten. Diese kommunistischen Milieus sind zum einen aus einer polnischen Community hervorgegangen, die im Kaiserreich mit einem eigenen Kandidaten angetreten war, und aus der Gruppe der masurischen Bergarbeiter, die vor 1914 noch überwiegend im nationalen Lager standen, das im Ruhrgebiet politisch durch den Nationalliberalismus repräsentiert wurde. Ein Vergleich der drei bedeutenden Bergarbeitermilieus an der Ruhr zeigt: Die Resistenz bzw. die Anfälligkeit der verschiedenen Bergarbeitermilieus gegenüber dem Nationalsozialismus korreliert mit dem Alter der Milieus. Je älter die Milieus und ihre politischen Koalitionen waren, um so resistenter waren sie gegenüber der nationalsozialistischen Herausforderung; und je jünger die Milieus und ihre politischen Koalitionen waren, um so anfälliger waren sie gegenüber dem Nationalsozialismus.

Die Betriebsratswahlen im Ruhrbergbau von 1933 sind ein vorzügliches Beispiel für die Erklärungskraft der Milieutheorie. Obwohl die Bergarbeiterschaft eine berufsstrukturell höchst homogene Gruppe war, zeigen sich tiefgreifende Unterschiede im politischen Verhalten, die mit unterschiedlichen Lagen letztlich nicht erklärt werden können. Es sind die unterschiedlichen, politisch-kulturellen, milieuspezifischen Prägungen, die das politische Verhalten der Ruhrbergarbeiterschaft bestimmten. Eine vertiefte Analyse müßte deshalb nach den Übereinstimmungen und den Gegensätzlichkeiten zwischen den Weltbildern der verschiedenen Milieus auf der einen Seite und der nationalsozialistischen Ideologie sowie der NSBO-Programmatik auf der anderen Seite fragen.

B. Faulenbach

Sozialdemokratische Milieubildung in der Nachkriegszeit am Beispiel zweier Ruhrgebietsstädte (Skizze)

Die Entwicklung der politischen Struktur und Kultur des Ruhrgebiets in der Nachkriegszeit ist – trotz einer Reihe von Studien zu Teilaspekten – im Hinblick auf den politisch-ökonomisch-sozialen Interaktionszusammenhang nur unzureichend erforscht. Bei der Untersuchung dieser Entwicklung sind die Unterschiede innerhalb des Reviers zu berücksichtigen, was hier am Beispiel der beiden in ihrer Lage, in Wirtschafts- und Sozialstruktur unterschiedlichen Städte Bochum und Recklinghausen versucht wird.
Eine eingehendere Untersuchung der „Sozialdemokratisierung" der beiden Städte, die phasenverschoben verläuft, macht die Bedeutung der montanindustriellen Betriebe, ihrer veränderten Strukturen und ihrer Umfelder deutlich. Die Betriebe, in denen durch die Entmachtung der alten schwerindustriellen Führungsschichten und die Einführung der Mitbestimmung der traditionelle Herr-im-Hause-Standpunkt der Ruhrindustrien überwunden wurde, waren Kristallisationskerne eines neuen politischen Milieus, das zunehmend über diese Betriebe hinauswuchs. Eine herausragende Rolle spielten dabei Betriebsräte und Gewerkschafter unterschiedlicher weitanschaulicher Provenienz. Das sozialdemokratische Milieu bildete sich durch Verknüpfung verschiedener teilweise geschwächter soziokultureller Milieus. Zweifellos hat die Auflockerung der großen für die deutsche Entwicklung lange charakteristischen sozialmoralischen Milieus und die partielle Erosion der durch Arbeitswelt und Wohnquartier bestimmten Kleinmilieus die Herausbildung eines neuen politischen Milieus der Sozialdemokratie im Ruhrgebiet erleichtert. Das sich entwickelnde sozialdemokratische politische Milieu war auf der einen Seite in den verschiedenen Stadtteilen, in denen die älteren soziokulturellen Milieus nachwirken, verankert, auf der anderen Seite hat es diese überformt. Wichtig ist – wie vor allem das Beispiel Recklinghausen zeigt –, daß die Sozialdemokratie anfangs kommunistische Arbeiter und danach vor allem konfessionell geprägte Arbeitnehmer an sich gebunden hat.
So entscheidend die montanindustriellen Unternehmen und die Arbeitnehmerinteressenvertretungen auch waren, so gab es doch in beiden Städten in der SPD auch eine Reihe aktiver nicht aus der Arbeiterschaft stammender Persönlichkeiten – Lehrer, Rechtsanwälte, kleine Selbständige. Hinzu kamen bald Bedienstete der Stadt und der kommunalen Unternehmen, die sich zu einer zweiten institutionellen Basis des sozialdemokratischen Milieus entwickelten. Das sozialdemokratische „Milieu" lag dementsprechend zunehmend quer zu den privatwirtschaftlichen und öffentlichen Einrichtungen. Mit ihm entstand ein informeller tendenziell arbeitnehmerorientierter Korporatismus der den älteren arbeitgeberorientierten zurückdrängte.

Das sozialdemokratische politische Milieu hat zunehmend einen eigenen Politik-Begriff und Politik-Stil entwickelt. Kennzeichnend für diesen Politik-Begriff ist ein ausgesprochener Pragmatismus, der auf konkretes Handeln ausgerichtet ist. Politik ist vorrangig Sozialpolitik und Verteilungspolitik. Ein in mancher Hinsicht reaktiver Zug, der eine gewisse Affinität zum Arbeitnehmer- bzw. Betriebsrätehandeln (teilweise auch Gewerkschaftshandeln) aufweist, ist nicht zu übersehen. Zweifellos ist dieser Politikbegriff auf dem Hintergrund geringer ideologischer Politisierung in der Nachkriegszeit zu sehen. Politik vollzog und vollzieht sich im personellen Geflecht dieses Milieus durch unmittelbare, auf konkretes Handeln zielende „personalistische" Kommunikation. Bedeutsam für den politischen Stil dieser Milieus ist das Moment habitueller Selbstrepräsentation. Zusammen mit der sich seit den 50er bzw. 60er Jahren herausbildenden Dominanz der Sozialdemokratie hat dieser Tatbestand dazu geführt, daß die SPD des Ruhrgebiets zunehmend als „authentischer Ausdruck der Revier-Kultur" (Rohe) gilt.

A. von Plato

Die Veränderung traditioneller Milieus, neue Kommunikationseliten und Lokalredaktionen im Ruhrgebiet nach 1945

Bisherige Medien-Forschungen vertraten von wenigen Ausnahmen abgesehen die Auffassung, daß die westdeutsche Nachkriegspublizistik durch die Siegermächte zu einem „Elitentausch" gezwungen worden war, daß überwiegend antifaschistische, unbelastete und junge Journalisten in die neue Publizistik einstiegen. Nach unserer erfahrungsgeschichtlichen Untersuchung[1] kennzeichnen demgegenüber u. a. folgende durchaus widersprüchliche Entwicklungen die Geschichte der Nachkriegspublizistik hierzulande:
Mit dem Lizenzierungszwang durch die Alliierten zwischen 1945 bis 1949 gab es zwar in den höchsten Spitzen der Publizistik einen personellen Wechsel, den man als „Elitentausch" bezeichnen kann, aber in den mittleren Bereichen der Redaktionen ist eine relative personelle Kontinuität zu beobachten. So brachten 61,9 % der von uns im Kölner (N)WDR-Archiv untersuchten Journalisten berufliche Vorerfahrungen mit in die Nachkriegszeit, d. h. vor allem aus den 30er und den Kriegsjahren.
Nach der Lizenzzeit kehrte man nicht zu der „Gesinnungs"- und „Generalanzeiger-Presse" der Weimarer Republik zurück, sondern zu – mindestens nominell – unabhängigen Blättern: 1949 waren 53,2 % der Zeitungen unabhängig bzw. gaben eine Bindung nicht an: 1952 waren es schon 87,5 %[2]. Dies ist um so erstaunlicher, als die Briten anders als die anderen Besatzungsmächte in ihrer Besatzungszone die Lizenzpresse an „parteinahe Personen" gebunden hatten. Die Leser bevorzugten offensichtlich nach Nationalsozialismus und Besatzungszeit den sog. zurückhaltenden Nachrichtenjournalismus gegenüber dem *deutlichen Meinungsjournalismus.* Gegen die parteinahen Zeitungen der

[1] Dies ist ein Kurzbericht aus dem von der Stiftung Volkswagenwerk finanzierten Projekt „Nachkriegseliten in Nordrhein-Westfalen", das Nori Möding und ich seit 1986 unter Federführung von Lutz Niethammer an der Fernuniversität Hagen durchführten.

[2] Vgl. zu den hier geäußerten Zahlen und Thesen: Nori Möding und Alexander v. Plato: Nachkriegspublizisten. Eine erfahrensgeschichtliche Untersuchung, in: Peter Alheit und Erika M. Hoerning (Hg.): Biographisches Wissen. Beiträge zu einer Theorie lebensgeschichtlicher Erfahrung, Frankfurt/New York 1989.

britischen Zone hatten sich bereits 1947 mehr als drei Viertel der Bevölkerung ausgesprochen.

In diesem Journalismus, insbesondere in dem Kampf um die Presse-Märkte, spielten die Lokalredaktionen mit ihrer Bindung an die Heimatstadt, mit „human touch" und lebendiger Aufmachung eine bedeutende Rolle, obwohl die neuen Massenzeitungen überlokal waren und auch die alte Heimatpresse abgelöst hatten. Die Lizenzpresse hatte die Leser von Altverleger-Publikationen, die nicht lizenziert worden waren, mit ihren Lokalzeitungen aufgesogen – sei es durch Verdrängung, sei es durch Absprache mit Übernahme des Vertriebsnetzes und des Namens als Untertitel im Kopf der neuen Zeitung.

Letztlich hat sich in dem Konkurrenzkampf in dieser Region die „westdeutsche Allgemeine Zeitung", die erste von Briten lizenzierte, aber von Deutschen 1948 herausgegebene unabhängige Zeitung des Lizenzträgers und Sozialdemokraten Erich Brost durchgesetzt. Seine eher flache(n) Zeitung(en) ohne intellektuellen Anspruch, ohne bedeutsames Feuilleton oder gewichtigen Wirtschaftsteil wie jene der „Frankfurter Allgemeinen Zeitung" und ohne einflußreiche internationale Perspektive beispielsweise in die Dritte Welt haben den Nerv der Leserschaft der weiteren Nachkriegszeit getroffen und immerhin der „Bildzeitung" ihren Sieg wie in anderen industriellen Regionen verwehrt.

Diese Entwicklung in der Publizistik korrespondierte mit einer allgemeinen strukturellen Änderung des Ruhrgebiets: Die alten vielfältigen Milieus und politischen Lager der Weimarer Zeit waren durch Zwänge des Nationalsozialismus, durch dessen neue, klassenübergreifende Organisationen, durch neue politische Strukturen, durch die Umschichtungen im Krieg, durch die Mischungen nach der Flüchtlingsaufnahme und auch durch mit all dem verbundene neue Erfahrungen hier lebender Menschen (also Leser) angegriffen oder erodiert worden und wurden von der sozialdemokratisch dominierten „Einheitslandschaft" [3] abgelöst – von einer Sozialdemokratie, die im Revier der Weimarer Republik dritte oder vierte Kraft gewesen war. Die Entwicklung ging weg von dem einzelnen Milieu und hin zu einem *Lokalbewußtsein,* das von den Zeitungsverlegern erst spät erkannt, aber dann deutlich im Konkurrenzkampf eingesetzt wurde. Oder mit den Worten eines der Protagonisten dieses Kampfes: *„Der Kampf um den Markt wurde mit den Lokalredaktionen entschieden."*

Während am Anfang der Lizenzpresse häufig ältere Journalisten in die Chefsessel der Redaktionen, auch der Lokalredaktionen kamen, die dem *„Langweiler-Journalismus"* der Weimarer Zeit mit „ellenlangen" Kommentaren verpflichtet waren, holten sich die meisten Herausgeber in einem stillen Bündnis nach Aufhebung des Lizenzzwanges und dem damit erwarteten Konkurrenzkampf jüngere Journalisten in die leitenden Redakteurposten, die in der NS-Presse oder/und in den Propaganda-Kompanien des Kriegs lebendige Zeitungen mit kurzen Artikeln, „knackigen" Überschriften, knappen Kommentaren und viel Bildern gelernt hatten. Die ideologischen Implikationen jener Zeit hatten sie in einer für ihre Profession erstaunlichen Sprachlosigkeit hinter sich gelassen, jedoch

[3] Vgl. Karl Kohe: Vom alten Revier zum heutigen Ruhrgebiet. Die Entwicklung einer regionalen politischen Gesellschaft im Spiegel der Wahlen, in: Karl Kohe/Herbert Kühr (Hg.): Politik und Gesellschaft im Ruhrgebiet. Beiträge zur regionalen Politikforschung, Königstein/Ts. 1979.

[4] Nur ein einziger der knapp über 60 von uns in lebensgeschichtlichen Interviews befragten Journalisten hatte 1945 etwas über seine Rolle in einem desavouierten Berufsstand geschrieben – in einem ganz privaten, niemals veröffentlichten Essay.

dem Trend zur Aktualität ihres Berufsstandes gehorchend, demzufolge man sich nicht mehr mit dem befaßte, was geschrieben war, sondern dem widmete, worüber noch zu berichten ist. Damit standen sie sicherlich eher als die Alten aus der Weimarer Generalanzeiger-Presse oder erst recht aus der Emigration oder dem Widerstand im Erfahrungshorizont ihrer Leser, die den Nationalsozialismus und die Schrecken des Krieges hinter sich ließen, um sich dem persönlichen Aufstieg im allgemeinen Wirtschaftswunder zuwenden zu können ...

5. Deutscher Katholizismus im Umbruch zur Moderne

Leitung: *W. Loth (Essen)*

W. Loth: Einleitung

K.-M. Mallmann (Saarbrücken): Ultramontanismus und Arbeiterbewegung im Kaiserreich: Überlegungen am Beispiel des Saarreviers

W. K. Blessing (Bamberg): Kirchenfromm – volksfromm – weltfromm: Religiosität im katholischen Bayern

J. Mooser (Bielefeld): „Christlicher Beruf" und „bürgerliche Gesellschaft". Zur Auseinandersetzung über wirtschaftliche „Inferiorität" und Berufswahl im Katholizismus des Kaiserreichs

W. Loth: Die Erosion des katholischen Milieus

A.-H. Leugers-Scherzberg (Essen): Die Modernisierung des Katholizismus: Das Beispiel Felix Porsch

Veröffentlichungshinweis: Die Beiträge der Sektion werden geschlossen unter dem Titel „Deutscher Katholizismus im Umbruch zur Moderne" im Kohlhammer Verlag, Stuttgart, 1991, hg. von W. Loth, in der Reihe „Konfession und Gesellschaft", Band 3, erscheinen.

W. Loth

Einleitung

Auf einem Historikertag, der sich schwerpunktmäßig mit der Rolle von Identitäten im historischen Prozeß beschäftigen soll, bietet sich eine Diskussion des deutschen Katholizismus im Umbruch vom 19. zum 20. Jahrhundert in mehrfacher Hinsicht an: Der Katholizismus war Ausdruck eines besonderen katholischen Selbstverständnisses, das sich in der Auseinandersetzung mit dem Erbe von Aufklärung und Revolution herausgebildet hatte; gleichzeitig standen die Katholiken aber in Lebenszusammenhängen, die ganz andere Loyalitätsanforderungen stellten: als universalistisch ausgerichtete Ultramontane im modernen Nationalstaat, als katholische Minderheit im protestantisch dominierten Bismarckreich, als Anhänger einer agrarisch geprägten und transzendental begründeten Gesellschaftsauffassung in einer zunehmend industrialisierten und säkularisierten Umwelt, als Angehörige eines ganzheitlich angelegten katholischen Milieus in unterschiedlichen und zumindest teilweise antagonistischen Klassenzusammenhängen. Wer also untersuchen will, wie unterschiedliche Loyalitätsforderungen verarbeitet werden und wie sich Identi-

täten unter dem Einfluß von Umbrucherfahrungen wandeln, der dürfte bei einer Beschäftigung mit dem deutschen Katholizismus im Umbruch zur Moderne reichhaltiges Anschauungsmaterial finden.
Die Sektion wurde vor dem Hintergrund einer Forschungssituation konzipiert, die immer noch vom Erbe des Kulturkampfs geprägt ist: Während die liberal geprägten Historiker vor einer Beschäftigung mit einem Gegenstand zurückscheuten, der als historisch überholt galt, blieben katholische Autoren häufig in einer immanenten Rekonstruktion befangen. In jüngster Zeit hat es allerdings eine Reihe von Versuchen gegeben, die antiquierten ideologischen Frontstellungen zu überwinden. Gleichzeitig ließ eine neue Sensibilität für die Bedeutung von Mentalitäten auch die Rolle der Religion in der Lebenswirklichkeit der Menschen wieder stärker in den Blickpunkt des allgemeinen Interesses rücken.
Dabei blieb umstritten, was im deutschen Katholizismus identitätsstiftend gewirkt hat und welche Identitäten handlungsbestimmend geworden sind. Hier sollten in der Sektion unterschiedliche Positionen zu Wort kommen, um die Diskussion voran zu treiben. Das scheint nach den vorliegenden Beiträgen und dem Diskussionsverlauf im Sinne einer Annäherung der Standpunkte gelungen zu sein. Allerdings meldeten sich in der Diskussion auch Teilnehmer zu Wort, die das Gewicht und die Verbindlichkeit des katholischen Weltbildes deutlich höher veranschlagten, als es in den hier dokumentierten Beiträgen zum Ausdruck kommt.

K.-M. Mallmann

Ultramontanismus und Arbeiterbewegung im Kaiserreich: Überlegungen am Beispiel des Saarreviers

1) Bei dieser Fallstudie soll ein scheinbarer Sonderfall in allgemeiner Absicht untersucht werden, um Bausteine zu liefern für alternative Modelle von Arbeiterbewegung, die durchaus hegemoniale Bedeutung erringen konnten und eine derartige Stabilität aufwiesen, daß sie – wenigstens regional – dem vorgeblich so geschichtsmächtigen Trend zur sozialdemokratisch-freigewerkschaftlichen Dominanzgewinnung bis weit über das Kaiserreich hinaus erfolgreich zu trotzen verstanden.
2) Durch die Wanderungsvorgänge im Gefolge der Industrialisierung, die die regionale konfessionelle Struktur häufig stark veränderten, wurde Religion zum integralen Bestandteil des Klassenbildungsprozesses und mischte sich seitdem ein in die Gemengelage neuer Widersprüche. Im Saarrevier bildeten katholische Zuwanderer seit der Hochindustrialisierungsphase die Bevölkerungsmehrheit. Das damit installierte System der sozialen Sortierung machte die Protestanten zur Herrenschicht, die Katholiken zum geborenen Proletariat, auf das alle zivilisatorischen Vorurteile projiziert wurden.
3) Da alle Differenzen und Identitäten der proletarischen Erfahrungswelt in der gemeinsamen Religion ihren Fixpunkt fanden und der konfessionelle Gegensatz ständig mit sozialen, kulturellen und politischen Konfliktdimensionen angereichert wurde, kam es zu einer religiösen Überformung der klassengesellschaftlichen Konfliktlagen, die den Katholizismus zur Unterschichtenreligion prädestinierte, Kirche und Pfarrgemeinde zu Gegenpolen von Betrieb und Herrschaft machte und den industriellen Konflikt zu einem

Mixtum Compositum aus Glaubenskrieg, Kulturkampf, Wahlschlacht und Klassenauseinandersetzung.

4) War die religiös grundierte Gegnerschaft in den Prozeß der Klassenbildung eingebunden, so ruhte die religiöse Verwurzelung im sozialmoralischen Geflecht des katholischen Milieus, in dem sich Sinnstiftung, Gemeinschaftsbildung und Caritas verbanden, aufeinander bezogen und damit Transzendenz und innerweltliches Wohlbefinden zu einer Einheit verschmolzen. Religion war damit stets mehr als bloßer Glaube. Gemeinsame Wertvorstellungen, Heilsgewißheiten und Manichäismen bildeten zwar den ideellen Leim, der das katholische Milieu im Innersten zusammenhielt, seine Stabilität indes verdankte es auch – möglicherweise sogar primär – dem überaus hohen Maß an intermediärer Vernetzung, sozialer Kontrolle und ganzheitlicher Eingebundenheit.

5) Die im Kulturkampf erreichte Kohärenz wurde durch die soziale Homogenität des katholischen Milieus ebenso konserviert wie durch dessen Defizit an Bürgerlichkeit und Urbanität. Im wesentlichen war es die klerikal organisierte proletarische Enklave in der bürgerlichen Gesellschaft.

6) Obwohl das Saarrevier zu den wichtigsten Schlachtfeldern im Streit zwischen „Berlinern" und „Christlichen", zwischen den integralistisch orientierten Katholischen Arbeitervereinen und den interkonfessionellen Christlichen Gewerkschaften zählte, hinterließ dieser Kampf um eine partielle Modernisierung im Inneren erstaunlich wenig Spuren. Der Zentrumsturm bekam Risse, kaum jedoch Bruchstellen. Er überstand die kritischen Jahre 1914–1923 relativ unbeschadet, gewann bis dahin seine alte Stabilität zurück und vergrößerte sie seitdem noch beträchtlich im Vergleich zur Vorkriegszeit.

7) Vier Faktoren begrenzen die Verallgemeinerbarkeit des „Modells Saarrevier":

a) Mit hoher Wahrscheinlichkeit ist es an Gebiete mit starker konfessioneller Durchmischung gebunden, in denen neue Klassengegensätze mit neuen religiösen Widersprüchen kollidierten, die das Ergebnis industrieller Wanderungsbewegungen waren.

b) Die Konzeption des Milieus verleitet dazu, dem katholischen Lager eine quasi überzeitliche Integrationskraft zu unterstellen, es von den Einflüssen und Entwicklungen der Gesamtgesellschaft zu isolieren und die Probleme der unscharfen Ränder und der mehrfachen Loyalitäten zu übersehen. Da Milieus stets in die nationale politische Kultur eingebunden blieben und damit nur eine relative Autonomie besaßen, liegen auch hierin eingebaute Grenzen.

c) Generell gilt auch, daß der fortschreitende Grad der Urbanisierung und die damit einhergehende Pluralisierung von Lebenswelten à la longue die Bindewirkung des Katholizismus minderten.

d) Ähnliches trifft auch auf die Verbreitung einer säkularisierten Bildung durch das Schulwesen zu, das darüber hinaus als Zentralinstanz politischer Sozialisation einer mentalen Verstaatung und Nationalisierung den Boden bereitete und im katholischen Denk- und Gefühlshaushalt auf die Dauer erhebliche Erosionen bewirkte.

W. K. Blessing

Kirchenfromm – volksfromm – weltfromm: Religiosität im katholischen Bayern

(Eine schriftliche Zusammenfassung des Beitrages liegt nicht vor)

J. Mooser

„Christlicher Beruf" und „bürgerliche Gesellschaft". Zur Auseinandersetzung über wirtschaftliche „Inferiorität" und Berufswahl im Katholizismus des Kaiserreichs

Im Jahre 1896 stieß Georg v. Hertling eine bis 1914 (und danach) nicht mehr zur Ruhe kommende Grundsatzauseinandersetzung innerhalb des etablierten katholischen Milieus über die Ursachen der „Inferiorität" der Katholiken an, in der zugleich um die Mittel gestritten wurde, diese zu überwinden. Die empirisch konstatierte „Rückständigkeit" von Katholiken in der Teilhabe an höherer Bildung und moderner Industrie führte einerseits zu heftigen interkonfessionellen Auseinandersetzungen über konfessionsbedingte Mentalitäten und deren Nähe oder Distanz zur „modernen Kultur" der bürgerlichen Gesellschaft, die nicht zuletzt Max Weber zu seinen Studien über die „Protestantische Ethik" herausforderten. Die dadurch provozierte katholische Apologetik verhinderte aber auf der anderen Seite nicht mehr die öffentliche innerkatholische Selbstkritik.
Wie in den bekannten, gleichzeitigen Streitfällen um den interkonfessionellen Charakter des Zentrums und der Christlichen Gewerkschaften, um den theologischen Modernismus und die katholische Literatur ging es um Grundfragen der relativen Autonomie des anthropozentrischen gegenüber dem theozentrischen Denken und sozial um die Stellung und Wertung des Laien gegenüber dem Geistlichen. In der Auseinandersetzung um die „Inferiorität" in Bildung und Wirtschaft spitzte sich diese Spannung insofern zu, als die nun geforderte Aufwertung von historisch-kritischer Wissenschaft und kapitalistischer Großindustrie nicht nur an normative Grundlagen des überlieferten katholischen Antiliberalismus rührte. Wie die scharfe „integralistische" Gegenreaktion annehmen läßt, erschütterte dies die historisch gewachsene Identität des „Katholizismus" gegenüber der bürgerlichen Gesellschaft des 19. Jahrhunderts überhaupt.
Mit dem Drängen auf Überwindung der „Inferiorität" wurden bisher gültige Werte katholischer Lebensführung in Frage gestellt oder zumindest relativiert. Die Norm des „christlichen Berufs" deckte sich nicht mehr mit einer gesamtgesellschaftlichen Ordnungsidee, sondern verflüssigte sich zur individuellen Praxis, Ideal und Realität zur Deckung zu bringen. Die statistische Berufsvererbung und Warnung vor beruflich-sozialer Mobilität wurden hinfällig, wenn man in die neuen, sich stark wandelnden technischen und gewerblichen Berufsfelder eindringen wollte. Die „christliche Familie" mußte ihre Erziehungsstile und -ziele ändern, wenn der Priesterberuf nicht mehr von vornherein als höchstes Ziel der Erziehung galt. War damit eine „Verbürgerlichung" der katholischen Werte verbunden, eine Relativierung der Wertung des Arbeiters als Prototyp des Laien-Christen, wie sie im katholischen Antiliberalismus enthalten war?

W. Loth

Die Erosion des katholischen Milieus

Der politische Katholizismus in Deutschland bezog seine Kraft zu allererst aus einem ultramontanen Milieu. Dieses entstand in der Ära von Reaktion und Reichsgründung als Ergebnis des Zusammentreffens von dogmatischer Verhärtung in der katholischen Kirche und Aufbegehren katholischer Volksteile gegen die Zumutungen des Modernisierungsprozesses. Es war jedoch weder so homogen noch so unwandelbar, wie es die landläufige Redeweise vom „katholischen Deutschland“ suggeriert. Mit fortschreitender Industrialisierung differenzierte es sich aus und erhielt es neue Akzentsetzungen, und mit dem Nachlassen des Kulturkampfdrucks traten diese Differenzen deutlicher hervor. Heftige Auseinandersetzungen zwischen verschiedenen sozialen und politischen Strömungen waren die Folge und ein Abrücken der Parteibindung an den Rändern, das zwar vergleichsweise langsam vonstatten ging, aber nicht mehr umzukehren war. Der Ultramontanismus verlor an Einfluß; und mit der Zeit verlor der politische Katholizismus überhaupt seine Handlungsfähigkeit.

Aus dem kirchen- und konfessionspolitischen Kern der katholischen Parteibildung ergab sich eine allgemeinpolitische Desorientierung: Angesichts zunehmender Schwierigkeiten, das ultramontane Programm durchzusetzen, zog sich die Kirche an der Schwelle zum 20. Jahrhundert zunehmend aus den Angelegenheiten der Welt zurück. In ihrer politischen Praxis blieben wohl gewisse Sympathien für antiliberale autoritäre Ordnungskonzepte spürbar, die der Sehnsucht nach Restaurierung der vermeintlich verlorengegangenen Welt Rechnung zu tragen schienen. Diese verdichteten sich aber nicht mehr zu einem offensiv gegenrevolutionären Kurs. Sie kamen nur noch dort zur Geltung, wo bestimmte Gruppierungen innerhalb des Katholizismus ohnehin vormodernen Zuständen nachtrauerten. Ansonsten blieb bei der geringen Zeitbezogenheit der kirchlichen Aussagen ein breiter Raum für die Entwicklung eigenständiger sozialer und politischer Bewegungen, die sich wohl noch als christlich verstanden, ihre Inhalte aber weitgehend unabhängig von kirchlicher Vorprägung entwickelten und darum ganz unterschiedliche Konturen annahmen. Das Defizit an kirchlicher Orientierung verschaffte den außerkirchlichen Impulsen, die durch die Mobilisierung breiter Bevölkerungsschichten in den Katholizismus hineinwirkten, eine starke Prägekraft.

Insgesamt drei solcher Bewegungen lassen sich im Kaiserreich ausmachen: eine bürgerliche Emanzipationsbewegung, eine populistisch gefärbte Bewegung ländlicher und kleinbürgerlicher Unterschichten und schließlich eine Arbeiterbewegung, die insbesondere dort reüssierte, wo Mischformen traditioneller und industrieller Lebensweisen erhalten blieben. Sie entwickelten sich vor dem Hintergrund des angestammten ultramontanen Milieus, akzentuierten es teilweise neu und wirkten ihrerseits in Teilbereichen milieubildend.

Ihre Entwicklung erklärt, warum heftige innere Auseinandersetzungen im Zentrumsturm nach dem Abklingen des Kulturkampfes alltäglich wurden und die Zentrumsführer mehr als einmal das völlige Auseinanderbrechen des Katholizismus auf sich zukommen sahen. Daß der befürchtete Bruch vermieden werden konnte, ist auf fünf Faktoren zurückzuführen:

1. die taktische Geschicklichkeit der Zentrumsführer, die nach außen hin als Opportunismus wirkte;
2. das Programm des „sozialen Ausgleichs“ als Restbestand des christlichen Universalismus, das teils ideologisch wirkte, zum Teil aber tatsächlich einen Ausgleich von Interessen herbeiführen konnte;
3. die informellen Diskriminierungen der Katholiken, die auch nach dem Abbau des Kulturkampfes im Deutschen Reich verblieben waren;
4. der Aufbau eines modernen Verbandswesens seit der Jahrhundertwende, das eine partielle Modernisierung des Katholizismus selbst ermöglicht;

5. ein forcierter Nationalismus, der in den letzten Jahren vor dem Ersten Weltkrieg auch als innerparteiliches Integrationsmittel wirkte.

Früher oder später wurden aber alle diese Bindemittel obsolet. Nach den existentiellen Spannungen des Krieges war der sozial und ideologisch zerklüftete deutsche Katholizismus nicht mehr politikfähig. Gutwillige Zentrumsführer erschöpften sich in unendlich geduldigem Moderieren, kamen dabei aber über hohle Formelkompromisse wie dem von der „Verfassungspartei“ nicht hinaus. Als auch das nichts mehr nützte, reduzierte die Partei ihr Programm 1928 wieder ganz auf den konfessions- und kirchenpolitischen Kern. Das bewahrte sie zwar vor dem Auseinanderfallen, schwächte sie aber in der Substanz so weit, daß sie nach dem Konkordat von 1933 den Zumutungen des beginnenden NS-Regimes keine Widerstandskraft mehr entgegensetzen konnte.

A.-H. Leugers-Scherzberg

Die Modernisierung des Katholizismus: Das Beispiel Felix Porsch

Ursachen und Reichweiten einer Modernisierung des deutschen Katholizismus sind bis heute kaum untersucht. Das hat forschungsgeschichtliche Ursachen. Die Katholizismusforschung hat lange Zeit quellenpositivistisch gearbeitet, den Blick auf das eigene Milieu beschränkt und dadurch das Zusammenspiel von gesellschaftlicher und innerkatholischer Entwicklung schlicht ignoriert. Ergebnisse solcher Forschungen ließen sich nur in den seltensten Fällen von einer sozialgeschichtlich ausgerichteten Geschichtswissenschaft verwerten. Hinzu kam das Festhalten einer überwiegend konservativ ausgerichteten katholischen Kirchengeschichtsschreibung an der Vorstellung, daß die „Moderne“ sowieso nur gegen den Widerstand und zum Schaden der katholischen Kirche durchgesetzt wurde und daher auch der Katholizismus keinen Beitrag zur Entstehung der Moderne geliefert haben könne. Diese Grundprämisse wurde auch von einer auf nationalliberalen Traditionen aufbauenden deutschen Geschichtswissenschaft geteilt – Franz Schnabel war hier die große Ausnahme –, so daß auch von dieser Seite kein Beitrag zur Analyse der Modernisierung des deutschen Katholizismus erwartet werden konnte.

So blieben auch die ersten Versuche sozialgeschichtlich orientierter Katholizismusforscher, das Verhältnis von Katholizismus und Moderne näher zu bestimmen, unbefriedigend. Sie konnten zwar auf eine Reihe einschlägiger Forschungen über Einzelaspekte des Modernisierungsprozesses in Deutschland zurückgreifen, doch da adäquate Forschungen für den Bereich des Katholizismus fehlen, liefen die Ergebnisse im wesentlichen darauf hinaus, die Modernisierung des Katholizismus als schlichte Anpassung an vorgegebene gesellschaftliche Normen und Werte zu beschreiben. Solange Spezialuntersuchungen fehlen, ist auch kaum mit anderen Ergebnissen zu rechnen.

Deshalb ist es sinnvoller, hier von einer Gesamtanalyse abzusehen und einen Einzelaspekt des Problems näher zu untersuchen. Mein Referat soll exemplarisch dem Verhältnis von individueller Erfahrung und Veränderung von Einstellungen im Modernisierungsprozeß nachgehen. Dabei beschränke ich mich darauf, einen typischen Zentrumspolitiker, Felix Porsch (1853–1930), in seinem Verhältnis zu und in Auseinandersetzung mit modernisierenden Tendenzen in Politik und Gesellschaft des Kaiserreichs zu untersuchen. Dabei interessiert insbesondere die Frage, ob Frontstellungen gegenüber den herrschenden gesellschaftlichen Normen und Werten bestanden, inwieweit sie als Ausfluß antimoderner Weltanschauung zu qualifizieren sind und ob sie im Laufe der Zeit abgebaut oder transformiert wurden.

Porsch wurde 1853 geboren, begann zur Zeit der Reichsgründung 1870/71 sein juristisches Studium und ließ sich nach Abschluß des Studiums und Beendigung seiner Referendariatszeit 1879 als Rechtsanwalt in Breslau nieder. Er wurde bald führendes Mitglied der schlesischen Zentrumspartei und bereits 1881 in den Reichstag und 1884 in den preußischen Landtag gewählt.

Trotz tiefgreifender Veränderungen der persönlichen Verhältnisse bleibt Porschs weltanschauliche Grundausrichtung in der Zeit von 1870 bis 1890, der Zeit der Kanzlerschaft Bismarcks, bemerkenswert konstant. Aus seiner Ablehnung der herrschenden politischen und kulturellen Normen macht er kein Hehl. Er scheut sich nicht, durch Bloßstellung Bismarcks in der Öffentlichkeit an der Autorität der Regierung zu rütteln. Er opponiert gegen eine ganze Reihe von Regierungsmaßnahmen. Dabei handelt es sich keineswegs nur um die Kulturkampfpolitik. Mit der Kritik an „kulturkämpferischen" Maßnahmen wird vielmehr die scharfe Kritik des bürokratischen Verwaltungsstaates verbunden. Noch schärfer als der moderne Staat wird der Liberalismus in Politik und Kultur abgelehnt. Demgegenüber stellt sich für Porsch der Katholizismus als umfassender gesellschaftlicher Gegenentwurf zur Heilung einer „kranken" Gesellschaft dar. Die optimistische Einschätzung der „Heilkräfte" des Katholizismus verbindet sich jedoch bei ihm gleichzeitig mit der Überzeugung von der prinzipiellen Verblendung und Unbelehrbarkeit der „Welt". So ist auch Porsch davon überzeugt, daß das von ihm kräftig geförderte katholische Organisationswesen nicht den Niedergang der Gesellschaft verhindern kann, doch es kann versuchen, „zu retten, was zu retten ist."

Dieses apokalyptische Verhältnis zu den Entwicklungstendenzen der Zeit löst sich bei Porsch etwa seit 1890 auf. Eine Annäherung an das gesellschaftliche und politische Normensystem erfolgt zunächst auf politisch-parlamentarischem Weg. Seit 1890 ist das Zentrum im Reichstag ausschlaggebende Kraft und wird im Reich und in Preußen bis zur Jahrhundertwende zunehmend zu einer verläßlichen Regierungsstütze. Die Annäherung wird damit legitimiert, daß gemeinsam mit Regierung und Konservativen die Verteidigung des christlichen Charakters der preußisch-deutschen Monarchie erstrebt wird. Beim Zedlitzschen Schulgesetzentwurf 1892 und den Auseinandersetzungen um die Militärvorlage 1893 spielen diese Motive eine herausragende Rolle. Katholischerseits ist Porsch einer der entschiedensten Förderer einer Kompromißpolitik, die sich selbst auf das Gebiet der Kirchenpolitik erstreckt. Diese Konzessionsbereitschaft auf dem Gebiet der Kirchenpolitik geht bei Porsch einher mit einem im Vergleich zur Kulturkampfzeit distanzierteren Verhältnis zur Hierarchie.

Erwartete Porsch in den 1870er und 1880er Jahren das Heil von der Durchsetzung katholischer Prinzipien in Staat und Gesellschaft, so beschränkt er sich nun auf die Forderung nach Annäherung an katholische Prinzipien. In weltanschaulicher Hinsicht wird diese Haltung für Porsch dadurch möglich, daß er die Apokalyptik in seiner politischen Ideenwelt durch den Antisozialismus ersetzt und sich dadurch politisch-konzeptionell dem liberalen Bürgertum annähert.

Bis zum Ersten Weltkrieg bleibt dieses politische Kräfteverhältnis im wesentlichen konstant. Die zunehmende Entkirchlichung der Öffentlichkeit und des politischen Lebens führt dazu, daß Porsch immer weiter von der Einforderung katholischer Prinzipien ab-

rückt und sich in das Konzept christlich-konservativer Politik rettet. Die durch diese Entwicklung im katholischen Milieu seit der Jahrhundertwende auftauchenden Irritationen (Modernismuskrise) beschleunigen in bezug auf Porsch sogar noch diesen Prozeß. Die Frustrationserfahrungen angesichts einer intransigenten Kirchenleitung vor dem Ersten Weltkrieg bestärken lediglich die in den 1890er Jahren getroffene Grundoption. Die Öffnung gegenüber der bürgerlichen Gesellschaft konnten die negativen Erfahrungen mit einer konservativen Kirchenleitung jedoch nicht begründen.
Angesichts dieses Befundes erscheint es, als sei von der gleichzeitigen parlamentarischen Schlüsselstellung und der Minoritätssituation der Katholiken in Preußen und im Deutschen Reich der entscheidende Impuls zur Annäherung an den Zeitgeist ausgegangen. Für die Zeit nach der Jahrhundertwende ist die führende Stellung der Zentrumsführung in der Abwehr des deutschen Integralismus unübersehbar. Fraglich ist jedoch, inwieweit von dieser politischen Elite Weichenstellungen ausgingen, die dann nach der Jahrhundertwende zum offenen Konflikt um das Verhältnis des Katholizismus zur Moderne führten.

6. Akkulturation und Identität: Deutsche Juden im Spannungsfeld der Modernisierungen

Leitung: *H. A. Strauss (New York/Berlin)*
H. A. Strauss: Einleitung
M. Graetz (Jerusalem): 1750–1830: Von korporativer Gemeinschaft zu ethnisch-religiöser Minderheit
A. Herzig (Hamburg): 1815–1850: Der Emanzipationsprozeß zwischen dem Wiener Kongreß und der Revolution von 1848/49
W. E. Mosse (Norwich): Das Kaiserreich: Integration und ihre Grenzen
W. Benz (München): Die Legende von der deutsch-jüdischen Symbiose

Veröffentlichungshinweis: Die Beiträge der Sektion erscheinen in: Yearbook XXXVII of the Leo Baeck Institute (1992).

H. A. Strauss

Einleitung

Das deutsche Judentum ist 1945 zu Ende gegangen. Es galt bis 1933 als eine exemplarische Form jüdischer Modernität, wie immer man Modernität verstehen will. Die öffentlich-rechtliche Stellung der Religions- oder Kultusgemeinde war in die Rechtskultur der Einzelstaaten des Deutschen Reiches eingeordnet und in Jahrzehnten Verwaltungspraxis verankert. Um die Gemeinden setzte sich das Netz von Verbänden und Organisationen fort, das aus einer jahrhundertealten Tradition ererbt und modernisiert worden war und Kultur und Ethos der Gemeinschaft verkörperte – Wohlfahrtspflege, Krankenhäuser, Stiftungen für Witwen und Waisen, Schulen und theologische Anstalten, Vereine für Geschichte und Literatur, im Reifestadium schließlich wissenschaftliche Gesellschaften und

Akademien, Archive und Museen, Studienzirkel für Torah und Talmud, Lehrhäuser, eine „scientific community“ im Spannungsfeld der großen säkularen Tendenzen der Zeit. Die jüdische Gemeinschaft war während der knapp 150 Jahre, die ihre Emanzipationsperiode in Deutschland ausmachten, weder einheitlich noch statisch. Weltbild und Orthopraxie der religiösen Volkskultur unter Landjuden, Orthodoxen oder ost- und südosteuropäischen Einwanderern wiederholten den Prozeß des Kulturwandels – Akkulturation – bis zum Ende 1933 in Wechselwirkung mit ihren Epochen. Die Energien, die von diesen kulturellen Reibungsflächen freigesetzt wurden, gaben nicht nur der Gemeinschaft eine charakteristische Vitalität: sie speisten auch die unbestreitbare Kulturleistung der Juden in Deutschland an allen Punkten des Akkulturationskontinuums.
Der dunkle Hintergrund, auf dem sich diese historisch einmalige Begegnung der jüdischen Tradition und Gemeinschaft mit der deutschen Kultur des 19. und 20. Jahrhunderts abgespielt hat, war den Zeitgenossen wohlbekannt. Die jüdische Außenseiterstellung im christlichen Weltbild hatte sie zu einer Existenz äußerer Misere herabgedrückt, die von den großen abendländischen Epochen und Systemveränderungen bis ins 18. Jahrhundert kaum gemildert wurde. Als sie dann ihre in langer Unterdrückung ausgebildete Berufsstruktur zu Stereotypen und Symbolen eines bürgerlichen Zeitalters machte, dessen Vollendung immer wieder von vormodernen Interessen oder Machtzentren verzögert oder in falsche Bahnen gelenkt wurde, verzögerte sich auch ihre Befreiung von alten Diskriminierungen. Daß nur ein Jahrzehnt nach der in der Verfassung des Norddeutschen Bundes endlich erreichten bürgerlichen Gleichstellung mit 1879 und der „Großen Depression“ die Epoche des „modernen“ (Rassen- und politischen) Antisemitismus begann, und zu Anfang des 20. Jahrhunderts zur gesellschaftlichen, d. h. in sozialem Verhalten selbstverständlichen Norm geworden war, mit wichtigen Ausnahmen für die sozialistische Arbeiterschaft und liberale bürgerliche Gruppen, ist heute als Ausgang einer Entwicklungslinie erkannt, die mit zur Endkatastrophe beitragen sollte. Die jüdische Lebenswelt, die von der „liberal expectancy“ geprägt worden war, stand und fiel mit ihr. Sie hatte gute Gründe, die Gegenwart mit ihren attraktiven und abstoßenden Erscheinungen – die gemischte Alltagserfahrung, die schlecht-guten Beziehungen zur Umwelt, die vielfältigen sozialen Rollen, Erfolgs- und Rückweisungserlebnisse im Aufstieg – mußte man wirklich auch von der preußischen Offizierskaste des Kaiserreichs akzeptiert werden? – eben diese Gegenwart für die Erfolgsbilder der Vergangenheit, für die erreichte bürgerliche Gleichstellung und für die liberale Zukunft zu diskontieren. Die wissenschaftlich innovativsten unter den jüdischen Historikern der Epoche – Eugen Täubler und Selma Täubler-Stern mögen als Beispiele zitiert werden – lehrten und schrieben aus einem Lebensgefühl, das bei aller Einsicht in die Brüche und Diskontinuitäten der Geschichte der Juden in Deutschland-Preußen als eine Variante der „Whig interpretation of history“ bezeichnet werden kann, auch in dem von Otto Hintze angeregten großen methodischen Entwurf einer Wechselwirkung zwischen den inneren Entwicklungen der jüdischen Gemeinschaft durch die Jahrhunderte mit Kultur, Staat, Wirtschaft etc. der europäischen Umwelt.
Das Aufkommen des Zionismus war geeignet, das instabile und gegen feindliche Strömungen immer wieder verteidigte Gleichgewicht von jüdischer Identität und nationalstaatlicher Integration zu erschüttern, obwohl auch der Zionismus, als Jugend- und Protestbewegung, aufs Engste mit den geistigen und politischen Tendenzen der fin-de-liberalisme-avantgarde in Deutschland und Österreich und mit den nationalen Befrei-

ungsbewegungen in den multi-nationalen Reichen Südost- und Osteuropas verknüpft war. Vollends die unermeßliche Katastrophe, die bis 1939 auf Deutschland, Österreich und die Tschechoslowakei beschränkt geblieben war und im Zweiten Weltkrieg zur Auslöschung der demographischen und kulturellen Zentren des europäischen Judentums führte, hat das historische Bewußtsein in einer Weise revolutioniert, die das klassische deutsch-jüdische Geschichtsbild als Selbsttäuschung dekonstruierte.

Daß dieses Geschichtsbild nicht verschwand, sondern als Grundlage einer kritischen Selbstbesinnung wirksam werden konnte, läßt sich etwa an der Entwicklung des Leo Baeck Instituts (New York, London, Jerusalem) ablesen. Die jüdische Geschichtsschreibung folgte der Wendung der deutschen Historiographie zur Analyse von Entwicklungslinien aus der Geschichte der Weimarer Republik und des Kaiserreiches, schließlich zur ersten Hälfte des 19. Jahrhunderts und zu den in der Aufklärung angelegten Fehlentwicklungen.

Die methodischen Ansätze, die zu der Revision der Bilder von der deutsch-jüdischen Vergangenheit geführt haben, lassen sich in die allgemeinen Entwicklungslinien der Nachkriegs-Historiographie einordnen. Die nationaljüdische Linie, die hervorragend in der „Jerusalemer Schule" (Dinur, Katz, u. a.) vertreten ist, betont die Kontinuität einer integrierten jüdischen Gemeinschaft, ihren unverlorenen ethnischen Charakter. Die vor allem in Lokal- und Regionalstudien erfolgreiche Sozialgeschichte, hervorragend besonders in der Bundesrepublik Deutschland in den letzten Jahrzehnten, hat die Hindernisse des Emanzipationsprozesses, die Schatten- und Nachtseiten antijüdischer Gruppen und Schichten bis hin zu den vorpolitischen Gewalt- und Pogromerscheinungen wirtschaftlich-sozialer und religiöser Motivstrukturen thematisiert. Die Untersuchung sozialer Distanzmuster auf allen sozialen Ebenen hat die Grenzen herausgearbeitet, die der gesellschaftlichen Gemeinsamkeit von Juden und Christen gesetzt waren, und die Kritik des israelischen Mystikforschers Gershom Scholem an der Vorstellung einer deutsch-jüdischen Symbiose rezipiert bzw. präzisiert. Von den Sozialwissenschaften angeregte Fragestellungen sind darüber hinaus in der in den letzten Jahren intensivierten Antisemitismusforschung wirksam geworden.

Die in den folgenden Beiträgen vorgetragenen Einzeluntersuchungen gehören in diese Zusammenhänge. Ob sich mit ihrer Hilfe ein balanciertes Bild der deutsch-jüdischen Vergangenheit entwickeln wird, – Selbstbewahrung *cum* Integration und Akkulturation, Erfolg *und* Mißglücken von Gemeinsamkeit und Wechselwirkung – muß dem selbstkritischen Gang der Geschichtsschreibung anvertraut bleiben. Die Diskussion sollte einige der methodischen Schritte zu diesem Ziel andeuten können.

M. Graetz

1750–1830: Von korporativer Gemeinschaft zu ethnisch-religiöser Minderheit

Der Restrukturationsprozeß, den die jüdische Gesellschaft im deutschen Kulturbereich durchlebt, kann nicht durch scharf gezogene chronologische Grenzen umrissen werden. In dieser Hinsicht unterscheidet sich diese Problematik nicht von anderen sozialgeschichtlichen Entwicklungen, die im Unterschied zur Ereignisgeschichte nicht mit einzelnen Daten zu identifizieren sind.

Wenn 1750 hier als untere Grenze steht, so soll dies nicht bedeuten, daß der Desintegrationsprozeß der jüdischen Gemeindeautonomie erst um die Mitte des 18. Jahrhunderts eingesetzt hat. Bereits hundert Jahre früher kann man erste Ansätze dazu feststellen. Neu in der 2. Hälfte des 18. Jahrhunderts allerdings ist die Beschleunigung dieser Entwicklung, die z. B. auch durch das „Judenreglement" eines Friedrich II. in Preußen im Jahre 1750 verursacht wird.

Wenn andererseits 1830 die obere Zeitgrenze bildet, darf auch dies zu keinem Fehlschluß verleiten, als ob bereits zu diesem Zeitpunkt nichts mehr vom korporativen Charakter der alten jüdischen Gemeindeorganisation übrig geblieben wäre und die Juden tatsächlich nur noch als ethnisch-religiöse Minderheit zu definieren seien. Sie hatten zwar auf die Eigenständigkeit ihrer Gemeinde weitgehend verzichten müssen: die rabbinische Gerichtsbarkeit war praktisch abgeschafft und die Funktionen der Gemeindevorsteher und Rabbiner waren offiziell beschränkt auf das kultisch-religiöse Leben, aber in manchen deutschen Territorien wurde der Zugehörigkeitszwang zur Gemeinde nicht aufgehoben. Noch im Jahre 1847 wagte Friedrich Wilhelm IV. dem preußischen Landtag einen Gesetzentwurf vorzulegen, der den korporativen Status der jüdischen Gemeinschaft und deren Überwachung durch den Staat im Sinne des „alten Regimes" bekräftigt.

Die Überreste der traditionellen Gemeindeordnung verschwinden zwar zögernd, aber trotzdem sind bereits vor 1830 die Konturen einer sich restrukturierenden und teilweise restrukturierten jüdischen Gesellschaft klar zu erkennen, die nicht mehr als Korporation, sondern als ethnisch-religiöse Minderheit zu definieren ist.

Bei dieser Entwicklung, die natürlich eingebettet in die sich wandelnden Strukturbedingungen der deutschen Gesellschaft überhaupt und in deren Modernisierungsprozeß verstanden werden muß, sticht eine Tatsache ins Auge: die jüdische Gesellschaft, ähnlich wie die nichtjüdische, verwandelt sich von einer „geschlossenen" in eine „sich öffnende" und „offene" Gesellschaft.

Drei Merkmale charakterisieren vorrangig diese Transformation:

1. Im jüdischen genauso wie im nichtjüdischen Gesellschaftsbereich steigt in diesem Zeitraum eine neue soziale Schicht, das Bürgertum, auf, das sich differenzierend als Besitz- und Bildungsbürgertum, als höheres und mittleres Bürgertum, diese Entwicklung der „Öffnung" entscheidend prägt.

2. Das jüdische Bürgertum bricht mit dem Monopol des normativen Judentums im kulturellen und gesellschaftlichen Leben der Juden. Es trägt die wichtigsten Erneuerungstendenzen, die Aufklärung, die Reform und die „Wissenschaft des Judentums" in die Gemeinde hinein und treibt den Säkularisierungsprozeß voran, indem es eine spezifisch jüdische bürgerliche Utopie als Orientierungsziel entwirft.

3. Es ist das Privileg des Bürgertums, eine neue Form der Soziabilität, das Vereinswesen, das gesellschaftliches Leben außerhalb der Synagoge und des traditionellen Lern- und Erziehungssystems der Juden ermöglicht, in der jüdischen Gesellschaft verankert zu haben. Formale, und weniger formale Assoziationen, bilden den gesellschaftlichen Boden, wo Juden mit Juden, aber auch Juden mit Nichtjuden, am Netz einer neuen Identität weben, die als eine einer ethnisch-religiösen Minderheit bezeichnet werden sollte. Eine Identität, die nicht mehr durch den geschlossenen Rahmen der Korporation von Geburt an gesichert ist, sondern, wie es Renan in bezug auf die nationale Zugehörigkeit formulierte: „Ein ständiges, tägliches Plebiszit bedeutet."

Die Frage, ob es sinnvoll sei, in den historischen Diskurs über Akkulturation und Identität der Juden den Begriff der „ethnisch-religiösen“ Minderheit einzuführen, muß also positiv beantwortet werden, sofern wir den oben erwähnten Merkmalen und vor allem jener grundlegenden Wandlung der jüdischen Gesellschaft von einer „geschlossenen“ in eine „offene“ Rechnung tragen.

A. Herzig

1815–1850: Der Emanzipationsprozeß zwischen dem Wiener Kongreß und der Revolution von 1848/49

Die Idee der Emanzipation, verstanden als bürgerliche Gleichstellung der Juden, wurzelt in der Aufklärung; doch schon hier die Einschränkung: nicht Gleichstellung, sondern „bürgerliche Verbesserung“, wie es in der Programmschrift des Protagonisten Dohm heißt. Der Emanzipationsprozeß wird als längerer Erziehungsprozeß verstanden, in dem der Staat, nicht die Gesellschaft, eine wichtige Rolle spielt. Träger dieser Idee waren Intellektuelle und Beamte, die die Konsequenz aus der miserablen sozialen Situation der Juden am Ende des Ancien régime zogen. Die Idee einer Erziehungsemanzipation war in der napoleonischen Phase insofern obsolet, als in einigen Rheinbundstaaten die sofortige Gleichstellung der Juden durchgeführt wurde. Die Staaten und Provinzen, die an das Kaiserreich fielen, vor allem das Rheinland, erfuhren allerdings erhebliche Einschränkungen durch das sogenannte „schändliche Dekret“ (1808). Preußen folgte im Rahmen seiner „defensiven Modernisierung“ 1812 mit einem eingeschränkten Emanzipationsgesetz; Baden erklärte 1809 die Juden zu Staatsbürgern, während Bayern durch sein Matrikelgesetz von 1813 die staatlichen Zwangsmaßnahmen gegenüber den Juden weitgehend aufrechterhielt. In den anderen Mittelstaaten erfolgten Verbesserungen für die rechtliche Stellung der Juden erst 1828: Württemberg, bzw. 1838/42: Hannover. Neben den beiden Modellstaaten Westfalen und Berg erhielten in Deutschland die Juden nur in den beiden Anhaltischen Herzogtümern die uneingeschränkte Emanzipation.
Der zögerliche Emanzipationsprozeß erfuhr 1815 einen gravierenden Einschnitt, als man im Zuge der Restauration versuchte, für die Juden den Zustand des Ancien régime wiederherzustellen, wenn auch das alte Instrument der Schutzherrschaft nicht wieder eingeführt werden sollte. Paradoxerweise waren es die Staaten der Heiligen Allianz, die sich für eine Verbesserung des Rechtsstatus der Juden aussprachen, während sich dem die „bürgerlichen Stadtrepubliken“ auf dem Wiener Kongreß vehement widersetzten. Unter der Ägide des Bremer Bürgermeisters Smidt setzten sie im Artikel 16 der Bundesakte die Formulierung durch, daß den Juden nicht die *in* den Bundesstaaten, sondern die *von* diesen verliehenen Bürgerpflichten erhalten bleiben sollten. Infolgedessen galten für die Juden in den einzelnen Bundesstaaten die unterschiedlichsten Rechtsverhältnisse, was im Sinne des sich entwickelnden modernen bürgerlichen Rechtsstaates äußerst kontraproduktiv war. Auch Preußen verzichtete im Zuge der Restauration auf eine Vereinheitlichung der Rechtsnormen für jüdische Bürger und versuchte das einmal Erreichte auf dem Verwaltungsweg oder über Sondergesetze wieder rückgängig zu machen.
Für die jüdische Minderheit bedeutete dies wenn nicht Vertreibung und Umsiedlung wie in den Hansestädten so doch eine erhebliche Einschränkung des Niederlassungsrechts. Vor allem die Abwanderung in die Städte wurde gestoppt bzw. verzögert, was insofern

gravierend war, als sich die jüdische Minderheit in einer entscheidenden Entwicklungsphase befand. Im ausgehenden Ancien régime lebte über die Hälfte der Juden als Bettel- und Trödeljuden in ökonomischer Marginalexistenz. Ein sozialer Aufstieg über den Klein- bzw. Ladenhandel war nur in den Städten zu leisten, was allerdings den Vorstellungen der „Erziehungsemanzipation" widersprach, die von der jüdischen Minderheit forderte, daß sie sich völlig der bürgerlichen Gesellschaft und ihrer Berufsstruktur anpassen sollte.

In der Judenheit führte das Problem der Akkulturation und Assimilation zu einer Identitätskrise. Wenn auch von der schmalen jüdischen Oberschicht, vor allem den Intellektuellen, das Konzept der „Erziehungsemanzipation" begrüßt wurde und man bestrebt war, über jüdische Schulen und Handwerkslehranstalten dieses Ziel zu erreichen, so fragte man sich doch, welche Rolle das Judentum in der modernen bürgerlichen Gesellschaft in Deutschland spielen sollte. Die intellektuelle Avantgarde des Berliner Cultur-Vereins war bestrebt, das kulturelle jüdische Erbe in die deutsche bzw. europäische Kultur einzubringen. Bis auf eine kleine Minderheit Ultra-Orthodoxer war unter den deutschen Juden das Streben nach Akkulturation bzw. Assimilation, auch unter den Neo-Orthodoxen, weit verbreitet; doch traf die Formel, die man dafür fand: „Juden nach der Religion, Deutsche nach der Nation", nicht die Realität. Es blieb in Zukunft nicht nur die Bindung an die Religionsgemeinschaft, sondern auch an die soziale Gruppe. Die Akkulturations- bzw. Assimilationsfrage wirkte sich jedoch im synogalen Bereich in der Auseinandersetzung zwischen Reformern und Konservativen aus; auch in den Differenzen zwischen Stadt- und Landjuden.

Die staatlichen und auch gesellschaftlichen Verhinderungsstrategien des Emanzipationsprozesses dokumentieren sich in den Pogromen, die zwischen 1819 und 1823 von kleinbürgerlichen und bäuerlichen Trägerschichten veranstaltet wurden und bis zur Revolution 1848/49 immer wieder aufflackerten. Motiv war der ökonomische Konkurrenzneid gegenüber der sozial allmählich aufsteigenden jüdischen Minderheit. Auch das städtische Bürgertum und der Adel waren in dieser Phase mehrheitlich gegen die Judenemanzipation. Ihre Medien im Sinne einer Verhinderung waren Presse, Literatur und Theater, wo man sich nicht nur über den Emanzipationsprozeß lustig machte – so in Sessas „Unser Verkehr" –, sondern sogar physische Vernichtungsstrategien entwickelte. Auch gelang es diesen Gruppen, Einfluß auf die Politik zu gewinnen und gesetzliche Maßnahmen durchzusetzen, die nicht nur die Emanzipation verhindern, sondern auch in Zukunft eine Segregation und wirtschaftliche Benachteiligung dieser Minderheit garantieren sollten. Langfristiges Ziel war die Vernichtung des Judentums, wenn auch nicht physisch, so doch geistig und kulturell. Die Taufe als Lösung und damit die endgültige Beseitigung des Judentums schwebte sogar den wenigen Politikern, darunter Wilhelm v. Humboldt, vor, die sich sonst für eine vollständige Emanzipation der Juden einsetzten. Auch die wenigen liberalen Stimmen, die sich in dieser Phase in Deutschland zu Wort meldeten, waren ebenfalls nur bereit, den einzelnen Juden, nicht aber die Juden als Minderheit zu emanzipieren. Die ideologische Formel vom „christlichen Staat" als Basis des Staatswesens sollte eine Integration verhindern. Die preußische Regierung versuchte 1847 die Segregation der Juden durch ein Gesetz zu erreichen; dieses scheiterte allerdings im Allgemeinen Preußischen Landtag.

Eine Wende brachte die Revolution 1848/49. Wenn auch jetzt noch einmal eine Pogromwelle aufflackerte, so war man in den meisten Parlamenten bereit, den Juden das Staatsbürgerrecht zuzuerkennen. Vorausgegangen war ein Meinungswandel in bürgerlichen Kreisen, der einen ersten Niederschlag in einer Abstimmung des rheinischen Landtags zugunsten der Judenemanzipation (1843) fand. In konservativen politischen Kreisen führte dieses jedoch zu einer erneuten heftigen Ablehnung. Auch in der Judenheit selbst hatte sich im Zuge der Revolution 1848/49 die Bereitschaft zur Assimilation allgemein durchgesetzt. Die Garantien in den Verfassungen von 1848/49 blieben jedoch auch in Zukunft nicht unangefochten. Die Entwicklung zum modernen bürgerlichen Staat, in dem alle gleichberechtigt sein sollten, war 1848 noch nicht erreicht.

W. E. Mosse

Das Kaiserreich: Integration und ihre Grenzen

Was verstehen wir unter „Integration"? Der häufig verwendete Begriff „Assimilation" wird heute von vielen nur noch ungern gebraucht. Er ist durchaus nicht wertfrei. Auch ist er einseitig, die Beschreibung der Anpassung einer Gruppe an eine andere. „Integration" dagegen ist (weitgehend) wertneutral und betrifft eher die Eingliederung einer Gruppe in eine andere. Beide Begriffe sind übrigens vage, schwer definierbar und nicht zu quantifizieren. Ein dritter Begriff „Symbiose", aus der Biologie übernommen, wird regelmäßig falsch angewandt, denn er bezeichnet das Leben eines Organismus innerhalb eines anderen ohne jegliche Berücksichtigung von Nutzen oder Schaden für die Partner. „Integration" also bezeichnet den Grad der „Einpassung", gewöhnlich einer Minderheit, in die umgebende Gesellschaft.

Das Kaiserreich war für die Juden Deutschlands das nachemanzipatorische Zeitalter. Nach vollendeter rechtlicher Gleichstellung bot es theoretisch Juden die Chance einer Vollintegration. Sie teilten jetzt verfassungsmäßig die Rechte aller Bürger und besaßen Gleichheit vor dem Gesetz. Auch waren sie weitgehend akkulturiert und als Gruppe verbürgerlicht. Wenn auch bei weitgehender Bewahrung ihrer jüdischen Identität hatten sie sich in vieler Hinsicht dem nichtjüdischen Bürgertum angepaßt.

Unter den Juden war das Großbürgertum – abgesehen von einer kleinen jüdischen Intelligenz – die Gruppe mit den größten Integrationschancen. Reichtum und wirtschaftlich-gesellschaftliche Stellung wogen in den Augen eines Teils der Umwelt mindestens teilweise das unausrottbare Stigma des „Judeseins" auf. Hinzu kam in manchen Fällen ein großzügiges Mäzenatentum, gegründet auf Reichtum, kulturelle Interessen und nicht selten soziales Verantwortungsgefühl. Eine mit „goldenen Löffeln" im Munde geborene Erbengeneration besaß unter Juden die größten Möglichkeiten in Berufswahl, Lebensgestaltung und Heiratsstrategien. Wie, auf dem Hintergrund dieser Chancen, stand es nun um die Integration des jüdischen Großbürgertums im kaiserlichen Deutschland? Ich will dies in vier Bereichen betrachten: Wirtschaft, Gesellschaft, Öffentliches Leben und Kultur.

Wie der beeindruckende Aufstieg des jüdischen *Wirtschaftsbürgertums* im kaiserlichen Deutschland beweist, waren jüdische Wirtschaftsbürger erfolgreich integriert. Manche von ihnen gelangten nicht allein zu Reichtum, sondern auch zu Amt und Würden, besonders in beruflichen Fachverbänden. Jüdische Bankiers waren maßgeblich an Industriefinanzierungen beteiligt. Ihre Rolle im Überseehandel war bedeutend, gewürdigt auch von sonst wenig judenfreundlichen Persönlichkeiten wie Sombart oder Wilhelm II. In wirtschaftlichen Fragen jeglicher Art wurden sie oft und gerne von den Behörden zu Rat gezogen. Großbanken wie die Disconto-Gesellschaft oder die Deutsche Bank entwickelten neben nichtjüdischen auch jüdische Dynastien. Es entsteht zunächst der Eindruck, als sei die wirtschaftliche Integration eine vollständige gewesen.

Genauere Betrachtung allerdings verlangt eine gewisse Nuancierung. Die Zusammensetzung der Aufsichtsräte der größten Aktiengesellschaften weist auf das Bestehen eines, wenn auch durchaus nicht geschlossenen jüdischen Wirtschaftssektors hin. Für jüdische Geschäftsleute ergaben sich häufig aus vielerlei Gründen Geschäftsverbindungen mit Glaubensgenossen. Auch unterschied sich die Branchenverteilung von Unternehmern jüdischen Ursprungs von derjenigen von Nichtjuden. Allerdings kann man den „jüdischen Wirtschaftssektor" als dem nichtjüdischen komplementär und somit als integriert betrachten.

An einzelnen Stellen erscheint ein mehr oder weniger bewußter ethnischer Gegensatz bei konkurrierenden Unternehmen etwa bei Siemens und AEG oder in der Kaliindustrie. Es bestand ein bitterer und durchaus verständlicher Konflikt zwischen den häufig jüdischen Warenhäusern und dem nicht konkurrenzfähigen Detailhandel einschließlich der Grossisten. Auch der Gegensatz von „nationaler" und „jüdischer" Presse gehört zu diesen Erscheinungen. Dennoch handelt es sich hier eher um Ausnahmefälle. Im großen und ganzen überwiegt das Bild einer zumindest an den Spitzen relativ vorurteilsfreien nichtjüdischen Wirtschaftsführung auf der Basis gemeinsamer Interessen und gegenseitigen Vorteils sowie gelegentlich einer gewissen Klassensolidarität.

Die *gesellschaftliche* Integration von Juden war besonders nach der „Wende" der späten siebziger Jahre eine äußerst begrenzte. Im engeren gesellschaftlichen Verkehr blieben Juden weitgehend unter sich. Nur vereinzelt entwickelten sich aus geschäftlichen Beziehungen auch solche persönlicher Art. Das waren Ausnahmen. Typischer ist das desolate Bild der gesellschaftlichen Beziehungen in den Memoiren des getauften Bankierssohns Paul Wallich. Universität und Militärdienst bewiesen jungen Juden schnell die Unmöglichkeit einer wirklichen gesellschaftlichen Integration. Auch nahm die Mehrzahl von Klubs und Vereinen Juden nur vereinzelt oder auch garnicht auf. Und auch die wenigen Begünstigten blieben meist gesellschaftlich isoliert. Juden waren mehr und mehr auf eigene Gesellschaft und eigene Organisationen angewiesen.

Konnubium, der Höhepunkt der gesellschaftlichen Integration, war selten und kaum je auf der gleichen Gesellschaftsebene. Judentum mußte dann durch gesellschaftlichen „Abstieg" kompensiert werden. Paul Wallichs halb-ironische Beschreibung seiner „Brautjagd" ist so unterhaltsam wie aufschlußreich. Übrigens lehnte man auch jüdischerseits Konnubium weitgehend ab und gab der Endogamie den Vorzug.

Der Antisemitismus der Stoeckerzeit verstärkte dann noch die Tendenz zur gesellschaftlichen Abkapselung. Von einer wirklichen gesellschaftlichen Integration konnte von nun an keine Rede mehr sein.

Was die Rolle der Juden *im öffentlichen Leben* betrifft, so war die Haltung der staatlichen Behörden geprägt durch die Nachwirkungen der Theorie des „Christlichen Staates" sowie durch den Anti-Liberalismus des späteren Bismarck und seiner Epigonen. Weder Beamtentum noch politische Oberschicht noch auch weitere Wählerkreise waren bereit, Juden einen Platz im öffentlichen Leben einzuräumen. Im Verfolg waren „Konfessionsjuden" weitgehend von Verwaltung und Politik ausgeschlossen und die Situation von

„Taufjuden" war nur wenig günstiger. Die Karrieren eines Walther Rathenau oder Bernhard Dernburg werfen ein Schlaglicht auf die Situation. Ob sie auch als Nichtjuden aufgrund bürgerlicher Herkunft oder als Katholiken eine ähnliche Diskriminierung erfahren hätten, bleibe dahingestellt.

Eine scheinbare Ausnahme bilden die verspäteten „Hofjuden" von Bismarcks Bankier und Faktotum Gerson (von) Bleichröder bis zu den sogenannten „Kaiserjuden" – der prominenteste Albert Ballin –, die Wilhelm II. in einen beschränkten gesellschaftlichen Verkehr zog. Einen nennenswerten politischen Einfluß hat jedoch keiner von ihnen besessen oder, mit der zweifelhaften Ausnahme von Walther Rathenau, erstrebt. Auch die jüdischen Eigentümer und Redakteure der großen liberalen Tageszeitungen haben nie einen nachweisbaren Einfluß auf politische Entscheidungen ausgeübt. In Verwaltung wie Politik war der schwache „liberale" Sektor – häufig als „jüdisch" diffamiert – weitgehend isoliert.

Die *Kultur* des Kaiserreichs war gespalten. Einerseits bestand die klassische humanistische Kultur, repräsentiert durch Goethe und Schiller, fort. Daneben aber entwickelte sich rapide eine „national-patriotische" Kultur nicht selten mit völkischem Einschlag. An anderer Stelle habe ich die erstere für das Kaiserreich als die „Liebermann-Fontane"-Kultur, die andere als die „Knackfuß-Wildenbruch"-Kultur bezeichnet. (Eine dritte Strömung, die sogenannte „Moderne", kann hier nicht berücksichtigt werden.)

Innerhalb dieses Spektrums nun gehörten die in die deutsche Klassik akkulturierten Juden mit ihrem speziellen Lessing- und Schiller-Kult zu dem klassisch-humanistischen Kulturkreis. Ihre Kultur, im Gegensatz zur nationalen Knackfußkultur, war europäisch orientiert. Man schätzte Ibsen, Shaw, Dostojewski, die französischen Impressionisten, hielt sich abseits von Hyperpatriotismus, nationalem Pathos und völkischen Ritualen. Es bestand ein augenfälliger Gegensatz zwischen der „nationalen" Kultur mit ihrer Ablehnung „fremder" Einflüsse und der humanistisch-europäischen mit ihrer Ablehnung der national-chauvinistischen „Spießer-Ideologie". Beiden gemeinsam war nur der Wagnerkult. Im ganzen, besonders auch mit Hinblick auf die breiten Mittelschichten, war die Fontane-Liebermann-Kultur auf eine relativ kleine (ethnisch gemischte) Minderheit beschränkt. Auch im kulturellen Bereich war somit die jüdische Integration unvollständig.

Die Emanzipation der Juden trug in Deutschland einen Charakter *sui generis*. Ihr Endergebnis war, wie gezeigt, eine höchst unvollständige Integration der emanzipierten Juden in die nichtjüdische Umwelt. Es gab Spannungen und Reibungsflächen, in „Normalzeiten" latent, in Krisenzeiten akut. Bei aller wirtschaftlichen Integration gab es in anderen Bereichen Erscheinungen, die an *apartheid* erinnern. Eine Betrachtung des Einflusses der unvollständigen Integration auf das jüdische Selbstverständnis bleibt dem Referat und der anschließenden Diskussion vorbehalten.

W. Benz

Die Legende von der deutsch-jüdischen Symbiose

Man nannte die gebildeten Juden in Deutschland „Deutsche von Goethes Gnaden": darin steckte viel Wahrheit, zeigte das Diktum doch auch, daß Juden nicht überall erwünscht waren, daß es Bereiche gab wie das Militär, die Universität, die akademischen Korpora-

tionen, in denen auch die Taufe nicht gleiches Recht bei jüdischer Herkunft schuf. Die Tatsache der kulturellen Assimilation verleitete aber auch zum Trugschluß, es habe eine deutsch-jüdische Symbiose gegeben, die im Rückblick gar zunehmend verklärt wird.
Zweifellos bildete das deutschsprachige Judentum ein, wie Hannah Arendt konstatierte, „durchaus einzigartiges Phänomen auch im Bereich der sonstigen jüdischen Assimilationsgeschichte". Die Annäherung war in Deutschland mindestens im Bereich der gebildeten bürgerlichen Schicht im vorigen Jahrhundert wohl weiter gediehen als bei vergleichbaren historischen Parallelen, wie im Altertum im hellenistischen Alexandrien oder später im maurisch geprägten Spanien. Aber war die kulturelle und geistige Assimilation der deutschsprachigen Juden wie Gershom Scholem konstatierte, nur „eine einseitige Liebeserklärung"?
Wenn die Taufe Vorbedingung der sozialen Anerkennung war, trotzdem aber die Türen zu den großen Karrieren in der Regel verschlossen blieben – Juden als Stabsoffiziere, Universitätsprofessoren, wirklich leitende Beamte, Vereinsvorsitzende waren in der Wilhelminischen Gesellschaft äußerst selten, und die mit jüdischem Geld gegründete Stiftungsuniversität Frankfurt hatte deshalb gerade auch den Zweck, Juden auf Lehrstühle berufen zu können –, dann bleiben Zweifel an der Vollkommenheit der Emanzipation berechtigt.
Das gravierendste Argument gegen die Vermutung einer „deutsch-jüdischen Symbiose", wie sie angeblich bis zu Hitlers Machterhalt 1933 bestanden hat, liefert der Antisemitismus, und zwar der bürgerliche, nicht der Radau- und Pöbelantisemitismus der Völkischen und Nationalsozialisten. Der bürgerliche – religiös, sozial, ökonomisch motivierte – Antisemitismus, der im Umkreis der Diskussion um die „Judenfrage" begann und im schweigenden Zusehen bei ihrer „Lösung" unter dem nationalsozialistischen Regime endete, wuchs parallel zum Aufblühen jüdischer Freiheit in Deutschland Ende des 19. und zu Beginn des 20. Jahrhunderts.
Die Juden in Deutschland bildeten natürlich keine politisch, soziologisch oder auch nur religiös homogene Gruppe, wie es die judenfeindliche Propaganda glauben machen wollte. Von den verschiedenen religiösen Gruppierungen und der den deutschen Juden gemeinsamen Distanz gegenüber dem einwandernden Ostjudentum abgesehen, gab es zwei Hauptrichtungen, die dominierende, die im Centralverein deutscher Staatsbürger jüdischen Glaubens repräsentierte, und die Zionisten. Unterschieden sich die im Centralverein Organisierten in ihren nationalen und kulturellen Hoffnungen und Sehnsüchten in nichts vom nichtjüdischen deutschen Bürgertum, so propagierten die Zionisten das Gegenprogramm zur Assimilation, die Besinnung auf spezifisch jüdische kulturelle Traditionen.
Zwei Jahre später, 1933, wurde das konkrete zionistische Programm für etliche, aber keineswegs die Mehrheit, der deutschen Juden attraktiver. Die jüdischen Staatsbürger Deutschlands, die sich in ihrer Loyalität zum Vaterland von keinem übertreffen lassen wollten, setzten ihre Hoffnung auf die Legalität der Reichsregierung Hitler, als deren Symbol sie den Reichspräsidenten Hindenburg ansahen, und auf die Verfassung, die in drei Artikeln die Gleichheit aller Deutschen, den Zugang aller Staatsbürger zu öffentlichen Ämtern und die Glaubens- und Gewissensfreiheit zu garantieren schien. Aber die Dissimilation hatte spätestens mit Hitlers Kanzlerschaft begonnen, der Traum von der deutsch-jüdischen Symbiose war längst ausgeträumt.
Zwei Indizien gibt es dafür, daß eine solche Symbiose im deutsch-jüdischen Verhältnis nicht existiert hat. Einmal war die Gegenseitigkeit durch Gleichberechtigung nicht gege-

ben; ein Teil des Jüdischen mußte bei aller Assimilation immer im Getto bleiben, das galt für den religiös-spirituellen Bereich auch dann, wenn der deutsche Kaiser zu Besuch in die Synagoge kam und den Centralverein der deutschen Staatsbürger jüdischen Glaubens seines Wohlwollens versicherte, und das galt im sozialen Bereich auch für die getauften Juden (denen als Vorbedingung des gesellschaftlichen Aufstiegs diese formelle Lösung vom Judentum zugemutet war). Zum anderen verkehrte man mit den Juden geschäftlich und offiziell, aber kaum privat, und wenn, dann war es nicht die Regel. Wenn man Erinnerungen und Reflexionen nichtjüdischer Deutscher durchsieht, in denen auch die Verfolgung und Vernichtung der Juden thematisiert ist, findet man eine Fülle von Hinweisen auf jüdische Schulfreunde, Nachbarn, Kollegen usw., aber kaum je eine Erwähnung, daß man außerhalb der Schule, des Amtes, der Geschäftsbeziehung intensiven Kontakt gepflegt hätte. Das wäre das Normale bei einer vollständigen Emanzipation der Juden in Deutschland gewesen. So aber hörte man gemeinsam Wagner und Beethoven im Konzertsaal und in der Oper, besuchte die gleichen Theater, verehrte die gleichen Klassiker, ging aber anschließend getrennter Wege nach Hause und verschloß die Wohnungen. Die Erwähnung privater Kontakte mit Juden hat meist den Charakter der Demonstration, oft den des Alibis, immer den des Außergewöhnlichen, und das ist das entlscheidende Indiz.

Das Verhältnis zwischen jüdischen und nichtjüdischen Deutschen war in sozialer (nicht in intellektueller und kultureller) Hinsicht das zwischen Patriziern und Plebejern: Den Juden war mit der Emanzipation das ius commercii, nicht aber das ius conubii – im weitesten Sinne von gesellschaftlicher Gleichberechtigung verstanden – gewährt worden. Die Juden gehörten bei aller Gleichstellung nicht ins Sozialgewebe der deutschen Gesellschaft, zumindest nicht der jüdische Mittelstand. Man fühlte sich als deutscher Gymnasiast und deutscher Student, war etwa anerkannt als primus omnium im Gymnasium, gehörte aber sozial irgendwie trotzdem nicht dazu und machte nach dem Studium die Erfahrung, daß man vormittags bei Gericht im Anwaltszimmer Kollege war, aber im Salon des Abends kannte man sich nicht. Die Hoffnung des jüdischen Mittelstands blieb darauf gerichtet, wie etwa die Familie Rathenau – sie stand für jüdisches Patriziat – in die Gesellschaft aufgenommen zu werden. Der Erste Weltkrieg war zu einem Kristallisationspunkt solcher Hoffnung geworden. „Über das Maß der Pflicht hinaus", wie es in einem Aufruf vom 1. August 1914 geheißen hatte, waren die deutschen Juden bereit gewesen, ihre Kräfte dem Vaterland zu widmen. Die Hoffnung auf Anerkennung der erbrachten Leistungen, vor allem aber der hohe kulturelle und intellektuelle Assimilationsgrad hinderten dann so viele deutsche Juden an der rechtzeitigen Erkenntnis, daß ihre Ausgrenzung bis hin zur physischen Vernichtung beabsichtigt war. Die Zeit zwischen dem Ersten Weltkrieg und dem Ende der Weimarer Republik brachte für die deutschen Juden den Höhepunkt ihrer kulturellen Assimilation, zugleich aber schon den Beginn der sozialen Dissimilation.

Dem Boykott als einer Geste der Drohung und Ankündigung folgte einige Tage später das „Gesetz zur Wiederherstellung des Berufsbeamtentums", und damit war der Weg beschritten, auf dem in fünf Stufen nicht nur die Errungenschaften von Aufklärung und Emanzipation, sondern für zwei Drittel der europäischen Juden auch die physische Existenz vernichtet wurden.

Auf der ersten Stufe – Diffamierung und Deklassierung – erfolgte zwischen Anfang 1933 und Herbst 1935 die Verdrängung der Juden aus öffentlich-relevanten Positionen: Ärzte, Juristen, Beamte, Militärs, Hochschullehrer wurden mit gesetzlichen Maßnahmen und mit

Hilfe des „Arierparagraphen“ ihres Einflusses und ihrer Wirkungsmöglichkeiten weitgehend beraubt.
Die zweite Stufe war im September 1935 erreicht mit der formalen Entrechtung und rassischen Segregation durch die Nürnberger Gesetze. Juden waren offiziell und juristisch eindeutig nur noch Staatsangehörige zweiter Klasse mit beschränkten Rechten (so verfügte es das „Reichsbürgergesetz“), und sie galten (nach der Bestimmung des „Gesetzes zum Schutze des deutschen Blutes und der deutschen Ehre“) als minderwertige Rasse, der die Eheschließung und sexueller Verkehr mit „Staatsangehörigen deutschen oder artverwandten Blutes“ verboten war. Auf der dritten Stufe erfolgte ab Ende 1938 die Zerstörung der ökonomischen Existenz, durch die „Arisierung“ der Unternehmen, durch die Besteuerung der Flucht aus Deutschland, durch die Milliardenkontribution nach dem Novemberpogrom, durch die Ausplünderung des verbliebenen wirtschaftlichen Besitzes und die Ausbeutung der Arbeitskraft.
Nach Kriegsausbruch begann die vierte Stufe – Isolierung und Vertreibung –, als die Juden ihre Wohnungen verloren, auf Hungerration gesetzt wurden und bösartigen Schikanen aller Art ausgesetzt waren. Die letzte Stufe, die der Zerstörung der physischen Existenz, war erreicht mit der Kennzeichnung durch den Judenstern im September 1941, mit den Deportationen, die schon im Gange waren, mit dem Völkermord in den Erschießungsgruben und Vernichtungslagern in Osteuropa.

7. Assimilation durch Bildung

Leitung: *M. Heinemann (Hannover)*

W. Molik (Posen): Assimilation der polnischen Intelligenz durch Bildung im preußischen Teilungsgebiet 1871–1914

F. v. Aretin (Florenz): Deutsche Schulpolitik im Elsaß nach 1871. Bildung und nationale Identifizierungsprobleme

M. Heinemann: Polen, Dänen und Juden: Assimilation durch Bildung und Aufstieg? Ein Vergleich

W. Molik

Assimilation der polnischen Intelligenz durch Bildung im preußischen Teilungsgebiet 1871–1914

Im preußischen Teilungsgebiet bestanden weniger günstige Bedingungen für die Bildung der polnischen Intelligenz als im Königreich Polen und in Galizien. Die Polen hatten hier einen äußerst begrenzten Zugang zu den Stellen in staatlicher Verwaltung, Gerichts- und Schulwesen. Vor dem Ausbruch des Ersten Weltkrieges zählte die polnische Intelligenz im Großherzogtum Posen 4000 und in Westpreußen nur 1500 Personen. Den Kern dieser Schicht bildeten katholische Geistliche, Ärzte, Anwälte und Journalisten.
Der überwiegende Teil der polnischen Intelligenz unterstützte aktiv die Entwicklung der polnischen nationalen Bewegung. Geistliche, Ärzte und Journalisten gründeten verschie-

denartige Gesellschaften, steuerten oft deren Tätigkeit und organisierten Protestaktionen gegen die Germanisierungspolitik der preußischen Behörden. Ihre gründliche allgemeine und berufliche Ausbildung, die sie in deutschen Gymnasien und Hochschulen erhalten hatten, ermöglichte ihnen, die polnische Nationalbewegung erfolgreich zu leiten. Nur wenige unter ihnen studierten an anderen, d. h. nichtdeutschen Hochschulen.
Im preußischen Teilungsgebiet unterlagen die Vertreter der polnischen Intelligenz gleichzeitig – sowohl in der Zeit ihrer beruflichen Ausbildung als auch der Formierung ihrer nationalen Haltung in ihrer Laufbahn – dem Assimilationsprozeß. Sie besuchten mindestens einige Jahre lang die germanisierten Gymnasien mit Deutsch als Unterrichtssprache (Polnisch wurde in manchen Gymnasien des preußischen Teilungsgebietes nur als fakultatives Fach unterrichtet – 1901 wurde es völlig abgeschafft) und wurden dort mit Errungenschaften der deutschen Kultur vertraut gemacht. Viele unter ihnen hatten Deutsch in Wort und Schrift früher und besser beherrscht als Polnisch. Manche polnischen Journalisten stellen fest, daß sie auf deutschen Gymnasien gelernt hatten, in Deutsch zu denken, deutsche Literatur, Musik, Kunst und den deutschen Sinn für Organisation zu schätzen. Polnische Literatur und Geschichte lernten die polnischen Schüler in geheimen Selbststudiumszirkeln kennen. Das Selbststudium erinnerte in seiner Organisationsform an die Schule – es hatte ein festes Jahresprogramm, ausgewählte Lehrbücher, Referate, Gegenreferate und Wiederholungsstunden, die der kollegialen Einschätzung mit Zensuren unterlagen.
Der Bildungsprozeß polnischer Studenten in deutschen Universitätsstädten erfolgte nicht nur an den Schuleinrichtungen, sondern auch in polnischen (legalen und geheimen) Studentenorganisationen sowie in öffentlichen Versammlungen und verschiedenen kulturellen Institutionen (Museen, Theater u. ä.). In Vorlesungen, Seminaren und Gesellschaftstreffen mit deutschen Professoren konnten sie allgemeine Bildung und Berufsausbildung erlangen. In den polnischen Studentenorganisationen setzten sie ihre Ausbildung in polnischer Sprache, Literatur und Geschichte fort. Theater-, Konzert- und Museumsbesuche, Städtebesichtigungen, Beobachtung von Straßendemonstrationen, Staatsfeiern und Volksversammlungen politischer Parteien erweiterten wesentlich ihre Kenntnisse der deutschen Kultur und trugen zur Entfaltung des selbständigen Denkens bei. In polnischen Zeitschriften des Großherzogtums Posen wurde häufig die Ansicht geäußert, daß die in Deutschland studierende polnische Jugend vom Standpunkt der polnischen Gesellschaft aus, sich unerwünschte Charaktereigenschaften aneignet und oft „unbewußt das Deutsche in sich eindringen läßt".
Die Bildungsjahre an deutschen Gymnasien und Hochschulen spielten eine entscheidende Rolle im Prozeß der Herausbildung der Mentalität der polnischen Intelligenz im preußischen Teilungsgebiet. Junge Intellektuelle lernten in dieser Zeit vor allem die deutsche Kultur kennen. Ihre Einflüsse (besonders in Westpreußen und Oberschlesien, weniger im Großherzogtum Posen) waren stärker als die der polnischen Kultur, deren Ausstrahlungskraft aus dem Königreich Polen und Galizien recht schwach war. Zahlreiche Initiativen der Selbstbildungsorganisationen und -zirkel konnten keineswegs eine regelmäßige Schulbildung in polnischer Literatur und Geschichte ersetzen. An ihrer Tätigkeit war außerdem nur jener Teil der polnischen Jugend beteiligt, deren Nationalbewußtsein am weitesten entwickelt war.
Nicht ohne Einfluß war die Tatsache, daß die deutsche Kultur für viele Polen im preußischen Teilungsgebiet ein Symbol der Neuzeitlichkeit gewesen war. Dieses wurde vom

Alltagsleben bestätigt, in dem die Kontakte der polnischen Intelligenz mit dem Neuzeitlichen häufiger und mehr belehrend waren. In den Bibliotheken polnischer Geistlicher, Ärzte und Anwälte fanden sich somit in Überzahl deutsche Bücher: Fachliteratur, Lehrbücher, Synthesen, Wörterbücher, wertvolle Lexika und schöne Literatur. Nicht selten lernten sie Meisterwerke französischer, skandinavischer und sogar russischer Literatur auf Deutsch kennen.
Die Vertreter der polnischen Intelligenz, überzeugte Patrioten, waren gar nicht bestrebt, ihre Feindschaft den Behörden gegenüber zu verheimlichen. Die führenden Personen der Nationalbewegung waren meistens assimiliert, den Verhältnissen des preußischen Teilungsgebietes ausgezeichnet angepaßt; ihre Denkweise war auch anders als die der Polen aus dem russischen bzw. österreichischen Teilungsgebiet.

F. v. Aretin

Deutsche Schulpolitik im Elsaß nach 1871. Bildung und nationale Identifizierungsprobleme

Das neuentstandene deutsche Kaiserreich hatte das Elsaß und Teile der ehemaligen Departments Moselle und Meurthe 1871 annektiert. Dies war vor allem mit einer gemeinsamen Sprache, Geschichte und Kultur begründet worden. Im sog. Reichsland war man über das deutsche Vorgehen empört. Man fühlte sich als Franzose, Frankreich und seiner politischen Tradition zugehörig. Überwiegend katholisch, empfand zudem der größte Teil der Bevölkerung nur geringe Symphatien für ein vom protestantischen Preußen dominiertes Deutsches Reich. Auch wenn die Bevölkerung 1870 die Annexion gemeinschaftlich verurteilte, waren die einzelnen Bevölkerungsgruppen vor 1870 im unterschiedlichen Maß in die französische Nation integriert worden. Ganz nach Frankreich orientiert war das höhere reichsländische Bürgertum und weite Teile der nunmehr lothringischen Bevölkerung, während im Elsaß vor allem die Landbevölkerung und die städtischen Mittelschichten Deutsch sprachen und im französischen Staatskörper immer eine Sonderstellung eingenommen hatten.
Aufgabe der deutschen Regierung im Reichsland war es, die verschiedenen Bevölkerungsgruppen in einem langwierigen Prozeß für die deutsche Nation zu gewinnen, um sie zu einer allmählichen Identifizierung mit dem deutschen Reich zu bewegen. Dabei kam der Bildungspolitik eine große Rolle zu. Ziel meines Vortrags ist es zu zeigen, wie die oberste Schulverwaltung im Reichsland vorgegangen ist und wie eine weitgehende Akzeptanz für die deutsche Regierung sich auch im Schulwesen dokumentieren läßt.
Eine einheitliche Schulpolitik hat es im Reichsland, auf Grund der unterschiedlichen zu integrierenden sozialen Gruppen, nicht gegeben: vielmehr hat sich die deutsche Schulverwaltung im Bereich des Volks-Mädchen- und Sekundärschulwesen und gegenüber höheren Lehrern und Volksschullehrern verschieden verhalten.
In der Volksschulpolitik ging es vor allem um die Gewinnung der katholischen Bevölkerung. Im höheren Schulwesen mußten zusätzlich die Söhne der nach Frankreich orientierten Notabeln integriert werden. Am schwierigsten gestaltete sich die Situation im Mädchenschulwesen. Die Frauen des Bürgertums lehnten die deutsche Erziehung am entschiedensten ab und beharrten auf einer klösterlichen Ausbildung, die den Töchtern

altdeutscher Beamte völlig fremd war. Auch im Bereich der Lehrerpolitik bestand eine komplizierte Situation; die Volksschullehrerschaft setzte sich hauptsächlich aus Elsaß-Lothringern zusammen, von denen die Hälfte katholische Ordensmitglieder waren. Sie aber mußten erst für die deutsche Regierung gewonnen werden. Die Oberlehrer hingegen kamen fast alle aus dem übrigen Deutschen Reich; eine Eingliederung war damit nicht schwierig.

Die Schulpolitik war im hohen Maß von der generellen politischen Lage abhängig. Dabei haben sich politische Spannungen vor allem im Volksschulbereich in Form von Auseinandersetzungen mit der katholischen Kirche gezeigt. Die Volksschulpolitik war stärker als andere Schulbereiche rein politisch motivierten Interessen untergeordnet. Ähnliche Beobachtungen lassen sich im Bereich des höheren Schulwesen nicht machen: Vorsicht stand hier im Vordergrund. In Reaktion auf das Vorgehen der deutschen Regierung wurde Kritik von Seiten der Bevölkerung hauptsächlich an der Volksschulpolitik geübt, wobei häufig zwar die Schulpolitik angegriffen, aber die generelle politische Entwicklung gemeint war.

Die deutsche Schulverwaltung verhielt sich damit im Grunde paradox: eine rigider durchgeführte Volksschulpolitik traf Bevölkerungsteile, die schon wegen der gemeinsamen Sprache dem deutschen Schulwesen weniger ablehnend gegenüberstanden, als die an Frankreich orientierten Notabeln. Die deutsche Schulverwaltung, die sich überwiegend aus preußischen Beamten zusammensetzte, hatte sichtlich Angst, einer ihr gesellschaftlich verwandten Schicht zu nahezutreten. Hinzu kam die, auch in Preußen gehegte, Angst vor einer politischen Unzuverlässigkeit der katholischen Kirche.

Die Schulpolitik wurde deshalb in den drei Schularten von einer unterschiedlichen Geschwindigkeit beherrscht: während das Volksschulwesen als erstes weitgehend dem preußischen angeglichen wurde, ging man langsamer bei den Sekundärschulen und ganz allmählich bei den Mädchenschulen vor.

Trotz der aufgezeigten Differenzen wies das Vorgehen der deutschen Schulverwaltung Gemeinsamkeiten auf. So ist die Schulverwaltung bis zum ersten Weltkrieg im allgemeinen mit viel Takt und Einfühlungsvermögen vorgegangen. Besonders der sprachlichen Sonderstellung des Reichslandes wurde in entgegenkommender Art und Weise Rechnung getragen.

Die Schulverwaltung hat dabei nicht versucht, die Bevölkerung durch eine großzügige Finanzpolitik zu gewinnen. Im Vordergrund stand der Wunsch nach einer „geistigen Eroberung“ des Reichslandes. Die Bevölkerung wollte von der „generellen“ Überlegenheit des deutschen Schulwesens überzeugt werden, hinter der sich der Gedanke einer Überlegenheit der deutschen Kultur über das französische Geistesleben verbarg. Dem französischen Schulwesen wurde jedoch Achtung entgegengebracht, schätzte man die Franzosen doch höher ein als etwa die Bewohner Posens, denen man deshalb auch mit einer rigideren Schulpolitik begegnete. Bei allem Entgegenkommen blieb die deutsche Regierung der reichsländischen Bevölkerung mißtrauisch gegenüber eingestellt.

Die höheren Verwaltungsposten wurden bis zum Ende der deutschen Zeit meist mit altdeutschen Beamten besetzt, Elsaß-Lothringer wurden nur ganz allmählich als höhere Lehrer beschäftigt. Bis zur Einführung eines Landesparlamentes gab es für Elsaß-Lothringer nur sehr begrenzte Möglichkeiten, auf die Schulpolitik Einfluß zu nehmen. Auch hier kam es zu einer paradoxen Situation: die Mitglieder des Landesausschusses, die sich auf Grund des Wahlmodus aus dem höheren Bürgertum zusammensetzten und vor allem

in der Schulfinanzpolitik Mitspracherechte hatten, haben die Wünsche der unteren Verwaltungsebenen öfter blockiert. Sie aber waren in der Regel der deutschen Schulverwaltung weit freundlicher gesonnen.
Ihrem Gesellschaftsbild folgend, war die deutsche Regierung, bei allem Wunsch, ein mustergültiges Schulwesen im Reichsland zu errichten, nicht an ausgedehnten Bildungsmöglichkeiten für weite Teile der Bevölkerung interessiert: der Ausbau eines Mittelschulwesens wurde deshalb ebenso wie die Gründung weiterer höheren Schulen erschwert.
Eine Akzeptanz für das deutsche Schulwesen, die parallel und sich gegenseitig bedingend mit einem Zugehörigkeitsgefühl zum deutschen Reich einherging, war um 1900 in allen Schulbereichen erreicht. Auf Grund der Schaukelpolitik der deutschen Regierung waren hierfür in den einzelnen Schularten unterschiedliche Motive verantwortlich zu machen. Im Bereich des niederen Schulwesens wirkte sich die ab 1879 betriebene Rekonfessionalisierungspolitik aus. Hier war es eine Änderung im Schulwesen, die eine generelle Eingliederung der katholischen Bevölkerung erst möglich machte. Hinzu kam die antikirchliche Schulpolitik in Frankreich, die die katholische Geistlichkeit stärker an die reichsländische Regierung band. Auch die im niederen Schulwesen tätigen Orden haben die deutsche Regierung schließlich anerkannt. Im Sekundärschulwesen wirkte sich hingegen die Integration der elsaß-lothringischen Wirtschaft in den Reichsverband aus: die vermehrt mit dem übrigen Reich Handel treibenden Notablen schickten ihre Kinder auch in die reichsländischen Schulen. Sie boten durch die Möglichkeit einer praxisbezogenen, gleichzeitig aber höheren Erziehung gute Startvoraussetzungen für einen späteren Beruf im wirtschaftlichen Bereich. Im Mädchenschulwesen hat die deutsche Regierung eine Zweigliederung in Kauf genommen: Töchter der Notablen sandten ihre Kinder auf die inzwischen deutschfreundliche Klosterschule, Töchter der altdeutschen Beamten hingegen gingen vielfach als Hospitantinnen in höhere Jungenschulen.
Verantwortlich für die erfolgreiche Assimilation war in allen Schulbereichen die Tatsache, daß die deutsche Schulverwaltung in Elsaß-Lothringen auf „Germanisierungmaßnahmen" verzichtet hat. Dies war das große Verdienst der Verwaltung im Reichsland selbst. Besonders vor dem ersten Weltkrieg mußte der Oberschulrat seine weiterhin moderat zu nennende Politik gegenüber dem Deutschen Reich und übereifrigen Lehrern und niederen Schulbeamten verteidigen. Erst 1914 wurde, auf Grund „nationaler Interessen" eine Schulpolitik durchgesetzt, die das Vertrauen der reichsländischen Bevölkerung in die Schulverwaltung, wie in das Deutsche Reich zerstörte.

M. Heinemann

Polen, Dänen und Juden: Assimilation durch Bildung und Aufstieg? Ein Vergleich

Preußen entwickelte in den verschiedenen Epochen der Behandlung von Minoritäten gänzlich unterschiedliche Formen von Ausgrenzung bzw. Assimilation von religiösen, sprachlichen und nationalen Minderheiten. Die Behandlung der französisch-reformierten Gemeinde in Berlin in Form weitgehender Eigenständigkeit auch im Bereich der schulischen Versorgung unterschied sich diametral von den Bemühungen seit 1870, die polnischmuttersprachlichen „Preußen" zu assimilieren. Für die Juden wurde durch die Assimilationsgesetze eine Art dritter Weg entwickelt, der im Bereich des Schulwesens um 1930 in die Anerkennung als drittes Religionsfach mündete und unter dem Ministerium Falk nach 1870 im Bereich des höheren Schulwesens damit begann, daß auch jüdischen Lehrern die Gymnasien geöffnet wurden.

Die außerordentlich hohe Bildungsbeteiligung der jüdischen Minderheit ist bekannt. Sie beruhte nicht zuletzt darauf, daß seit 1869 jüdische Kinder als erste dem Schulbesuchszwang unterworfen waren und ihnen insbesondere Positionen in der Gesellschaft offenstanden, die über „Bildung“ erreichbar waren. Hierbei muß man aber sofort differenzieren, da die allgemein christliche Ausprägung des Staatswesens den Juden Positionen der „staatsnahen Stände“ nur nach und nach öffnete. Die Besetzung der Professorenstellen und leitenden Funktionen in Universitäten ist dafür ein wichtiger Indikator. Die Katholiken führten wegen dieser Benachteiligung nach 1900 große innenpolitische Kämpfe durch.

Läßt man die schulische Behandlung der Kinder von Ausländern in Preußen einmal beiseite, so ist zu zeigen, daß die jeweilige schulische Behandlung der Minderheit auf die jeweils geltende Schulverfassung zurückzuführen ist. Das Einwohnerprinzip streitet mit dem Staatsbürgerprinzip, die subsidiäre Finanzstruktur des Schulsystems macht einheitliche Formen der Behandlung von Minderheiten unmöglich, da das Privatschulwesen große Freiräume schafft, ohne den gewünschten Gesellschaftsausbau zu belasten. Diese vielfältige Politik verändert sich in den Epochen zum Teil radikal, insbesondere als der Nationalstaat die Schulen als Instrument der Innenpolitik entdeckt und sich Instrumente zur Realisierung seines Willens schafft.

Der Epoche des aufgeklärten Absolutismus folgt zunächst eine Periode, in der das Schulwesen in den sehr vielfältigen Staaten im Bereich des niederen Schulwesens noch wesentlich den konfessionell vorgegeben Normen folgt und im Bereich des höheren Schulwesens eine allgemeine, in der älteren europäischen Tradition wurzelnde allgemeine Bildungsversorgung anstrebt. Wesentlich dabei ist, daß die Schulkonzepte an die Entwicklung der Sprachen gebunden werden bzw. über die Orientierung an Sprachen erfolgen. Was für das niedere Schulwesen als erste Fremdsprache das Hochdeutsch ist, ist für den Gymnasiasten Latein und Griechisch. Eigentlicher Deutschunterricht entwickelt sich erst im Laufe des 19. Jahrhunderts, den Trends der Entwicklung einer deutschen Nationalkultur folgend.

Im Großherzogtum Posen kann unter Altenstein den Polen zunächst ihre Sprachlichkeit zugesichert bleiben. In den niederen Schulen des Ostens beginnt der Elementarunterricht bis in die Jahre nach 1870 in der jeweiligen Muttersprache und führt dann über zum Hochdeutschen. Die Kinder verbleiben dabei in ihrer muttersprachlich gewonnenen Identität. Auch auf den Gymnasien gibt es eine Art Wettstreit der Möglichkeiten, wobei den preußischen Polen in Posen auch ein eigensprachliches Gymnasium zugestanden wird. Dieses ist allein schon deswegen erforderlich, weil die Schulen zu großen Prozentsätzen den katholischen Priesternachwuchs schulen. Staatsdienerstellen außerhalb der Provinz bleiben unerreichbar mit der Ausnahme voll assimilierter Familien. Eine radikale Wende beginnt hier unter Bismarck. Nun wird die Unterrichtsverwaltung voll in das Konzept der Nationalstaatsbildung einbezogen. Systematisch werden die Möglichkeiten zur muttersprachlichen und damit andersnationalen Identitätsbildung abgebaut. Es beginnt eine Aufschaukelungspolitik von Maßnahmen und Gegenwehr, die nach 1900 im Volksschulbereich zu den ersten großen Schulstreiks führt und in der Weimarer Republik und im

Dritten Reich bis zu Bevölkerungsverschiebungen und schulischer Ausrottungspolitik führt.
Im Kontrast dazu, aber in einem gewissen Zusammenhang, steht die gegenüber der dänischen Minderheit betriebene Politik. Gab es hier vor dem Jahre 1864 noch eine die Grenzen überschreitende gemeinsame Schulversorgung, so läßt sich in scharfer Wendung dann in kurzer Zeit die Entwicklung einer national orientierten Schulpolitik beobachten, wobei die preußische Seite eher reagiert als agiert. Seither spielten die Schulen und die durch sie gegebenen Aufstiegsmöglichkeiten in die Staatsverwaltung eine beherrschende Rolle in der Volkstumspolitik. Jede Nation suchte der anderen das Erreichen der leitenden Stellungen im Gemeinwesen zu versagen. Die Sprachenpolitik wird zum Indikator der jeweiligen Außenpolitik. Auch hier endet der Streit in Volksabstimmungen und Bevölkerungsverschiebungen. Die alteuropäischen Muster übergreifender Bildung werden erst in unseren Zeiten unter dem Stichwort „Europa" wiederentdeckt.
Bei der schulischen Versorgung der Juden bedeutet das Dritte Reich in letzter Konsequenz die Ausrottung des Schulwesens. In dieser Abschlußphase werden sämtliche Maßnahmen, die früher die Assimilation der Juden begünstigt haben, Zug um Zug zurückgenommen und die Minderheit durch den Abbau der Schulen gesellschaftlich ausgegrenzt.

8. Europäische Identität und gesellschaftliche Besonderheiten Europas im 20. Jahrhundert

Leitung: *H. Kaelble (Berlin)*

H. Kaelble: Einleitung

R. Girault (Paris): Europäische Identitäten in der Nachkriegszeit

P. Krüger (Marburg): Europabewußtsein und auswärtige Beziehungen in Deutschland in der 1. Hälfte des 20. Jahrhunderts

M. Mitterauer (Wien): Europäische Familienentwicklung, Individualisierung und Ich-Identität

P. Flora (Mannheim): Der europäische Wohlfahrtsstaat im 20. Jh.

H. Kaelble

Einleitung

Diese Sektion zur europäischen Identität im 20. Jahrhundert, die zwischen Anmeldung und Abhaltung rasch aktueller geworden ist, befaßt sich mit zwei Aspekten: auf der einen Seite mit den Inhalten des Europabewußtseins und der Europaidentität und auf der anderen Seite mit gesellschaftlichen Besonderheiten Europas, mit denen sich Europäer identifizieren konnten. Uns interessiert dabei nicht nur, wie sich die Inhalte der Europavorstellungen und die Besonderheiten Europas im Vergleich zu anderen Industriegesellschaften im Verlauf des 20. Jahrhunderts wandelten, sondern auch, ob sich Europavorstellungen und reale europäische Eigenarten wechselseitig beeinflußten und wie eng das gedachte und gelebte Europa miteinander verflochten waren.

Die Sektion beginnt mit den Europavorstellungen. Zuerst gibt René Girault einen Überblick über die langfristigen Tendenzen und die wichtigsten Trägermilieus des Europabewußtseins und zugleich einen Bericht über ein breites internationales Forschungsprojekt. Es folgt ein Beitrag von Peter Krüger über die Verwenduneg des Europabegriffs im historischen Kontext von der frühen Weimarer Republik bis in die frühe Bundesrepublik hinein. Danach kommen zwei Beiträge zu zentralen gesellschaftlichen Besonderheiten Europas, an die sich Identitäten anbanden oder hätten anbinden lassen: über europäische Gemeinsamkeiten der Familie und der Ich-Identität von Michael Mitterauer und über europäische Gemeinsamkeiten und Unterschiede des Wohlfahrtsstaates von Peter Flora.
Davor einige einleitende Überlegungen:
Identitäten entstehen nicht im luftleeren Raum, sind zwar nicht automatische Reflexe der historischen Umwelt, aber doch davon beeinflußt. Die Langzeitentwicklung der europäischen Identät im 20. Jahrhundert läßt sich ohne vier grundlegende Wandlungen nicht verstehen. Erstens hat sich der Wirtschaftsmarkt grundlegend gewandelt: Während die europäische Wirtschaft der ersten Jahrhunderthälfte für den Durchschnittseuropäer als scharf voneinander getrennte, miteinander oft bis aufs Messer konkurrierende Nationalwirtschaften erschien, tritt ihm die europäische Wirtschaft seit etwa vierzig Jahren zunehmend als Ganzes entgegen, mit stark europäisiertem Konsumgüter- und Dienstleistungsangebot auch im Alltag. Zweitens haben sich die gesellschaftlichen Unterschiede zwischen europäischen Ländern tiefgreifend verändert: Nicht nur die Erfahrung anderer europäischer Länder durch Beruf, durch Reisen, durch Ausbildung im Ausland ist von einer winzigen Minderheits- zu einer Massenerfahrung geworden. Gleichzeitig schliffen sich die Gesellschaftsunterschiede innerhalb Westeuropas erheblich ab, gleichgültig, ob man Arbeit und Erwerb, Ausbildung, Lebens- und Konsumstile, soziale Schichtung und Klassenmilieu, Stadtplanung und Städtebau, soziale Sicherung vergleicht. Drittens ist für die Entwicklung europäischer Identitäten ganz entscheidend, daß sich ebenfalls in den vergangenen vierzig Jahren allmählich ein europäisches politisches Entscheidungszentrum in Brüssel entwickelte. Sicher fehlen diesem Entscheidungszentrum wichtige Elemente, die Identitätsbindungen entstehen lassen: ein mächtiges Parlament, eine europäische Öffentlichkeit, europaweite soziale Bewegungen, eine europäische politische Klasse haben sich bisher nur in rudimentären Ansätzen herausbilden können. Trotzdem fallen in Brüssel immer wichtigere, jeden Europäer direkt betreffende Entscheidungen. Viertens haben sich starke *außer*europäische politische Bindungen, die die meisten europäischen Länder in der ersten Jahrhunderthälfte besaßen, immer mehr gelockert. Die Bindung der meisten westeuropäischen Länder an Kolonialreiche verfiel vor allem in den 1950er und 1960er Jahren: regionale Bindungen über Europa hinaus wie etwa die Mittelmeerbindung Frankreichs und Italiens schwächten sich ebenso ab wie das besondere Verhältnis Großbritanniens zu den USA. Insgesamt nahmen alternative Optionen zur europäischen Identität ab. Was blieb, waren nationale und regionale Identitäten, die sich leichter mit europäischer Identität verbinden ließ als die Vielzahl von außereuropäischen Bindungen.
Gleichzeitig scheinen sich auch die Vorstellungen von Europa, die Inhalte der europäischen Identität, im 20. Jahrhundert stark verändert zu haben. Über sie gibt es sehr wenig Forschung; deshalb hier nur vier vorläufige Überlegungen besonders zur gesellschaftlichen Seite:
1. Schon am Anfang des 20. Jahrhunderts war Europa für die Europäer keine bloß positive Identität, kein Pionier des weltweiten gesellschaftlichen Fortschritts mehr. Es

spricht aber manches dafür, daß sich der Konsens über die gesellschaftliche, möglicherweise auch die politische Identität im Verlauf des 20. Jahrhunderts unter Europäern verstärkt hat. In der ersten Hälfte des 20. Jahrhunderts wichen nicht nur die Vorstellungen von dem, was die Besonderheiten Europas ausmachte, stark voneinander ab. Auch über die Bewertung der europäischen Besonderheiten gab es wenig Übereinstimmung: Ob die schärfere soziale Ungleichheit, die größere Abgeschlossenheit der Familie und das bürgerliche Frauenideal, ob die begrenzte Religiosität der Europäer und die starke Entwicklung von Intellektuellen positiv oder negativ war, führte oft in fundamentale Weltanschauungskonflikte hinein. In den vergangenen Jahrzehnten hingegen scheint sich unter Europäern erheblich mehr Konsens nicht nur über die europäischen Besonderheiten, sondern auch über ihre Bewertung entwickelt zu haben.

2. Die Geschichte der europäischen Identität im 20. Jahrhundert war zudem bis in die 1950er Jahre primär eine Geschichte von Krisenbewußtsein. Die Europäer diskutierten über ihre politischen, gesellschaftlichen, kulturellen und wirtschaftlichen Besonderheiten meist dann am intensivsten, wenn Europa ökonomisch zurückfiel oder wenn es tiefe politische Krisen, während und vor allem direkt nach den beiden Weltkriegen, durchmachte. In den vergangenen rund vierzig Jahren hat sich auch dieser Krisencharakter des Europabewußtseins allmählich abgeschwächt. Europa erhielt unter Europäern eher eine positivere Bewertung, die sich mit Wohlstand, Demokratie und sozialer Sicherung verband.

3. Viele Debatten über gesellschaftliche oder wirtschaftliche europäische Besonderheiten blieben darüber hinaus bis über den Zweiten Weltkrieg hinaus mangels eines europäischen Machtzentrums von politischen Entscheidungen weit abgehoben. Europäische Identität war meist eine Art politischer Sandkastenidentität, blieb weit politikferner als nationale Identitäten. Es ist heute unverkennbar, daß nicht nur die politischen, sondern auch die gesellschaftlichen und kulturellen europäischen Identitäten, auch ihre historische Entwicklung, politiknäher geworden sind als je zuvor und bis in Politikberatung hineinführen können.

4. Europäische und nationale Identitäten wurden schließlich bis in die Nachkriegszeit als Kontraste, als Alternativen gesehen. Demnach konnten europäische Identitäten nur auf Kosten und in Überwindung von nationalen Identitäten wachsen und umgekehrt nationale Identitäten sich nur auf Kosten europäischer Identität halten. In der deutschen Geschichte stellt die bundesdeutsche Identität, die sicher in Zukunft die deutsche Identität stark prägen wird, demgegenüber einen klaren Bruch dar. Ihre Inhalte – wirtschaftlicher Erfolg und materieller Wohlstand, demokratische Verfassung und Sozialstaat, außenpolitische Kooperation statt Krieg in Europa – unterschieden sich von den grundsätzlichen Inhalten der europäischen Identität nicht mehr. Diese Entwicklung wurde in der alten Bundesrepublik etwas verdeckt, weil es neben der bundesdeutschen Identität immer noch eine meist ungeklärte deutsche Identität gab. Mit der deutschen Einheit wird – so ist zu hoffen – sich die Symbiose von deutscher und europäischer Identität weiter und klarer durchsetzen.

R. Girault

Europäische Identitäten in der Nachkriegszeit

The History of European Culture was always a rather difficult topic. What does it mean exactly? In former times, historians understood History of Culture as History of cultural products, such as books, pictures, sculptures, movies, etc, related to the social and economic background of the time. In the last years, studies on collective mentalities put the stress on new themes: collective moods, revealed by soundings, images of the others, groups or collectivities, illustrated by newspapers, common sentiments such as pacifism or nationalism, among others. This kind of History was usually linked to national perspectives. Is it possible to progress in this field by broadening these descriptions to a European perspective? The problem for European scholars is not only a scientific one, but also a political question, because nowadays, we, as citizens of European countries, are confronted with the problems of European integration, whatever shape this integration might take.
It is obvious that this kind of research needs to be conducted on multilateral or transnational ways. In fact historians are accustomed to work on their country – or on one further country – not only because of differences in language but also because of the necessity of providing comprehensive faculties for the examination of cultural questions, such as deep and thorough knowledge of the culture of the group under your scrutiny. Any research project on "European Identity" needs the cooperation of teams, consisting of historians from different countries working together on a certain subject. Our main goal is clear: did (or does) really exist any kind of European conciousness among the population of Europe during the XXth century? The answer seems to be related to another question: did or does a kind of common identity exist among people who were (or are) used to think, to live, to read, to work, even to travel on a national level?
Strangely enough, during the XXth century, European history seems to be influenced by the conflicts which occured between different nations, either by the internal and global wars they were involved in, or when they were subjected to the threat of war, as in the period of the Cold War. The two World Wars not only destroyed European economies or societies but let deep marks on mentalities. During these struggles, states commonly used nationalistic propoganda in order to maintain a sufficient national cohesion; the natural chauvinism of any collectivity was useful instrument for war. But, after the War, often because of the suffering caused by human destructions, a kind of reaction occured in many countries among ex-soldiers, or people, affected by war, in the shape of a fundamental question: was it useful to fight against each other, since we participate in the same culture, emerging from parallel moral, religious, ideological patterns? Is it possible to avoid a new internal war by European integration?
In a way it was through the experience of a dangerous, even dramatic, common history, that some political leaders, or intellectuals, or businessman, or artists, arrived at the idea of a European Community. When, where, why, some small groups progressed from an "Europe vécue" (Factual Europe) to an "Europe pensée" (Conceived Europe)?

P. Krüger

Europabewußtsein und auswärtige Beziehungen in Deutschland in der ersten Hälfte des 20. Jahrhunderts

Trotz gründlicher Detailforschung über die wirtschaftliche, politische und gesellschaftliche Entwicklung Europas nach 1945 besteht eine gewisse Unsicherheit des Urteils über Traditionen, Voraussetzungen und Beweggründe in der Geschichte europäischer Kooperation und Integration. Dieser Zustand hat nicht nur bei uns das Interesse der Historiker auf die Probleme europäischer Bewußtseinsbildung und Gemeinsamkeiten gelenkt. Käme man auf diesem Gebiet zu verläßlichen Aussagen, so ließe sich der gesamte historische Prozeß, der zur Einsicht in die Erfordernisse, die Vernünftigkeit und den Nutzen europäischer Integrationsmaßnahmen führte, präziser darstellen – bis in die Reaktionen auf den Anpassungsdruck struktureller Wandlungen hinein. Zum Europabewußtsein gehört wesentlich das Bewußtsein und das Anerkennen von anderen europäischen Völkern in ihrer Nähe, ihrer Eigenständigkeit und ihren Interessen. Deswegen erscheint es sinnvoll mit der Analyse beim Verhalten der Deutschen nach außen und bei ihrer Gestaltung der auswärtigen Beziehungen einzusetzen, und zwar, wegen der Wandlungen, über einen längeren Zeitraum hinweg.

1. Die Zeit vor 1914 und noch viel ausgeprägter der Erste Weltkrieg stellt in bezug auf das europäische Selbstverständnis und politische Verhalten der Deutschen nach außen den Tiefpunkt einer Entwicklung im 19. Jahrhundert dar, die vor allem seit 1870 zu immer deutlicherem Streben nach möglichst uneingeschränkter Handlungsfreiheit und Abgrenzung der an nationalistischen Leitbildern orientierten Großmächte, besonders des Deutschen Reiches, führte, verschärft durch ein technisch-industriell enorm gesteigertes Machtpotential. Forcierte nationale Ansprüche, z. T. als Ausweg aus inneren Schwierigkeiten, dominierten. Das Bewußtsein europäischer Gemeinsamkeit und Verantwortung schwächte sich ab, obgleich man auch in Deutschland die häufig widerwillige Anerkennung einer letzten „europäischen Instanz" nicht aufgab. Europa wurde in den Bereich geistig-kultureller Besinnung verwiesen und im Politischen meist als infamer Trick zur Beschneidung berechtigter deutscher Forderungen denunziert. Dem entsprach die Schwäche deutscher Verfechter einer europäischen Gemeinschaft, die außerdem eng mit der verabscheuten Friedensbewegung verbunden waren. Europäisches Bewußtsein wurde allerdings noch durch einen weiteren Prozeß mitgeformt, die sich rasch ausweitende Verflechtung der entwickelten Industrienationen in Europa. Sie wirkte sich bis in die Veränderung der wirtschaftlich-gesellschaftlichen Theoriebildung hinein aus und beeinflußte europäisches Denken und Verhalten bis heute. Auch der deutsche Nationalismus konnte sich dem Sog der Verflechtung nicht entziehen und reagierte mit Plänen für ein deutsch beherrschtes Mitteleuropa.

2. Die Spannung zwischen der wachsenden öffentlichen Bedeutung der Diskussion über europäische Einigung, dem Anpassungsdruck tatsächlicher Verflechtung und einer dem widerstrebenden nationalistischen Orientierung erlangte nach dem tiefen Schock des deutschen Zusammenbruchs von 1918 eine neue Gewichtung und Verschärfung. Schon im Krieg hatten sich die Mehrzahl der Deutschen zum Retter des verrotteten Europa selbst erhöht. Damit war eine starke antiwestliche Tendenz verbunden, die sich nach dem Versailler Vertrag bei einer starken Minderheit noch vertiefte, z. T. naheliegende völkische Züge annahm und jede europäische Gemeinsamkeit mit den Siegern ablehnte: Europa

hatte nach ihrer Überzeugung das an Deutschland begangene schwere Unrecht wiedergutzumachen. Ein deutsches Mitteleuropa blieb im übrigen die Leitvorstellung. Aber die Erschütterung über die Selbstzerfleischung, Zerrissenheit und Ohnmacht Europas führte bei vielen auch eine Bewußtseinsänderung herbei: Selbst die von der Notwendigkeit europäischer Zusammenarbeit weniger Überzeugten vermochten sich der üblich werdenden europäischen Rhetorik nicht zu entziehen. Für Außenpolitik und Wirtschaft wurde die europäische Perspektive sogar immer wichtiger und vorteilhafter; ein wiederhergestelltes und prosperierendes Deutschland wurde für sie zum europäischen Bedürfnis. Bis 1929/30 herrschte die Überzeugung vor, daß der nationale Wiederaufstieg nur mit, nicht gegen Europa zu verwirklichen sei. Europäische Verständigung wurde im eigenen Interesse wichtig, und es begannen erste Planungen für eine stärkere wirtschaftliche Integration Europas.

3. Die unüberwundenen tiefen inneren und äußeren Gegensätze, die in Europa in der Weltwirtschaftskrise aufbrachen, ließen alle Ansätze, sich als Europäer mit gemeinsamem Schicksal zu fühlen, zunichte werden. Europäische Verständigung galt besonders in Deutschland danach als Sackgasse, aus der nur rückhaltloser Einsatz für die Nation herausführen könne. Die deutsche Staats- und Gesellschaftskrise ging so tief, daß die europäische Verflechtung, ein bedeutender Bestandteil moderner Entwicklung im 19. und 20. Jahrhundert, überhaupt in Fragen gestellt und durch schroffe Abgrenzung nach außen sowie diktatorische Machtkonzentration im Innern ersetzt wurde. Da Verflechtung unaufhebbar war, trachtete Hitler danach, das Problem auf der Basis seines brutalen, rassisch-sozialdarwinistischen Europabildes zu lösen und das kontinentale Europa im Zweiten Weltkrieg völlig in seine Gewalt zu bekommen: Herrschaft und Unterwerfung als Lösung der seit 1918 so sehr verschärften europäischen Probleme. Das weckte aber auch bei den Experten die Vorstellung, daß der Traum von der zentralen Planbarkeit Europas Wirklichkeit werden könnte, bei der Opposition gegen Hitler jedoch die manchmal schockartige Erkenntnis, daß die Identität Europas angesichts der Gefahr völliger Vernichtung nur in künftiger partnerschaftlicher Gemeinsamkeit wiederaufgerichtet werden könnte. Die Phase der Niederlagen seit 1943 brachte führende Nationalsozialisten dazu, nicht nur an die Bereitschaft zur gemeinsamen Verteidigung der „Festung Europas“ zu appellieren, sondern – obgleich bei Hitler ohne jeden Erfolg – mit Vorschlägen für eine europäische Föderation zum Zwecke der Machterhaltung hervorzutreten, die denen europäischer Widerstandsbewegungen nahe kamen. Daß solche Vordergründigkeit überhaupt möglich war, ist ein Beleg für das veränderte Europabewußtsein nahe am Abgrund.

4. Die Zeit nach 1945 zu behandeln, kann zugleich als eine Art Resümee der Entwicklung genutzt werden. Erst der völlige Zusammenbruch bewirkte in Deutschland einen Bewußtseinswandel. Das Streben nach europäischer Einheit fiel den Deutschen im Westen allerdings um so leichter, je deutlicher sich herausstellte, daß sich nur auf diesem Weg die Chance des Wiederaufstiegs eröffnete: Wirtschaftliche Notwendigkeit, konkrete Interessen, kalter Krieg, Sicherheitsbedürfnis, neue außenpolitische Verhaltensmuster und europäisch-westliche Wertvorstellungen wiesen in die gleiche Richtung, ebenso die wachsende Homogenität der europäischen Staaten, vor allem die gemeinsamen Probleme und Abhängigkeiten. Es zeigte sich aber auch, daß sich das neue Europabewußtsein weiterhin in der Spannung zwischen nationaler Eigenständigkeit und internationaler Verflechtung entwickelte, daß Überzeugung und Idealismus allein nicht ausreichten, sondern das pragmatische Aushandeln, das Vorgehen Schritt für Schritt dazu gehörte und konkrete Er-

fahrungen, Interessen und starke Nützlichkeitserwägungen das Bild von Europa nachhaltig beeinflußten. Bewußtseinsbildung durch Interesse überwog, was kein Nachteil ist; Bewußtseinsbildung aus tieferer Einsicht aber gestaltete sich wesentlich schwieriger.

M. Mitterauer

Europäische Familienentwicklung, Individualisierung und Ich-Identität

(Vollständige Fassung)

Der 38. deutsche Historikertag steht unter dem Generalthema „Identitäten in der Geschichte". Ich denke, daß diese Themenstellung für unsere konkrete Arbeit in Lehre und Forschung dann besonders fruchtbar sein könnte, wenn wir sie mit der Frage „Identität durch Geschichte" verbinden. Mir geht es letztlich in meinem Referat um das Problem, welche Zugangsweise zu Geschichte die Entwicklung von Ich-Identität stützen und fördern kann. Geschichtswissenschaft und Geschichtsvermittlung war traditionell sehr stark an der Stützung bzw. Ausbildung von Gruppen-Identitäten orientiert. Ich meine, daß mit sich beschleunigenden Prozessen der Individualisierung im Europa des 20. Jahrhunderts Geschichte für die Ausbildung von Ich-Identität einen zunehmenden Stellenwert gewonnen hat, dem wir als Historiker Rechnung tragen sollten. Der Prozeß der Individualisierung ist tief in der europäischen Geschichte verankert. Zweifellos gehört er zu den gesellschaftlichen Besonderheiten Europas und ist deshalb mit europäischer Identität eng verbunden. Ich möchte einigen seiner Grundlagen auf dem Hintergrund der spezifischen europäischen Familienentwicklung nachgehen. Um von dieser Ausgangsbasis zum Ziel meines Referats „Geschichte und Ich-Identität" zu gelangen, ist es ein weiter Weg. So muß ich mich auf einige zusammenfassende Thesen, stichwortartige Hinweise, skizzenhafte Überblicke beschränken.

1. Die historische Familienforschung hat in den letzten Jahrzehnten einige Besonderheiten der Familienentwicklung im europäischen Raum herausgearbeitet. Als solche können u. a. folgende angesehen werden: Das im interkulturellen Vergleich relativ hohe Heiratsalter, vor allem von Frauen, aber auch von Männern – in der Literatur mit dem Etikett "European marriage pattern" versehen – das Vorherrschen neolokaler Ansiedlung junger Ehepaare, die hohe Flexibilität von Haushalt und Familie als primären Ordnungen des Zusammenlebens, die relativ geringe Bedeutung von Abstammungsordnungen und Verwandschaftssystemen, die Dominanz „einfacher" Familienformen im Vergleich zu „komplexen", die häufige Präsenz nichtverwandter Personen in Haushalt und Familie, insbesondere von Gesinde. Obwohl das Gesindewesen im 20. Jahrhundert seine gesellschaftliche Bedeutung fast völlig verloren hat, erscheint es für die europäische Sonderentwicklung von Familienstrukturen sehr wichtig. Die Institution der sogenannten "life-cycle-servants" ist nach dem heutigen Forschungsstand ein europäisches Spezifikum. Sie steht mit den anderen skizzierten strukturellen Merkmalen wie Höhe des Heiratsalters und Neolokalität in engem Konnex. Sie ist eine besonders markante Ausdrucksform für die typisch europäische Loslösung der Familienzusammensetzung von Abstammungsordnungen. Sie ist vor allem eine wichtige Voraussetzung für verschiedene Gestaltungsformen der Jugendphase in Arbeitsorganisation und Ausbildungswesen, die bis in die

Gegenwart weiterwirken. Die genannten, für die europäische Familienentwicklung charakteristischen Merkmale haben sich mit sehr großen Unterschieden nach Regionen, nach sozialen Schichten sowie im Stadt-Land-Gefälle ausgebildet und verbreitet. Es gibt weite Räume, vor allem im Osten und Südosten des Kontinents, wo sie überhaupt nicht oder erst sehr spät auftreten. Sie sind eben nicht für Europa als geographische Einheit, sondern für Europa als Sozialraum typisch. Mit Prozessen der Europäisierung haben sie weit über den Kontinent hinaus Einfluß ausgeübt.

2. Weit weniger Klarheit als über die strukturellen Merkmale europäischer Familienentwicklung herrscht in der Forschung über deren bedingende Faktoren. Eine weit verbreitete und viel diskutierte These – vertreten vor allem durch den englischen Sozialanthropologen Jack Goody – sucht die Anfänge der europäischen Sonderentwicklung in den seit dem 4. Jahrhundert sich verschärfenden Verboten von endogamen Heiraten, die im Interesse der Besitzakkumulation durch die römische Kirche erlassen worden wären. Ich persönlich teile diesen Standpunkt nicht, messe aber auch dem Einfluß des Christentums auf den europäischen Sonderweg der Familienentwicklung große Bedeutung zu. Ein entscheidender Punkt scheint mir der spezifische Charakter des frühen Christentums als Bekehrungsreligion zu sein, den dieses mit anderen religiösen Bewegungen der Antike gemeinsam hatte und der es von stärker abstammungsorientierten Religionen unterschied. Erst die Überwindung des religiös fundierten Abstammungsdenkens machte es möglich, daß der Faktor Arbeitsorganisation in der europäischen Familiengeschichte eine so entscheidende Bedeutung gewann. Er ist für die Vielfalt europäischer Familienformen in der neueren Geschichte bestimmend geworden und wirkt noch weit über familienwirtschaftliche Formen der Arbeitsorganisation hinaus bis zur Gegenwart nach. Damit ist allerdings nur einer der langfristig wirkkräftigen Bedingungsfaktoren europäischer Familienentwicklung angesprochen. Die Frage nach solchen Faktoren scheint mir eine für die historische Familienforschung besonders wichtige Aufgabe. Durch sie können wohl auch andere gesellschaftliche Besonderheiten Europas erklärt werden – freilich nicht in einer Beschränkung auf die jüngste Vergangenheit. Will man gesellschaftliche Besonderheiten Europas über die Beschreibung hinaus einer Erklärung näher bringen – etwa im Bereich der Familienentwicklung – so erfordert das eine Zugangsweise im epochenübergreifenden historischen Längsschnitt.

3. Die Frage nach Zusammenhängen zwischen dem europäischen Sonderweg der Familienentwicklung und Prozessen der Identitätsbildung verweist auf Spezifika in der Gestaltung der Jugendphase in diesem Kulturraum. Der Weg vom Kind zum Erwachsenen ist hier besonders lang. Zwischen die Zeit starker Abhängigkeit in der Herkunftsfamilie und die eigene Familien- bzw. Hausstandsgründung tritt eine Phase gelockerter familialer Abhängigkeit und zunehmender persönlicher Autonomie, die sich nach sozialem Milieu und vor allem nach Geschlecht sehr unterschiedlich gestaltet, insgesamt aber besondere Chancen zu eigenständiger Entwicklung und Individuation eröffnet. Für die Geschichte der Jugend in Europa erscheint es charakteristisch, daß in der christlich-abendländischen Tradition eine Initiation als eine in Anschluß an die Geschlechtsreife erfolgende umfassende Reifeerklärung für alle Bereiche des Erwachsenenlebens fehlt. An ihre Stelle tritt hier eine Vielfalt sukzessive erfolgender partieller Reifeerklärungen, die sich über eine lange Phase des Lebenszyklus erstrecken. In neuerer Zeit hat die Schule bzw. das Bildungs- und Ausbildungssystem eine tragende Rolle in der Gliederung dieses Abschnitts übernommen – mit dem Prozeß der Scholarisierung für immer breitere Bevölkerungs-

gruppen. Viele wesentliche Zäsuren liegen allerdings außerhalb, denken wir nur an den Führerschein – die europäische Ersatzinitiation des ausgehenden zweiten Jahrtausends. Jugend stellt sich dar als eine Sequenz immer stärker differenzierter Übergänge und Zäsuren, immer vielfältiger werdender Prozesse der Abgrenzung und der Eingliederung. Sie ist in dieser komplexen Ausgestaltung ein Spezifikum der europischen Sozialentwicklung. Die skizzierten Merkmale der europäischen Familienverfassung sind mit der Gestaltung der Jugendphase in einem kausalen Zusammenhang zu sehen – teils als Ursache, teils als Folge. So kann hohes Heiratsalter Ausdruck der Notwendigkeit langer Ausbildungsphasen oder langen Ansparens auf eigene Hausstandsgründung sein. Umgekehrt kann gesellschaftlich normierte Höhe des Heiratsalters Wartezeiten bedingen, die durch Ausbildung oder durch Dienst in fremdem Haus überbrückt werden müssen. Wie auch immer die Bedingungszusammenhänge zu sehen sind, für die europäische Sonderentwicklung der Familie ist es charakteristisch, daß zwischen den Phasen starker familialer Integration in der Kindheit bzw. im Erwachsenenalter eine relativ lange Phase liegt, in der Bindungen an außerfamiliale Gruppierungen eine große Rolle spielen. Neben dem hohen Heiratsalter sind die hohen Ledigenquoten eine weit zurückverfolgbare Facette des "European marriage pattern". Es hat im europäischen Kulturraum eine lange Tradition, daß Erwachsenenstatus nicht notwendig mit Eheschließung und Familiengründung verbunden sein muß. Dieses Muster gewinnt im Verlauf des 20. Jahrhunderts in Europa enorm an Bedeutung. Die traditionell für die Jugend als Übergangsphase typische Situation gelockerter Familienabhängigkeit wird damit für viele zum Konzept auf Lebenszeit.

4. Jugend im Kontext europäischer Familienentwicklung eröffnet tendenziell zunehmend mehr Möglichkeit, sich in Einstellungen, Werthaltungen und Verhaltensweisen anders zu orientieren als die Eltern. Alternativen Sozialisationsinstanzen neben der Familie kommt diesbezüglich entscheidende Bedeutung zu, in historischen Zeiten zunächst verschiedenen Formen von Jugendgruppen, dann immer mehr den schulischen Einrichtungen. Alternative Orientierungsangebote können in solchen "face-to-face-groups" in unmittelbarem Kontakt erfolgen, ebenso aber auch in vermittelter Form durch schriftliche oder visuelle Medien. Gesellschaftliche Differenzierung, zunehmender Pluralismus und wachsende Informationsmöglichkeiten – insbesondere im städtischen Milieu – seien nur stichwortartig als Rahmenbedingungen dafür genannt. Auch die Mobilität während der Jugendphase, die im Verlauf des 20. Jahrhunderts eine enorme Steigerung erfahren hat, ist als Faktor alternativer Orientierung gegenüber der Herkunftsfamilie zu bedenken. Traditionell hat sie sich bei männlichen Jugendlichen weit stärker ausgewirkt als bei weiblichen. Zur Gegenwart hin scheint sich diesbezüglich ein Ausgleich zwischen den Geschlechtern abzuzeichnen. Eigenständige Orientierung während der Jugendphase wird nicht nur – nach Geschlechtern wie auch nach sozialen Milieus sehr unterschiedlich – zu einer realen Möglichkeit, sie wird auch in der Ausbildung eines gesellschaftlichen Konzepts von Jugend normativ zum Ziel, das in dieser Lebensphase erreicht werden soll. Jugend erscheint in der neueren europäischen Geschichte grundsätzlich mit Individuation sowie mit Erlangung persönlicher Autonomie als Aufgabe verbunden.

5. Der für die europäische Gesellschaftsgeschichte so charakteristische Prozeß der Individualisierung führt langfristig zu einem Abbau einfacher Gruppenidentitäten mit relativ klaren, wenig differenzierten Rollenzuordnungen und zum Aufbau komplexer Identitätsstrukturen, innerhalb derer sehr unterschiedliche kollektive und individuelle Identitäten miteinander zu vereinbaren sind. Nicht nur die Zahl der Primärgruppen und vor allem

der Sekundärgruppen, denen der einzelne angehört, nimmt in der jüngeren Vergangenheit enorm zu, auch die einzelnen Positionen in solchen Gruppen lassen sich nicht mehr durch die bloße Übernahme eines tradierten Rollenkonzepts befriedigend ausfüllen. Diese Entwicklung wird an der nach wie vor wichtigsten Primärgruppe, nämlich der Familie, besonders deutlich. Traditionelle nach Geschlecht und Generation differenzierte Rollenbilder verlieren im Alltagshandeln zunehmend an Relevanz. Was Frau, Mann, Mutter, Vater, Kind, Bruder, Schwester zu sein jeweils in einem familialen System bzw. einer Entwicklungsphase desselben heißt, muß viel stärker als in früheren Zeiten immer wieder neu bestimmt werden. Familienbeziehungen und Familienverantwortlichkeiten, Gemeinschaftshandeln und Gemeinschaftsbewußtsein können von Gruppe zu Gruppe in sehr unterschiedlicher Weise gestaltet werden. Für Primärgruppen im Bereich von Arbeitswelt und Freizeit, auf lokaler Ebene oder im Assoziationswesen gilt ähnliches, erst recht in umfassenderen Sozialformen wie etwa den in historischen Zeiten die Identität so stark prägenden Religionsgemeinschaften. Im Spannungsfeld solcher unterschiedlicher Gruppenidentitäten mit abnehmender Bindekraft für den einzelnen wird es immer schwieriger, im Prozeß der Identitätsbildung zu einer ausbalancierten Ich-Identität zu gelangen. Unter Ich-Identität soll dabei über die Ergebnisse von Individuationsprozessen hinaus jene personale Instanz verstanden werden, die in kritischer Auseinandersetzung mit einzelnen Identifikationen und Emanzipationen die Integration zu einer Ganzheit leistet und sie in Reflexion solcher Prozesse zu einer sich selbst bewußten Einheit verbindet.

6. Reflexionen über persönliche Entwicklungsprozesse der Identifikation und Emanzipation sind für historische Zeiten in lebensgeschichtlichen Aufzeichnungen faßbar. Die Entstehung, Entfaltung und Verbreitung dieses Quellentyps spiegelt somit gesellschaftliche Tendenzen der Individualisierung bzw. der Ausbildung von Ich-Identität. Sicher ist nicht jedes Tagebuch, nicht jede Autobiographie Ausdruck einer reflexiven Persönlichkeit, der eine solche Integrationsleistung gelungen ist. Das Auftreten solcher den eigenen Lebensweg reflektierenden Selbstzeugnisse kann jedoch allgemein als ein Indiz dafür gewertet werden, daß in einem bestimmten sozialen Milieu bzw. in einem bestimmten Kulturraum das Bedürfnis nach einer solchen Reflexion aufkommt. Nicht zufällig entsteht das Tagebuch und die Autobiographie als Literaturgattung in Zeiten und in gesellschaftlichen Schichten, in denen Individualisierung und Ausbildung von Ich-Identität zum Problem wird. Beide machen ihrer Genese nach die Jugendphase als Phase der Identitätsbildung zu ihrem zentralen Thema – das Tagebuch in unmittelbarer Begleitung, die Autobiographie in zusammenfassendem Rückblick. Wenn zunehmend lebensgeschichtliche Zeugnisse weit über ihr ursprünglich bürgerliches Entstehungsmilieu in den verschiedensten sozialen Gruppierungen auftreten, so kommt darin wohl zum Ausdruck, daß Überdenken des individuellen Lebenswegs zunehmend als Bedürfnis empfunden wird. Die Produktion lebensgeschichtlicher Selbstzeugnisse erscheint so als Indikator gesellschaftlicher Entwicklungsprozesse. Unabhängig davon, ob solche Reflexionsprozesse einen schriftlichen Niederschlag finden – für das Leben des einzelnen werden sie immer wichtiger. Die Beschäftigung mit Lebensgeschichte erscheint zunehmend bedeutungsvoller, um Ich-Identität zu entwickeln bzw. um im Lauf der Identitätsbildung entstandene Brüche oder Fehlentwicklungen aufzuarbeiten.

7. Jede Lebensgeschichte ist von Bedingungen bestimmt, die über selbst Erlebtes bzw. aus eigenem Erleben Bewußtes hinausgehen. Trifft die These zu, daß es zur Entwicklung von

Ich-Identität der Reflexion der eigenen Lebensgeschichte bedarf, so gilt es, diese über Selbsterlebtes hinausgehenden Bedingungen mitzureflektieren. Für die Vermittlung von Geschichte und indirekt wohl auch für deren Erforschung ergeben sich daraus zusätzliche Aufgaben. Traditionelle Formen, kollektive Identitäten auf der Ebene staatlicher, nationaler, vielleicht auch supranationaler Gemeinschaften aus der Geschichte zu entwickeln und zu stützen, werden diesen persönlichen Bedürfnissen nicht gerecht. Nationalbewußtsein oder auch Europabewußtsein ist in den Schwierigkeiten der Selbstfindung wenig hilfreich. Eher kann es in der Reflexion der eigenen Lebensgeschichte weiterhelfen, sich bewußt zu machen, daß etwa die in der eigenen Familie und im sozialen Umfeld vorgelebten Muster der Geschlechterrollen Produkt einer Jahrtausende alten Entwicklung sind und vielfach unhinterfragt unter völlig veränderten Rahmenbedingungen weitergegeben werden. Ähnliches gilt für Themen wie generatives Verhalten, Kindererziehung, familiales Zusammenleben oder Altersversorgung, um nur einige Beispiele einer für das Alltagsleben relevanten historischen Anthropologie zu nennen. Sich so mit Geschichte zu beschäftigen, ist sicher auch identitätsstiftend, freilich in ganz anderer Weise als in den auf staatliche, nationale oder supranationale Identität bezogenen Formen. Scheinbare Selbstverständlichkeiten des Alltagslebens werden dadurch in Frage gestellt, naturhaft geglaubte Erscheinungen als gesellschaftlich bedingt gesehen. Solche Relativierungen ermöglichen Neuorientierung. Distanz zu traditionellen Rollenmustern kann erarbeitet und begründet werden – sicher ein wesentlicher Faktor in der Ausbildung von personaler Autonomie und von Ich-Identität. Welche Vermittlungsschritte notwendig sind, um eine Reflexion individueller Lebensgeschichten auf einem historisch-anthropologischen Hintergrund zu ermöglichen, kann hier nicht näher ausgeführt werden. Es bedarf dazu wohl auch neuer didaktischer Konzepte. Inhaltlich sind sicher ganz wesentliche Themen dieser Art angesprochen, wenn man sich Besonderheiten der europäischen Gesellschaftsentwicklung im interkulturellen Vergleich bewußt macht – nicht um aus dem Wissen um solche Besonderheiten ein Wir-Bewußtsein als Europäer zu gewinnen, etwa um spezifische europäische Werte wie Individualismus, Rationalität, Vorstellungen von persönlicher Freiheit – sondern im Gegenteil, um solche Traditionen in ihrer Geltung für das eigene Leben überprüfbar zu machen.

P. Flora

Der europäische Wohlfahrtsstaat im 20. Jahrhundert

(Eine schriftliche Zusammenfassung des Beitrags liegt nicht vor)

9. Abrechnung mit Faschismus und Kollaboration in Europa

Leitung: *L. Herbst (München)*
L. Herbst: Einleitung
K.-D. Henke (München): Die Entnazifizierung
H. Woller (München): Die Abrechnung mit dem Faschismus in Italien

M. Szöllösi-Janze (München): Abrechnung mit Faschismus und Kollaboration in Ungarn
S. U. Larsen (Bergen): Die Ausschaltung der Quislinge in Norwegen
H. Rousso (Paris): L'épuration en France: guerre civile et identité nationale

Veröffentlichungshinweis: Die Beiträge der Sektion werden in erweiterter Fassung zusammen mit fünf weiteren Aufsätzen zum selben Thema in einem von K.-D. Henke und H. Woller hg. Sammelband unter dem Titel „Politische Säuberung in Europa. Die Abrechnung mit Faschismus und Kollaboration nach dem Zweiten Weltkrieg" im Herbst 1991 im Deutschen Taschenbuch-Verlag publiziert.

L. Herbst

Einleitung

„Abrechnung mit Faschismus und Kollaboration in Europa" kennzeichnet den *Vorgang* der politischen Säuberung, der sich schwerpunktmäßig zwischen 1943 und 1948 in allen Staaten Kontinentaleuropas mit Ausnahme der neutralen Staaten vollzog. Im Zentrum dieses Vorgangs stand die Ablösung der faschistischen und der mit ihnen kollaborierenden Funktionsträger in Politik, Wirtschaft und Gesellschaft und die Übernahme und Sicherung der Macht durch neue Eliten, durch bürgerlich-demokratische Eliten im Westen Europas und durch kommunistische Eliten im Osten Europas.
Die Formen und Phasen dieses *Elitenwechsels* waren mannigfaltig und von Land zu Land, ja von Region zu Region unterschiedlich. Die Strukturmerkmale der Einzelbeispiele lassen sich zu einem „*Idealtypus*" zusammenfügen. Danach vollzogen sich die „Säuberungen" als ein zeitliches Nach- und Miteinander von vorwiegend vier Abläufen:
Es fanden *erstens* wilde, spontane, unkontrollierte und wohl auch unkontrollierbare „Säuberungen" statt. Faschisten und Kollaborateure wurden ohne Gerichtsverfahren und unter Mißachtung des Rechts und der Menschenwürde unkontrollierter physischer Gewalt ausgesetzt.
Daneben gibt es *zweitens* eine legale, am Recht und an ordentlichen Gerichtsverfahren orientierte Säuberung. Die Rechtsbasis für diese Verfahren war freilich meist unsicher. In einigen Fällen nahm man gar Zuflucht zu Ausnahmegesetzen, zur rückwirkenden Einführung von Straftatbeständen oder zur rückwirkenden Strafverschärfung. Das Prinzip „nulla poena sine lege" konnte nicht immer gewahrt werden. Wurde das formale Recht in diesen Verfahren auch oft verletzt, so besaßen sie doch im Rückbezug auf allgemeine Rechtsgrundsätze, auf unveräußerliche Menschenrechte, auf völkerrechtliche und naturrechtliche Normen eine verläßliche Basis, was sie fundamental von den scheinlegalen Gerichtsverfahren der Faschisten unterschied.
In der Wirkung vermutlich viel ausschlaggebender war die *dritte* Form der Säuberung, die administrative Entfernung der Funktionsträger in Politik, Bürokratie, Wirtschaft, in den Medien sowie im Kultur- und Erziehungsbereich. Allerdings kehrten viele der aus ihren Ämtern Gejagten mehr oder weniger rasch auf ihre Sessel oder in andere Führungsfunktionen zurück. In Osteuropa konzentrierte sich die administrative Säuberung in hohem Maße auf die wirtschaftlichen Funktionseliten, denen durch das Instrument der Enteignung zudem die Verfügung über die Produktionsmittel genommen wurde.

Die große Masse der Mitläufer – die *vierte* Gruppe der Betroffenen – geriet nur kurzfristig und nur am Rande in den Säuberungsprozeß hinein.
Dieser Idealtypus von vier ineinander verwobenen Säuberungsprozessen kann die Bildung analytischer Kategorien, die Formulierung von Fragen und die Markierung von Unterschieden erleichtern, er kommt in der Wirklichkeit aber in voller Ausprägung nicht vor. Dem Idealtypus am nächsten kam die Entwicklung in Italien und Frankreich und, – wenn man die ideologischen Besonderheiten der kommunistischen Machteroberung und Machtfestigung genügend berücksichtigt –, in einigen Ländern Osteuropas.
Auffällig ist die nur partielle Entfaltung des Idealtypus in den deutschen Besatzungszonen. Hier kam es nirgendwo zu einer spontanen, wilden Säuberungswelle und auch die anderen Formen der Säuberung fielen erstaunlich glimpflich aus.
Für die Analyse der Länderbeispiele sind drei *Fallgruppen* zu unterscheiden: Die *erste* Fallgruppe kennzeichnet jene Länder, in die der Faschismus von außen hineingetragen wurde, ohne daß es dort eine nennenswerte endogene faschistische Bewegung oder eine ausgeprägte kompromittierende Kollaboration gegeben hätte. Hier wurde auf eine äußere Herausforderung *reagiert.*
Daneben gibt es eine *zweite* Gruppe von Ländern, in denen es zu einer bürgerkriegsähnlichen Situation kam mit erheblichen Ansätzen zu einem offenen Klassenkampf. In aller Regel, so etwa in Frankreich und Italien, sind starke kommunistische Resistancebewegungen involviert.
In einer *dritten* Fallgruppe wurden die Säuberungen von *ethnischen* Auseinandersetzungen überlagert, was nicht unerheblich zur Radikalisierung des innenpolitischen Klimas, in dem die Säuberungen stattfanden, beigetragen hat.

K.-D. Henke

Die Entnazifizierung

Obgleich Nazifizierung und Entnazifizierung von Staat und Gesellschaft als Kontinuum behandelt werden müssen, standen Erforschung von NS-Zeit und politischer Säuberung anfangs noch weitgehend unverbunden nebeneinander. Wesentliche Prämissen wurden so nicht ausreichend in Rechnung gestellt, z. B. daß die Träger der Entnazifizierung nur eine schwache Minderheit waren, von einer Dominanz der Linken – auch wegen der relativ weit reichenden Integration der Arbeiterschaft in das NS-System – bei Kriegsende keine Rede sein konnte, oder daß die enge Verflechtung der meisten gesellschaftlichen Bereiche mit dem Nationalsozialismus sowie die Disposition der Bevölkerung nach dem Fall des Regimes ein Klima durchgreifender Abrechnung gar nicht erst entstehen ließen.
Die anfänglich uferlos ausgedehnte, wesentlich von den Amerikanern inspirierte Entlassungspolitik nahm rasch einen so wirklichkeitsfremden Gang, daß die Geschichte der Entnazifizierung seit 1946 auch als Versuch zu verstehen ist, frühe Fehlentwicklungen zu korrigieren. Freilich verschmolz dabei Säuberung und Rehabilitierung zu ein und demselben Prozeß (Lutz Niethammer). Das Diktum von der „Mitläuferfabrik“ verselbständigte sich allerdings in einer Weise, die, wie Hans Woller gezeigt hat, der Arbeit der Säuberungsorgane nicht gerecht wird; auch machte etwa eine Rehabilitierung durch die Spruchkammer mitnichten den Rückweg zum früheren gesellschaftlichen Status automatisch frei.

Der gegenwärtige Forschungsstand legt es nahe, Verfahrensanalysen eher hintanzustellen und stärker der Frage nachzugehen, wie sich die Erfahrung des Umbruchs zwischen Stalingrad und Währungsreform, der Internierung und Entnazifizierung auf Führungseliten auswirkte. Diese büßten gesellschaftlichen Status und Einfluß meist nur vorübergehend ein; innerhalb dieser Elite-Gruppen hatten sich aber oft schon lange vor der Kapitulation Ansätze zu einer dezenten Selbstreinigung von den sogenannten „unanständigen Nazis" gezeigt. Manche Karriere fand so ohne Zutun von Besatzungsmacht und Spruchkammer ihr gleichsam natürliches Ende. In ihrer Wirkung für einen prinzipiellen Einstellungswandel oder auch nur die „opportunistische" Anpassung an die neuen Gegebenheiten dürfte die Erfahrung temporärer Deklassierung nicht zu überschätzen sein, die viele ehemals führende Persönlichkeiten in den Internierungslagern oder vor den Gerichten der Besatzungsbehörden machen mußten. Darüber ist freilich noch wenig bekannt. Überhaupt sind zur Klärung der Schlüsselfrage nach der Kontinuität der Eliten quantifizierende Antworten wenig dienlich. Es müssen in erfahrungsgeschichtlichen Studien qualifizierende Antworten gesucht werden, die Auskunft geben können über die Diskontinuitätselemente innerhalb einer äußerlich ungebrochen scheinenden Elite.
Allerdings wurden im Zuge der Entnazifizierung allzu viele nicht ausgeschaltet. Jede historische Schlußbilanz der politischen Säuberung und der letztlich geglückten Integration der „Ehemaligen" muß deshalb immer auch die Kostenrechnung mitliefern. Westdeutschland konnte lange Jahre nicht die Republik der Gegner und Verfolgten des NS-Regimes sein, denn es war von niederschmetternder Symbolkraft, daß nicht wenigstens hohe und höchste Ämter in Politik, Verwaltung und Justiz zu Residuen einer neuen Elite wurden, welche schon der erste Augenschein und nicht erst die Ausbreitung einer oft zweifelhaften „inneren Tatseite" als vom Nationalsozialismus unberührt auswies. Es war nicht einmal gelungen, wenigstens die sensibelsten Bereiche des Staatswesens auf Dauer von Kompromittierten frei zu halten. Besonders erschreckende Erkenntnisse hatten die Länderregierungen nach Errichtung der Zentralen Stelle Ludwigsburg hinsichtlich der Durchsetzung der Polizei mit „Ehemaligen" (darunter einer Vielzahl nationalsozialistischer Gewaltverbrecher) zu machen.
Zweierlei ist an dem natürlich mit Skandalen gepflasterten gesellschaftlichen Amalgamisierungsprozeß u. a. bemerkenswert: Er hinderte viele Menschen zwar an der Zustimmung zu diesem Staat, einer ungleich größeren Zahl von Bürgern aber hat eben dieser Prozeß das Arrangement mit und schließlich die Zustimmung zu dem neuen Staat erleichtert – saßen doch jetzt überall solche großen und kleinen Mitläufer wie sie selbst. Zum anderen erhöhte sich (so als ob die Produktion „körpereigener Abwehrstoffe" beständig anstiege) seit Anfang der sechziger Jahre die Sensibilisierung der Öffentlichkeit von Skandalmeldung zu Skandalmeldung.
Jenseits aller Säuberungsprozeduren dürften freilich die außerordentlich günstigen politisch-ökonomischen Rahmenbedingungen der fünfziger Jahre für die – aus der Rückschau gesehen – insgesamt geglückte Abkehr vom Nationalsozialismus nicht minder bedeutsam gewesen sein als die verheerenden Erfahrungen, die die Deutschen im ersten Jahrfünft der vierziger Jahre mit dem Nationalsozialismus zu machen hatten: Diese Erfolgsideologie hatte sich durch beispiellose Erfolglosigkeit selbst unwiderruflich zerstört, Tausende schwer belasteter und gläubiger Anhänger des Regimes schieden bei Kriegsende durch Selbstmord aus dem Leben, außerdem entlarvten insbesondere die drei letzten Kriegsmonate die NS-Führung als in einzigartiger Weise gegen das eigene Volk

rasende Terroristen; und dies gepaart mit dem abstoßenden Schauspiel der feigen Massenflucht ebenfalls Tausender örtlicher und regionaler NS-Funktionäre bei erster Annäherung feindlicher Truppen. Damit haben sich die Nazis, um es zu pointieren, nicht nur selbst entnazifiziert, sondern zugleich die letzten noch bestehenden Bindungen der Bevölkerung an Staat und Weltanschauung des Nationalsozialismus weitgehend und effektvoll selbst zerstört.

H. Woller

Die Abrechnung mit dem Faschismus in Italien

Das Drama der „epurazione" bestand nur aus zwei Abschnitten – einem langen halbherzigen Prolog und einem kurzen blutigen Epilog.

Der Prolog begann mit der Selbstbefreiung vom faschistischen Diktator, die paradoxerweise die Selbstreinigung vom Faschismus dauerhaft behindert hat. Mussolinis Sturz war ja nicht das Werk der Resistenza, sondern von konservativen Beharrungskräften gewesen, denen es damit gelang, die Kontinuität des monarchischen Staates zu wahren und ihre herausgehobenen Stellungen zu behaupten. Die erste Säuberungsinitiative lag so – anders als in Deutschland, Frankreich oder in Südosteuropa – nicht bei den Besatzungsmächten oder nationalen Befreiungsbewegungen, sondern ausgerechnet bei denen, die das geringste Interesse an einer Säuberung hatten, weil sie nach Rang und Einfluß zu ihren ersten Opfern hätten zählen müssen. Der sich langsam formierende Antifaschismus vermochte diese Tendenz zur Bewahrung des status quo ohne Mussolini nur teilweise aufzuheben. Vieles an der politischen Säuberung blieb deshalb 1943/44 Stückwerk; aus der Addition der meist glimpflichen Eingriffe ergab sich aber doch auch, daß Italien schon im Sommer 1943 langsam, aber stetig von der Vergangenheit abrückte.

Die alliierte Militärregierung hat diese Entwicklung nach Kräften gefördert; nicht zuletzt dadurch, daß sie ihren oft und oft bekundeten Vorsatz beherzigte, faschistische Übeltäter zu bestrafen und für eine Säuberung der Bürokratie zu sorgen. Die Alliierten entwickelten dabei ein pragmatisches Verfahren, das sich von dem später im besetzten Deutschland ins Werk gesetzten Hauruckverfahren in zweierlei Hinsicht unterschied: Es vermied eine heillose Überdehnung der Belastungskategorien, und es sah von Beginn an die Mitwirkung bewährter Regimegegner vor. Allerdings begannen die Alliierten schon im Herbst 1944 die Besatzungsherrschaft zu lockern und den Rückzug aus der politischen Säuberung einzuleiten.

Im Herbst 1944, als der Faschismus seine Herrschaft immerhin noch über ganz Norditalien behauptete, gab auch die kommunistische Partei, die wichtigste Partei des Antifaschismus, die Abrechnung de facto auf. Dafür gab es triftige Gründe: Die Forderung nach Säuberung stieß in den eigenen Reihen auf heftige Widerstände, zumal bei den vielen, die selbst auf eine faschistische Vergangenheit zurückblickten. Die Fortsetzung der politischen Säuberung verbot sich ferner aus Rücksicht auf die am meisten belasteten Mittelschichten. Ausschlaggebend aber war, daß die Frage der Säuberung den Allparteienpakt der Resistenza zu sprengen drohte, dessen vorzeitiger Bruch der kommunistischen Partei die Chance gekostet hätte, ihr Image eines sektiererischen Außenseiters ab-

zustreifen und sich als vertrauenswürdige Regierungspartei zu profilieren. Letztlich stand für die Kommunisten die gesellschaftliche Akkreditierung auf dem Spiel.
Der doppelte Rückzug im Herbst 1944 hat das politische Ende der noch gar nicht richtig angelaufenen Säuberung bedeutet. Im Zuge der Befreiung Norditaliens im Frühjahr 1945 folgte dann freilich noch der blutige Epilog, der an Radikalität alles bisher im modernen Italien Dagewesene weit übertraf. Rund 15 000 Menschen sind der spontanen, von keiner Partei gelenkten ungesetzlichen Abrechnung zum Opfer gefallen. Nach diesem beispiellosen Blutbad war an eine Fortsetzung der Säuberung nicht mehr zu denken, und niemand hatte größeres Interesse daran, die „epurazione" zu beenden als die Linke, deren Anhängerschaft das Blutbad angerichtet hatte. Es ist deshalb auch kein Zufall, daß der Abschluß der politischen Säuberung mit den Namen der Führer der großen Linksparteien verbunden ist: mit dem Namen des Sozialisten Pietro Nenni, der im Herbst 1945 als Hochkommissar für die Entfaschisierung die Auflösung des Säuberungsapparates einleitete, und mit dem Namen von Palmiro Togliatti, der im Sommer 1946 ein großzügiges Amnestiegesetz initiierte, das zahlreichen Faschisten die Rückkehr in ein bürgerliches Leben erlaubte.
Die überstürzte Beendigung der politischen Säuberung ließ in der Öffentlichkeit den Eindruck entstehen, die „epurazione" sei gescheitert, und gerade prominente Vertreter der Linksparteien zögerten nicht, die tausend Unzulänglichkeiten und Gebrechen der Säuberung anzuprangern. Diese forcierte, häufig der Ablenkung von eigenen Versäumnissen dienende Polemik hat aber auch manche respektable Erfolge und Errungenschaften in Vergessenheit geraten lassen, die im Rahmen der Säuberung doch erzielt wurden. Dazu gehören die weitgehende Ausschaltung der faschistischen Aktivisten, der Elitewechsel in manchen Schaltstellen des administrativen Systems, namentlich bei den Präfekten, Bürgermeistern und in der Ministerialbürokratie, und die heilsamen psychologischen Langzeitwirkungen, die sich aus der massenhaften Erfahrung von Lynchjustiz, Volkstribunalen und Entlassungen ergaben.
Alles in allem haben die Protagonisten der Säuberung letztlich mehr erreicht, als ihnen selbst und den Zeitgenossen bewußt geworden ist. Es ist deshalb auch an der Zeit, das in der Forschung noch immer dominierende Schlagwort „epurazione mancata", ausgebliebene Säuberung, fallen zu lassen. Denn so einfache Antworten auf komplexe Fragen hält die Geschichte selten bereit.

M. Szöllösi-Janze

Abrechnung mit Faschismus und Kollaboration in Ungarn

Bereits eine oberflächliche Betrachtung des stalinistischen Schauprozesses gegen den Kommunisten László Rajk im Sommer 1949 weist terminologische, institutionelle und personelle Kontinuitäten zu den Nachkriegsprozessen gegen führende Pfeilkreuzler auf. Diese Kontinuitäten stützen die These, daß in Ungarn die Abrechnung mit Faschismus und Kollaboration zunächst mit der schrittweisen kommunistischen Machtübernahme parallel lief, dann aber bald von ihr verdrängt bzw. umfunktioniert wurde.
In den 30er Jahren geriet das autoritäre Horthy-Regime, beruhend auf großgrundbesitzendem Adel, konservativem Industrie- und Finanzkapital und höherer Beamtenschaft,

unter doppelten Druck: von innen durch die faschistische Massenbewegung der Pfeilkreuzler, von außen durch die Anlehnung an Hitlers Außenpolitik. Nach der militärischen Besetzung Ungarn durch deutsche Truppen im März 1944 wurde zunächst eine Kollaborationsregierung unter Ausschluß der Pfeilkreuzler gebildet, die erst im Oktober mit Hilfe der SS die Herrschaft an sich rissen.

Die politische Säuberung von Staat und Gesellschaft war unstrittiger Konsens des Parteienbündnisses, das den Wiederaufbau des sowjetisch besetzten Landes trug. Sog. „Nationalkomitees" bildeten die lokalen Organe der „Front"; die Abrechnung mit der Vergangenheit war örtlich bereits in vollem Gange, ehe die Zentralregierung ex post entsprechende Verordnungen erließ.

Die Terminologie bei der Bezeichnung der zu verfolgenden Personen war unscharf. Volksgerichte aus den Mitgliedern der Front-Parteien gingen strafrechtlich gegen Kriegsverbrecher und „Volksfeinde" vor. Ähnlich besetzte „Rechtfertigungsausschüsse" überprüften das politische Verhalten der Beamten. Die Institution der Ausschüsse wurde wenig später auf alle freien Berufe übertragen. Allerdings war die KP mit dem politischen Ergebnis der Verfahren unzufrieden, das Instrumentarium änderte sich: Sog. „B-Listen" erfaßten 1946 für die Volksdemokratie ‚schädliche' Beamte mit dem vorgeblichen Ziel, die aufgeblähte Bürokratie um 10 % gegenüber 1938 zu reduzieren. Die ökonomisch verkleidete Maßnahme zielte unverhohlen auf eine Veränderung der politischen Kräfteverhältnisse.

Die zunehmende Verwässerung des Faschismusbegriffs zeigt, daß sich die Funktion der Säuberungen erweiterte bzw. anderen politischen Zwecken diente. So richtete sich die „Kategorisierungsverordnung" von 1945 mit ihren Internierungs-, Enteignungs- und Binnenumsiedelungsbestimmungen in ihrer Durchführungspraxis auf die Auflösung der deutschen Siedlungsgemeinschaften. Die Ungarndeutschen wurden als „5. Kolonne Hitlers" kollektiv des Landesverrats verdächtigt. Hinter ihrer im Dezember 1945 verfügten Vertreibung stand jedoch die Politik der Tschechoslowakei, die das Potsdamer Abkommen dazu nutzen wollte, an ihrer Stelle die in der Slowakei gezielt diskriminierten Magyaren im Mutterland unterzubringen.

Dort benötigte man Land für die Flüchtlinge und Ausgesiedelten sowie für die Bodenreform. Folglich wurden weniger die Mitglieder des nazistischen Volksbunds ausgewiesen, der sich aus sozial gering angesehenen Gruppen rekrutiert hatte, als vielmehr wohlhabende deutsche Bauern, die dem Volksbund gerade skeptisch oder ablehnend gegenübergestanden waren. Ähnlich betrafen die Enteignungen und die Säuberungen der Bürokratie die Pfeilkreuzler nur marginal. Ihre soziale Basis bestand wesentlich aus kleinstbäuerlichen, proletarischen und subproletarischen Schichten.

Die machtpolitische Stoßrichtung ist unverkennbar: Die KP war zum einen deutlich bestrebt, die kleinbäuerlichen und proletarischen Massen für sich zugewinnen, und griff auch auf die ehemaligen Pfeilkreuzlermassen zurück, um sich als quantitativer Machtfaktor zu etablieren. Zum anderen ließen sich unter dem Vorwurf von Faschismus und Reaktion alle Gegner des sozialistischen Aufbaus leicht ausschalten. Die „Salamitaktik" der ungarischen Kommunisten wandte sich nacheinander gegen die Reste der konservativen Horthy-Eliten, Kleinlandwirte, Bürgerliche, Sozialdemokraten und schließlich sogar gegen die eigenen Reihen.

S. K. Larsen

Die Ausschaltung der Quislinge in Norwegen

The population in Norway, during the Second World War, compriced approximately 3,5 millions. Among them 55 000 were members of the Nasjonal Samling (National Unity). The Denazification process was mainly directed against them, but the total processes of "sauberung" also included all other forms of collaboration: Criminal, political and economical. All in all approximately 92 000 people were tried in the legal proceedings connected to various forms un/non-national activites.
The denazification in Norway was defined first and foremost in the concept of 'treason'. This was due to the actions of the party leader Vidkunn Quisling who was accused and found guilty in having offered his assistance with council and actual participation in the event of a German occupation of Norway in December 1939. On the 9th of April 1940, he also, with the support of a few German collaborators, actually made a coup d'étát in the afternoon when the German forces had arrived in the capital. He had been given financial support to strengthen his party organization already from February 1940, and thus Quisling and his party were 'traitors' when Norway experienced her most dramatic moment in the 20 century's history.
The Norwegian government in exile prepared the post-war process by issuing provisional statues aimed at a complete and thorough legal treatment of all forms of collaboration. However, many of these provisional enactments were in form of retroactive clauses which in a sense was prohibited by one paragraph in the Norwegian Constitution. This fact and other legal aspects of the juridical process; i. e. the clause giving each indidual NS-member a collective financial responsibility for all party activities during the war, did give room, after 8th of May 1945, for a prolonged discussion of the 'legality' of the denazification process i Norway. Thus the concept of 'seireherrenes justis' (the process of the victors over the defeated) was formulated by the previous NS-members giving suggestions to the illegality of the process against them.
In the debate over the legality and the justice of the collaboration and denazification processes, slogans as the 'silk-front' and the 'ice-front' emerged. However, even if some leading Norwegian intellectuals went in favour of a lenient treatment of the previous nazies and collaborators (not the criminal actors), and some leading spokesmen of the Norwegian Left parties demanded a harsher treatment, the Norwegian population in general seems to have been in favour of the way the cases against the collaborators were decided. In 1962 a large governmental report was issued giving a general overview of the process, and when it was debated in the Norwegian parliament, and discussed in the media, one got the impression that Norwegians were satisfied with the way the processes had been dealt with.
In numbers the process gave the following figures: 30 persons were condemned to death and 23 executed. 18 000 persons were sentenced to prison. Among them 600 persons got more than 8 years of imprisonment and 72 for life. The rest were given minor sentences or fined. Even if very little research yet has been done, one has the impression that the persons tried in the first cases after the 8th of May were given harder treatment than those who had their cases tried in 1947 or 1948, but even as late as in 1947 the last death penalty was decided and executed.

In 1948 the first proposals of amnesty were considered and gradually many forms of amnesties were issued. In 1957 the last four prisoner serving life imprisonment were released, having served 12 years of their sentence.
Some of the post-NS members founded an organization aimed at social rehabilitation and political/historical rehabilitation of the NS party and its members. But, rather few of the pre-members joined and very few of the leading figures, when they were released from prison. The organization has established itself with a newspaper appearing twice a month and an 'Institute of the history of the Occupation'. Because of refusals to have their messages published in the ordinary newspaper they found it necessary to have their own defending their case but with a circulation mainly to 'true believers'. Thus they have problems to reach understanding for their case outside their own circles, but they offer the material collected in the 'Institute' for historical research available to anybody interested.
Occasionally the media has focused on the NS-period and every time with considerable 'success'. Even if the programs have not been of very high quality, the journalists have been praised for their 'courage' to offer space and interviews to the 'previous traitors'.
In the post-war period a few examples of neo-nazism did appear, and with two killings and some serious bomb explosions the Norwegian community were reminded of some legacies from the past. However, there was very little connection between the 'old NS-members' and the young activist in the new neo-nazi groups.
The highest priorities of research on the denazification process in Norway should in my mind be given to the following problems: How quickly and in what way did the previous NS-members return to normal social life? How much weight did the courts give to ideological commitment versus violent behaviours/crimes when make judgement of sentencing? What was the impact of the 'private' versus the 'public' denazification processes? In which way has the concept of 'nazism'/'national unity' and other concept related to the NS-party, become taboes of public discussion and in the Norwegian language in general?
These problems I will elaborate in my final presentation and which I hope we can discuss during our meetings.

H. Rousso

L'épuration en France: guerre civile et identité nationale

L'épuration en France a été marquée par de fortes tensions d'ordre politique et idéologique entre les différentes composantes de la résistance et du Gouvernement provisoire. Elle a été marquée par la difficulté de mettre en place des structures juridiques relevant de l'Etat de droit, en continuité avec les principes républicains fondamentaux – la „légalité républicaine" chère au général de Gaulle – mais pour juger de l'action d'un régime politique contraire à ces principes et considéré pourtant, sous l'Occupation, come légal par de nombreux fonctionnaires et citoyens. Elle a cherché à juger plus des traîtres à la patrie, dans le sens classique du terme, que des fascistes, reléguant au second plan la dimension idéologique du conflit mondial. Elle a été caractérisée enfin par l'opposition entre deux processus contraires: d'un côté, le prolongement inévitable de la guerre civile inaugurée par Vichy, qui se manifeste notamment par les exécutions dites „sauvages", en 1944 et 1945; de l'autre, la nécessité de mettre un terme aux luttes internes afin de rebâtir l'identité nationale, et donc la nécessité de trouver une solution moralement et politiquement acceptable pour assimiler ou réintégrer tous ceux qui s'étaient compromis avec l'occupant nazi et avec Vichy.

Le contexte politique et social de la Libération

La libération de la France a été un processus violent au centre duquel se trouve l'idée d'un „soulèvement national" contre l'occupant, idée défendue notamment par le parti communiste. Cette violence, qui caractérise l'épuration, est inscrite dans une longue tradition révolutionnaire, de 1789 à 1870.
Dans les luttes politiques de la libération, la conduite de l'épuration, la plus ou moins grande sévérité des jugements et le nombre de personnes touchées ont constitué un enjeu fondamental de politique intérieure, qui conditionne la vie politique entre 1944 et 1946.
Parce que l'occupation a été très différente entre la zone occupée et la zone dite libre (jusqu'en novembre 1942), entre les régions où se trouvaient de fortes concentrations maquisardes et celles où les résistants étaient quasi-absents, entre les régions libérées par les Alliés et celles libérées seules, avec l'aide de la Résistance, l'épuration a été très inégale. De même, elle a été inégale au plan social, touchant plus les intellectuels et les journalistes que les chefs d'entreprise, et inégale dans le temps: il valait mieux être condamné à mort en 1946 qu'en 1944, car les exécutions n'étaient plus effectives.

Les processus d'épuration

On distingue deux processus très différents: l'„épuration sauvage" ou „illégale" et l'épuration légale.
L'épuration sauvage, sujet très controversé depuis cinquante ans, a fait beaucoup moins de victimes qu'on ne l'a cru à l'époque: environ 7500 morts, dont seuls 1500 exécutions après la Libération définitive du territoire. La plupart des exécutions sommaires ont été commises par des tribunaux improvisés de résistants, dont la légitimité n'était pas si différente de celle du gouvernement „légal" qui n'est que provisoire et fragile en 1944. Surtout, cette épuration a exercé une fonction d'exorcisme, à l'image du phénomène des femmes tondues, exemple type de violence populaire.
L'épuration légale a posé une série de problèmes juridiques. Les lois de la République n'ont pas été changées mais „aménagées". Le problème le plus épineux a été soulevé dans le cas des membres du gouvernement de Vichy qui n'avaient pas commis de crimes particuliers. Cette épuration a examiné 120.000 cas, dont 1500 ont abouti à des peines de mort effectives.
L'épuration économique et l'épuration administrative ont été très modérées, voire inexistentes car les élites, pourtant très compromises, étaient nécessaires à la reconstruction du pays.
Au total, l'épuration en France, bien que conflictuelle, inachevée et inégale, a exercé dans l'immédiat après-guerre une fonction de sécurité, de justice, de régulation sociale, de légitimation politique et idéologique, et de reconstruction de l'unité et de l'identité nationales.

10. Der Erste Weltkrieg als Schmelztiegel alter und neuer Identitäten

Leitung: *G. Schramm (Freiburg)*

G. Krumeich (Freiburg): Frankreich: Von der Union Sacrée zur Polarisierung?

B. Morgenbrod (Düsseldorf): Österreich-Ungarn: Reichspatriotismus versus deutscher Nationalismus

J. M. Winter (Cambridge): Class, Nation, Empire: British National Identity and the First World War

D. Dahlmann (Düsseldorf): Rußland: „Zeit des Slawentums" oder Internationalismus. Zum Problem der nationalen und sozialen Identität im Russischen Reich

G. Mai (Marburg): „Verteidigungskrieg" und „Volksgemeinschaft". Staatliche Selbstbehauptung, nationale Solidarität und soziale Befreiung in Deutschland in der Zeit des Ersten Weltkriegs (1900–1925)

G. Krumeich

Frankreich: Von der Union Sacrée zur Polarisierung?

Für das republikanische Frankreich war der 1. Weltkrieg in vielerlei Hinsicht ein ganz besonderer Prüfstein. Und es gehört heute zur wissenschaftlichen communis opinio, daß die zuvor oft als „dekadent" verschrieene Republik sich im Krieg über Erwarten gut behauptet hat. Die sog. „Union Sacrée" des August 1914, sowie die Fähigkeit, die demokratischen Institutionen über den Krieg hinweg zu retten (wie etwa im Dauerkonflikt zwischen militärischer und politischer Führung), sind als beachtliche Zeichen von Stärke und Effizienz des demokratischen und parlamentarischen Systems angesehen worden.

In Konkurrenz zu diesem Konsens-Modell erscheint die in der neueren sozialhistorischen Forschung betonte Verschärfung der gesellschaftlichen Brüche im und durch den Krieg, die etwa in den Soldatenstreiks von 1917, den massiven sozialen Unruhen beispielsweise des Frühjahrs 1918, dem Zunehmen der defaitistisch-pazifistischen Bewegung, in der Spaltung der Arbeiterbewegung und dem polarisierten Parlament der Nachkriegszeit zum Ausdruck gekommen seien.

Neuere Forschungen scheinen mir hingegen deutlich zu machen, daß die Auswirkungen des 1. Weltkrieges auf die französische „Identität" auf eine ganz neue Weise bestimmt werden müssen.

Zunächst einmal lassen die verschiedenen Arbeiten von J. J. Becker über das Augusterlebnis und die innenpolitische Entwicklung im Krieg es wohl als definitiv gesichert erscheinen, daß die vielgerühmte „Union Sacrée" in ihrem Wesen nichts anderes war als eine Art innenpolitischer Waffenstillstand: Die Gemeinsamkeit der Franzosen über alle ideologischen Grenzen hinweg bestand allein in der Auffassung, daß Frankreich vor der ungerechtfertigten Aggression verteidigt werden müsse. Alle Versuche, diesen verteidigungspolitischen Grundkonsens ideologisch auszubauen, in seinem Windschatten gesellschaftspolitische Zustände zu zementieren bzw. zu verändern, waren zum Scheitern verurteilt. Diese heuristisch äußerst wichtige Differenzierung zwischen Burgfrieden und

ideologischem Konsens erklärt u. a. auch die Tatsache, daß niemand in Frankreich während des Krieges bereit war, sich Gedanken über die Reform des alten Steuersystems zu machen, um die Milliarden der Kriegskosten zu decken. Man glaubte tatsächlich, nach dem Krieg zum sozialen status quo ante zurückkehren zu können, weil alle Kosten des Krieges den Deutschen auferlegt werden würden. Es scheint gerade diese Persistenz der alten gesellschaftlichen Frontlinien gewesen zu sein, die den „nationalen“ Konsens (d. h. besser: den verteidigungspolitischen Konsens) überhaupt erst ermöglichte: Keine politische Gruppe oder soziale Formation mußte ihrer alten Identität verlustig gehen bzw. sich unterordnen, um ein gleichberechtigtes Glied der Nation in Waffen zur Verteidigung des französischen Bodens sein und bleiben zu können. So beruht die Union Sacrée letztlich auf paradoxe Weise auf den erprobten Polaritäten der französischen Gesellschaft. Die Polarität selber konstituiert also die Identität, die wiederum durch den Krieg bestätigt wird.
Neuere Arbeiten über die politische und soziale Entwicklung nach dem Ersten Weltkrieg weisen indessen auf eine Dialektik dieser Persistenz hin, die heute allerdings erst ansatzweise (beispielsweise von Becker) thematisiert wird. Tatsächlich scheint die extreme gesellschaftliche Anspannung des Krieges (Frankreich war am Ende tatsächlich „weißgeblutet“) zu einer Art neuem Grundkonsens aller Franzosen geführt zu haben, nämlich zu der Auffassung, daß ein neuer Krieg unter allen Umständen zu verhindern sei. „Tout plutôt que ça“: in diesem Kampfruf, der beispielsweise von der Massenbewegung der „Anciens combattants“ propagiert wurde, kommt in nuce ein neuer Defaitismus zutage, der den Bruch mit der alten Identität signalisiert. Nunmehr gibt es für die verschiedenen gesellschaftlichen Gruppen höhere Werte als die Verteidigung Frankreichs; auch die Republik ist nicht mehr Fluchtpunkt der Identität. Man sieht diese Wegbewegung (Revalorisierung) in allen politischen Gruppen, etwa der „Radikalen“ Partei (S. Berstein), man sieht es auch an der französischen Außen- und Verteidigungspolitik in der Zwischenkriegszeit. Die „Dekadenz“ (J. B. Duroselle) des politischen Systems, das es dann gegen die faschistische Herausforderung von innen und außen wehrlos werden ließ, wurde durch den materiellen und moralischen Aderlaß des Ersten Weltkriegs bewirkt, der die Identität des Frankreich der Patrioten nachhaltig veränderte.

B. Morgenbrod

Österreich-Ungarn: Reichspatriotismus versus deutscher Nationalismus

Im Zeitalter des Nationalismus und der Nationalstaaten galt das österreichisch-ungarische Reich gemeinhin als ein Anachronismus, dessen Tage gezählt waren. „Nationalismus“ und „Patriotismus“ als Ausdrucksformen politischer Identität bildeten in einem Gemeinwesen, das nicht weniger als elf verschiedene Volksgruppen umfaßte, keine wie auch immer geartete Einheit, sondern standen sich antagonistisch gegenüber. Dabei wurde der auf Selbstbehauptung und Abgrenzung ausgerichtete „Nationalismus“ der einzelnen Volksgruppen zu einer potentiellen Bedrohung für die Einheit des Reiches, während der „Patriotismus“ die Bewahrung dieser Einheit zum Ziel hatte.
Die aus dem Spannungsfeld von „Nationalismus“ und „Patriotismus“ resultierende Identitätskrise war insbesondere bei den Deutschen in Österreich wirksam. Sie selbst empfan-

den sich in der Monarchie nicht als eine „Nationalität unter anderen", sondern als das eigentliche „Staatsvolk". In dem Maße, in dem ihre dominierende Stellung von den anderen Nationalitäten angegriffen wurde, setzte bei einem Teil der Deutschen Österreichs eine nationale Mobilisierung ein, die ihre traditionelle Loyalität zu „Kaiser und Reich" abzuschwächen begann.

Der Konflikt zwischen „österreichischem Staatsbewußtsein" und „deutschem Nationalbewußtsein" wurde auch während des Ersten Weltkrieges deutlich. Auf der einen Seite stand das bürgerlich-„nationale" Lager, das in dem Krieg vor allem ein Ringen „um das Schicksal des deutschen Volkes" sah und für das die begeistert gefeierte „Waffenbrüderschaft" mit dem Deutschen Reich einen hohen Grad an Identifikationsmöglichkeiten bot. Im Zuge dieser nationalen Aufbruchstimmung wurden alte Forderungen nach verfassungsrechtlicher Sicherung der deutschen Vorherrschaft in Österreich laut, die bei den übrigen Nationalitäten die Furcht vor einer „Germanisierungswelle" weckten. Auf der anderen Seite stand das äußerst heterogen zusammengesetzte sog. „österreichisch-patriotische" Lager, dessen Vertreter dem unverhüllten deutschen Nationalismus eine klare Absage erteilten und sich um einen nationalen Ausgleich zwischen allen Volksgruppen der Monarchie bemühten. Darüber hinaus ging es ihnen auch darum, den österreichischen Reichspatriotismus mit neuem Leben zu erfüllen, indem sie die traditionelle „Treue zum Kaiser" mit einer nationalitätenübergreifenden „Staatsidee" zu verbinden suchten, um so, wenn möglich, ein spezifisches „österreichisches Bewußtsein" zu schaffen. Einer der Hauptvertreter dieser Bewegung war Hugo von Hofmannsthal, der in seinen zahlreichen Kriegsschriften die kontinuitätsbewahrende Vielgestaltigkeit Österreichs dem „geschichtslosen, ganz monotonen Deutschland" gegenüberstellte und dabei die „Idee Österreich" entwickelte. Angesichts wachsender Differenzen zwischen Österreich-Ungarn und dem Deutschen Reich in der Kriegszielfrage neigte ein Teil des „österreichisch-patriotischen" Lagers sogar dazu, die Donaumonarchie aus dem Bündnis zu lösen und den Weg eines Separatfriedens zu gehen.

Dieser Widerstreit zwischen „deutschnationalen" und „deutschpatriotischen" Österreichern wirkte unter veränderten Voraussetzungen und in gewandelten Formen in der nachimperialen Ära, insbesondere in der sog. „Anschlußfrage" weiter, wurde schließlich aber – nicht zuletzt aufgrund der Erfahrungen von 1938–1946 – zugunsten eines österreichischen Staates entschieden, dessen Bevölkerung eine eigenständige „österreichische" Identität entwickelte.

I. M. Winter

Class, Nation, Empire: British National Identity and the First World War

The upheaval of war deepened the conservative character of British political culture. The heightened sense of tradition in interwar Britain must be set against the backdrop of the real disturbances of the war years, disturbances which challenged the fundamental premises of British social stability. These disturbances threatened to undermine older patterns of authority in politics, in industry, and in patriarchal family life.

This paper examines each of these three areas of wartime turbulence, and then shows how the reassertion of 'tradition' and the appropriation of 'Englishness' by British conservative politicians and writers helped reconsolidate the position of elites in the decade following the war.

In the international sphere, the rhetoric of 'Empire' expanded as the power of Empire shrank. British power hat indeed been imperial power during the war, but such power once capitalized to win the war, could never be regained. This reversal was masked for at least a decade by the reassertion of the language of 'Empire' and the celebration of a community of interest and culture which no longer fully existed.

In the domestic political sphere, the reform of the franchise, the Irish rebellion and the bitter split in the Liberal party created a social and electoral base for a working-class challenge for political power. By 1920, the Labour party was poised to displace the Liberals as the official opposition, and ultimately, governing party. Conservatives deliberately exaggerated the radical character of Labour politics and leadership, and set the terms in which political argument took place. Those terms required the supercession of class loyalities by 'national' loyalities. The sleight of hand was in presenting middle-class business interests as more 'national' than working-class trade union or middle-class socialist interests. Labour failed to evade confinement in the sectarian corner in which it was placed by Conservatives in the 1920s.

In industrial relations, the corporate solution to the problem of war production was equally threatening to industrialists, poised to take advantage of what many believed would be an expansionary phase of economic activity in the postwar years. Again, the need to turn the clock back was a response to wartime disturbances of traditional patterns of authority in industry. As in politics, the language of conflict in industry was dominated by a conservative assertion of 'nation' over 'class' which effectively obscured the class-based nature of postwar settlement, reversing two decades of gains in trade union power and rights.

Underlying the hegemony of political and industrial conservatism in post-war Britain was a profound cultural conservatism, a retreat from the uncertainties of war into the mythology of a supposedly long-established and eternal 'Englishness'. This cultural movement took many forms. Among them was the iconography of war memorials.

Another dimension of this cultural retreat was provided by popular fiction. One facet of the best-sellers of the period was the attribution of 'meaning' to the war, a meaning understood in terms remote from the irony and innovation of much enduring prose and poetry of the period. The 'heroes' of postwar fiction were 'English', for which read, 'middle-class', 'patriotic', 'unemotional', 'masculine'. They accepted the war without much doubt, fought stoically, and returned to their women who understood their place. Such clichés underwrote the interwar social contract, and ensured the enduring power of conservative appeals at moments of political and industrial conflict. It would take another world war to untermine this powerful cultural message.

D. Dahlmann

Rußland: „Zeit des Slawentums" oder Internationalismus. Zum Problem der nationalen und sozialen Identität im Russischen Reich

Nach der Niederschlagung der Revolution von 1905/06 versuchte die zaristische Regierung auf vielfältige Weise, eine nationale Identität zu stiften. Im Vielvölkerstaat des Russischen Reiches, in dem die am ehesten als staatstragendes Volk zu bezeichnenden Russen zwar politisch und sozial dominierten, sich aber dennoch in dieser Rolle bedrängt fühlten, zielten die Absichten der Regierung zum einen auf die Schaffung eines dynastischen Reichspatriotismus, zum anderen auf einen spezifisch russischen Nationalismus. Am deutlichsten wurde dies während der Feierlichkeiten des Jahres 1912, in dem der 100. Jahrestag des Vaterländischen Krieges und der 300. Jahrestag der Thronbesteigung des Hauses Romanov mit zahlreichen, prunkvollen Veranstaltungen begangen wurden. Doch auch diese Festivitäten waren rein äußerliche Manifestationen, die weder einem dynastischen Reichspatriotismus noch einem Nationalismus moderner Prägung zum Durchbruch verhalfen. Die identitätsstiftenden Konzeptionen der unterschiedlichen gesellschaftlichen Schichten und Klassen standen unvereinbar nebeneinander. Der offizielle russische Nationalismus reichte bis ins Lager der bürgerlichen Rechten, der Oktobristen, doch kaum etwas verband den reaktionär großrussisch antisemitischen Chauvinismus der extremen Rechten mit den Vorstellungen der liberalen Imperialisten um Petr Struves Idee des „Großrußland" (Velikaja Rossija), die nicht nur unter dem liberalen Wirtschaftsbürgertum zahlreiche Anhänger fand. Erkauft wurden die Erfolge des offiziellen russischen Nationalismus durch eine zunehmende Entfremdung der anderen Nationalitäten des Vielvölkerstaates. Bezeichnend für jene fehlende nationale Identität sind die Proklamierung von nationalen Surrogathelden, wie z. B. des Generals Skobelev, durch hauptsächlich bürgerliche Kreise und solche Konzeptionen, wie sie u. a. vom Neoslawismus einerseits und der russischen sozialistischen Linken andererseits verkörpert wurden.

Als Kulminationspunkt der Ideen des Neoslawismus kann jene Broschüre bezeichnet werden, die der Philosoph Vladimir Ern im Sommer 1915 unter dem Titel „Vremja slavjanofil'stvuet" (Die Zeit slavophilisiert) veröffentlichte. Es ging Ern in seiner schmalen Schrift nicht um die Herausbildung einer russischen nationalen Identität, sondern einer slavischen Identität, die er als umfassender und demokratischer als die russische definierte. Diese sollte in jener aufgehen. Das Slaventum in seiner Gesamtheit, nicht allein die Russen, sahen Ern und seine Gesinnungsfreunde als die neuen Träger einer Kulturmission. Inwieweit diese Ideologie die Russen als beherrschenden Teil des Slaventums ansah, mag dahingestellt bleiben, sie postulierte jedoch gewiß keinen allrussischen Chauvinismus, keine Form des dynastischen Reichspatriotismus oder eines Nationalismus. Die Kriegsbegeisterung jedoch, jenes Verständnis des Krieges als Katharsis hat auch diese Gruppe erfaßt, ebenso wie die bürgerlich liberalen Imperialisten. Eine gemeinsame nationale Identität, ein Grundkonsens über die nationale Verteidigung und die Ziele des Krieges ist dennoch nicht entstanden. Im Gegenteil, der Krieg hat die unterschiedlichen Konzeptionen über Nation und Staat nur noch deutlicher werden lassen.

In jeder Hinsicht hat der Krieg die Gräben zwischen dem bürgerlichen Lager und der Arbeiterbewegung vertieft. Nicht nur die Bol'seviki haben am Konzept des Internationalismus und der entschiedenen Ablehnung des Krieges festgehalten. Auch die Partei der Sozialrevolutionäre hat in hohem Maße diese Ideen vertreten. Im Russischen Reich umfaßte die Union Sacrée eben gerade die Arbeiterbewegung nicht. Bereits der Ausbruch des Krieges und in noch stärkerem Maße dessen Verlauf haben unüberbrückbare Gegensätze zwischen Arbeiterschaft, Bürgertum und Regierungslager anschwellen lassen. Beide Revolutionen des Jahres 1917 sind unmittelbare Folgen des Weltkrieges als Katalysator der inneren Gegensätze des Reiches. Krieg und Revolution haben die alten, schwachen Identitäten zerstört, doch eine neue Identität nur kurzfristig geschaffen. Wer heute den Zerfall des Sowjetimperiums sieht, wird konstatieren müssen, daß es dem seinerzeitigen revolutionären Regime auch im Verlaufe von mehr als siebzig Jahren nicht gelungen ist, eine neue, sozialistische Identität zu entwickeln.

G. Mai

„Verteidigungskrieg" und „Volksgemeinschaft". Staatliche Selbstbehauptung, nationale Solidarität und soziale Befreiung in Deutschland in der Zeit des Ersten Weltkriegs (1900–1925)

1. Der Erste Weltkrieg war eingebettet in eine Phase des beschleunigten sozialen und politischen Wandels, die sich in ganz Europa relativ einheitlich auf die Zeitspanne von 1900 bis 1925 datieren läßt. Begleitet war der Durchbruch zur industriell-urbanen Massengesellschaft von der Entstehung neuer sozialer Gruppen (Angestellte, technische Intelligenz), dem Erstarken der Arbeiterbewegung, dem wachsenden Einfluß industrieller Eliten auf den Staatsapparat, zugleich von der sozialen Entmachtung der alten agrarischen Eliten, von Binnenwanderung, Verstädterung, sozialer und geistiger Entwurzelung, dem Zerfall der bäuerlichen Welt, der bürgerlichen Selbstgewißheit und des proletarischen Milieus. Die vom sozialen Tod oder Abstieg bedrohten Gruppen stellten die Wünschbarkeit einer solchen Entwicklung grundsätzlich in Frage („Industriestaats-Debatte") und nutzten die modernen Instrumentarien, um die allgemeine Kulturkritik in eine nationale, radikale, auch Gewalt befürwortende Massenbewegung umzusetzen. Die aufsteigenden Gruppen akzeptierten neue Organisationsmuster für ihre Partizipationsansprüche; SPD und Gewerkschaften waren bereit, sich im Interesse ihrer Integration in die bürgerliche Gesellschaft und die kapitalistisch organisierte Wirtschaftsordnung gezielt von ihrem linken Flügel zu trennen, um mit dem sozialpartnerschaftlich orientierten Unternehmerflügel die neue staatstragende „neue industrielle Mitte" zu bilden. Dem „Klassenkampf" entsprach die gleichzeitige Suche nach einer neuen Ordnung, neuen sozialen Bündnissen, neuer kollektiver Identität.

2. Der Weltkrieg überlagerte, beschleunigte und veränderte diese Entwicklung in mehrfacher Form: der Verteidigungskonsens stellte eine (partielle oder doch vorübergehende) Identität von Klassen-Interesse und (Klassen-)Staats-Interesse her, der Mangel an (Über-)Lebensmitteln erforderte die Zuteilung nicht nach Besitz, Bildung und Privileg, sondern nach kriegswirtschaftlicher Funktionalität; der Primat des kollektiven Überlebens definierte die Wertigkeit sozialer Ordnungsformen (Klasse, Korporation, Nation) um und schuf das Bedürfnis nach neuen Identifikationsangeboten, die ökonomische

Funktionalität, soziale Hierarchisierung, politische Ungleichheit und kollektive Gleichheit zu verknüpfen verstand. Dies war weniger das August-Erlebnis oder das Schützengraben-Erlebnis, sondern bereits im Weltkrieg die Idee der „Volksgemeinschaft".

3. Der Begriff der „Volksgemeinschaft" tauchte offenbar 1894 im Umfeld christlich-sozialer Kreise auf. Dies deutet auf seine geistigen Wurzeln hin:

– Die bürgerlich-liberalen Imperialisten, die – anders als die Sozialimperialisten – nicht die Ablenkung sozialer Konflikte nach außen, sondern Reform nach innen als Voraussetzung äußerer Machtentfaltung befürworteten (Fr. Naumann, M. Weber).
– Der sich entwickelnde völkische Radikalismus, ebenfalls im wesentlichen eine bürgerliche Bewegung, dessen Forderung nach dem unbedingten Primat der nationalen Interessen nicht nur von der Sozialdemokratie, sondern vor allem auch von den agrarisch-feudalen Eliten die Zurückstellung ihrer engen sozialen Interessen verlangte, diese Unterordnung bereits auch durch eine autoritäre Führer-Herrschaft zu erzwingen bereit war.
– Die (bürgerliche) Jugendbewegung, deren apolitisches Harmoniestreben zunächst eher Entwurzelungsphänomen und generationsspezifische Kulturkritik an der Atomisierung der industriellen Massengesellschaft war, sich aber bereits 1913 in einen völkisch-nationalen und einen freideutsch-sozialistischen Flügel spaltete.
– Das militärisch-technokratische Effizienzdenken, mit Ansätzen schon bei Caprivi, daß ein zukünftiger, industriell geführter Massenkrieg im Zeichen der Wehrpflicht und der Dynamisierung des Rüstungszugriffs auf Ökonomie und Gesellschaft nicht mehr gegen die Arbeiterschaft geführt werden konnte.

4. Die Elemente dieser „Volksgemeinschafts"-Idee waren:

– Kollektivismus, d. h. der Vorrang der nationalen Solidarität als Pflicht des Einzelnen vor der sozialen Solidarität als individueller Anspruch;
– Korporativismus, d. h. soziale Selbstverwaltung der Gruppen und organisierter Interessenausgleich zwischen den Gruppen;
– Autoritarismus, d. h. organologisch-(berufs)ständisch gegliederte, weniger über Besitz und Bildung als über Charisma definierte Herrschaft („Führer"-Mythos).

5. Bereits vor 1914 hatte in der jungkonservativen und völkischen Bewegung eine Verknüpfung der Gemeinschafts-Idee mit einem sehr unterschiedlich gefaßten „christlichen", „konservativen" oder „nationalen" Sozialismus begonnen (besonders illustrativ: die christlichen Gewerkschaften), dem – trotz unterschiedlicher geistiger Ansätze – als Gegenentwurf zum „schrankenlosen Manchestertum" fünf Grundelemente gemeinsam waren:

– die Einschränkung der privaten Verfügungsgewalt über die Produktionsmittel durch gesellschaftliche, genossenschaftliche und/oder staatliche Kontrolle;
– die „soziale Verteilungsgerechtigkeit" (Adolph Wagner), die „materielle Teilhaftigkeit" (Moeller van den Bruck), die „gerechte Anteilnahme aller an allen Gütern des Volkes durch staatliche Umverteilung, als Verwaltung des Mangels;
– die Unterordnung *aller* Privatinteressen unter die des Staates bzw. der Gemeinschaft, die Überwindung der anarchischen Produktion, des Markts und des Gewinnprinzips durch Orientierung der Produktion weniger an den Bedürfnissen des Konsumenten als an dem „größten Nutzen für die Volksgemeinschaft";
– die Überwindung von Klassenspaltung und Klassenkampf zugunsten einer solidarischen Produktions- und Lebensgemeinschaft;

- die Aufhebung der Entfremdung des Menschen in der industriellen Produktion und urbanen Zivilisation.

Gemeinsamkeiten mit der Sozialismus-Konzeption der Linken waren mehr als nur vordergründige Übereinstimmung in formalen Topoi. Die Unterschiede wurden erst jenseits der sozial-ethischen Ebene erkennbar, nicht in der Mittel-, sondern in der Zieldefinition: ob nämlich die Gesellschaft egalitär, genossenschaftlich oder hierarchisch gegliedert sei; ob die „soziale Frage" als prinzipieller Gegensatz zwischen „Kapital" und „Arbeit" definiert wurde; ob die politische Herrschaft demokratisch oder autoritär ausgeübt werde; ob die soziale Zuteilung der Lebenschancen kommunistisch (nach Bedarf), sozialistisch (nach Leistung) oder „völkisch" (nach politisch oder rassisch definierter Zugehörigkeit zur „Volksgemeinschaft") erfolgen solle; ob die kollektive Zweckrationalität in Krieg oder Frieden zu suchen sei. Gemeinsam war allen konservativen Sozialismen, daß sie die Militarisierung von Wirtschaft und Gesellschaft mit Sozialisierung „verwechselten" (E. Lederer).

6. Die „Ideen von 1914" beschleunigten die Verknüpfung von nationaler und sozialer Bewegung. Korporativismus in „Gemeinwirtschaft" und „Staatssozialismus", Hilfsdienstgesetz und Kriegs- bzw. Zentralarbeitsgemeinschaft(en) war die Organisationsform der „neuen industriellen Mitte". Die korrespondierende „Volksgemeinschafts"-Konzeption wurde von Militärs, die der bürgerlichen Sozialreform nahestanden, ebenso getragen wie, vor allem nach 1918, im gesamten bürgerlichen Parteienspektrum: sowohl – besonders ausgeprägt – von der DDP (Fr. Meinecke, H. Preuß, Th. Heuss) und den (katholischen) Christlichen Gewerkschaften als auch von den (protestantischen) christlich-sozialen Arbeitervereinen (DNVP) oder der hessischen „Evangelischen Volksgemeinschaft" (gegr. 1924).

7. Die Idee der „Volksgemeinschaft" griff aber auch seit 1916 auf den rechten, den „bürgerlichen" Rand der SPD über (vom linken Flügel als „Nationalsozialisten" attackiert), tauchte ab 1919 in Parteitagsbeschlüssen auf und 1921 sogar im Görlitzer Programm (bemerkenswerterweise im Zusammenhang mit Sozialisierung und Gemeinwirtschaft), 1923 im Ruhrkampf bei den Jungsozialisten. Während des Ruhrkampfes ist Ähnliches zugleich konzeptionell (nicht begrifflich) in der nationalistischen Agitation der KPD angelegt (R. Fischer, H. Neumann, Radeks „Schlageter-Rede"), besonders ausgeprägt und ohne Trennschärfe zwischen „rechts" und „links" bei den Nationalbolschewisten (E. Niekisch).

8. Insofern bleibt zu fragen:
- nach den Ursachen der Rezeption seitens der SPD;
- nach der konzeptionellen Differenz zwischen rechter und linker Variante;
- nach dem Verhältnis von nationaler und sozialer Befreiung;
- nach dem Grad von identitätsbildender Wirkung durch Massenakzeptanz;
- nach den Fernwirkungen im Jahre 1933.

11. Westeuropäische Minderheitsnationalismen und Regionalisierungspolitik im 20. Jahrhundert im Vergleich

Leitung: *H.-J. Puhle (Bielefeld)*
H.-J. Puhle: Einleitung
K.-J. Nagel (Barcelona): Soziale Konflikte und Nationalismus in Katalonien vor 1936
L. Mees (San Sebastián): Autonomie oder Separatismus: Sozialgeschichtliche Probleme des baskischen Nationalismus
A. Helle (Bielefeld): Demokratisierung und regionaler Protest: Der Ulster Unionismus im britischen Königreich 1886–1922
D. Gerdes (Heidelberg): Regionalismus und Regionalisierung in Frankreich nach 1945
M. Hroch (Prag): „Kleine Nationen" in Osteuropa und Westeuropa

Veröffentlichungshinweis: Die Beiträge der Sektion werden voraussichtlich in „Geschichte und Gesellschaft", 1992, erscheinen.

H.-J. Puhle

Einleitung

Die interessantesten Nationalismen Europas im 20. Jahrhundert sind die der ‚kleinen Völker', die nicht, wie die älteren, klassischen Fälle, nationale Integration anstreben oder, wenn sie die schon haben, aggressiv nach außen wenden, sondern die sich herauslösen und dissoziieren wollen aus und von einem größeren Staatengebilde, in dem sie eine Minderheit darstellen und durchweg mindere Rechte haben. Dies kann ein Vielvölkerstaat sein oder ein Zentralstaat, der sich wesentlich als Nationalstaat versteht und doch gerade in dieser Eigenschaft in Frage gestellt wird. Es geht um verspätetes nation building gegenüber einer schon länger bestehenden zentralen Staatsmacht. Das Ziel war bei den nationalistischen Bewegungen Ost- und Nordeuropas in der Regel die nationale Selbständigkeit, im Idealfall ein neuer Nationalstaat, bei den westeuropäischen Bewegungen, die hier zur Debatte stehen, meistens die regionale Autonomie oder eine bundesstaatliche Lösung. Nationalismus und Regionalismus gehen hier oft ineinander über.
Erklärungsbedürftig sind dabei u. a. eine Reihe von Problemen: Warum haben sich einige Minderheitsnationalismen als politische Massenbewegungen etablieren können und andere nicht? Welche Faktoren bedingen ihre Intensität und ihre Homogenität? Wie wichtig ist die Größe der kleinen Nation? Wer sind die Nationalisten? Wie verhalten sich sozioökonomische Faktoren der Erklärung zu anderen (religiösen, sprachlichen, kulturellen) Faktoren? Welche Rolle spielen Industrialisierung, Migrationen und soziale und politische Institutionen? Wie wichtig sind die Zeitkonstellationen?
Im Anschluß an das Drei-Phasen-Modell der Entwicklung von Minderheitsnationalismen, das M. Hroch (zuerst 1968) für die kleinen Völker Ost- und Nordeuropas entwickelt hat, lassen sich für den Vergleich unterschiedliche Ablaufsequenzen mit sechs Variablen bilden (drei entsprechen den Hrochschen Stadien der Nationsbildung, drei weitere

den Entwicklungsstadien der größeren Gesamtgesellschaft: ‚bürgerliche Revolution', Industrialisierung, Organisation der Arbeiterschaft), die den jeweiligen Typus der mehr oder weniger verzögerten, integrierten oder desintegrierten nationalen Dissoziation konstituieren. Dies reicht jedoch noch nicht zur Erklärung des Umstands, daß in Westeuropa nur die allerwenigsten der peripheren Nationalbewegungen zu politischen Massenbewegungen (Hrochs ‚Phase C') geworden sind (Katalanen, Basken, Iren, evtl. Korsen), während die meisten, oft trotz klar artikulierter kultureller Identität, diesen Sprung nicht geschafft haben. Dazu müssen die jeweiligen Konstellationen unterschiedlicher sozioökonomischer, sprachlich-kultureller und politisch-institutioneller Faktoren sorgfältig gewichtet werden, insbesondere hinsichtlich (1) der Differenz zwischen relativer sozioökonomischer Unterentwicklung und Überentwicklung der Region (in Bezug auf den Gesamtstaat), (2) des Gewichts der eigenen Sprache und Kultur (als Mindesterfordernis, das allein nicht hinreicht), (3) der Existenz oder Nichtexistenz eigener klar definierter (vergangener oder gegenwärtiger) administrativer und politischer Institutionen der Region und (4) hinsichtlich besonders hoher Repressions- und Frustrationsraten und Gewaltsamkeit.

Weitergehende notwendige Differenzierungen und Korrekturen, u. a. hinsichtlich des Verhältnisses von nationalen und sozialen Konfliktlinien, des Stellenwerts einer ‚Gegenkultur', der jeweiligen Integration der Arbeiterschaft, der Grenzen der Sozialintegration und der Dynamik wie der Triebkräfte der Übergänge zwischen einzelnen Entwicklungsphasen, haben neuere Forschungen gebracht, von denen einige Ergebnisse in den Beiträgen der Sektion vorgestellt werden.

K.-J. Nagel

Soziale Konflikte und Nationalismus in Katalonien vor 1936

Als 1917 eine Kampagne zur Reform der spanischen Verfassung unter Führung der katalanischen Regionalisten der Lliga kurz vor dem Erfolg zu stehen schien, streikten die Arbeiter. Anfang 1919 endete die mächtig angelaufene katalanistische Agitation für ein Autonomiestatut, als die CNT den Generalstreik ausrief. Zumindest bei oberflächlicher Betrachtungsweise scheinen solche Beispiele zu belegen, daß den Arbeitern Klassensolidarität wichtiger war als nationale Solidarität; Chancen zur Erreichung nationalistischer Ziele scheinen planmäßig von der organisierten Arbeiterschaft zunichte gemacht worden zu sein. Besonders die CNT haben manche Historiker denn auch als „Fahnenträger des Antikatalanismus" gesehen (Elorza). Andererseits aber ermöglichte der Verzicht der CNT auf die traditionelle Wahlenthaltung die Wahlsiege der katalanistischen Linken in der zweiten Republik. Viele wichtige Gewerkschaftsführer haben sich für das katalanische Autonomiestatut von 1932 ausgesprochen. Auch die Arbeiterschaft gilt manchen Historikern als ein Reservoir des „Volkskatalanismus" (Termes).

Hier wird der Vorschlag gemacht, diesem Dilemma auf zweierlei Art zu entkommen: Durch Untersuchung ausgewählter Konflikte und durch die Untersuchung der Arbeiterkultur. Ich beschränke mich also auf eine soziale Schicht und klammere Konfliktfelder wie Hungeraufstände der Frauen, Streiks der Weinpächter oder Arbeitskämpfe der Angestellten hier aus.

Bis 1923 verkaufte sich in den politischen Konflikten die Lliga Regionalista erfolgreich als Inkarnation des Katalanismus. Zunehmend deutlicher von der Bourgeoisie geführt, galt sie den Arbeitern als „Klassenfeind, was den politischen Katalanismus bei ihnen mit einer schweren Hypothek belastete. Die mit der Lliga rivalisierenden linkskatalanistischen Parteien, die es im Gegensatz zum Baskenland immer gab, waren meist unter sich zerstritten, wozu auch die Heterogenität ihrer sozialen Basis aus Freiberuflern und Intellektuellen, Bauern und Pächtern, Handwerkern und Kleinbürgern beitrug. Ihre organisatorischen und programmatischen Angebote an die Arbeiterschaft blieben begrenzt. Die Chancen einer Zusammenarbeit von linken Katalanisten und organisierter Arbeiterschaft nutzten sie nicht; insbesondere versagten sie in der antimilitaristischen und antiklerikalen Setmana Tràgica 1909. Als der Partit Republicà Català 1917 hier endlich einen Schritt weiterging, war die Polarisierung zwischen Lliga und CNT bereits zu stark. Zur Verteidigung ihrer Klasseninteressen unterwarf sich die Lliga nach 1919 der Zentralregierung und disqualifizierte damit den Katalanismus bei den Arbeitern. Andererseits stärkte sie so neue national und sozial radikalere Positionen. Erst die Diktatur Primo de Riveras 1923–30 vereinigte linke Katalanisten und Separatisten, so daß die neue linkspopulistische Esquerra Republicana de Catalunya zur katalanischen Regierungspartei der Jahre 1932–1939 werden konnte.
Die Organisationen der Arbeiterbewegung, besonders die wichtigsten Berufsverbände und später auch die Föderationen Solidaridad Obrerea (1907–1910) und CNT (ab 1910) verzichteten lange Zeit darauf, ihren Standpunkt zur nationalen Frage zu definieren, um den Zusammenhalt in den fragilen Organisationen nicht zu gefährden. Später gerieten sie in eine Spannung zwischen ihrer faktischen Stärke in Katalonien und ihrem Wunsch nach Expansion in andere Gegenden des spanischen Staates. In ihren Reihen zählten sie sowohl anarchistische „Internationalisten“, die trotz dieser Selbstdefinition die „Nation“ schon als gedankliche Einheit ablehnten und für die jede Art von Katalanismus „bourgeois“ war, wie auch Anarchisten und Anarchosyndikalisten, die gerade aus der katalanischen Politik und Geschichte, einige sogar aus dem Volkscharakter Rechtfertigungen für eine soziale Revolution ableiteten und sich zu den „eigentlich besseren“ Katalanen erklärten. Mit dem Anwachsen der nationalen Begeisterung nach dem Ersten Weltkrieg wurden solche Themen immer offener diskutiert. 1917 begrüßten Teile der Arbeiterbewegung die reformistische Parlamentarierversammlung. Erst nach deren widerstandsloser Auflösung wandte sich die CNT enttäuscht von der faktischen bürgerlich-proletarischen Aktionseinheit ab, besonders dann nach dem Eintritt der Regionalisten in die spanische Regierung. Daher verhielt sich die CNT in der Statutskampagne von 1918/19 auch widersprüchlich. Ihr ideologischer Föderalismus ermöglichte ihr insgesamt eine Flexibilität, die Katalonien sowohl als Festung wie als Vorposten verstehen konnte, Vorstellungen, die sich verblüffend mit den Grundsätzen der regionalistischen Politik in Barcelona und Madrid deckten. Im spanischen Rahmen reflektierten katalanistische Bewegung und Arbeiterbewegung die unterschiedliche Struktur Kataloniens als Industrieland. Als minoritäre Tendenzen mußten sie im Gesamtstaat zur Durchsetzung von Veränderungen zusammenarbeiten, und sie scheiterten gelegentlich an diesem Zwang.
Im Unterschied zum Baskenland waren die kulturellen Gegensätze schwächer ausgeprägt. Die Arbeiterschaft Kataloniens war nach unten wie oben schwach abgegrenzt und mindestens bis 1920 auf eine Unzahl kleiner Firmen verteilt. Ihre Wohnsituation brachte sie in vielfältigen Kontakt mit Angehörigen benachbarter sozialer Schichten, mit denen sie

sich besonders auch im Freizeitverhalten mischte. Bis zum Ersten Weltkrieg vollzog sich die Integration der Einwanderer (auch die sprachliche) schnell. Neben der Gewerkschaft bestand ein weites Feld von sozialen und kulturellen Organisationen (Genossenschaften, Arbeiterbildungsvereinen, Freizeitvereinen, Spar- und Versicherungskassen), die oft recht katalanistisch waren. Das Fehlen einer Gegenkultur förderte bei den Arbeitern ein Ideologiegemisch aus föderalistischen, anarchistischen und katalanistischen Elementen. Katalonien war dabei in vielfacher Hinsicht Bezugsrahmen. Grundzüge des katalanischen Selbstbildes (Vorstellungen vom katalanischen und vom spanischen Volkscharakter, Mischung von Kritik am Staat und Kritik an „Madrid") wurden übernommen. Die Realität der ökonomischen Unterschiede und die mangelnde soziale und kulturelle Abgrenzung der Arbeiterschaft beeinflußte auch die Arbeiterbewegung, deren Zentralverbände, besonders die CNT, in ihrer Wichtigkeit von vielen Historikern überschätzt worden sind. Das gilt auch für den Einfluß der Anarchisten.
Das gemeinsame kulturelle Substrat überdauerte die von der Lliga und in weit geringerem Maße von der Vielzahl von linkskatalanistischen Parteien geprägte Phase des politischen Katalanismus bis 1923. Angesichts der Vorherrschaft der Lliga entwickelte sich jedoch kein eigener „Arbeiterkatalanismus". Versuche in diese Richtung gab es erst in der zweiten Republik unter der Vorherrschaft eines kleinbürgerlich-linkspopulistischen Nationalismus. Mindestens bis 1930 ohne eine eigene Sicht der nationalen Frage und ohne eine autonome Arbeiterkultur, war die nationale Loyalität der Arbeiter zweifellos vorhanden. Ihre politische Umsetzung hing aber von den Umständen, vor allem von der Existenz einer klassenübergreifenden, aber der Arbeiterschaft ernsthafte Angebote machenden linkskatalanistischen Kraft ab. Antikatalanistisch waren die Gewerkschaften allenfalls dann, wenn die nationale Bewegung in der Hand der politischen Rechten war und wenn die Arbeiter davon direkt betroffen waren, d. h. aber immer dann, wenn diese Parteien ihre Klasseninteressen über die nationale Loyalität stellten und mit den staatlichen spanischen Repressionskräften zusammenarbeiteten. Im katalanischen Fall dieser Jahre „störte" die Klassenloyalität die nationale Loyalität gewöhnlich nur dann, wenn erstere direkt herausgefordert wurde.

L. Mees

Autonomie oder Separatismus: Sozialgeschichtliche Probleme des baskischen Nationalismus

Die Geschichte des baskischen Nationalismus ist (im Grunde bis heute) die Geschichte des kontinuierlichen Bemühens, die baskische Identität und ihr Verhältnis zum im 19. Jahrhundert militärisch durchgesetzten spanischen Nationalstaat zu definieren und in handlungsleitende politische Direktiven umzusetzen. Dabei bestimmte das Begriffspaar „Autonomie – Separatismus" seit der Gründung der Baskisch Nationalistischen Partei („Partido Nacionalista Vasco" – PNV) gegen Ende des 19. Jahrhunderts die konträren Positionen der Anhänger des Parteigründers Sabino Arana y Goiri. Der Dissens in der Frage, ob sich das Baskenland nach Erlangung einer weitreichenden Autonomie in den spanischen Staat integrieren, oder jedes Zusammengehen mit diesem ablehnen und in Verbindung mit den französisch-baskischen Provinzen eine eigene Staatlichkeit anstreben solle, war der Nährboden für einen latenten Grundkonflikt innerhalb der nationalistischen Bewegung. Er konnte in den Jahren vor der Franco-Diktatur, die im Referat schwerpunktmäßig behandelt werden sollen, zwar oft kaschiert, nie aber prinzipiell gelöst werden. Das im Vergleich etwa mit dem katalanischen Nationalismus auffällige Fehlen eines politischen Basiskonsenses, die anscheinend damit im Widerspruch stehende relative parteipolitische Homogenität der baskisch nationalistischen Bewegung und die bemerkenswerte Attraktivität separatistischer Optionen unter den baskischen Nationalisten verlangt nach einer Erklärung, deren Argumente drei Dimensionen berücksichtigen sollten:

Eine entscheidende Rolle im Formierungsprozeß des baskischen Nationalismus spielte der rasante, diskontinuierliche und sprunghafte *sozioökonomische Modernisierungsprozeß*, der die baskische Küstenprovinz Vizcaya nach der Beendigung des zweiten Karlistenkrieges (1876) erfaßte. Das Florieren des Eisenerzbergbaus, der Aufbau der großen Eisen- und Stahlhütten, Werften und Banken, die massive Einwanderung von nicht-baskischen Arbeitern und ihre Organisierung in sozialistischen Organisationen, die Genese einer neuen, einflußreichen Industrieoligarchie, sowie die Konzentration dieser Entwicklung im Großraum Bilbao, revolutionierten das Leben der Agrarprovinz Vizcaya und ihrer kleinen, vom Handel lebenden Hauptstadt Bilbao in wenigen Jahren vollkommen. Die Gründung des PNV in den Jahren 1893–95 und die ersten Erfolge dieser Partei im Kleinbürgertum Bilbaos waren ein Reflex der Verunsicherung der traditionellen städtischen Mittelschichten und ihrer Reaktion auf die ökonomische und politische Dominanz der Industrieoligarchie und vor allem auf das gänzlich neue Phänomen der insbesondere unter den Einwanderern rekrutierten sozialistischen Arbeiterbewegung, deren zahlreiche, oft gewaltsame Protestaktionen die Lebenswelt der bilbainischen Mittelschichten seit dem ersten großen Generalstreik von 1890 prägten. Die Radikalität der wirtschaftlichen und sozialen Modernisierung provozierte die ebenfalls radikale Reaktion Sabino Aranas und seiner Nachfolger, in deren Weltanschauung sich eine zum Teil bis zum Separatismus gesteigerte Spanien-Feindlichkeit, klerikaler Katholizismus, Anti-Sozialismus mit xenophober Einfärbung, Agrarromantizismus und traditionalistischer Antikapitalismus mischten. Mit der Verbreiterung der sozialen Basis der nationalistischen Bewegung nach Sabino Aranas Tod (1903) und der Übernahme der Kontrolle der Partei durch die nationalistische Bourgeoisie verschärften sich die internen Spannungen, ohne daß es allerdings im Mainstream-Nationalismus zu nennenswerten ideologischen Neuerungen gekommen wäre. Sowohl die bürgerlichen, gemäßigt nationalistischen Pragmatiker, als auch die aus dem Kleinbürgertum, der Jugendbewegung oder dem Arbeitermilieu stammenden Radikalnationalisten beriefen sich auf den als Nationalhelden verehrten Sabino. Der im ersten Parteiprogramm von 1906 gefundene Formelkompromiß, nach dem das höchste Ziel nationalistischer Politik die Wiederherstellung der im 19. Jahrhundert definitiv abgeschafften baskischen Selbstverwaltungsrechte („Fueros") war, ermöglichte die Integration beider Lager in die Partei, da offen blieb, ob die Fueros Unabhängigkeit oder Autonomie bedeutet hatten.

Auch das *politische Umfeld* förderte den Zusammenhalt der klassenübergreifenden baskisch nationalistischen Bewegung und das Fortbestehen starker separatistischer Tendenzen. Das politische System der Restaurationsmonarchie perpetuierte die Macht der alten Herrschaftseliten durch die planmäßige Anwendung des Wahlkazikismus und war nicht in der Lage, oppositionelle Kräfte (sozialistische und anarchosyndikalistische Arbeiter-

bewegung, Republikaner, periphere Nationalismen) zu integrieren, zumal es nach dem kolonialen Desaster von 1898 jegliche Anziehungskraft verloren hatte. Im Fall der baskischen Nationalisten waren zentralistische Repressionsmaßnahmen weitaus häufiger als Kollaborationsangebote, wodurch die innere Geschlossenheit gestärkt, aber gleichzeitig auch die radikale Fraktion in ihrer Haltung bekräftigt wurde. Dazu kam, daß die Anhänger Aranas bis in die Zweite Republik hinein aufgrund der Pluralität der baskischen Gesellschaft selbst nach den großen Wahlsiegen von 1917/18 oder 1933 und trotz ihres Selbstverständnisses als Interessenvertretung des gesamten baskischen Volkes nie aus ihrer Minderheitsposition herauskamen. Die Rezeption dieser Realität, besonders schmerzvoll auf dem Hintergrund der vorangegangenen Machtexpansion, war der Katalysator der wichtigsten Parteispaltung, der Neugründung des PNV von 1921.
Auch im dritten, im *kulturellen Bereich,* befanden sich die baskischen Nationalisten in einer andauernden, ungewollten Defensivposition. Das wichtigste Definitionsmerkmal der baskischen kulturellen Eigenständigkeit, die baskische Sprache („Euskera"), war vom Aussterben bedroht. Die Sprache der industriekapitalistischen Moderne war, im Gegensatz zu Katalonien, ausnahmslos das Spanische. Die wichtigsten baskischen Schriftsteller, wie z. B. Pio Baroja oder Unamuno, schrieben bewußt auf spanisch und die wenigen Ansätze zur Schaffung einer baskophonen Literatur kamen zum großen Teil aus dem kirchlichen Bereich. Selbst die nationalistische Presse publizierte in der Regel nur unbedeutende Beiträge auf baskisch. Daher verwunderte es nicht, wenn die baskischen Nationalisten zum Zweck der Selbstidentifikation auf andere, hauptsächlich rassische Kriterien zurückgriffen.
Resümierend kann somit festgehalten werden, daß die baskisch nationalistische Bewegung zwar einerseits als klassenübergreifendes Bündnis ständig zentrifugalen Spannungen ausgesetzt war, die sich im Konflikt zwischen Autonomisten und Separatisten widerspiegelten. Durch ihre defensive Außenseiterstellung in der baskischen Gesellschaft und im spanischen politischen System wurden aber andererseits diese Spannungen entschärft und die interne Kohäsion gestärkt. Die durch eine programmatische Leerformel abgesicherte Koexistenz von radikalnationalistischer Utopie und gemäßigter, kompromißbereiter Realpolitik war der Garant der organisatorischen Homogenität der Bewegung und das Grundmerkmal nationalistischer Politik vor dem Bürgerkrieg.

A. Helle

Demokratisierung und regionaler Protest: Der Ulster Unionismus im britischen Königreich 1886–1922

"... the problem is that there is no solution." Mit diesem Aphorismus beschreibt Richard Rose die seltsame Arithmetik von Mehrheit und Minderheit im krisengeplagten Nordirland. Während die Forschung die Ursache der endemischen Konflikte der Region überwiegend in der Konfrontation zweier konfessionell oder national definierter Identitäten sieht, gehen Rose und einige andere Autoren davon aus, daß es die Unfähigkeit beider Gemeinschaften zum internen Konsens und damit zum Aufbau einer stabilen Herrschaftsordnung ist, die die Konflikte in der Provinz offenkundig unlösbar machen. Be-

sonders die protestantische Bevölkerungsmehrheit, die in der Ablehnung einer staatlichen Einheit Irlands erstaunliche Geschlossenheit zeigt, erweist sich bei der Formulierung von politischen Kompromissen als zutiefst gespalten. Wie, so wird gefragt, läßt sich der Widerspruch zwischen der Einheit der Protestanten in der Abgrenzung vom Süden Irlands und ihrer Orientierungslosigkeit in Fragen praktischer Politik erklären?
Anders als in den meisten der bisherigen Arbeiten zum Nordirlandkonflikt konzentriert sich die Untersuchung dabei nicht auf die Binnenpotentiale des Gegensatzes von Katholiken und Protestanten in der Provinz. Sie versucht vielmehr, den Unionismus, die politische Bewegung der Bevölkerungsmehrheit in Ulster, als eine regionale Protestbewegung zu verstehen, deren politische Orientierungsprobleme entstanden aus ihrer doppelten Frontstellung gegenüber dem irischen Nationalismus und seinem Alleinvertretungsanspruch für Irland einerseits und der an demokratischer Legitimität orientierten Irlandpolitik der liberalen britischen Regierungen in der Zeit zwischen 1886 und 1922 andererseits. Der Handlungsraum der Bewegung war das britische Königreich und seine politischen Institutionen; innerhalb dieser war Ulster zu Beginn des Untersuchungszeitraumes nicht als eigenständige regionale Einheit erkennbar. Am Ende dieser Periode jedoch beherrschten die Unionisten einen weitgehend autonomen Teilstaat, der im Konflikt sowohl mit dem unabhängigen Irischen Freistaat als auch mit Großbritannien lag. So wird die Entstehung des Unionismus als ein Prozeß der Regionalisierung von Politik im Königreich thematisiert. Dabei wird der britische Staat zunächst als äußerer Rahmen der Auseinandersetzungen in Irland untersucht, dessen institutionelle und ideologische Standards die Entwicklung der beiden regionalen Bewegungen Irlands entscheidend beeinflußten. Darüber hinaus jedoch müssen die direkten Eingriffe und Interessen von Parlament, Regierung und Parteien Großbritanniens als Teil der „Irish question" berücksichtigt werden.
Protestantische Solidarität reicht in Ulster nicht, wie oft behauptet wird, zurück bis zu den Plantations des 17. Jahrhunderts. Als politische Gemeinschaft formierte sich dieser Bevölkerungsteil Irlands erst in den Auseinandersetzungen um die Selbstverwaltung der Insel im Vereinigten Königreich. Zwei gegenläufige strukturelle Wandlungsprozesse schufen die Voraussetzungen für die Herausbildung eines regionalen politischen Subsystems in der Provinz. Das ökonomische Gewicht der Region um Belfast, die als einzige in Irland den Übergang zur Industrialisierung schaffte, stand im Kontrast zu ihrem Verlust an politischer Bedeutung infolge der Dominanz der irischen Nationalbewegung, die spätestens seit den Reform Acts von 1884/85 alle irischen Wahlkreise außerhalb Ulsters erobern konnten. Nach den Parlamentswahlen von 1885 gewannen die Nationalisten erstmals auch Einfluß auf die Regierungsbildung in Großbritannien. Der Schwenk des liberalen Premiers Gladstone zu einer Home-Rule-Politik reagierte auf diese Schlüsselstellung der Irish Parliamentary Party.
Erst die Berücksichtigung des Umstandes, daß die enge Verflechtung des Unionismus mit den Auseinandersetzungen zwischen Großbritannien und Irland um die nationale Unabhängigkeit der Iren zu einer völlig neuen Konfliktkonstellation in Ulster führte, macht die Souveränitätsbehauptung als eine der formenden Herausforderungen des Unionismus thematisierbar. Die Bewegung hatte sich seit 1886 mit einer britischen Irlandpolitik auseinanderzusetzen, die in der Frage der Zugehörigkeit Ulsters zum Vereinigten Königreich alles andere als endgültig war. Die Unbeugsamkeit der Unionisten entsprang einem einfachen Kalkül. Die aussichtslose Minderheitssituation der Provinz

im politischen Systems Großbritanniens ließ ihre Einwilligung in dessen Spielregeln wenig erfolgversprechend erscheinen. Der Unionismus entstand in einer Periode der Demokratisierung im Vereinigten Königreich, die untrennbar verbunden war mit der Frage der Legitimität der Forderungen des von einer überwältigenden Mehrheit der Iren unterstützten irischen Nationalismus. Die Aufgabe der Unionisten bestand darin, die Zugeständnisse des phasenweise von „Home Rulern" beherrschten, durch keine Verfassungsnormen gebundenen britischen Parlamentes an die irischen Forderungen nach Autonomie trotz ihrer aussichtslosen Minderheitssituation zu blockieren. Dies und die prekären Mehrheitsverhältnisse in Ulster zwangen sie zur Geschlossenheit trotz innerer Gegensätze. In dieser Konstellation war eine nach britischen Maßstäben normale Entwicklung des Unionismus wenig wahrscheinlich.

Der Unionismus entstand als eine gegennationalistische Sammlungsbewegung von sehr heterogener Zusammensetzung. Er integrierte Liberale, Tories und radikal-religiöse Orangeisten. Ihre internen Gegensätze setzten diese vor 1885 in Konkurrenz zueinander stehenden Gruppierungen in einer Art Burgfrieden für die Zeit der äußeren Bedrohung aus; die Blockade aller Lösungsansätze der irischen Frage im britischen Parlament über mehr als drei Jahrzehnte ließ die erzwungene interne Konfliktunterdrückung jedoch zu einer Dauereinrichtung werden.

Mehr als alle anderen Faktoren trug so die britische Innenpolitik und ihre Polarisierung in der Home-Rule-Frage zur organisatorischen und ideologischen Verselbständigung der beiden irischen Bewegungen bei. Konservative wie Liberale illustrierten phasenweise ihre Politik an der Haltung zur Forderung der Iren nach nationaler Selbstbestimmung. Während die Liberal Party ihre Prinzipien von Reformpolitik an Home Rule veranschaulichte, begründeten die Tories ihre harte Haltung gegenüber den irischen Forderungen mit imperialen Erwägungen. Den beiden Parteien gelang es jedoch bis 1918 nicht, sich auf einen Kompromiß zu einigen oder einen durchsetzungsfähigen Lösungsansatz vorzulegen. Die Nationalisten ebenso wie die Unionisten zogen es in diesem Klima der Unsicherheit vor, auf die eigene Stärke zu bauen statt sich auf die jeweiligen britischen Verbündeten zu verlassen.

In der vom Burgfrieden bestimmten Form einer breiten oppositionellen Allianz beherrschten die Unionisten auch den nordirischen Staat, der 1920/21 als Ergebnis von britischen Lösungsversuchen der seit 1918 gewalttätig ausgetragenen Konflikte in Irland entstanden war. Die widersprüchliche Politik Londons gegenüber Nordirland, die ungeklärte Situation im Süden Irlands und die Existenz einer den neuen Staat ablehnenden nationalistischen Minderheit verhinderten eine Normalisierung der Verhältnisse im Norden. Der Umstand, daß Nordirland von einer im Grunde oppositionellen Bewegung beherrscht wurde, die aufgrund ihrer ideologischen Heterogenität nur unter der Gefahr der Spaltung zur Formulierung einer positiv bestimmbaren Programmatik imstande gewesen wäre, machte sich in einigen Defiziten in der Entwicklung von Staat und Bewegung bemerkbar:

1. Das Interesse des Unionismus an der politischen Autonomie Nordirlands reduzierte sich auf die Hoffnung, mit den eigenen demokratisch legitimierten Institutionen den Unsicherheiten des britischen Parlamentarismus zu entgehen. Mit einem umfassenden Programm war die Staatsbildung in Ulster von vornherein nicht verbunden.

2. Die Abwehr der drohenden Integration in einen irischen Staat bildete die dünne konsensuelle Grundlage, auf der der Unionismus aufbauen konnte. Nach der Staatsgründung

jedoch gab es über die Mittel, mit denen die Zugehörigkeit zur Union mit Großbritannien verteidigt werden sollte, keine Übereinstimmung mehr. Während radikal-religiöse Gruppen zu militanter Selbsthilfe schritten, bemühten sich Teile der nordirischen Regierung darum, die protestantische Gewalttätigkeit unter Kontrolle zu bekommen. Letzteres hatte vor allem den Hintergrund, Konflikte mit dem Mutterland zu vermeiden, das zur Beachtung britischer Standards der Herrschaftsausübung drängte. Die Legitimität der gewaltsamen Eindämmung der nationalistischen Minderheit blieb ein dauerndes Streitobjekt zwischen gemäßigten Tory-Unionisten und den radikalen Orangeisten.
3. Bei der Auseinandersetzung um Eingriffe der britischen Regierung in Nordirland gab es zwischen den verschiedenen unionistischen Flügeln schwerwiegende Differenzen. Sezession und Integration bilden dabei die Pole der in der Bewegung vertretenen unterschiedlichen Strategien gegenüber dem Mutterland, das nach dem anglo-irischen Vertrag von 1921 das unionistische Regime zu Zugeständnissen in der Frage der Einheit Irlands bewegen wollte. Keine der Optionen war jedoch ohne eine Spaltung des Unionismus durchführbar, die der ganzen Bewegung die politische Grundlage entzogen hätte.
In diesen Restriktionen wird das eigentliche Dilemma des Unionismus sichtbar. Der Zwang zur Geschlossenheit und Unterdrückung interner Differenzen verhinderte die Entwicklung hegemoniefähiger Strategien auf der Grundlage der vorhandenen politischen Identitäten, anders als das etwa bei nationalistischen Bewegungen gewöhnlich der Fall ist. Weder die britische Nationalität noch der nordirische Protestantismus eigneten sich für den Unionismus als Grundlage eines Programmes. Die aus der Koexistenz beider ideologischer Elemente in der Bewegung entstehenden Widersprüche ließen sich nicht austragen, ohne ihre Einheit zu gefährden. Protestantische Exklusivität in Staat und Gesellschaft war mit den Konventionen britischer Politik nicht vereinbar. So blieb die Abgrenzung vom nationalistischen Süden die einzige Legitimation unionistischer Herrschaft, während in anderen Bereichen auf eigene Politik verzichtet wurde.

D. Gerdes

Regionalismus und Regionalisierung in Frankreich nach 1945

Sowohl die Entstehung als auch die dissoziative Funktion westeuropäischer Minderheitsnationalismen/regionalistischer Bewegungen werden von Sozialwissenschaftlern und sozialwissenschaftlich orientierten Historikern heute überwiegend in typologisierender Deskription oder in post-hoc-Ableitungen mit sozialstrukturellen Variablen des sozialen Wandels in Verbindung gebracht. Beleuchtet werden damit zunächst lediglich objektivierte gesellschaftliche Rahmenbedingungen und/oder strukturelle Bruchstellen gesellschaftlicher „Sozialintegration“ (Unterscheidung zwischen „Sozial- und Systemintegration“ im Sinne Lockwoods), nicht jedoch die Prozesse des Zerbröselns und des Scheiterns von Sozialintegration auf der politischen Aktions- und Organisationsebene.
So erhellend diese Ansätze insbesondere für Vergleichszwecke sein mögen, so eingeschränkt erscheint ihre Erklärungskraft, wenn es um die Analyse gesellschaftlicher Mobilisierungsphänomene jenseits institutionalisierter Kanäle von Kultur, Politik und Wirtschaft geht. M. Hroch und andere haben diesen Defiziten durch ein analytisches Vorgehen Rechnung zu tragen versucht, in dem sie Variablen übergreifenden sozialen Wan-

dels mit Variablen der Entstehung, des Wachstums und der institutionellen Etablierung regionalistischer/nationalistischer Bewegungen zu kombinieren versuchten.
Das geplante Referat wird diese Ansätze am Beispiel regionalistischer Bewegungen im Frankreich der Nachkriegszeit aufgreifen und organisationssoziologisch wie interaktionstheoretisch vertiefen. Aus der vergleichenden Darstellung dreier regionalistischer Bewegungen (Bretagne, Südfrankreich, Korsika), die innerhalb eines für alle Landesteile gleichermaßen verbindlichen politischen Kontextes und vor dem Hintergrund ähnlicher Modernisierungs- bzw. Wandlungsprozesse operieren, können eventuell Bausteine für eine verfeinerte analytische Komparatistik regionalistischer/nationalistischer Bewegungen auch über (politische) Systemgrenzen hinweg erwartet werden. Insbesondere die Dynamik des Übergangs zwischen den von Hroch unterschiedenen Phasen regionalistischer/nationalistischer Mobilisierung verlangt nach einer tiefergehenden Analyse, die die interaktiven Momente des Wechselspiels zwischen systemrationalem Verhalten und bewegungsrationalem Handeln einbezieht.

M. Hroch

„Kleine Nationen" in Osteuropa und Westeuropa

Wenn der Vergleich der „kleinen Nationen" in Ost und West etwas Substantielles bieten will, kann er sich nicht auf das 20. Jahrhundert beschränken, sondern muß zwei Horizonte der Chronologie gleicherweise berücksichtigen: das 19. Jahrhundert und das 20. Jahrhundert (besonders nach 1917/18): Das 19. Jahrhundert war durch die Erfolge der meisten Nationalbewegungen in Mittel- und Osteuropa gekennzeichnet, während in Westeuropa die meisten Nationalbewegungen (außer Irland) die Schwelle von der Phase B zur Phase C nicht überschreiten konnten. – Das 20. Jahrhundert brachte eine neue Entfaltung der nationalen Bestrebungen insbesondere in Westeuropa (oft unter dem Banner des „Regionalismus"). Zum Teil handelte es sich um mehr oder weniger erfolgreiche Fortsetzungen der Phase B aus dem 19. Jahrhundert, zum Teil um ein erstmaliges Einsetzen der Phase B. Auf der anderen Seite war für die kleinen Nationen im Osten die Zeit nach 1918 vorerst eine Zeit beginnender oder sich vertiefender Eigenstaatlichkeit. Die voll formierten Nationen blieben auch nach ihrer späteren Eingliederung in den sowjetischen Block erhalten. Nur in zwei Fällen wurde der Übergang von Phase B in Phase C durch die Oktoberrevolution verhindert: bei den Weißrussen und Ukrainern.
Die Ereignisse der letzten Jahre haben uns vor eine völlig andere Situation eines neu erwachenden Nationalismus auch im bisher „internationalistischen" Osten gestellt. Für einen Vergleich dieser neuen Phänomene mit der westeuropäischen Entwicklung fehlen uns vorläufig noch eine Menge Daten. Eines steht jedoch schon jetzt fest: In Ost- und Mitteleuropa handelt es sich nicht um eine Fortsetzung der Phase C, sondern um eine Reprise der Entwicklung der jeweiligen kleinen Nation im 19. Jahrhundert, wobei sich die alten Wertsysteme des 19. Jahrhunderts erneuern und die alten Stereotypen belebt werden.
Dadurch wird der Vergleich mit den nationalistischen Bewegungen im Westen kompliziert. Immer noch überwiegt die Annahme, daß die westeuropäischen Nationalismen und Regionalismen der Phase B der osteuropäischen Bewegungen im 19. Jahrhundert näher

stehen. Auf der anderen Seite gibt es einige gemeinsame Nenner mit dem Osten im 20. Jahrhundert, vor allem hinsichtlich der Auswirkungen der Modernisierung (z. B. Rundfunk, TV, soziale Mobilität, Kommunikation, etc.).
Bei der Interpretation der gegenwärtigen Entwicklung in Ost- und Mitteleuropa sollten noch andere Faktoren berücksichtigt werden: a) Nach dem totalen Scheitern der offiziellen Staatsideologie ist ein „ideologisches Vakuum“ entstanden, das am einfachsten durch nationalistisches Gedankengut gefüllt werden kann; b) nach der Auflösung der alten Abhängigkeiten und Bindungen (politischer Zentralismus, Planwirtschaft u. a.) werden neue Bindungen gesucht; c) der angehäufte Haß gegen die politische Unterdrückung des alten Regimes wird in nationalen Kategorien und Stereotypen ausgedrückt. – Es ist deutlich, daß diese Faktoren und Prozesse ihre Analogien im Zeitalter der Auflösung der absolutistischen alten Regimes im 19. Jahrhundert aufweisen. Auch durch diese Analogien wird die Orientierung der weiteren komparativen Analyse auf die „klassischen“ Inhalte des Vergleichs legitimiert: sprachliche Programmatik, Pflege der Literatur, Geschichtsbewußtsein, Personalisierung der Nation.

12. Dimensionen und Faktoren der Geschichtskultur

Leitung: *L. Niethammer (Essen)*

J. Rüsen (Bielefeld): Geschichtskultur als Forschungsproblem

G. Korff (Tübingen): Kulturelle Überlieferung und mémoire collective

S. Friedländer (Tel Aviv/Los Angeles): Einige Paradoxien des heutigen Geschichtsbewußtseins

J. Afanas'ev (Moskau): Die Krise des historischen Bewußtseins in der Sowjetunion

Eine schriftliche Zusammenfassung der Beiträge liegt nicht vor; die Referenten Friedländer und Afanas'ev waren verhindert, für Afanas'ev sprang S. Wolle (Berlin/Ost) ein.

13. Klasse und Geschlecht im 19. Jahrhundert

Leitung: *J. Kocka (Berlin)*

J. Kocka: Einleitung

U. Frevert (Bielefeld): Kulturfrauen und Geschäftsmänner? Geschlechtsspezifische Beiträge zur Konstituierung eines bürgerlichen Klassenbewußtseins

H.-G. Haupt (Florenz): Karrieren im deutschen Bürgertum der zweiten Hälfte des 19. Jahrhunderts: Männer und Frauen

K. Hausen (Berlin): Lohnarbeitende Ernährer und zuverdienende Hausarbeiterinnen. Geschlechterverhältnisse in der deutschen Arbeiterschaft

K. Tenfelde (Innsbruck): Arbeiterklasse und Arbeiterfamilie im deutschen Kaiserreich

Veröffentlichungshinweis: Die Veröffentlichung der Referate und der Ergebnisse der anschließenden Diskussion ist geplant, entweder bei Suhrkamp, 1991, oder in einem Heft von „Geschichte und Gesellschaft“, 1992.

J. Kocka

Einleitung

Generelles Ziel der Sektion ist es, an empirischen Beispielen und durch generelle Überlegungen Anstöße zusammenzubringen, die in den letzten Jahren von der klassen- und schichtenorientierten Sozialgeschichte einerseits, der Frauen- und Geschlechtergeschichte andererseits erarbeitet wurden und bisher häufig unverbunden nebeneinander herlaufen. Es geht um das Verhältnis von „Klasse“ und „Geschlecht“ als zwei Dimensionen sozialer Ungleichheit, die in den Lebens- und Arbeitsverhältnissen, in Sozialstruktur, Politik, Kultur und Ökonomie wirksam wurden und die nicht aufeinander reduzierbar sind, aber auch nicht unabhängig voneinander existierten. Gefragt werden soll nach ihrem relativen Gewicht für das Selbstverständnis und die Lebenschancen der Zeitgenossen, für die soziale Strukturierung, die Herausbildung von Identitäten und die Begründung artikulations- und handlungsfähiger Kollektivitäten. Gefragt werden soll auch nach Aspekten der gegenwärtigen Beeinflussung der beiden Ungleichheitsdimensionen, nach ihrer Überlappung oder Überschneidung, nach ihrer gegenseitigen Schwächung und Verstärkung, Prägung und Färbung. Gefragt werden soll auch nach Verschiebungen in ihrem Verhältnis zueinander und nach möglichen Ursachen solcher Verschiebungen. Denn zweifellos sind die Erscheinungsformen beider Ungleichheitsdimensionen wie auch ihr Verhältnis zueinander historisch hoch variabel. Methodisch und forschungsstrategisch gewendet, sollte es um Möglichkeiten der analytischen und darstellerischen Verknüpfung der beiden Kategorien gehen.
Diesen und ähnlichen Fragen gehen die vier Referate dieser Sektion nicht so sehr generell und abstrakt als vielmehr am Beispiel der Arbeiterschaft und des Bürgertums in Deutschland im 19. Jahrhundert nach. Zum Bürgertum rechnen Wirtschafts- und Bildungsbürger, ohne Kleinbürgertum oder „Mittelstand“. Der Arbeiterbegriff wird weit gefaßt, so daß er Heimarbeiter einschließt. Doch werden das Gesinde und die landwirtschaftlichen Arbeiter nicht einbezogen.

U. Frevert

Kulturfrauen und Geschäftsmänner? Geschlechtsspezifische Beiträge zur Konstituierung eines bürgerlichen Klassenbewußtseins

Der Vortrag versuchte, Geschlechter- und Klassengeschichte eng aufeinander zu beziehen, indem er den sog. blinden Fleck des Klassenansatzes – die selten gestellte und, wenn überhaupt, unbefriedigend beantwortete Frage nach der Klassenposition von Frauen – zum Ausgangspunkt für eine geschlechtergeschichtliche Analyse bestimmte.

Kritik erntete aber nicht nur der Klassenansatz, sondern auch die historische Frauenforschung, die den Klassenbildungsprozeß in der Regel als eine Angelegenheit betrachtet, die Männer auf dem Markt unter sich aushandeln und zu der Frauen lediglich einen separaten, ergänzenden, immer aber konstruktiven Beitrag leisten.

Meine Überlegungen zu einer gleichgewichtigen Zusammenführung von Klassen- und Geschlechtergeschichte ließen sich von der Hypothese leiten, daß

1. die Klassenzugehörigkeit über die Art und Weise sowie über den Grad befindet, wie sich Geschlechteridentität bei Frauen und Männern ausbildet, und daß
2. die Geschlechtszugehörigkeit über die Art und Weise sowie über den Grad entscheidet, wie sich Klassenidentität ausprägt.

Der erste Satz beruht auf der Beobachtung, daß sich die Beziehungen zwischen Frauen und Männern, die relative Nähe oder Ferne ihres Verhältnisses und damit auch der Raum, der für die Ausformung einer besonderen Identität als Frau oder als Mann jeweils zur Verfügung stand, in den einzelnen Klassen deutlich voneinander unterschieden. Im 19. Jahrhundert war die Trennung der Geschlechter im Bürgertum offenbar am weitesten fortgeschritten, während sie im bäuerlichen und Arbeitermilieu weniger scharf markiert schien.

Die ökonomische Situation bürgerlicher Schichten ermöglichte es, die meisten Familienmitglieder von Erwerbsarbeit freizustellen. Das Arbeitseinkommen des Mannes reichte in der Regel nicht nur aus, um den Lebensunterhalt der Familie zu finanzieren; es schuf darüber hinaus Spielräume für die Entfaltung einer ästhetischen Kultur, die zugleich ein zentrales soziales Distinktionszeichen darstellte. Um die Spielregeln dieser Kultur zu beherrschen, bedurfte es nicht nur eines gesicherten materiellen Fundaments, sondern auch und vor allem der Muße, sie zu erlernen und zu praktizieren.

Eben jene Muße stand bürgerlichen Frauen, anders als etwa den Frauen städtischer und ländlicher Unterschichten, prinzipiell zur Verfügung – und damit auch die Gelegenheit, eine Identität auszubilden und zu pflegen, die sich von der ihrer Männer deutlich abhob.

Bürgerliche Frauen – das betrifft den zweiten Teil der Hypothese – entwickelten daher vermutlich eine andere Klassenidentität als bürgerliche Männer. Indem Frauen im bürgerlichen Spielplan den Part ästhetischer Repräsentation übernahmen, identifizierten sie sich, so meine These, anders und weniger mit ihrer Klasse als Männer, die gewissermaßen an der ökonomischen Quelle bürgerlicher Lebensführung saßen. Frauen standen gleichsam mit einem Bein draußen – und suchten diesen Außenseiter-Status zum Absprung in die nächsthöhere Klasse zu nutzen.

Ließe sich diese These bestätigen – was im Vortrag im wesentlichen mit Hilfe (auto)-biographischer Texte und Sprachanalysen versucht wurde –, könnte sie u. a. auch ein neues Licht auf die schon so häufig kommentierte „Feudalisierung" des Bürgertums werfen. Letztere wäre dann als ein Prozeß zu beschreiben, der im wesentlichen durch die Aus- und Aufstiegsneigungen von Frauen motiviert, angeregt und vorangetrieben wurde.

H.-G. Haupt

Karrieren im deutschen Bürgertum der zweiten Hälfte des 19. Jahrhunderts: Männer und Frauen

Mit dem Begriff der Karriere können durch staatliche Vorgaben, gewohnheitsrechtliche Regelungen und innerberufliche Abmachungen herausgebildete und verpflichtende Verlaufsmuster im beruflichen und gesellschaftlichen Bereich verstanden werden, die den Lebensläufen von Einzelpersonen Struktur und Hierarchie verleihen. Anhand von Autobiographien und biographischen Materialien lassen sich individuelle Lebensentwürfe auf ihre Strukturen befragen, die nur teilweise Ausdruck freier Wahl, meistens jedoch Folge von vorgegebenen Mustern und Erwartungen waren.
Für männliche Karrieren im gehobenen Bürgertum lassen sich mit der verlängerten Ausbildungszeit für Söhne, der Bedeutung einer Phase der Unsicherheit in materieller Ausstattung und weiterreichenden Berufsperspektiven, der späten Heirat sowie des Senioritätsprinzips allgemeine Merkmale herausarbeiten, die verschiedene Schichten des Wirtschafts- und Bildungsbürgertums verbanden. Neben diesen ähnlichen Erfahrungen differenzierten freilich Auf- und Abstieg, väterliches Erbe oder fehlende familiäre Ressourcen die Karrieren ihrerseits erheblich. In der Debatte um die Segmentierung des deutschen Bürgertums eröffnet die Frage nach Strukturanalogien von Lebensläufen aber die Chance, stärker Gemeinsamkeit in das Blickfeld zu rücken.
Im Unterschied zu den männlichen Karrieren standen die von Töchtern in derselben Gesellschaftsschicht unter dem Einfluß von staatlich begrenzten und gesellschaftlich oft verpönten Berufschancen, die sich vor allem im Erziehungssektor eröffneten. Weiterhin orientierten Rollenverteilungen die jungen Frauen eher in den Bereich der unbezahlten Hausarbeit und der ehrenamtlichen Sozialarbeit. Innerhalb der einzelnen Familien verzichteten sie gar auf eigene Ausbildung und berufliche Bestätigung, um die der Söhne zu ermöglichen.
Innerhalb des bürgerlichen Binnenraumes verdeutlicht der Blick auf das Geschlechterverhältnis die Struktur der Ungleichheit, die männliche und weibliche Karrieren prägte. Wenn diese Entwicklung mit klassenanalytischen Kriterien erklärt werden soll, so erweist sich jene ökonomische, vor allem von Marktchancen ausgehende Definition als zu begrenzt, da sie vor allem die bezahlte Erwerbsarbeit der Haushaltsverbände berücksichtigt. Die Spezifik weiblicher Berufstätigkeit gerät allerdings dann in den Blick, wenn soziale Klasse als Netz von gesellschaftlichen und geselligen Bezügen im Sinne von Max Webers Definition der sozialen Klasse verstanden wird.

K. Hausen

Lohnarbeitende Ernährer und zuverdienende Hausarbeiterinnen. Geschlechterverhältnisse in der deutschen Arbeiterschaft

Das Referat sollte die komplizierte Verschränkung von Klassen- und Geschlechterverhältnissen sowohl als einen wirkungsmächtigen Strukturzusammenhang wie auch als je aktuelle Erfahrung und Lebenspraxis vor Augen führen und die historische Relevanz dieses Zusammenspiels von Geschlechter- und Klassenverhältnissen diskutieren. Vorausgesetzt wurden als Prämissen, 1. daß es unergiebig ist, prinzipiell entscheiden zu wollen, ob Geschlecht oder Klasse die für die historische Analyse wichtigere Kategorie sei; 2. daß im 19. und frühen 20. Jahrhundert Frauen im System der Geschlechterverhältnisse und die Arbeiterklasse im System der Klassenverhältnisse des Kapitalismus strukturell die hierarchisch schlechtere Position innehatten; 3. daß in der kapitalistischen Leistungsgesellschaft zwar die klassenüberwindende Aufstiegsmobilität, nicht aber das Verlassen der natürlich erachteten Geschlechterposition sozial akzeptiert oder gar sozial prämiert wurde; 4. daß seit der Mitte des 19. Jahrhunderts der „Ernährer" und die „zuverdienende Hausfrau" für die soziale Ordnung zu zunehmend folgenreichen ideologischen Konstrukten wurden.

Anhand von autobiographischen Texten aus dem Arbeitermilieu wurde aufgezeigt, in welchem Maße die für Frauen und Männer normativ und faktisch höchst unterschiedlich ausgestalteten Geschlechterverhältnisse sowohl die täglichen Erfahrungen von Frauen aus der Arbeiterbewegung, wie auch die aus sozialistischer Sicht vorgenommenen systematischen und historischen Deutungen der kapitalistischen Klassenverhältnisse durchzogen und prägten. So waren u. a. die Bevormundung durch Männer, die u. a. das Organisationsverhalten von Arbeiterfrauen stark beeinträchtigte, und die verschiedenen Formen der sexuellen Gewalt, mit denen Frauen in der Öffentlichkeit, am Erwerbsarbeitsplatz und in der Familie stets zu rechnen hatten, die dem weiblichen Geschlecht zugemuteten besonderen Bedingungen, mit denen Frauen sich nicht nur außerhalb, sondern auch innerhalb ihrer eigenen Klasse konfrontiert sahen und auseinandersetzen mußten. Die angestrebte Solidarität der Arbeiterklasse ließ Arbeiterfrauen deshalb nicht von ungfähr auch auf gleichberechtigte, verbesserte Umgangsformen zwischen weiblichen und männlichen Mitgliedern der geeinten Arbeiterklasse hoffen.

Demgegenüber scheint die weder von Marx und Engels noch von Bebel jemals prinzipiell kritisierte, strukturell verankerte Benachteiligung der Frauen im Erwerbsleben für die Frauen der Arbeiterklasse keinen Ansatzpunkt für Hoffnung auf weitreichende Veränderungen geboten zu haben. Denn die gewerkschaftlichen Forderungen nach dem Ernährerlohn für Männer wurde akzeptiert. Das aber mußte logischerweise zur Folge haben, daß erwerbsarbeitende Frauen zu Zuverdienerinnen degradiert wurden, die prinzipiell weniger verdienten als Männer. Die Parole „Gleicher Lohn für gleiche Arbeit" erwies sich daher zusammen mit der Fixierung auf eine handwerklich fundierte Definition der Qualifikation und der systematischen Trennung von Frauen- und Männerarbeitsplätzen als ein wirksames Programm, um zwar den Anschein des Einsatzes für die besonders diskriminierten Lohnarbeiterinnen zu erwecken, aber de facto den höheren Ernährerlohn für Männer dauerhaft unangetastet zu lassen.

K. Tenfelde

Arbeiterklasse und Arbeiterfamilie im deutschen Kaiserreich

Entgegen zahlreichen, in der Forschung inzwischen gut dokumentierten zeitgenössischen Ansichten über „Erosion" oder „Zerfall" der Arbeiterfamilie lassen sich, überwiegend anhand des demographischen Befundes, eine Reihe von bemerkenswerten Entwicklungen konstatieren, die insgesamt eher auf eine Festigung familiärer Bindungen und Beziehungen innerhalb der Arbeiterklasse hinweisen:

1. Gut bekannt ist in der Forschung, daß Arbeiter und Unterschichten in älterer Zeit nur geringe Chancen zur Familienbildung hatten. Kaum erforscht ist die Tatsache, daß die bedeutende Zunahme der „Familienförmigkeit" der Gesellschaft im 19. und frühen 20. Jahrhundert ganz wesentlich auf die nunmehr realisierte Chance zur Familienbildung unter Arbeitern zurückzuführen ist.

2. Arbeiter heirateten dabei, entgegen einem zeitgenössischen Vorwurf, keineswegs verbreitet zu früh, sondern hielten sich eher in den Bahnen des „European Marriage Pattern", wonach weite Regionen Europas durch ein vergleichsweise spätes Heiratsalter gekennzeichnet sind. Arbeiter heirateten um die Jahrhundertwende in nur geringfügig jüngerem Alter als Angestellte und deutlich später als Selbständige, deren außerordentlich hoher Verheirateten-Anteil schon bei den 20- bis 25jährigen ein überkommenes Muster der Familienbildung dokumentierte: Man heiratete mit Abschluß der beruflichen Ausbildungs- und Vorbereitungsphase, zum Zeitpunkt der Niederlassung als Selbständiger, sobald mithin eine Familien-„Nahrung" errungen war oder gewonnen schien.

3. Eine Betrachtung nach Branchen erweist hierin bedeutende Differenzen. Jene Berufe, die in engen Beziehungen zu ländlichen Daseinsbedingungen standen, darunter etwa der Bergbau, das Baugewerbe, die Chemieindustrie und die Industrie der Steine und Erden, wiesen vergleichsweise hohe, stark urbane Gewerbe wie die Metallindustrie, die Textilindustrie oder insbesondere das polygraphische Gewerbe hingegen eine niedrigere Verheiratetenquote auf. Für den stärker in ländlichen Bindungen stehenden Arbeiter bedeutete die Industriearbeit eine auf dem Lande sonst nicht zu gewinnende Chance zur Familienbildung, die ein solcher Arbeiter dann rasch und lebenszyklisch auch vergleichsweise früh wahrnahm. Die Entwicklung der durchschnittlichen Kinderzahl der Arbeiterfamilien zeigt ein ähnlich differenziertes Bild.

4. Es lassen sich hiernach zwei unterschiedliche Modi des Familiendaseins unter Arbeitern unterscheiden, wobei die Abgrenzungen im einzelnen fließend sind und die Unterschiede sich eher in unterschiedlich verketteten Merkmalszusammenhängen dokumentieren. Der Familienmodus des geringqualifizierten, mobilen, tendenziell jüngeren Arbeiters ländlicher Herkunft insbesondere in der Montanindustrie wies ein frühes Heiratsalter, eine außerordentlich hohe Kinderzahl und eine ebenfalls sehr hohe Säuglings- und Kindersterblichkeit auf. Qualifizierte, urbane, meist seit längerem seßhafte Arbeiter heirateten später und reduzierten ihre Kinderzahl; manche Berufe taten es darin bereits den Beamten und Angestellten gleich. Der erstgenannte Modus repräsentiert eine soziale Konfiguration im Übergang. Man kommt den Differenzen zwischen den beiden Verhaltensmodi mit dem Klassenbegriff nicht recht bei.

5. Geschlechterrollen blieben im erstgenannten Familienmodus traditionell definiert. Insoweit die Schwerindustrien Wachstumsindustrien waren, verstärkte die zunehmende

Familienbildung unter Arbeitern mithin familienpatriarchalische Beziehungen. Während ihres Konstituierungsprozesses, der im wesentlichen in der Zeit des Kaiserreiches stattfand, übernahm die Arbeiterfamilie noch weitgehend überkommene Geschlechterrollen und transportierte deshalb einen insofern archaischen Gefügekomplex in die Moderne.
6. Mit einer reinen Klassenanalyse sind solche Entwicklungen und Bedeutungen innerhalb der Arbeiterfamilie nicht zu erfassen. Die Klassenanalyse müßte beispielsweise übersehen, daß und wie sehr die Herstellung von Familienförmigkeit auch in proletarischen Kontexten die Daseinsformen der Arbeiter stabilisierte.

14. Identität in Industrieregionen im Kaiserreich und in der Weimarer Republik

Leitung: *G. Brunn (Köln)*

G. Brunn: Einleitung

J. Reulecke (Siegen): Integration und Segregation im Ruhrgebiet in der Industrialisierungsphase

K.-H. Solbach (Siegen): Das bewährte Eigene und das bedrängende Fremde. Über den Umgang des Siegerlandes mit dem Fortschritt

R. Wittenbrock (Saarbrücken): Identitätsbildung in einer Grenzregion: Das Saarland bis 1935

W. Dlugoborski (Wroclaw): Zwischen Deutschland und Polen – Das oberschlesische Industrierevier

G. Brunn: „Wer nie bei Siemens-Schuckert war, ...“ Berlin, Heimat als Industriemetropole?

G. Brunn

Einleitung

In der Vielfalt der Identitäten, der Loyalitäts- und Zugehörigkeitsbezüge von Individuen und Gruppen, nehmen Landschaften/Regionen einen festen Platz ein. Das stellen seit Jahren zahlreiche regionalistische Bestrebungen in Europa, der bewußte Rekurs der westdeutschen Landespolitiker auf ein „Wir-Gefühl“ in den Ländern, oder das spontane Aufbrechen traditionaler, regionaler Loyalitäten und Bewußtseinshorizonte in Ostdeutschland nach den Ereignissen vom Oktober/November 1989 nachdrücklich unter Beweis. Regionen mit einer eigenen Identität sind solche, mit – in einer hergebrachten Terminologie gesprochen – landsmannschaftlichen Gemeinschaften, die einmal aufgrund historisch-politischer Prozesse entstanden sind, zum anderen sich aber durch die Prägekraft dominierender gleichartiger Merkmale und Schlüsselfunktionen konstituiert haben, durch ein dichtes Beziehungsgeflecht zusammengehalten werden und im Bewußtsein ihrer Bewohner als besonders nach außen abgegrenzte Räume verankert sind. Vorgeblich uralte Regionen haben erst im 19. Jahrhundert den Prozeß von Regions- bzw. regionaler Gemeinschaftsbildung durchlaufen, wie J. Hansen, R. Schreiber und J. Stewart Applegate für das preußische Rheinland und die bayrische Pfalz überzeugend nachgewiesen haben.

Von größerer historischer Bedeutung jedoch ist im 19. Jahrhundert das Entstehen jener neuartigen Regionen gewesen, die ihre innere Einheit und äußere Abgrenzbarkeit durch die Zusammenballung von Industrie in engen Räumen gewonnen haben. Wenn auch die Industrialisierung nach und nach die Gesamtgesellschaft umgeformt hat, so ist sie doch kein national flächendeckender sondern ein regionaler Vorgang gewesen. Die Industrialisierung hat nicht nur wirtschaftlich und sozial zerstörerisch und schöpferisch gewirkt, sondern auch räumlich, hat alte Raumstrukturen zerstört und quer zu ihnen neue Regionen mit ihnen eigenen wirtschaftlichen und sozialen Charakteristika geschaffen.
Die an den Industriestandorten zusammenströmenden Menschen, herausgerissen aus hergebrachten Ordnungen, sozialen und regionalen Bindungen, überlieferten Gewohnheiten, Arbeitswelten und Loyalitäten wurden in besonderem Maße mit konkurrierenden und widerstreitenden alten und neuen Identitätsangeboten nationaler, sozialer, konfessioneller, politischer, regionaler Art konfrontiert. Die Ausgangsfrage lautete: Sind die hier zur Debatte stehenden Regionen, die durch die Dominanz der Industrie und die daraus folgenden wirtschaftlichen und sozialen Merkmale und durch ihre funktionalen Bezüge eine Einheit bilden, von außen auch als das „Ruhr-" oder „Saargebiet" als einheitliche industrielle Regionen perzipiert wurden, auch von den Bewohnern als eine ihre Lebensform bestimmende Einheit wahrgenommen worden? Welche Identitätsangebote sind von den Menschen angenommen worden? Wie und auf welche Weise wurden die Menschen in den Regionen seßhaft? Haben sich in den Regionen, neben anderen, spezifische regionale Identitäten ausgebildet und welche Inhalte haben diese gehabt? Ist der „Ruhrpott" wirklich ein großer Topf gewesen, in dem, wie es bei einem Eintopf mit verschiedenen Gemüse-, Fleisch- und Gewürzzutaten gelingt, durch das Aufeinandertreffen unterschiedlichster Bevölkerungen und Entwicklungsprozesse eine neue charakteristische Einheit entstanden ist? Gibt es den „Ruhrpöttler"? Was macht den „Ruhrpöttler", so es ihn denn gibt, zu einem solchen? Wie ist der Saarländer, der Siegerländer geworden? Gibt es in den hier behandelten Regionen spezifische, empirisch faßbare Verhaltens- und Denkweisen?
Die fünf in der Sektion behandelten Regionen wiesen in Hinsicht auf das Vorherrschen bestimmter Industrien Gemeinsamkeiten auf, waren im übrigen aber sehr verschiedenen internen und externen Bedingungen unterworfen.
Wir haben auf einer Seite drei klassische Montanregionen, das Ruhrgebiet, das Saargebiet, das oberschlesische Industriegebiet, auf der anderen das Siegerland mit seinem weit vor die Industrialisierung zurückreichendem Erzbergbau und den Sonderfall des im 19. Jahrhundert zur größten Industriemetropole des Kontinents aufsteigenden Berlin, für die die Metall- und Maschinenbauindustrie von größter Bedeutung gewesen ist.
In allen drei Montanregionen trugen der Zuzug von völlig verschiedenen Bevölkerungen, die schwerindustrielle Arbeitswelt, Aufstiegschancen, Assimilierungsprozesse, das Entstehen von Arbeiterbewegungen usw. zu ähnlichen sozio-regionalen Strukturen bei. Alle drei Regionen erlebten die für die neue industrielle Welt charakteristischen Auseinandersetzungen von Arbeit und Kapital, und alle drei standen nach 1918, Oberschlesien schon früher, im Brennpunkt von nationalstaatlichen bzw. Nationalitätenkonflikten. Eine besonders spannende Frage ist: Welche Auswirkungen auf die Identität hat die Grenzlage zwischen Deutschland und Frankreich für das 1918 als eigene Verwaltungseinheit aus Deutschland herausgelöste Saargebiet auf der einen Seite, und für das 1921 zwischen Polen und Deutschland geteilte Oberschlesien auf der anderen Seite gehabt?

Das Siegerland und die Industriemetropole Berlin stehen in Kontrast zu den Montanregionen: Das Siegerland war eine Montanregion en petit, in der die Umformungsprozesse einer in der vorindustriellen Zeit ausgebildeten Identität erst durch die Industrialisierung im 19. Jahrhundert und dann den krisenhaften Niedergang der Hüttenindustrie in den zwanziger Jahren besonderes Augenmerk verdienen. Als ganz eigener Faktor verdient noch die spezifische religiöse Prägung der Region aufmerksames Interesse.
Ein ganz anderes Bild wiederum bietet Berlin. Berlin wurde zwar zur größten europäischen Industriemetropole, aber viel stärker als in den reinen Industrieregionen stellt sich im Falle Berlins die Frage, ob, bzw. in welchem Maße die einmalige Zusammenballung von Industrie zu der Identitätsbildung der Stadt beigetragen hat, oder ob die Fülle anderer identitätsstiftender Faktoren in der preußischen und deutschen Hauptstadt den Charakter der Industriemetropole völlig in den Hintergrund gedrängt hat.

J. Reulecke

Integration und Segregation im Ruhrgebiet in der Industrialisierungsphase

Besonders am Ruhrgebiet, das immer noch bei vielen auswärtigen Besuchern den Eindruck einer schwer zu differenzierenden industriellen Großagglomeration hinterläßt und in der Vergangenheit oft pauschal als „Kohlenpott", d. h. als Gefäß mit einem Einheitsbrei, bezeichnet worden ist, läßt sich zeigen, wie widersprüchlich letztlich die Prozesse der Verstädterung und Urbanisierung waren. Trotz des äußeren Anscheins: Bei genauerem Hinsehen zeigen sich erhebliche Unterschiede zwischen den Teilregionen des Ruhrgebiets ebenso wie in den Formen der Raumaneignung und -wahrnehmung durch die hier wohnenden Menschen. Nivellierung *und* Differenzierung, Konzentration *und* Diffusion, Segregation *und* Integration prägten und prägen die Geschichte dieses Raumes; zentrifugale *und* zentripetale Kräfte wirkten gleichzeitig und hinterließen ein gesellschaftsgeschichtliches Gebilde höchst eigener Art, das eine eigene Logik und Struktur und keineswegs chaotische Züge besitzt.
Zwar war zum Beispiel die Raumwahrnehmung des weit überwiegenden Teils der hier lebenden Menschen bis in die jüngste Zeit hinein im wesentlichen durch „Enge" charakterisiert; aber diese Enge besaß je nach sozialer Gruppe und je nach Wohnumfeld andere Wahrnehmungsgrenzen und war durch andere Kriterien bestimmt, die zwar partiell ähnliche, partiell aber auch durchaus unterschiedliche Züge besaßen. Entsprechend richteten sich die Menschen auch in je eigener Weise auf die innere Ausgestaltung und Bewertung ihrer engeren Umgebung ein. Die vielfältigen und oft recht unterschiedlichen Milieus, die in Resten bis heute bestehen und nachwirken, haben hier ihre Wurzeln. Andererseits vollzog sich jedoch im Ruhrgebiet etwas im 20. Jahrhundert in Deutschland mit seiner traditionellen Regionalstruktur Einmaliges: die Entstehung einer vom Industrialisierungsprozeß angestoßenen, neuen regionalen Identität, die freilich im Vergleich zu den geschichtsmächtigen, zur Zeit wieder mit Blick auf das Europa der Zukunft intensiver diskutierten „normalen" Regionalidentitäten eigene Züge aufweist.

K.-H. Solbach

Das bewährte Eigene und das bedrängende Fremde. Über den Umgang des Siegerlandes mit dem Fortschritt

Ein wesentliches Element bei der Erklärung der ausgeprägten Besonderheiten des wirtschaftlichen und politischen Lebens in der Industrieregion Siegerland ist die spezifische Siegerländer Identität, deren Existenz sowohl in der Selbstwahrnehmung der Bewohner als auch bei der Zuschreibung von außen konstatiert wird. Anders als in den meisten anderen stark industrialisierten Gebieten reichen die Wurzeln dieser Identität weit in die Zeit vor dem Beginn der Industrialisierung zurück.

Neben den das Siegerland weitgehend von der Umgebung abgrenzenden naturräumlichen Bedingungen sind dabei die sich über einen langen Zeitraum erstreckende politische Grenzlage der Region und die sich im spätem Mittelalter in nahezu allen Wirtschaftsbereichen entwickelnde genossenschaftliche Arbeits- und Produktionsweise bedeutsam. Nach mehrfachen Religionswechseln und blutigen Religionswirren etablierte sich zu Beginn des 19. Jahrhunderts der Pietismus als ein auf Dauer das religiöse und politische Denken in der Region entscheidend bestimmender Faktor, beeinflußt auch durch die Affinität zwischen der Tradition gemeinschaftlichen Wirtschaftens und der Organisation in überschaubaren Glaubensgemeinschaften.

Schon zu Beginn der Industrialisierung kann somit das Siegerland geradezu als Region „par excellence“ bezeichnet werden, gekennzeichnet durch eine ausgeprägte Homogenität mehrerer Merkmale: durch geographische und landesherrliche Grenzen stark auf sich selbst konzentriert, charakterisiert durch spezifische Wirtschaftsformen und religiöse Orientierungen.

Diese identitätsstiftenden Merkmale bewiesen auch im Umbruch während der zweiten Hälfte des 19. Jahrhunderts ihre Beharrungskraft. Für den Preis einer partiellen wirtschaftlichen Rückständigkeit wurde zum Beispiel das Gewerkesystem lange gegen fortschrittlichere Organisationsformen (Kapitalkonzentration) verteidigt. Beim Siegerländer Arbeiter überlagerten die kulturellen Überlieferungen die ökonomische Realität. Er blieb auch nach weitgehendem Verlust der aus genossenschaftlichen Traditionen überkommenen Nebenerwerbsquellen für Klassenkampfparolen wenig empfänglich. Seine religiöse Prägung verstärkte die Abneigung gegen die „gottlose Sozialdemokratie“. Dazu trat der Faktor Autorität: Die Patriarchen der Betriebe – nach Gewerketradition in ihrem Selbstverständnis primi inter pares – waren oft gleichzeitig Patriarchen in den religiösen Gemeinschaften. Wirtschaftliche und politische Veränderungen des späten Kaiserreiches wurden in diesem Umfeld nur gedämpft wahrgenommen; auf den dennoch spürbaren Veränderungsdruck von außen reagierte die Region einerseits mit Abschottungsversuchen, andererseits mit einer auffallenden Akzeptanz neuer Identifikationsangebote, die nicht genuin der Region entstammten, im Siegerland aber einen besonders fruchtbaren Boden fanden (Nationalismus, Monarchieverehrung, völkisches Denken). Ausschlaggebend für diese Aufnahmebereitschaft war vorwiegend die enge Bindung zwischen Protestantismus und Kaiserhaus.

Viel stärker als durch den Prozeß der Industrialisierung drohte schon aus diesen Gründen das Ende des Kaiserreiches alte Ordnungen und Loyalitäten zu zerstören. Dazu traten weitere Veränderungen, die, aufgrund der vorherrschenden Wertvorstellungen im Sieger-

land, als besonders negativ beurteilt wurden. In einer auf Autoritäten überdurchschnittlich fixierten Region wurde die Republik als Nachfolgerin des autoritären Kaiserreiches als besonders schwach empfunden. Die pietistische Haltung der innerweltlichen Askese stand im scharfen Gegensatz zur freizügigen Gesellschaft der Weimarer Jahre. Neben dem politischen Katholizismus gelangten nun mit der Sozialdemokratie und den Freien Gewerkschaften Gruppen zu Macht und Einfluß im neuen Staat, die im Siegerland bisher nahezu bedeutungslos geblieben waren. Zwar blieb die Bindekraft des linken politischen Spektrums durch das Fehlen eines gewachsenen Milieus gering; dennoch beendeten in den ersten Jahren der Republik zahlreiche Streiks, der Kampf gegen die Konfessionsschulen und auch die Propagierung der „unmoralischen" neuen Kultur die relative politische Konfliktlosigkeit in der Region. Der beginnende Niedergang der Hüttenindustrie untergrub zusätzlich das wirtschaftliche Selbstbewußtsein. Die Irritation über das von allen Seiten bedrängende Fremde führte zum Wiedererwachen von Rückzugstendenzen ins Eigene, Vertraute. Religiös-politische Themen bestimmten die Diskussion, eine intensive und glorifizierende Beschäftigung mit der Geschichte insbesondere der eigenen Region wurde erkennbar. Anders als im Kaiserreich konnten die vom Staat propagierten Identifikationsangebote der Mehrheit keinen Halt geben. Diese Funktion übernahmen nun die zahlreichen republikfeindlichen Parteien und Verbände, die im Siegerland auf breite Ressonanz stießen und schon zu Beginn der zwanziger Jahre eine Restauration der alten Machtverhältnisse einleiteten, ohne allerdings eine Art politischer Monokultur wiederherstellen zu können. Der Versuch, wie im Kaiserreich mit Stöckers Christlich-Sozialer Partei einen Siegerländer Sonderweg zu beschreiten, scheiterte (CSVD).
Die NSDAP beherrschte bald das rechte Spektrum und erreichte überdurchschnittlich gute Wahlergebnisse. In der im Siegerland vorherrschenden Ausprägung des Protestantismus war der Antisemitismus nicht das einzige Merkmal, das von der Agitation der Nationalsozialisten aufgenommen wurde; zahlreiche andere Argumentationsmuster der nationalsozialistischen Propaganda konnten auf traditionelle Wertvorstellungen zurückgreifen („Gemeinnutz geht vor Eigennutz", „positives Christentum", DAF).
Sowohl in den Umwälzungen des Industrialisierungsprozesses wie auch bei der für Industrieregionen atypisch hohen Akzeptanz des Nationalsozialismus zeigt sich im Siegerland die Dominanz gewachsener konfessioneller und politischer Identifikationsangebote über die neuen, ökonomisch geprägten Bezüge. Zwar wurden von außen kommende Wertvorstellungen bereitwillig aufgenommen, wenn sie relativ bruchlos in vorhandene Strukturen einbaubar waren, aber vehement abgelehnt und bekämpft, wenn sie diese Anforderung nicht erfüllten. Diese Tendenz dürfte für alle Regionen und Sozietäten Gültigkeit besitzen und sich nur im Grad von Ablehnung und Akzeptanz unterscheiden. Der Grad des Abgrenzungsinteresses allerdings scheint im Siegerland ungewöhnlich hoch gewesen zu sein.

Veröffentlichungshinweis: Der Beitrag wird in „Geschichte im Westen" erscheinen.

R. Wittenbrock

Identitätsbildung in einer Grenzregion: Das Saarland bis 1935

Vor der Industrialisierung gab es an der Saar keine Faktoren, die die Herausbildung eines homogenen Raums und kollektiver Identitäten hätte fördern können. Durch die Rekrutierung der Arbeiterschaft und ihre Verankerung in der ländlich-agrarischen Lebenswelt („Bergmannsbauer") entwickelte sich eine in ihrer Erwerbsstruktur und ihren Wertvorstellungen weitgehend homogene Arbeiterschaft, die durchaus als ein regionsspezifisches Sozialisationsprodukt mit entsprechenden kollektiven Mentalitätsstrukturen bzw. einer ständisch-sozialen Identität bezeichnet werden kann. Die wichtigste Bindekraft entfalteten dabei die Vereine und Institutionen des politischen Katholizismus, der die Ausbildung eines christlichen Arbeitermilieus förderte, in dem die Kontakte in Primärgruppen besonders gepflegt wurden.

Eine entwickelte regionale kulturelle und politische Identität, die sich unabhängig von nationalen Bezügen definierte, gab es jedoch vor dem Ersten Weltkrieg an der Saar nicht. Stärker als regionale Bindungen waren die Bekenntnisse der bürgerlichen, zumeist protestantischen Führungsschichten zum Deutschen Reich bzw. die Loyalitätsbeziehungen der Arbeiter zu ihren ständischen oder lokalen Bezugsgruppen. Zwar schuf die Industrialisierung des Raumes weitgehend homogene Sozialgruppen, aber die ökonomischen, konfessionellen und kulturellen Gegensätze zwischen diesen Gruppen waren stärker als die verbindenden Elemente.

Am Ende des Ersten Weltkrieges wurden die Menschen durch das französische Besatzungsregime täglich in realen Situationen mit den Angehörigen einer feindlichen Macht konfrontiert, was wiederum die Auseinandersetzung mit der eigenen Identität förderte. Noch gravierender war die Tatsache, daß das Saarrevier erstmals durch die Abtrennung von Elsaß-Lothringen zu einer Grenzprovinz wurde und somit dauerhaft in den ökonomischen, politischen und kulturellen Einfluß- und Interessenbereich Frankreichs rückte. Diese veränderte Funktionsbestimmung des Raums potenzierte die bereits durch die Besatzung gestellte Frage nach der nationalen Identität der Bevölkerung.

Mochte es zuvor noch Zweifel an der nationalen Identitätsoption gegeben haben, so ergab sich nun durch den unmittelbaren Feindkontakt die Notwendigkeit einer eindeutigen Stellungnahme. Tilman Mayer prägte 1986 dafür den Begriff der ‚Hostifikation', die eine Art von Lackmustest für nationale Identität darstellt. Die Zugehörigkeit zu einer Nation war nun nicht mehr eine kopfgeborene, abstrakte Ordnungsvorstellung, sondern die Menschen im besetzten Gebiet wurden täglich in realen Situationen mit dem „Anderen, Fremden" konfrontiert, was wiederum die Auseinandersetzung mit der eigenen Identität förderte. Dabei kam es jedoch nicht zu einer kritischen Revision der vorhandenen Feind- und Selbstbilder. Vielmehr wurden unter den Bedingungen des Besatzungsregimes die primären Erfahrungen mit den „anderen" entscheidend geprägt von den eifrig propagierten Ressentiments, so daß eine genuine, unbelastete Fremderfahrung so gut wie ausgeschlossen war.

Die überwältigende Mehrheit leistete den französischen Plänen einer ‚pénétration pacifique' energischen Widerstand, und der von den allgemeinen Treuebekenntnissen zu Deutschland ausgehende psychologische Druck war so stark, daß er auch nur geringfügig abweichende Optionen sofort und vernichtend mit dem Odium des Verrats belastete.

Durch das Status von Versailles wurde das Saargebiet erstmals zu einer politischen und administrativen Einheit zusammengefaßt, wobei die durch die montanindustrielle Entwicklung geprägte Raumbildung die Grenzziehung bestimmte. Damit wurden die Einwohner gewissermaßen zu Geiseln des von ihnen bewohnten Raums, der nun eine erneute Funktionsänderung erfuhr, unterstand er doch für einen begrenzten Zeitraum einem supranationalen Gremium. Zwar sollte die deutsche Staatsangehörigkeit nicht angetastet werden, aber zugleich wurde das Saargebiet aus den gewachsenen kulturellen, ökonomischen und politischen Bindungen gelöst und einer – vor allem in der Anfangsphase – eindeutig von französischen Interessen beherrschten Regierungskommission unterstellt.

Dieser Sonderstatus war nach Auffassung der überwältigenden Mehrheit der Bevölkerung nicht nur ein eklatanter Verstoß gegen das Selbstbestimmungsrecht, sondern bildete zugleich eine massive Bedrohung ihrer kulturellen und politischen Identität, zumal Vertreter der französischen Besatzung bereits 1919 vesuchten, durch verschiedene Maßnahmen die dominierende Abwehrhaltung gegenüber Frankreich zu durchbrechen. Schon Clemenceau hatte in Versailles mit seinem Hinweis auf die 150 000 Saarfranzosen eine für die Saarländer unerträgliche Provokation begangen, führende französische Beamten waren weiterhin davon überzeugt, daß das Deutschtum der meisten Einwohner erst ein Ergebnis der Einwanderung im 19. Jahrhundert, daher durchaus ungefestigt sei und durch geeignete Maßnahmen wie eine dünne Firnisschicht beseitigt werden könne.

So fühlten sich die meisten Saarländer ständig herausgefordert, diese irrigen Identitätsvermutungen durch nachdrückliche Treuekundgebungen zu Deutschland zu widerlegen. Ein Beispiel für die Naivität der französischen Verwaltung ist der sogenannte „Boche“-Erlaß vom 8. Mai 1919: Darin wurde festgelegt, daß „die Bezeichnung ‚Boche‘ sich nur auf die Preußen und die Deutschen bezieht, die außerhalb des Saargebiets wohnen.“ Gleichzeitig wurden für die Saarländer einige Vergünstigungen eingeführt und u. a. das Fraternisierungsverbot für die französischen Truppen aufgehoben. Aber es steht außer Frage, daß diese durchsichtigen Anbiederungsmanöver entgegen der damit verbundenen Absicht eher zusätzliche Solidarisierungseffekte mit der so stigmatisierten übrigen deutschen Bevölkerung auslösten.

Nur eine verschwindend kleine Gruppe von Saarländern erkannte in dem gegebenen Sonderstatus günstige Perspektiven, die ökonomische und politische Entwicklung unabhängig von der krisengeschüttelten Weimarer Republik zu gestalten. In der Erkenntnis, daß eine annexionistische Strategie sie in völlige Isolation treiben würde, propagierten sie den Ausbau des Völkerbundsregimes zu einer autonomen Saar-Republik, für die sie einige Zeit später mit der Parole: „Das Saarland den Saarländern“ warben. Aber auch dieser Wahlspruch vermochte die Anhänger des Autonomie-Konzepts nicht vor einer vernichtenden Niederlage zu bewahren: nicht einmal 3 % der Wahlberechtigten schenkten ihnen Vertrauen.

Der antifranzösische Nationalismus konnte unter den als Fremdherrschaft gedeuteten Bedingungen des Sonderstatus ohne Mühen in alle Parteien und auch in die Organisationen der Arbeiterschaft hineingetragen werden. Es bildete sich eine regelrechte nationale Einheitsfront, die mit einem ausgeklügelten System sozialer Kontrolle Abweichler unnachgiebig verfolgte.

Schon lange vor der Abstimmung von 1935 war erwiesen, daß ein als Bedrohung der nationalen Identität gedeuteter Sonderstatus keine identifikatorischen Spielräume zuließ. Es ist kein Zufall, daß das Lied „Deutsch ist die Saar“ bereits 1920 entstand. Mit seinem pathetischen nationalen Treuebekenntnis spiegelte und fixierte es die dominierende kollektive Gemütslage der Menschen so überzeugend, daß es in kurzer Zeit zur heimlichen Nationalhymne der Saarländer wurde. Damit war schon lange vor der Abstimmung von 1935 erwiesen, daß die erzwungene Abtrennung von Deutschland die Ausbildung einer regionalen Identität verhinderte, denn jedwede Bekundung einer auch nur geringfügig vom nationalen Referenzsystem abweichenden Selbstdefinition stand automatisch unter Separatismus-Verdacht. Zur deutschen Nation als Bezugsobjekt der kollektiven Identitätszuweisung gab es keine Alternative.

W. Dlugoborski

Zwischen Deutschland und Polen – Das oberschlesische Industrierevier

(Eine schriftliche Zusammenfassung des Beitrags liegt nicht vor)

G. Brunn

„Wer nie bei Siemens-Schuckert war, ...“ Berlin, Heimat als Industriemetropole?

Im Rückblick auf die zwanziger Jahre erscheint Berlin als politische Hauptstadt der Weimarer Republik und zugleich als Weltmetropole, vitales Zentrum aller modernen, kulturellen Strömungen, konkurrierend mit Paris, London und New York, und seine Pulsader ist der Kurfürstendamm. Hinter solch – weitgehend mythischem – Blick verschwindet die Funktion Berlins als größte Industriemetropole des Kontinents. Auf dem Territorium der Stadt gab es mehr gewerbliche Betriebe als in jeder preußischen Provinz, mit Ausnahme der Rheinprovinz, mehr als in Baden und Württemberg zusammen. In Berlin arbeiteten mit über 1,7 Millionen Beschäftigten in gewerblichen Betrieben nur 200 000 weniger als in ganz Bayern und beinah 300 000 mehr als in Westfalen. Berlin stellte somit eine dem Ruhrgebiet vergleichbare Industrieagglomeration dar, die sozialräumliche Struktur der Stadt war in großen Bereichen industriell ausgeformt.
Berlin, von außen als Einheit wahrgenommen, war in Wirklichkeit ein hoch segregiertes Gebilde. Zeitgenossen sprachen von der Vielfalt der Kleinstädte, die zusammen Berlin ausmachten, oder von „Provinzen“, aus denen sich die Stadt zusammensetzte. Vom äußeren Bild und der sozialen Zusammensetzung unterschieden sich große Bezirke in Berlin in den zwanziger Jahren prinzipiell nicht von Industriestädten im Ruhrgebiet oder anderen industriellen Ballungsgebieten im Reich. Sie lagen im toten Winkel der „Blicke auf Berlin“, wurden nur aus Notwendigkeit, nicht um ihrer selbst willen betreten. Die hier lebenden, zu und von der Arbeit strömenden Arbeiter, blieben den von außen kommenden Beobachtern eine stumme, unverständliche, verschlossene, in elenden Verhältnissen lebende Masse entwurzelter, heimatloser, willkürlich zusammengeballter Menschen.

Im Gegensatz zu diesem von außen herangetragenen Bild waren die Arbeiter in den zwanziger Jahren in ihrer großen Mehrzahl an ihrem Arbeitsort heimisch geworden, betrachteten ihn als ihr „Zuhause“, fanden in ihm einen Identitätsraum vor. Wie eine Analyse neuerer Studien zu Stadtteilen und kleinen Milieus und von zeitgenössischen Materialien, vor allem sozialwissenschaftlicher Studien, zeigt, entwickelte sich die Identität von Arbeitern und ihren Familien in einem vielfältigen Geflecht von industriellen und sonstigen Arbeitswelten, kleinräumigen, quartierbezogenem Lebenszusammenhang der Kleinstadt innerhalb der großen Stadt und metropolitaner Berliner Stadtmitte.

Veröffentlichungshinweis: Der Beitrag wird erscheinen in: Festschrift Leo Haupts, hg. von H. Klueting, 1992.

15. „Sicherheit“ und „Wohlfahrt“. Polizeiliches Handeln vom Frühkonstitutionalismus zur Weimarer Republik

Leitung: *A. Lüdtke (Göttingen)*

A. Lüdtke: Einleitung

P. Becker (Göttingen): Das Bild des Verbrechers im 19. Jahrhundert. Polizeiliche Fahndung und stereotype Wahrnehmungsformen gesellschaftlicher Randgruppen

B. Wirsing (Konstanz): Die Verstaatlichung der Polizei: Ortspolizei und Gendarmerie in Süddeutschland, 1820–1870

R. Jessen (Berlin): Zwischen Unternehmerherrschaft und staatlichem Gewaltmonopol – Hüttenpolizisten und Zechenwehren im Ruhrgebiet (1870–1914)

H. Reinke (Düsseldorf): Großstadtpolizei: Sicherheit und Ordnung in rheinischen Städten, 1890–1923

U. D. Nienhaus (Berlin): Einsatz für die Sittlichkeit. Die Anfänge der weiblichen Polizei im wilhelminischen Kaiserreich und der Weimarer Republik

C. Emsley (Milton Keynes): Policing Industrial Disputes in England and the USA, 1890–1939

Veröffentlichungshinweis: Die Beiträge der Sektion werden geschlossen publiziert: A. Lüdtke (Hg.), „Sicherheit“ und „Wohlfahrt“. Zur Polizeigeschichte im 19. und 20. Jahrhundert, Frankfurt 1991.

A. Lüdtke

Einleitung

I

Die Entwicklung von Staatlichkeit und „modernem Staat“ ist mit einem Konzept allumfassender „Polizey“ verknüpft. Zumal im kontinentalen Europa des späten 18. Jahrhunderts verwiesen Fürsten wie „Staatsdiener“ auf ihre Sorge um die „Glückseligkeit“ der Untertanen, wenn sie die Vielfalt „polizeylicher“ Zugriffe rechtfertigten. Die Obrigkeiten beanspruchten, beides zu leisten: 1. „öffentliche *Wohlfahrt*" und „Bequemlichkeit des Lebens" für die Eingesessenen zu befördern (J. H. G. v. Justi); 2. die „innere *Sicherheit*" zu garantieren. Dabei forderte einer der maßgeblichen Polizey-Autoren, Joseph von Sonnenfels, daß „das Maß der Zwangskräfte" die „Kräfte des Widerstands" stets übersteigen solle.

Dieses ‚weite' Verständnis bestimmte nicht nur die gesetzlichen Vorgaben (und jenseits akademischer Diskussionen verwies – in Preußen – erst das „Kreuzbergerkenntnis" des Preußischen Oberverwaltungsgerichts von 1882 auf ein Verbot der Wohlfahrtsförderung, wie es im „Allgemeinen Landrecht" [1794] angelegt sein konnte). Vor allem orientierten sich die Beamten in den Mittel- und Ortsbehörden, denen die „Polizey" bzw. „Polizei" übertragen war, an einer ausgreifenden Zwecksetzung. Der Jurist und Handbuchautor Ludwig von Rönne formulierte 1856 lapidar, die Polizei trage *„die obrigkeitliche Sorge für die öffentliche Sicherheit und Wohlfahrt in ihren täglichen Bedürfnissen"*. Rönne fügte an, daß sich im administrativen Alltag, „in der Praxis des Lebens" Wohlfahrtsförderung und Sicherheitspflege „nicht streng scheiden lassen"; vielmehr „wirkt die polizeiliche Tätigkeit zugleich nach beiden Seiten". Das hieß auch: Verknüpfen von repressivem und präventivem Handeln. Fürsorge für das „Gemeinwohl" erforderte in den Augen vieler Beamten immer auch „Zwangsmittel" – etwa bei der „Korrektion" von „Arbeitsscheu" oder „Frechheit". Die Beamten, d. h. diese Männer präsentierten sich als Agenten des *„Vater Staat"*. Dazu paßte der direkte Rückgriff auf das Militär, wie er zumindest bis ca. 1890 häufig war.

Die Erfahrungen nicht weniger „Polizierter" waren davon bestimmt, daß derart weitreichende Rechtfertigungen dazu taugten, „die Bürozwecke in Staatszwecke ... (zu) verwandeln" (Karl Marx 1841/42). Dennoch erwuchs jene „Fügsamkeit in Ordnungen" (Max Weber), die klassen-, generationen- und geschlechterübergreifend auch in den gesellschaftlichen Umwälzungen und politischen Systemwechseln des 19. und 20. Jahrhunderts gesichert werden konnte, nicht allein aus polizeilicher *„violence directe"* (Pierre Bourdieu 1972). Denn zugleich öffneten Polizeiaufgabe wie Polizeipraxis auch denen unter den „Polizierten" einige Chancen auf Unterstützung, deren Macht oder Status gering waren: Gesindepolizei ließ sich z. B. im wilhelminischen Kaiserreich auch gegen einzelne Hausherren nutzen. – In der Ausgliederung einzelner Wohlfahrts-Funktionen aus den kommunalen Polizeiverwaltungen (z. B. Gesundheit, Wohnen, Schule) ab dem späten 19. Jahrhundert blieb diese Doppelgleisigkeit der „Staatsgewalt" bewahrt: Weiterhin wurden auch „wohltätige" Amts-Verfügungen repressiv durchgesetzt, z. B. bei Schulversäumnissen oder falschen Brotgewichten. Dennoch konnte aber ungeachtet aller Schroffheit ‚am Schalter' oder an der Wohnungstür die *„sanfte Gewalt"* (P. Bourdieu) fürsorglicher Leistungen erfahren werden. Die *Gleichzeitigkeit* beider Formen von „Staatsgewalt" dürfte ein stabiles Kernmoment der Legitimation öffentlicher Herrschaft sein.

Gleichzeitigkeit bedeutete aber nicht Gleichgewichtigkeit: Maßgebend blieb ein repressiver Grundzug, der nachdrücklich militärisch eingefärbt war. Politische Oppositionelle unterschiedlicher ‚Couleur' attackierten die Verknüpfung von Militär- und Polizeistaat nicht nur in den vormärzlichen Debatten um eine Konstitution, sondern auch im „halbabsolutistischen" Kaiserreich; die breitere (Presse-)Öffentlichkeit nahm das Thema seit den 1890er Jahren auf. Vergleichbare Kritik, besonders an Tumult-Einsätzen, war aber auch in der parlamentarischen Republik von Weimar zu hören. – Kontinuitäten polizeilicher *Handlungsweisen und Handlungsorientierungen* zeigten sich danach in fünf Aspekten: *1.* dem „Gutdünken" oder der „Willkür" der Beamten vor Ort; *2.* dem Maßstab einer äußerlichen ‚Ordentlichkeit' und ‚Normalität', mit dem unterschiedliche Lebensläufe in „kurzem Prozeß" über einen Kamm geschoren wurden; *3.* der sozial-, alters- und geschlechterspezifischen Ungleichbehandlung – bei jungen Frauen aus Milieus der Besitzlosen schien polizeigefährdende „Liederlichkeit" besonders wahrscheinlich; *4.* die „Abwehr" von „Störern" nach dem militärisch geprägten Freund-Feind-Stereotyp, wie es in den Kämpfen gegen Reichs-„Feinde" immer wieder bestätigt wurde; *5.* dem raschen Androhen oder sofortigen Einsatz von unverhältnismäßigen „Zwangsmitteln". – Dieser Erfahrungshintergrund war eine Voraussetzung für das geräuschlose, wenn nicht zustimmende Mitmachen der übergroßen Mehrheit der Polizei im NS-Regime, für die „Deutsche Polizei" des Faschismus.

II

Studien zum Anciem Régime haben das Kräftefeld zwischen weitgespannter „Polizey"-Vorstellung, ausgreifenden Regulierungsversuchen fürstlich-staatlicher Souveräne oder Beamten sowie gesellschaftlichen Gruppen detailliert erschlossen (z. B. G. Oestreich 1969; R. Schulze 1978; W. Neugebauer 1985). In der *Verwaltungsgeschichtsschreibung* zum 19. und 20. Jahrhundert dominiert hingegen weiterhin eine institutionenkundliche und dogmengeschichtliche Betrachtungsweise. Diese Sicht konzentriert sich auf die „Verrechtlichung"; sie habe die Arkansphäre administrativer Selbstkontrolle aufgebrochen (Einführung einer Verwaltungsgerichtsbarkeit ab 1872). Überhaupt habe Rationalisierung von Verwaltung, wie sie seit den 1790er Jahren/ab 1806/08 zu beobachten sei, die Einhegung bürokratischer Eigenmacht befördert. Für die Polizei bedeute dies die Beschränkung auf das „Abwehren" von „Gefahren" für die „öffentliche Sicherheit oder Ordnung" (z. B. im Preußischen Polizeiverwaltungsgesetz von 1931).

Polizeigeschichte ist in der Bundesrepublik bisher fast völlig unter den (akademischen) Tisch gefallen. Sie existiert bestenfalls als Nebenzweig der Geschichte von Behörden und Institutionen. Die wenigen Versuche einer kritischen Analyse beschränken sich auf je einzelne Perioden oder Gebiete (z. B. W. Siemann; A. Lüdtke; A. Funk; P. Leßmann). Vor allem haben auch handlungsorientierte Ansätze zur Polizeigeschichte – im Sinne von W. R. Miller, R. Storch oder C. Emsley – in der Bundesrepublik bisher erst in Ansätzen Resonanz gefunden.

III

Die Konzentration auf polizeiliches *Handeln* meint zunächst rigorose Beschränkung auf die Situationen, in denen polizeiliche Agenten, Offizianten oder Beamten mit den „Polizierten" in direkten Kontakt traten: beim Kontrollieren oder Beobachten von „Verdächtigen", beim Auffordern, Verwarnen oder Zugreifen, beim Antworten, Rangeln oder „Durchgreifen" auf Straßen oder Plätzen, in Kneipen, auf privaten Grundstücken oder in Amtsstuben. In diesen jeweils spezifischen Situationen bezogen sich die Beteiligten freilich auf Interessenlagen, Deutungs- und Wahrnehmungsmuster, in denen gruppen- und geschlechterspezifische, vor allem auch lebenszyklische Erfahrungen eingelagert waren.

„Strukturelle“ gesellschaftliche Machtungleichgewichte werden erst in den Momenten und Formen der Wahrnehmung „angeeignet“ und damit „wirklich“. Das heißt hier: Die Situationen der Interaktion oder Konfrontation waren nie eindeutig vordeterminiert; der Ausgang blieb *riskant*. – Situationen waren offen auch in anderer Hinsicht: In Dörfern oder Stadtquartieren teilten zumindest die Ortsangesessenen – Polizisten wie mutmaßliche „Störer“ – das Interesse, ‚danach‘ doch wieder miteinander umgehen zu können.
Die Betonung des Situativen erschwert den Rückgriff auf einen ungebrochenen *Labeling-Ansatz*. Forschungen über die Lebensweisen der Abhängigen und Besitzlosen zeigen, daß Kriminalisierte (und auch: polizeilich Markierte) *eigene* Deutungsweisen und *eigene* Interessen verfolgten und auch auf *eigene* Weise durchsetzten – nicht nur gegenüber den „Herren“, sondern auch oder vor allem gegenüber Nachbarn oder Kollegen, gegenüber Klassengenossen (und -genossinnen!).
Skepsis gegenüber einem einseitigen Machtgefälle „von oben nach unten“ läßt sich verbinden mit einer These, die besonders Michel Foucault betont hat (1976). Nach Foucault zeichnen sich moderne „Machtstrategien“ dadurch aus, daß sie Einzelfall-Strafen durch fortwährend-vorbeugendes „Überwachen“, durch die *„Disziplinierung“* von Körpern und Seelen ersetzten. Auf sich beruhen soll hier die Frage, ob damit nicht ein unhistorisch-flächiges Bild eines angeblich hermetischen Zwangszusammenhanges gezeichnet wird (an dem im Hinblick auf die Handlungssituationen erhebliche Zweifel angebracht sind). Foucault unterstreicht andererseits, daß *Macht* weder ein ‚Ding‘ noch ein Nullsummenspiel sei. Als ‚ortloses‘, nicht an Institutionen geknüpftes Potential lasse sich Macht aber auch von den Beherrschten bzw. Polizierten einsetzen – wenn sie sich deren Regeln (z. B. die der disziplinierenden Einblicke oder der Verfahrenseröffnung) aneigneten.

Problemfelder in der historischen Untersuchung polizeilichen Handelns

1. Produktion, Verknüpfung und Wirkungsweisen von direkter und „sanfter Gewalt“ (Bourdieu);

2. Militärorientierung als Gewaltbereitschaft *und* Freund-Feind-Stereotypisierung;

3. Konflikte wie Kollusionen innerhalb der Polizeiadministration und zwischen den Bürokratie-Branchen (staatlich versus kommunal; Administration versus Justiz versus Militär);

4. Sozial-, generationen- und geschlechterspezifische Zuschreibungen bei Polizisten wie Polizierten: Verhältnis von „Labeling“ und Eigenaktivität der Polizierten;

5. Öffentliche versus private Ordnungsansprüche und -mächte;

6. Stadt – Land: unterschiedliche Bedeutung der Netze sozial-kultureller (Selbst-)Regulierung;

7. Humane Kosten oder Fortschritte durch öffentliche (Sicherheits-)Polizei: Verminderung von kommunaler Selbstkontrolle versus vermehrtem Schutz von Stigmatisierten vor lokaler ‚Selbsthilfe‘.

P. Becker

Das Bild des Verbrechers im 19. Jahrhundert. Polizeiliche Fahndung und stereotype Wahrnehmungsformen gesellschaftlicher Randgruppen

„Mit vorgefaßter Meinung an die Sache heranzutreten, ist immer ein Fehler. In den Fällen, wo bestimmte Andeutungen für die Täterschaft fehlen, lasse sich der Beamte nicht verführen, nur vereinzelte Möglichkeiten in Betracht zu ziehen und den Nachforschungen zu Grunde zu legen . . .“ (Roscher 1912)

Mit diesen Worten skizziert der Hamburger Polizeipräsident Gustav Roscher eine idealtypische *Fahndungssituation,* in der der „praktische Blick“ (Roscher) die Ausschließlichkeit von empirischen Befunden und von Erfahrungswissen bei der „Ermittlung des Täters sowie der sicheren Feststellung seiner Persönlichkeit und seines Vorlebens . . .“ (Roscher 1912) garantieren sollte. Suggeriert wird, als sei diese polizeiliche Arbeit völlig durch das *Indizienparadigma* bestimmt. Der Kriminalpolizist folgt – idealtypisch – dem „vielleicht ältesten Gestus in der Geschichte des menschlichen Intellekts: dem des Jägers, der im Schlamm hockend die Spuren der Beute untersucht“ (Ginzburg 1988). Doch ebenso wie der Jäger der Frühzeit rekonstruierte der Kriminalpolizist mit Hilfe von *Vorwissen* und *Annahmen* über die Art der „Beute“ deren Abbild und setzt es in strategisch bestimmten Handlungsweisen ein. Das Vorwissen und die Annahmen gestalten sich für den Polizisten weitaus komplexer als für den Jäger und sind keinesfalls empirisch bestimmt, sondern enthalten u. a. eine gesellschaftlich bestimmte Vorstellung von *dem Verbrecher.* Der Begriff des Verbrechers ist hier – in Anlehnung an den zeitgenössischen Begriffsgebrauch – deutlich weiter gefaßt und bezeichnet nicht nur die strafrechtlich verfolgten Delinquenten, sondern all jene, die sich nicht an die staatlich sanktionierte Ordnung halten.

Derartige Stereotype und ihre Umsetzung in polizeiliche *Handlungsweisen und Handlungsorientierungen* sind faßbar in der Quellengruppe der *Polizeihandbücher.* Die hier berücksichtigten Autoren nehmen eine Schlüsselstellung ein zwischen polizeilicher Praxis und zeitgenössischen Diskursen im Sinne einer Rationalisierung von Praxis. Sie modifizieren deshalb gesellschaftliche Stereotypen an den Erfordernissen polizeilicher Alltagspraxis; sie dokumentieren aber auch die Determiniertheit dieser Praxis durch gesamtgesellschaftliche Vorurteile. Diese irrationalen Elemente treten kaum in expliziten Stellungnahmen, sondern meist in impliziten Wertungen auf und machen eine detaillierte Lektüre dieser Texte notwendig, mit der auch „gegen den Strich“ gelesen werden muß.

G. Roscher thematisiert in seinem 1912 erschienenen Handbuch eine Kriminalistik, die objektiv den fraglichen Sachverhalt rekonstruiert. Deshalb wendet er sich vehement gegen die *positive Schule* der Kriminologie um C. Lombroso und ihre Bemühungen, einen *Verbrechermenschen* mit naturwissenschaftlichen Methoden zu ermitteln. Dennoch finden sich bei G. Roscher an mehreren Stellen jene für die Kriminologen um Lombroso so bezeichnende „Kontamination von empirischen und mythopoetischen, symbolischen Erfahrungsmomenten . . .“ (Strasser 1984). Die Betrüger bezeichnet er als die „Schädlinge der Gesellschaft“, die Mörder hingegen als „liederliche, arbeitsscheue und rohe Subjekte“. Den Lustmörder beschreibt er als „intellektuell und ethisch minderwertiges Individuum“, manchmal bezeichnet er ihn auch als „Bestie“.

Es treffen hier zwei Erklärungsansätze zusammen: Zum einen findet sich das für die Handbücher des 19. Jahrhunderts so bezeichnende Konzept der *Willensfreiheit:* Liederlich, arbeitsscheu sind die Merkmale des „Gesindels", der Vaganten, die in Korrektionshäusern gebessert werden sollen. Soziale und wirtschaftliche Notlage wirkt nur gemeinsam mit moralischer „Minderwertigkeit" als verbrechensauslösend. Zwei „verhängnisvolle" Einflußbereiche – der *Alkohol* und *die Frau* – beginnen allerdings das Prinzip der freien Entscheidung zwischen konformer und delinquenter Lebensweise auszuhöhlen und den Erfolg staatlicher Besserungsstrategien außer Kraft zu setzen. Dieselbe Auffassung läßt sich auch in der Vorstellung vom Mörder – besonders vom Lustmörder – erkennen: Die intellektuelle und ethische „Minderwertigkeit" erlaubt ihm eigentlich keine freie Wahl seines Schicksals und löst den Verbrecher konzeptuell gänzlich aus seinem sozioökonomischen Umfeld. Aber trotzdem kann er nicht der „geistig abnorme" Rechtsbrecher sein, der straffrei bleibt, sondern verdient als „Bestie" den Tod.
Die wesentliche Neuerung gegenüber den kriminologischen Stereotypen des 19. Jahrhunderts ist sicherlich nicht die Rechtfertigung eines „vernichtenden" Zugriffs auf den Verbrecher, sondern die *Individualisierung* und *Naturalisierung* der Kriminalität. Bis zum Auftreten der positiven Schule der Kriminologie orientierte man sich in der medizinischen Interpretation von Gesellschaft, mit der Kriminalität als „sekundäres Übel am siechenden sozialpolitischen Körper" verstanden wurde, an der „Heilung des ganzen Körpers" (Avé-Lallemant). Die dazu notwendige „Ausrottung" und „Vernichtung" bezog sich aber gerade nicht vordringlich auf die Person des Verbrechers, sondern vor allem auf die sozialen Situationen, in denen Kriminalität entstehen würde.
Dieses Gesellschaftsverständnis der Polizeipraktiker des 19. Jahrhunderts führte zu einem widersprüchlichen *Verbrecherbild.* Zum einen blieb der Delinquent – und ganz besonders der Gewaltverbrecher – ein grausamer, ganz dem sinnlichen Lebensgenuß verfallener Mensch, der freiwillig dieses Leben „im tieffsten sittlichen Elend des niedrigsten Volkslebens" gewählt hat (Avé-Lallemant). Zum anderen reflektierten die Praktiker durchaus auch ihre eigenen Erfahrungen im Umgang mit der Kriminalität und kamen in der Regel zu gänzlich widersprüchlichen Resultaten. Bei der Darstellung der „Gaunerpraxis", wie sie vor allem von dem Lübecker Juristen Avé-Lallemant um die Mitte des 19. Jahrhunderts geleistet worden ist, wird ein deutlich rationaleres Bild des Gauners entworfen: Anstelle des grausamen und unsittlichen Wüstlings sehen wir den bürgerlich agierenden Gauner, der Verbrechen „gleichsam als seinen Beruf [betreibt]" (Avé-Lallemant). Die negative Aufladung der theoretischen Diskussionen wird somit durch einen „praktischen Blick" relativiert, der dem Verbrecher wieder menschliche Konturen verleiht.
Im 20. Jahrhundert findet man ebenso widersprüchliche Darstellungsweisen, die nun aber einem gegensätzlichen Muster folgen. Auf der theoretisch-abstrakten Ebene wird in der Auseinandersetzung mit C. Lombroso und seiner positiven Schule der Kriminologie zwar die naturalisierte Sichtweise übernommen, die mit dem Atavismus-Begriff verbundene Dämonisierung aber abgelehnt. Der Grundtenor einer solchen Auffassung läßt sich dahingehend charakterisieren, „daß die Persönlichkeit des Verbrechers aus Faktoren entstanden ist, wie Anlage, Erziehung, soziale Umgebung, welche wir nicht auf sein Schuldkonto setzen können . . ." (Kley 1929). Damit entfällt im Grunde aber die Rechtfertigung für jeden strafenden und korrigierenden Zugriff auf den Verbrecher, wie sie das Prinzip der *Willensfreiheit* noch erlaubte: Der Täter ist für die Tat nicht verantwortlich, weil er seine Persönlichkeit nicht selbst verändern kann. Deshalb kann er mit Recht kaum *be-*

straft werden. Und gerade die fehlenden Alternativen für verbrecherisches Handeln verweisen auf die Problematik des pädagogischen Zugriffs, der die Veränderbarkeit der Persönlichkeit voraussetzt. Gelöst wird dieses Dilemma mit dem Rückgriff auf die „höheren Interessen des Staates und der in ihm verbundenen Menschen", denen der Verbrecher „geopfert" werden müsse (Kley 1929). Die Vorstellung von der „Opferung" des Delinquenten wird unterstützt durch ein stark negativ besetztes *Verbrecherbild,* wie es bei der Diskussion der Praxis auftritt. Die einzelnen Verbrechenskategorien sind besetzt mit Psychopathen, Schwachsinnigen und Perversen. Sogar die Landstreicher, ein wichtiges polizeiliches Feindbild des 19. und 20. Jahrhunderts, sind mit solchen Personen durchsetzt, ja der Landstreicher ist sogar „der Lump schlechthin ... Energielos und geistig stumpf endet er auf der Landstraße oder im Gefängnis" (Kley 1929).
Die naturwissenschaftlich orientierte Sichtweise, die Übernahme erbbiologischer Interpretationsweisen und die stark negativ besetzte Darstellung des Individuums schaffen zusammen mit einer martialischen Sprache jene Deutungs- und Wahrnehmungsmuster, auf die die nationalsozialistische Administration bei der Verwaltung des Genozids erfolgreich zugreifen konnte.

B. Wirsing

Die Verstaatlichung der Polizei: Ortspolizei und Gendarmerie in Süddeutschland, 1820–1870

Der Errichtung von Gendarmeriekorps in den süddeutschen Staaten (Württemberg 1807/23, Bayern 1812, Baden 1829) lag die Absicht der rheinbündischen bzw. vormärzlichen Reformbürokratien zugrunde, traditionelle sicherheitspolitische Probleme durch neue polizeiliche Strukturen und Exekutivorgane besser in den Griff zu bekommen. Diese alten sicherheitspolizeilichen Probleme wurden bedingt durch die Kriminalität verarmter und nichtseßhafter Unterschichten, die in den Quellen als das sogenannte „liederliche Gesindel", vor allem „Bettler", „Vaganten" und „Jauner" bezeichnet wurden. Jene Gruppen wurden bereits in vielen Reichs- und Kreisabschieden seit dem frühen 16. Jahrhundert als polizeirelevant definiert und deren Verfolgung bzw. „Ausrottung" zur staatlichen Aufgabe gemacht. Die frühneuzeitlichen und absolutistischen Staaten waren jedoch nicht in der Lage, die durch vagierende und kriminelle Unterschichten bedingten Störungen der öffentlichen Ruhe, Sicherheit und Ordnung effektiv und dauerhaft zu beseitigen. Sie beauftragten mit dem Vollzug von „Jauneredikten" ihre untergebenen Beamten und lokale Gewalten, die vor der Übermacht organisierter Banden rasch kapitulierten, oder sie organisierten von Zeit zu Zeit Streifen aus Militär, Beamten und Untertanen, die jedoch oft aus Angst vor der Rache der Jauner von den aufgebotenen Bauern verraten wurden.
Durch die Gründung von Gendarmeriekorps lösten sich die süddeutschen Regierungen in der ersten Hälfte des 19. Jahrhunderts von den traditionellen Polizeistrukturen. Die öffentliche Sicherheit konnte von da an unabhängig vom Linienmilitär, das immer nur in Friedenszeiten für Polizeistreifen eingesetzt werden konnte und ohne Rücksicht auf die lokalen Gewalten, worunter in administrativer Hinsicht im süddeutschen Raum vornehmlich selbstverwaltete Kommunen mit eigener (Orts-) Polizei (Standes- und Grundherr-

schaften spielten etwa im Vergleich zu Preußen eine eher untergeordnete politische Rolle) zu rechnen sind, hergestellt werden. Für diese Unabhängigkeit sollte die zentralisierte militärische Organisationsstruktur der Gendarmeriekorps bürgen; sie waren als sicherheitspolizeiliche Exekutivorgane konzipiert, über die nur die Zentralregierung unumschränkt verfügen konnte, und auf die die unteren Verwaltungsinstanzen kein unmittelbares Zugriffs-, sondern nur Requisitionsrecht hatten. Dies unterschied die Gendarmeriekorps von den Hatschieren des 18. Jahrhunderts, die als zivile Polizeidiener für die Beamten mehr oder weniger alle Bütteldienste versahen.

Für die Zentrale galt nur ein militärisch organisiertes Polizeikorps als effizient und im Dienste kontrollierbar. Die kompatible Organisationsstruktur sollte es ermöglichen, die (im militärischen Rang erhöhte) Gendarmerie sowohl militärpolizeilich gegen das Linienmilitär zu verwenden als auch im Falle innerer Unruhen mit diesem zu verschmelzen und gemeinsam für polizeiliche Zwecke einzusetzen.

Dennoch emanzipierte sich mit der Gründung der Gendarmeriekorps die Sicherheitspolizei vom Militär; letzteres sollte nur noch als Eingreifsreserve bei der Repression von gewalthaften Krawallen fungieren, während für die eigentliche präventive Polizeiarbeit die Gendarmeriekorps zuständig waren. Dies bedeutete jedoch noch nicht, daß die Gendarmeriekorps eigene polizeigemäße bzw. zivile Verhaltensstandards entwickelten; vielmehr wurde noch im Vormärz der Polizeidienst als modifizierter Kriegsdienst angesehen. In dieser Hinsicht traten die Gendarmeriekorps die Nachfolge der Husarenkompanien des 18. Jahrhunderts an, die in den Kabinettskriegen neben den Verbänden des Linienmilitärs den „kleinen Krieg" gegen den äußeren Feind und in Friedenszeiten mit dieser Guerillataktik auch gegen den inneren Feind, das sog. „liederliche Gesindel", eingesetzt wurden.

Die militärische Perzeptionsweise bestimmte die polizeiliche Praxis der Gendarmerie; sie sollte auf dem flachen Land verarmte, nichtseßhafte und daher potentiell kriminelle Unterschichtenangehörige wie militärische Gegner aufspüren, identifizieren, verhaften und vor die nächste Behörde bringen. Hierbei waren die süddeutschen Gendarmen ungemein effektiver als ihre zivilen Vorgänger, die Hatschiere, aber auch die Husaren. Im Gegensatz zu den letzteren waren die Gendarmen professionelle Polizisten, deren polizeilicher Dienst ihr ausschließlicher Lebensberuf war, und die durch ihn versorgt wurden.

Das Gendarmeriemodell, d. h. das Organisationsmodell eines selbständigen, professionellen und militärisch organisierten Korps, wurde in Süddeutschland anfänglich auch auf andere Organisationsbereiche wie z. B. den Zoll- oder Ortspolizeidienst übertragen. Diese Übertragung scheiterte langfristig am Widerstand großer gesellschaftlicher Gruppen, vor allem des im politischen System der süddeutschen Staaten vertretenen liberalen Bürgertums. Dessen polizeipolitisches Essential war das Festhalten an eigenständigen städtischen Polizeien als Ausfluß der kommunalen Selbstverwaltung. Dazu gehörte das Recht der Kommunen, eigenes polizeiliches Exekutivpersonal anzustellen, zu besolden und zu instruieren. Diese Ortspolizei galt der Regierung und vor allem den Offizieren der Gendarmerie als Hemmnis der polizeilichen Wirksamkeit des Staates.

Im Gefolge der Reaktion seit den Karlsbader Beschlüssen von 1819 versuchten auch die süddeutschen Staaten, die kommunalen Ortspolizeien der Universitätsstädte zu kontrollieren bzw. unter Staatsaufsicht zu stellen. Dies geschah z. B. in Tübingen 1825 durch die Aufhebung der akademischen Gerichtsbarkeit, die Einsetzung eines Staatskommissars

als Chef der Tübinger Ortspolizei und die Einlegung von Landjägern (= Gendarmen in Württemberg). Durch die Verwendung von Gendarmen zu ortspolizeilichen Zwecken verstieß die württembergische Regierung gegen geltendes Recht, das Gendarmerieeinsätze in den Städten verbot, und verschärfte ihren Zugriff auf bislang quasi (staats-)polizeifreie Räume. Es scheint, daß erst durch den Einsatz von Gendarmen das Netz lokaler Abhängigkeiten und Verflechtungen durchschnitten und gesetztes Recht exekutiert werden konnte; dieses innerstädtische Beziehungsgeflecht neutralisierte lange den polizeilichen Zugriff der lokal rekrutierten und abhängigen städtischen Polizeidiener. In Tübingen erwiesen sich die Landjäger zwischen 1825 und 1831 als gnadenlose Exekutoren des staatlichen und kommunalen Polizeirechts. Dadurch störten sie das komplizierte sozioökonomische System dieser Universitätsstadt empfindlich; die Repressionspolitik gegenüber der organisierten Studentenschaft eliminierte auch den Studenten als ökonomischen Faktor in der städtischen Ökonomie, nämlich als Auftraggeber für diverse ortsansässige Handwerker. Das kompromißlose, oft gewalthafte militärische Vorgehen der Tübinger Landjäger provozierte den Protest breiter städtischer Bevölkerungsschichten und vor allem der Kammerliberalen, der schließlich zur Reform, d. h. der Rekommunalisierung der Tübinger Ortspolizei führte.
Die Gendarmerie war in den süddeutschen Städten verhaßt; sie galt dem dort ansässigen Bürgertum als unstandesgemäße Polizei und machte sich auch durch die rücksichtslose Exekution von übergeordnetem Recht, das in den Kommunen noch im 19. Jahrhundert die Kriminalisierung alter Volksrechte (z. B. Bettel) implizieren konnte, unbeliebt. Ihr polizeilicher Zugriff gegen einzelne Stadtbewohner provozierte meist erfolgreich solidarische Gegenaktionen, die einzelne Verhaftungen verhindern konnten. Der Weg zur Verstaatlichung der Ortspolizei durch Verlegung von Gendarmen in die Städte war in Süddeutschland außer in München, wo seit 1824 eine eigene Stadtkompanie der bayerischen Gendarmerie stationiert war, nicht praktikabel. In Württemberg scheiterte diese Verstaatlichungspolitik am Widerstand der Kammerliberalen, und in Baden vermied man die durch die Einlegung von Gendarmerie befürchtete Militarisierung der Ortspolizei, indem man die Verstaatlichung auf kaltem Wege vollzog, d. h. die Verwaltung der Ortspolizei in den wichtigen größeren Städten (nicht in allen!) den Bürgermeistern per Verwaltungsakt entzog und den örtlichen Bezirksämtern übertrug.
Die militärische, aus exkapitulierten und geprüften Soldaten rekrutierte Gendarmerie blieb die Polizei des flachen Landes. Deren polizeilich-administrative Relevanz nahm in der zweiten Hälfte des 19. Jahrhunderts ab. Die badische Regierung setzte beispielsweise auf den Ausbau der staatlichen Ortspolizeien, um den neuen, durch Industrialisierung und Urbanisierung hervorgerufenen städtischen Ordnungsproblemen angemessener entgegenwirken zu können.

R. Jessen

Zwischen Unternehmerherrschaft und staatlichem Gewaltmonopol – Hüttenpolizisten und Zechenwehren im Ruhrgebiet (1870–1914)

Das „Monopol legitimer physischer Gewaltsamkeit" (Weber) ist nicht nur konstitutives Merkmal des modernen Staates, sondern zugleich ein zentrales Richtungskriterium der Polizeimodernisierung. In der staatlichen Berufspolizei findet das Gewaltmonopol des Staates seinen institutionellen Niederschlag – zumindest soweit der Binnenraum der Gesellschaft und nicht zwischenstaatliche Konflikte berührt sind. Die Monopolisierung legitimer Gewalt durch die Polizei marginalisierte sowohl die inneren Ordnungsfunktionen des Militärs als auch die Rolle konkurrierender gesellschaftlicher Gewaltträger. Allgemein wird angenommen, daß dieser Prozeß in Preußen in der zweiten Hälfte des 19. Jahrhunderts mit der Ausbreitung der staatlichen Schutzmannschaften zu einem gewissen Abschluß gelangte, nachdem noch in der ersten Jahrhunderthälfte Militäreingriffe auch bei kleineren Ordnungsstörungen selbstverständlich und private und öffentliche Gewalt in wichtigen Sektoren der Gesellschaft eng verquickt waren – erinnert sei etwa an die ostelbische Gutsherrschaft.

Im Widerspruch zu diesem Bild einer durchgängigen Monopolisierung aller legitimen Gewalt in der Hand staatlicher Berufsbeamter stehen einige Aspekte der Polizeientwicklung im schwerindustriellen Ballungsraum des Ruhrgebiets während des Kaiserreichs. Hier behielten nicht nur die Kommunen lange Zeit starken Einfluß auf die Polizei, sondern kam es in Gestalt der sogenannten Hüttenpolizisten und Zechenschutzwehren zu einer eklatanten Vermischung privater, innerbetrieblicher Herrschaft und öffentlicher, staatlich legitimierter Gewalt.

Die Hütten- oder Zechenpolizisten und -gendarmen waren offiziell vereidigte, uniformierte und bewaffnete Polizeibeamte, die alle Rechte und Pflichten ihrer Kollegen wahrnahmen. Der entscheidende Unterschied zu diesen bestand darin, daß ihr Gehalt ganz oder teilweise von privaten Industrieunternehmen oder Bergwerksgesellschaften bestritten wurde, auf deren Werksgelände oder in deren Arbeitersiedlungen sie auch ihren Dienst verrichteten. Obwohl formal der Ortspolizeibehörde, das heißt dem Bürgermeister, oder der regionalen Gendarmerieführung unterstellt, waren sie in ihrer täglichen Arbeit weitgehend von den Interessen und Weisungen der Unternehmensleitung abhängig. Krupp in Essen unterhielt seit 1875 bis zu sechs Gendarmen, die Thyssen-Hütte beschäftigte um 1912 acht Polizisten, in der Stadt Dortmund standen um die Jahrhundertwende rund 5 % des Unterbeamtenkorps in privaten Diensten und im Landkreis Recklinghausen befanden sich 1904 30 % der Gendarmen in direkter materieller Abhängigkeit von Zechengesellschaften. Sie sorgten für Ruhe und Ordnung auf dem Betriebsgelände, kontrollierten die Werkssiedlungen oder ermittelten bei kriminellen Delikten.

Anders als die Einzelbeamten im Dienste und Sold privater Interessen waren die Zechenwehren nicht für alltägliche Ordnungsaufgaben gedacht, sondern als betriebliche Hilfspolizei in Streikzeiten konzipiert. Die technischen Angestellten der Bergwerke – die Steiger, Werkmeister etc. – sollten während eines Ausstands von der Ortspolizeibehörde zu Hilfspolizisten ernannt werden. Mit Polizeimütze und Revolver versehen war es ihre Aufgabe, das Zechengelände vor möglichen Übergriffen zu sichern sowie durch den Schutz von Streikbrechern die Aufrechterhaltung der Förderung zu gewährleisten. Ihre

befristete unbesoldete Tätigkeit in einer Ordnungsformation erinnert an das Vorbild der Bürgerwehren, die in der ersten Jahrhunderthälfte von Fall zu Fall gebildet worden waren; ihre Mobilisierung nur für Zwecke der Streikunterdrückung und ihre enge Bindung an Unternehmerinteressen stellen sie dagegen in den Kontext moderner Klassenkonflikte. Die Zechenwehren waren nach dem großen Bergarbeiterstreik von 1889 vor allem im westfälischen Teil des Ruhrreviers eingerichtet worden und erreichten den Höhepunkt ihrer Verbreitung nach dem Kohlestreik von 1905. Gegen Ende dieses Arbeitskampfes waren auf 117 Zechen 2562 Mann als Hilfspolizisten vereidigt und bewaffnet worden. Damit übertrafen die Zechenwehren rein quantitativ die zum Streikdienst mobilisierten regulären Polizeikräfte, die gerade auf 2094 Beamte kamen.
Während bei den privat besoldeten Zechenpolizisten meist das Interesse der Unternehmen am Einsatz eines staatlich legitimierten Ordnungsagenten zur Sicherung von Ruhe und Disziplin in Werk und Werkssiedlung den Ausschlag gab, trat im Falle der Zechenwehren der Staat als treibende Kraft auf. Das staatliche Drängen auf Einrichtung dieser semipolizeilichen Hilfskorps war Bestandteil einer Umorientierung der obrigkeitlichen Kontrollstrategie gegenüber großen Streiks. Nach den blutigen Streikeinsätzen der Armee im Jahre 1889 setzten Zivil- und Militärbehörden viel daran, zukünftigen Arbeitskämpfen ohne Militärunterstützung zu begegnen. Die Polizei allein schien jedoch auch nach massiver Personalvermehrung für die erfolgreiche Abschirmung der Streikbrecher gegen die Pressionen der Ausständischen zu schwach; da aber der „Schutz der Arbeitswilligen“ und damit letztlich der Streikbruch seit den 90er Jahren zum immer vordringlicheren Ziel des Polizeieinsatzes geworden war, sollten die Zechenwehren hier Schützenhilfe leisten. Obwohl die Zechenunternehmen an einer Streikeindämmung massiv interessiert waren, standen sie der Wehridee zunächst äußerst reserviert gegenüber und einige, etwa die Harpener Bergbau AG, verweigerten konsequent jede Mitarbeit. Sie erinnerten daran, daß die Aufrechterhaltung von Ruhe und Ordnung lediglich Sache des Staates sei und befürchteten vor allem, daß der Polizeieinsatz von Steigern und Meistern die Beziehungen zwischen Arbeitern und Aufsichtspersonen auf lange Zeit vergiften würde. Viel lieber hätten die Unternehmen Streiks durch einen harten und schnellen Militäreinsatz niederschlagen lassen, als sich selbst mit den unkalkulierbaren Risiken innerbetrieblicher Konfrontationen zu belasten. Erst nachdem die Innenbehörden an ihrer Entschlossenheit zur Demilitarisierung der Streikkontrolle keinen Zweifel ließen und den Unternehmen weitgehende Zugeständnisse bei der Auswahl, dem Einsatz und der praktischen Verfügung über die Schutzwehren machten, erklärten sich die meisten westfälischen Zechen zur Mitarbeit bereit.
In der Praxis blieb die Bedeutung der Zechenwehren freilich hinter dem zurück, was aufgrund der großen Zahl der Wehren zu vermuten wäre. Auch während der folgenden Arbeitskämpfe lag das Hauptgewicht bei der kommunalen und staatlichen Polizei bzw. 1912 beim Militär. Wohl brachten die semipolizeilichen Wehrverbände einige Entlastung für die Polizei. Zugleich trugen sie aber zur Eskalation der Auseinandersetzungen bei: den Streikenden waren die Wehrmänner besonders verhaßt und diese wiederum neigten zum Teil zur Überschreitung ihrer Befugnisse und zu Übergriffen gegenüber den Ausständigen.
Insgesamt waren die symbiotischen Beziehungen zwischen betrieblicher Herrschaft und obrigkeitlicher Gewalt im Ruhrrevier recht widersprüchlicher Natur. Sie desavouierten durch ihre offensichtliche Parteilichkeit zugunsten des Unternehmerlagers den Gemein-

wohlanspruch der Staatsgewalt und mußten so die Legitimität der Ordnungsmacht in Frage stellen, die doch durch den angestrebten Rückzug des Militärs aus den Streikauseinandersetzungen gefestigt werden sollte. Das Modell einer bloß durch innerbetriebliche Funktionen und Betriebsloyalität qualifizierten Hilfspolizei unter weitgehend privater Kontrolle lief dem allgemeinen Trend zur Verberuflichung der Ordnungskräfte entgegen. Und schließlich bedeutete die Verzahnung privater und staatlicher Herrschaftsgewalt eine signifikante Beschränkung des staatlichen Gewaltmonopols – zumindest soweit damit ein homogener, allein staatlich alimentierter, nur öffentlichen Interessen verpflichteter, den Regeln bürokratischer Organisation folgender Apparat von Berufspolizisten verbunden wird. In einem weiteren Sinne freilich wird das staatliche Gewaltmonopol eher bestätigt: sowohl die große Skepsis der Unternehmer gegenüber den Zechenwehren als auch umgekehrt ihr starkes Interesse an den individuellen Zechenpolizisten verweist darauf, daß die Wahrnehmung von Ordnungsfunktionen unter Gewalteinsatz als genuin staatliche Aufgabe verstanden wurde. Zechenpolizisten und Wehren kamen nicht ohne staatliche Legitimation aus. Dies unterscheidet sie sehr von den privaten Polizeitrupps, die z. B. in den USA zu ganz ähnlichen Zwecken im Auftrag von Unternehmern agierten.

H. Reinke

Großstadtpolizei: Sicherheit und Ordnung in rheinischen Städten, 1890–1923

Im letzten Jahrzehnt vor der Jahrhundertwende und in den Jahren vor dem ersten Weltkrieg läßt sich ein kontinuierliches Anwachsen der Polizeiapparate in den Großstädten des Deutschen Reiches beobachten. Nicht immer wurde dieser Vorgang positiv bewertet: Ein Mitglied der Elberfelder Stadtverordneten-Versammlung qualifizierte 1903 den „Ruf nach polizeilichem Schutz“ als „Mode geworden beim Deutschen“ ab.
Aber dennoch gab es aus der Sicht städtischer Eliten eine Reihe von Problemen, denen mit dem Einsatz der Polizei begegnet werden mußte. Die Kriminalität war eines dieser Probleme. Zwar war die Kriminalität in vielfacher Hinsicht nicht das Hauptproblem, dem sich die Polizei gegenübersah, aber trotzdem gab es eine Reihe von Bedrohungen, die Gefühle der Unsicherheit hervorriefen. Dazu gehörten Eigentumsdelikte, aber auch Aggressionen gegenüber Frauen wurden vielfach als Sicherheitsprobleme thematisiert. Eigentumsdelikte versuchte man häufig mit Hilfe der sich im Kaiserreich herausbildenden privaten Sicherheitsdienste, den Wach- und Schließgesellschaften, vorzubeugen.
Wichtiger jedoch als die Maßnahmen zur Bekämpfung der Kriminalität waren die polizeilichen Strategien, die der Aufrechterhaltung der städtischen Ordnung dienten. „Ordnung“ hatte dabei viele Facetten. „Ordnung“ bedeutete dabei nicht nur die zunehmende organisatorische Verfestigung und Bürokratisierung städtischer Strukturen; „Ordnung“ meinte auch das polizeiliche Vorgehen gegen „unordentliches“ Verhalten in der Öffentlichkeit und gegen „abweichende“ Personengruppen. Beides war oft identisch. Die ausufernde polizeiliche Strafverfügungspraxis ist ein Indikator dieses Kampfes gegen die „Unordentlichkeit“. Bestimmte Verhaltensweisen von Jugendlichen, Alkoholismus in der Öffentlichkeit, Prostituierte als Gruppe insgesamt, aber auch das Nicht-Einhalten von Melderegelungen und (zunehmend) Verkehrsdelikte – um nur einige Beispiele zu nennen – umfaßten diesen Bereich.

Ein Problem, das die öffentliche Sicherheit und die öffentliche Ordnung gleichermaßen tangierte, war die organisierte Arbeiterbewegung. Diese Einschätzung variierte unter den konservativen und den nationalliberalen Eliten des Kaiserreichs nur marginal.
Während „Sicherheit und Ordnung" bis zum Ersten Weltkrieg von großstädischen Eliten vielfach noch als ein originär städtisches Problem gesehen wurden, so läßt sich mit Beginn der zwanziger Jahre ein Auseinanderfallen konstatieren: „Sicherheit" wird endgültig zu einer staatlichen Aufgabe; „Ordnung" dagegen markiert den städtischen Bereich. Dieses hatte sich bereits mit der Verstaatlichung bestimmter großstädtischer Polizeiverwaltungen im Kaiserreich angedeutet, die massiven sozialen und politischen Unruhen zu Beginn der Weimarer Republik und das aus der Sicht der Zeitgenossen beängstigende Anwachsen der Eigentumskriminalität forcierten diese Entwicklung.

U. D. Nienhaus

Einsatz für die Sittlichkeit. Die Anfänge der weiblichen Polizei im Wilhelminischen Kaiserreich und der Weimarer Republik

Die Einrichtung einer weiblichen Polizei in Deutschland erfolgte relativ spät und hatte verschiedene Wurzeln. Vor dem Ersten Weltkrieg führten verschiedene Reformbestrebungen, besonders die Gefängnisfürsorge, die Jugendfürsorge und Jugendgerichtsbewegung und der absolutionistische Kampf gegen die polizeilich reglementierte Prostitution zur Anstellung sogenannter Polizeiassistentinnen oder Polizeifürsorgerinnen mit unterschiedlicher institutioneller Anbindung für ausdrücklich fürsorgerische und nicht polizeiliche Tätigkeiten.
Anstellungsbedingungen und Tätigkeitsgebiete dieser Frauen variierten je nach Trägern und lokalen Verhältnissen. Diese, aber auch persönliche, individuelle Einstellungen der jeweiligen Stelleninhaberinnen bestimmten über das Ausmaß, in dem „Polizeifürsorge" mehr als ein feministisches Gegenkonzept, als Beitrag zu sozialpolitischen Reformen, oder aber als Modernisierung reglementierender, kontrollierender und strafender Eingriffe „von oben", besonders gegenüber weiblichen Jugendlichen und Frauen der Unterschichten, verstanden wurde.
Gegen Ende des Ersten Weltkriegs betonte die Mehrheit sowohl der deutschen Feministinnen als auch der Polizeifürsorgerinnen die dem Wesen deutscher Frauen angeblich abträgliche Übernahme von Staatsgewalt und sprach sich gegen eine weibliche Polizei für Fürsorgetätigkeit als Gegenmodell zu den Zwangsmitteln staatlicher Polizei aus.
Der Anstoß für eine weibliche Polizei in der Weimarer Republik kam daher von außen, im Zuge der britischen Rheinlandbesetzung, in Köln 1923–25, durch Zusammenarbeit britischer und deutscher Feministinnen. Diese – erfolgreiche – „Frauenwohlfahrtspolizei" wurde jedoch aus finanziellen Gründen bald wieder aufgegeben.
Erst in der zweiten Hälfte der zwanziger Jahre entschieden sich vier deutsche Länder: Preußen, Hamburg, Baden und Sachsen, für jeweils unterschiedliche Organisationsmodelle einer weiblichen Polizei.
In Preußen nahm der Bund Deutscher Frauenvereine erheblichen Einfluß auf die konzeptionelle und institutionelle Gestaltung der Einrichtung, die als „typische Frauenauf-

gabe unserer Zeit", als vorbeugende Hilfe besonders für Kinder, Jugendliche und Frauen, in Zusammenhang mit der Entwicklung von Polizeireformen, der Gestaltung einer „Volkspolizei von heute" und ihren neuen, wissenschaftlich fundierten Methoden gestellt wurde.

Wie die Öffnung anderer (Beamten-)Berufe für Frauen, so stieß auch die Anstellung besonders vorgebildeter Frauen zumindest bei den männlichen Berufsorganisationen der preußischen Kriminalpolizei auf heftige Abwehr. Polizeilicher Außen- und Verwaltungsdienst wurde dabei mit Männlichkeit, Polizeifürsorge dagegen mit Weiblichkeit korreliert, um die weibliche Konkurrenz in Schranken zu halten. Diese Auseinandersetzungen trugen in den ökonomischen und sozialen Krisenjahren am Ende der Weimarer Republik dazu bei, daß weibliche Polizei in Deutschland hauptsächlich auf sogenannte Gefährdetenpolizei beschränkt wurde, die ihrerseits zunehmend stereotype, bürgerlich orientierte Wahrnehmungen von „gefährdeten" männlichen und weiblichen Kindern und Frauen der Unterschichten übernahm.

In meinem Referat werde ich vor allem folgende Aspekte verdeutlichen bzw. problematisieren:

- die Anstöße zur Einrichtung einer deutschen weiblichen Polizei werden hauptsächlich getragen von einer bereits gegen Ende des 19. Jahrhunderts zunehmend international kooperierenden Frauenbewegung. Sie drücken nicht so sehr einen Kampf um neue Erwerbsmöglichkeiten für bedürftige kleinbürgerliche Frauen aus als vielmehr den Kampf gegen eine Frauen und Kinder eklatant benachteiligende Praxis männlicher Staatsgewalt, besonders in Gestalt der – erfolglosen – Sittenpolizei. Das Programm der Feministinnen lautet auf „organisierte Mütterlichkeit" für umfassende Sozialreform anstelle von staatlich unterstützter Doppelmoral, Repression und Gewaltförderung auf Kosten des weiblichen Geschlechts;
- die an den vielfältigen Diskussionen beteiligten Frauen sind sich über die Strategien und zum Teil auch die Zielperspektiven nicht einig. Eine kleine Minderheit deutscher liberaler Feministinnen mit guten internationalen Kontakten vertritt – zumal nach der Durchsetzung des Frauenwahlrechts mit der Weimarer Verfassung – zunehmend einen angelsächsisch beeinflußten Gleichberechtigungskurs, der auf gleiche Rechte und Pflichten weiblicher Polizei, aber auch gleiche Berufschancen und Stellenpositionen wie bei der männlichen Polizei abzielt. Diese Frauen nehmen beim Aufbau einer deutschen weiblichen Kriminalpolizei Schlüsselstellungen ein; die Praxis weiblicher Polizei gegenüber ihrer Klientel wird aber mindestens ebenso stark von den oft aus fürsorgerischer Arbeit hervorgegangenen Beamtinnen vor Ort bestimmt;
- von allen Frauen gemeinsam wird der Aufbau einer weiblichen Polizei eng mit notwendigen, in der Weimarer Republik bereits teilweise eingeleiteten Polizeireformen, der Modernisierung des Strafrechts und der Entwicklung des Wohlfahrtsstaates in den Industrienationen korreliert;
- bürgerliche Herkunft, Erziehung, Ausbildung und Selbstwahrnehmung wie zugleich die Übernahme neuer sogenannter wissenschaftlicher Theoreme prägen sowohl das „Fürsorge"- und „Erziehungs"-konzept wie die Haltung der Frauen zur polizeilichen Außendienstarbeit;
- in den Auseinandersetzungen um weibliche Polizei geht es zugleich um Auseinandersetzungen über Gesellschaftsreform und über „Vater Staat".

Ihren eigentlichen „Aufschwung“ nahm die weibliche Polizei in Deutschland nach 1936; weiblicher Kriminalpolizei unterstanden die Jugend-Kz's Moringen und Uckermarck.
In der Entwicklungsgeschichte der deutschen weiblichen Polizei wären Kontinuitätslinien mindestens von der Weimarer Republik bis in die 1950er Jahre zu verfolgen.

C. Emsley

Policing Industrial Disputes in England and the USA, 1890–1939

The maintenance of public order during industrial disputes is one of the most contentious and dramatic of the tasks of police forces. The new Police in England were created in the midst of the massive changes in the economy which are commonly described as the Industrial Revolution. As a result of this, and as a result of other nineteenth century states looking to the English police model at a time when they also went through an industrialisation process, some historians and social scientists have been tempted to see the New Police largely as a body designed to discipline and hold in check the new working class. Such an interpretation is rather too mechanistic and over-simplistic; yet it is true to say that the New Police were created, at least in part, to establish a new perception of order on the streets and that, as the nineteenth century wore on, the police were increasingly recognised as the first line of defence against riot and disorder. The aim of this paper is to explore how the police of England and the USA were employed during industrial disputes from the late nineteenth century to the beginning of World War II. The comparison is used as a means of highlighting differences and similarities between the organisation and practice of the police in the two countries.
The paper begins with an outline of the systems of policing in England and the USA at the close of the nineteenth century comparing, in particular, the three kinds of police in England – London metropolitans, municipal and county – and the encroachment of the unitary state, with the plethora of police systems in the federal USA. The policing of industrial disputes is then compared country by country beginning with England. Here the limits of English police action are discussed together with the increasing centralisation in such disputes through the pre-war strike wave, the First World War itself, and the alarm generated by the Russian Revolution. But while centralisation increased, and while some chief constables tended to equate trade union activism with bolshevism, the actual problem and tasks of policemen on the ground changed little.
The structure of local government in the USA created problems of partiality on the part of the police – sometimes in favour of the strikers, sometimes against. Employers sought to solve the former problem by recruiting private detectives to break strikes with, in some instances violent and bloody results. Industrial disputes during World War I led to further violence and brutality as vigilante groups – sometimes deputized by partial police – branded strikers as alien subversives. But while the FBI replaced many of the detectives' investigative tasks in industry the federal government remained unwilling, and unable, to attempt any centralised direction of policing.

16. Historische Statistik in der wirtschafts- und sozialgeschichtlichen Forschung: Ergebnisse und Methoden

Leitung: *K. H. Kaufhold (Göttingen)*

K. H. Kaufhold: Einleitung

F. Irsigler (Trier): Forschungen zur Geschichte der Preise sowie zur Geld- und Währungsgeschichte im späten Mittelalter und der frühen Neuzeit

W. von Hippel (Mannheim): Historische Statistik des Herzogtums Württemberg vom 15./16. bis zum 18./19. Jahrhundert

U. Albrecht/K. H. Kaufhold (Göttingen): Das preußische Gewerbe 1750 bis 1850 im Spiegel der historischen Statistik

A. Kunz (Mainz): Historische Statistik der deutschen See- und Binnenschiffahrt im 19. und 20. Jahrhundert

O. Schwarzer (Bamberg): Die räumliche Ordnung der Wirtschaft in Deutschland um 1910 auf historisch-statistischer Grundlage

R. Hohls (Berlin): Die Entwicklung der regionalen Erwerbsstruktur im Deutschen Reich und in der Bundesrepublik Deutschland 1895–1970

K. H. Kaufhold

Einleitung

Diese Sektion knüpft an die von Jürgen Schneider, Bamberg, und mir geleitete Sektion auf dem Historikertag in Bamberg 1988 (Zur Anwendung von EDV-Arbeitstechniken in den Geschichtswissenschaften) an: Standen dort die Technik und die Methoden im Vordergrund, so sollen hier einige mit diesen Methoden und Techniken gewonnene Ergebnisse vorgestelt werden.

Historische Statistik ist, vereinfacht formuliert, das Verfahren, mit dem geschichtliche Erscheinungen vorzugsweise aus wirtschaftlichen und gesellschaftlichen Gebieten in Zahlen erfaßt, also quantitativ dargestellt werden. Anders ausgedrückt, handelt es sich um die Anwendung von statistischen Arbeitsweisen auf historische Phänomene wie Strukturen oder Prozesse. So leicht sich solche Definitionen lesen, so schwierig kann die Realisierung der historischen Statistik in der Praxis sein, und entsprechend lange und heftig war sie in der Geschichtswissenschaft umstritten. Dazu trug wahrscheinlich auch ein gewisser Sendungsanspruch bei, den einige ihrer Vertreter am Anfang mit dem Ziel erhoben, das Geschichtsbild auf quantitativer Grundlage grundlegend zu verändern, ein Anspruch, der inzwischen einer nüchternen Betrachtung der Möglichkeiten wie der Grenzen der Methode gewichen ist. Die historische Statistik scheint damit zumindest in der Wirtschafts- und Sozialgeschichtsforschung, doch wohl auch in der Geschichtswissenschaft allgemein etabliert zu sein, und sie ist dabei nach ihrem Selbstverständnis gleich weit entfernt von einem Mauerblümchen wie von der Forderung, von ihr aus die historische Wissenschaft zu erneuern.

Historische Statistik ist überall dort anwendbar, wo sich geschichtliche Erscheinungen quantitativ und mit statistischen Methoden behandeln lassen. Sie hat damit ein Anwendungsfeld, das grundsätzlich so umfassend ist wie die Geschichtswissenschaft überhaupt. Dabei setzen die Quellen oft enge Grenzen, und diese sind im allgemeinen um so strenger, je weiter der Blick zurück in die Vergangenheit geht. Dennoch ist die verbreitete Rede von einem „vorstatistischen Zeitalter", das für die Periode vor 1850 angenommen wird, in dieser generellen Form nicht gerechtfertigt. Sicher nimmt die Dichte der quantitativen Überlieferung mit der Annäherung an die Gegenwart rasch zu, und auch ihre Zuverlässigkeit steigt tendenziell. Doch darf daraus nicht geschlossen werden, für die ältere Zeit sei die Statistik unzureichend oder sie fehle überhaupt.

Die Sektion will einmal diesem Vorurteil entgegenwirken, indem sie die Periode vor 1850 stärker als üblich betont (Irsigler, von Hippel, Albrecht/Kaufhold, zum Teil Kunz), zum anderen die sachliche Breite der Anwendung der historischen Statistik verdeutlichen. Sie greift daher so verschiedene Gebiete wie die Preis-, Geld- und Währungsgeschichte (Irsigler), die statistische Gesamtdarstellung eines frühneuzeitlichen Territoriums (von Hippel für Württemberg), das Gewerbe (Albrecht/Kaufhold für Preußen), den Verkehr (Kunz für die Schiffahrt) und schließlich die räumliche Ordnung der deutschen Wirtschaft (Schwarzer) sowie die Entwicklung der regionalen Erwerbsstruktur (Hohls) auf. Strukturanalysen und die Darstellung von zum Teil langfristigen Prozessen greifen dabei ineinander und machen die vielfältigen Möglichkeiten der historischen Statistik deutlich.

Die meisten Referate sind aus Forschungen im Rahmen des Schwerpunktprogramms der Deutschen Forschungsgemeinschaft „Quellen und Forschungen zur historischen Statistik von Deutschland" hervorgegangen, das die historische Statistik nachhaltig gefördert hat.

F. Irsigler

Forschungen zur Geschichte der Preise sowie zur Geld- und Währungsgeschichte im späten Mittelalter und der frühen Neuzeit

Im Rahmen der von Lord Beveridge nach der großen Wirtschaftskrise der 1920er Jahre initiierten Forschungen des Internationalen Komitees zur Erforschung der Preise sammelte eine von Moritz J. Elsas geleitete Arbeitsgruppe umfangreiches Material, das nach der Emigration von Elsas 1936–49 in Leiden zum Teil publiziert wurde. Der dreibändige „Umriß einer Geschichte der Preise und Löhne in Deutschland" umfaßt Daten für die Städte München, Augsburg, Würzburg, Frankfurt/M., Leipzig und Speyer. Die Datenauswahl – Grundlage bildeten meist Rechnungsserien – erfolgte nach der von Jean Meuvret vorgeschlagenen Methode, d. h. man beschränkte sich bei dichten Preisserien auf die erste Preisangabe eines Monats. Die Umrechnung der Preise und Löhne in Silberäquivalente war problematisch; nicht zuletzt deshalb sind von Anfang an mit Recht Zweifel an der Zuverlässigkeit der Daten erhoben worden. In Ermangelung besserer Grundlagen hat Wilhelm Abel, dem es gelang, das Elsas-Archiv nach Göttingen zu holen, die veröffentlichten und die nicht publizierten Daten intensiv für seine konjunktur- und preisgeschichtlichen Arbeiten genutzt.

Seit dem 18. Jahrhundert wurden daneben zahlreiche Preisserien unterschiedlicher Qualität publiziert, teils in quellennaher, teils in aggregierter Form, fast ausschließlich Nominalpreise, d. h. unter Verzicht auf Umrechnung in Edelmetalläquivalente. Die Möglichkeiten der EDV wurden erstmals in der zweibändigen Edition der Kölner Getreidepreise, Marktmengen, Brotgewichte und Brotpreise zwischen 1531 und 1797 durch Dietrich Ebeling und Franz Irsigler intensiv eingesetzt; die Daten werden teils quellennah (Wochenpreise und -mengen), teils aggregiert (Monatsreihen, Erntejahrreihen) dargeboten. Auf eine Deflationierung der Rechengeldeinheiten mußte wegen des unzureichenden Forschungsstandes verzichtet werden.

Die immer deutlicher zutage tretende Forschungslücke in der Geld- und Währungsgeschichte des späten Mittelalters und der frühen Neuzeit versuchte ein von der Stiftung Volkswagenwerk 1980–86 gefördertes Trierer Projekt ein wenig zu schließen, mit einigem Erfolg für den niederländischen (Münzproduktion 14.–18. Jahrhundert) und den weiteren rheinischen Raum (Datenbank mit über 20 000 Währungskursen). In seiner Trierer Dissertation von 1988 bietet Rainer Metz verläßliche Reihen von Edelmetalläquivalenten für die Rechnungswährungen der Städte Köln, Aachen, Düren, Jülich, Xanten, Wesel, Koblenz; überprüft und korrigiert wurden die Elsas-Berechnungen für Frankfurt, Speyer und Würzburg; relativ sichere Daten existieren aufgrund anderer Forschungen für Straßburg, Luzern, Danzig, Krakau und Wien. Damit hat die geld- und währungsgeschichtliche Forschung, mittelbar aber auch die Geschichte von Preisen, Löhnen, Konjunkturen und Krisen eine recht brauchbare, wenn auch weiterhin schmale Grundlage.

Im Rahmen des DFG-Schwerpunkts „Historische Statistik von Deutschland“ wurde die Arbeit der Trierer Projektgruppe zum Thema „Deutsche Agrarpreisstatistik ca. 1400–1800“ von 1981–86 gefördert. Der rheinische Raum sollte gewissermaßen ‚flächendeckend‘ bearbeitet werden, da für zahlreiche Städte, namentlich Düren, Aachen, Trier, Xanten, Düsseldorf, zum Teil sehr lange und dichte Preisreihen (Düren) vorliegen. In einer Datenbank wurden die Informationen, ergänzt durch Preisreihen auch anderer Regionen, quellennah erfaßt; zur Publikation kommen aggregierte Monats- und Jahrespreise. Hierfür stehen an: Ergänzungen der Kölner Reihen, die Dürener Reihen (2 Preise pro Woche) von 1541–1812, die Aachener (1545–1913), die Trierer (1502–1798, mit einigen Lücken) und kürzere Reihen für Geldern, Neuss, Rees, Bonn, Duisburg, Emmerich, Wesel, Düsseldorf, Kaiserswerth, Goch, Elberfeld, Witten und Xanten. Weitgehend erfaßt sind Reihen für Nördlingen, Straßburg, Münster, Bremen, Lüneburg und andere Städte. – Erarbeitet ist auch eine Bibliographie zur mitteleuropäischen Preisgeschichte, die ca. 5000 Titel umfaßt.

Für die wissenschaftliche Auswertung setzt die 1990 erscheinende Dissertation von R. Metz „Währungsstruktur und Agrarpreisstatistik des Niederrheinraumes im europäischen Vergleich“, die auch eine Reihe neuer theoretischer Konzepte bietet, besonders interessante Marken. Wünschenswert erscheint eine intensivere Verknüpfung wirtschaftsstatistischer mit demographischen Daten. Die raumbezogene Analyse von geld- und währungsgeschichtlichen Daten (Münzproduktion, Münzfunde, Währungsnennungen, Kurse) wird in einem Teilprojekt des Trierer SFB 235 für den Raum zwischen Maas und Rhein für die Zeit von ca. 1250–1750 weitergeführt.

W. von Hippel

Historische Statistik des Herzogtums Württemberg vom 15./16. bis zum 18./19. Jahrhundert

Die Erforschung der Wirtschafts- und Sozialgeschichte der frühen Neuzeit ist auf tragfähige quantitative Aussagen zu den wichtigsten ökonomischen Größen angewiesen, um die Entwicklung von Wirtschaft und Gesellschaft für größere Regionen übergreifend und zugleich räumlich differenzierend analysieren zu können. Einschlägige Quellen stehen aber – wenn überhaupt – meist nur für kleine Raumeinheiten in der wünschenswerten Dichte zur Verfügung. Im Fall des Herzogtums Württemberg scheint sich die Chance zu bieten, anhand einer Serie von Querschnitten für eines der größten und geschlossensten Territorien Südwestdeutschlands entsprechende Basisdaten zu gewinnen – in erster Linie solche zu Bevölkerungsstand und -bewegung, in zweiter Linie solche zu landwirtschaftlichen Flächen, Viehbestand, Hausbestand und Gewerbetätigkeit. Bei näherer Prüfung zeigt sich freilich, wie schwierig es ist, das vorliegende Material angemessen zu bewerten, weil Erhebungskriterien und -modalitäten großenteils recht unpräzise waren und daher die Konsistenz des Materials oft erhebliche Mängel aufweist. Das Referat soll daher nicht nur belegen, welche Quellen zur Verfügung stehen, es soll in erster Linie eine Antwort auf die Frage nach den Möglichkeiten und Grenzen der Quellennutzung suchen, indem es den Absichten und Entstehungsgründen der einschlägigen Datenerhebungen und damit zugleich der (sehr zögerlichen) Entwicklung eines „statistischen Bewußtseins" nachgeht und indem es diskutiert, inwieweit der Vergleich von Daten, die zu verschiedenen Zeitpunkten entstanden, zusätzliche Anhaltspunkte bietet, um die Zuverlässigkeit des fraglichen Materials zu überprüfen.

U. Albrecht/K. H. Kaufhold

Das preußische Gewerbe 1750 bis 1850 im Spiegel der historischen Statistik

Das Forschungsvorhaben:
In diesem Beitrag soll über ein Forschungsvorhaben im Rahmen des Schwerpunktprogramms der DFG „Quellen und Forschungen zur historischen Statistik von Deutschland" berichtet werden, das die preußische Gewerbestatistik vor 1850 zum Gegenstand hat. Ziel dieses Vorhabens ist es, in möglichst großem Umfange quantitative Angaben zum preußischen Gewerbe zu sammeln, auszuwerten und die wesentlichen Ergebnisse in Form von knapp kommentierten Datenhandbüchern zu veröffentlichen. Dabei wurden nur die auf den höheren Verwaltungsebenen aggregierten historisch-statistischen Daten erfaßt, also die vom gesamten Staat bis hinunter zur Ebene der Regierungsbezirke oder Bergämter. Die wichtigsten Quellen dafür boten für die Zeit bis 1806 die sogenannten Historischen sowie die sogenannten General-Fabrik-Tabellen, für die Zeit ab 1815 die Gewerbetabellen. Einige andere Quellen traten hinzu. Zum Teil ergänzen oder erläutern sie die Ziffern der genannten Tabellen. Dann erscheinen sie in den Veröffentlichungen als Fußnoten.
Quellen:
Die Quellenlage erwies sich günstiger als erwartet: Wir haben für die Zeit vor 1850, für

die statistische Informationen als spärlich oder als gar nicht vorhanden galten („Vorstatistisches Zeitalter"), umfangreiches quantitatives Material in den Archiven und Bibliotheken ermittelt. Es reicht im allgemeinen von regelmäßig über einen längeren Zeitraum erhobenen und ganz Preußen behandelnden statistischen Tabellen bis hin zu verstreut in Texten enthaltenen Einzeldaten.

Seit etwa 1750 (einige Überlieferungen reichen sogar bis in das 17. Jahrhundert zurück) gibt es für Preußen statistisches Material über alle wichtigen Bereiche der Wirtschaft und damit auch über das Gewerbe. Im Rahmen der kameralistischen Gewerbepolitik wurden besonders nach 1740 zum Teil umfangreiche Erhebungen über die Gewerbe angestellt, die für den überörtlichen Absatz arbeiteten („Fabriken"). Es ist daher möglich, für alle preußischen Provinzen bis in den Anfang des 19. Jahrhunderts reichende Zeitreihen zu erstellen.

Ab 1815 wurde dann durch das 1805 gegründete Königliche Statistische Bureau auch die Gewerbestatistik für Preußen neu organisiert. Seit 1816 wurden alle drei Jahre einheitliche, im Laufe der Zeit erweiterte Gewerbetabellen erhoben. Sie enthielten hauptsächlich die Zahlen der Beschäftigten, zum Teil auch die wichtiger Produktionsmittel (z. B. der Webstühle). Sie sind in unterschiedlichem Umfange erhalten und veröffentlicht worden (am ausführlichsten für 1849). Zum letzten Male wurden sie 1861 im Rahmen einer Zollvereinserhebung ermittelt.

Die bildliche Umsetzung numerischer Daten ist nicht mehr nur reine Dokumentation des vorgefundenen Materials, sondern ein wichtiger Schritt auf dem Weg zur Analyse. Thematisch orientierte Karten zeigen auf „einen Blick" Entwicklungstendenzen, räumliche Verteilung und gewerbliche Verdichtungen.

Stellt man z. B. ausgewählte textilgewerbliche Sektoren auf der Ebene der preußischen Regierungsbezirke im Querschnitt des Jahres 1837 kartographisch dar [1], wird die Verteilung der Betriebe in der Maschinenspinnerei der Rheinprovinz nach Baumwolle, Streichgarn und Kammgarn deutlich. Im Vergleich der fünf Regierungsbezirke fällt das starke Übergewicht der Maschinenspinnerei insgesamt im Norden der Provinz auf. In Form von größeren Tortendiagrammen in den Regierungsbezirken Aachen und Düsseldorf bestätigt sich unsere Kenntnis über die Bedeutung der niederrheinischen Gewerbelandschaft für das preußische Textilgewerbe: Die Tortenabschnitte für Baumwoll- und Streichgarnherstellung im Regierungsbezirk Düsseldorf weisen auf einen höheren Grad der Mechanisierung in der Spinnerei [2], aber auch auf die große Bedeutung der dort ansässigen mechanisierten Garnherstellungsbetriebe hin.

Ein Vergleich mit der Anzahl der Spindeln in den Betrieben der Maschinenspinnerei gibt Aufschluß über die sektoral und regional unterschiedlichen Betriebsgrößen in diesem Bereich des Textilgewerbes: Im Durchschnitt hatte eine Baumwollmaschinenspinnerei im Regierungsbezirk Düsseldorf ungefähr 2000 Spindeln, eine Streichgarnspinnerei im Regierungsbezirk in der Regel nur 1000 Spindeln.

Deutlich werden die unterschiedlichen Betriebsgrößen in der Maschinenspinnerei auch

[1] Die während des Vortrages verwendeten Karten, die mit Hilfe eines EDV-Softwareprogramms THEMAK2 an der FU Berlin erstellt wurden, sind farbig und konnten daher an dieser Stelle nicht reproduziert werden.

[2] Die offizielle preußische Gewerbestatistik gibt in der Zeit vor 1850 keine Auskunft über die Art der Maschinen.

am Beispiel der Provinz Schlesien. Setzt man die Zahl der Betriebe kartographisch um, so ist eine Dominanz von Streich- und Kammgarnherstellung zu erkennen. Leinen und Baumwolle erscheinen unerheblich. Eine Karte, die die Anzahl der Spindeln in Schlesien darstellt, zeigt aber, daß zumindest in den Regierungsbezirken Liegnitz und Breslau Leinen und Baumwollgarnherstellung eine weitaus größere Bedeutung hatte, als die Zahl der Betriebe vermuten läßt.
Deutlicher als in den Karten einzelner preußischer Provinzen treten die Zentren der mechanisierten Garnherstellung in Preußen in der Mitte des 19. Jahrhunderts auf einer gesamtpreußischen Karte zur Verteilung von Betrieben und Spindeln der Maschinenspinnerei hervor.
Bei der Anzahl der Betriebe gibt es in Preußen offensichtlich ein Übergewicht der Streich- und Kammgarnherstellung – eine Ausnahme bildet lediglich Berlin. In den westlichen Provinzen ist das Bild hingegen wesentlich differenzierter: In einigen Regierungsbezirken der rheinischen und westfälischen Provinzen sind die Anteile bei der Baumwollherstellung nicht unerheblich. Bei den Spindeln treten die bekannten wichtigen Standorte der Maschinenspinnerei noch deutlicher zu Tage. Um nur einige Beispiele hervorzuheben: Auffällig ist die Bedeutung der Baumwollgarnherstellung in Berlin und im Gebiet des Niederrheins.
Soweit ein kurzer Einblick in die Ergebnisse unserer Forschungen. So gut sich die kartographische Darstellung quantitativer Daten auch eignet, sie bedarf jedoch immer einer Ergänzung durch die absoluten Zahlen auch auf der Ebene kleinerer territorialer Einheiten (Städte und Kreise) und vor allem durch die im Datenhandbuch enthaltenen quellenkritischen Anmerkungen.

A. Kunz

Historische Statistik der deutschen See- und Binnenschiffahrt im 19. und 20. Jahrhundert

Im Rahmen eines Forchungsprojekts zur historischen Verkehrsstatistik Deutschlands im 19. und 20. Jahrhundert, das seit 1986 am Arbeitsbereich Wirtschafts- und Sozialgeschichte der Freien Universität Berlin durchgeführt und von der Deutschen Forschungsgemeinschaft im Rahmen des Schwerpunktprogramms „Quellen und Forschungen zur Historischen Statistik von Deutschland“ gefördert wird, werden Langzeitreihen zur Entwicklung der Binnen- und Seeschiffahrt in Deutschland seit ca. 1815 zusammengestellt. Diese Reihen werden dem späteren Benutzer Auskunft geben können über die Entwicklung des Verkehrsaufkommens (Personen- und Gütertransport, Schiffsfrequenz) auf etwa 60 Wasserstraßen Deutschlands, über die Entwicklung der Umschlagsleistung von nahezu 100 Binnen- und Seehäfen sowie über die Entwicklung der Infrastruktur (Binnen- und Seeschiffsflotte, Wasserstraßen- und Hafenbau). Auch Angaben zur effektiven Leistung – ausgedrückt in Personen- bzw. Tonnenkilometern – werden, soweit verfügbar, gesammelt und bereitgestellt.
Methodisch orientieren sich diese Arbeiten zur Grundlagenforschung an einem Gesamterhebungskonzept, dem die Produktionsfunktion des Wirtschaftssektors „Verkehr“ zugrunde liegt. Dabei werden Daten zu den Einsatzfaktoren (Infrastruktur, Betriebsstoffe,

Arbeitskräfte) wie auch zu Produktionsergebnis (Transportleistung) erhoben. Die Daten werden aus veröffentlichten und unveröffentlichten amtlichen und halbamtlichen Statistiken sowie aus Vereins- und Betriebsstatistiken erhoben. Besonders für die frühe Zeit (1815–1860) wird verstärkt auf archivalisches Material sowie – exemplarisch – auf zeitgenössische statistische Literatur zurückgegriffen. Sinn und Zweck der Erhebung ist es allerdings, sogenannte „harte", d. h. verifizierbare, Daten zu sammeln und aufzubereiten. Deshalb wird besonders für die Zeit vor der amtlichen Statistik mit der gebotenen Vorsicht und rigoroser Quellenkritik gearbeitet. Auch werden frühe Zahlen bzw. Reihen gerade in bezug auf die Materialbasis ausführlich dokumentiert.
Die Ergebnisse dieser Arbeiten sollen in Form von Datenhandbüchern auszugsweise publiziert werden (in der Reihe „Quellen und Forschungen zur Historischen Statistik von Deutschland", Scripta Mercaturae Verlag). Der volle Datensatz wird voraussichtlich später auch in Form einer elektronischen Datenbank zur Verfügung gestellt werden können; dies würde nicht nur einen flexibleren Zugriff auf die Daten ermöglichen, sondern auch deren grafische oder kartografische Umsetzung.
Die Hauptzielrichtung der Arbeiten zur historischen Statistik der deutschen See- und Binnenschiffahrt seit ca. 1815 ist das Bereitstellen von Daten für die weitere Forschung. Es handelt sich also letztlich um eine Art wissenschaftliches Dienstleistungsunternehmen. Dabei ist zu bemerken, daß diese Daten nicht nur für den Spezialisten, also den Schiffahrts- oder Verkehrshistoriker von Interesse sein dürften. Da die Reihen regional tief gegliedert sind, können sie z. B. für die Regional- oder auch Lokalforschung von erheblicher Bedeutung sein. Auch ist das Spektrum der Erhebungskategorien bewußt weit gefaßt worden, so daß ein direkter Bezug zur Wirtschafts- wie auch zur Sozialgeschichte besteht. So werden etwa die auf Binnenschiffen oder in Seehäfen umgeschlagenen Güter einzeln oder nach Gruppen ausgewiesen, also wichtige Kategorien der Handelsgeschichte abgedeckt. Die hier erstmals zusammengestellten Reihen können daher beispielsweise auch als Basis für Analysen von Güterbewegungen in regionalen, überregionalen oder sogar globalen Märkten dienen und damit einen wichtigen Forschungsbereich der Wirtschaftsgeschichte „bedienen". Auch für die Sozialgeschichte werden Daten erhoben, die über sozialgeschichtliche Elemente der Verkehrsgeschichte (etwa: Sozialgeschichte des Reisens) hinausgehen. So werden beispielsweise im Rahmen der Seeschiffahrtstatistik auch Angaben zur Auswanderung über deutsche Seehäfen (insbesondere Bremen) erfaßt und damit der späteren Forschung zur Verfügung gestellt.

O. Schwarzer

Die räumliche Ordnung der Wirtschaft in Deutschland um 1910 auf historisch-statistischer Grundlage

Richtig abgegrenzte Wirtschaftsregionen legen es nahe, diese als Systeme zu interpretieren, wobei geographische Gegebenheiten lediglich einen äußeren Rahmen bilden. Da sich die Untersuchung im wesentlichen auf das Gebiet des Deutschen Reiches, also eine räumlich abgrenzbare Einheit in der Mitte Europas bezieht, werden aus einem dynamischen offenen Systemmodell „Staat" die Determinanten und Ansätze für Erklärungsvariablen des Teilaspekts „Wirtschaftsstruktur" isoliert.

Den Ausgangspunkt für wirtschaftliche Aktivität im Wirtschaftsraum definiert der Verfasser als Kombination der sachlichen und räumlichen Ausprägungen des Entwicklungsstandes einer Region (Determinanten). Sie kann man als Faktorausstattung und Raumstruktur bezeichnen. Beide Determinanten bedingen sich gegenseitig, und die Möglichkeiten für das Handeln Einzelner hängen von dem zu Beginn der Handlung vorhandenen Datenkranz ab.
Operationalisiert ist der Begriff „Entwicklungsstand" ein Strukturquerschnitt und damit definierbar als Gruppe von Bestandsmerkmalen.
Entsprechend der zu entwickelnden Raumvorstellung wird der Wirtschaftsraum Deutschland in vier Kategorien geteilt: Kerne, Übergangszonen, Randlagen und Portagen. Innerhalb der daraus gebildeten Großräume wird gemäß einer hierarchischen Vorstellung wiederum unterteilt. Instrumentalisiert ergeben sich aus der Vorstellung über Raumstrukturen zehn abgestufte Kategorien von Raumtypen.
Indikatoren für einen Vergleich von Regionen sind die Wirtschafts- und die Siedlungsstruktur. Daraus lassen sich verschiedene Datenkombinationen als Kennzahlen bilden. Um vergleichbare Meßzahlen zu erhalten, wurde der Datensatz der einzelnen Kreise einer Clusteranalyse unterzogen und die Kreise den Raumkategorien entsprechend eingruppiert. Das Ergebnis ist in Abb. 1 zu sehen.
Parallel wird mit theoretisch entwickelten Definitionen, ausgehend von raumwirtschaftlichen Theorien (Christaller, Lösch), eine Reichweitenstruktur der zentralen Orte aufgebaut. Dabei ist festzustellen, daß es im System der zentralen Orte Deutschlands um 1910 eine starke Ungleichverteilung gibt, da in ländlichen Gegenden Mittel- und Kleinstädte „Großstadt"funktionen übernehmen müssen. Allerdings ist aus der Verteilung der zentralen Orte nicht unmittelbar eine Feingliederung abzuleiten. Erst mit Nutzung hierarchischer Darstellungstechniken wird die Struktur deutlich. Je Hierarchiestufe können auf homogener Fläche theoretisch alle Punkte, die gleichverteilt sind, nahtlos miteinander zum bekannten Wabenmuster verbunden werden. Aus der Karte (Abb. 2) wird deutlich, daß die Groß- und Mittelstädte relativ gut den theoretischen Annahmen entsprechen. Entwickelt wurde das Modell abwärtsschreitend. Dabei kann man von der Annahme ausgehen, daß jeder Ort geringerer Bedeutung [hier Städte < 190 001 EW und > 90 000 EW] in Richtung seiner benachbarten zentralen Orte [hier Städte > 190 000 EW] aus deren (Angebots-)Reichweite ein Gebiet eigenen Einflusses abtrennt. Durch diese Sekundärteiler werden Gebiete präziser beschrieben. Als Ergebnis erhält man Hinweise auf Raumgrenzen, die hierarchisch und in Verbindung mit Entwicklungsdaten der Zentren raumverlagernd interpretiert werden können. Aus dem entstehenden Mosaik ist gleichzeitig zu schließen, ob benachbarte Städte den gleichen hierarchischen Rang haben. In Abb. 2 sieht man beispielsweise, daß innerhalb der Gruppe der Mittelstädte [hier Städte < 90 001 EW und > 49 000 EW] nicht alle gleichrangig sind. Nur durch Tertiärteiler abgegrenzte Mittelstädte ergänzen das urbane Netz und wirken raumbildend. Andere befinden sich mit niedrigerem Rang in die Räume integriert. Diese Städte wären erst auf einer tieferen Hierarchiestufe und damit in einem feinmaschigeren Netz als raumprägend anzusehen. Solche Städte müßten insbesondere in Grenzgebieten, beispielsweise in Süddeutschland, für Feinanalysen berücksichtigt werden.
Durch Abgleich der beiden Ergebnisse und entsprechende Feinkorrekturen können anschließend Wirtschaftsräume auf der Basis von Kreisen definiert werden. Die Synthese beider Karten ergibt also die Gliederung in Wirtschaftsregionen (siehe Abb. 2).

Abb. 1:

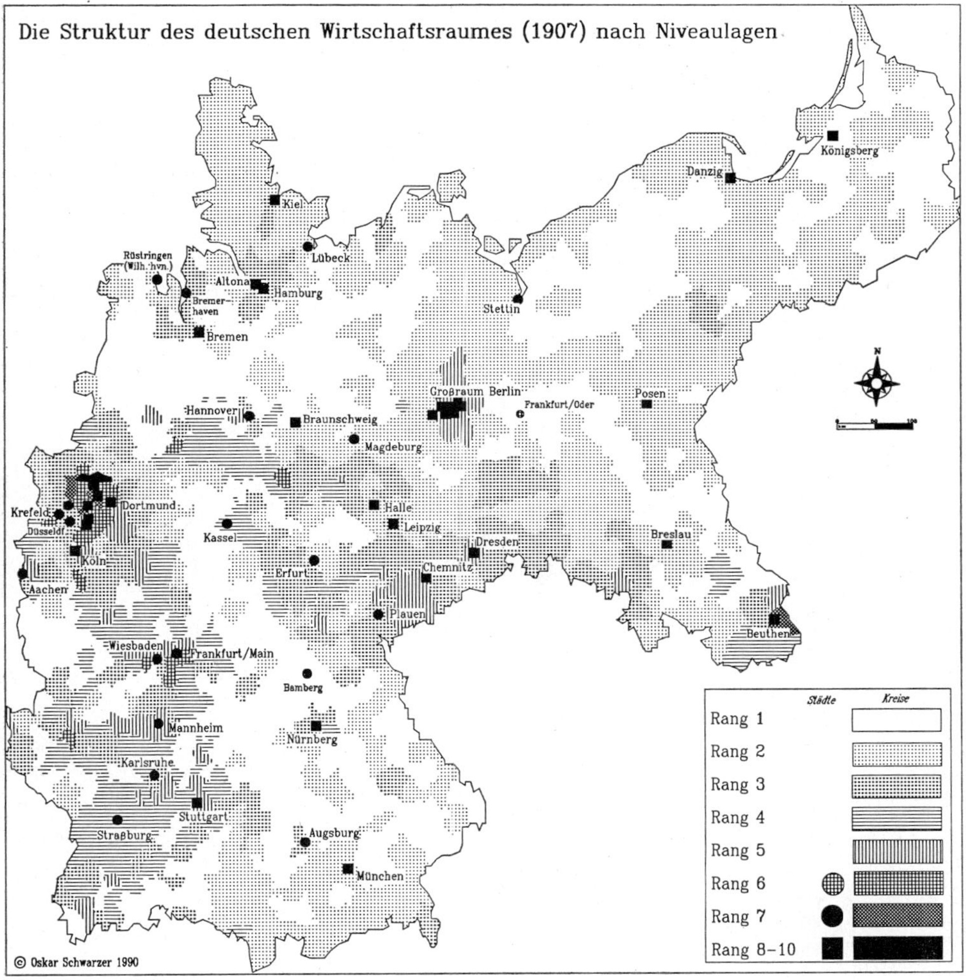

Die Struktur des deutschen Wirtschaftsraumes (1907) nach Niveaulagen
Königsberg
Danzig
Kiel
Lübeck
Rüstringen (Wilh.-hvn.)
Altona
Hamburg
Bremerhaven
Bremen
Stettin
Großraum Berlin
Frankfurt/Oder
Posen
Hannover
Braunschweig
Magdeburg
Dortmund
Krefeld
Düsseldf.
Köln
Aachen
Kassel
Halle
Leipzig
Dresden
Chemnitz
Erfurt
Plauen
Breslau
Beuthen
Wiesbaden
Frankfurt/Main
Bamberg
Mannheim
Nürnberg
Karlsruhe
Stuttgart
Straßburg
Augsburg
München
N
Städte
Kreise
Rang 1
Rang 2
Rang 3
Rang 4
Rang 5
Rang 6
Rang 7
Rang 8–10
© Oskar Schwarzer 1990

Abb. 2:

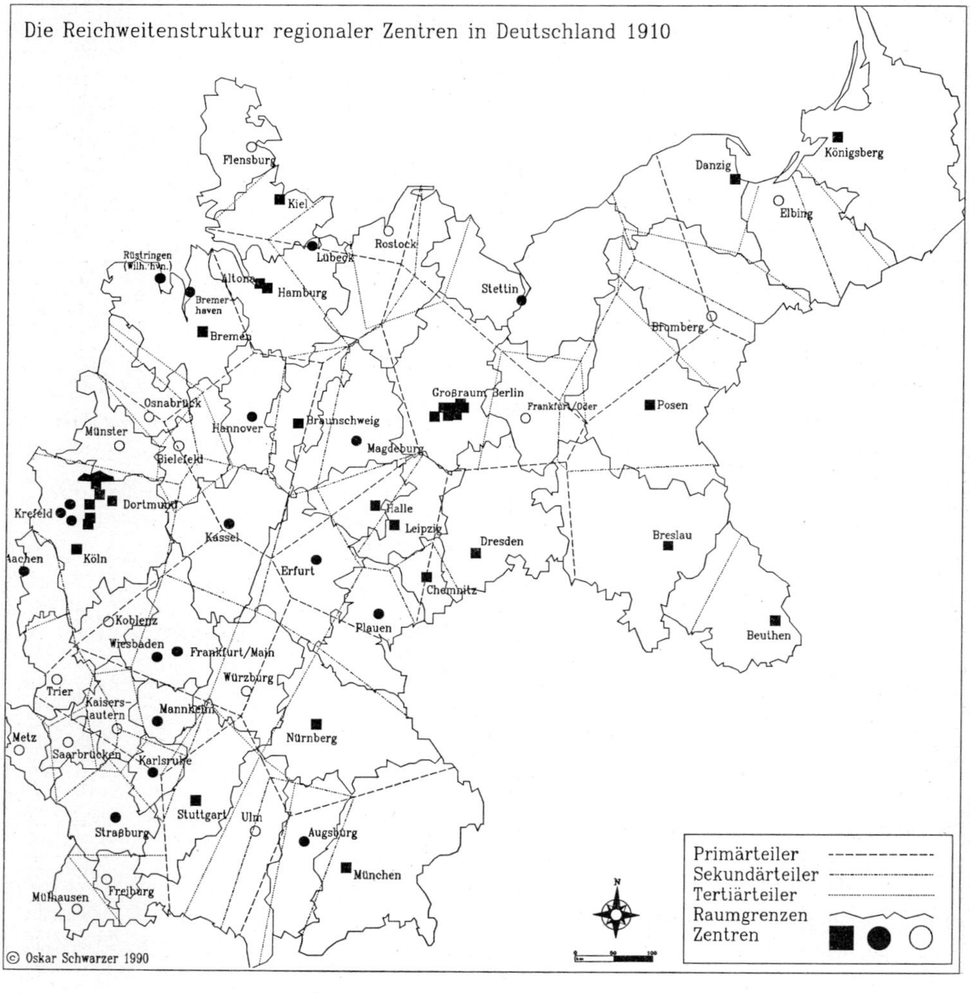

Die Reichweitenstruktur regionaler Zentren in Deutschland 1910

R. Hohls

Die Entwicklung der regionalen Erwerbsstruktur im Deutschen Reich und in der Bundesrepublik Deutschland 1895–1970[1]

An der seit einigen Jahren über das wirtschaftliche Süd-Nord-Gefälle in der Bundesrepublik geführten Debatte fällt auf, wie wenig die langfristige Entwicklung regionaler Unterschiede in der Erwerbsstruktur in die Diskussion einbezogen wird. Zwar drang die monostrukturelle Ausstattung einzelner Regionen als Problem mit den Krisen des Bergbaus, der Werften, Stahl- und Textilindustrie sowie der Landwirtschaft seit den 1960er Jahren verstärkt in das öffentliche Bewußtsein, ähnlich wie gegenwärtig die erheblichen wirtschaftlichen Strukturdifferenzen der beiden deutschen Staaten, jedoch verdeutlichen die Debatten zugleich, wie wenig über die regionalen Disparitäten Deutschlands in der längeren Perspektive bekannt ist. Unser historisches Bild ist von den scharfen regionalen Gegensätzen zwischen einerseits dem industrialisierten Ruhrgebiet, Berlin und Sachsen und andererseits dem agrarischen Osten des Deutschen Reichs geprägt. Anhand der inzwischen publizierten Datensammlung zur regionalen Erwerbsstruktur[2] ist es möglich, Ausmaß und Wandel regionaler wirtschaftlicher Disparitäten zu überprüfen und damit zu beurteilen, wie tiefgreifend das während der Industrialisierung entstandene West-Ost-Gefälle im Deutschen Reich aus heutiger Perspektive war und wie ausgeglichen sich demgegenüber die Unterschiede in der Bundesrepublik ausnehmen.

Langfristige regionale Erwerbsstrukturen sind vor allem ein Indikator für den Wandel der regionalen wirtschaftlichen Ungleichheit. Neben dem regionalen Pro-Kopf-Produkt und der regionalen Arbeitslosigkeit zeigen sie am deutlichsten an, ob sich die regionalen wirtschaftlichen Disparitäten in der langen Perspektive verschärft oder abgemildert haben, ob eine moderne Industriegesellschaft mit immer schärferen inneren Disparitäten belastet ist oder auf eine Entwicklung inneren regionalen Wirtschaftsausgleichs bauen kann, wie sie für die Bundesrepublik besonders im Vergleich zu anderen europäischen Ländern mit ausgeprägten regionalen Gegensätzen wie Italien, Spanien oder Frankreich meist unterstellt wird. Langzeitreihen zur Erwerbsstruktur sind weiterhin wichtig für die regionale Analyse einzelner Branchen. Nur durch eine Gesamtaufnahme der regionalen Erwerbsstruktur eines Landes in ihrer historischen Entwicklung läßt sich beurteilen, wie stark das Ausmaß war, in dem sich regional hochkonzentrierte Branchen wie Kohle, Eisen und Stahl, Chemie oder Verkehr und Handel in bestimmten Regionen zusammenballten; ob die Konzentration einzelner Branchen eher zu- oder abnahm; in welchen

[1] Anfragen bitte an: Rüdiger Hohls, FU Berlin, Institut für Wirtschafts- und Sozialgeschichte, Hittorfstraße 2–4, 1000 Berlin 33.

[2] Die nach Branchen und Regionen standardisierten Daten, die sich auf die Berufszählungen der Jahre 1895, 1907, 1925, 1950, 1961 und 1970 stützen, wurden veröffentlicht unter dem Titel: Hohls/Kaelble, Die regionale Erwerbsstruktur im Deutschen Reich und in der Bundesrepublik 1895–1970, St. Katharinen 1989 (= Bd. 9 der Quellen und Forschungen zur Historischen Statistik von Deutschland). Eine ausführliche Darstellung der Analyse findet sich in: Kaelble/Hohls, Der Wandel der regionalen Disparitäten in der Erwerbsstruktur Deutschlands, 1895–1970, in: Bergmann u. a., Regionen im historischen Vergleich, Opladen 1989.

Regionen, außer den schon bekannten, Arbeitsplätze solcher hochkonzentrierter Branchen zu finden waren. Darüber hinaus braucht man auch für die Untersuchung von Einzelregionen einen regionalen Gesamtüberblick eines Landes oder eines größeren Wirtschaftsraums. Schließlich können die Daten als Hilfestellung für die Untersuchung zu Themen jenseits der eigentlichen Geschichte der Erwerbsstruktur dienen.

Dem Betrachter drängt sich für die Beschreibung der regionalen Unterschiede in der Erwerbsstruktur Deutschlands seit der Industrialisierung das Bild einer Welle auf, an der sich das Ausmaß regionaler Disparitäten im Zeitverlauf ablesen läßt. Im zeitlichen Verlauf weisen statistische Maßzahlen zu den regionalen Unterschieden der Erwerbsstruktur einen wellenförmigen Verlauf auf: Danach verschärften sich die Disparitäten während der Industrialisierung bis zum Ersten Weltkrieg, blieben in einer Übergangsperiode während der Zwischenkriegszeit im Ganzen unverändert und milderten sich seit dem Zweiten Weltkrieg in der Bundesrepublik spürbar ab [3]. Das Einsetzen der Verschärfung der regionalen Disparitäten während der Industrialisierung in der zweiten Hälfte des 19. Jahrhunderts wies Frank B. Tipton in einer Studie über die sektoralen Erwerbsstrukturunterschiede zwischen den preußischen Provinzen und den übrigen Bundesstaaten nach. Im ganzen kam Tipton zu dem Ergebnis, daß sich die Erwerbsstrukturdifferenzen Deutschlands während der industriellen Revolution und in der Hochindustrialisierungsphase kontinuierlich verschärften und sich zwischen den industrialisierenden Regionen an der Ruhr, in Sachsen, Berlin, Oberschlesien und Lothringen auf der einen Seite und den ostelbischen Provinzen Preußens sowie den beiden Mecklenburg andererseits eine immer größere Kluft auftat. Dabei betonte Tipton zugleich die wachsenden Unterschiede zwischen den Industrialisierungsinseln und, daß es auch im Westen des Deutschen Reichs zurückbleibende Agrarregionen gab [4].

In der gemeinsam mit Hartmut Kaelble vorgenommenen Untersuchung konnte auf günstigerer empirischer Basis nachgewiesen werden, daß das von Tipton erfaßte Ansteigen der regionalen Strukturdifferenzen vor dem Ersten Weltkrieg nur der erste Teil einer langfristigen Wellenbewegung war, auf der sich die regionalen Disparitäten zunächst verschärften. Nach einer von starken Disparitäten beherrschten Übergangsphase in der Zwischenkriegszeit sind die regionalen Unterschiede in der Bundesrepublik heute beträchtlich geringer als am Ende des 19. Jahrhunderts. Diese Welle regionaler Disparitäten der Erwerbsstruktur war eine wichtige Entwicklung und schlug deshalb in mehreren Aspekten der Erwerbsstruktur durch: Sie läßt sich in der Mehrzahl der Erwerbssektoren und -zweige erkennen. Sie ist in der Entwicklung der meisten Einzelregionen im Vergleich zum Gesamttrend der Arbeitsmarktentwicklung in Deutschland deutlich. Weiterhin tritt sie sowohl in der Frauenarbeit als auch in der Männerarbeit auf. Dennoch gehört es gewissermaßen zur Natur eines derart langfristigen historischen Wandlungsprozesses, daß der Umbruch von der Verschärfung zur Abmilderung regionaler Disparitäten zeitweise

[3] Die Messung der Unterschiede erfolgte einmal durch die Berechnung branchenbezogener Variationskoeffizienten, die zur Bestimmung der Streuung der einzelnen Erwerbsbranchen über die Regionen des Deutschen Reichs bzw. der Bundesrepublik dienen, und zum anderen durch die Berechnung sogenannter Spezialisierungsindices, mit denen der Unterschied zwischen der regionalen und nationalen Erwerbsstruktur ausgedrückt wird.

[4] Vgl. Tipton, Regional Variations in the Economic Development of Germany during the Nineteenth Century, Middletown/Conn. 1976.

von Sonderentwicklungen in einzelnen Regionen, Branchen oder von gegenläufigen Entwicklungen in der Frauen- und Männerarbeit konterkariert wird.
Die regionalen Disparitäten der Erwerbsstruktur haben sich bis 1925 im Ganzen verschärft. Dies wird vor allem deutlich, wenn man verfolgt, wie sich das Gros der Regionen gegenüber den Haupttrends in der Erwerbstätigkeit des Deutschen Reichs entwickelte. Die statistische Analyse zeigt, daß sich die weit überwiegende Zahl der Regionen zwischen 1895 und 1925 in ihrer Erwerbsstruktur immer stärker vom Reichsdurchschnitt entfernte. Dieser Verschärfungsprozeß der regionalen Erwerbsstrukturdisparitäten läßt sich für die Beschäftigten generell, bei den Männern und vor allem bei den Frauen beobachten. Auch das heutige Territorium der Bundesrepublik, das manchmal schon vor dem Zweiten Weltkrieg als besonders homogen gilt, war von diesen Entwicklungen nicht ausgenommen; zumindest zeigen die statistischen Maßzahlen nach Höhe und Tendenz eine analoge Entwicklung an.
Der Trend zur Verschärfung der regionalen Disparitäten der Erwerbsstruktur endete wahrscheinlich mit den 1920er Jahren. Wann zwischen 1925 und 1950 die Abmilderungstendenzen verstärkt spürbar wurden, welche der außergewöhnlichen ökonomischen und politischen Einschnitte dieser Phase auf die Trendwende starken Einfluß hatten, läßt sich nicht genau entscheiden, da die Berufszählungsergebnisse von 1933 und 1939 nur die Erstellung einer regionalen Erwerbsstrukturstatistik für gröbere Regionen gestatten.
Der Rückgang der regionalen Disparitäten in der Frauen- und Männerarbeit verlief in der Bundesrepublik so markant, daß die regionalen Unterschiede 1970 deutlich milder ausfielen als im Jahre 1895 auf dem gleichen Territorium. Dieser auffällige Prozeß wird von der Abmilderung regionaler Disparitäten in der Industrie- und Dienstleistungsarbeit zu gleichen Teilen getragen. In beiden Wirtschaftssektoren verringern sich die regionalen Unterschiede schon seit 1925 kontinuierlich, weil in den ursprünglich besonders wenig vom Strukturwandel erfaßten stark agrarischen Regionen immer mehr industriell gearbeitet wurde, bzw. der Anteil der Dienstleistungsbeschäftigten besonders in diesen Regionen wuchs. In den zehn agrarischsten Regionen der Bundesrepublik von 1950 stieg bis 1970 fast überall der Industriebeschäftigtenanteil um 10 bis 15 %, und der Anteil der Dienstleistungsbeschäftigten um 11 bis mehr als 20 % an; demgegenüber blieb das durchschnittliche Wachstum der Industrie mit 7 % und im Dienstleistungssektor um 10 % in der Bundesrepublik zurück. Auch im Dienstleistungssektor haben sich die regionalen Unterschiede nicht erst seit dem Entstehen der Bundesrepublik abgemildert. Schon seit 1925 ging die einstige Stabilität der regionalen Dienstleistungsunterschiede in eine ununterbrochene Abschwächung über.
Zusammengenommen waren die Dienstleistungsbranchen die Hauptmotoren der Abmilderung regionaler Disparitäten in Deutschland. In der Industrie gab es keinen solchen dramatischen Abbau. Insbesondere zeigt sich dies beim Vergleich der einst hochkonzentrierten Branchen beider Wirtschaftssektoren. Schon um 1970 bestimmten die starken Ähnlichkeiten zwischen den Regionen, zwischen den Wirtschaftszweigen und überraschenderweise auch zwischen den Geschlechtern das Bild der Dienstleistungsarbeit. Das Bild der Industrie weist 1970 demgegenüber noch in jeder Hinsicht größere Unterschiede auf, die sich aus den natürlichen und historischen Gegebenheiten, aus der Standortbindung, aus der Kapitalintensität u. ä. ableiten lassen.
Die große Ausnahme unter den drei Wirtschaftssektoren ist die Landwirtschaft. Agrararbeit hat sich trotz des enormen Abbaus an Arbeitsplätzen nicht gleichmäßiger über die

Regionen verteilt, sondern im Gegenteil, seit 1895 regional immer stärker konzentriert. Dieser Prozeß der Verschärfung verlief zwar kontinuierlich, erhielt aber entscheidende Schübe im späten Kaiserreich und in den 1950er Jahren der Bundesrepublik. Niemals zuvor war die regionale Ungleichheit landwirtschaftlicher Beschäftigung in Deutschland so kraß wie 1970. Allerdings darf man diese abweichende Tendenz zumindest für die Phase der Bundesrepublik nicht überbewerten. Denn das große Gewicht landwirtschaftlicher Beschäftigung für die deutsche Wirtschaft schwindet parallel zu dieser Entwicklung.
Die Ursachen dieser langfristigen Wandlungsprozesse liegen zunächst in der sich verändernden Natur der Wachstumsindustrien, die ursprünglich regionale Disparitäten verschärften, später abmilderten; teils liegen sie begründet in der Veränderung der Standortbedingungen durch den Wandel der Verkehrstechniken, der Kommunikationsnetze, der Energieträger und Rohstoffe, der räumlichen Konzentration qualifizierter Arbeitskräfte und ihrer Mobilität, der veränderten regionalen Kaufkraftstruktur durch den Übergang zum Massenkonsum. Auch die wachsende Intensität staatlicher Regionalpolitik, die zunehmend regionalen Kontrasten gegensteuerte, trug zum Abbau der Divergenzen bei. Besonders dramatischen Veränderungen unterlag die Frauenarbeit im Untersuchungszeitraum, da zum einen Arbeit außer Haus immer mehr zur Lebensperspektive auch für Frauen wurde und zum anderen insbesondere in der Nachkriegszeit die frauenintensiven Dienstleistungsbranchen und Angestelltenberufe expandierten, die meist regional weniger ungleich verteilt waren als die männerintensive Industriearbeit.

17. Technik und Umwelt

Leitung: *M. Osietzki (Bochum)*

M. Osietzki: Einleitung

J. Radkau (Bielefeld): Die Historiker auf der Suche nach der Umwelt

G. Bayerl (Hamburg): Der Zugriff auf das Naturreich: Vorindustrielles Gewerbe und Umwelt

E. Kroker (Bochum): Bruchbau kontra Vollversatz: Diskussionen um Mechanisierung, Wirtschaftlichkeit und Umweltverträglichkeit im Ruhrbergbau zwischen 1930 und 1950

F.-J. Brüggemeier (Hagen): Luftverschmutzung und Luftreinhaltung im 19. und 20. Jahrhundert

M. Osietzki

Einleitung

Eine Sektion zum Thema „Technik und Umwelt“ auf einem Historikertag bietet die Gelegenheit, sich über das Verhältnis dieser beiden Subdisziplinen der Historiographie zur allgemeinen Geschichtswissenschaft Gedanken zu machen. Da diese unter dem Primat der Gesellschaftsgeschichte ihren Akzent auf die Analyse von Sozialverhältnissen legt, können die Technik- und Umweltgeschichte in gewisser Weise als komplementäre Teil-

bereiche begriffen werden, da sie den Blick auf den gesellschaftlichen Bezug zur natürlichen Realität wie zu technischen Artefakten und technischen Systemen lenken, ohne deren Berücksichtigung der Prozeß der Modernisierung nicht angemessen zu interpretieren ist.
Eine Verbindung technik- und umwelthistorischer Fragestellungen eröffnet überdies die Chance, in der Disziplin Technikgeschichte einen Kurswechsel voranzutreiben, der endgültig von dem noch immer stark vom Fortschrittsparadigma affizierten Technikbild hinwegführen könnte. Denn durch die umweltgeschichtliche Thematisierung der Schattenseiten des technischen Wandels wäre jene Suggestivkraft zu durchbrechen, die von den „erfolg"reich durchgesetzten Techniken ausgeht, und die vielfach auch in historischen Rekonstruktionen des technischen Wandels zu einem linear teleologischen Geschichtsbild und einer damit einhergehenden deterministischen Ideologie führte.

J. Radkau

Die Historiker auf der Suche nach der Umwelt

Eine Bestandsaufnahme historischer Umweltforschung läßt sich bislang nur als Panorama einer Problemlandschaft und als Umriß von erkennbaren Trends und Perspektiven bieten.
Zur *Definition.* Die Aufgabe dieser Forschungsrichtung läßt sich so bestimmen: zu zeigen, wie sich die langfristigen kollektiven Lebens- und Reproduktionsbedingungen der Menschen entwickelten, wie der Mensch sie selber beeinflußte und auf Krisen in den Umweltbedingungen reagierte. Eine besondere Aufmerksamkeit sollte unbeabsichtigten Langzeitwirkungen menschlichen Handelns gelten, bei denen synergetische Effekte mit Naturprozessen zum Tragen kommen. Insofern führt historische Umweltforschung nicht nur über die Grenzen des Faches, sondern zugleich zum Kern der spezifisch historischen Erkenntnisweisen schlechthin. Der herkömmliche Hang des Historikers zur Multikausalität und Multiperspektivität, zur narrativen Ausbreitung irreversibler einzigartiger Prozesse – bislang oft Reflex eines mangelnden Sinnes für Theorie – könnte im Zeichen der Ökologie eine adäquate theoretische Grundlage bekommen.
Probleme. Manche nicht nur theoretisch, sondern auch wissenschaftsstrategisch relevanten Grundfragen sind bisher noch nicht einhellig geklärt, ja teilweise nicht einmal im Klartext diskutiert worden. Hat es Sinn, sich „Umweltgeschichte" als einigermaßen kohärenten Gegenstandsbereich vorzustellen, oder zerfällt sie in auseinanderliegende Themenfelder? Ist sie ein bloßer Aspekt historischer Prozesse, oder konstituiert sie selber historische Prozesse, und läßt es sich rechtfertigen, historische Epochen auf ökologische Kriterien zu gründen? Sollte historische Umweltforschung als Spezialdisziplin für Spezialisten eingerichtet werden; besitzt sie ihre eigenen Quellen und Methoden? Zielt sie letztlich auf eine Geschichte der „Umwelt an sich", der gegenüber die Beschäftigung mit den Umweltproblemen des Menschen eher als Vorstufe anzusehen ist? Aber in welchem Verhältnis stünde diese Art von Umweltgeschichte zur Geschichte des Menschen? Würde der Mensch zum bloßen Störfaktor, zum Makroparasiten, oder ginge die menschliche Geschichte als Geschichte der „Natur im Menschen" in den Gegenstand der historischen Umweltforschung ein?

Bisherige Typen historischer Umweltforschung

(1) Von der Griffigkeit der Quellen und der Handlung her sind bestimmte *Konflikte* als Thema besonders geeignet: so etwa Einzelvorgänge der Abholzung von Wäldern, der Wasserverschmutzung oder der „Rauchplage“, die bei den Betroffenen eine Reizschwelle überschritten, Gegeninteressen auf den Plan riefen, dadurch einen Regulierungsbedarf erzeugten und Akten produzierten. Das Problem besteht gewöhnlich darin, von solchen Fallstudien zu historischen Prozessen zu gelangen und im Kampf der Interessen die Umweltproblematik zu identifizieren.

(2) Historische Umweltforschung läßt sich als neuer Aspekt bestehender Sparten der Geschichtsforschung ausbauen: der Technik-, Verkehrs-, Industrie-, Agrar- oder Urbanisierungsgeschichte. Die Verknüpfung mit historischen Prozessen ist dadurch gewährleistet; andererseits wird die Eigenstruktur der historischen Umweltforschung und der Fortschritt zu einer immer umfassenderen Untersuchung der Wechselwirkung zwischen den verschiedenen Umweltbeeinflussungen dadurch in Frage gestellt.

(3) Von sozial- und ideengeschichtlichem Reiz sind Studien über frühere umweltschutzrelevante Bewegungen: von den „Hygiene“- und Lebensreform-Bestrebungen des späten 19. Jahrhunderts bis zu den Naturschützern und Landkommunen. Ein Problem dieses Ansatzes besteht darin, von der Ideen- zur Realgeschichte vorzudringen.

Trends und Perspektiven

(1) In der historischen Umweltforschung zeichnet sich der übliche Trend zur Spezialisierung und Professionalisierung ab, bislang allerdings noch nicht sehr kräftig. Ein gerade bei einer solchen neuen Forschungsrichtung besonders spürbares Handicap ist der Mangel an Berufsperspektiven für den Historiker-Nachwuchs. Zudem ist jedoch nicht ausgemacht, welche Richtungen der Spezialisierung hier am meisten Erfolg versprechen. In Analogie zur Entwicklung der Sozialgeschichte wäre zu erwarten, daß die historische Umweltforschung von ökologischen Aspekten der konventionellen Historie zu neuen Themen vordringt, die aus der ökologischen Sichtweise heraus geboren sind. Es kommt darauf an, von der Geschichte der Aktionen und Intentionen zur historischen Analyse der nichtintendierten Wirkungsketten, Wechselwirkungen und Vernetzungen zu gelangen. Umweltgeschichte darf nicht mit einer bloßen Geschichte der Verordnungen, der registrierten Verstöße und Sanktionen verwechselt werden; sie muß noch viel stärker als bisher zu einer Geschichte der alltäglichen Selbstverständlichkeiten werden.

(2) Die Entwicklung der historischen Umweltforschung dürfte wesentlich dadurch bestimmt werden, wieweit der Brückenschlag zu ökologisch relevanten Naturwissenschaften gelingt: zur Biologie, Geographie, Medizin, Technologie. Klimageschichte und historische Seuchenforschung haben bereits ein Spezialistentum hervorgebracht. Auch die Zusammenarbeit mit der Technikgeschichte verspricht die historische Umweltforschung zu professionalisieren, sofern Technikgeschichte auch die Technikfolgen einbegreift; denn Umweltgeschichte gewinnt wesentlich als Problemgeschichte Substanz, und bei der Entstehung neuer Problemdimensionen sind gewöhnlich technische Entwicklungen im Spiel.

(3) „Umweltbewußtsein“ wurzelt stets in der Sorge um das menschliche Wohlergehen; das tritt in der Hygiene-Bewegung des 19. und frühen 20. Jahrhunderts noch offener zutage als in der ökologischen Bewegung der Gegenwart. Kriterien für den Umgang mit der Natur entspringen Vorstellungen von der Natur im Menschen. Umweltgeschichte gewinnt ihre Konsistenz letztlich nicht durch Rauch und Abwässer, sondern durch die Geschichte des Menschen und im Verbund mit historischer Anthropologie. Trifft die bislang in um-

welthistorischen Arbeiten verbreitete Prämisse zu, daß Umweltzerstörung eine „anthropologische Grundkonstante" sei? Oder waren die Menschen unter bestimmten Umständen sehr wohl in der Lage, eine ihren Bedürfnissen entsprechende Umwelt zu erhalten? Die historische Umweltforschung müßte Antworten auf diese fundamentale Frage suchen.
(4) Wenn die historische Umweltforschung von der Einzelfall- und Ereignis- zur System- und Strukturgeschichte gelangen will, liegt es nahe, das Ökosystem zum Leitbegriff und die historische Rekonstruktion von Ökosystemen zum Hauptziel zu machen. Dabei ist jedoch die Mehrdeutigkeit dieses Begriffes zu beachten. Ob das Ökosystem im Sinne der „harten" Ökologie, das durch Energieflüsse konstituiert wird, wirklich in historisch-empirische Forschung umzusetzen ist, läßt sich bezweifeln. Es gibt auch Grund zu der Befürchtung, daß ein derartiges System-Modell von einer handlungsorientierten Umweltforschung abführt. Vermutlich sind soziologische bzw. sozio-biologische Ökosystem-Modelle für den Historiker besser zu gebrauchen.
(5) Die heutige historische Umweltforschung ist ein Sproß der ökologischen Bewegung; was fängt sie mit diesem Ursprung an? Soll sie mit Lynn White vor allem den „historischen Wurzeln unserer ökologischen Krise" nachgehen? Manches spricht dafür, daß der Fortschritt der historischen Erkenntnis eher dahin führt, die Andersartigkeit der ökologischen Problemlage früherer Zeiten hervorzukehren. Gerade die Geschichte könnte am besten die besorgniserregende Neuartigkeit der gegenwärtigen ökologischen Globalprobleme demonstrieren.

G. Bayerl

Der Zugriff auf das Naturreich: Vorindustrielles Gewerbe und Umwelt

Mit dem gewerblichen Aufschwung im Spätmittelalter und der Frühen Neuzeit entstanden auch Umweltprobleme; diese wurden durchaus wahrgenommen und diskutiert. Die Frage allerdings ist, ob diese Probleme und ihre Wahrnehmung nicht nur sektoral und partiell auftraten.
Zwei Werke über den Bergbau sind für diese Diskussion von wesentlicher Bedeutung: Der vermutlich zwischen 1485 und 1490 geschriebene juridische Disput von Paulus Niavis über das Iudicium Iovis und das erste Buch von Georg Agricolas „De re metallica", 1556 erschienen.
In beiden Werken geht es um dasselbe Thema: Nutzen und Schaden des Bergbaus, wobei der Bergbau zugleich für ein neues Wirtschaftssystem steht, das dem traditionalen agrarischen, dem natürlichen Dargebot integrierten Wirtschaftssystem gegenüber sich durchsetzt. Beide Werke kommen zum Ergebnis, daß der ausbeutende Bergbau notwendig ist und einen Fortschritt des Wirtschaftens darstellt. Allerdings gab es zu dieser Zeit auch Schriften, die „neue Wirtschaftsbereiche" wie den Bergbau als ebenfalls im Einklang mit der Natur möglich propagieren (z. B. Rülein von Calw, Bergbüchlein, um 1500).
Fazit der Diskussion über den Bergbau ist, daß Zusammenhänge zwischen Umweltschädigung und Art des Wirtschaftssystems durchaus gesehen wurden; andererseits wird hier wohl kaum ein gesamtgesellschaftlicher Bewußtseinsstand widergespiegelt: der Problem-

komplex beschränkte sich ohnehin nur auf einzelne besonders exponierte Gegenden wie Montanreviere und Gewerbelandschaften.
Zu ähnlichen Ergebnissen muß man angesichts der Diskussion über die von der Papiermacherei, einem flächenmäßig breiter verteilten Gewerbe, verursachte Wasserverunreinigung kommen. Zwar wurde häufiger gegen lokale Schädigungen eingeschritten, überwiegend hatten aber ökonomische Überlegungen Vorrang.
So ist spätestens seit dem Spätmittelalter die ausbeutende Attitüde gegenüber der Natur, die um ökonomischer Gewinne willen ökologische Schädigungen in Kauf nimmt, als Grundprinzip des Wirtschaftens zu beobachten, auch wenn der Großteil der Gesellschaft im Rahmen des traditionalen, naturnahen Wirtschaftens verblieb.
Eine neue Qualität des „Zugriffs auf das Naturreich“ wird allerdings zum Kennzeichen des 18. Jahrhunderts – dem Beleg dieser These dient der Hauptteil des Referates.
Francis Bacon (1561–1626) und Johann Beckmann (1739–1811) stehen für diese zwei Phasen des Zugriffs auf das Naturreich. Dabei brachte jeweils die Theorie die Bedürfnisse der Praxis auf den Nenner. Bacon hatte festgestellt, daß der Mensch – Diener und Interpret der Natur, der er ist – nur soviel vermag, wie er über die Ordnung der Natur durch sein Wirken oder seinen Verstand in Erfahung gerbacht hat. Bacon stieß nicht nur eine „Mechanisierung des bürgerlichen Weltbildes“ an, auch in der Praxis entwickelte sich die Mechanik bedeutend weiter, der Zugriff auf die Naturkräfte Wind und Wasser machte erhebliche Fortschritte. Wenn sich das 18. Jahrhundert mit diesem Thema zwar noch beschäftigt, so doch bereits auf einer breiten Erfahrungs- und Wissensbasis; Kennzeichen des 18. Jahrhunderts ist vielmehr eine andere Thematik: die systematische Erfassung der Produktion, der Produktionsprozesse und der einzelnen Materialien der Produktion.
So ist Johann Beckmanns Gesamtwerk ein Gang durch den Verwandlungsprozeß des Rohstoffes in die Ware. In der Reihenfolge der Prozeßschritte behandelt er im Laufe seines Lebens:
- anfangs die Naturlehre und Landwirtschaft: das ist die Erfassung des Rohstoffreiches und der natürlichen Ressourcen;
- dann die Technologie und die Erfindungen: das sind der Produktions- und Verarbeitungsbereich und entsprechende Innovationen;
- und schließlich die Warenkunde: das ist Produkten- aber auch Rohstoffkunde, bezogen aufeinander und auf den Handel.

Die Darstellung des technischen Wandels jedoch, die Beschreibung der Produktionsprozesse sowie deren Systematisierung und Aufbereitung für die wissenschaftliche Durchdringung wird sein Hauptwerk. Die Produktion hatte seit dem späten Mittelalter Fortschritte gemacht: das seinerzeit innovatorisch und theoretisch erreichte Niveau der Ausbeutung war in die Praxis umgesetzt und stieß nun infolge erhöhter Nachfrage, des Bevölkerungswachstums etc. an Grenzen. Diese Grenzen zeigten sich vor allem an den unzureichenden „Materialien“, also Rohstoffen, sowie den Mitteln und Prozessen der Produktion.
Zu dieser Zeit hatte das Gewerbe bereits eine Dynamik der Expansion gewonnen, die – in Übereinstimmung mit neuem technischen und naturwissenschaftlichen Denken der Zeit – eine Überwindung der Mangelwirtschaft durch die Erschließung neuer Ressourcen anstrebte. Hierzu wird – ähnlich wie für die Technik bzw. Technologie – auch für die Naturwissenschaften die Systematisierung und Klassifizierung Basis neuer Erkenntnisse:

„Der Zweck der Lehrgebäude ist im Grunde kein anderer, als das so gar grosse, und schwer zu übersehende, Feld der drey Naturreiche in eigene, und solche, Abtheilungen und Zergliederungen, zu bringen, vermöge deren es leicht seyn möge, ein jedes vorkommendes, lebloses, oder lebendiges, Geschöpfe alsbald zu erkennen, zu nennen, und in seiner Art auch zu nutzen." (Jacob Christian Schäffer, Erläuterte Vorschläge zur Ausbesserung und Förderung der Naturwissenschaft, 1764).

Das utilitaristische Paradigma der sich neu formierenden Naturwissenschaften war selbstverständlich nicht rein theoretischer Natur, sondern aus der engen Wechselbeziehung mit den Bedürfnissen der Gewerbe entstanden. Der pädagogische Impetus zur Verbreitung naturkundlichen Wissens zeigt, daß die Konditionierung der Gesellschaft, mit diesem Wissen eine neue Qualität der ökonomischen und technischen Praxis zu schaffen, Anliegen der Zeit war. Das Zusammenwachsen der Interessen von Gewerbe und neu formierter (Natur-)Wissenschaft sollte im 19. Jahrhundert die Durchsetzung der Industrie bringen.

Im Referat wird diese Wechselbeziehung zwischen Praxis und Wissenschaft näher erläutert am Beispiel der Rohstofffrage in der Papiermacherei des 18. Jahrhunderts und der Person des Regensburger Theologen und Naturforschers Jacob Christian Schäffer.

Veröffentlichungshinweis: Der Beitrag von G. Bayerl erscheint im „Johann Beckmann-Journal" (Mitteilungen der Johann Beckmann-Gesellschaft, Lit-Verlag Münster und Hamburg), Heft 1/ 1991.

E. Kroker

Bruchbau kontra Vollversatz: Diskussionen um Mechanisierung, Wirtschaftlichkeit und Umweltverträglichkeit im Ruhrbergbau zwischen 1930 und 1950

Im Siedlungsraum des Ruhrgebietes gibt es heute kaum eine Stelle, die nicht unter dem Einfluß des Kohlenbergbaus steht. Seine Auswirkungen zeigen sich vor allem in den städtischen Agglomerationen, wo Schäden an Bauwerken auftreten, wo Gleis- und Bahnhofsanlagen gehoben und wo beispielsweise Pumpwerke eingerichtet werden müssen, um das Wasser aus Senkungsmulden zu heben.

Durch den Abbau von Steinkohle entstehen unterirdische Hohlräume. Der Druck des Deckgebirges über den Kohleflözen führt zu einer Absenkung des Hangenden in die ausgekohlten Partien, und die Hohlräume setzen sich bis an die Erdoberfläche fort. Dort ist die Einwirkung jedoch erheblich größer als die eigentliche abgebaute Fläche: Die Hohlräume wirken nicht nur senkrecht nach oben, sondern nach allen Seiten über das Abbaufeld hinaus in Form einer auf den Kopf gestellten stumpfen Pyramide, wobei die kleine Schnittfläche dem Abbau unter Tage entspricht und die große der Tagesoberfläche. Solche Einwirkungen lassen sich nicht vermeiden, sie werden sichtbar an Bodenverformungen und dadurch hervorgerufenen Bergschäden. Sie können jedoch durch abbautechnische Maßnahmen verringert werden.

Die Entwicklung der von den Ruhrzechen angewandten Abbauverfahren ist durch den allmählichen Übergang vom Bruchbau, d. h. dem Abbau ohne Bergeversatz, ohne das Auffüllen der Hohlräume mit Gesteinsmaterial (Bergen), zum Abbau mit Vollversatz

gekennzeichnet, der sich seit 1880 durchzusetzen begann. Gründe dafür waren einerseits Bemühungen um die Minderung der kostenträchtigen Bergschäden, andererseits der Mangel an ausreichenden Flächen zur Aufhaldung der beim Abbau anfallenden Berge. Ab 1905 war planmäßiger Versatz auch von der Bergbehörde für nahezu alle Schachtanlagen vorgeschrieben, zumal man meinte, damit auch günstige Resultate hinsichtlich der Reduzierung der Kohlen- und Steinfallgefahr unter Tage erzielen zu können.
Zur Vorbereitung der Verhandlungen über ein Reichsberggesetz, in dem auch eine Neuregelung des Bergschadensrechts zu erwarten war, unternahm der Verein für die bergbaulichen Interessen im Oberbergamtsbezirk Dortmund 1937 eine Fragebogenaktion unter den Mitgliedszechen, um sich einen Überblick über Bergschadensobjekte und -forderungen der letzten Jahre zu verschaffen. Danach waren in der Zeit seit 1930 rund 380 000 Schadensforderungen an die Zechen gestellt worden. Außerordentlich hohe Kosten wurden für folgende Bereiche namhaft gemacht: Eisenbahnanlagen (25,5 Mio. Mark), Kanäle und Schleusen (8,8), größere Gebäude, Straßen etc. (13,5), Vorflut (24,6), Rauch-, Wald- und Flurschäden (0,5). Den größten Aufwand erforderte – wie stets – die Beseitigung von abbaubedingten Zerrungen und Pressungen an gewöhnlichen Häusern und Gebäuden.
Um so verwunderlicher muß es erscheinen, daß seit 1930 zahlreiche Ruhrgebietszechen unermüdlich die Umstellung vom jahrzehntelang betriebenen Vollversatz auf Bruchbau betrieben, obwohl der Technisch-Wirtschaftliche Sachverständigenausschuß für Kohlenbergbau beim Reichskohlenrat noch 1927 definitiv auf dem Einbringen von Bergeversatz beharrte, um die Bodensenkungen zu mindern.
Als der Ruhrkohlenbergbau seit Mitte der 20er Jahre unter immer größeren Kostendruck geriet, das Beschaffen geeigneten Versatzmaterials zunehmend Schwierigkeiten bereitete und auch die Mechanisierung durch den Versatz zeitweise behindert schien, kam es zu teilweise dogmatisch geführten Diskussionen innerhalb des Bergbaus und zu einem Interessenkonflikt mit der Bergbehörde, der nach dem Berggesetz u. a. der Schutz der Oberfläche oblag: Mit dem Bruchbau, der sich bis zu 1,50 Mark pro geförderter t Kohle billiger stellte als der Vollversatz, wurde durchaus eine Erhöhung der Bergschäden in Kauf genommen, ganz abgesehen von der nun wieder rasch ansteigenden Menge der aufgehaldeten Berge. Während Gegner und Befürworter des Bruchbaus mit jeweils guten Gründen eine für sie günstige Kostenrechnung aufmachten, lagen die Vorteile für die Umwelt – Minderung der Bodensenkungen und Reduzierung der Haldenflächen – beim planmäßigen Vollversatz.
Mit dem 1950 vorgelegten Konzept der „ausgeglichenen Bergewirtschaft“ wurden die umweltrelevanten Faktoren des die Tagesoberfläche beeinflussenden Bergbaus von seinen Vertretern deutlicher markiert als bisher.

F.-J. Brüggemeier

Luftverschmutzung und Luftreinhaltung in Deutschland im 19. und 20. Jahrhundert

Das moderne Problem der Luftverschmutzung setzte in Deutschland um etwa 1800 mit der Einführung der Dampfmaschinen ein. Diese benötigten wachsende Mengen an Kohle, bei deren Verbrennung Schadstoffe in zuvor nicht gekanntem Ausmaße freigesetzt wur-

den; sie stellten Energie für unterschiedliche Zwecke bereit, die ihrerseits mit Belastungen verbunden sein konnten, und sie erlaubten gewerbliche bzw. industrielle Produktion mit ihren Folgewirkungen an nahezu jedem Ort.
Neben dem Übergang zu fossilen Energien fand ein zweiter grundlegender Wandel statt: Produktion von Gütern ist fortan von der Produktion von Schadstoffen nicht mehr zu trennen, das Eine ist ohne das Andere nicht zu haben. Das war in vorindustriellen Gesellschaften nicht der Fall, allenfalls als Ausnahme und lokal begrenzt. Industrielle Produktion ohne gleichzeitigen Anfall von Schadstoffen hingegen ist nicht mögich.
Dieser Wandel erforderte eine andere Wahrnehmung und neue Formen der Problembewältigung, insbesondere seitens der Behörden, Gesetzgebung sowie Rechtsprechung und Medizin. So war nach traditionellem Recht der freie Gebrauch des Eigentums nur insoweit eingeschränkt, als eine absichtliche Schädigung verhindert werden sollte. Bei den neuen Produktionsverfahren griff diese Regelung – an der das preußische Obertribunal noch 1848 festhielt – nicht mehr, da die Schädigung nicht beabsichtigt, gleichwohl jedoch unvermeidlich war.
Zur Debatte stand auch die Frage, inwieweit der Staat bzw. die Genehmigungs- und Aufsichtsbehörden im Schadensfalle zur Verantwortung gezogen werden konnten. In der ersten Hälfte des 19. Jahrhunderts zog sich der Staat aus der Verantwortung weitgehend zurück und definierte die Schadensregulierung als privatrechtliches Problem. Eine gewisse öffentliche Kontrolle und Aufsicht wurden durch die Vorschriften der Gewerbeordnung etabliert. Deren Regelungen waren so gefaßt, daß akute und eindeutige Gesundheitsgefährdungen unterbunden werden konnten. Hierbei handelte es sich allerdings um Ausnahmen; in der Praxis wichtiger war, daß einmal genehmigten Betrieben ein überaus umfassender Bestandsschutz geboten wurde, der es in der Regel nahezu unmöglich machte, Schadensursachen zu beseitigen oder entsprechende Maßnahmen von den Betrieben zu verlangen.
Infolge dieser Regelungen nahm gerade die Luftverschmutzung im Laufe des 19. Jahrhunderts erheblich zu und breitete sich ubiquitär aus, wenngleich festzuhalten ist, daß weite agrarisch geprägte Gebiete davon kaum betroffen waren. Um so gravierender war das Problem in industriellen und städtischen Ballungsgebieten. Hier bildete sich gegen Ende des Jahrhunderts das Konzept der Zonung als entscheidender Regulierungsmechanismus heraus. Dadurch wurde es möglich, einzelne, meist bürgerliche Stadtteile von Belastungen weitgehend freizuhalten und diese an anderer Stelle zu konzentrieren. Daneben entwickelten sich Industriegebiete wie das Ruhrgebiet, in denen besonders belastende Betriebe und deren Schadstoffe in geballter Form auftraten (Regionalisierung).
Diese Entwicklung verlief anfangs eher zufällig; später wurden die Zonung und vor allem die Regionalisierung durch Politik, Behörden und Rechtsprechung systematisch vorangetrieben. In Kontrast zu den vehement geforderten und nur in bescheidenen Ansätzen realisierten Naturschutzgebieten bildeten sich auf diese Weise eher unbemerkt ‚Industrieschutzgebiete' heraus, in denen Belastungen zulässig waren, die andernorts nicht geduldet wurden.
Von Bedeutung war daneben seit Beginn eine Politik hoher Schornsteine, um Schadstoffe möglichst weitgehend zu verdünnen und zu verteilen. Diese Option wurde mit dem Übergang zur Elektrizität Ende des 19. Jahrhunderts besonders wichtig. Die neuen großen Kraftwerke wurden außerhalb der dicht besiedelten Stadtzentren errichtet; die Belastung wurde an die Peripherie verlagert und von hier durch enorme Schornsteine abgeführt,

während gleichzeitig die Vielzahl kleiner Dampfmaschinen und anderer Energiequellen mit ihrem erheblichen Schadstoffausstoß stillgelegt werden konnten.
In den Zentren hoher Belastung hingegen verschärfte sich die Situation. Hier finden sich in den 1920er Jahren verstärkte Bemühungen, die Natur nicht so sehr zu schützen als sie vielmehr an die Industrie anzupassen. Rauchfeste Bäume wurden gezüchtet und Landwirte sahen sich verpflichtet, nur das anzupflanzen, was den Schadstoffen gewachsen war, anderenfalls hatten sie keinen Anspruch auf Entschädigung.
Diese Entwicklung setzte sich nach dem Zweiten Weltkrieg fort und erfuhr als Folge der nochmals gestiegenen Produktion eine weitere Zuspitzung, rief jedoch zunehmend Widerstand hervor. Die Forderung nach sauberer Luft rückte erstmalig im Bundestagswahlkampf 1959 (Blauer Himmel über der Ruhr) in den Vordergrund. Seit dieser Zeit wurden die gesetzlichen Regelungen verschärft, führten neben dem Einbau besserer Filter jedoch vor allem zur Errichtung höherer Schornsteine. In den Industriegebieten entspannte sich dadurch die Situation, die Schadstoffe wurden jedoch immer weiter verteilt. Anders ausgedrückt: das Prinzip der Regionalisierung der Belastung wurde entscheidend durchbrochen, allerdings zu Lasten der Nation insgesamt. Was bis dahin vor allem im Ruhrgebiet und vergleichbaren Zentren ein Problem war, trat auch anderswo auf, deutlich etwa beim Waldsterben im Schwarzwald und anderen bisher verschonten Gegenden.
In den letzten Jahren haben Bemühungen im Vordergrund gestanden, durch vermehrte und bessere Filter den Schadstoffausstoß zu reduzieren. Die Schadstoffe selbst fallen jedoch weiterhin an, konzentriert in hochtoxischen Filterstäuben. Für diese sollen besondere Verbrennungsanlagen errichtet werden, eine überproportional große Zahl davon im Ruhrgebiet. Sollten sich diese Planungen durchsetzen, wäre damit das Prinzip der Regionalisierung wieder eingeführt. Damit wäre evtl. erneut, wie schon beim Übergang zur Zonung vor etwa 100 Jahren, Zeit gewonnen. Im Gegensatz zu damals kann heute jedoch nicht angenommen werden, damit das Problem gelöst zu haben.

18. Junge Historiker stellen sich vor (Geschichte des 19. und 20. Jahrhunderts)

Leitung: *G. A. Ritter (München)*

D. Kaufmann (Berlin): Die „Irrenfrage" im Entstehungsprozeß der bürgerlichen Gesellschaft in Deutschland, 1770–1850

M. Hanisch (Nürnberg): „Für Fürst und Vaterland". Legitimitätsstiftung in Bayern zwischen Revolution 1848 und deutscher Einheit

A. Mitter (Berlin): Die ukrainische Frage in den Beziehungen zwischen Rußland und Österreich-Ungarn vor 1914

J. Nautz (Kassel): Die österreichische Handelspolitik vom Waffenstillstand 1918 bis zur Genfer Sanierung 1922/23

T. Kornbichler (Berlin): Forschungen zur Kulturgeschichte der Tiefenpsychologie im Berlin der Weimarer Zeit

J. Mirow (Norderstedt): Das Konzept einer deutschen Nationalgeschichte als Geschichte des deutschen Volkes

D. Kaufmann

Die „Irrenfrage" im Entstehungsprozeß der bürgerlichen Gesellschaft in Deutschland, 1770–1850

Im Folgenden werden der allgemeine Rahmen des Themas und die Schwerpunkte der laufenden Forschungsarbeit grob umrissen. Etwas ausführlicher wird danach der Untersuchungsabschnitt vorgestellt, der einen Ausschnitt aus der Mentalitätsgeschichte der neuen Schichten des Bürgertums zum Thema hat: nämlich die veränderte Einstellung gegenüber abweichendem – nun als psychisch krank beurteiltem – Verhalten in der sich herausbildenden bürgerlichen Öffentlichkeit im letzten Drittel des 18. Jahrhunderts. Das neue bürgerliche Paradigma von der Heilbarkeit der Irren und der damit möglichen gesellschaftlichen Integration dieser Randgruppe bildete die Voraussetzung für die Irrenreformmaßnahmen der Regierungen des aufgeklärten Absolutismus, die vor allem eine Anstaltsreform beinhalteten. Diese bedeutete einen neuen administrativen Blick auf die Irren – zunächst zur Erfassung und Ermittlung des Anstaltsbedarfs – und gab der Herausbildung eines besonderen Standes der „psychischen" Ärzte, also deren Professionalisierung, einen entscheidenden Anstoß. Ich untersuche die verschiedenen Aktivitäten der Irrenanstaltsreformer in Staatsdiensten – vergleichend in Preußen und Württemberg –, die von detaillierten Planungen einer idealen Heilanstalt bis zu konkreten Gründungs- und Umgestaltungsmaßnahmen reichten.

Dem Verlaufs- und Vermittlungsprozeß der Irrenreform wird auf regionaler Ebene nachgegangen. Dabei geht es um die Untersuchung der neuen Methoden der Befragung und Erfassung in den Irrenenquêten der 1820er und 1830er Jahre ebenso wie um eine Analyse der Widerstände gegen die politische administrative Umsetzung der Irrenreform. Die aufgeklärten Verwaltungsbeamten sahen sich nicht allein konfrontiert mit der „alten" Einstellung der feudalen Eliten gegenüber dem Irresein als unabänderliche, tierähnliche Seinsform. In den ländlichen Regionen mußten sie sich insbesondere auch mit den Deutungsmustern, dem Umgang und den Handlungsweisen der sozialen Ausgrenzung auseinandersetzen, die die ländlichen Unterschichten gegenüber den Irren herausgebildet hatten. Welches Verhalten als irre, geistesverwirrt oder -krank definiert wurde, bestimmten in der ersten Hälfte des 19. Jahrhunderts, in der sich die Psychiatrie als institutionelles und wissenschaftliches System erst zu etablieren beginnt, Nachbarn und Angehörige, also das soziale Umfeld der auffälligen Person nach Kriterien, die den Normen und dem Wertsystem der jeweiligen Sozialkultur oder Lebenswelt entsprachen. So gab es verschiedene und nebeneinander existierende „cultures of madness" (R. Porter), in denen sich abhängig vom jeweiligen sozio-kulturellen Kontext differierende Äußerungsformen und Deutungsmuster von Irresein manifestierten und auch unterschiedliche Formen der sozialen Kontrolle vorherrschten. Die sozialen und kulturellen Regeln, die das neue Bürgertum aus seinen Sinnbezügen entwickelt hatte und als die allgemeinen Normen von Vernunft und Normalität in der Irrenreform durchzusetzen suchte, waren Ergebnis einer veränderten Wahrnehmung und Bewertung von Irresein, die während des „Akkulturationsprozesses" der neuen bürgerlichen Schichten entstand.

Die bürgerliche „Klassenformierung" oder weniger mißverständlich „Kulturformierung" erforderte auch neue psychische Bewältigungsmuster, umsomehr als die alten religiösen Orientierungen im späten 18. Jahrhundert in Frage gestellt wurden. Die Etablierung bürgerlicher Sozial- und Mentalitätsstrukturen ging mit einer bisher nicht untersuchten Kostenseite einher. Denn die Durchsetzung von neuen vernunftgemäßen, zweckrationalen Verhaltensanforderungen konstituierte und stärkte nicht nur ein Selbstbewußtsein der Bürger gegenüber der feudalen Umwelt, sondern erzeugte auch über mehrere Generationen andauernde Verhaltensunsicherheiten, Anpassungsprobleme und psychisches Leiden. Ich untersuche den Diskurs über dieses Leiden, der sich in dem – in den Organen der bürgerlichen Öffentlichkeit dokumentierten – Bedürfnis äußert, sich selbst zum Objekt eines eigenen Beobachtungs- und Erfahrungsprozesses zu machen. Dieser Diskurs über die Bedrohung des Gleichgewichts der seelischen Kräfte wurde auf der Ebene der Selbstreflexion, der Menschen(er)kenntnis sowie der formalen Festlegung von Verhaltensmustern in Grenzsituationen des privaten und öffentlichen Lebens geführt. Er bildete zudem den Hintergrund für einen neuen Denkstil über das Verhältnis von Seele, Körper und Gesellschaft, da anknüpfend an die Selbsterfahrungs- und Krankengeschichten die Strukturen, Abläufe und Störungen der inneren Natur, ihr Verhältnis zum Leibgeschehen und zur gesellschaftlichen Außenwelt in der bürgerlichen Öffentlichkeit diskutiert wurden. Aus diesem Diskursstrang erwächst die Vorstellung von der Abweichung als Krankheit. Abweichend gilt nunmehr als Störung der potentiell wissenschaftlich zu erklärenden inneren Natur, die damit auch als wiederherstellbar/heilbar gedacht wird.

Der bürgerliche Diskurs über die eigene seelische Gefährdung und über die Geistes-, Seelen- und Gemütskranken muß im Kontext aufklärerischer Kritik an den inneren und äußeren Behinderungen der Vernunft betrachtet werden. Er ist aktives Moment in der Auseinandersetzung mit der gesellschaftlichen Wirklichkeit und ihrer Veränderung. Die Aufklärer selbst und zwar aller Fraktionierungen stellten diese politische Dimension des Seelenkrankheitsdiskurses deutlich heraus, z. B. bei der Diskussion über die gesellschaftlichen Verursachungen von Wahnsinn, Selbstmord und als krank beurteilter Frömmigkeit (Schwärmer).

Die „Irrenfrage“, die die neuen bürgerlichen Schichten Ende des 18. und zu Beginn des 19. Jahrhunderts auf der Suche nach einer eigenen psychischen Identität in den Kontext einer allgemeinen Diskussion über psychische Normalität, die Toleranzgrenzen für Abweichung und über gesellschaftliche Integrationsmöglichkeiten für Geisteskranke gestellt hatten, verschwindet erst in der zweiten Hälfte des 19. Jahrhunderts als Thema aus der bürgerlichen Öffentlichkeit, als die „Irrenfrage“ zu einer Anstaltsfrage geworden ist, in der die Ausgrenzung und Disziplinierung der Abweichenden im Vordergrund steht.

M. Hanisch

„Für Fürst und Vaterland“. Legitimitätsstiftung in Bayern zwischen Revolution 1848 und deutscher Einheit

In dem Vortrag wurden die wichtigsten Ergebnisse meiner Habilitationsschrift vorgestellt.

Verdeckte Maßnahmen der Regierenden zur Beeinflussung der politischen Einstellung der Massen, „Legitimitätsstiftung“ zum Zwecke einer Konsensherstellung zwischen Regierenden und Regierten anstelle einer Politik der politischen Partizipation und demokratischen Interessensausgleiches gab es oft.

In „Für Fürst und Vaterland“ geht es um die Stiftung eines konservativen politischen Bewußtseins und eines eigenständigen, bayerischen Nationalgefühls in der Zeit des raschen Wandels während der industriellen Revolution. Das ausgeprägte Bewußtsein bayerischer Eigenständigkeit ist zwar allseits bekannt, nicht jedoch, wo seine Wurzeln liegen: Der bayerische König Maximilian II. (1848–1864) wollte die politischen Einstellungen seines Bayernvolkes nicht dem zufälligen Spiel sich schnell ändernder politischer Konstellationen und Tagesmeinungen überlassen und sah in einer ebenso durchdachten, langfristig angelegten und bis heute nachwirkenden Politik zur Förderung eines konservativen Bewußtseins eine Antwort auf die politischen und sozialen Erschütterungen seiner Zeit. Leitfrage der Arbeit: Was hat die gleichermaßen durch Revolution und preußisch-deutsche Einheit bedrohte bayerische Monarchie nach 1848 getan, um den bayerischen Bürger in seiner Treue für Fürst und bayerisches Vaterland zu bestärken? Mit der Beantwortung dieser Frage versteht sich die Arbeit nicht nur als ein Beitrag zur Entstehung der spezifisch bayerischen Identität, sondern gleichermaßen auch als ein Beitrag zum politischen Konservativismus in Deutschland, dessen Erforschung immer noch erhebliche Lücken aufweist.

Im einzelnen wurden die verschiedenen Maßnahmen zur Förderung konservativer Einstellungen unter Maximilian II. untersucht: die überaus geschickt inszenierten staatlichen Feierlichkeiten der Monarchie, die Sozialpolitik unter dem Gesichtspunkt der Förderung konservativer Gruppen der Gesellschaft, die Wissenschaftspolitik (hier vor allem die Rolle der Wissenschaften zur Repräsentation des Staates), die Schulpolitik zur Erziehung eines obrigkeitsfrommen Untertans, die Politik mit der Geschichtsdarstellung als ein hervorragendes Mittel, ein konservatives Staatsbewußtsein zu fördern, die Rolle der Kirche, die Verbindung von „Thron und Altar“ bei der Ausbildung nationalbayerischer Identität – und nicht zuletzt: die Pflege des bayerischen Brauchtums. Und in diesem Zusammenhang geht es – um ein Einzelbeispiel von vielen zu nennen – auch um den Inbegriff echten Bajuwarentums: um die Lederhose. Überraschendes Ergebnis: Sie wäre wohl ohne die traditionsstiftenden Maßnahmen der bayerischen Könige – dazu gehörte auch die Trachtenförderung – vom Straßenbild Münchens verschwunden geblieben. Denn verschwunden war sie schon, als Maximilian II. regierte.

Bei der Darstellung des gründlich durchdachten Programmes zur – wie es in den Quellen heißt – „Hebung des bayerischen Nationalgefühls“ wurden nicht nur programmatische Überlegungen am Hofe König Maximilians II. (wichtig hier u. a. Leopold von Ranke und Wilhelm Heinrich Riehl) zu Fragen dargestellt wie: Führte an der nationalen „Tendenz der Zeit“ für einen König von Gottes Gnaden kein Weg vorbei? Auf welche Klassen konnte sich eine Monarchie nach 1848 noch stützen? Und hat ein konstitutionell regierender Monarch überhaupt noch die Möglichkeit, eine nationalgefühl-bildende Politik, ja überhaupt Politik zu machen, wenn die politischen Entscheidungen immer mehr von Zwängen eingeengt wurden, die das wirtschaftlich und sozial aufstrebende Bürgertum im Zeitalter der industriellen Revolution diktierte?

Anhand vieler Einzelfälle wurde auch gezeigt, welche Folgen die Überlegungen in der Münchener Residenz – z. B. über den Zusammenhang zwischen Moral, konservativem politischem Bewußtsein und Machterhalt – für den Alltag des gemeinen Mannes hatten. So wurde z. B. in den Jahren unmittelbar nach der Revolution manch weniger brave Untertan der bayerischen Krone, ungeachtet des Beichtgeheimnisses, mit Polizeigewalt gezwungen, sich vor dem Priester zu rechtfertigen, wenn er nicht ordentlich zur Beichte ging.

Um Umfang und Ausmaß der legitimitäts- und traditionsstiftenden Maßnahmen zur Bildung eines bayerischen Nationalgefühls und eines politisch konservativen Bewußtseins von der Stufe der Planung bis zu ihrer Verwirklichung darstellen zu können, mußte eine Fülle von Archivalien aus geistlichen und staatlichen Haupt- und Nebenarchiven Bayerns ausgewertet werden.

Veröffentlichungshinweis: Die Arbeit erscheint unter dem gleichen Titel wie der Vortrag zu Beginn des Jahres 1991 im Oldenbourg-Verlag, München.

A. Mitter

Die ukrainische Frage in den Beziehungen zwischen Rußland und Österreich-Ungarn vor 1914

(Eine schriftliche Zusammenfassung des Beitrags liegt nicht vor)

J. Nautz

Die österreichische Handelspolitik vom Waffenstillstand 1918 bis zur Genfer Sanierung 1922/23

Die Handelspolitik erhielt im 20. Jahrhundert eine zentrale Rolle in der Außenpolitik, dies galt nicht nur für Österreich [1]. Auf die wirtschaftspolitische Bedeutung der Handelspolitik hat bereits Röpke 1923 hingewiesen [2]. Für Österreich wird die große Bedeutung für die Außenpolitik des Landes schon in der Neuorganisation der Außenpolitik deutlich. Unmittelbar nach der Regierungsübernahme durch den Staatsrat unter Karl Renner wurde dem Außenministerium eine wirtschaftspolitische Abteilung angegliedert, die für die Außenwirtschaftspolitik die Federführung übertragen bekam. Dies galt sowohl für die Bereiche Währung und Finanzen, den gesamten Komplex der Liquidierung der Monarchie als eben auch für die Handelspolitik [3].
Beherrscht wurde die österreichische Außenhandelspolitik der Jahre 1918 bis 1923 durch die eklatanten wirtschaftlichen und finanziellen Auswirkungen des Krieges und die inflationäre Entwicklung, die für die wirtschaftliche Entwicklung der mitteleuropäischen

[1] Vgl. allgemein Hans-Jürgen Schröder, Zur politischen Bedeutung der deutschen Handelspolitik nach dem Ersten Weltkrieg, in: Gerald D. Feldman/Carl-Ludwig Holtfrerich/Gerhard A. Ritter/Peter-Christian Witt (Hg.), Die deutsche Inflation. Eine Zwischenbilanz, Berlin 1982, S. 235 f.
[2] Vgl. Wilhelm Röpke, Die internationale Handelspolitik nach dem Kriege, Jena 1923.
[3] Vgl. Jürgen Nautz, Historische Einführung, in: Unterhändler des Vertrauens. Aus den nachgelassenen Schriften von Sektionschef Dr. Richard Schüller, hg. v. Jürgen Nautz (Studien und Quellen zur österreichischen Zeitgeschichte, hg. i. Auftrag der Wissenschaftlichen Kommission zur Erforschung der Geschichte der Republik Österreich v. Isabella Ackerl u. Rudolf Neck, Band 9), Wien–München 1990, S. 13; Richard Schüller Notizbuch II, in: Privatarchiv Schüller-Piroli, Wien.

Staaten charakteristisch war und in Österreich mit der Unterzeichnung der Genfer Protokolle zu einem Abschluß kam. Aus den eklatanten Mangelerscheinungen in der Lebensmittel- und Energieversorgung ergaben sich zwangsläufig die dringendsten Aufgaben der österreichischen Handelspolitik in der Umbruchphase. Es war dies die Beschaffung von Lebensmitteln, Brennstoffen und industriellen Rohstoffen. Dies nicht nur, um den Prozeß der Umstellung auf die Friedenswirtschaft in Gang zu setzen; von der Konsolidierung der Versorgungslage bei Lebensmitteln und Brennstoffen hing auch die Konsolidierung der neuen staatlichen Ordnung und der territorialen Integrität des neuen Österreich in signifikanter Weise ab [4].

Die alles bewegende Frage nach dem Krieg war, ob und wie Österreich wirtschaftlich existieren könnte. Ein Überleben Österreichs, war eine in der öffentlichen Diskussion weitverbreitete Meinung, sei nur möglich, wenn es gelänge, den Staat in ein größeres Wirtschaftsgebiet einzubinden. Eine Option war die Aufrechterhaltung der Wirtschaftsbeziehungen zu den Nachfolgestaaten, die andere der Anschluß an das Deutsche Reich. Der Anschluß wurde vor allem von Frankreich bekämpft. Der Artikel 88 des Staatsvertrages von St. Germain [5] machte ihn praktisch unmöglich. Mit der Formulierung des Artikels sprachen sich die Alliierten gegen jede Veränderung des Status von Mitteleuropa aus und erzwangen die Anerkennung der staatlichen Ordnung von 1918/19 auf dem Kontinent [6]. Zwar waren sich die Siegermächte darüber einig, die Souveränität Österreichs gegenüber dem Nachbarn Deutschland zu wahren, gleichzeitig hegten sie aber Zweifel, ob Österreich in seiner prekären wirtschaftlichen Lage in der dekretierten Unabhängigkeit überhaupt existieren könnte. „Das Problem des 1919 verhinderten ‚Anschlusses' blieb somit auf Dauer in der Schwebe und ‚konjunkturanfällig', es belastete das Kräftegefüge Mitteleuropas auf Dauer" [7]. Den wirtschaftlichen Fortbestand der Donaumonarchie bekämpfte vor allem Italien, das alle Ansätze zu einer Donauföderation verhinderte. Das Ergebnis der Pariser Vororteverträge sei es gewesen, so das Fazit des Leiters der österreichischen Handelspolitik Schüller, „daß beide Richtungen siegten" [8].

Die österreichische Außen(handels)politik arbeitete aber nicht schwerpunktmäßig an der staatsrechtlichen Eingliederung in ein größeres Wirtschaftsgebiet, sondern vor allem an der Wiederherstellung der Waren- und Geldströme mit den Nachfolgestaaten auf der Basis von Handelsverträgen.

[4] Vgl. auch Ludwig Jedlicka, Aufteilungs- und Einmarschpläne um Österreich 1918–1934, in: Festschrift Franz Loidl zum 65. Geburtstag, Wien 1970, Bd. 1, S. 96–112.

[5] Vgl. StGBl. 1920, Nr. 303.

[6] Vgl. Arno J. Mayer, Politics and Diplomacy of Peacemaking. Containment and Conterrevolution at Versailles 1918–1919, New York 1967; Gerhard Stourzh, Zur Genese des Anschlußverbots in den Verträgen von Versailles, Saint-Germain und Trianon, in: Saint Germain 1919, S. 41–53; Peter Krüger, Die Außenpolitik der Republik von Weimar, Darmstadt 1985, S. 55 ff.

[7] Ulrich Kluge, Bauern, Agrarkrise und Volksernährung in der europäischen Zwischenkriegszeit. Studien zur Agrargesellschaft und -wirtschaft der Republik Österreich 1918 bis 1938 (Vierteljahrschrift für Sozial- und Wirtschaftsgeschichte, Beiheft Nr. 86, hg. v. Werner Conze, Hermann Kellenbenz, Hans Pohl und Wolfgang Zorn), Stuttgart 1988, S. 32; Alfred D. Low, Die Anschlußbewegung in Österreich und Deutschland 1918–1919 und die Pariser Friedenskonferenz, Wien 1975.

[8] Vgl. Richard Schüller, Wirtschaftliche Bestimmungen des Friedensvertrages von Saint Germain, in: Zeitschrift für Volkwirtschaft und Sozialpolitik, N. F. Bd. 1 (1921), S. 37.

Unter der Leitung Otto Bauers hatte sich die österreichische Außenpolitik zunächst sehr deutlich auf einen Anschluß des Landes an das Deutsche Reich konzentriert. Schließlich setzte sich aber innerhalb der sozialistisch geführten österreichischen Regierung die Erkenntnis durch, daß eine solche Politik nicht durchzuhalten war. Dies lag zum einen an den politischen Ingredienzen, die mit den für Österreich überlebenswichtigen materiellen und finanziellen Hilfeleistungen der Alliierten, die das Reich nicht zu leisten in der Lage war, verbunden waren. Weiter stellte sich heraus, daß sich Berlin zu größter Zurückhaltung in der Anschlußfrage entschloß, oder besser entschließen mußte, da dort um die territoriale Integrität des Reiches gefürchtet werden mußte. Auch die innenpolitische Interessenlage der österreichischen Sozialisten, die Konsolidierung einer parlamentarisch-republikanischen Ordnung, ließ es als notwendig erscheinen, der österreichischen Außenpolitik eine feste Grundlage zu verschaffen. Hinzu kamen die Grenzkonflikte, die Österreich bedrohten [9]. Es war für Österreich unter den zu jener Zeit herrschenden Konstellationen geradezu lebenswichtig, die Kontakte zur Entente zu verbessern.
Aber nicht nur die innere Ordnung war durch die katastrophale Versorgungslage ernsthaft gefährdet; es gab in den Nachbarstaaten ernstzunehmende Überlegungen, das verbliebene Staatsgebiet Österreichs unter sich aufzuteilen [10]. Die Akzeptanz des Systems der Pariser Friedensverträge bot für Österreich die Chance, der Entente und ihren Verbündeten eine Schlüsselrollle für die wirtschaftliche Sanierung des Landes und in den Grenzstreitigkeiten mit Ungarn und Jugoslawien zuzuspielen. In der Logik der neuen außenpolitischen Orientierung lag das Beitrittsgesuch Österreichs zum Völkerbund vom 9. November 1920.
Die Umorientierung der österreichischen Außenpolitik begann bereits im Sommer 1919. Der Rücktritt des „Anschlußpolitikers" Otto Bauer im Juli 1919 war ein erstes deutliches Signal an die Alliierten, daß sich Österreich vom Deutschen Reich distanzieren und der Entente annähern wollte [11].
Der Ministerrat kam zu dem Ergebnis, einen grundlegenden Richtungswechsel in seiner Außenpolitik offiziell einzuleiten, der ja bereits seit dem Sommer angebahnt worden war. Unumgängliche Voraussetzungen für den Neuaufbau einer österreichischen Volkswirtschaft war zunächst die Normalisierung des Transportwesens und der Abbau rechtlicher und bürokratischer Handelshemmnisse vor allem durch Handelsverträge. Eine weitere wichtige Voraussetzung für die Besserung der wirtschaftlichen Lage war die Konsolidierung der politischen Verhältnisse sowohl im Inneren als auch in den auswärtigen Be-

[9] Vgl. Walter Goldinger, Der geschichtliche Ablauf der Ereignisse in Österreich von 1919 bis 1945, in: Heinrich Benedikt (Hg.), Geschichte der Republik Österreich, unv. Nachdruck, Wien–München 1977, S. 60 ff.; Walter Hummelsberger, Die niederösterreichisch-tschechoslowakische Grenzfrage 1918/1919, in Saint Germain 1919, S. 78–111; Karl Stuhlpfarrer, Südtirol 1919, in: ebenda, S. 54–77; Arnold Suppan, Ethnisches, ökonomisches oder strategisches Prinzip? Zu den jugoslawischen Grenzziehungsvorschlägen gegenüber Österreich im Herbst und Winter 1918/19, ebenda, S. 112–189.

[10] Vgl. Walter Goldinger, Der geschichtliche Ablauf, S. 100 f.

[11] Vgl. Schüller schrieb in sein Notizbuch: „Wir [Renner und er] besprechen Bauers bevorstehende Demission – Zweck: Verbeugung vor der Entente u. daß Bauer sich Führung der s. Partei widmen kann." (Richard Schüller, Notizbuch IV, in: Privatarchiv Schüller-Pirol, Rom); vgl. auch: Unterhändler des Vertrauens, S. 237, 240.

ziehungen. Im Dezember 1919 beschloß der Ministerrat Verhandlungen mit den Regierungen der Nachbarstaaten einzuleiten, um zu einer Überwindung der durch den Krieg aufgeworfenen Gegensätze und einer Normalisierung, ja überhaupt einer Regelung der Beziehungen zu diesen Staaten, zu gelangen [12]. Der Weg zur Verständigung sollte über eine wirtschaftliche Zusammenarbeit der mittel- und südosteuropäischen Staaten führen. Entsprechend wurde an einer Konzeption zur Neuregelung der österreichischen Handelspolitik gearbeitet [13].

Am 1. Dezember 1919 berichtete der britische Diplomat Lindley über die außenpolitischen Absichten Renners, die ihm dieser zwei Tage zuvor in einem Gespräch erläutert hatte: „Doctor Renner stated that he was more and more impressed with the need of close economic relations with what are called here the Succession States; he would do all he could to bring about such relations" [14]. Renner machte gegenüber Lindley aber deutlich, daß er die französischen Donauföderationspläne für ungeeignet hielt. Renner führte weiter aus, daß er seine Politik mit einer Reise nach Prag beginnen wolle, da die Tschechoslowakei der wichtigste unter den neuen Staaten sei. Danach wolle er Gespräche mit Belgrad beginnen. Wenn man mit Prag und Belgrad zu Ergebnissen gekommen sei, was er nicht bezweifele, so Renner, wolle er sehen, was man in Warschau und Bukarest erreichen könne. Eine Neuordnung der Beziehungen mit Ungarn wollte sich Renner, kann man dem Bericht Lindleys entnehmen, bis zuletzt aufsparen.

Diese Politik änderte sich auch nicht, als die Renner-Regierung von einem bürgerlichen Bündnis abgelöst wurde [15]. Ausgangspunkt war dabei die Einschätzung, daß die Westmächte immer mehr zu der Auffassung gelangt waren, daß die Friedensbedingungen den wirtschaftlichen und politischen Konsolidierungsprozeß in Mitteleuropa eher behinderten, als das sie ihm dienlich seien. Besonders in Paris suche man nach gangbaren Wegen zu einer Sanierung der mittel- und südosteuropäischen Volkswirtschaften. Die französischen Planungen hätten sich auf das Konzept einer Donaukonföderation konzentriert und gewännen immer deutlichere Konturen. 1919/1920 habe Benesch die Bemühungen Frankreichs, die Tschechoslowakei und Österreich zu einer Annäherung zu bewegen, aus innenpolitischen Gründen abgewehrt. So sei die Kleine Entente ohne Österreich gebildet worden. Erstmals habe sich Benesch bei seiner Begegnung mit Bundeskanzler Mayr Anfang 1921 zu Verhandlungen bereit erklärt. Seitdem arbeite Benesch zielbewußt darauf hin [16].

Die österreichischen Regierungen wollten eine Annäherung an die Kleine Entente, keinesfalls aber den Beitritt zu diesem Bündnis. Zwar habe das Bündnis den Charakter einer lockeren Interessengemeinschaft, aber Österreich könne wegen seiner de-facto-Neutralität und des fehlenden militärischen Potentials der Kleinen Entente nicht formal beitreten. Die Annäherung an die Tschechoslowakei und die Kleine Entente sei eine notwendige Voraussetzung, um zu den Nachfolgestaaten freundschaftliche Wirtschaftsbeziehungen

12 Vgl. Memorandum des Staatsamt für Äußeres vom Dezember 1919, in: AdRW, NPA 412.

13 Vgl. AdRW, NPA 412.

14 Mr. Lindley (Vienna) to Earl Curzon (Received December 9), No. 28, Vienna, December I, 1919, in: DBFP, First Series, Vol. VI, No. 33, S. 452.

15 Vgl. Pro domo. Unser Verhältnis zur Kleinen Entente (Memorandum für Schober von Egger und Eichhoff), 2. Dezember 1921, in: AdRW, NPA 822.

16 Vgl. ebenda.

aufbauen zu können. Auch nur unter dieser Vorbedingung sei mit einer Kreditgewährung durch die Westmächte zu rechnen [17]. Österreich dürfe sich in dieser Sache nicht durch negative Reaktionen in Rom, Budapest oder Berlin beirren lassen [18]. Ungarn sei wegen seiner wirtschaftlichen und geographischen Lage gezwungen, ebenfalls seine Beziehungen zu den Nachbarn in Ordnung zu bringen [19]. Dennoch wollte sich die Wiener Regierung die deutsche Option offenhalten und auch weiterhin nicht auf eine enge Zusammenarbeit mit Berlin verzichten. In Österreich rechnete man bereits sehr früh damit, daß sich das Deutsche Reich auf Dauer als Hegemonialmacht in Südosteuropa durchsetzen würde. In einem Memorandum aus dem Außenministerium vom 3. April 1922, das von Egger und Eichhoff verfaßt war, ist zu lesen: „Es kann dem Gesamtdeutschtum nur nützen, wenn auch wir unser Teil dazu beitragen um in den slawischen Nachbarstaaten deutschem Wesen und deutscher Kultur Eingang und Achtung zu verschaffen. Sind es doch voraussichtlich eben die Slawen, die Deutschland die verlorenen Kolonien zu ersetzen bestimmt sind und die Deutschland einst jenen politischen und wirtschaftlichen Rückhalt geben werden, der die Großmachtstellung Deutschlands ausmachen soll" [20].

Bei den Regierungen der Nachfolgestaaten war mit der Zeit auch mehr Aufgeschlossenheit für eine Annäherung an den neuen österreichischen Staat vorhanden. Hierzu hatte vor allem auch die Haltung Wiens bei der Lösung der territorialen Streitigkeiten beigetragen. Obgleich die Signatarstaaten zumeist gegen die österreichischen Forderungen entschieden hatten. Anders als beim Anschlußverbot, war man schnell bereit, die neuen Grenzen mit den anderen Staaten auf der Basis der Friedensverträge zu akzeptieren, sieht man einmal von Südtirol ab. Dieser Verzicht auf ein unerfüllbares Territorialprogramm zeigt einen hochentwickelten Realitätssinn innerhalb der politischen Führung Österreichs [21]. Die Gebietsverluste hinderten Österreich nicht daran, sich den Nachfolgestaaten, namentlich der Kleinen Entente, anzunähern. Umgekehrt erwägten die Mitglieder der Kleinen Entente die Aufnahme Österreichs neben anderen außenpolitischen Gründen nicht zuletzt deshalb, weil Österreich der einzige Verlierer des Krieges war, der sich mit seinem Schicksal abgefunden hatte [22].

[17] Die österreichische Regierung führte seit 1921 Verhandlungen mit den Großen Vier über eine wirtschaftliche und finanzielle Sanierung. Vgl. hierzu den „Schüller-Faszikel" im Nachlaß von Wildner im HHStA, der umfängliche Korrespondenzen zur Kreditaktion enthält.

[18] Vgl. Pro Memoria, Z. 1215/1 A. Unser Verhältnis zu den Nachbarstaaten, in: AdRW, NPA 694.

[19] Als Ungarn im März 1924 wie zuvor Österreich 1922 seine Genfer Sanierung bekam, gehörten zu den Konditionen des Völkerbundes sowohl ungarische diplomatische Initiativen zur Verbesserung des Verhältnisses zu den Nachbarstaaten als auch eine Ergänzung der Sanierungsmaßnahmen durch andere wirtschaftspolitische Maßnahmen, wie den Abschluß von Handelsverträgen (vgl. League of Nations [Hg.], The Financial Reconstruction of Hungary – General Survey and Principal Documents, Geneva 1926, S. 58).

[20] Geheim. Pro Memoria, Z. 1215/1 A. Unser Verhältnis zu den Nachbarstaaten, in: AdRW, NPA 694.

[21] Vgl. Peter Burian, Politische Probleme zwischen Österreich und den Nachfolgestaaten, in: Richard G. Plaschka/Karlheinz Mack, Die Auflösung des Habsburgerreiches, S. 458 f.

[22] Vgl. Bericht des ungarischen Vertreters in Paris an den ungarischen Außenminister vom 13. September 1920, in: Papers and Documents relating to the Foreign Relations of Hungary, Budapest 1939, Bd. I, S. 630.

Ein wesentliches Element der diplomatischen Offensive Österreichs war die Anbahnung handelspolitischer Verhandlungen mit seinen Nachbarstaaten, die dann zum Abschluß der ersten Meistbegünstigungsverträge mit Jugoslawien und Rumänien im Jahre 1920 führten. Der Weg zu solchen Abkommen wurde durch das Geheimabkommen zwischen Renner und Benesch vom 12. Januar 1920 eröffnet. Österreich betrieb die Annäherung an die Nachfolgestaaten konsequent weiter. Eine weitere wichtige außenpolitische Station war wiederum ein Vertrag mit der Tschechoslowakei, den Bundeskanzler Schober im Dezember 1921 abschloß. Bis zum Frühjahr 1923, dem Beginn der Sanierungspolitik unter der Ägide des Völkerbundes, hatte Österreich ein Basisgeflecht von Handelsverträgen mit den anderen Nachfolgestaaten aufgebaut, die etwa die Hälfte des österreichischen Außenhandels ausmachten.

Nachdem der Anschluß Österreichs an das Deutsche Reich zunächst aus dem Katalog der politischen Nahziele österreichischer wie deutscher Außenpolitik dispensiert war, was breiten Kreisen innerhalb der österreichischen Wirtschaft entgegenkam, konzentrierte sich die österreichische Handelspolitik auch gegenüber Deutschland auf die rechtliche Regulierung der Handelsbeziehungen. Das Ergebnis war ein umfassender Handelsvertrag, der im Sommer 1920 unterschrieben wurde.

War ein Anschluß an das Deutsche Reich in der aktuellen österreichischen Außenpolitik in den Hintergrund getreten, bekam im Laufe des Sommers 1922 eine andere Kombination großes Gewicht. Es war dies die Option einer Zoll- und Währungsunion mit Italien, die von der Regierung Seipel als Alternative für ein unbefriedigendes Ergebnis oder ein Scheitern der Sanierungsbemühungen über den Völkerbund gesehen wurde. Das Abkommen zu einer Zoll- und Währungsunion mit Italien war zu Beginn der Genfer Völkerbundberatungen im Herbst 1922 unterschriftsreif. Das Projekt wurde dann aber zugunsten der erfolgreichen Bemühungen in Genf aufgegeben. Eine Annäherung an die Tschechoslowakei, an Jugoslawien und auch an Ungarn [23] wurden am Ballhausplatz erwogen, aber doch in Abwägung der außen- und innenpolitischen Auswirkungen hintangestellt. Eine Annäherung an das Deutsche Reich wurde zu diesem Zeitpunkt ausgeschlossen [24].

[23] Vgl. Richard Schüller, Notizbuch V, in: Privatarchiv Schüller-Piroli, Rom: „Schober spricht von Zollunion mit Ungarn (Gratz Idee), ich: Nein; Freihandel ist der einzige Weg.“

[24] Kabinettsprotokoll Nr. 220 vom 28. August 1922, in: AdRW, Ministerratsprotokolle.

T. Kornbichler

Forschungen zur Kulturgeschichte der Tiefenpsychologie im Berlin der Weimarer Zeit

Mittlerweile gibt es einige Ansätze in der Bundesrepublik Deutschland, die hoffen lassen, daß dem Forschungsbereich „Geschichte und Psychologie" künftig mehr Aufmerksamkeit geschenkt wird. Es handelt sich um ein Forschungsgebiet, das ich mir als junger Historiker in den letzten Jahren erschlossen habe.
Auch meine derzeitigen Forschungen haben mit Geschichte und Psychologie zu tun. Allerdings sind die Vorzeichen verkehrt. Derzeit geht es mir nicht darum, Sinn und Zweck einer auch psychologisch orientierten Geschichtswissenschaft auszuweisen. Die Tiefenpsychologie selbst ist derzeit Gegenstand meiner historiographichen Bemühungen.

Das Thema:
Die Tiefenpsychologien: Sigmund Freund, C. G. Jung, Alfred Adler und die Folgen (siehe z. B.: Josef Rattner: *Klassiker der Tiefenpsychologie,* München 1990) haben die Kultur des 20. Jahrhunderts wesentlich beeinflußt. Schon früh, noch vor dem Ersten Weltkrieg, wuchsen sie über den Rahmen einer Klinischen Psychologie und Psychotherapie hinaus. Sie wirkten bestimmend auf die Ausbildung moderner Lebensformen, Kulturströmungen und Weltanschauungen ein. Die Tiefenpsychologien sind zentraler Bestandteil der *Moderne,* die als geschichtliche Epoche das letzte Drittel des Neunzehnten und das erste Drittel des Zwanzigsten Jahrhunderts umfaßt (siehe hierzu meine Vorarbeit: Thomas Kornbichler: *Die Entdeckung des siebten Kontinents,* Frankfurt/M. 1989).
In der Weimarer Zeit war Berlin ein Zentrum sich vielfach überlagernder moderner Entwicklungen in Wirtschaft, Gesellschaft, Politik und Kultur. Das moderne „Berlin" war Inbegriff der „modernen Seele". Zahlreiche Repräsentanten der modernen Künste lebten und arbeiteten hier. Wissenschaftliche Innovationen und lebenspraktische Experimente gingen Hand in Hand.
Zwischen den beiden Weltkriegen zog Berlin vermehrt Tiefenpsychologen an. Es wurde zum Zentrum innovativer Entwicklungen innerhalb der modernen Psychologie. Diese Psychologen standen mitten im kulturellen Leben ihrer Zeit. Sie beeinflußten es und wurden von ihm beeinflußt.
Sigmund Freud, Alfred Adler, C. G. Jung und viele andere Pioniere der Tiefenpsychologie waren Mediziner. Es wäre falsch, daraus den Schluß zu ziehen, die Tiefenpsychologie und die damit verbundene Psychotherapie seien Teil einer naturwissenschaftlichen Medizin. Ich vertrete die These, daß Sigmund Freuds Psychoanalyse und daran anknüpfende Entwicklungen im Zusammenhang hermeneutischer Kulturpsychologien ihren Platz finden. So gesehen wird auch verständlich, wieso sich die Tiefenpsychologie vor allem in den Kulturwissenschaften verbreiten konnte. Darüber hinaus können zahlreiche konkrete Querverbindungen von Tiefenpsychologen und deren Theorien zu vielen Bereichen der Kultur nachgewiesen werden. Eine Geschichte der Tiefenpsychologie kann somit kulturgeschichtlich angelegt werden. Zum einen wird der Einfluß moderner Kulturströmungen auf die Tiefenpsychologien thematisiert. Zum anderen sind diese modernen Psychologien selbst eine dieser Kulturströmungen, die bestimmend auf die Menschen der Moderne einwirkten.

Stand der Forschung:

Eine Durchsicht bereits vorhandener Kulturgeschichten, insbesondere Kulturgeschichten der Weimarer Republik und Kulturgeschichten Berlins, bestätigt meine These, daß die Tiefenpsychologie von den Kulturhistorikern bis heute nicht ausreichend als eine der zentralen Strömungen des modernen Geistes- und Kulturlebens gewürdigt wird. Ausnahmen wie Peter Gay (*Die Republik der Außenseiter. Geist und Kultur in der Weimarer Zeit 1918–1933,* Frankfurt/M. 1987) oder Hermann Glaser (*Sigmund Freuds Zwanzigstes Jahrhundert,* Frankfurt/M. 1979), die zumindest Sigmund Freuds Psychoanalyse als zentralen Bestandteil der Moderne thematisieren und in ihre Darstellungen miteinbeziehen, bestätigen die Regel.
Aber auch seitens der Psychologen fehlt bis heute offenbar die historiographische Kompetenz, wie sie eine *Kulturgeschichte der Tiefenpsychologie* erfordert. Über – durchaus wertvolle – kulturgeschichtliche Detailstudien sind sie nicht hinausgekommen. Hinderlich für eine Aufarbeitung und Gesamtdarstellung des Themas ist offenbar auch die schulenspezifische Gebundenheit vieler Tiefenpsychologen. Der Streit der wissenschaftlichen und therapeutischen Parteien, so wichtig er für den Fortgang der Tiefenpsychologie als Disziplin selbst sein mag, steht bis heute einer kulturgeschichtlichen Aufarbeitung des Phänomens „Tiefenpsychologie" im Wege. In dieser Hinsicht werde ich als Historiker weiter meinen – relativ – objektiven Standpunkt betonen und ausbauen.

J. Mirow

Das Konzept einer deutschen Nationalgeschichte als Geschichte des deutschen Volkes

Von einem überzeugenden Konzept einer deutschen Nationalgeschichte ist zu fordern, daß sie ein historisches Subjekt besitzt, dessen Geschichte sie schreibt, und dieses muß ein Mindestmaß an Kontinuität und Identität gewährleisten.
Als Geschehen in einem durch natürliche Grenzen gegebenen Raum läßt deutsche Geschichte sich nicht schreiben, da nach Westen und Osten natürliche Grenzen fehlen und der Raum der deutschen Geschichte sich mehrfach ausdehnte, zusammenzog und verlagerte.
Auch Reich bzw. Staat bilden keinen überzeugenden Rahmen für eine deutsche Nationalgeschichte, da es nicht *den einen* deutschen Staat gibt, der über Jahrhunderte hinweg kontinuierlich existiert hätte. Diese Einheit und Kontinuität fehlt in räumlicher Hinsicht, sie fehlt inhaltlich (römisch-deutsches Reich, Deutscher Bund, Deutsches Reich 1871–1945 und BRD sind vom Wesen her verschieden) und ebenso darin, daß im römisch-deutschen Reich und im Deutschen Bund nicht die auf Einheit und Zentralismus orientierten Kräfte vorherrschend waren, sondern die territorialen Gewalten, wie auch regionale Zentren und nicht die Reichszentrale spätestens seit Ende des 12. Jahrhunderts Ausgangspunkt politischer, kultureller und gesellschaftlicher Impulse und Neuerungen waren.
Auch die Staatsnation, verstanden als Gemeinschaft von Menschen, die aufgrund gemeinsamer Überzeugungen zusammen in einem Staat leben wollen und, sofern dieser besteht, an ihm teilhaben, ist als Subjekt der deutschen Nationalgeschichte wenig geeignet. Eine

Staatsnation existierte bei den Deutschen seit Mitte des 10. Jahrhunderts als Adelsnation, aber indem im Laufe des 18. Jahrhunderts die Höfe der größeren deutschen Territorien Kristallisationspunkte eines jeweils eigenen Nationalgeistes wurden, ging diese Adelsnation unter, und die bürgerliche Nation entstand nach einer Zwischenphase von neuer Wurzel her, was einen eklatanten Kontinuitätsbruch bedeutet.

Stattdessen wird vorgeschlagen, das deutsche Volk zum Subjekt der deutschen Nationalgeschichte zu machen. Mit dem deutschen Volk ist jene Großgruppe von Menschen gemeint, die Deutsch als Muttersprache sprechen. Sprache ist das zentrale Mittel der Kommunikation: die Gemeinsamkeit der Sprache fördert die Kommunikation, und durch den Gedankenaustausch entstehen die Gemeinsamkeit von Literatur, Überzeugungen, Stilen usw.; das Nichtverstehen der Sprache fremder Völker behindert die Kommunikation und läßt Unterschiede stärker hervortreten. Art und Weise der Kulturbestände verändern sich im Laufe der Jahrhunderte – ein Volk besteht also als Kommunikationszusammenhang, nicht als Verkörperung von Wesensgehalten oder gar als biologische Einheit. Daß die jeweiligen Zeitgenossen vom 10. Jahrhundert bis heute stets den Begriff eines deutschen Volkes gekannt haben, belegt die Kontinuität seiner Existenz. Eine Nationalgeschichte, die von den das Volk bildenden Menschen ausgeht, die arbeiten, in Herrschaftsgefüge eingeordnet sind und miteinander kommunizieren, ist überdies hervorragend geeignet, die in den letzten zwei Jahrzehnten entstandenen Forschungsergebnisse der Sozial- und Wirtschaftsgeschichte, auf dem Gebiet der Mentalitäten, der Geschichte nicht nur der Eliten, sondern auch der breiten Masse in eine Gesamtdarstellung zu integrieren, viel besser als eine am staatlichen Rahmen orientierte Darstellung.

Wenn man sich für das deutsche Volk als Subjekt der deutschen Geschichte entscheidet, dann gehören auch Niederländer/Flamen bis ins 16. Jahrhundert, Deutsche in Österreich nach 1866 und in der Schweiz nach 1648 dazu, ebenso die Volksdeutschen in Osteuropa und die nach Übersee ausgewanderten Auslandsdeutschen, letztere, solange sie noch nicht ihre deutsche Eigenart aufgegeben haben. Hier ist es entscheidend, säuberlich zwischen Volk und Staatsnation zu trennen. In der deutschen Geschichte war beides jahrhundertelang nicht deckungsgleich. Wir müssen uns lösen von der im 19. Jahrhundert aufgekommenen Vorstellung, Staatsangehörigkeit und Volkszugehörigkeit müßten im Nationalstaat zur Deckung gebracht werden, die dann zu zahlreichen Annexionen und Vertreibungen geführt hat, um Staats- und Volksgrenzen einander anzugleichen. Nur bei klarer Trennung von Volk und Staatsnation kann das deutsche Volk zum Subjekt der deutschen Geschichte gemacht werden, ohne daß sich damit der unakzeptable politische Anspruch einstellt, andere deutsche Staaten (z. B. Österreich) gegen ihren Willen an den deutschen Hauptstaat anschließen zu wollen. Die politische Einheit darf nicht zur Prämisse der deutschen Geschichte gemacht werden, sondern es muß gerade eine zentrale Frage sein, wie das Ringen zwischen zentralistischen und partikularistischen Kräften verlief, ob es eine(n) oder mehrere Staaten und Staatsnationen bei den Deutschen gab.

Veröffentlichungshinweis: Wesentlich ausführlicher als im Vortrag wird das Konzept einer deutschen Nationalgeschichte als Geschichte des deutschen Volkes in einem Aufsatz dargelegt und begründet, der Ende 1991 in den MIÖG erscheinen soll. Das Vorgetragene steht nicht nur als These und Theorie da, sondern der Referent hat es auch praktisch angewendet und erprobt in: Jürgen Mirow, Geschichte des deutschen Volkes, Gernsbach 1990, 1264 Seiten (2. überarbeitete und ergänzte Auflage in Vorbereitung).

Außereuropäische Geschichte

1. Nationalstaat und Sprachkonflikte in Süd- und Südostasien

Leitung: *D. Rothermund (Heidelberg)*
D. Rothermund: Einleitung
S. Kaviraj (New Delhi): Writing, Speaking, Being – Language, Identity and Politics: The Indian Experience
S. Bhowmik (Hamburg): Die Bengali-Sprachbewegung und die Geburt Bangladeshs
D. Hellmann-Rajanayagam (London): Tamil und die Tamilen
T. Prinz (Gießen): Der singhalesische Sprachnationalismus
R. Wendt (Augsburg): Sprachenvielfalt und Nationalsprache auf den Philippinen während der Kolonialzeit und Unabhängigkeit
H. H. Dengel (Heidelberg): Zur Entwicklung der Bahasa Indonesia und der Regionalsprachen

Veröffentlichungshinweis: Die Beiträge der Sektion erscheinen geschlossen als: D. Hellmann-Rajanayagam/D. Rothermund (Hg.), Nationalstaat und Sprachenkonflikt in Süd- und Südostasien, Stuttgart 1991 (Beiträge zur Südasienforschung).

D. Rothermund

Einleitung

Die Idee des modernen, säkularen Nationalstaats wurde durch die europäische Expansion nach Asien exportiert. Im Freiheitskampf gegen koloniale Fremdherrschaft wurde diese Idee von asiatischen Nationalisten begeistert aufgegriffen. Das waren zunächst kleine Bildungseliten, die untereinander und in den Auseinandersetzungen mit den Kolonialherren deren Sprache sprachen. Zwei Beweggründe veranlaßten die Nationalisten jedoch, sich einer eigenen Nationalsprache zuzuwenden, zum einen gehörte eine Nationalsprache zu den wichtigsten Attributen eines modernen Nationalstaates, zum anderen erforderte die nationale Agitation die Kommunikation mit Bevölkerungsschichten, die in der Sprache der Kolonialherren nicht ansprechbar waren.
Das Einverständnis über die Nationalsprache war in den meisten Ländern Asiens schwer zu erreichen, da es eine komplizierte Sprachenvielfalt gab. Bei dieser Vielfalt handelte es sich nicht nur um regionale Unterschiede, sondern oft auch um soziale und religionsgemeinschaftlich geprägte Differenzen. Es gab nicht selten verschiedene Sprachformen im Umgang zwischen den sozialen Schichten, ferner gab es krasse Unterschiede zwischen Volkssprache und literarischer Hochsprache. Eine moderne Prosa-Schriftsprache, die Elemente von Volks- und Hochsprache verband und zudem Lehn- und Fremdwörter aufnahm, entwickelte sich oft erst in der Kolonialzeit, meist wurde sie von Missionaren entwickelt, die die Bibel übersetzten, die Druckerpresse einführten und damit auch dem

Journalismus den Weg bereiteten, der später in den Dienst des Nationalismus genommen wurde.

Wo mehrere Sprachen sich den Rang streitig machten, kam es zu erbitterten Sprachenkonflikten, ihre Brisanz hatte meist sozioökonomische und politische Gründe. Oft wurde die Sprachenfrage politisch instrumentalisiert, um Forderungen ganz anderer Art durchzusetzen. Sprache läßt sich leicht einsetzen, um die Solidarität derer, die sie sprechen, heraufzubeschwören und die Abgrenzung von anderen deutlich zu machen. Wie lautstark diese Forderungen vorgetragen werden, hängt davon ab, gegen wen man antritt. Militante Agitation und gewaltsame Unterdrückung, die dazu führt, daß es Märtyrer gibt, die dann immer wieder als Blutzeugen aufgerufen werden können, heizt die Sprachenkonflikte an und kann dazu führen, daß Sprachbewegungen zum Ringen um politische Autonomie werden und schließlich zur Sezession führen können. Dabei ist zu betonen, daß nahezu alle Sprachenkonflikte eine lange Vorgeschichte haben, die es gerade dann zu berücksichtigen gilt, wenn der Konflikt vermeintlich neueren Datums ist und sich scheinbar zufällig ergeben hat. Nicht immer berufen sich die Protagonisten selbst auf ihre Vorläufer und machen es so dem Historiker leicht, die Vorgeschichte des Konflikts zu rekonstruieren. Die Untersuchung muß dann viel tiefer und früher ansetzen, als es das Phänomen an sich zu verlangen scheint.

Bei alledem soll nicht verschwiegen werden, daß es beim Kampf um die Sprache auch Spiegelfechterei geben kann. Politiker mögen sich im Brustton der Überzeugung für eine Sprache einsetzen, die sie selbst kaum beherrschen, nur weil sie dem Trend folgen oder ihn bestimmen möchten. So mancher wettert gegen die Überfremdung durch die Sprache der Kolonialherren, spricht sie aber selbst weiter und schickt seine Kinder in Schulen, in denen sie Unterrichtssprache ist, um ihnen eine Karriere zu sichern. Gelegentlich mag solche Halbherzigkeit den Sprachenkonflikten die Brisanz nehmen, man läßt es beim Lippenbekenntnis zur Nationalsprache bewenden. Doch kann mitunter das schlechte Gewissen des Halbherzigen ihn auch zu ganz besonders militantem Einstehen für das, was er bisher nur mit den Lippen bekannt hat, führen. Die jeweilige politische Konstellation ist dabei von entscheidender Bedeutung.

Unsere Sektion kann nur einen kleinen Ausschnitt der Gesamtproblematik bieten. Die einzelnen Referate stellen Fallbeispiele vor, an denen sich exemplarisch zeigen läßt, welche Erscheinungsformen von Sprachkonflikten oder konfliktfreier Akzeptanz von Nationalsprachen in den Staaten Asiens zu beobachten sind. Wir beginnen mit Indien, einem Staat mit einer Fülle von Sprachen, in dem die Frage nach Sprache und Identität von besonderer Bedeutung ist. Am Beispiel der bengalischen Sprachbewegung im früheren Ost-Pakistan soll dann gezeigt werden, wie die Solidarisierung im Rahmen dieser Bewegung zu weitergehenden politischen Autonomieforderungen geführt hat, die der Sprachbewegung freilich bereits zugrunde lagen. Im dritten Referat wird anhand des Beispiels der Tamilen in Sri Lanka die lange Vorgeschichte einer Sprachbewegung aufgezeigt, die später zu Autonomie- und Sezessionsforderungen führte. Im folgenden Referat geht es dann um die Singhalesen in Sri Lanka, die als überwiegende Mehrheit in ihrem Lande zunächst kein militantes Sprachbewußtsein entwickelten, bis die Sprachenfrage im Wahlkampf instrumentalisiert wurde, als es darum ging, eine soziale Basis in Schichten außerhalb der Bildungselite zu finden. Dies wiederum blieb nicht ohne Rückwirkung auf die tamilische Minderheit.

Während die Beispiele aus Sri Lanka uns die Brisanz von Sprachenkonflikten vor Augen führen, bieten die letzten beiden Referate ein Kontrastprogramm. Hier geht es um zwei große südostasiatische Archipel-Staaten, die Philippinen und Indonesien, die sich beide durch eine große Sprachenvielfalt auszeichnen, aber keine Sprachenkonflikte auszutragen hatten, weil die Akzeptanz der betreffenden Nationalsprachen aus sehr verschiedenen Gründen unproblematisch war. Auf den Philippinen einigte man sich schon früh auf eine Nationalsprache, Tagalog, tat aber nicht viel für ihre Durchsetzung und ließ es bei Lippenbekenntnissen bewenden, die keinem weh taten. In Indonesien aber setzte sich die Bahasa Indonesia als lingua franca, dazu noch in lateinischer Schrift geschrieben, durch und überlagerte die komplizierten alten Regionalsprachen, so daß sie leicht als Nationalsprache Anerkennung fand. Dabei blieb es in Indonesien durchaus nicht beim Lippenbekenntnis zu dieser Nationalsprache. Die Sprache der Kolonialherren wurde sehr rasch eliminiert und Bahasa Indonesia wurde zur allgemeinen Verwaltungs- und Unterrichtssprache.

Es ist nicht leicht, einen gemeinsamen theoretischen Rahmen für diese Beispiele zu finden. In jedem Fall sind Art und Intensität der Kolonialherrschaft und ihrer Sprachenpolitik zu berücksichtigen, ferner kommt es darauf an, ob es einen intensiven Freiheitskampf gab (Indien, Indonesien), oder Konflikte zwischen Sprachgemeinschaften erst nach einer kampflosen Gewährung der Unabhängigkeit auftraten, als die Politik nicht mehr auf die Bildungselite beschränkt blieb, sondern es auf eine populistische Mobilisierung der Massen ankam (Sri Lanka). Die politische Instrumentalisierung der Sprachenfrage ist oft sehr deutlich, doch wäre es verfehlt, deshalb die Eigenheiten der jeweiligen Sprache zu übersehen. Ihre literarische Tradition, ihr soziales Umfeld, der Grad ihrer Modernisierung als Prosa-Schriftsprache etc. sind von großer Bedeutung. Die Referenten werden diese Punkte berücksichtigen, sie sollen dann auch in der Diskussion aufgegriffen werden, um Vergleichbares herauszuarbeiten und vom Spezifischen zu unterscheiden.

S. Kaviraj

Writing, Speaking, Being – Language, Identity and Politics: The Indian Experience

This paper will be in four parts. In the first, I should like to introduce some theoretical questions which I consider it necessary to discuss before we get into the three primary historical discussions I whish to enter into. In the second, we shall discuss what I shall call (keeping in mind the abstractness and provisionality of such a model) the „traditional“ model of linguistic and discursive exchange in India. In the third part, I shall discuss the change brought into this model by the coming of colonialism and cultural and educational changes attendant to it. In the final part I shall try to delineate briefly the main changes now taking place after independence in this „economy“ of linguistic exchange, and its consequences for discourse.

I.

In the first part, it will be necessary to make two types of preliminary theoretical points; and I hope it will be seen in the detailed paper that these initial moves are not external embellishments but necessary moments in the historical analysis I offer. These in themselve are of two types: (1) brief conceptual distinctions, and (2) some brief methodological remarks. The conceptual distinctions are necessary because very often political scientists and historians consider language as an abstract, undifferentiated and unstratified entity, and as a result their analyses lose subtlety and precision.

It will be necessary therefore to distinguish between „language“, and „discourse“ and „culture“ as a whole. It is important that these distinctions are held clearly in mind; for though nearly all things in cultural life have to do with language, they do not always relate to the same types or levels of linguistic activity. For a more detailed study of the discourse of nationalism, it is also necessary to distinguish between the two primary senses in which the concept of discourse is used: as all that is done in the world of living speech (Bakhtin or as an underlying deep structure, which takes long to form and change and which concerns linguistic and cultural performances at the level of *parole* (Foucault). Although these distinctions would be suggested, I shall not spend much time in a theoretical discussion around them.

Methodologically, in political analysis it is important to get away from a simple onesided conception of language as facilitating communication and exchanges of meaning-systems. It is equally important to realise that language creates what can be called an „economy“ of rights and capacities. It confers rights on some, and denies equal rights to others. A second point is that we should guard against the easy supposition that each language creates a division between insiders and outsiders, and that the insiders created by this distinction are an entirely homogeneous group. On the contrary, apart from creating the speakers/nonspeakers distinctions (like Bengali/non Bengali) it has an intricate system of internal stratifications: based on distinctions of literacy, diction, style etc. Language confers rights and takes them away: but it does not do that to the same extent to everyone.

II.

Traditional Indian culture seems to be marked by a feature that radically differentiates it from the European culture. Derrida has recently argued forcefully against the primacy of the spoken, and in favour of a more complex primacy of the written word in European linguistic and glossomatic traditions. The Indian traditional picture does not fit that; and although there are superficial similarities between the position of Saussure that Derrida rejects and the Indian case, these cannot be taken too far. Indian culture seems to be governed by a theory, albeit inexplicit, that allocates certain cultural operations to writing. It is not a culture that does not know writing, or is insufficiently acquainted with its social powers. Rather, it knows what writing can do through a theory and both invests it with significant powers and mistrusts it. A major question I shall investigate, though briefly here, would be the question of writing and institutions: why in the Indian civilisation institutional continuity (eg. in Brahminical training) is entrusted to the oral rather than written forms of continuity. This will be investigated with reference to some theories from the alankara traditions, discussing the transmission of ideas through sounds: ahvani.

III.

The major part of the paper would however be devoted to the link between a language and identity formation and their coming out into political life. After a brief discussion of the evolution of the early map of vernaculars from the decline of Sanskrit and Prakrit, and how this change does not alter the structure of the linguistic economy appreciably, I shall come to a discussion of my major thesis about what I shall describe as fuzzy traditional communities. In this I shall partly use the „floral" model of heteroglossia offered by Abram de Swann; but introduce into his model the element of inequality inside diglossias which are crucial for understanding the Indian case: people speak two languages, but not equally well and which way their ability is skewed determines their social functions and privileges. My major thesis would be based on an analysis of the formation of modern Bengali language through a few steps: (1) an original position in which the language is really broken into many dialects without clear boundaries, and consequently the boundary between Bengali and Oriya will be fuzzy. (2) With the coming of colonialism and the printing press, the dialect of a particular area becomes privileged as the „norm" language and is copied by speakers of outlying regions, thus creating sharply delineated linguistic borders. (3) The rise of a pan-Indian nationalism against the British creates the need for a political diglossia, which is provided by the bilingualism of the nationalist elite whose eminence is grounded in vernacular traditions, but who converse with each other through English. However a diglossia is not necessarily translated into a Gramscian common sense; and because of the lack of depth of nationalist cultural processes, India does not come to have a reconstituted commom sense. Its politics remains marked by two „common senses" which increasingly try to transact through force and capturing the instruments of the state. In discussing this, I shall rely entirely on evidence from the Bengal linguistic area; however, I shall hope that although the line of events in other cultures could hardly be identical the logic of processes is likely to be similar.

IV.

The fourth part would discuss language related processes of political entitlement and denial in India after 1947. It would first discuss the nature of the demands made on the political system by the first wave of regional protests, and remark some of its features from both cultural and rational choice points of view, and argue that their relations are non-zerosum. The fulfilment of these demands leaves some troublesome paradoxes for later periods; also, similar demands would not have similar results later. Besides, I shall try to show that by and excessive economism the Nehruvian elite entirely neglected the question of cultural self-production of the nation. Consequently, the diglossia that was a cultural precondition of this state is falling apart; it is not only the increasingly monolingual elite which is drawing away from the vernaculars since their meditation was arranged through the top, the vernaculars are also clashing and falling out with each other. This would raise some general theoretical questions about thinking about „nation-states" like India: are they nation states in the European sense? If not, do they represent failures in being European style states, or are they attempts (if not partial successes) in being something for which, because of our own Eurocentrism, we have not yet devised a conceptual name?

S. Bhowmik

Die Bengali-Sprachbewegung und die Geburt Bangladeshs

1971 wurde Bangladesh durch einen blutigen Bürgerkrieg unabhängig. 1947 bildete das damalige Ost-Bengalen gemeinsam mit Westpakistan den Staat Pakistan. Die einzige Grundlage für die Teilung Indiens und für die Staatsgründung Pakistans war Jinnahs berühmte Zwei-Nationen-Theorie; die besagt, daß Hindus und Moslems in Indien zu unterschiedlichen Nationen gehörten und die Moslems deswegen auf Grund der Selbstbestimmung einen Anspruch auf einen eigenen Staat hätten. Die bengalischen Moslems, die sich sprachlich, kulturell und ethnisch von den Moslems des heutigen Pakistans unterscheiden, aber viele Gemeinsamkeiten mit bengalischen Hindus haben, unterstützten die Pakistan-Bewegung. Damit trugen sie nicht nur zur Teilung Indiens, sondern auch zur Teilung Bengalens bei.

Für die nationalbewußten bengalischen Moslems spielte in dieser Entscheidung weniger die Überzeugung von der „Zwei-Nationen-Theorie" die entscheidende Rolle, sondern vielmehr die sozio-ökonomischen Gegensätze mit bengalischen Hindus. In einem unabhängigen Staat erhofften sie ohne die Domination der Hindus ihre sozio-ökonomischen Aspirationen zu erfüllen. Die folgende Teilung Bengalens erlöste die Moslems zwar aus der Angst vor einer Hindu-Vorherrschaft, stattdessen mußten sie sich aber nun vor einer westpakistanischen Domination fürchten. Diese neue Angst trug auch dazu bei, daß sie sich immermehr ihrer nationalen Zugehörigkeit bewußt wurden und immer stärker von Jinnahs Staatsideologie entfremdeten.

Als erstes Zeichen dieser Domination der westpakistanischen Elite sahen Ostbengalen die Sprachpolitik der Zentralregierung. Die bengalische Bevölkerung lehnte den Vorschlag der Regierung ab, Urdu zur alleinigen Staatssprache Pakistans zu machen. Sie verlangte neben Urdu auch ihre eigene Muttersprache Bengalisch, die immerhin von der Mehrheit der Bevölkerung Pakistans gesprochen wurde, als gleichberechtigte Staatssprache anzuerkennen. Denn Urdu als die alleinige Staatssprache würde, nach ihrer Überzeugung nur die urdusprechende Elite aus Westpakistan und immigrierte Moslems aus Indien bevorteiligen. Urdu war in keiner Provinz Muttersprache, sondern wurde in erster Linie von aus Indien immigrierten Moslems gesprochen. Dennoch war es in Westpakistan allerdings recht verbreitet – es wurde in fast allen Provinzen im Schulunterricht verwendet. Im Panjab, der bevölkerungsreichsten und dominierenden Provinz Westpakistans war es Unterrichtssprache. Von der westpakistanischen Elite wurde es durch die Bank als Verbindungssprache benutzt. Die wichtigste Trägergruppe des Urdu war die zentrale staatliche Machtelite Pakistans: die hohen Militärs und die Beamten, aus Indien zugewanderte begüterte und ehemalige Großgrundbesitzer. Wenn sie auch selbst in der Mehrheit nicht von Urdu-Sprechenden abstammten, galt es für sie doch als ausgemacht, daß Urdu die zukünftige „Nationalsprache" sein würde.

Die einzige politische Legitimation für Urdu lag in dem Sprachenstreit zwischen der All India Muslim Laegue und dem Indian National Congress, wobei die Forderung der AIML, Urdu zur nationalen Sprache Indiens zu machen, von allen indischen Moslems unterstützt wurde. Für die Muslim League-Regierung war es deswegen selbstverständlich, daß Urdu in Pakistan die alleinige Staatssprache würde. Vor allem lag es im Interesse

der herrschenden Elite, aus den vielfältigen Besonderheiten der Bevölkerungsgruppen des neuen Staates Pakistan eine politische und nationale Einheit zu formen.
Speziell im Hinblick auf Ostbengalen gab es hier für die Regierung Anlaß zu Besorgnissen. Denn wegen seiner geographischen Entferntheit und seines sprachlich-kulturellen Sonderbewußtseins würde es sich nur schwer in die Staatsideologie einpassen lassen. In den Augen der zentralen ML-Führung war dieses Sonderbewußtsein der bengalischen Moslems, das sie als vom Hinduismus beeinflußt betrachtete, eine Hürde auf dem Weg zur Integration des Staates Pakistan, und sie waren entschlossen, sie zu überwinden. Wenn Ostbengalen integraler Bestandteil Pakistans sein sollte, müßte es seinem Charakter nach ebenso „islamisch" sein wie der westpakistanische Landesteil, der sich an der perso-arabischen Kultur orientierte. Hauptangriffspunkt der ML war die bengalische Sprache, die gemeinsam von Hindus und Moslems aus beiden Teilen von Bengalen gesprochen wurde. Die ML-Führung fürchtete, daß West-Bengalen dadurch erheblichen Einfluß auf Ostbengalen ausüben würden und dadurch ihre Integrationspolitik beeinträchtigen könnten.
Die Regierung betrieb eine sogenannte „Islamisierung" des Bengalischen, damit es mit Urdu in absehbarer Zeit assimilierte. Diese Assimilierungspolitik erwies sich für die Regierung jedoch als Bumerang. Besonders die Ersetzung des bengalischen durch das arabische Alphabet und die Einführung von Urdu als Pflichtfach lösten eine Welle heftigster Protest, weit über die Intellektuellenkreise hinaus, aus. Auf der bengalischen Seite bestärkte die Sprachpolitik der ML alle Ängste hinsichtlich einer Vorherrschaft der Westpakistanis. Nicht nur die bengalischen Intellektuellen, die zunächst die Bevölkerung darauf aufmerksam machte, sondern bald auch die Mittelschicht sahen mit der Durchsetzung von Urdu in erster Linie Benachteiligungen im sozio-ökonomischen Bereich heraufziehen. Die bengalischen Moslemintellektuellen, die in der Pakistanbewegung aktiv gewesen waren, fanden sich nun in der vordersten Reihe der Bengali-Sprachbewegung. Zum ersten Mal sahen sich bengalische Moslems in ihren sozio-ökonomischen Interessen nicht mehr als Moslems, sondern als Bengalen gefährdet: sie fanden sich in einem Interessenkonflikt zu ihren moslemischen Brüdern und Westpakistan. Die sich hieraus entwickelnde, von bengalischen Intellektuellen angeführte Anti-Urdu-Kampagne setzte in großem Ausmaß bengalisches Nationalgefühl frei und verdrängte den von der Muslim League propagierten panpakistanischen Moslemnationalismus.
Die im Juni 1949 gegründete AWAMI LEAGUE machte sich die Sprachforderungen zu eigen und konnte so die Massen gegen die Zentralregierung und die westpakistanische Machtelite mobilisieren. Die sich dramatisch zuspitzende Entwicklung jedoch und insbesondere das rücksichtslos brutale Vorgehen der Sicherheitskräfte ließen diese, zunächst nur von Studenten getragene, Bewegung zur ersten landesweiten populären Protestwelle anschwellen. Daß Studenten und Andere zu Tode gekommen waren, ließ bei den Massen große Anteilnahme an der Bewegung wach werden und erodierte dabei die Legitimation des MUSLIM LEAGUE-Regimes fortschreitend.
Die Umgekommenen lieferten der Februar-Bewegung ihre Märtyrer; Märtyrer, die für die Anerkennung der bengalischen Sprache und im Kampf gegen die westpakistanische Vorherrschaft ihr Leben gelassen hatten. Die AWAMI LEAGUE, die damals wichtigste politische Opposition in Ostbengalen, profitierte von dieser Entwicklung. Die Massenproteste gaben ihr Gelegenheit, die Massen für sich zu gewinnen und sie gegen die

MUSLIM LEAGUE zu mobilisieren. Sie gewann die Oberhand in der Bengali-Sprachbewegung.
Die Intellektuellen und Studenten, die die Sprachenfrage überhaupt erst politisiert hatten, mußten nun der legitimierten „bürgerlichen Opposition“ die Führung überlassen. Die AWAMI LEAGUE wollte die Bewegung aber keineswegs nur auf die Sprachenfrage beschränkt sehen. Sie sah in ihr darüberhinaus auch ein Instrument zur Durchsetzung der Autonomie-Forderung und ein Mittel, um an die Macht zu gelangen. Denn das vorrangige Ziel der schmalen quasi-bourgeoisen bengalischen Mittelschicht, deren Interesse sie vertrat, war es, der MUSLIM LEAGUE und damit Westpakistanis und Urdu-Sprechenden in Ostbengalen die Macht zu entreißen und auch das politische Klima auf der zentralen staatlichen Ebene zu ihren Gunsten zu verändern. Die Unnachgiebigkeit der MUSLIM LEAGUE gegenüber allen ostbengalischen Forderungen trug wesentlich dazu bei, daß die AWAMI LEAGUE nun einen immer mehr nationalistischen Kurs einschlug.
Die in der ersten Verfassung Pakistans festgeschriebene Lösung, Englisch für die nächsten 20 Jahre in seiner Stellung zu belassen und erst dann die beiden Sprachen, Urdu und Bengalisch, „versuchsweise“ einzuführen, bedeutete im Grunde, daß die Regierung Pakistans auf eine Lösung der Staatssprachenfrage vorerst verzichtet hatte.
Die Sprachpolitik der MUSLIM LEAGUE-Regierung war deshalb zum Scheitern verurteilt, weil sie der Stimmung der Mehrheit der Bevölkerung Pakistans und vor allem der Bengalens entgegengesetzt war. Bei dieser Sprachpolitik handelte es sich zu offensichtlich nicht um den Versuch, Integration zu fördern, sondern im Kern darum, die bengalische Sprache und Kultur zu unterdrücken. Vermittels der Sprachpolitik sollte die ökonomische und politische Vormachtstellung der MUSLIM LEAGUE-Elite sichergestellt werden.
Für das bengalische Volk bedeutete der Widerstand gegen diese Politik den Anfangspunkt einer nationalen Entwicklung: die Bengali-Sprachbewegung erweckte in bisher nie gekannter Weise das Nationalbewußtsein der Bengalen. Dieses Bewußtsein wurde in den folgenden Jahren vor allem durch die alljährlichen Feiern des *„Shahid-Dibash“* (Märtyrertags) wachgehalten. Es steigerte sich unter der Militärdiktatur in den Jahren 1958 bis 1969 und beendete diese Diktatur mit dem Sieg der AWAMI LEAGUE in den Wahlen von 1970. So kann die Erringung der staatlichen Unabhängigkeit Ostbengalens, die Gründung des Staates Bangladesh, als die historische Konsequenz der bengalischen Nationalbewegung angesehen werden, die ihren Ursprung in der Bengali-Sprachbewegung hat.

D. Hellmann-Rajanayagam

Tamil und die Tamilen

Genausowenig wie der Nationalismus, der nach dem zweiten Weltkrieg totgesagt wurde, sind linguistische Probleme und Konflikte aus der Welt von heute verschwunden, im Gegenteil: sie sind virulenter und bedrohlicher als je. Nationalismus und Sprachkonflikte scheinen dabei häufig zusammenzuhängen; in vielen Fällen sind linguistische Spannungen Auslöser für nationale Konflikte. Dies ist ganz deutlich der Fall bei den Tamilen in Sri

Lanka. Obwohl der Sprachkonflikt hier nur ein Teil des Problems ist, so gab er doch den Anlaß für das periodische Aufflammen gewalttätiger Unruhen und Auseinandersetzungen, die erst jetzt, nach der Etablierung eines praktisch autonomen tamilischen Gebietes, langsam abzuflauen scheinen.
Sprachbewußtsein unter den Tamilen erwuchs im 19. Jahrhundert aus diversen miteinander verbundenen Entwicklungen, die alle zusammen eines bewirkten: Sprache wurde zum ersten Mal bewußt als Gemeinsamkeit herstellender Faktor für die Tamilen wahrgenommen und für politische und soziale Zwecke benutzt. Diese Entwicklung waren: 1) Die Entdeckung der dravidischen Sprachfamilie und des Tamil als klassischer Sprache durch westliche Gelehrte; 2) die Schaffung einer Prosa- und einer Drucksprache durch westliche Missionare und einheimische Religionsreformer; 3) die Entdeckung des Tamil als Volks- und Literatursprache durch die Übersetzung tamilischer Literatur in westliche Sprachen, womit eine „Volkssprache" als Vehikel nationalen Erwachens postuliert werden konnte; 4) die dadurch erreichte Abkoppelung der Tamilsprache/-kultur von der sivaitischen Religion und die daraus folgende Rolle der Sprache als Schöpferin ethnischer Identität; 5) die Reaktion einheimischer Gelehrter auf die „Usurpation" ihrer heiligen Sprache durch die Missionare und 6) der dadurch gerade beschleunigte Wandel der Sprache von einer „truth language" im Sinne Andersons zu einer Volkssprache und Identitätsmarkierung für alle Tamilen.
Während dies eine Entwicklung des 19. Jahrhunderts war, so sah das 20. Jahrhundert gerade in Ceylon die Gleichsetzung von Sprache mit „Rasse". Diese Entwicklung war beeinflußt von europäischen Rassenlehren, die ebenfalls häufig eine bstimmte Sprache an eine – meistens fiktive – „Rasse" banden und von der angenommenen „Primitivität" einer Sprache auf die „Minderwertigkeit" der „Rasse", die diese Sprache angeblich sprach, schlossen und umgekehrt. In Ceylon nahm dies nahezu groteske Formen an. Während die Tamilen sich dabei auf das hohe Alter und die lange literarische Tradition ihrer Sprache berufen konnten, hoben die Sinhalesen die Zugehörigkeit ihrer Sprache zur arischen Sprachfamilie und damit ihren Charakter als Angehörige der arischen „Herrscherrasse" hervor. Dies war jedoch keine Einbahnstraße: daß der Konflikt in diesen Termini ausgetragen werden konnte, lag auch daran, daß diese Begriffe an einen jahrhundertealten latenten Sinhala-Tamil-Antagonismus in der ceylonesischen Geschichte anknüpfen konnten. Dieser Antagonismus befaßte sich mit mythischen und weithin fiktiven Kategorien, die jedoch durch den aufkommenden Sprachkonflikt und die ethnischen Ansprüche als real wahrgenommen wurden: aus Cinkalar und Demalun wurden Sinhalesen und Tamilen, die vor der eigenen Haustür saßen und die eigene Identität und ethnische Integrität bedrohten.
An dieser Stelle erhebt sich die Frage der Bedeutung der Sprache für ethnisches und nationales Bewußtsein in voller Schärfe: die nationalen Ideen wurden den Ceylonesen über das Englische vermittelt; um auf einer Massenbasis wirksam zu werden, mußten sie jedoch in die einheimischen Sprachen übertragen werden und wurden dadurch in ihrem Gehalt und ihrer Bedeutung völlig verändert, da traditionelle einheimische Ideen und Konzepte in sie eingingen. Begriffe, die oberflächlich „wörtliche" Übersetzungen waren, mutierten daher völlig: wir sehen hier die alte heilige Sprache und ihren Wortschatz im neuen Gewand: alte Begriffe und Konzepte wurden ausgekramt, abgestaubt und mit dem Kleid des Nationalismus versehen. Was dabei herauskam, war ein Hybrid. An dieser Stelle müssen wir Andersons Behauptung, daß es unwichtig sei, in welcher

Sprache nationale Ideen vermittelt werden, solange sie in einer literarischen oder „Drucksprache“ vemittelt werden, stark qualifizieren: durchsetzen können sie sich nur, wenn in einem zweiten Schritt das „vernacular“ die neuen Ideen in ein schon bekanntes Gewand kleidet. Dieses Gewand war das der Sinhala-Tamil-Feindschaft, und es hat die ceylonesische Politik bis in die jüngste Zeit beherrscht.

Abschließend wäre daher zu fragen nach Funktion und Bedeutung der Sprache für ethnisches und nationales Bewußtsein. Und hier erkennen wir, daß Sprache nicht an sich wichtig ist, sondern nur durch die Funktion und die Rolle, die ihr in einem bestimmten Kontext zugeschrieben werden. Dieser Kontext und diese Funktion sind nicht unveränderlich, und folglich ist auch die Rolle der Sprache und sogar die Sprache selbst wandelbar. Wir sehen dies sehr deutlich in der ceylonesischen Entwicklung: in der kolonialen Anfangszeit versuchte die Kolonialmacht, ihre Sprache bei der beherrschten Bevölkerung durchzusetzen, um leichter regieren zu können, war jedoch trotzdem gezwungen, das „vernacular“ – als Sprache einer minderen Ebene – beizubehalten. Es war allerdings leichter, das Englische bei den Sinhalesen, deren religiöse Literatur in Pali geschrieben war, durchzusetzen und deren eigene Sprache abzuwerten, als bei den Tamilen, deren heilige Texte in Tamil und Sanskrit zur Verfügung standen. In einer zweiten Phase wurde es als unerwünscht angesehen, wenn zuviele Einheimische Englisch lernten und deshalb das „vernacular“ begünstigt, was zu heftigen Protesten der Einheimischen führte, die sich dadurch von der weltweiten philosophischen und ideologischen Entwicklung und vom Zugang zu privilegierten Berufen ausgeschlossen sahen. Man forderte daher die Beibehaltung des privilegierten Englisch. Hier zeigt sich allerdings ein Unterschied zwischen Sinhalesen und Tamilen: den letzteren war der Wert ihrer eigenen Sprache immer bewußt, sie waren aber nicht bereit, auf Englisch und dessen Vorteile zu verzichten und forderten beide Sprachen, während die Sinhalesen noch bis in die 20er Jahre das Sinhala als bedeutungslos ansahen. Die dritte Phase sehen wir kurz vor und nach der Unabhängigkeit: die Betonung und beschworene Bevorzugung des „vernacular“ gegen Englisch. In Ceylon hatte dies jedoch mehrere Aspekte: wie überall fuhren die Oberschichten fort, ihre Kinder auf englische Schulen zu schicken, und die Erklärung des Sinhala zur alleinigen Nationalsprache richtete sich weniger gegen Englisch als Sprache, sondern gegen die Gruppen, die von Englisch am meisten profitierten und damit als Kollaborateure der Kolonialmacht angesehen wurden: Christen und Tamilen. Die Christen integrierten sich schnell in die Sinhala-Umgebung, die Tamilen jedoch nahmen „Sinhala only“ als einen Angriff auf ihre Gruppe und ihre Sprache wahr. Beides war in diesem Fall so eng miteinander verknüpft, daß der Konflikt vorprogrammiert war. Es war dies kein Sprachkonflikt im eigentlichen Sinne, sondern Sprache wurde zum Mittel, weitergehende und zum Teil ganz andere politische und soziale Forderungen durchzusetzen. Wir sehen hier mutatis mutandis Ähnlichkeit zu der von Herrn Bhowmik erläuterten Situation in Ostpakistan bis 1956.

T. Prinz

Der singhalesische Sprachnationalismus

Der Beginn des Nation-Building in Ceylon: Der Sprachkonflikt in Sri Lanka hat seinen Ursprung im Nationbuilding Prozeß in Sri Lanka seit dem Mitte des 19. Jahrhunderts. Dieser Prozeß fand in einer direkten Auseinandersetzung mit der britischen Kolonialmacht statt. Die Briten begründeten ihre Kolonialherrschaft mit ihrer kulturellen und zivilisatorischen Überlegenheit. Für die unter dem Kolonialismus entstehende einheimische Elite, die nach einem größeren Machtanteil strebte, galt es daher zunächst ihre eigene Gleichwertigkeit oder gar Überlegenheit zu begründen. Dies geschah – in Auseinandersetzung mit christlichen Missionierungsversuchen – zunächst auf dem Feld der Religion. Es entstanden zum Ende des 19. und Anfang des 20. Jahrhunderts die buddhistische, hinduistische und muslimische „Revival"-Bewegungen, (bei denen es sich eigentlich um moderne Uminterpretationen dieser Religionen handelt). Die Hauptvertreter der buddhistischen Wiederbelebung, Anagarika Dharmapala und Piyadasa Sirisena, bedienten sich zwar der singhalesischen Sprache zur Verbreitung ihrer Idee der buddhistisch-singhalesischen Wiederbelebung, machten die Sprache jedoch nicht zum Ziel ihrer Agitation. Ihnen ging es um den Nachweis der Überlegenheit der buddhistischen Religion und um die Frage, wie sich ein guter Buddhist in der neuen Zeit verhält.
Durch die Entstehung der „Revival"-Bewegungen wird deutlich, daß bereits der Anfang der nationalen Identitätsfindung in Sri Lanka drei unterschiedliche Identitäten schuf, die sich in der weiteren Entwicklung nur kurzfristig – in den ersten Jahren des Ceylon National Congress (1919–1921) und in den Anfangsjahren der Unabhängigkeit (ca. 1946–1952) zusammenraufen konnten.

Die „Verspätung" des singhalesischen Sprachnationalismus: Für das singhalesische Sprachbewußtsein gilt, daß es im Gegensatz zum tamilischen Sprachbewußtsein erst spät entstand. Der Hauptgrund dafür dürfte in der Tatsache liegen, daß die Singhalesen als größte ethnische Gruppe sich bis in die 20er Jahre noch nicht herausgefordert fühlten. Erst das Scheitern des ersten nationalen Einigungsversuchs im CNC machte deutlich, daß nicht davon ausgegangen werden konnte, daß die singhalesische Identität gleichsam auf natürlicher Weise mit der ceylonesischen übereinstimmte, sondern sich neben den Herausforderungen durch Tamilen und andere Gruppen behaupten und somit definieren mußte. Hinzu kam, daß Politik ein Betätigungsfeld einer kleinen englisch erzogenen Elite war, die aufgrund des eingeschränkten Wahlrechts überhaupt nicht gezwungen war, an das Volk zu appellieren, um ihre Machtstellung zu sichern (noch 1924 waren nur 4 % der Bevölkerung, was etwa 200 000 Personen entspricht, wahlberechtigt). Erst 1931 wurde das allgemeine Wahlrecht eingeführt, wodurch sich diese Situation änderte.

Nationalismus und Wahlrecht: Dies wird bereits in der Zeit der Weltwirtschaftskrise zu Anfang der 30er Jahre sichtbar: Die Krise führte zur Schließung von Tee- und Kautschukplantagen, was wiederum Entlassungen von Hafen- und Transportarbeitern in Colombo zur Folge hatte. Statt die internationalen Zusammenhänge der Krise aufzuzeigen, fanden Gewerkschaftsführer wie A. E. Goonesinghe in den südindischen Arbeitern von der Malabarküste, den Malayalis, einen Sündenbock. Eine solche Argumentation war einfacher und kam vorhandenen Vorurteilen entgegen. Daß sich Goonesinghe auf eine

solche Argumentation einließ, obwohl er noch in den 20er Jahren gegen Kommunalismus in der Arbeiterbewegung vorgegangen war, liegt höchstwahrscheinlich in der Tatsache begründet, daß mit der Einführung des allgemeinen Wahlrechts Politiker wie Goonesinghe in großem Maße vom Wahlverhalten einer sehr viel größeren Wählerschaft abhängig geworden waren, der sie mit populären und einfachen Erklärungen entgegenkamen.
Im Zuge der Ausweitung des Wahlrechts und der Popularisierung der Politik sowie der stärker werdenden Abgrenzung der Minderheiten gegenüber der singhalesischen Mehrheit, die eben wegen des großen Wählerpotentials nun auch zunehmend als dominant empfunden wird, läßt sich auch beobachten, daß der singhalesischen Sprache mehr und mehr Bedeutung zugemessen wird. S. W. R. D. Bandaranaike, der 1956 mit dem Wahlslogan „sinhala only" zum Premierminister gewählt werden sollte, gründete 1935 die Sinhala Maha Sabha (Große Versammlung der Singhalesen – SMS), deren Ziel eine Einigung des singhalesischen Volkes war. Geschäftssprache der Vereinigung war Sinhala, doch ansonsten spielte die Sprache noch keine zentrale Rolle in der Programmatik der SMS (Hauptziel war die Einigung der unterschiedlichen singhalesischen Gruppen und die Bekämpfung des Kastenwesens unter den Singhalesen). Die SMS wurde zum organisatorischen Zentrum des singhalesisch-sektionalen Nationalismus, der sich gegenüber der tamilischen Identität zunehmend aufschaukelte. Im Zuge dieser Ideologisierung nahm die Sprache an Bedeutung zu. Auf der Jahrestagung des CNC 1942 (die SMS war in organisatorischer Hinsicht eine Unterorganisation des CNC) wurden mehrmals Redner kritisiert, weil sie ihre Vorträge nicht in singhalesischer Sprache hielten (oder halten konnten), sondern Englisch sprachen. Daraus wird deutlich, daß im Zuge der nationalen Identitätsfindung der Singhalesen die Sprache allmählich in den 30er Jahren zum Politikum wurde, doch richtete sich der Sprachnationalismus zunächst gegen die Kolonialsprache Englisch.

Singhalesisch contra Englisch: In den 40er Jahren wurde zunehmend klar, daß eine bevorstehende Unabhängigkeit nicht bei dem Austausch der Briten durch die „brown sahibs" stehenbleiben konnte. Der spätere Präsident J. R. Jayewardene machte daher 1944 im Parlament den Vorschlag, Englisch durch Singhalesisch als Staatssprache zu ersetzen. Karrieremöglichkeiten für nicht-englisch erzogene Ceylonesen/Singhalesen sollten damit verbessert werden. Dieses im Grunde anti-englische Vorhaben beinhaltete gleichzeitig eine anti-tamilische Komponente. Die Tamilen protestierten und erreichten eine Gleichstellung: Singhalesisch und Tamil sollten Englisch als Staatssprache ablösen. Auch diese Episode zeigt, daß der singhalesische Sprachnationalismus zunächst eine antienglische Stoßrichtung hatte, jedoch latent auch anti-tamilisch war.

Der Durchbruch des singhalesischen Sprachnationalismus: In den 40er Jahren unternahm D. S. Senanayake eeinen erneuten Versuch zur Einigung des Landes unter dem Konzept eines all-ceylonesischen Nationalismus. 1946 gründete er als der damals einflußreichste Politiker Sri Lankas die United National Party (UNP). Der Ceylon National Congress, von dem sich die Minderheiten nicht repräsentiert fühlten, wurde aufgelöst. Senanayakes Ziel war ein Ausgleich zwischen den Ethnien. Tamilen und Muslims erhielten führende Positionen in der UNP und auch in der ersten Regierung unter Senanayake. Erst in Opposition zu dieser Regierung und ihrer Politik, die nahtlos an die Kolonialzeit anschloß und all jene enttäuschte, die sich von der Unabhängigkeit mehr erhofft hatten als nur einen Regierungswechsel, gelangte die singhalesische Sprachbewegung zum Durchbruch. Politisch getragen wurde sie von S. W. R. D. Bandaranaike, der sich 1951 von der UNP abgespalten und die Sri Lanka Freedom Party (SLFP) gegründet hatte.

S. W. R. D. Bandaranaike und die „revivalist elite": Da sich nach der Unabhängigkeit keine tiefgreifenden gesellschaftlichen Veränderungen unter der konservativen Regierung vollzogen, wuchs die Unzufriedenheit gegen die regierende Elite. S. W. R. D. Bandaranaike machte sich diese Unzufriedenheit zunutze, indem er mit seiner SLFP den Unzufriedenen, unter denen viele Dorflehrer, traditionelle Heiler und andere Angehörige einer Dorfelite (sogenannte „revivalist elite") waren, die nach größerer Anerkennung und Machtpositionen drängte, ein Sprachrohr gab. Diese „revivalist elite" war nicht englisch erzogen, sondern hatte in ländlichen Schulen eine singhalesische Erziehung erhalten. Sozialer Aufstieg war für sie nur möglich, wenn die englische Sprache, die nach wie vor Bedingung war, um selbst „niedere" Schreibtischtätigkeiten in Colombo oder den administrativen Subzentren einzunehmen, durch Singhalesisch ersetzt wurde. Mit dem Schlagwort „sinhala only" gelang Bandaranaike ein überwältigender Wahlsieg im Jahre 1956. Das Konzept eines ceylonesischen Nationalismus, wie es von dem 1952 gestorbenen Senanayake vertreten wurde, war damit gescheitert. Unter dem Eindruck der Stärke dieser Sprachbewegung änderte die UNP nun ihrerseits ihr Programm ebenfalls hin zu einem singhalesischen Nationalismus. Fortan konkurrierten die beiden großen Parteien Sri Lankas hauptsächlich mit nationalistischen Parolen gegeneinander, was zu einer Entfremdung der Tamilen (zunächst von der UNP, zunehmend aber auch vom Gesamtstaat) führte.

Die herrschende Ideologie der Singhalesen seit 1956: 1956 hatte sich bei der übergroßen Mehrheit der Singhalesen das Bewußtsein durchgesetzt, daß Singhalesisch als die Sprache der Mehrheit eine besondere Stellung in Ceylon haben müsse, weil Ceylon das Land der Singhalesen sei. Daraus wurde abgeleitet, daß Singhalesisch Staatssprache sein müsse und Minderheiten sich dem anzupassen hätten. Was hier zu beobachten ist, ist das Verschmelzen des ursprünglich europäischen Konzepts vom Nationalstaat mit den in der singhalesischen Tradition wichtigen Konzepten des Dhammadipa und Sihadipa, die besagen, daß die Insel Ceylon dazu bestimmt sei, den Buddhismus in seiner ursprünglichen Form zu bewahren und daß die Singhalesen ein auserwähltes Volk zum Schutz des Buddhismus seien. Diese Verbindung von westlicher Nationalstaatsidee mit dem ceylonesischen Auserwähltheitsmythos wurde zur dominierenden Ideologie der Singhalesen bis in die Gegenwart. In der politischen Praxis hat das dazu geführt, daß mit radikalen Parolen in Bezug auf Religion, Sprache und andere Ingredienzen der sektionalen Identität Wahlkämpfe geführt und auch gewonnen wurden. Der Zwang der Regierenden, einen Kompromiß mit der Minderheit herbeizuführen, bot dann der jeweiligen Oppositionspartei die Möglichkeit, gegen diesen „Verrat nationaler Interessen" zu agitieren.

Folgerungen und Thesen: Das Beispiel Sri Lanka zeigt die ganze Problematik der Identitätsfindung in ehemals kolonisierten und multi-ethnischen Staaten auf. Als Reaktion auf den Kolonialismus hat sich die Identitätsfindung zunächst entlang religiöser und zunehmend entlang ethnisch-sprachlicher Trennungslinien vollzogen. Bei gleichzeitiger Übernahme des europäischen Nationalstaatskonzepts entstand eine explosive Mischung, die in Sri Lanka ein Auseinanderbrechen des Einheitsstaates in einem Bürgerkrieg zur

Folge hatte sowie die sich derzeit vollziehende (de facto bereits weitgehend vollzogene) Sezession der tamilischen Gebiete.
Im parlamentarischen System mit allgemeinem Wahlrecht (seit 1931) und politischen Parteien (seit 1947) werden rivalisierende Identitäten verstärkt, weil Politiker und Parteien bestehende Unterschiede zur Machterweiterung und zum Machterhalt nutzen. Sie stützen sich dabei auf die am weitesten verbreitete Ideologie und appellieren an die populärsten Konzepte. Diese sind in der Regel nicht sozialer, sondern religiöser, sprachlicher und ethnischer Natur.

R. Wendt

Sprachenvielfalt und Nationalsprache auf den Philippinen während der Kolonialzeit und Unabhängigkeit

Die Philippinen sind ein Produkt des Kolonialismus. Der südostasiatische Archipel hätte heute vielleicht andere politische Grenzen und sicherlich einen anderen Namen, wenn ihn nicht die Spanier vor mehr als 400 Jahren unter ihrer Herrschaft vereint und ihrem Weltreich einverleibt hätten. Die neuen Untertanen der spanischen Krone lebten damals verstreut und isoliert in Stammesverbänden und sprachen mehr als 100 verschiedene Idiome und zahllose Dialekte, die allerdings alle zur austronesischen Sprachfamilie gehörten.
An dieser babylonischen Sprachenvielfalt änderte sich in mehr als 300 Jahren spanischer Kolonialherrschaft nur wenig. Die Krone wollte Spanisch zur Umgangssprache machen. Doch die katholischen Geistlichen, vor allem die Mönche, die eigentlichen Machthaber auf den Inseln, ignorierten die entsprechenden Anordnungen. Sie zogen es vor, ihre missionarischen und erzieherischen Aufgaben in den einheimischen Sprachen zu erledigen. Eine Lingua Franca entwickelte sich nicht. So kam es, daß Ende des 19. Jahrhunderts nur ein sehr kleiner Teil der Bevölkerung Spanisch beherrschte. Die meistgesprochenen einheimischen Sprachen waren das dialektal stark differenzierte Visaya und das Tagalog.
Dennoch hatte die spanische Präsenz erheblichen Einfluß auf die weitere Sprachentwicklung. Folgenschwer war vor allem die Entscheidung, Manila, das Zentrum der tagalogsprechenden Region, zur Hauptstadt und damit zum politischen, wirtschaftlichen und kulturellen Mittelpunkt des Landes zu machen. Damit wurde der Grundstein gelegt für die künftige Dominanz der Tagalen im philippinischen Leben und für deren späteren Anspruch, daß nur Tagalog Nationalsprache des Landes sein könne.
Die kleine, hispanisierte einheimische Elite, die „Illustrados“, die im späten 19. Jahrhundert für politische Reformen eintrat, warf den Mönchen vor, den Filipinos Spanischkenntnisse bewußt verweigert zu haben, um sie in Unwissenheit zu halten. Verbreitung des Spanischen war daher ein wichtiger Punkt ihres politischen Programms. Erst als sich Spanien reformunwillig zeigte, begannen die Wortführer der „Illustrados“, die fast alle Tagalen waren, ihre eigene Sprache als Alternative zu Spanisch in Erwägung zu ziehen. Gleichzeitig radikalisierte sich die politische Szene, verbreiterte und veränderte sich die soziale Basis der nationalistischen Bewegung. 1896 brach ein Aufstand aus, der weitgehend von den wenig hispanisierten Unterschichten Manilas und der tagalischen Provinzen getragen wurde. Die erste Verfassung des Landes machte 1897 Tagalog zur Amts-

sprache. Im Laufe des Befreiungskrieges, der sich erst gegen Spanien und dann gegen die USA richtete, die im Rahmen des amerikanisch-spanischen Krieges auf den Philippinen eingegriffen hatten, übernahm die hispanisierte Elite erneut die Führungsrolle. Gleichzeitig griff die Unabhängigkeitsbewegung auf nichttagalische Provinzen über. Spanisch wurde zur einzigen Kommunikationsmöglichkeit. Die Verfassung von 1898 bezeichnete denn auch alle einheimischen Sprachen als gleichberechtigt und erklärte Spanisch zur Amtssprache.

Der Widerstand der Filipinos gegen die USA war vergeblich, das Land wurde erneut Kolonie. Doch schon bald akzeptierte die Bevölkerung die amerikanische Verwaltung und übernahm auch bereitwillig ihre Sprache, die Amts- und vor allem Unterrichtssprache wurde. In wenigen Jahren entwickelte sich Englisch zur Lingua Franca des Archipels, eine Stellung, die bis heute kaum erschüttert ist.

Daß die Vernachlässigung der einheimischen Sprachen ein kultureller Verlust sei, wurde bezeichnenderweise zunächst von Amerikanern artikuliert. Allmählich meldeten sich aber auch philippinische Kritiker zu Wort. Die Suche nach einer Nationalsprache wurde wieder aufgenommen, wobei im wesentlichen zwei Optionen zur Debatte standen: mehrere lokale konnten zu einer nationalen Sprache verschmolzen oder eine lokale Sprache zur nationalen erklärt werden. Bei der letzteren Alternative konzentrierten sich die Überlegungen bald auf Tagalog. Eine gemäßigtere Variante dieser zweiten Option war es, Tagalog nur zur Grundlage einer künftigen Nationalsprache zu machen.

Daß Tagalog im ganzen Archipel verbreitet sei, daß es die meisten Sprecher habe – was Kritiker mit guten Gründen bestritten – und zudem das Idiom der Hauptstadt sei, daß tagalische Medien und Literatur eine führende Rolle im einheimischen Geistesleben spielten, waren neben dem Appell an Patriotismus und nationale Solidarität die wichtigsten Argumente für Tagalog.

Die Gemüter einer größeren Öffentlichkeit aber konnte die Sprachdiskussion kaum erhitzen. Regionalistische Differenzen brachen ernsthafter erst auf, als über die künftige Verfassung des Commonwealth und der unabhängigen Philippinen zu beraten war und man sich über eine Nationalsprache einigen wollte und mußte. Kompromißfähig war allein die fusionistische Lösung, die die Entwicklung einer Nationalsprache auf der Basis der existierenden philippinischen Sprachen vorsah. Vermutlich aufgrund des Einflusses von Präsident Quezon, einem an der Sprachfrage interessierten Tagalen, wurde dieser Beschluß der verfassunggebenden Versammlung wesentlich verändert. Die Nationalsprache solle nur auf einer philippinischen Sprache basieren, hieß es nun.

Um diese Sprache auszuwählen und um Normen und Standards für die künftige Nationalsprache festzulegen, wurde das National Language Institute gegründet, dessen Mitglieder die wichtigsten Sprachgruppen repräsentierten. Man entschied sich schließlich – mit den Stimmen von Nichttagalen – für Tagalog. Die Art und Weise, mit der sich die Pro-Tagalog-Fraktion gegen den Willen der verfassunggebenden Versammlung durchgesetzt hatte, rief heftige Kritik hervor. Von einem sprachpolitischen Putsch war die Rede und von der dritten Kolonisation der Philippinen, diesmal durch ein einheimisches Volk.

Nach dem kurzen Zwischenspiel einer Republik von Japans Gnaden während des Zweiten Weltkriegs, in der allerdings einiges für die Verbreitung der Nationalsprache getan wurde, entließen die USA die Philippinen 1946 in die Unabhängigkeit. Politisch und wirtschaftlich band sich das Land eng an die frühere Kolonialmacht. Nationalismus und die konsequente Durchsetzung einer Nationalsprache gehörten nicht zu den vorrangigen Zielen. Wenigstens auf dem Papier jedoch befriedigte die Regierung nationalistische Sehnsüchte, erklärte die Nationalsprache, die seit 1959 offiziell „Pilipino“ hieß, zur Amtssprache, machte sie an den Schulen zunächst zum Fach, dann auch zur Unterrichtssprache in den Anfangsklassen, was sich nur in bescheidenem Umfang realisieren ließ, da Unterrichtsmaterialien und Lehrer fehlten.

Diese und ähnliche Maßnahmen veränderten die tatsächliche Sprachlandschaft kaum oder nur sehr allmählich. Dennoch brach in den sechziger Jahren der sogenannte „language war“ aus. Doch anders als in Bangla Desh oder Sri Lanka wurde lediglich mit Worten oder allenfalls mit dem Mittel der gerichtlichen Auseinandersetzung gekämpft. Von zwei Seiten wurde Pilipino attackiert. Die Nichttagalen sahen in seiner Popularisierung den Ausbau der tagalischen Vormachtstellung, den man nicht widerspruchslos hinnehmen wollte. Immer wieder wurde vorgebracht, Tagalog und Pilipino seien dasselbe, während nach dem Buchstaben der Verfassung Tagalog lediglich die Basis der Nationalsprache bilden dürfe. Eine gerichtliche Bestätigung für diese Position wurde vergeblich gesucht. Während die Befürworter von Pilipino am Festhalten an Englisch ein Zeichen mentaler Kolonisation sahen, argumentierten die Gegner, daß dies keineswegs mangelnden Nationalismus bedeute. Schließlich habe sich philippinischer Nationalismus häufig in fremden Sprachen artikuliert.

Aber auch Tagalen waren mit Pilipino keineswegs immer glücklich. Die vom NLI standardisierte, bereinigte und durch neue Wortschöpfungen erweiterte Sprache entsprach häufig nicht dem Alltags-Tagalog. Statt Pilipino wollte diese Gruppe die Manila-Lingua Franca, in der sich Tagalog mit anderen einheimischen und fremden Sprachen vermischt, zur Nationalsprache machen. Sie sollte „Filipino“ heißen. Das F symbolisierte die Tatsache, daß diese Sprache im Gegensatz zu Tagalog, aber wie andere philippinische Idiome, ein F kannte.

Bei den Beratungen zu einer neuen Verfassung, die 1971 begannen, setzten sich die Pilipino-Kritiker durch. Die Delegierten votierten für Englisch und Spanisch als Amtssprachen und für eine Nationalsprache „Filipino“, die aus einheimischen Sprachen entwickelt und mit geläufigen Lehnwörtern aus Fremdsprachen angereichert werden sollte. In der Endfassung von 1973 allerdings tauchte Pilipino wenigstens als Amtssprache wieder auf. Da niemand wußte, wie Filipino aussehen sollte, blieb die scheinbar angeschlagene Position von Pilipino im Grunde unangetastet. Das zeigte sich deutlich, als 1974 Pilipino Unterrichtssprache für bestimmte Schulfächer im Sekundarschulbereich wurde und man 1978 das Schulfach Pilipino in Filipino umtaufte, ein Schritt, den die Verfassung von 1987 nachvollzog. Nach ihren Bestimmungen ist Filipino National- und zusammen mit Englisch Amtssprache. Das schon totgesagte Pilipino ist als Filipino wiederauferstanden.

Daß trotz der Widerstände und der vorwiegend kosmetischen Maßnahmen dennoch 1984 55 % der Bevölkerung Filipino beherrschten, kann man als Erfolg einer Sprachpolitik bezeichnen, die sich auf nationalistische Lippenbekenntnisse beschränken mußte und wollte, da einerseits F(P)ilipino gegen regionalistische Opposition nicht durchzupeitschen war, andererseits die Außenorientierung der Philippinen die forcierte Durchsetzung einer indigenen Sprache unmöglich machte. Auch wenn aus Filipino eine Lingua Franca geworden ist, werden die Philippinen dennoch auf absehbare Zeit ein zwei- bis dreisprachiges Land bleiben, denn bedeutende Teile der Bevölkerung können oder wollen nicht auf

Englisch verzichten. Und selbst Publizisten und Wissenschaftler, die vehement für F(P)ilipino als Nationalsprache eintreten, müssen in Englisch veröffentlichen, damit ihre Positionen verstanden und diskutiert werden können.

H. H. Dengel

Zur Entwicklung der Bahasa Indonesia und der Regionalsprachen

Indonesien mit seinen heute über 180 Mio Einwohnern ist ein multilinguales Land, in dem es über 250 Sprachen gibt. Diese Sprachen werden als Regionalsprachen und nicht als Dialekte bezeichnet. Die Nationalsprache Bahasa Indonesia (BI) geht auf eine der Regionalsprachen, dem sogenannten Riau-Malayisch zurück, das im 15.–16. Jahrhundert an den Höfen der malayischen Sultane von Riau und Johore verwendet wurde. Eine Form des Malayischen, das sogenannte Alt-Malayisch, war, wie Inschriften und Berichte chinesischer Pilger beweisen, schon seit dem 7. Jahrhundert zur lingua franca in vielen Regionen des indonesischen Archipels geworden. So erwähnt der chinesische Gelehrte I-Tsing, der sich im 7. Jahrhundert einige Monate in der Hauptstadt des Srivijaya-Reiches auf Südsumatra aufhielt, als Verkehrssprache dieses Reiches das Kw'un-lun, das als Alt-Malayisch identifiziert wurde. Inschriften, die aus der Zeit des Srivijaya-Reiches stammen und in der Umgebung von Palembang und Jambi, in Lampung und auf der Insel Bangka gefunden wurden, sind in Pallava-Schrift verfaßt und enthalten malayische und Sanskrit-Wörter.
Lange Zeit wurde angenommen, daß Alt-Malayisch nur in der Region des Srivijaya-Reiches benutzt wurde. Überraschung löste deshalb der Fund einiger Inschriften in Zentral- und Westjava aus, die in der gleichen Schrift und Sprache verfaßt wurden wie die Inschriften in Südsumatra. Anhand paläographischer Untersuchungen kann mit Sicherheit angenommen werden, daß eine der Inschriften, die „Batu Bersurat"-Inschrift aus Sajamerta nahe Pekalongan, die zu Beginn des 7. Jahrhunderts verfaßt wurde, das älteste bekannte Schriftdokument in Alt-Malayisch und älter als die berühmte Kedukan-Bukit-Inschrift aus Palembang ist. Das besondere dieser Inschriften, die alle aus dem 7.–9. Jahrhundert stammen, ist, daß sie von Herrschern der Sailendra-Dynastie stammen. Hierdurch fühlen sich jene Historiker in ihrer Theorie bestärkt, die eine enge Beziehung zwischen der Sailendra-Dynastie auf Java und Srivijaya-Reich vermuten, oder gar glauben, das Zentrum dieser Dynastie habe sich in Südsumatra befunden.
Wie die Pagarruyung-Inschrift von König Adityawarman aus dem Jahre 1356 beweist, war zumindest in der Region Westsumatra Alt-Malayisch bis zum Ende der Hinduperiode Schriftsprache geblieben. Aber auch bis zur Zeit der Ausbreitung des Islam war Malayisch in vielen Regionen Indonesiens Literatursprache geblieben. So enthält eine Inschrift von 1380 aus Pasai in Aceh, einem Gebiet, wo heute als RS nur noch Bahasa Aceh gesprochen wird, ein malayisches Gedicht in indischer Schrift, vermischt mit arabischen Worten und islamischen Begriffen. Auch während der Periode der Islamisierung breitete Malayisch sich weiter aus und wurde zur Mittlersprache des Islam.
Als nach dem Ende des Srivijaya-Reiches die Staaten an der Malakka-Straße im 16.–17. Jahrhundert durch den Handel erstarkten, wurden an den Höfen der Sultane die ersten literarischen Werke auf Malayisch verfaßt. Eine wichtige Rolle spielte hier Malakka, das

sich zum wichtigsten Handelszentrum Südostasiens entwickelt hatte und auch zu einem Zentrum des Islam in dieser Region wurde. Als Literatursprache wurde Malayisch damals auch in Banjarmasin, Brunei, Kutai und in Bima auf Sumbawa verwendet. Selbst der Sultan von Ternate in Ost-Indonesien verfaßte 1521 einen Brief an den König von Portugal in einer Form des Malayischen. Das Malayische, das für die literarischen Werke benutzt wurde, wurde als Standardsprache betrachtet und später als Hochmalayisch bezeichnet. Als die Holländer in ihrem Kolonialreich Malayisch als Verwaltungssprache anerkannten, wählten sie dieses Malayisch. Beim Eintreffen der Europäer im indonesischen Archipel war Malayisch als Sprache des Handels schon weit verbreitet, jedoch handelte es sich hier um das sogenannte „Markt-Malayisch", das von malayischen und chinesischen Händlern als Kommunikationsmittel benutzt wurde. So vergleicht der Portugiese Antonio Galvo 1544 den Gebrauch des Malayischen in dieser Region mit dem des Latein in Europa. Die Portugiesen wie auch später die Holländer benutzten bei der Verbreitung des Christentums als Mittlersprache auch Malayisch. Schon 1850 riet der damalige Generalgouverneur Rochussen der niederländischen Kolonialregierung, Malayisch zur Umgangssprache zu machen, da es schon so weit verbreitet war. Mitte des 18. Jahrhunderts erschienen neben den Zeitungen, die in RS wie Javanisch oder Sundanesisch verfaßt wurden, auch die ersten Zeitungen, die entweder teilweise oder ganz in Markt-Malayisch verfaßt wurden. Herausgeber dieser Zeitungen wie der 1856 erscheinenden Zeitung „Soerat Kabar Melajoe" waren Chinesen oder indonesisch-holländische Mischlinge. Als mit dem Aufkommen der nationalen Bewegung in Indonesien die ersten politischen Organisationen entstanden, waren es vor allem die großen islamischen Organisationen, wie die Sarikat Islam und die Muhammadiyah, die offiziell Malayisch gebrauchten. Diese Organisationen trugen mehr ungewollt zur Verbreitung des Malayischen bei, da sie Zweigstellen ihrer Organisation auch außerhalb Javas hatten und ihre Mitglieder aus den verschiedensten Regionen Indonesiens mit den unterschiedlichsten Sprachen stammten. So waren sie praktisch gezwungen, das schon weit verbreitete Malayische als internes Kommunikationsmittel zu verwenden. Selbst die 1908 gegründete Budi Utomo, die stark von javanischem Kulturgut durchdrungen war, verwendete für ihre Publikationen Malayisch, da sie auch Sundanesen und Maduresen für ihre Ziele gewinnen wollte. Im Jahre 1908 errichtete die niederländische Kolonialregierung die „Commisie voor de Inlandsche School en Volkslectuur". Diese Institution wurde gegründet, um die illegalen Schriften zu bekämpfen, die zu Beginn des 20. Jahrhunderts in Niederländisch-Indien im Umlauf waren. Oberstes Ziel jedoch war es, die Verbreitung einer bestimmten Ideologie, d. h. den aufkommenden Nationalismus und auch islamisch-politische Ziele zu verhindern. 1917 entstand dann aus dieser Institution das „Kantor voor de Volkslectuur", besser bekannt als „Balai Poestaka". Die Ziele dieser Institution waren die gleichen wie die ihrer Vorgängerin, so hatte sie dafür zu sorgen, daß die Indonesier „gesunde Literatur" als Lesestoff erhielten, damit sie nicht auf dumme Gedanken kommen und womöglich die Position der Kolonialherren gefährden könnten. So waren selbst die Publikationen von Detektivromanen untersagt. Publikationen, die von Balai Pustaka verlegt wurden, waren Kinderbücher und Literatur aus den Bereichen Unterhaltung und Bildung. Neben den Regionalsprachen wurden diese Publikationen auch in Malayisch verlegt. Als Reaktion auf die Haltung der Kolonialregierung gründeten Sultan Takdir Alisyabhana und andere 1933 die Literaturzeitschrift Poedjangga Baroe, die großen Einfluß auf das Literaturleben jenes Jahrzehnts hatte.

Wichtigstes Datum für die Bahasa Indonesia (BI) ist der 28. Oktober 1928, an dem der indonesische Jugendkongreß Malayisch zur Einheitssprache des zukünftigen indonesischen Staates wählte. Wie Berichte des Sicherheitsdienstes der Kolonialregierung zeigen, hielten die Holländer das ganze für die verrückte Idee einiger junger Leute und nahmen die Entwicklung nicht ernst. Eine Falscheinschätzung der Lage, die sie später noch bereuen sollten. Unter den Indonesiern gab es über die Frage, ob anstatt des Malayischen nicht doch besser Javanisch, das von der Mehrheit der Indonesier gesprochen wurde, als NS einzuführen sei, keine allzu heftigen Diskussionen. Denn zum einen benutzten die indonesischen Nationalisten schon lange Malayisch als internes Kommunikationsmittel, und zum anderen reflektierte Javanisch eine feudalistische Gesellschaftsstruktur, die im Gegensatz zum emanzipatorischen Charakter der Nationalen Bewegung stand.
Zur NS wurde somit jene Sprache gewählt, die sich aus dem Riau-Malayischen entwickelt, aber inzwischen einen tiefen Wandlungsprozeß durchgemacht hatte, und sich von dem Riau-Malayisch, wie es um die Mitte des 19. Jahrhunderts gesprochen wurde, stark unterschied. Als die Japaner im Verlauf des 2. Weltkriegs 1942 Indonesien besetzten, verboten sie alle Fremdsprachen und auch das Markt-Malayisch. Von nun an mußten die Indonesier Japanisch lernen. Da die Japaner jedoch nicht abwarten konnten, bis alle Indonesier japanisch sprachen, blieb ihnen nichts anderes übrig, als die BI als Umgangssprache sofort anzuerkennen und landesweit einzuführen. Um alle Indonesier in ihre Kriegsziele einzuspannen, wurde BI bis im letzten Dorf in der Schule gelehrt und schon im Oktober 1942 gründeten die Japaner die Kommission der Bahasa Indonesia. Als nach 1945 die Holländer wieder nach Indonesien zurückkehrten und während des 4jährigen Unabhängigkeitskampfes erneut versuchten, in Indonesien ihre Herrschaft zu errichten, blieb ihnen auch nichts anderes übrig, als sich der BI zu bedienen. Dies vor allem, um sich nicht die Sympathien der Indonesier zu verscherzen, deren Interessen sie vorgaben zu schützen.
Heute kann beobachtet werden, daß die NS nicht nur in offiziellen Situationen wie in Staat und Verwaltung, im Erziehungswesen, im Modernisierungsprozeß und in den Massenmedien, sondern bereits auch in nichtoffiziellen Situationen, wie im familiären und traditionellen Bereich verwendet wird. Gerade in den indonesischen Großstädten wie z. B. der Hauptstadt Jakarta mit ihrer multiethnischen Gesellschaft verstehen viele Kinder schon nicht mehr die Sprache der Eltern, da sie nur in BI aufgewachsen sind. Anders sieht es in den Regionen wie z. B. in Solo, Yogyakarta oder Bandung aus, wo neben der NS auch die jeweilige RS noch aktiv gesprochen wird. Die BI wurde aber auch stark von den RS wie Javanisch und Sundanesisch befruchtet, auf der anderen Seite ist aber auch ein starker Einfluß der BI auf die RS feststellbar. So werden in der Zeitschrift Jayabaya, einer der populärsten javanischsprachigen Zeitschriften, eine große Anzahl von Wörtern aus der BI verwendet, obwohl es hierfür die entsprechenden Begriffe in Javanisch gibt. Gab es früher eine große Anzahl regionalsprachiger Zeitungen, so gibt es auf Java heute keine einzige javanischsprachige Zeitung mehr. Heute erscheinen nur noch etwa 6 Zeitschriften auf Javanisch, darunter zwei, die 1990 neu auf den Markt kamen. Typisch für die Entwicklung der NS ist in Indonesien auch die Übernahme bestimmter Begriffe aus dem Alt-Javanischen, die oftmals auch mit Begriffen aus dem Holländischen oder anderen europäischen Sprachen kombiniert werden und dann zu neuen Wortschöpfungen führen. Dies gilt vor allem für den militärischen Bereich und die staatliche Verwaltung. Offizielle Politik der indonesischen Regierung ist es heute, RS, die von ihren Sprechern aktiv

geschützt werden, anzuerkennen und ihren Fortbestand zu garantieren. Mit Sicherheit werden die großen RS fortbestehen und sich auch weiter entwickeln. Verschiedene kleinere RS dagegen werden aussterben.

2. Die Rezeption des Westens in Ostasien im 19. Jahrhundert: China und Japan im Vergleich

Leitung: *B. Martin (Freiburg)*

J. Osterhammel (Freiburg): „Die Barbaren gegen die Barbaren ausspielen"? Zur chinesischen Abwehrstrategie gegen die westliche Bedrohung

W. Wagner (Freiburg): Die Abwehr der westlichen Herausforderung: Zur Entstehung der japanischen außenpolitischen Strategie in der frühen Meiji-Zeit

V. Schmidt (Bochum): „Westliche Technik – chinesischer Geist": Probleme der Übernahme des westlichen Industrialisierungsmodells

K. Müller (Düsseldorf): Feindbild und Vorbild: Die Aufnahme der Herausforderung des Westens in Japan

F. Kreissler (Paris): Deutsche Kulturpolitik in China und ihre Resonanz

J. Ando (Düsseldorf): Der deutsche Einfluß auf die Entstehung der Meiji-Verfassung

J. Osterhammel

„Die Barbaren gegen die Barbaren ausspielen"? Zur chinesischen Abwehrstrategie gegen die westliche Bedrohung

1. Die „Öffnung" des Chinesischen Kaiserreiches erfolgte zwischen 1840 und 1860 durch Krieg und Diplomatie der Großmächte unter britischer Führung. An ihrem Ende stand das multinationale, durch die Meistbegünstigungsklausel vernetzte System der „Ungleichen Verträge": Freihandel, Exterritorialität, begrenzte Ansiedlungsrechte, Missionsfreiheit, punktuelle Truppenstationierung, Akkreditierung von Botschaftern in Peking.
2. Auf die „Öffnung" folgte bis 1895 eine Phase relativer Stabilität an der Chinaküste und einer gezügelten Expansionsdynamik der Großmächte. Die westlichen „informal empires" vermochten kaum über Brückenköpfe (Hongkong, Shanghai) ins Landesinnere vorzudringen. Die einheimische Wirtschaft blieb weithin intakt. Das territoriale Vordringen der Mächte unterminierte den chinesischen Tributgürtel (besonders Vietnam und Korea), ohne das chinesische Kernland zu berühren. Gegenüber dem Zarenreich konnte sich das Qing-Imperium nach 1860 in Zentralasien weithin erfolgreich behaupten.
3. Das chinesisch-mandschurische Ancien Régime mußte den maritimen Großmächten Zugeständnisse machen, war aber gleichzeitig nach innen stark genug, um in den 1860er und 1870er Jahren massiven Aufstandsbewegungen (Taiping, Nian, Moslemaufstände) zu widerstehen. Ebenso bemerkenswert wie der rasche Machtverfall der Mandschu-Dynastie in den ersten beiden Dritteln des 19. Jahrhunderts ist ihre Stabilisierung nach etwa 1860. Das Qing-Reich überlebte – anders als die übrigen asiatischen „Gunpowder Em-

pires“ der frühen Neuzeit (Mogulen in Indien, Safaviden im Iran) – bis in die Epoche des entwickelten Imperialismus. Vor 1895 waren seine Territorialverluste bei weitem geringer als die der Osmanen.

4. China wurde kein „zweites Japan“. Es fand nicht zu innerer Modernisierung und äußerer Selbständigkeit. Aber es bewahrte im Kern seine staatliche Integrität, wurde also kein „zweites Indien“. Der beliebte China-Japan-Vergleich wird den chinesischen Voraussetzungen nur partiell gerecht. Sinnvoller ist ein Vergleich, der auch Indien und das Osmanische Reich einbezieht.

5. Denn chinesische Politik war *imperiale* (nicht: imperialistische) Politik. Sie folgte weitgehend den Imperativen der Grenzsicherung an der kontinentalen Peripherie. Dafür stand traditionell ein reiches Methodenrepertoire zur Verfügung, auch für die Situation einer spätimperialen Defensive. Wichtig waren dabei (a) die Ausgrenzung *des* Fremden und *der* Fremden in Enklaven und Nischen; (b) gegenüber militärischer Übermacht die Politik der Beschwichtigung durch Provokationsverzicht, antizipatorisches Wohlverhalten und aktive Beteiligung an der Ausgestaltung chinesisch-ausländischer Mischinstitutionen, etwa der Seezollbehörde (Imperial Maritime Customs); (c) Festigkeit gegenüber militärisch relativ schwachen Gegnern; (d) die schon den Römern (Tacitus, Germania, 33) bekannte Taktik des Ausspielens der „Barbaren“ an der Grenze gegeneinander.

6. Die chinesische Führung hatte bis 1895 Spielräume für die *taktische* Defensive. Von einer Abwehr-*Strategie* nach japanischem Muster kann jedoch keine Rede sein. Denn: (a) Der Imperialismus in China war von seinen Anfängen bis mindestens zur Mandschureikrise von 1931/32 ein im Prinzip kooperatives Unternehmen. Im Krisenfall wurde der kleinste gemeinsame Interessennenner aktiviert: Schutz von ausländischem „Leben und Eigentum“, Durchsetzung des „standard of civilization“ gegenüber einer „barbarischen“ Nation, Verteidigung der „Open Door“ im chinesischen Kernland. (b) Die chinesisch-mandschurische Macht- und Wirtschaftselite profitierte in vielen Bereichen von einer symbiotischen Verbindung mit den Ausländern. (c) Es fehlten langfristige Perspektiven der Erneuerung. – Die bisweilen virtuose chinesische Diplomatie operierte unter Bedingungen allgemeiner machtpolitischer Asymmetrie und kultureller Ausweglosigkeit des „konfuzianischen“ China.

W. Wagner

Die Abwehr der westlichen Herausforderung: Zur Entstehung der japanischen außenpolitischen Strategie in der frühen Meiji-Zeit

Als Japan 1853 nach über zweihundertjähriger Abschließung vom Westen geöffnet wurde, mußte sich das Land jäh auf die Methoden moderner westlicher Außenpolitik einstellen. Doch Japans Kriegerkaste, die Samurai, nahm die Herausforderung durch Europa und Amerika in der Meiji-Restauration 1868 an: Mit dem Schlachtruf „Reiches Land – Starke Armee“ forcierte sie die Öffnung Japans, um es durch Reformen nach westlichen Vorbildern zu einer starken Militärmacht zu machen. Dies galt besonders für die Außenpolitik. Dabei wirkte sich Japans Orientierung an imperialistischen Praktiken unmittelbar auf das Verhältnis zu jenen Ländern aus, mit denen das Kaiserreich bereits seit

Jahrhunderten Kontakte unterhielt: China, Korea und die südlich gelegenen Nachbarinseln.
Der Vergleich der japanischen Außenbeziehungen in Ostasien *vor* und *nach* Öffnung des Landes macht deutlich, daß es sich bei der Meiji-Außenpolitik nach 1868 nur oberflächlich um eine Imitation westlicher Kanonenbootpolitik handelte. Vielmehr stellte Japans ‚moderne' Außenpolitik in der Meiji-Zeit eine Fortsetzung jenes vormodernen Expansionismus dar, der bereits vor und während der Abschließungsphase in der Tokugawa-Zeit angelegt war, und zwar sowohl theoretisch als auch praktisch. Aus dem äußeren Anlaß der westlichen Bedrohung verstärkte Japan ab Mitte des 19. Jahrhunderts seine traditionelle Hegemonialstrategie, die sich aus den rivalisierenden Interessen der Hauptstützen der Meiji-Regierung ergab: Die von den beiden Territorialfürstentümern im Südwesten des Landes, Satsuma und Chôshû, jeweils verfolgte maritime Süd- bzw. landgerichtete Kontinentalexpansion sollte die Meiji-Außenpolitik bis in den Gegensatz zwischen Marine und Heer im Zweiten Weltkrieg hinein bestimmen.
Nach der Meiji-Restauration gingen die außenpolitischen Maßnahmen Japans über eine reine Defensivstrategie gegen den Westen hinaus: Angefangen mit der Einverleibung der Ryûkyû-Inseln (1871–79) über die Öffnung Koreas (1876) bis zum Sieg über China im Krieg (1894/95) legten die Meiji-Gründungsväter das Fundament für den Aufbau eines großjapanischen Imperiums in Ostasien. Wurde dieser Expansionismus einerseits vor dem Hintergrund der äußeren Bedrohung durch den Westen forciert, so diente er andererseits der Ablenkung der aus den Modernisierungszwängen erwachsenen innergesellschaftlichen Widersprüche.
Im Zuge der von der ehemaligen Kriegerkaste unter strategischen Vorzeichen eingeleiteten Modernisierung des Landes wurden inner- und außerhalb der Regierung Hegemonialpläne entwickelt, in denen unabhängig von den Sachzwängen der offiziellen Außenpolitik die Kontinuität japanischer Ostasien-Politik zutage trat. Zum Teil in panasiatische Terminologie gekleidet, handelte es sich dabei um die Fortsetzung konfuzianischer Herrschaftsvorstellungen und eines auf der Tennô-Ideologie beruhenden zivilisatorischen Missionsbewußtseins. In allen außenpolitischen Vorstellungen der Meiji-Zeit fiel dem übrigen Ostasien faktisch nur die Rolle eines peripheren Ergänzungsraums zur Ablenkung innerer und äußerer Spannungen zu. Diese außenpolitische Sichtweise schlug sich auch in Überlegungen nieder, in denen ein strategisch motivierter Wirtschaftsexpansionismus bereits theoretisch vorweggenommen wurde. Somit bildeten sich auf der Grundlage traditioneller expansionistischer Vorstellungen bereits in der frühen Meiji-Zeit jene Aspekte der modernen japanischen Außenpolitik tendenziell heraus, die sich schließlich im Imperialismus der Shôwa-Ära (1926 ff.) voll entfalten sollten.

V. Schmidt

„Westliche Technik – chinesischer Geist": Probleme der Übernahme des westlichen Industrialisierungsmodells

Die beiden Opiumkriege 1839–1842 und 1856–1860 hatten die Überlegenheit der europäischen Waffen demonstriert: die nach diesen Kriegen und der Niederschlagung des Taiping-Aufstandes beginnende „Selbstärkungsbewegung" wollte diese technischen Er-

rungenschaften des Westens kopieren und der militärischen Stärkung Chinas nutzbar machen, allerdings auf der Basis einer unverändert erhaltenen geistigen, politischen und sozialen Tradition: Zhongxue wei ti, xixue wei yong – Chinas Lehren als innere Substanz, die Lehren des Westens zu praktischen Zwecken.
Industrielle Produktion in China begann daher in den sechziger Jahren des 19. Jahrhunderts zunächst im militärischen Bereich mit der Errichtung moderner Arsenale und Werften. Ein Jahrzehnt später – aus der Erkenntnis auch der ökonomischen Unterlegenheit – wurden die ersten zivilen Industrieunternehmen gegründet: eine Dampfschiffahrtsgesellschaft, Bergwerke, Textilfabriken, ein Eisen- und Stahlwerk. Da die Industralisierung von Beamten ausging – Träger der Selbstärkungsbewegung waren vor allem die Gouverneure und Generalgouverneure der Küstenprovinzen – entstand eine spezifische, halbstaatliche Unternehmensform, das guandu shangban-Unternehmen: „privates Management unter staatlicher Leitung". Charakteristisch war die enge Durchdringung von privatem Management und Bürokratie, sowohl in der Unternehmensführung wie in der Kapitalbereitstellung; private Einlagen mußten noch durch staatliche Anleihen ergänzt werden. Das im Laufe der Zeit sich entwickelnde Übergewicht der Bürokratie mit den Folgen verstärkter Korruption und Mißwirtschaft minderte dann allerdings den wirtschaftlichen Erfolg vieler dieser Unternehmen. Von der Bürokratie unabhängigere rein private Industriebetriebe entstanden in nennenswerter Zahl erst nach der Jahrhundertwende, als sich das entwicklungspolitische Klima im Zusammenhang mit den politischen und ökonomischen Reformen allgemein positiv veränderte.
1911, am Ende des Kaiserreiches, gab es ca. 600 moderne chinesische Industrieunternehmen, in denen (geschätzt) etwa 6–7 % des in der Landwirtschaft gebundenen Kapitals investiert waren. Das war wenig, verglichen mit Japan, im Vergleich mit den anderen Ländern Asiens und des Vorderen Orients schnitt China jedoch ganz gut ab. Man sollte daher vielleicht nicht von einem Scheitern, sondern eher von dem Beginn einer langsamen, aber kontinuierlichen Entwicklung sprechen, aufgehalten und behindert von einer Reihe kulturell-ideologischer und politisch-ökonomischer Bedingungen:
1. Der Modernisierung der Wirtschaft und damit der Industrialisierung lag ausschließlich die Zielsetzung zugrunde, eine ins Wanken geratene traditionelle Ordnung wieder zu stabilisieren; die eigentlich notwendig damit verbundene Modernisierung sozialer und politischer Rahmenbedingungen war ausdrücklich ausgeschlossen.
2. Weil keine generelle Modernisierung angestrebt wurde, fehlte auch ein nationales, übergreifendes Entwicklungskonzept, in das die einzelnen Unternehmungen hätten eingebunden werden können. Die Industrialisierung blieb den Provinzen überlassen, die diese zur Erweiterung der eigenen Machtbasis benutzten und eifersüchtig gegen andere regionale Machtzentren verteidigten.
3. Für den bürokratischen wie den privaten Unternehmer war nach wie vor ein traditionelles ökonomisches Denken und Verhalten typisch, das einer rationellen Unternehmensführung nach westlichem Verständnis entgegenstand und Ursache der häufigen Mißerfolge der neuen Industrien war.
4. Chinas Entwicklung war in doppelter Hinsicht von den imperialistischen Mächten abhängig: Zum einen schränkten die „ungleichen Verträge" Chinas politische und wirtschaftliche Souveränität ein, zum anderen entwickelte sich durch die fremde Industrie in den Vertragshäfen eine unmittelbare und durch Zoll- und Steuergesetze privilegierte Konkurrenz.

K. Müller

Feindbild und Vorbild: Die Aufnahme der Herausforderung des Westens in Japan

Japans seit den Anfängen zwiespältiges Verhältnis zum Westen entsprach einem Muster, das sich schon in den Beziehungen zu seinem mächtigen chinesischen Nachbarn herausgebildet hatte: Die Bewunderung für die Fertigkeiten und Kenntnisse der Europäer und die Vorbehalte gegenüber westlichen Herrschaftsansprüchen hatte ihre Parallele in Chinas kultureller Überlegenheit, die Japan zu nutzen bestrebt war, während es chinesischen Hegemonieansprüchen schon seit dem Beginn seines Staatswesens die Forderung nach Ebenbürtigkeit entgegensetzte. Da wir die Beziehungen Japans mit dem Westen bevorzugt aus der westlichen Perspektive betrachten und Japans Antwort auf den Westen als eine verstehen, die westlichen Standards und Traditionen entsprach, übersehen wir leicht, daß die Art, wie der Westen Japan begegnete, in Japan gleichsam einen Reflex auslöste, eben jene Antwort, die sich in den Beziehungen zu China schon ausgebildet hatte.
Bezeichnenderweise hat die von uns meist als charakteristisch für die Begegnung mit dem Westen verstandene Formel von der *westlichen Technik und der östlichen Ethik* in dem Wort *wakon kansai,* japanischer Geist und chinesische Gelehrsamkeit, einen Vorläufer, der schon etwa im 12. Jahrhundert auftrat und so im Verhältnis zu China eine Ambivalenz erkennen läßt, die wir meist nur in den Beziehungen zum Westen gegeben glauben. Da Japan zudem die Erfahrungen im Austausch mit anderen Völkern fehlten, weil es sich nach einer kurzen Phase der Öffnung im 16. Jahrhundert bereits im frühen 17. Jahrhundert wieder in eine schroffe Isolation zurückzog, die es für mehr als zweihundert Jahre hinderte, sich an die Existenz innerhalb einer Völkergemeinschaft zu gewöhnen, mußten ihm die im Verkehr mit China erworbenen Traditionen als die einzig zweckmäßigen erscheinen, als es im 19. Jahrhundert zur Öffnung gezwungen wurde.
Diese Parallele wird gerade am Beispiel der in der Zeit der Abschließung erblühenden „westlichen Studien" deutlich, in denen sich in vergleichbarer Weise eine Anerkennung der wissenschaftlich-technischen Fähigkeiten des Westens ausdrückte, ohne daß dadurch das Dogma der Abschließung des Landes in Frage gestellt worden wäre. Immerhin wurde durch diese Beschäftigung mit dem Westen eine wichtige Vorbedingung geschaffen. Wenn die Kontakte zu China die Form prägten, in der für Japan Beziehungen zu anderen Völkern vorstellbar waren, so ermöglichten diese „westlichen Studien" die entscheidende Differenzierung, die eine Lockerung in der Ablehnung des Westens erlaubte, ohne daß damit freilich der Westen schon zum Vorbild geworden wäre.
Die durch Perry erzwungene Öffnung des Landes ließ indessen die positiven Aspekte im japanischen Bild des Westens zunächst zurücktreten, und die Nachgiebigkeit des Shogunats gegenüber westlichen Forderungen löste jenes komplexe Wechselspiel zwischen inneren und äußeren Faktoren aus, das dann entgegen den Absichten der alten Herrschaftsschicht der Daimyô eine völlige Neuordnung des Staatswesens nach sich zog. Die Legitimation dieses von Angehörigen des Hofadels und insbesondere von jungen Samurai durchgeführten Handstreiches erfolgte in zweifacher Weise: Zum einen, im konfuzianischen Sinn durch die „Rückkehr zur Vergangenheit", *fukko,* die mit der Restauration der kaiserlichen Macht am deutlichsten dokumentiert wurde, zum anderen aber dadurch, daß man das neue Staatswesen scharf gegen das Alte und seine „schlechten Gewohnheiten" absetzte, daß man eine neue Zeit propagierte, die vor dem dunklen Hintergrund

des finstereen Tokugawa-Regimes um so heller erstrahlte. Die Beseitigung der „schlechten Gewohnheiten der Vergangenheit", wie es in der bekannten Eidescharta des Tennô vom 6. April 1868 hieß, wurde ergänzt durch die Forderung, Wissen solle überall in der Welt gesucht werden; darin wurde die neue Rolle des Westens in ihren Umrissen erkennbar: Japan wechselte das Vorbild.
Dieser Vorgang war mit der Anerkennung der vom Westen dominierten internationalen Ordnung verbunden, und markiert deutlich den Unterschied zu China und Korea in den Kontakten mit dem Westen, der auf seiten Japans von der in den Beziehungen zu China ausgebildeten Fähigkeit zum Kompromiß charakterisiert wird, zu der indessen wiederum untrennbar das Streben nach Gleichheit mit dem Westen gehörte.
Die ursprüngliche Zielsetzung nämlich, durch ein schnelles Aufholen der technischen und militärischen Überlegenheit des Westens die Fremden nur kurze Zeit in Japan dulden zu müssen, erwies sich rasch als zu hoch gesteckt, als sich die wahre Dimension des westlichen Vorsprunges zeigte. So galt es zuerst, Japans Selbständigkeit zu sichern, die neben den ungleichen Verträgen insbesondere durch den wirtschaftlichen Druck bedroht war. Angesichts der in den Ungleichen Verträgen festgeschriebenen Zolltarife war als Gegenmaßnahme nur an die Stärkung der eigenen Wirtschaft zu denken, und bei den vorhandenen Strukturen in Wirtschaft und Gewerbe mußte hier der Staat in der Rolle des Unternehmers die Entwicklung in Gang bringen. Es ist indessen kennzeichnend für den japanischen Weg, daß der Staat schon frühzeitig durch eine neuentstehende Unternehmerschaft unterstützt wurde, die ihr gesellschaftliches Ansehen aus der Gewißheit schöpfte, für Staat und Herrscher zu handeln und die allmählich auch die wirtschaftlichen Aktivitäten des Staates übernahm.
So konnte Japan sich auch wirtschaftlich an der Spitze des Fortschrittes in Ostasien sehen, eine Gewißheit, die sich nach außen bald auch im Anspruch auf die politische und kulturelle Führungsposition in Ostasien manifestierte. Der damit eingeschlagene Weg, der im Inneren durch eine Betonung der eigenen Traditionen begleitet wurde, führte zu jener Kette von immer neuen Konflikten, in deren Verlauf Japan sich schließlich wieder in eine neue Isolation zurückzog.

F. Kreissler (Paris)

Deutsche Kulturpolitik in China und ihre Resonanz

Die Geschichte der deutschen Präsenz in China in der Phase des „imperialistischen Zeitalters" umfaßt eine Vielfalt von Aspekten, die von dem zwischenstaatlichen, aber auch internationalen Geschehen nicht trennbar sind. Das spezifische Thema der deutschen Kulturpolitik trägt dazu bei, das Bild eines imperialistischen Deutschland zu modullieren.
Bis Ende des 19. Jahrhunderts war die Kulturpolitik eine eher vernachlässigte Domäne der deutschen Politik, da die Verfassung von 1871 der Reichsregierung keine Zuständigkeit im Bereich der Kulturpolitik gewährte. Die erste Maßnahme zu einer gesamtdeutschen Kulturpolitik bestand in der Einrichtung eines vom Auswärtigen Amt abhängigen *Reichsschulfonds,* dessen Aufgabe es war, die Gründung von deutschen Schulen im Aus-

land zu fördern. Die Auslandsschulen, von denen in China insgesamt neun gegründet wurden, waren jedoch fast ausschließlich für die deutsche Jugend im Ausland vorgesehen. Somit war das Hauptziel der amtlichen Kulturpolitik des Deutschen Reichs vorwiegend die Pflege des Deutschtums im Ausland. Eine „auswärtige Kulturpolitik“ wurde erst um die Jahrhundertwende initiiert, als die Politiker zur Einsicht kamen, daß die Verbreitung der deutschen Kultur im Ausland einerseits sich nicht nur auf Auslandsdeutsche beschränken und andererseits nicht allein den Auslandsdeutschen überlassen werden durfte. 1906 richtete das Auswärtige Amt ein *Schulreferat* ein, das für die Errichtung deutscher Schulen *(Propagandaschulen)* im Ausland, für die einheimische Bevölkerung, zuständig sein sollte.

In China lief parallel ein Modernisierungsprozeß des Unterrichtswesens an, mit der Errichtung – im Jahre 1905 – eines nach westlichem Vorbild organisierten Erziehungsministeriums *(xuebu)* und der Einführung verschiedener Erziehungsreformen. Bis zum Ausbruch des 1. Weltkriegs war sowohl von seiten der deutschen Regierung als auch des Reichstags die deutsche auswärtige Kulturpolitik Objekt intensiver Debatten, wobei die Schulpolitik im Mittelpunkt dieser Debatten stand (s. *Denkschrift des Auswärtigen Amts über das deutsche Auslandsschulwesen,* Berlin 1914). Deutsche Schulen, sowie die Förderung der deutschen Kultur und Sprache, d. h. eine aktive Kulturpropaganda, sollten die Voraussetzung sein für die Erschließung Chinas als vielversprechendem Absatzmarkt für den deutschen Handel und die deutsche Industrie.

Während sich in China die deutsche Sprache, das deutsche Buch, die deutsche Presse und die deutsch-chinesischen Vereinigungen nie wirklich durchzusetzen vermochten, gab es einen Bereich, in dem die deutsche Kulturbetätigung erfolgreich war und sich durch Kontinuität auszeichnete: das Erziehungswesen. Abgesehen von deutschen Schulen für deutsche Kinder bildeten die deutsch-chinesischen Schulen und Hochschulen den Schwerpunkt der amtlichen Kulturpolitik in China. Im Laufe der ersten Jahre dieses Jahrhunderts entstanden mehrere deutsch-chinesische Schulen, sowie zwei deutsch-chinesische Hochschulen, die alle vorwiegend eine praktische Ausbildung mit einer zusätzlichen allgemeinen chinesischen Ausbildung anboten, wobei erstere Schulen z. T. als Vorbereitungsanstalten der zwei Hochschulen gedacht waren. Aus wirtschaftspolitischen Motiven, aber auch aus kulturhistorischen Gründen waren die in China errichteten Hochschulen technische Anstalten, wobei die Tongji-Universität in Shanghai außer der technischen Fakultät auch eine medizinische Fakultät besaß. Durch die Vermittlung der technischen Wissenschaften hoffte Deutschland, Einfluß auf die zukünftige Führungsgeneration der chinesischen Politiker und Wirtschaftsexperten zu gewinnen.

Bei Ausbruch des 1. Weltkriegs, der das Ende der deutschen Kolonialpräsenz in China bedeutete, hatte Deutschland fünf deutsch-chinesische Mittelschulen aufgebaut, sowie zwei Hochschulen, eine in Qingdao, der Hauptstadt des deutschen Schutzgebietes in der Provinz Shandong und eine in Shanghai, der kosmopolitischen Wirtschaftshauptstadt Chinas.

Trotz der kritischen Phase, die für die deutsche Kulturpolitik 1914 anbrach (1914: Besetzung des Jiaozhou-Gebiets durch die Japaner und Schließung der deutsch-chinesischen Hochschule in Qingdao; 1917: Kriegserklärung Chinas an Deutschland; 1919: Repatriierung der Chinadeutschen), konnten die zwischenkulturellen Beziehungen z. T. aufrechterhalten bleiben, v. a. da China sein Interesse an der Beibehaltung der deutschen Kulturbetätigung bekundete.

Mit der Unterzeichnung des deutsch-chinesischen Abkommens (1921) auf der Basis der Gleichberechtigung begann die zweite Phase der deutschen Kulturpolitik in China, in der Deutschland von chinesischer Seite als nicht-imperialistischer Partner aufgenommen wurde, der nun keine politischen Machtansprüche mehr in China erhob.
Nach dem Weltkrieg und bis zum Beginn der 30er Jahre wurde die Tongji-Universität in Shanghai zum bedeutendsten Zentrum deutscher Kulturarbeit in China, das nun unter gemeinsamer chinesischer und deutscher Leitung stand. Mit der Etablierung der Guomindang-Regierung in Nanking, Ende der 20er Jahre, verstärkte sich die Kontrolle der chinesischen Regierung über ausländische Erziehungsanstalten, wobei die Tongji-Universität paradoxerweise eine Phase der Hochkonjunktur erlebte, was darauf zurückzuführen war, daß sie sich den neuen chinesischen Hochschulregelungen anpaßte, aber auch darauf, daß einige der Tongji-Absolventen bereits politische Schlüsselpositionen in der Nationalregierung, in der Shanghaier Gemeindeverwaltung oder bei den zentralen und provinzialen Verwaltungsbehörden innehatten und weiterhin Kontakt zu ihrer ehemaligen Alma mater pflegten, und nicht zuletzt darauf, daß zwischen Jiang Jieshi und der deutschen Militärberaterschaft enge Beziehungen bestanden, die unter den Führern Nationalchinas zum Prestige der Deutschen beitrugen.
Zu Beginn der 30er Jahre kam als zweites deutsches „Kulturzentrum“ das Deutschland-Institut in Peking hinzu, als Zentrum zur Förderung der deutschen Sprache, als Übersetzungszentrum und als Forschungsinstitut für deutsche Sinologen, das eine regelmäßige wissenschaftliche Zusammenarbeit mit chinesischen Intellektuellen förderte.
Die positive Resonanz, welche die deutsche Kulturpolitik in der ersten Hälfte des 20. Jahrhunderts in China erfuhr, läßt sich folgendermaßen erklären: die mangelnde Konzertation zwischen den staatlichen Institutionen in Deutschland und den deutschen Kulturinitiatoren in China – da Deutschland in China über keine für Kulturpolitik zuständige Behörde verfügte –, das Ende der deutschen Kolonialmacht in China und der Verlust der exterritorialen Rechte wirkten sich insgesamt vorteilhaft für die deutsche Kulturpräsenz in China aus und ermöglichten chinesischerseits eine Lenkung der deutschen Kulturpolitik im Sinne einer kulturellen Kooperation. Dieser Sachverhalt erklärt auch die Akzeptanz der deutschen Kulturpolitik durch China, das aufgrund der gegebenen kulturpolitischen Konstellation sich nicht in der Zwangslage befand, eine Abwehrstrategie gegen die deutsche Kulturpolitik zu entwickeln.

J. Ando

Der deutsche Einfluß auf die Entstehung der Meiji-Verfassung

Die erste moderne Verfassung Japans wurde im Jahre 1889 verkündet. Nach der Meiji-Restauration 1868 war die Verfassungsgebung sowohl innenpolitisch als auch außenpolitisch notwendig geworden.
Außenpolitisch sollte Japan als ein moderner Verfassungsstaat mit einheitlichem Rechtssystem anerkannt werden, damit die Konsulargerichtsbarkeit, ein Bestandteil der nach der Öffnung des Landes mit den westlichen Staaten geschlossenen ungleichen Verträge, aufgehoben werden konnte.
Innenpolitisch entstand nach der Spaltung der politischen Führung 1873 eine oppositio-

nelle Bewegung, die sogenannte jiyû-minken-undô (Bewegung für Freiheit und Volkesrechte), gegen die autoritäre Staatsführung der Regierung. Diese Bewegung gewann um 1880 eine breite Basis in der Bevölkerung, die die Lasten der forcierten Modernisierung zu tragen hatte. 1881 erreichte sie den Höhepunkt mit der Forderung nach einer Verfassung, die nach englischem bzw. französischem Modell gestaltet werden sollte.
Unter diesem Druck kam die Regierung auf der einen Seite der Forderung der Opposition entgegen, indem sie die Einrichtung eines Parlaments für das Jahr 1890 versprach. Auf der anderen Seite jedoch wählte sie die preußische Verfassung mit dem ihr zugrunde liegenden monarchischen Prinzip als Leitbild der neuen japanischen Verfassung aus. Mit Hilfe des monarchischen Prinzips sollte die traditionell japanische Kokutai-Vorstellung, die dem Kaiser eine absolutistische Herrschaft zuspricht, trotz konstitutioneller Einschränkung möglichst durchgesetzt werden.
Bei der konkreten Ausarbeitung der Verfassung wurden deutsche Rechtsberater herangezogen. Diese stimmten darin überein, daß die Bildung einer parlamentarischen Regierung als eine einseitige Parteienpolitik verhindert werden sollte. Ferner sollte dem Kaiser ein möglichst großer Spielraum für Verordnungsrechte eingeräumt werden.
Diese Ziele wurden u. a. dadurch verwirklicht, daß in der Meiji-Verfassung das Recht des Parlaments in der Gesetzgebung auf die Zustimmung zum Gesetzesinhalt beschränkt wurde. Sie entzog ihm ferner weitgehend die Möglichkeit, auf dem Weg des Budgetrechts in die Exekutive einzugreifen.
Die unter diesen Einflüssen entstandene Meiji-Verfassung wies konservativere Züge auf als die preußische Verfassung. Dies war aber die Absicht der damaligen politischen Führung Japans, um den westlich-liberalen Einflüssen in den Forderungen der Opposition entgegenzutreten.

3. Pluralismus der Identitäten als Problem der Kirchengeschichte

Leitung: *A. M. Ritter (Heidelberg)*
A. M. Ritter: Einleitung
A. M. Ritter: „Pluralismus der Identitäten" – kirchengeschichtliche Streiflichter
H.-J. Prien (Marburg): Der Gedanke des Nationalstaats in Lateinamerika und das Problem des religiösen und ethnisch-kulturellen Pluralismus
W. Ustorf (Birmingham): Christliche Mission im Westafrika des 19. Jahrhunderts im Lichte der Pluralismusfrage

A. M. Ritter

Einleitung

Es ist eine Freude und eine Genugtuung, daß es gelungen ist, diesmal wieder eine kirchengeschichtliche Sektion anzubieten, wie es zum letzten Mal – bei guter Resonanz – in Trier der Fall war. Es ist das um so mehr zu begrüßen, als wohl an den meisten Universitäten mit Theologischen Fakultäten die Zusammenarbeit der Historiker aller Schattie-

rungen und Fachgebiete eine völlige Selbstverständlichkeit ist. Wenn das aber der Fall ist, warum sollte sich dies nicht an der Schule fortsetzen? Warum sollten nicht Geschichts-, Religions-, Deutsch-, Englisch-, Französisch- und Philosophieunterricht in enger Fühlungnahme konzipiert und organisiert werden?
Das Thema des diesjährigen Historikertages hat zudem eine außergewöhnliche Affinität gerade zur Geschichte der Kirche bzw. der Kirchen, mehr als dies an dem Podium und der Beteiligung von Fachvertretern an der Zuhörerschaft und an der Diskussion in Erscheinung tritt. Daß hier Defizite bleiben, liegt an den in dieser Jahreszeit besonders gravierenden Terminnöten. Die schmerzlichste Lücke ist, daß diesmal kein katholischer Referent gewonnen werden konnte. Völliger Konsens herrscht hingegen darüber, daß die Kirchengeschichte „an sich" sehr viel zum Thema „Pluralismus der Identitäten" beizutragen hätte!
Dies zu illustrieren, ist der Zweck meines kurzen Einleitungsvotums.
Die beiden folgenden Referate, vorgetragen von den jeweils kompetentesten kirchenhistorischen Fachleuten hierzulande, werden konkrete Beispiele aus der neueren Missionsgeschichte, speziell der Westafrikas, und der Kirchengeschichte der Dritten Welt, speziell Lateinamerikas, besprechen.
Es wird von Ihren primären Interessen abhängen, ob sich die Diskussion eher an die grundsätzlichen Fragen anschließt oder mehr beim Konkreten verbleibt. Beides ist erlaubt und gleichermaßen sinnvoll.

A. M. Ritter

„Pluralismus der Identitäten" – kirchengeschichtliche Streiflichter

Man kann ganz generell sagen: Nur wo „staatskirchliche" Verhältnisse in dem Sinne herrschten, daß faktisch eine Personenidentität zwischen Kirche und Gesellschaft, „Christengemeinde" und „Bürgergemeinde" gegeben war und dieser Sachverhalt im allgemeinen nicht weiter hinterfragt wurde, nur da existierte das Problem des Pluralismus, auch desjenigen der Identitäten, für die Kirchen und also auch für die Geschichte der Kirchen nicht. Von solcher völligen Verchristlichung der Gesellschaft aber konnte im gesamten Altertum, schon gar außerhalb des Römischen Reiches, welches zu Beginn des 4. Jahrhunderts n. Chr. die „Konstantinische Wende" der römischen Religionspolitik erlebte, nicht die Rede sein. Man darf ja nie vergessen, daß es Christentum auch außerhalb der Grenzen des Römischen Reiches gab, in Armenien etwa, in Georgien, vor allem aber in Persien, hier mit einer imposanten missionarischen Ausstrahlung bis nach Innerasien. Erst die Vernichtungszüge des Mongolenherrschers Timur des „Hinkenden" (Timur-Lenks) in der zweiten Hälfte des 14. Jahrhunderts gaben diesem orientalischen Christentum den Todesstoß, sofern es nicht „volkskirchlichen" Charakter hatte, also für die Bewahrung nationaler Identitäten (wie in Georgien und Armenien) entscheidende Bedeutung gewann. Vor allem die Christen im Sāsāniden-, im Perserreich bilden ein hervorragend interessantes Fallbeispiel für „gespaltene Loyalitäten". Hier, so läßt sich sagen, im sāsānidischen Persien, fielen, soweit es die Christen anlangt, Religion und „nationale" Identität in eins, insofern die Nation, um die es ging, die „Nation oder das Volk Gottes" war. Alle anderen erkennbaren Faktoren wie die Zugehörigkeit zum sāsānidischen Staat, zu einer bestimmten Region, Stadt, Rasse oder linguistischen Gruppe spielten zweifellos eine Rolle, aber keine besonders wichtige, *solange* die Religion als der bestimmende identitätsstiftende Faktor im gesellschaftlichen Gefüge galt.

Ein weiteres, sehr lehrreiches, sehr nachdenklich machendes Beispiel ist die neuere britische Geschichte. Wohl in noch stärkerem Maße als die Geschichte irgend eines anderen europäischen Staates läßt die moderne britische Geschichte ein komplexes Beziehungsgeflecht von politischen Haltungen, kirchlichen Bindungen und kulturellen Traditionen sichtbar werden. Kirchen haben zu Zeiten und in bestimmten Situationen Vehikel sein können für die Ausbildung einer „britischen" Identität innerhalb des politischen Rahmens Großbritanniens und Irlands. Sie haben aber auch Werkzeuge sein können für die Bewahrung und Erneuerung einer englischen, irischen, schottischen und walisischen Identität.

Und wenn man an den Bereich denkt, in dem seit Montag dieser Kongreßwoche der VII. Europäische Theologenkongreß stattfand, die – gerade eben noch – DDR, so wäre von daher gleichfalls Anschauungsmaterial in Fülle für unser Thema zu gewinnen. Mit einer einzigen Geschichte soll es sein Bewenden haben, die man mir dort erzählte. Einen Tag nach den Märzwahlen, die ihr – endgültig – die Augen geöffnet zu haben schienen, begrüßte eine Lehrerin ihre überraschte Klasse nicht mit dem gewohnten Pioniergruß, sondern mit „Guten Morgen". Zur Begründung fügte sie nur dies hinzu: Wir wollen in Zukunft Christen und Ausländer nicht länger ausgrenzen!

Aus der Überfülle der also möglichen kirchengeschichtlichen Exempel soll im folgenden nur *eines* näher beleuchtet werden: Die Kirchen und das Problem des Nationalismus. Wie sehr dieses Problem mit der Identitäts- und Loyalitätsthematik zu tun hat, wird sogleich deutlich werden. Die zur Verfügung stehende Zeit erlaubt es nicht, mehr als ein paar Diskussionsimpulse zu geben.

Was heißt „Nationalismus"? Und worin liegt sein „Problem"? Eines seiner Probleme ist zumindest, daß er uns heute als ein Phänomen von extremer Ungleichzeitigkeit vor Augen tritt. Im Unterschied zu Westeuropa, wo seine Hochzeit offensichtlich hinter ihm liegt, wird er in den meisten Entwicklungsländern wie auch in Ost- und Südosteuropa als etwas durchaus Fortschrittliches empfunden. Und das führt zu einem weiteren Problem, dem der Definitionen. Ich plädiere dafür, sich an einem Nationalismusbegriff zu orientieren, wie ihn Neuzeithistoriker entwickelt haben, die sich mit den Denkanstößen der systematischen Sozialwissenschaften auseinanderzusetzen bereit sind, und verstehe daher Nationalismus ursprünglich als eine politisch orientierte Autonomiebewegung (vgl. dazu noch immer H. A. Winkler/Th. Schnabel, Bibliographie zum Nationalismus, Göttingen 1979; O. Dann, Nationalismus und sozialer Wandel, Hamburg 1978).

Was haben mit dem allen „die Kirchen" zu schaffen? In der biblischen Überlieferung findet sich ja keine Hervorhebung des Volkes oder der Nation als eines *besonderen* Seinswertes, dem gegenüber *spezielle* ethische Verpflichtungen gelten würden (vgl. Gen. 11; Jes. 2; Gal. 3, 28; Apg. 2), ohne daß deswegen die Teilhabe an Geschick und spezifischen Prägungen von Völkern und Nationen vom christlich-biblischen Standpunkt aus als gleichgültig zu betrachten wäre. Vielmehr ist darin – so besonders die „Schöpfungsethik" von Karl Barth – eine Fügung, eine Platzanweisung Gottes zu erkennen. Wertvolles verlangt und verdient Erhaltung und Pflege. Maßstäbe dabei sind menschliche Freiheit und Ermöglichung des Zusammenlebens der Völker (so – in dunkler Zeit – auch die Weltkonferenz von Oxford 1937 über Kirche, Volk und Staat; der Berichtsband erschien ein Jahr später unter dem Titel „Kirche und Welt in ökumenischer Sicht“, Genf – Frauenfeld 1938). Hier begegnen sich also, wenn das richtig gesehen ist, christliche Einsichten mit Impulsen der Aufklärung.

Den europäischen Kirchen, gleichgültig, ob in Nord- oder Süd-, West- oder Osteuropa, ist u. a. dieses gemeinsam, daß sie überwiegend nach wie vor „volkskirchliches“ Gepräge aufweisen. Ihre geschichtlichen Wurzeln liegen größtenteils in der frühmittelalterlichen Christianisierung ganzer Völker und Stämme. Sie haben sich teilweise gebildet, als auch die betreffenden Völker sich zu festeren Formen zusammenfanden und erstmals Literatursprachen schufen. Die Mehrzahl dieser Kirchen haben, z. T. Jahrhunderte lang, das „Privileg“ eines staatskirchlichen Status besessen. Dies ist auch von Marxisten in der Rückschau damit gerechtfertigt worden, daß diese Kirchen im Laufe der Geschichte oft genug die einzige Basis zur Identitätswahrung ihrer Völker bildeten, solange diese Völker wohl (mit Friedrich Meinecke zu reden) Sprach- und Kultur-, aber keine Staatsnationen waren. Diese Kirchen müßten heute ihren Völkern – gerade dort, wo die längst brüchige ideologische Klammer des Marxismus-Leninismus vollends gefallen ist und ungezügelter Nationalismus in dem Vakuum sich breitmachen könnte – noch einmal einen außerordentlich, geradezu lebenswichtigen Dienst leisten, nämlich den: das Nationalbewußtsein zu läutern, gleichsam zu „taufen“, und den Nationalismus zu zügeln, so, daß er der menschlichen Freiheit und Selbstbestimmung dient und das Zusammenleben der Völker ermöglicht.

Ich sage das nicht in der Pose des Besserwissenden. Ich sage es vielmehr als Angehöriger eines Volkes, das vom Fieberwahn zerstörerischen Nationalismus’ heftiger geschüttelt wurde als andere, als Glied einer Kirche, die gerade, was ihr Verhältnis zu „Volk–Nation –Vaterland“ anlangt, mehr als andere zu kritischer Selbstbesinnung, um nicht zu sagen zu „Denkbuße“, aufgefordert ist. Denn es muß endlich aufgearbeitet werden, „daß nahezu alle Denker und Dichter, die zur Ausbildung des deutschen Nationalbewußtseins beigetragen haben, . . . aus dem protestantischen Deutschland stammen“ (R. Wittram, Kirche und Nationalismus, in: Derselbe, Das Nationale als europäisches Problem, Göttingen 1954, S. 113 f.).

Veröffentlichungshinweis: Der Beitrag erscheint in: Kirchen im Kontext unterschiedlicher Kulturen. Intern. Ökumene-Symposion in der Ev. Akademie Tutzing.

H.-J. Prien

Der Gedanke des Nationalstaats in Lateinamerika und das Problem des religiösen und ethnisch-kulturellen Pluralismus

Thesen:

1. Der gegenwärtige Konflikt um die begrenzte Autonomie der Franko-Kanadier verdeutlicht einen latenten Konflikt der amerikanischen Gesellschaften: Trotz oder gerade wegen ihrer ethnisch-kulturell pluralistischen Ursprünge vertreten die politisch führenden Eliten das ideologische Modell einer sprachlich-kulturellen Einheitsgesellschaft. Es ist symptomatisch, daß in Kanada nach langen Konflikten schließlich die Möglichkeit der Autonomie einer aus Europa stammenden ethnisch-kulturellen Gruppe ins Auge gefaßt

wird, daß damit aber die ideologische Grundlage des staatlichen Denkens nicht in Richtung auf einen ethnisch-kulturellen Pluralismus geöffnet wird, was sich daran zeigt, daß überhaupt nicht erwogen wird, den Ureinwohnern ähnliche Rechte wie den Franko-Kanadiern einzuräumen. Insofern ist es völlig verständlich, daß ein indianischer Politiker in Manitoba die zeitgerechte Zustimmung dieser Provinz zu dem Reformvorhaben des Präsidenten verhindert hat.

2. In den La Plata-Provinzen wurde in der 2. Hälfte des 19. Jahrhunderts dei Gedanke der Minderwertigkeit der kolonialen mestizischen Gesellschaft vertreten und eine „rassische“ Verbesserung durch massive Einwanderung weißer Europäer gefordert. Das Ziel war eine möglichst europäisch bestimmte Kulturnation, die ihr indigenes und kolonialmestizisches Erbe abstreifte.

3. In Lateinamerika ist die Verfassung des „Estado Novo“, die der Diktator Getulio Vargas 1937 in Brasilien durchgesetzt hat, ein extremes Beispiel der Ideologie der nationalen Einheitskultur, in diesem Falle der luso-brasilianischen. Hier wurden alle Versuche europäischer Einwanderer durch Pflege ihrer Sprachen und Kulturen, ihre Identität zu wahren, rücksichtslos unterdrückt. In Santa Catarina wurden sogar deutsche Inschriften von Grabsteinen entfernt. Die Verfolgung traf aber auch die Vereine und Gesellschaften der Afrobrasilianer, die erst 1889 endgültig der Sklaverei entronnen waren. Indianische Ethnien wurden nicht dezidiert verfolgt, weil sie bis dahin noch gar keine Chance erhalten hatten, sich eigenständig zu manifestieren. Hier produzierte ein faschistisch aufgeheizter Nationalismus eine Überreaktion, die aber eine logische Konsequenz der Ideologie der nationalen Einheitskultur darstellte.

4. Das Verhältnis von Nationalstaat und indigenen Kulturen läßt sich besonders am Beispiel des revolutionären Mexikos veranschaulichen. Auf der Suche nach einer nationalen Identität jenseits des abgelehnten kolonialen iberischen Erbes, aber auch der als Bedrohung empfundenen angelsächsischen Zivilisation der USA, unter deren Imperialismus Mexiko im 19. Jahrhundert besonders zu leiden gehabt hatte, entdeckten die Protagonisten der mexikanischen Revolution das aztekische Erbe wieder. Dessen rhetorische Verherrlichung sollte indes nichts an der Ideologie der Einheitskultur ändern, die nun betont mestizisch war, aber den zahlreichen und zahlenstarken indianischen Ethnien weiterhin die Anerkennung ihrer jeweiligen kulturellen Identität verweigerte, was in einer staatlichen Indianerpolitik seinen Ausdruck fand, die auf Assimilation dieser als rückständig empfundenen Kulturen abzielt.

5. Die von den Eliten vertretene Ideologie der kulturellen Einheitsgesellschaft bildet ein gewichtiges Hindernis für die Bewältigung der Entwicklungsproblematik. Sie fördert technokratische, importierte Entwicklungsmodelle, die bestenfalls von den Bedürfnissen der Eliten bestimmt sind. Sie verhindert das Entstehen eines Problembewußtseins an der ethnisch und kulturell vielfältigen gesellschaftlichen Basis, von der her die Gesellschaft neu gestaltet und entwickelt werden müßte.

6. Diese Zusammenhänge sind von der marxistischen Linken, deren Blick auf die Klassenproblematik fixiert ist, bisher kaum gesehen worden. Auch die Vertreter der Theologie der Befreiung, die mit der marxistischen Gesellschaftsanalyse arbeiten, haben das ethnisch-kulturelle Problemfeld erst verspätet wahrgenommen.

7. Die Frage nach dem Ursprung der Ideologie der repressiven kulturellen Einheitsgesellschaft könnte auf zwei Wurzeln führen:
Eine Wurzel dürfte im Erbe des Nationalismus der Französischen Revolution bestehen, das den Staatsbegriff in Lateinamerika stark geprägt hat, eine andere dürfte im kolonialen Erbe liegen, nämlich eine säkularisierte Form der iberisch-katholischen Einheitsgesellschaft darstellen, die nach der endgültigen Niederschlagung der Mauren 1492 durch die Wiederaufrichtung der Inquisition, die Vertreibung der Juden und die Zwangstaufe der Mauren gebildet worden ist. Der sich auf eine sprachlich-kulturelle Einheitsgesellschaft stützende Nationalstaat erscheint als eine säkularisierte Form des religiösen Einheitsstaates.

Veröffentlichungshinweis: Der Beitrag erscheint in: Geschichte und Kulturen, hg. von J. Bellers/ H. Gründer, Münster 1991, H. 3.

W. Ustorf

Christliche Mission im Westafrika des 19. Jahrhunderts im Lichte der Pluralismusfrage

Forschungen der letzten beiden Jahrzehnte zur Geschichte der christlichen Mission in Afrika werfen die Frage auf, ob der angezielte Gegenstand unter dem gängigen Stichwort „Mission und Kolonialismus“ ausreichend in den Blick kommt. Diese Themenstellung ist nach wie vor sinnvoll und notwendig, vorausgesetzt es herrscht Klarheit darüber, daß es sich hier um zwei Sendungsideen ein und derselben Kultur handelt, so daß schon von der Blickrichtung her eine Abdunklung anderskultureller Traditionen und Identitäten erfolgt. Abgedunkelt wird aber auch der christentumsgeschichtliche Prozeß selbst, nämlich die Dynamik und Veränderlichkeit der christlichen Tradition auf ihrem Weg durch die Kulturen und durch die Zeit. Eine historische Untersuchung des in der missionarischen Situation gegebenen faktischen Pluralismus von kulturellen und religiösen Identitäten könnte geeignet sein, dem Gegenstand neue Einsichten abzugewinnen. Dies soll an einem eingegrenzten historischen Vorgang anhand archivalischen Materials versucht werden.
Die in Bremen ansässige Norddeutsche Mission, die seit Mitte des letzten Jahrhunderts im späteren Ghana und Togo tätig war, war in sich bereits ein vielfältiges Konglomerat unterschiedlicher Loyalitäten. Konfessionell waren Reformierte und Lutheraner vertreten, wobei sich letztere zunehmend aus der Gemeinsamkeit zurückzogen. Gesellschaftlich-ökonomisch hob sich die im Handels- und Bildungsbürgertum beheimatete Missionsleitung von den Missionaren ab, die in der Regel aus dem ländlichen Kleinbürgertum stammten. Religiös-kulturell war man verbunden durch die gemeinsame pietistische Mentalität. Wobei freilich der Pietismus der Missionare eine persönlich emanzipative, derjenige der Missionsleiter darüberhinaus eine dezidiert sozialdefensive Seite hatte. Die nach Afrika exportierten Bildungsideale waren bestimmt von einem erweckungstheologischen Biblizismus, aber auch vom vormärzlich-konservativen Ideal der „Bildungsbeschränkung“. Unter dem Schlagwort, aus den Afrikanern eben keine Europäer zu machen, tarnte sich der geschichtlich bedeutsame Versuch, in Afrika genau diejenigen kulturellen Entwicklungen zu verhindern, die das Christentum in Europa in die Krise gebracht zu haben schienen.

In Westafrika traf diese dem Zeitgeist gegenüber kritische Mission auf einen nicht minder komplexen Reichtum an Identitäten. Es gab zunächst die Vielzahl afrikanischer Völker, an der Küste wie im Inland, dazu die kulturell äußerst farbigen und beweglichen Rückwanderer, etwa die sogenannten „Sierra Leonians" und „Brazilians", die ebenso wie die einheimischen Chiefs politisch wie gesellschaftlich durchaus ihr Eigeninteresse verfolgten, dann die Kolonialbeamten und Geschäftsleute aus Europa mit ihren Regierungsposten und Handelsfaktoreien, Rechtsvorstellungen und Gewinninteressen, schließlich die Stationen konkurrierender christlicher Missionen und nicht zu vergessen die sich später entfaltende Bewegung unabhängiger schwarzer Kirchen. Dies alles differenzierte das Bild, das die Bremer von Afrika entworfen hatten, ganz erheblich und sprengte die heimatlichen Vorstellungen vom afrikanischen „Heiden" vollends.
Die Berichte der ersten Missionarsgeneration spiegeln den Sog in Richtung Identitätsauflösung recht deutlich. Der Gefahr des missionarischen Identitätsverlustes begegnete die Mission nun weniger durch theologische Reflexion, als vielmehr durch operative, von ökonomischen Erwägungen begleitete Einbrüche in die afrikanische Gesellschaft – die eigentliche Phase missionarischer Intrusion. Spitze dieser Einflußnahme auf die Entwicklungsrichtung der afrikanischen Christenheit war der pädagogisch ehrgeizige, nicht unumstrittene Versuch, die künftige schwarze Kirchenführung in kontrolliertem Kontext (Dorf im pietistischen Württemberg) zu prägen.
Das Quellenmaterial gibt Anlaß, die Initiative afrikanischer Christen nach Phasen zu ordnen: In der ersten Christengeneration herrschte eine beachtliche Selbständigkeit und eine beeindruckende Reife des christlichen Urteils vor. Die ersten Gemeinden gingen in dieser Phase auf afrikanische Aktivitäten zurück. Der afrikanische Prediger übernahm in äußerer Form wie im theologischen Vokabular das missionarische Vorbild. Andererseits aber rivalisierte er mit diesem auf dem Gebiet des Glaubensgehorsams. Die Unterschiede zwischen missionarischer und afrikanischer Predigt sind kulturell und theologisch markant. Die zweite Generation afrikanischer Christen, insbesondere die Lehrer und Prediger, begann aus soziopolitischen und theologischen Gründen mit den europäischen Missionaren selbst zu rivalisieren. In dieser Generation entstanden die Fundamente einer antikolonialen Gesinnung und erste Ansätze dessen, was heute afrikanische und schwarze Theologie genannt wird. An der Küste, vor allem an der britischen Goldküste, gab es bereits eine schmale Schicht afrikanischer Geschäftsleute und Journalisten z. B., die auf dem Weg in eine kapitalistische Entwicklung waren und die sich auf allen Sektoren kolonialen Lebens breitmachende Diskrepanz zwischen kolonisierender und kolonisierter Gesellschaft entschieden ablehnten.
Während die Bremer Mission noch das theologische Deutungsmonopol verteidigte, erschienen in der schwarzen Presse kontroverse und evolutionstheoretische Artikel. Die exportierte missionarische Identität hatte sich für die entstehende afrikanische Kirche als zu eng erwiesen und war der Begegnung mit der faktischen Pluralität in Westafrika nicht gewachsen. Historisch zeigt sich, daß sich die Kirche in Afrika nicht unter dem zweifelhaften Schutzschirm eines Deutungsmonopols entfaltete, sondern umgekehrt erst im Widerstand gegen das europäische Deutungsmonopol. Lebensfähig wurde die Kirche, als sie die Freiheit hatte, in Kenntnis der vielen möglichen Optionen, sich für einen eigenen Weg zu entscheiden.

Veröffentlichungshinweis: Der Beitrag erscheint in: Neue Zeitschrift f. Missionswissenschaft (Immensee/Luzern).

4. Identität und Identitäten: Die Vereinigten Staaten von Amerika

Leitung: *R. R. Doerries (Erlangen–Nürnberg)*
R. R. Doerries: „What then is the American, this new man?“: Eine Einführung
W. Sollors (Cambridge, Mass.): „Ethnische Identität“ und „nationale Kultur“ in der heutigen Forschung
J. Higham (Baltimore): America in Person: Symbols of American Identity
J. Hoff-Wilson (Bloomington): From Patriarchal to Poststructural Images and Identities Among American Women
K. L. Shell (Frankfurt): Die Herausforderung der amerikanischen Identität durch die Entwicklung von alternativen Kulturen

R. R. Doerries

„What then is the American, this new man?“: Eine Einführung

Als das Generalthema „Identitäten in der Geschichte“ vom Verband der Historiker Deutschlands gewählt wurde, mag die ganze Kraft der sich schon länger in Osteuropa abzeichnenden Entwicklung noch nicht erkennbar gewesen sein. Wie auch immer man diese Entwicklung beurteilen mag, eindeutig sichtbar unter den teilweise verwirrenden Tendenzen in Osteuropa ist ein virulentes ethnisches Bewußtsein, das heißt die Suche nach einer bedeutungsvollen kulturellen Identität. Historiker, die sich mit der Problematik der Identität und den mit ihr verbundenen Konflikten, beziehungsweise den Auseinandersetzungen zwischen dominierenden Mehrheiten und wechselnden ethnischen Minderheiten, auseinandersetzen, stießen bisher in Deutschland oft auf Ablehnung. Besonders jene, die sich mit der Integration von Ausländern in die deutsche Gesellschaft befaßten, mußten sich mit der Auskunft bescheiden, die Bundesrepublik sei kein Einwanderungsland. Der Bochumer Historikertag leistet also einen äußerst willkommenen Beitrag zum verspäteten Verstehen von Integrationsprozessen.

Die Beiträge dieser Sektion behandeln beispielhafte und immer noch aktuelle Fragen der amerikanischen Identität. Das Programm ist bewußt interdisziplinär konzipiert, weil die Erforschung der amerikanischen Identität immer wieder, teilweise sogar ausschlaggebend durch Denkanstöße aus den verschiedensten Disziplinen vorangetrieben wurde. Die Aktualität ist nicht nur durch den erkennbaren Aufarbeitungsbedarf auf einem vernachlässigten Forschungssektor gekennzeichnet, sondern der kontinuierliche facettenreiche amerikanische Prozeß der gesellschaftlichen Integration und Identitätsbildung könnte auch bei der Ausformung der geplanten Vereinigten Staaten von Europa wichtige Hinweise vermitteln.

Auch Jean de Crèvecoeurs Frage „What then is the American, this new man?“ könnte von einem Sozialwissenschaftler unserer Zeit stammen, der sich mit den noch nicht abgeschlossenen Eingliederungsprozessen früherer Einwanderergruppen oder den neuen Zuwanderern aus Vietnam und Hongkong, aus Mexiko und Haiti oder auch aus Polen und der Sowjetunion beschäftigt. Als die „Verdammten dieser Erde“ die „Neue Welt“ noch nicht überfluteten und der nordamerikanische Kontinent noch auf seine Eroberung wartete, stellte der Franzose Crèvecoeur in seinen sowohl historisch als auch literarisch be-

merkenswerten *Letters from an American Farmer* die Frage nach der Identität des „neuen Menschen", welche die Amerikaner eigentlich seit den Anfängen ihrer Nation stets beschäftigt hat. Die Antworten auf diese Fragen waren und sind stets so verschieden wie der jeweilige Zeitgeist, der die Fragesteller beeinflußte. Eine unumstrittene Antwort gibt es weder in den Seminarräumen der Universitäten noch auf der Straße.
Crèvevoeurs Antwort auf die eigene Frage war schon, als er sie niederschrieb, nicht unproblematisch: „*He* is an American, who, leaving behind him all his ancient prejudices and manners, receives new ones from the new mode of life he has embraced . . . He becomes an American by being received in the broad lap of our great *Alma Mater* . . . The American is a new man, who acts upon new principles; he must therefore entertain new ideas, and form new opinions."
Die Suche nach der „new identity" geht auf allen Ebenen der amerikanischen Gesellschaft unbeirrt weiter, und der bisher kontinuierliche Prozeß der multilateralen Akkulturation findet auch weiterhin statt. Die amerikanische Gesellschaft bleibt also wie bisher, nicht zuletzt auch für die Europäer, eine exemplarische Laborsituation.

W. Sollors

„Ethnische Identität" und „nationale Kultur" in der heutigen Forschung

„Ethnische" Schriftsteller sind in den Vereinigten Staaten im Verlauf der letzten hundert Jahre aus der Marginalität in den Mittelpunkt des amerikanischen Kulturbetriebs gerückt; entsprechend hat sich die Definition der „amerikanischen Identität" erweitert, wobei immer wieder scharfe Diskussionen über ethnisch exklusive wie weltbürgerlich-inklusive Amerikabegriffe entbrannt sind. Um die Jahrhundertwende stand zum Beispiel das Amerikaverständnis des Journalisten und irischen Einwanderers Herbert Croly, der nur Weiße als potentielle Amerikaner ansah, im scharfen Gegensatz zu Hamilton Holt, dessen bemerkenswerte Sammlung von 1906, *The Life Stories of Undistinquished Americans as Told by Themselves,* ganz programmatisch Kurzautobiographien von Asiaten, Schwarzen, Weißen, Indianern, von Einwanderern, Flüchtlingen und Ansässigen enthielt: alle waren hier „Amerikaner". Vor solcher Gegensätzlichkeit mußten nationale Symbole in ein Spannungsfeld geraten, in dem sich das umstrittene Verhältnis von ethnischen Minderheiten zur Nationalkultur ausdrückte. Das zeigt sich z. B. in verschiedenen Lesarten des patriotischen Plakats „*Americans all*", das 1917 von Howard Chandler Christy entworfen wurde und das inklusive wie exklusive Elemente enthält. Besonders interessant ist der Fall der von Frédéric Auguste Bartholdi entworfenen Freiheitsstatue (1886), die von ihrer ursprünglich offiziellen Bedeutung, Zelebrierung franko-amerikanischer Freundschaft (und gelegentlich auch, Abschaffung der Sklaverei), von Emma Lazarus poetisch zur Göttin, die die Einwanderer willkommen heißt, uminterpretiert wurde.
Die zunehmende ethnische Diversität der USA bewegte einige Mitglieder der Neu-England-Elite, der „Brahmanen," dazu, die Symbole des „alten" (d. h. angelsächsischen) Amerika neu zu betonen: so wurde der Felsen im Hafen von Plymouth, der eine nicht historisch belegte Assoziation mit den ersten puritanischen Pilgervätern hatte, neu gefeiert; und kurz nach der Einweihung der Freiheitsstatue wurde ein ihr nicht ganz unähn-

liches „Denkmal der nationalen Vorfahren“ in Plymouth fertiggestellt. Als die neueingewanderte russische Jüdin Mary Antin die Willkommensgeste der Freiheitsstatue und ihres neuen Heimatlandes Amerika ernst nahm und von den Pilgervätern als ihren eigenen Vorfahren sprach, löste sie in Boston einen Sturm der Entrüstung aus, den der Kulturkritiker Randolph Bourne 1916 zum Anlaß nahm, ein „transnationales“ Amerika und „doppelte Staatsbürgerschaft“ vorzuschlagen. Von Bournes Weltbürgertum und Horace Kallens (1924 geprägtem Begriff) „Kulturpluralismus“ läßt sich eine Entwicklungslinie bis zum gegenwärtigen „Multikulturalismus“ ziehen, der die angelsächsischen Interpretationen der USA weitgehend verdrängt, aber auch die Tendenz mit sich gebracht hat, daß die ethnische Herkunft von Intellektuellen unter Umständen größere Bedeutung haben kann als die Position, die sie vertreten. Insbesondere war Louis Adamic während des Zweiten Weltkriegs aktiv darum bemüht, eine gemeinsame amerikanische Kultur unter Menschen aus allen Gegenden und ethnischen Gruppen zu propagieren. Seine Formel hieß „Plymouth Rock and Ellis Island“, die Verbindung aus Pilgervätern und Neueingewanderten (durch die 1892 eingeweihte Einwanderungsstation im Hafen New Yorks symbolisiert). Gelegentlich wurde von schwarzen Intellektuellen Jamestown (der Ankunftsort der ersten Sklaven in Virginia) als zusätzlicher symbolischer Anfang Amerikas genannt. Während einige Schriftsteller eine an Whitman erinnernde hymnische Synthese aller Amerikaner in einem Amerika beschworen, bezweifelten andere die Gültigkeit derzeitiger Nationalsymbole, da sie ungelöste ethnische Probleme (und insbesondere den Schwarz-Weiß-Konflikt) nur verschleierten. Der von Bourne provozierte „Kulturkampf“ (John Higham) hält an, wenn sich Intellektuelle heute in Leselisten- und Studienanforderungs-Diskussionen darüber streiten, *welche* amerikanische Kultur(en) an die nächsten Generationen vermittelt werden soll(en).

J. Higham

America in Person: Symbols of American Identity

Of the Symbols used to focus national consciousness, personifications are among the most expressive and telling. By examining the development of, and the interplay between, the chief personifications of America, historians can discover how American nationalism has adapted European forms to its own distinctive experience.

Gender has counted heavily in the language of national symbols. Males, whether real people like George Washington or folk characters like Uncle Sam, have typically symbolized deeds, achievements, and initiatives; they dramatize action and change. They are likely therefore to be identified with the state and with the distinctive behavior of the people. Female symbols have stood for universal, unchanging principles, and for connections between the nation-state and the larger web of human relationships in which it is imbedded.

From the outset, American nationalism has drawn its special strength from a set of principles that are supposedly applicable to all peoples. In witness thereof, the country has always enshrined a female personification of liberty. Originally derived from the Roman goddess whose classic features appeared on nineteenth-century American coins, this personification of a national ideology was reincarnated in the twentieth century as the Statue of Liberty.

To personify a people, on the other hand, was far more difficult in view of the heterogeneity of American society. Uncle Sam originated during the War of 1812 as a slang term for the federal government. Converting the name into a recognizable image of a national type took more than half a century; and when political cartoonists, after the Civil War, did settle on a standard figure, they commonly enlarged the picture to include Liberty as Sam's spouse and the various regional or ethnic types as their children.
Although much weikend in recent decades, Uncle Sam survives as a symbol of the state. His limitations as a symbol of the people have become increasingly apparent now that ethnic diversity is more fully and ungrudgingly accepted. As a personification of the people, the Statue of Liberty has in large measure replaced Uncle Sam. Resonant with the memories of millions of immigrants and looking outward to the world, the Statue of Liberty has evolved into the supreme symbol of a multi-ethnic nationality and of the international reach of freedom.

J. Hoff-Wilson

From Patriarchal to Poststructural Images and Identities Among American Women

For centuries, historical and literary images of women were monolithic at worst and dichotomous at best. In the short time period that characterizes the history of the United States, historical interpretations about women until the last twenty-five years were also quite simplistic. From the devout Puritan female colonist to the patriotic republican wife and mother of the American Revolution, to the cult of domesticity among the emerging middle-class woman before the Civil War, to the proper Victorian upper-class woman, to the voluptuous Gibson Girl, to the smoking and drinking „flapper“ of the Jazz Age of the 1920s, to the muscular Rosie the Riveter who emerged briefly during the Second World War, to the passive housewife surrounded by kitchen appliances of the postwar 1950s, to the strident and presumably sexually promiscuous feminist activist of the 1960s and early 1970s, to the „yuppie“ materialistic professional woman of the 1980s – all these images of U.S. women have been described again and again in religious, literary, and historical accounts by American men and internalized by most American women until very recently.
While the Second Women's movement played a major role in stimulating feminist historical writing in the late 1960s, with its successful challenge of standard patriarchal interpretations, some historians of women in the United States now appear on the verge of ignoring their original political and social success by hopelessly complicating or denying gender categories and descriptions of woman's images and identities that make the most historical and common sense.

K. L. Shell

Die Herausforderung der amerikanischen Identität durch die Entwicklung von alternativen Kulturen

Die amerikanische Identität ist nicht Resultat eines historischen Prozesses von nationalem Zusammenwachsen, sondern beruht auf einem Willensakt; dem Bekenntnis zum „American Creed". Dieses Bekenntnis ist Teil der universalistischen Prinzipien der Aufklärung – individuelle Freiheit, Gleichheit, Toleranz –; und schließt die meritokratischen Werte der Chancengleichheit, Selbstverantwortung und Belohnung für im Marktwettbewerb errungenen Erfolg ein. Eingebettet sind die Werte individualistischen Erfolgsstrebens in eine gemeinschaftliche moralische Verpflichtung zur mäßigenden Rücksichtnahme auf das „Gemeinwohl". Die Demokratisierung des amerikanischen Systems war gekennzeichnet durch das Spannungsverhältnis zwischen individualistischem Freiheitsverständnis und einer kollektiv (de facto mehrheitlich) erzwungenen Werteordnung.
Parallel zu der universalistischen Werteordnung des „American Creed" ist die amerikanische Geschichte jedoch charakterisiert durch Intoleranz und Diskriminierung gegenüber ethnischen und rassischen Gruppen durch die lange Zeit hegemoniale weiße, angel-sächsische Bevölkerung. Der „Nativism" artikulierte sich in Anti-Katholizismus, Antisemitismus, Repression und Diskriminierung der Schwarzen und fand Ausdruck in dem Einwanderungsgesetz von 1924 mit seinen gegen als minderwertig eingeschätzte Bevölkerungsgruppen aus Süd- und Osteuropa gerichteten Quoten.
Im Gefolge des 2. Weltkrieges triumphierten die universalistischen Werte über WASP-„Nativism". Die Diskriminierung von Katholiken und Juden verschwand fast völlig, durch Entscheidungen des Supreme Court und die „Civil Rights Acts" von 1964 und 1965 wurde das Gleichbehandlungsprinzip sowohl im öffentlichen wie privatwirtschaftlichen Bereich unabhängig von Rasse, Farbe, Religion, Geschlecht und „national origin" ausgedehnt. Die Verfassung und das Rechtssystem wurden somit tatsächlich „color blind". Auch im Bewußtsein der amerikanischen Bevölkerung vollzog sich ein Wandel. Das Prinzip der Chancengleichheit, wie Umfragen ergaben, wurde fast ohne Widerspruch anerkannt; und die ethnisch-kulturelle Vielfalt gewann nicht nur breite Akzeptanz, sie wurde zum Gegenstand stolzer Affirmation. Gleichzeitig nahm die ethnische Kohäsion ab; Sozialisation in die durch die ungleiche Sprache geprägte anglo-amerikanische Hegemonialkultur schritt rasch voran. „Gemischte Ehen" über ethnische und religiöse Grenzen hinweg wurden häufig. Was verblieb, war eine „strukturelle Multikulturalität", ein gesellschaftliches Bezugsnetz, subtile Unterschiede in Werthaltungen und Weltsicht, die noch anzufindenden territorialen Verdichtungen in ethnisch definierten Nachbarschaften. „Multikulturalität" in diesem Sinn stellte keine Herausforderung, sondern eine Affirmation des „American Creed" dar; sie erlaubte ein Selbstverständnis Amerikas als einer Gesellschaft bestehend aus vielen Rassen, Religionen und Nationalitäten.
Die Herausforderung besteht in einer Gegenbewegung; der Absage an die universalistischen Werte allgemeiner, auf Individualität beruhender Gleichbehandlung auf mehreren Ebenen: der intellektuell-akademischen, der populär-politischen, wie der schulischen. Sie liegt in der Rückbesinnung auf gruppenspezifische – ethnische, rassische oder sexuelle –

Wurzeln und Besonderheiten; als Mittel der Stärkung eines durch Unterdrückung und Diskriminierung geschwächten Selbstbewußtseins, aber auch zunehmend in ethnozentrischer Betonung der unüberbrückbaren „Andersheit" der eigenen gegenüber der bisher dominanten weißen, männlichen, europazentrierten Kulturtradition.

Besonders unter schwarzen Jugendlichen der „Underclass" hat die separatistische aggressive Form der Absage an die Gemeinsamkeit des „Creed" und der amerikanischen Verfassungsordnung offensichtlich weite Verbreitung gefunden. Gewalttätige Gruppenkonflikte nehmen zu, kompromißbereite Politiker werden denunziert, Kommunikation über die durch die Gruppen definierten Grenzen wird für unmöglich oder unerwünscht erklärt.

Auch innerhalb der feministischen Bewegung findet sich eine radikale Gruppierung, die die Gemeinsamkeit männlicher und weiblicher Weltsicht, einer gemeinsamen Wertordnung und gemeinsamer Begrifflichkeit leugnet. Für sie gilt ebenso wie für den schwarzen Radikalismus, daß sie an den Colleges und Universitäten intellektuelle Unterstützung und Legitimierung findet. Es besteht hier eine offensichtliche Affinität zu den philosophischen Entwicklungen der „Postmoderne"; ihrer Betonung undifferenzierter Allgegenwärtigkeit von Macht und Unterdrückung, der dekonstruktivistischen Leugnung von Autorität, Rationalität und universaler Kommunikation. Auch wenn diese Entwicklung bisher auf eine Minderheit beschränkt ist, so erscheint sie dennoch tendenziell als explosive Herausforderung an die auf der Aufklärungstradition beruhenden Fähigkeit des „American Creed" zur Integration von Menschen unterschiedlichster ethnischer und rassischer Herkunft.

Für diese Integration erscheinen vier Variablen, die den Prozeß beschleunigen, verzögern oder sogar gänzlich verhindern können, entscheidend: Akzeptanz der Grundelemente des „Amerikan Creed"; Lernen der englischen Sprache; Disposition für Arbeit im Marktsystem; und rassisch-physische Unterschiede zur WASP-Bevölkerung. Rassische Unterschiede allein – dafür sind die asiatischen Einwanderer der jüngsten Zeit ein Beleg – mögen den Prozeß verzögern. Sie verhindern die Integration jedoch nicht, wenn die anderen Bedingungen erfüllt werden.

Theorie und Didaktik der Geschichte

1. Die historisch-landeskundliche Exkursion am Beispiel der Stadt

Leitung: *W. Eisele (Wolfratshausen)*
W. Eisele: Stadterkundung in den neuen Bundesländern im Rahmen von Schulfahrten
P. Frieß: Unsere Stadt im Museum – Urbane Entwicklung Identität
E. Fuchshuber-Weiß (München): Stadterkundung mit dem Kopf und mit den Füßen

W. Eisele

Stadterkundung in den neuen Bundesländern im Rahmen von Schulfahrten

Die Ereignisse des November 1989 haben auch neue Möglichkeiten eröffnet, Schülerfahrten und Schülerbegegnungen unter gänzlich veränderten Bedingungen zu planen und durchzuführen. Mit der Öffnung der innerdeutschen Grenze, dem Wegfall von Mauer, Grenzhindernissen entlang der Demarkationslinie, Kontrollen und bürokratischen Hemmnissen ist zu hoffen, daß nach dem 3. Oktober 1990 nun auch jene Freizügigkeit in der Selbstorganisation von Schulfahrten und Jugendbegegnungen einkehrt, die hinsichtlich der Begegnung von Schülern in Westeuropa seit fast drei Jahrzehnten üblich und selbstverständlich ist.
Das Ende der SED-Herrschaft in der ehemaligen DDR hatte daher auch auf jenen Gebieten des öffentlichen Lebens unmittelbare Folgen auf die Monopolstellung von Parteieinrichtungen wie „FDJ-Jugendtourist“ und das dieser SED-Unterorganisation beigeordnete „Hansa-Tourist“ (Hamburg), über die seit 1973 alle touristischen Aktivitäten für Kinder und Jugendliche abgewickelt wurden, d. h. daß auch hier ein Bereich, der Westdevisen einbrachte, dem SED-Monopol unterstand.
Heute steht es Lehrern und Jugendorganisationen frei, Schulfahrten und Jugendbegegnungen mit der ehemaligen DDR nach eigenen Vorstellungen zu organisieren. Nachdem die Dachorganisationen der Jugendherbergen in Westdeutschland und in der DDR sich nunmehr zusammengeschlossen haben, unterstehen Jugendherbergsaufenthalte neuerlich wieder den gleichen Bedingungen in Dresden wie in Stuttgart, in Rostock wie in Freiburg etc. Es ist möglich, über die Zentrale des Deutschen Jugendherbergswerkes oder die Landesverbände JH-Verzeichnisse, aber auch spezielle Programme zu buchen, deren Ausgestaltung weitestgehend in der Hand unserer Kolleginnen und Kollegen liegt.
Makulatur sind daher heute alle jene „Handreichungen“ und Informationen, die unentbehrliche Hilfsmittel vor dem 9. 11. 1989 für den waren, der Schulfahrten und Jugendbegegnungen in der ehemaligen DDR plante. Ungültig sind die Instruktionen für die FDJ-Reisebegleiter, deren Aufgabe es oft nur war, eine Gruppe an der innerdeutschen Grenzen in Empfang zu nehmen und zur Jugendherberge zu bringen, die Finanzen abzurechnen und die „Stadtbilderklärer“ einzuplanen.

Aktuell sind alle Hinweise, die eine freie Programmgestaltung von der Routenauswahl bis zur Wahl der Unterkünfte nahelegen.
Neu sind die Möglichkeiten der (unkontrollierten) Begegnung mit Vertretern der Kommunalverwaltungen, des städtischen und regionalen Denkmalschutzes, die Möglichkeiten, Schulen in den neuen Bundesländern auch „von innnen" zu erleben oder eine „Stadterkundung" mit einer Begegnungsgruppe durchzuführen. Aufgeschlossen sind die Begegnungspartner neuerdings auch für Fragen des Umweltschutzes, dessen Umfang bei Besuchen „drüben" für Schüler in Dimensionen erlebbar wird, wie sie hierzulande nicht (mehr) auftreten. „Umwelt hat Geschichte" – einst Motto eines Geschichtswettbewerbs – kann dort unmittelbar nachvollzogen werden.
Neu sind auch alle Möglichkeiten, vor Ort Befragungen und Interviews ohne Beachtung eines langen Instanzenwegs durchzuführen, wie sie bei Projekten der „oral history" hierzulande längst geübte Praxis sind.
Neu sind auch die ungehinderten Begegnungen mit Kulturschaffenden im Bereich der Heimat- und Regionalgeschichte, die in den vergangenen Jahrzehnten häufig ein „Nischendasein" fristeten, deren Arbeit aber inzwischen einer breiten, interessierten Öffentlichkeit zugänglich ist.
Unter Betonung des fächerübergreifenden Charakters einer Schülerfahrt oder Exkursion in die neuen Bundesländer wird empfohlen, sich intensiv bereits am Heimatort zu informieren (Geschichte, Kunsterziehung, Geographie, Deutsch). Es empiehlt sich dabei auch, eine Arbeitsteilung mit den Schülern zu vereinbaren (Schülerreferate „vor Ort").
Stadterkundungen als Projekt stellen eine Umsetzung des Prinzips „entdeckenden Lernens" dar. Entsprechend versteht sich der Lehrer auch als „Moderator", der mitwirkt, wenn es darum geht, die Schüler zu beraten (Literaturbeschaffung, Beschaffung von Kartenmaterial und Anschauungshilfen).
„Entdeckendes Lernen" kann an einem „ortstypischen" Thema exemplarisch praktiziert werden: eine Stadt- oder Ortserkundung kann damit im Längsschnitt die Entwicklung als Handels- oder speziell Hansestadt nachvollziehen, oder als Querschnitt den Lebensbedingungen gesellschaftlicher Gruppen (Eliten, Unterschichten, Mittelschichten) im Alltag gewidmet sein.
Für die Städte in der ehemaligen „DDR" eignen sich besonders jene Stadttypen, die in ihrer Gegensätzlichkeit historisch und politisch aufschlußreich sind:
- die mittelalterliche Stadt am Beispiel des „steinalten Erfurt" (vgl. DEFA-Film im Verleih der Bildstellen oder des Gesamtdeutschen Instituts),
- die fürstliche Residenzstadt (z. B. Dresden),
- die Industriestädte des 19. Jahrhunderts (Industriearchitektur, „Gründerzeit"),
- die „sozialistischen Städte" für die Zeit nach 1945 (z. B. Rostock, Marzahn, „Trabantenstädte" mit „Wohnkomplexen").

Es wird dabei möglich sein, die Ansätze zur Bewältigung von Kriegsfolgen und -zerstörungen herauszuarbeiten und die „Stadtarchitektur" als Teil der gesellschaftlichen Ansprüche der SED-Regierungen herauszustellen.

P. Frieß

Unsere Stadt im Museum – Urbane Entwicklung und Identität

Die „Unwirtlichkeit unserer Städte" (A. Mitscherlich) zu erkennen und zu verändern, ist nicht allein Sache von Politikern und Städteplanern, sondern sollte das Anliegen aller Bürgerinnen und Bürger sein. Dem Geschichtsunterricht kommt in diesem Zusammenhang die Aufgabe zu, junge Menschen frühzeitig für die Probleme der Stadtentwicklung zu sensibilisieren, ein Verantwortungsbewußtsein zu wecken und den Schülerinnen und Schülern das notwendige historische Rüstzeug an Kenntnissen und Fähigkeiten an die Hand zu geben. Einen naheliegenden Zugang zur Verwirklichung dieser Ziele bietet die Beschäftigung mit der Entwicklung der jeweiligen Heimatstadt. Dabei kann gleichzeitig sowohl die bewußte Abgrenzung von historischen Traditionen als auch die Identifikation mit manchen geschichtlich gewachsenen Strukturen zur Herausbildung einer eigenen Identität der Jugendlichen beitragen. Soll Stadtentwicklung und Stadtgeschichte gerade von jungen Menschen auch als eigene Geschichte empfunden werden, ist es jedoch notwendig, diese möglichst plastisch und lebendig vor Augen zu führen. Im Gegensatz zum schulischen Geschichtsunterricht, der Vergangenes stärker mit Hilfe der Phantasie rekonstruiert und im Bewußtsein der Schülerinnen und Schüler gegenwärtig macht, hat dabei das Museum als außerschulischer Lernort den großen Vorteil, durch konkrete Objekte unmittelbare Anschaulichkeit zu erzeugen. Insbesondere für die Behandlung des Themas „Die Stadt" im Geschichtsunterricht bietet es sich an, neben den bedeutenden Sammlungen der bekannten Museen in unseren Großstädten, auch die kleineren Lokalmuseen zu nützen. Zwar sind die dort ausgestellten Objekte selten besonders wertvoll oder spektakulär. Die Vielfalt der Ausstellungsstücke läßt es jedoch durchaus als sinnvoll erscheinen, neben der Behandlung der allgemeinen historisch-politischen Themen auch Kultur-, Sozial-, Wirtschafts- und Rechtsgeschichte in diesen Museen zu bearbeiten. Durch bloßes Betrachten der Ausstellungsstücke wird jedoch noch kein Lernprozeß in Gang gesetzt. Erst die Einbindung der Objekte in ein unterrichtliches Vorgehen am Lernort Museum macht ein tiefergehendes Verständnis möglich.

Fachwissenschaftlicher Hintergrund des Vorschlages, regionalgeschichtliche Museen für die Behandlung des Themas „Die Stadt" stärker zu berücksichtigen, sind die vielfältigen Ergebnisse von drei Forschungsbereichen, die die Kenntnisse über die Entwicklung der Städte und ihrer Gesellschaft in jüngster Zeit vertieft haben und deren Erkenntnisobjekte sich häufig in regionalgeschichtlichen Sammlungen finden.

1. Archäologie: Neben der provinzialrömischen Archäologie erweiterte vor allem die mittelalterliche Stadtarchäologie das Wissen um die Entstehung und die bauliche Entwicklung von Städten.
2. Mentalitäts- und Alltagsgeschichte: Bürgerliches Selbstverständnis sowie Kultur- und Lebenswelt der Mittel- und Unterschichten, aber auch die problematische Situation städtischer Randgruppen wurden stärker beleuchtet.
3. Stadtgeschichte der Neuzeit: In Abkehr von der früher üblichen Schwerpunktsetzung im Hoch- und Spätmittelalter untersuchte man zunehmend auch die Geschichte der Städte zwischen 1500 und 1900 (Residenz- oder Industriestädte)

Der *didaktische Ansatz* für den Geschichtsunterricht im Stadtmuseum versucht, zwei Aspekte zu verbinden. Zum einen erweist sich Stadtgeschichte dank der Vielseitigkeit der fachwissenschaftlichen Ergebnisse als ideales Erkenntnisobjekt, um in exemplarischer Weise möglichst viele historische Sachverhalte zu vermitteln. Gleichzeitig wird durch die Reduktion auf ein Paradigma die Mehrdimensionalität von Geschichte und die Interdependenz der einzelnen Faktoren deutlich. Zum anderen bietet die Berücksichtigung museumspädagogischer Überlegungen die Möglichkeit des emanzipatorischen Unterrichts, in dem Schülerinnen und Schüler stärker selbstbestimmend ihren Lernprozeß mitgestalten können.

Die *methodischen Möglichkeiten,* im regionalgeschichtlichen Museum den allgemeinen Lernzielen vor dem Hintergrund der fachwissenschaftlichen Ergebnisse und der didaktischen Vorüberlegungen Rechnung zu tragen, sind äußerst vielfältig. Sie hängen nicht zuletzt auch von der jeweiligen Ausstattung des Stadtmuseums und dessen personeller Besetzung ab. Die folgenden, nur knapp skizzierten Unterrichtsmethoden verstehen sich daher vorwiegend als Anregungen und erheben keinen Anspruch auf Vollständigkeit.

1. Der *Zeitmaschineneffekt:* Will man zu Beginn des Geschichtsunterrichts in der Unterstufe die Kategorie der Zeit veranschaulichen, bietet es sich an, die meist chronologisch aufgebauten Museen in umgekehrter Richtung zu durchschreiten. So kann von der Gegenwart ausgehend eine Wanderung in längst vergangene Zeiten angetreten werden.

2. Der *produktive Umgang* mit Stadtgeschichte: In Zusammenarbeit mit dem Kunstunterricht, aber auch mit der Theatergruppe der Schule, können viele Teilaspekte der Stadtgeschichte auf unkonventionelle Weise erarbeitet (Modelle basteln, Pläne zeichnen, Ausstellungen gestalten, Konfliktsituationen nachspielen) und für Schülerinnen und Schüler erfahrbar gemach werden.

3. Die *Museumsrallye:* Neben der Verwendung der von museumspädagogischen Zentren angebotenen Unterlagen könnten ältere Kinder auch eine Museumsrallye für jüngere konzipieren. Die einen lernen die Geschichte ihrer Stadt auf spielerische Art und Weise kennen, den anderen ermöglicht die ungewohnte Perspektive der Aufgabenstellung ganz neue Einsichten.

4. Die *fächerübergreifende Analyse:* Um den Nachteil der manchmal lückenhaften Überlieferung in den kleineren Museen auszugleichen, muß versucht werden, die vorhandenen Objekte möglichst erschöpfend zu behandeln. So könnte zum Beispiel ein spätmittelalterliches Altarbild unter historischem, sprachlichem, künstlerischem, religiösem, soziologischem und handwerklichem Gesichtspunkt betrachtet werden. Dies ermöglicht nicht nur die Besprechung vieler Einzelaspekte, sondern veranschaulicht gleichzeitig ihre enge Verflochtenheit.

5. Der *Museumsbesuch „gegen den Strich“:* Achtet man beim Rundgang im Museum weniger auf das, was da ist, sondern mehr auf das, was fehlt, dann erkennt man Lücken in der Überlieferung, die meist auf sich wandelnde Wertigkeiten zurückzuführen sind (Waffen sind stets reichhaltig vertreten, Alltagsgegenstände meist nur sporadisch).

6. Die *Konzentration auf einzelne Objektgruppen:* Die vergleichende Untersuchung verschiedener Beispiele der selben Art von Ausstellungsstücken bietet vor allem für diachrone Betrachtungen viele Ansatzpunkte (Karten, Stadtansichten, Portraits, Möbel, Werkstattensembles mit Handwerksgeräten . . .). So könnten soziale, wirtschaftliche und kulturelle Entwicklungslinien deutlich werden, die bis in die Gegenwart reichen.

Neben der Vermittlung von Detailwissen über die Entwicklung der Heimatstadt und allgmeiner Kenntnisse über die deutsche und europäische Geschichte läßt sich auf diese Weise eventuell erreichen, daß die Jugendlichen von heute später als Erwachsene in der

Lage und bereit dazu sind, die Geschicke ihres Heimatortes verantwortungsbewußt selbst in die Hand zu nehmen.

Auswahlbibliographie

(Die aufgeführten Aufsätze und Monographien geben jeweils Hinweise auf weiterführende Literatur)
1. *Andraschko, Link* u. *Schmitz:* Geschichte erleben im Museum (Diesterweg), Frankfurt/Berlin/München 1990.
2. *Grütter, H. Th.:* Geschichte im Museum, in: Geschichte Lernen Heft 14, 1990, S. 14–19.
3. *Hense, H.:* Das Museum als gesellschaftlicher Lernort. Aspekte einer pädagogischen Neubestimmung, Frankfurt 1985.
4. *Hug, W. (*Hg.): Das historische Museum im Geschichtsunterricht. Eine didaktische Anleitung mit Unterrichtsbeispielen, Freiburg/Würzburg 1978.
5. *Jancik, Ch.:* Museum im Bezirk. Das Emil-Fischer-Heimatmuseum Neukölln, in: Geschichte Lernen, Heft 14, 1990, S. 43–47.
6. *Rump, H.-U.:* Unterricht in heimatgeschichtlichen und heimatkundlichen Museen. (Lehrerhandreichungen für die bayerischen Museen 1), München 1987.
7. *Wannemacher, E.:* Museum – Zufluchtsort am Wandertag oder Lernort im Alltag? Das Regionalgeschichtliche Museum bietet neue Chancen, in: Informationen für Geschichts- und Gemeinschaftskundelehrer 39, 1990, S. 13–15.

E. Fuchshuber-Weiß

Stadterkundung mit dem Kopf und mit den Füßen

0. Vorüberlegungen:

Ausgegangen bin ich bei der Planung und Durchführung der Vorhaben von den Grundsätzen, die in der Unterrichtstheorie für projekt- und handlungsorientiertes und fächerübergreifendes Unterrichten entwickelt wurden. Neben der Verankerung im Fachlehrplan sollten die Erkundungen beinhalten bzw. anbieten:
- Lebensweltorientierung,
- Orientierung an den Interessen der an dem Vorhaben Beteiligten (Schülerinnen, Schüler und Lehrerin!),
- Selbstorganisation und Selbstverantwortung bei der Planung und Durchführung (Adressaten als Akteure!),
- soziokulturelle Relevanz des Vorhabens,
- Planung auf ein Ziel hin (Orientierungswissen, Handlungswissen, Wertebewußtsein; aber auch: ‚konkretes, nutzbares Ergebnis und alltagspraktischer Gewinn'),
- Einsatz vieler Sinne und Gefühle, d. h. Ausführung möglichst unterschiedlicher Aktivitäten (etwas beobachten, allein sprechen, mit Leuten sprechen, zuhören; etwas niederschreiben, herumlaufen; Erwartungen aufbauen, sich auf etwas freuen),
- soziales Lernen (Partner-, Gruppeninteraktion innerhalb der Klasse; Interaktion mit Menschen außerhalb des Handlungsfeldes Schule),

- interdisziplinäres Lernen (Überwindung von Fächergrenzen; fächerübergreifendes Lernen),
- gemeinsames Auswerten und Bewerten der Ergebnisse.

Bezüglich der besonderen didaktischen Bedingungen jedes der drei Vorhaben – es handelte sich ja um die Erkundung vorrangig von Geschichte in einer Lebenswelt der Gegenwart – wurden zusätzlich folgende Ziele gesetzt: Die Akteure sollten

- nach Möglichkeit unter heutiger ‚Verpackung' und heutigem ‚Glanz' authentische geschichtliche Gestalt erkennen;
- altersgerecht das soziale/kulturelle/kirchlich-religiöse Umfeld der zu erkundenden historischen Themen und Gegenstände möglichst selbständig erfassen bzw. rekonstruieren;
- erkennen, wie mit historischer Substanz umgegangen wird, und diesen Umgang einschätzen und beurteilen;
- Gespür entwickeln für einen traditionsgerechten Umgang mit Zeugnissen der Geschichte, um gegebenenfalls engagiert für deren Schutz und Pflege eintreten zu können;
- Geschichtszeugnisse nicht mehr als tote Sachen einer untergegangenen Zeit aus der Distanz betrachten, sondern sie als Teil einer Entwicklung akzeptieren, die bis in die unmittelbare Gegenwart weiterwirkt, mit der sich heutige Generationen unmittelbar auseinanderzusetzen haben und die einen auch selbst betreffen kann;
- Verständnis für die aktuellen Lebens- und Arbeitsbedingungen in einem von der Vergangenheit geprägten Umfeld entwickeln;
- sich möglichst selbständig räumlich und geistig im Erkundungsfeld orientieren und bewegen können.

1. Rundgang durch die Reichsstadt Rothenburg o. d. Tauber (Jahrgangsstufe 7 und 8)

1.1 Lehrplanbezug: (Reichs-)Stadt im Mittelalter mit allen fächerübergreifenden Aspekten: Stadtentwicklung und Stadttopographie; Regional-, Sozial-, Kultur- und Kunstgeschichte. Berührt sind also neben Lerninhalten der Geschichte solche der Sozialkunde, der Kunsterziehung, der Erdkunde, der Umwelt- und der Verkehrserziehung.

1.2 Vorbereitung: Vor dem Rundgang durch den mittelalterlichen Bestand der – heute touristisch aufgehöhten – ehemaligen freien Reichsstadt wurden im Unterricht mit den Schülerinnen und Schülern folgende Bereiche (reichs-)städtischen Lebens besprochen:

- das Stadtvolk: Patrizier, Handwerker, Ackerbürger, geistliche Gemeinschaften von Männern und Frauen, Arme, soziale Randgruppen
- Stadttopographie und soziale Lebenswelten (Straßen, Gassen, Plätze; Wasserversorgung; Stadtbefestigung; Wohnviertel und soziale Gruppen und Schichten)
- reichsstädtisches Rechts- und Gerichtswesen (Schuld, Verbrechen, Gericht, Strafe und Sühne in der Stadt)
- Krankheit, (Sonder-)Siechtum, Alter, Tod in der Stadt
- Frömmigkeit vor und nach der Reformation
- Lehren und Lernen innerhalb der Stadtmauern
- reichsstädtisches Selbstbewußtsein, manifest in Bauwerken und deren Ausstattung, in Gegenständen der Kunst und des Kunsthandwerks etc.

Die Bearbeitung dieser Themenbereiche diente der „Grundlageninformation" und machte neugierig auf die Erkundung vor Ort. Weil aber gleichzeitig mit der Suche nach Spuren der Vergangenheit das Augenmerk stets auch auf den gegenwärtigen Zustand, die gegenwärtige Nutzung historischer Substanz gelenkt und die Schülerinnen und Schüler sensibel gemacht werden sollten für deren Vermarktung, wurde über mögliche Probleme einer Aneignung von Geschichte und ihrer Nutzbarmachung für die Gegenwart diskutiert, die bei Rothenburg bekanntlich ‚Tradition' besitzt (cf. ‚Pilgertourismus' im Mittelalter; malerische Wiederentdeckung der Stadt im Biedermeier u. a. durch Ludwig Richter und Carl Spitzweg; 1865 erscheint Wilhelm Heinrich Riehls ‚Ein Gang durchs Taubertal'; Riehl nennt Rothenburg ein „Trümmerstück des Mittelalters"; vom Architekten des Historismus, Carl Heideloff, wird die Jakobskirche im neugotischen Stil restauriert; seither erfolgt die Selbst- und Fremdvermarktung der Stadt als ‚romantische' Kulisse).

1.3 Durchführung: Für den Rundgang habe ich eine Mappe mit Stadtplan und Einzelkärtchen entworfen. Beides war für die Hand der Schülerinnen und Schüler gedacht. Jedes Kärtchen enthält eine Abbildung des zu besichtigenden ‚Gegenstands' und einen Erläuterungstext. Der Gegenstand kann sein ein Bauwerk, sein Grundriß, in Grabmal, ein Brunnen, eine Platzanlage, eine Gasse etc. Der Text dazu bietet Angaben über die Bedeutung des Gegenstands für die reichsstädtische Vergangenheit und seine Entstehung. Dann werden knappe, altersgemäße kunsthistorische Hinweise gegeben und, wenn aufschlußreich, wird über die aktuelle Nutzung informiert. Wo aus der Betrachtung des Gegenstands vor Ort weitere, die städtische Vergangenheit und Gegenwart erhellende Erkenntnisse gefolgert werden können, ist dem Text ein kleiner Denkanstoß in Form einer Frage oder einer Beobachtungs- und Denkaufgabe beigegeben.
Jede Schülerin, jeder Schüler zog ein Kärtchen, suchte auf dem Stadtplan den ‚gezogenen' Gegenstand und machte sich mit Hilfe des Kärtchens mit ihm vertraut. Dann stellte die Klasse auf dem Stadtplan die Führungsroute zusammen, markierte sie auf dem Plan und legte fest, wer wann und wo seinen Gegenstand zeigt und erläutert und die Klasse zur nächsten Station leitet.

Außerdem wurde noch der Auftrag an alle formuliert:
- Achtet darauf, ob es etwas gibt, das Euch an/in der Stadt Rothenburg besonders gut gefällt?
- Achtet darauf, ob es etwas gibt, das Euch beim Anschauen und Herumlaufen besonders unangenehm auffällt?

Mit Hilfe von Kärtchen und Stadtplan führten die Schülerinnen und Schüler sich und die Lehrerin selbständig durch die Stadt und erkundeten ihre Merkmale, Sehenswürdigkeiten, Besonderheiten, Auffälligkeiten.

1.4 Auswertung und Bewertung:
- Auswertung der Einzelbeiträge zur Führung im Unterrichtsgespräch
- Auswertung des ‚Generalauftrags'; die Schülerinnen und Schüler formulierten ihre positiven und negativen Urteile sehr dezidiert und eindeutig.

Fazit: Mittelalterliche Lebensformen wurden erfaßt und ‚erlebt'; gleichzeitig wurden Bedenken wach gegenüber dem Umgang mit Geschichte in dieser Stadt und gegenüber der Vermarktung von Traditionen überhaupt.

2. *Erkundung des eigenen Schulorts, der Kleinstadt Altdorf b. Nürnberg (Jahrgangsstufe 7, 8 und 9)*

2.1 Fächerübergreifender Lehrplanbezug:
Themen der Regional-, Sozial-, Kulturgeschichte: Siedlungsentwicklung; Stadtentwicklung, städtisches Leben; Baustilkunde; Themen der ‚Sprachkunde': Sprachsystem, Sprachverwendung, Sprachfunktionen; hier in Bezug auf Eigennamen bzw. Straßennamen (EigenN; StraßenN)
Der Ansatz zur Stadterkundung erfolgte von der Gegenwart aus, vom aktuellen Bestand an StraßenN, und führte über sie zur Stadtgeschichte.

2.2 Fragestellungen in der vorbereitenden Phase im Unterricht:
Bezogen auf die Erkundung der StraßenN und der Stadttopographie – Stadtgeschichte sowie der Stadtgegenwart – lauteten die für den Unterricht formulierten Erkundungsfragen:

- Welchen Standort und welche Funktion haben EigenN und als deren Subklasse StraßenN im sprachlichen, insbesondere im lexikalischen System? (StraßenN = alle als EigenN dienenden Bezeichnungen für Straßen, Gassen, Wege, Plätze und andere Örtlichkeiten innerhalb oder außerhalb einer Siedlung)?
- Welche Merkmale kennzeichnen die Vergabe und Verwendung von StraßenN durch die Namengeber und Namenbenutzer, bzw. lassen sich aus der Namenvergabe und -verwendung Einstellungen und Haltungen der Namengeber und -benutzer ableiten?
- Lassen sich aus den StraßenN und dem dazugehörigen Straßennetz einer Stadt, d. h. hier unserer Stadt, Hinweise für die städtische Siedlungs- und Baugeschichte gewinnen? Liefern die Namen Anhaltspunkte für die Entwicklung des örtlichen Stadtrechts und der örtlichen Stadtherrschaft?
- Sind die Namen Anzeichen für vergangenes und gegenwärtiges Berufs- und Alltagsleben der Stadtbewohner?
- Geben die StraßenN Hinweise auch auf überregionale geschichtliche Entwicklungen aus älterer und jüngerer Zeit?
- Wie beständig sind StraßenN? Warum wechseln sie häufiger als andere EigenN?

2.3 Durchführung: Auf die geschichtliche und sprachliche Erhellung des Terrains über Stadtgeschichtsdaten, historische und heutige Stadtpläne und Stadtansichten und den StraßenN-Katalog erfolgte die Erprobung des Gelernten durch die Erkundung vor Ort. Die Schülerinnen und Schüler erliefen sich auf dem z. T. noch vorhandenen Straßenring entlang der in Resten vorhandenen Stadtmauer auf der Mauerinnenseite den zu ihrer Überraschung geringen Umfang der Altstadt. Nach einem von ihnen entwickelten Plan begingen sie die einzelnen Straßen und Plätze, Gassen und Steige und nahmen die als Marksteine der Stadtgeschichte erkannten Liegenschaften – Kirche, Rathaus, ehemaliges Schloß als Sitz des Nürnberger Pflegers, ehemalige Universität mit Innenhof, Stadttore etc. – in Augenschein. Der unmittelbare Bezug zwischen den StraßenN und den namenstiftenden Objekten wurde, soweit möglich, hergestellt und insbesondere festgehalten, ob oder wie die Namen innerstädtisches vergangenes und heutiges Leben spiegeln.
2.3.1 Mit dem Erkundungsgang war seinerzeit verknüpft eine Umfrage über die Altdorfer StraßenN bei der einheimischen Bevölkerung. Die Schülerinnen und Schüler wollten herausbekommen, welche Einstellung die Altdorfer selbst zu ‚ihren' StraßenN haben und was sie über sie wissen.

Im Unterricht war ein Fragebogen entworfen worden, mit dem die Schüler zu zweit oder zu dritt nach dem Erkundungsgang loszogen. Ihre Umfrage erbrachte – für sie – überraschende Ergebnisse: in der Hauptsache indifferente Haltung der Befragten gegenüber den StraßenN.

2.4 Auswertung und Bewertung:
Die Schülerinnen und Schüler können die engen Verbindungen der StraßenN zu der örtlichen, regionalen und überregionalen Geschichte erkennen, andererseits erfahren sie aber auch, daß StraßenN, sowohl was ihren Zeichencharakter wie ihren Gebrauch anlangt, besonders anfällig für Veränderungen sind. Ausgehend hiervon erfassen sie deren weitgehende Abhängigkeit von administrativen Zwecken, örtlichen, regionalen und überregionalen Interessen und soziokulturellen Gegebenheiten. Sie bgreifen, daß StraßenN zu einem kommunalen Zankapfel werden können, und daß die Vergabe, die Verteidigung oder die Abschaffung bestimmter Namen etwas mit der Geschichte und Gegenwart der eigenen Lebenswelt zu tun hat und mit dem persönlichen Standort in ihr zu tun haben kann.
Ihnen wird am Beispiel der Namen der Wert geschichtlicher Überlieferung und deren Schutzbedürftigkeit gegen Machenschaften innerhalb des eigenen Ortes oder von außen vor Augen geführt. Dies kann ihnen eine Möglichkeit weisen, sich gegebenenfalls einmal zu engagieren.

2.5 Eine alternative Aktivität zu der Umfrage, die auch mit dem Erkundungsgang verbunden werden kann, ist folgendes Vorhaben: Entwurf eines Kultur- und Vergnügungsplans von Altdorf für 13- bis 15jährige.

Die Aufgabenstellung für Partner- oder Gruppenarbeit könnte lauten:
1. Welche Sehenswürdigkeiten würdest du deiner Freundin/deinem Freund bei einem Stadtrundgang oder einer Rundfahrt mit dem Fahrrad zeigen und erklären? Denke dabei an Sehenswürdigkeiten aus Vergangenheit und Gegenwart!
2. Wohin würdest du mit deiner Freundin/deinem Freund während eurer Freizeit in Altdorf gehen oder radfahren?
3. Tragt eure Ergebnisse mit Kurzdaten/Symbolen in den Stadtplan von Altdorf ein.

Der ‚Kultur- und Vergnügungsplan' eröffnet m. E. viele Arten der Verwendung und bietet ebenfalls die Möglichkeit, Sensibilisierung für historische Substanz zu entwickeln und sich für den Erhalt ihrer Authentizität gegebenenfalls einzusetzen.

3. Exkursion in die Residenzstadt Ansbach (Jahrgangsstufe 11)

3.1 Lehrplanbezug: Absolutismus und Aufklärung mit allen fächerübergreifenden Aspekten (Geschichte, Deutsch, Kunsterziehung, Erdkunde, Sozialkunde; Umwelterziehung, Musische Bildung).

3.2.1 Die Annäherung – Vermittlung von Grundwissen über den Absolutismus:
Zeitalter des Barock – Zeitalter des Absolutismus: Welche Merkmale, welche Ordnungsgedanken, welche Sinnprinzipien kennzeichnen die beiden zeitlich parallel verlaufenden Epochen, die Kunst- und die Geschichtsepoche? Kann der Epochenstil als Ausdruck des Geistes der Epoche gelten?

3.2.2 Die exemplarische Vertiefung:
Ausprägungen der Epoche in einer mittelgroßen Residenzstadt:

- absolutistisches und aufgeklärtes Regiment in Ansbach: Wie setzten sich die Ansbacher Landesbehörden zusammen? Bestimmen Sie daraus die Staatsaufgaben (Material: tabellarische Übersicht über die Landesbehörden)!
- Zeugnisse der Förderung von Wirtschaft und Handel, der Sorge für die Untertanen etc.: Welche Belege für absolutistisch-aufgeklärtes Regiment lassen sich dem Stadtplan bzw. der Stadttopographie von 1786 entnehmen? Stellen Sie diese Belege zusammen!
- herrscherliches Selbstverständnis und Herrschaftskult am Ansbacher Hof – Chargen des Hofstaates, Hofzeremoniell bei Staatsbesuchen, Feierlichkeiten in der fürstlichen Familie etc.: Welcher Rahmen ist für die würdige und angemessene Inszenierung des herrscherlichen Selbstverständnisses erforderlich? Versuchen Sie, die entsprechende höfische Kulisse zu rekonstruieren!
- Bauten im sog. Ansbacher Markgrafenstil – Schloß, Orangerie, Hofkirche, Synagoge, Adelspalais, Bürgerhäuser: Lassen sich bei diesen Bauten besondere, einheitliche Stilformen erkennen? Versuchen Sie eine Merkmalsbeschreibung!
- Abschließende Aufgabe: Entwurf einer Besichtigungsroute anhand des historischen und des heutigen Stadtplans, die die bisher zur Epoche gewonnenen Erkenntnisse berüchsichtigt.

3.2.3 Die weitere Differenzierung:
Kurzreferate und Aufgaben für Beobachtungen und Bestandsaufnahmen während der Erkundung vor Ort für Partner- und Gruppenarbeit; z. B.:
Kurzreferate zu den Ansbacher Hofbaumeistern und den von ihnen geschaffenen Bauten mit Entwurf einer Checkliste, die den aktuellen Zustand der Bauten – bauliche Beschaffenheit, Nutzung, Umgebung etc. – erfaßt; Kurzreferat zu Form und Gehalt des Ansbacher Staatswappens mit der Überlegung, wo es zu suchen sei; Kurzreferat zur Gartenkunst des Barok mit der Aufgabe, beim Rundgang im Hofgarten barocke Gartenkultur nachzuweisen; Kurzreferat zu den Bestattungsfeierlichkeiten am Hof im Falle des Ablebens einer fürstlichen Person mit Daten zur Fürstengruft; Entwurf eines Fragenkatalogs für die im Schloß Beschäftigten, der deren Einstellungen zu den besonderen Bedingungen, unter dessen die Tätigkeit in einem von fürstlicher Vergangenheit geprägten Umfeld steht, erforscht.

3.2.4 Erkundung vor Ort:
Rundgang von Station zu Station gemäß der vereinbarten Route unter der ‚Generalobservanz' von zwei Schülern, Entfaltung der vorher vereinbarten Aktivitäten (Verteilung der Fragebögen im Schloß, Kurzreferate zu den jeweiligen ‚Objekten' der Erkundung, Arbeit mit den Checklisten etc.).

3.3 Auswertung und Bewertung:
Die Schülerinnen und Schüler werteten die Checklisten und Fragebögen aus und analysierten sie. Die bei der Exkursion gewonnenen und notierten Beobachtungen und Eindrücke wurden diskutiert, strukturiert und auf ein Fazit gebracht, Überlegungen darüber angestellt, warum das Fürstentum Ansbach-Bayreuth und der absolutistische Staat überhaupt untergingen und schließlich der Exkursionsverlauf und das -ergebnis selbst beurteilt. Die ausgewertete Umfrage bei den im Schloß Beschäftigten wurde von den für die Umfrage verantwortlichen Schülerinnen und Schülern in einem Bericht zusammen-

gefaßt, der in der Personalzeitung der Mitarbeiter der Regierung von Mittelfranken veröffentlicht wurde.

Literaturhinweise: Regional- und Ortsgeschichte (Franken; Altdorf b. N., Ansbach, Rothenburg o. d. T.) – Pädagogik; Didaktik

Regional- und Ortsgeschichte (Franken; Altdorf b. N., Ansbach, Rothenburg o. d. T.)

Ankele, Ulrike: Der Ansbacher Hofgarten im 18. Jahrhundert (= Mittelfränkische Studien. Bd. 8). Ansbach 1990.
Berve, Raghilt: Stadterweiterungen der fränkischen Residenzstädte Ansbach, Bayreuth und Erlangen im 17. und 18. Jahrhundert (= Technikgeschichte in Einzeldarstellungen. Nr. 33). Düsseldorf 1975.
Buhl, Wolfgang (Hg.): Fränkische Reichsstädte. Würzburg 1987.
Denkmäler in Bayern. Hg. von Michael Petzet. Bd. V. Mittelfranken. Bearb. v. Hans Wolfram Lübbeke. Luftaufnahmen von Otto Braasch. München 1986.
Fischer, Johann Bernhard: Geschichte und ausführliche Beschreibung der Markgräflich-Brandenburgischen Haupt- und Residenz-Stadt Anspach ... Anspach 1786 (Unveränd. Nachdruck Neustadt a. d. Aisch; Ansbach 1986).
Fuchshuber-Weiß, Elisabeth: Altdorfer Straßennamen zwischen 1800 und 1950 – ein Stück Tradition, ein Stück Veränderung. In: Altnürnberger Landschaft. Mitteilungen. Heft 2, 1984, S. 43–56.
Johann Georg Puschners Ansichten von der Nürnbergischen Universitaet Altdorf. Eingeleitet u. beschrieben von Konrad Lengenfelder. Nürnberg (4. Aufl.) 1983.
Plodek, Karin: Hofstruktur und Hofzeremoniell in Brandenburg-Ansbach vom 16. bis zum 18. Jahrhundert. Zur Rolle des Herrschaftskultes im absolutistischen Gesellschafts- und Herrschaftssystem. Ansbach 1972.
Ress, Anton (Bearb.): Stadt Rothenburg o. d. T. Kirchliche Bauten (= Die Kunstdenkmäler von Bayern. Regierungsbezirk Mittelfranken. VIII). München 1959.
Reichsstädte in Franken. Katalog zur Ausstellung. Hg. von Rainer A. Müller u. Brigitte Buberl unter Mitarb. von Evamaria Brockhoff (= Veröff. zur Bayer. Geschichte u. Kultur. Nr. 14/87) München (Haus der Bayerischen Geschichte) 1987.
Reichsstädte in Franken. Aufsätze 1. Verfassung und Verwaltung. Aufsätze 2. Wirtschaft, Gesellschaft und Kultur. Hg. von Rainer A. Müller (= Veröff. zur Bayer. Geschichte u. Kultur. Nr. 15, 1/1987 u. Nr. 15, 2/1987). München (Haus der Bayerischen Geschichte) 1987.
Schaub, Franz: Berühmte Gärten in Franken. Würzburg 1984.
Schuhmann, Günther: Die Markgrafen von Brandenburg-Ansbach. Eine Bilddokumentation zur Geschichte der Hohenzollern in Franken. Ansbach 1980.
Stadt Ansbach (Hg.): Altstadtsanieung Ansbach. Dokumentation der Stadterneuerung. Beiträge zur Stadtbaugeschichte (Anhang). Ansbach 1986.
Will, Georg Andreas: Geschichte und Beschreibung der Nürnbergischen Landstadt Altdorf. Altdorf 1796.
Ders.: Geschichte und Beschreibung der Nürnbergischen Universität Altdorf. Neudruck der 2. Ausgabe Altdorf 1801 mit Nachträgen von Christian Conrad Nopitsch. Aalen 1975.

Pädagogik; Didaktik

Akademie für Lehrerfortbildung Dillingen: Denkmalschutz und Kulturlandschaftspflege. Ein Modellversuch. München 1984.
Dies.: Heimat und Schule. Fortbildungsmodell. Donauwörth 1989.
Bastian, Johannes/Gudjons, Herbert (Hg.): Das Projektbuch. Hamburg 1986.
Berlin Stadterkundung. Hg. vom Informationszentrum Berlin. Berlin 1985.
Frey, Karl: Die Projektmethode. Weinheim (2. Aufl.) 1984.

Fuchshuber-Weiß, Elisabeth: Der Mann von der Straße und die Straßennamen. In: Der Deutschunterricht. Heft 2, 1983, S. 22–36.
Dies.: Rothenburg. Ein Spaziergang durch eine Reichsstadt und ihre Geschichte. In Begleitung zur Ausstellung ‚Reichsstädte in Franken' hg. vom Haus der Bayerischen Geschichte. München 1987.
Dies.: Die Exkursion im Geschichtsunterricht der Jahrgangsstufe 11. In: Staatsinstitut für Schulpädagogik und Bildungsforschung München (Hg.): Materialien für den Geschichtsunterricht in Jahrgangsstufe 11 des Gymnasiums. München 1987, S. 89–123.
Dies.: Aspekte der Namenkunde. In: Bundeszentrale für politische Bildung (Hg.): Heimat. Analysen – Themen – Perspektiven für die politische Bildung. Bonn 1990 (ersch. voraussichtl. im Okt. 1990).
Geschichte lernen, Heft 9, 1989: Themenschwerpunkt ‚Handlungsorientierter Unterricht'.
Geschichte lernen, Heft 11, 1989: Themenschwerpunkt ‚Mittelalter'.
Hoffer, Ingo u. a.: Wirtschaft vor Ort erkundet. Hinweise, Anregungen und Beispiele zur Exkursionsdidaktik. Hg. von der Bundesarbeitsgemeinschaft Schule/Wirtschaft. Köln 1989.
Knoch, Peter/Leeb, Thomas (Hg.): Heimat oder Region. Grundzüge einer Didaktik der Regionalgeschichte. Frankfurt a. M., Berlin, München 1984.
Koppe, Werner: Stadtgeschichte im Unterricht. Recklinghausen 900 bis 1950. Bochum (2. Aufl.) 1986.
Kunst und Unterricht, Heft 65, 1981: Themenschwerpunkt ‚Exkursion und Erkundung'.
Lecke, Detlef (Hg.): Lebensorte als Lernorte. Handbuch Spurensicherung. Skizzen zum Leben, Arbeiten und Lernen in der Provinz. Frankfurt 1983.
Ottmar, Dietrich: Die Heimatstadt im Spiegel ihrer Straßennamen. In: Lehren und Lernen. Heft 3, 1986, S. 53–72.
Pädagogik, Heft 7/8, 1989: Themenschwerpunkt ‚Projektunterricht'.
Thurow, Reinhard: Zehn Thesen zum fächerübergreifenden Unterricht im Gymnasium. In: Lehren und Lernen. Heft 6, 1988, S. 45–55.

2. Identität: Ethnizität und Nationalität

Leitung: *J. Assmann (Heidelberg)*
K. E. Müller (Frankfurt): Identität und Geschichte: Widerspruch oder Komplementarität? Ein ethnologischer Beitrag
J. Assmann: Identität – Ethnizität – Nationalität
H. Kulke (Kiel): Regionale Identität in Indien. Distinktion in Integration

K. E. Müller

Identität und Geschichte: Widerspruch oder Komplementarität? Ein ethnologischer Beitrag

Die klassisch-traditionellen Naturvolkgesellschaften, mit denen es die Ethnologie in der Hauptsache zu tun hat (bzw. hatte), verfügen in aller Regel über eine stabile Identität. Sie garantiert nicht nur die Konsistenz der Gruppen, sondern begründet auch die Art ihres Daseins, ihre Kultur. Verantwortlich dafür sind drei Arten von Stabilisierungs-

mechanismen, die wesentlich Abgrenzungs-, Begründungs- bzw. Legitimierungs- und Erhaltungsfunktionen erfüllen. Sie sichern die Identität im Raum (Siedlung, Territorium, Kultur), in der Zeit (Mythos, Genealogien, historische Überlieferungen) und an allen kritischen Übergangsstellen (Schwellen- und Seinswechselriten beim Passieren räumlicher, zeitlicher oder Zustandssysteme).
Identitäten sind sowohl empirische, bewußt gelebte Größen als auch theoretisch idealisierte Konstrukte von besonderer methodologisch-analytischer Valenz, da sie das Individual- wie das Kollektivverhalten der Gruppenmitglieder ebenso tiefreichend wie umfassend zu erklären vermögen. Standardgruppen mit einem Höchstmaß an Identität bilden Pflanzer- und Bauerngesellschaften mit verwandtschaftsbezogener Organisationsstruktur (auf Lineage-, bzw. Klanbasis).
Da stabile Identitäten notwendig zu Beharrung tendieren, d. h. streng konservativen Charakters sind, stellt sich die Frage, ob und inwiefern sie sich auch als analytische Größen zum Verständnis dynamischer, also historischer Ablaufsprozesse eignen. Dafür sprechen vor allem zwei Gesichtspunkte: Zum einen stellen ethnische Identitäten keine homogenen Systeme dar (was vielfach übersehen wird); dies ist vielmehr der Eindruck, den die Identitätsideologie zu erzwingen sucht. De facto setzen sie sich immer aus einer – allerdings sehr begrenzten – Anzahl von Teilidentitäten entsprechender Subgruppen (Geschlechter, Generationen, Sozial- oder Statusgruppen) zusammen, unter denen es kraft der genannten Mechanismen, die ja auch für sie ihre – wenn auch eingeschränktere – Gültigkeit besitzen, zwangsläufig zu Differenzierungs-, ja unter Umständen Konfliktprozessen kommt, die gewöhnlich jedoch mit Hilfe der übergeordneten Erhaltungsinstitutionen der Gesamtgruppe entschärft bzw. ausgeglichen werden können. In Krisensituationen jedoch, wenn einzelne der Stabilisierungsmechanismen etwa nicht mehr voll funktionsfähig sind, ist stets die Möglichkeit gegeben, daß die Differenzierungsprozesse außer Kontrolle geraten und sich Umbildungen vollziehen. Zum zweiten liefert gerade der ethnographische Tatbestand weitgehend übereinstimmend strukturierter, also vergleichbarer Gruppen überschaubarer Größe und Zusammensetzung eine solide Basis für theoretische Verallgemeinerungen – eben auch der dynamischen Differenzierungs- und Veränderungsprozesse.
So gesehen, könnte eine identitätstheoretisch begründete ethnologische Geschichtsbetrachtung möglicherweise eine Bezugsgrundlage auch für die Geschichtswissenschaften bilden: speziell zum besseren Verständnis von Mikroprozessen, generell zur Bedeutung der Geschichte als Begründungs- bzw. Legitimierungsideologie spezifischer ethnischer, ständischer, regionaler, nationaler usw. Identitäten.

J. Assmann

Identität – Ethnizität – Nationalität

Menschen leben in Gruppen. Gruppen produzieren Bilder ihrer selbst und ihrer Welt, die ihren Zusammenhalt sichern und sie nach innen und außen definieren. Diese Bilder fassen wir mit dem Begriff Identität zusammen. Identität entsteht zunächst gleichsam naturwüchsig und unausweichlich und prägt sich in symbolischen Formen von erstaunlicher Vielfalt aber auch Vergleichbarkeit aus (K. E. Müller, *Das magische Universum der Identität*). Von diesen anthropologischen Grundformen aus spannt sich der Bogen bis zu den Selbstbildern moderner Nationalstaaten und Weltreligionen. Nationale Identitäten sind „imaginierte Gemeinschaften" (B. Anderson, *Imagined Communities,* 1983), Konstrukte einer „imaginären Institution" (C. Castoriadis, *L'institution imaginaire de la société,* 1975) und „Orte" des sozialen Gedächtnisses (P. Nora, *Les lieux de la mémoire,* I–II, 1984, 1986).

Um diesen Komplex zu einem Thema geschichtswissenschaftlicher Diskussion aufzubereiten, schlagen wir eine doppelte Unterscheidung vor: zum einen zwischen Grundstrukturen und Steigerungsformen, und zum anderen zwischen zwei Richtungen der Steigerung: Distinktion und Integration:

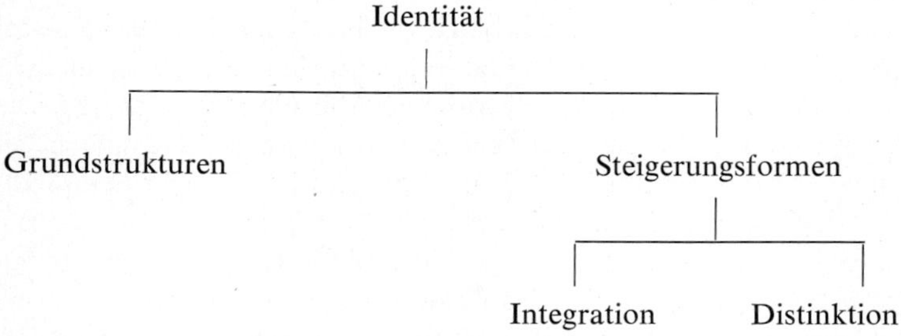

Die elementaren Bindekräfte der primären Gruppenbildung führen zur Ausbildung von Stammeskulturen unterschiedlicher, aber vergleichbarer Größenordnung. Es sind andere Kräfte, die nötig sind, um Großreiche vom Zuschnitt des alten Ägypten oder Chinas aufzubauen und zusammenzuhalten. Hier haben wir es mit Steigerungsformen von Identität, und zwar im Zeichen der Integration zu tun. Das politische Denken der alten Ägypter beruht auf Figuren der Vereinigung und Versöhnung, der „dualen Einheit" und der complexio oppositorum. „Die beiden Länder", Horus und Seth, Fruchtland und Wüste usw., immer geht es um die Vereinigung von Gegensätzen als Inbegriff und Ziel politischen Ordnungshandelns. Die Aufgabe des Herrschers besteht nach ägyptischer Vorstellung vor allem darin, eine gespaltene Welt zusammenzuhalten.

Im Gegensatz zu Ägypten kann Israel als Paradigma einer im Zeichen der Distinktion gesteigerten Identität gelten. Die Basisdistinktion zwischen „dem (auserwählten) Volk" *(ʿâm)* und „den Völkern" *(goyîm)* begründet ein Selbstbild der Abgrenzung. Das Gesetz wird als eine „eherne Mauer" gedeutet, mit dem Gott „das Volk" umgeben habe, um es vor der Vermischung mit „den Völkern" zu bewahren. Festhalten am Gesetz, hebräisch: Erinnern und Bewahren (zakhor und schamor), und zwar gegen alle Ordnungen und Evidenzen einer sich ständig wandelnden Umwelt und Gegenwart, ist oberstes Gebot.

Ägypten und Israel können als idealtypische Ausprägungen von Tendenzen gelten, die in der Ethno- und Politogenese ständig wirksam sind. Minderheiten, die sich gegen den Vereinnahmungsdruck integrativ gesteigerter Identitäten zu behaupten haben, werden ihre Überlieferungen und Verhaltensweisen im Zeichen der Distinktion verfestigen und die Symbolik der Grenze in den Vordergrund stellen (vgl. hierzu den von W. E. Mühlmann verwendeten Begriff der „limitischen Symbolik" und F. Barth [Hg.], *Ethnic Groups and Boundaries,* 1969). Ideologien, die im Gegensatz dazu eine integrativ gesteigerte Identität propagieren, stellen die Symbolik der Einheit in den Vordergrund.

Typisch für Überlieferungen, die im Zeichen der Integration gesteigert und verfestigt werden, ist die Herausbildung von Zentrum-Peripherie-Strukturen, die Unterscheidung von „Großer und Kleiner Tradition“ (Redfield). Große Traditionen sichern eine übergreifende Identität jenseits lokaler und regionaler Gruppenbildungen und legitimieren sich typischerweise durch hohes Alter, eine klassische, von den Regionalsprachen abgehobene Sprache und eine mit ihrer Pflege betraute kulturelle Elite. Solche Strukturen bilden sich vor allem dort heraus, wo die übergreifende Identität nur kulturell und nicht politisch realisiert ist wie etwa im vorhellenistischen Griechenland und im alten Indien.
Die Zusammenhänge des Identitätsthemas mit Fragestellungen der Geschichtswissenschaft liegen auf der Hand. Zum einen geht es hier um die Korrelationen zwischen „Geschichte und Gesellschaft“, die der Soziologe F. H. Tenbruck in seiner um 1960 entstandenen, aber erst 1986 publizierten Habilitationsschrift aufgezeigt hat. Träger der Geschichte sind nicht Individuen, sondern kollektive Identitäten, und die Geschichte, die sie machen, haben und erleiden, ist nicht unabhängig von der Strukur ihrer Identität. Zum anderen geht es um den Zusammenhang zwischen Selbstbild und Geschichtsbewußtsein. Gruppen stützen typischerweise, wie der Ethnologe Rüdiger Schott einmal formulierte, das Bewußtsein ihrer Einheit und Eigenart auf Ereignisse in der Vergangenheit. Gesellschaften brauchen die Vergangenheit in erster Linie zum Zwecke ihrer Selbstdefinition.
Die zum Thema „Identität-Ethnizität-Nationalität“ tagende Sektion sollte diese Zusammenhänge zwischen Selbstbild und Geschichte in drei bis vier Referaten sichtbar machen. Eingangs werden anhand der im idealtypischen Sinne verwendeten Beispiele Ägypten und Israel die theoretischen Grundlagen skizziert. Dann werden von Seiten der Ethnologie die anthropologischen Grundstrukturen der Identität entfaltet und Prozesse der Steigerung anhand von Beispielen der Ethnogenese und der Staatenbildung im europäischen und indischen Raum dargestellt.

H. Kulke

Regionale Identität in Indien. Distinktion in Integration

Die Identitätssuche und Identitätssetzung spielte sich in Indien stets im Wechselspiel zwischen Distinktion und Integration ab. So galt z. B. das spätvedische Kastensystem der vier varnas („Farbe“) zunächst der ethnisch-religiösen Abgrenzung der einwandernden Arier gegenüber den dunkelhäutigen Ureinwohnern (dasyu), entwickelte sich jedoch seit dem Mittelalter zu einem der wichtigsten Faktoren der schrittweisen Integration der zentral- und südindischen Stämme in die hinduistische Gesellschaft. Die für Indien in besonderem Maße relevante Unterscheidung zwischen „Großer und Kleiner Tradition“ kennzeichnet gleichermaßen dreitausendjährige brahmanische (und zeitweise auch buddhistische) Integration wie lokal-regionale Distinktion gegenüber gesteigerter Integration. Perioden zeitweiliger politischer Integration von gesamtindischer Dimension unter den klassischen Reichen der Mauryas (4.–2. Jahrhundert v. Chr.) und Guptas (4.–6. Jahrhundert n. Chr.) und dem von ihnen ausgehenden soziokulturellen und politischen Integrationsdruck folgten stets Perioden regionaler Distinktion. Die mittelalterliche Entwicklung ist in besonderem Maße von der Entstehung regionaler Identitäten gekennzeichnet. Diese

Form gesteigerter sozio-kultureller und auch politischer Ethnizität existiert in einem Spannungsfeld zwischen regionaler Identität und gesamtindischer kultureller Integration. Die heutige Nationalität Indiens, hervorgegangen aus Jahrhunderten muslimischer und britischer „gesamtindischer" Herrschaft, sieht sich erneut mit starken distinktiven Identitätsfeldern („communalism") konfrontiert, die u. a. auf den Widerspruch zwischen den historisch gewachsenen ethnischen und regionalen Identitäten und der nationalen, gesamtindischen Identität der herrschenden Eliten zurückzuführen sind.

3. Selbstorganisation – ein neues Modell zur Erklärung gesellschaftlichen Wandels?

Leitung: *A. Nitschke (Stuttgart)*
J. Fried (Frankfurt): Moderation
A. Nitschke: Einleitung
W. Krohn (Bielefeld): Die Entstehung des Paradigmas „Selbstorganisation" als Beispiel eines selbstorganisierenden Prozesses
H. Vollrath (Bochum): Oralität als Konstruktionselement eines Kulturtypus: Möglichkeiten und Grenzen des Vergleichs zwischen dem früheren Mittelalter und außereuropäischen Stammesgesellschaften
A. Nitschke: Der Epochenwandel im Hohen Mittelalter und in der Renaissance – eine Folge von Selbstorganisationsprozessen?
S. J. Schmidt (Siegen): Selbstorganisation als Modell historischer Dynamik im 18. Jahrhundert

A. Nitschke

Einleitung

Selbstorganisationen treten in „Systemen" auf. Auf die wichtige Bedeutung sich selbst organisierender Systeme weisen Physiker und Biologen schon lange hin.
Die Sektion wird sich mit der Frage beschäftigen, welchen Nutzen und Gewinn es den Historikern bringt, in ihrer Disziplin mit einem physikalischen Erklärungsmodell zu arbeiten. Sicher ist es dazu hilfreich, das Objekt des Historikers genauer zu bestimmen.
Handeln Politiker, Wirtschaftler oder die Menschen generell innerhalb von Systemen? Sollten die Menschen in der Vergangenheit und Gegenwart in Systemen leben und tätig sein, wie sind dann ihre Systeme zu beschreiben?
Haben „Kulturzustände" einen „Systemcharakter" und sind diese Systeme als „Strukturen" zu definieren (Vollrath)? – Oder:
Sind Systeme aus „Komponenten" zusammengesetzte Einheiten, so daß das „Zusammenwirken der Komponenten die Organisation des Systems erzeugt"? In diesem Fall muß das System „von seiner Umgebung oder Umwelt abgrenzbar sein" (Schmidt). – Oder:
Verbindet ein Motiv zum Handeln (und somit eine Verhaltensweise), das einer Gruppe von Menschen eigentümlich ist, diese so eng, daß daraus ein System entsteht mit einer

einheitlichen Verfassung, einer einheitlichen Wirtschaftsreform und gemeinsamen Erziehungsprogrammen – wie Montesquieu annahm?
Die Systemtheorie erlaubt außerdem auch, bisher ungewohnte Erklärungsmodelle zu überprüfen.
So beschäftigt sie sich mit „nicht-linearer Komplexität" und mit „Ordnung und Chaos als Systemzuständen" (Krohn).
Allerdings entscheidet die Art, wie ein gesellschaftliches System beschrieben wird, darüber, nach welchen Ursachen innerhalb dieses Modells gefragt wird, wenn eine „neue Theorie gesellschaftlichen Wandels" aufgestellt werden soll.
Wird davon ausgegangen, daß „Komponenten und Organisation eines Systems dynamisch interagieren", dann ist der Wandel wesentlich durch systeminterne Interaktionen und nicht durch Beeinflussungen aus ihrer Umwelt bestimmt" (Schmidt).
Wird hingegen angenommen, daß in einem System Menschen jeweils durch eine dominierende Verhaltensweise – und durch eine Art zu wirken – miteinander verbunden sind, dann werden – in diesem „offenen" System – diejenigen Veränderungen, die dem Menschen eine spezifische Form der Energie – etwa eine kinetische oder potentielle Energie – zur Gestaltung seiner Umwelt zur Verfügung stellen, seine Motive zum Handeln und somit seine Verhaltensweisen anders werden lassen. Eine von außen kommende, die Stellung der Menschen in ihrem Mensch-Umwelt-System verändernde Energiezufuhr würde dann einen Systemwandel herbeiführen (Nitschke). Bei diesem System wäre zu fragen, ob es zusätzlich auch innerhalb des Systems Tendenzen zu Verhaltensformen gibt, die zur Selbstorganisation oder Selbstzerstörung eines Systems beitragen.
So wird die Auseinandersetzung mit physikalisch-biologischen Erklärungsmodellen einerseits die Geschichtswissenschaft auf neue Erklärungsmöglichkeiten hinweisen, andererseits zu Diskussionen zwischen den verschiedenen Richtungen der Systemtheorie führen, die mit Naturwissenschaftlern fortzusetzen sind und die fruchtbar zu werden versprechen. Diesem Ziel dient die folgende Sektion.

W. Krohn

Die Entstehung des Paradigmas „Selbstorganisation" als Beispiel eines selbstorganisierenden Prozesses

(1) In den Naturwissenschaften und der Mathematik gelten die Konzeptionen der Selbstorganisation als Beispiele für eine „historische Wende"; mit ihnen wird die *Geschichtlichkeit* natürlicher Systeme untersucht. Dies verspricht im Gegenzug, daß einige grundlegende Begriffe der Geschichtswissenschaft modelltheoretisch präzisiert werden können. Als Beispiele solcher Begriffe werden erläutert: nicht-lineare Komplexität; Abweichungsverstärkung und Strukturbildung; Unvorhersagbarkeit determinierter Prozesse; Ordnung und Chaos als Systemzustände. Von der Thematisierung solcher Begriffe bis hin zu einer neuen Theorie gesellschaftlichen Wandels ist es sicherlich noch ein weiter Weg. Dennoch sind die Möglichkeiten eröffnet, einige klassische Problemstellungen, wie etwa den Zusammenhang zwischen Mikrogeschehen und Makrodynamik, neu zu formulieren.
(2) Am Beispiel der Wissenschaftsgeschichte, und dort wiederum am Fall der Entstehung der hier besprochenen Theorien, soll ein Modell der Selbstorganisation ausführlicher dis-

kutiert werden. Es bezieht sich vor allem auf den Problemkreis der externen versus internen Dynamik wissenschaftlicher Entwicklung und auf die Beziehung zwischen sozialen Handlungsmustern und kognitiven Strukturen. „Nebenbei" wird dabei einfach auch die Geschichte dieser Entwicklung erzählt.

H. Vollrath

Oralität als Konstruktionselement eines Kulturtypus: Möglichkeiten und Grenzen des Vergleichs zwischen dem frühen Mittelalter und außereuropäischen Stammesgesellschaften

F. Graus stellte 1986 fest, daß in der 2. Hälfte des 20. Jahrhunderts Fortschritte in der Mediävistik „eher von forschungsinternen Grundlagen als von weitreichenden Theorien ausgingen" (HZ 243, S. 576). Entsprechend gibt es kaum theoretische Diskussionen. Man wird sagen können, daß der strukturgeschichtliche Ansatz breit rezipiert ist und daß zur Erklärung von Veränderungen und Entwicklungen im Bereich der strukturellen Gegebenheiten Kausalerklärungen angeboten werden, bei denen überwiegend machtpolitisch motiviertes menschliches Handeln als Ursache erscheint. Im vollen Bewußtsein der vorwaltenden Theorieabstinenz soll der Versuch gemacht werden, das in den Naturwissenschaften entwickelte Modell der Selbstorganisation auf die Geschichte zu übertragen. Wie schon die Strukturgeschichte, geht auch das Modell der Selbstorganisation vom Systemcharakter von Kulturzuständen aus; im Gegensatz zu dieser ergibt sich aber eine Dynamisierung durch die Annahme nichtlinearer Wechselwirkungen, bei denen durch Rückkoppelung unvorhersehbare Veränderungen im Gesamtsystem entstehen, für die sich keine der Wirkung entsprechende Ursache mehr feststellen läßt. Dieses Konzept könnte es erlauben, die oft beklagte Dichotomie von Struktur- und Ereignisgeschichte zu überwinden.

Die Tragfähigkeit des Theorems soll am Beispiel des frühmittelalterlichen Raumverständnisses als einem Element der Mündlichkeit der Gesellschaft erprobt werden. Ausgangspunkt ist die Feststellung, daß es im gesamten früheren Mittelalter keine Landkarten in dem Sinne gab, daß ein von den natürlichen Gegebenheiten abstrahiertes Schema erstellt worden wäre, das eine physische Orientierung im Raum erlaubt hätte. Geht man davon aus, daß die Erstellung von Landkarten Ausdruck eines spezifischen Raumverständnisses ist, deren Lektüre wiederum Raumverständnis und Raumorientierung verändern, dann darf nicht ungefragt unser landkartenbestimmtes Raumverständnis bei der Interpretation politischer Phänomene zugrunde gelegt werden, sondern es muß nach dem spezifisch mittelalterlichen Raumverständnis gefragt werden. Dabei sollen die Ergebnisse der „Psychokartographie" (Robinson/Petchenik), die wiederum an theoretische Überlegungen von E. Cassirer und an Untersuchungen über die Entwicklung des Raumverständnisses in der Kinderpsychologie (Piaget/Inhelder) anknüpfen, mit der Raumkonzeption von ausgewählten Beispielen frühmittelalterlicher Historiographie verglichen werden.

A. Nitschke

Der Epochenwandel im Hohen Mittelalter und in der Renaissance – eine Folge von Selbstorganisationsprozessen?

Das Referat geht von einigen Beobachtungen zu den Epochenübergängen im 11./12. und im 15. Jahrhundert aus. Bei beiden Übergängen kommt es zu sehr einschneidenden Veränderungen im sozialen Bereich: Neue Schichten – innerhalb der Bevölkerung – werden erkennbar und setzen sich durch. Diese bringen ein neues wirtschaftliches Verhalten. Der Wandel prägt außerdem nachhaltig die notwendig werdenden Verfassungsänderungen. Im 11./12. und im 15. Jahrhundert tragen Physiker und Astronomen nach dem Übergang jeweils Erklärungsmodelle vor, die auf bisher unbekannte Raumvorstellungen hinweisen. Auch die gleichzeitigen Wandlungen in der Architektur, in der Plastik und in der Malerei bezeugen eine veränderte Auffassung des Raumes.

In den beiden entstehenden Gesellschaften – im 12. und im 15. Jahrhundert – ist das jeweils Neue auf den verschiedenen Gebieten einander so ähnlich, daß wie in Montesquieus Untersuchungen von einer Gemeinsamkeit gesprochen werden kann, die Politik, Wirtschaft und das Handeln der Menschen verbindet. – Daraus folgt die Frage: Entsteht die Gemeinsamkeit dieser beiden „Systeme“ in einem Prozeß der Selbstorganisation?

Da diese Systeme nicht durch die Komponenten definiert werden, aus denen sie sich zusammensetzen, sondern durch das Verhalten der Systemangehörigen, das sich jeweils ähnelt, muß dieses Verhalten genauer beschrieben und dessen Veränderbarkeit überprüft werden.

Die bisherigen Untersuchungen ergaben, daß diese Ähnlichkeiten im politischen, wirtschaftlichen und kulturellen Handeln jeweils auf einer gleichartigen Zeit- und Raumwahrnehmung beruhen. Diese hängt mit Körper- und Umwelterfahrungen zusammen, die Männer und Frauen bei denjenigen Bewegungen gewinnen, die in ihrer Gesellschaft bevorzugt werden. Diese Bewegungen lassen sich durch Beschreibungen, Bilder, Rüstungen und Kleider gut rekonstruieren. Es könnte sein, daß die Bewegungen – mit den dazugehörigen Körpern – und Umwelterfahrungen den Wandel verursachen. Wahrscheinlich ist jedoch, daß ein neues System in einem Prozeß der Selbstorganisation entsteht, wofür die Veränderung der Bewegungsweise nur ein Zeugnis ist.

Die Untersuchungen zeigten, daß es zu solchen Änderungen kommt, wenn die Beziehungen zwischen den Menschen und ihrer Umwelt sich so wandeln, daß die Menschen ihre Umgebung leichter – oder schwerer – durch ihre Arbeit umgestalten können – sei es nach einem Wechsel der Umgebung (etwa nach einem Wechsel vom Land in die Stadt), wobei dann die neue Umgebung dem Menschen nicht so viel Widerstand wie die alte entgegensetzt, sei es nach Veränderungen in der Wirtschaft oder in anderen Bereichen, die dem Menschen erlauben, sich an einer bisher unbeachteten Erscheinungsform der Energie zu orientieren, die ihm ja ebenfalls eine Überlegenheit über seine Umgebung verleihen kann. Der Systemwandel erfolgt somit nicht „selbstreferentiell, durch systeminterne Interaktionen“ (Schmidt), sondern aufgrund der Tatsache, daß dem System von außen mehr oder weniger Energie zur Verfügung gestellt wird, so daß die Angehörigen einer Gesellschaft sich an unterschiedliche Energieformen binden müssen, um sich zu behaupten.

Dies ist an Beispielen zu erörtern.

Unabhängig davon läßt sich zeigen, daß innerhalb eines Systems die Menschen in ihrem Verhalten von zwei Tendenzen geprägt sind:

- Sie sind darauf bedacht, möglichst effizient zu handeln und somit an einer sich als wirksam erweisenden Form der Energie möglichst uneingeschränkt teilzuhaben. Dies führt dazu, daß sich die neue Verhaltensweise bei einem Epochenübergang rasch durchsetzt.
- Einige sind jedoch auch daran interessiert, in einen andauernden gleichbleibenden Zustand zu geraten. Diese zweite Tendenz läßt sich mit der ersten – dem Wunsch nach effizientem Handeln – oft schwer vereinen.

So birgt ein System einen Widerspruch, der auch zu seiner Selbstzerstörung führen kann.
Da die Menschen innerhalb eines energiebezogenen, offenen Systems durch eine Wahrnehmungsweise verbunden sind, kann ein Epochenwandel diese verändern, möglicherweise sogar erweitern. So läßt eine systembezogene Betrachtungsweise erkennen, daß es die Geschichtswissenschaft nicht nur mit Machtkämpfen und Auseinandersetzungen von Klassen zu tun hat. Sie beschäftigt sich genauso mit der Frage, wie umweltbezogen die Menschen einer Gesellschaft wahrzunehmen vermögen.

S. J. Schmidt

Selbstorganisation als Modell historischer Dynamik im 18. Jahrhundert

Historiographen verschiedener Disziplinen stehen vor dem Problem, plausible Beschreibungen (bzw. idealiter Erklärungen) historischer Entwicklungen anzubieten. Bisherige Angebote greifen – implizit oder explizit – auf Erklärungsmuster zurück, die mit Vorstellungen linearer Kausalität arbeiten. Von trivialen Fällen abgesehen stellt sich aber in der Regel heraus, daß komplexere historische Entwicklungen nicht auf eine bzw. auf eindeutige Ursachen zurückgeführt werden können, vor allem wenn es sich um Entwicklungen in komplexen modernen Gesellschaften handelt.
Angesichts dieser Problemlage wird der Versuch unternommen, Modelle aus der Kybernetik und Biologie zu erproben, die in den letzten Jahren unter der Überschrift „Selbstorganisation“ entwickelt worden sind.
Selbstorganisation wird postuliert, wenn die Komponenten und die Organisation eines Systems dynamisch interagieren, so daß der jeweilige Zustand des Systems (seine Ordnung) aus der Interaktion emergiert. Selbstorganisierende Systeme sind selbstreferentiell, also wesentlich durch systeminterne Interaktionen und nicht durch Beeinflussungen aus ihrer Umwelt bestimmt. Sie sind vielmehr ihrer Umwelt gegenüber selbstbestimmt (autonomisiert) und nur begrenzt von außen intentional steuerbar. Überträgt man dieses Modell auf die Soziologie, dann lassen sich gesellschaftliche Teilbereiche als selbstorganisierende Sozialsysteme konzeptualisieren, die zwar ihrer Umwelt gegenüber autonomisiert sind, im Netzwerk der Sozialsysteme (genannt „Gesellschaft“) aber notwendig miteinander interagieren. Durch eine Verbindung kybernetisch-biologischer und soziologischer Systemtheorien läßt sich ein theoretischer Apparat entwickeln, mit dem sich der Vorgang funktionaler Differenzierung am Ende des 18. Jahrhunderts in Deutschland als Emergenz selbstorganisierender Sozialsysteme theoretisch fassen läßt. Diesem Ansatz liegt ein Konzept zirkulärer Kausalität zugrunde.

Die Dynamik selbstorganisierender Sozialsysteme folgt aus systemtheoretischer Sicht drei Prinzipien: Interaktion mit anderen Sozialsystemen; interne Differenzierung und Entdifferenzierung sowie Reflexion auf die eigenen Konstitutionsbedingungen. Dabei ist die allmähliche historische Entfaltung von Selbstorganisation gebunden an den Übergang von einer hierarchischen zu einer heterarchischen Lösung systeminterner wie intersystemischer Regelungsprobleme.
Innersystemische Dynamik verändert die Umwelt aller anderen Systeme, indem sie Selektionsmöglichkeiten bereitstellt, die von anderen Systemen (kognitiven wie sozialen) nach deren internen Organisationsmodi genutzt (d. h. in Sinn überführt) werden können. Trotz der makrosozialen Geschlossenheit sozialer Systeme sorgen die (via Rollenhandeln) in mehreren Sozialsystemen agierenden Individuen für eine mikrosoziale Systemoffenheit. Dadurch werden die für die soziale Identität der Systemmitglieder verbindlichen Wirklichkeitsmodelle in sozialen Systemen ständig modifiziert, bis Zustände erreicht werden, die von den Betroffenen bzw. von Außenbeobachtern als „sozialer Wandel" eingestuft werden. An der Emergenz des Sozialsystems Literatur ab der 2. Hälfte des 18. Jahrhunderts sollen diese abstrakten systemtheoretischen Überlegungen in ihrer Produktivität für den (literatur)historischen Diskurs konkretisiert werden.

4. Archivpädagogik – Wege zum Einsatz archivalischer Quellen im Geschichtsunterricht

Leitung: *U. Kirchen (Wiesbaden)*
U. Kirchen: Einleitung
T. Lange (Darmstadt): Didaktischer Umgang mit Regionalgeschichte – zum Erkenntniswert regionalgeschichtlicher Quellen
W. Müller (Detmold): Geschichtsunterricht im Archiv
G. Rohdenburg (Bremen): Der „aktuelle Anlaß" – ein Angebot für die Lehrerfortbildung
F. Weinforth (Düsseldorf): Archivalische Quellen für den Geschichtsunterricht in Ausstellung und Quellenpublikation am Beispiel Stadtgeschichte
G. Westphal (Marburg): Fächerübergreifende Bezüge eines Unterrichts im Lernort Archiv

U. Kirchen

Einleitung

Die Archivpädagogik ist eine junge Einrichtung. Gleichwohl sind Verbindungen zwischen Archiv und Schule nicht neu. Die Anregung dazu ging zunächst von den Archiven aus. Im Rahmen von Öffentlichkeitsarbeit hielten die Archive es für notwendig, sich als Institutionen einen Platz im öffentlichen Bewußtsein zu sichern. Außerdem wollten sie den traditionellen Aufgaben: Sammeln, Bewerten, Bewahren und Erschließen von Archivgut die Aufgabe der Vermittlung hinzufügen.
Seit den 50er Jahren finden sich in der einschlägigen Zeitschriftenliteratur verstärkt Auf-

sätze zu archivpädagogischen Themen, seit Ende der 70er Jahre haben archivpädagogische Fragestellungen auch in die geschichtsdidaktische Literatur Eingang gefunden. 1983 wurde am Stadtarchiv Münster eine ABM-Stelle eingerichtet, die für die Beziehungen des Archives auch zur schulischen Öffentlichkeit verantwortlich zeichnete. Seit 1986 zogen die Staatsarchive einiger Bundesländer und inzwischen auch mehrere Kommunalarchive nach.

So entstand nach und nach ein (noch weitmaschiges) Netz von Archivpädagogen in der Bundesrepublik. Sie halten Kontakt zueinander und tauschen die von ihnen erarbeiteten Materialien und ihre Erfahrungen aus. Standen beim Erfahrungsaustausch zunächst eher Fragen der archivpädagogischen Praxis im Vordergrund, so nehmen inzwischen didaktisch-theoretische Überlegungen und solche zum Berufsfeld einen ebenso hohen Zeitanteil bei den Besprechungen ein, die etwa einmal jährlich stattfinden. Die praktische Arbeit unterscheidet sich allerdings weniger, als die jüngst aufgekommene Diskussion über das Selbstverständnis der Archivpädagogen es vermuten läßt.

Die konzeptionellen Unterschiede, die es gleichwohl gibt, sind einmal begründet in der jeweiligen Aufgabe des Archivs, an dem der einzelne Archivpädagoge beschäftigt ist. Zum anderen wirken sich die unterschiedlichen Beschäftigungsverhältnisse der Archivpädagogen auf ihre Arbeit aus. Außerdem ist die Nutzung von Archivgut für Unterrichtszwecke in den einzelnen Bundesländern unterschiedlich geregelt. Das Hessische Archivgesetz z. B. erwähnt Unterricht ausdrücklich als Nutzungsgrund.

Die Archivpädagogen in der Bundesrepublik sind sich einig darüber, daß ihre Aufgabe in historischer Bildungsarbeit für die Öffentlichkeit allgemein besteht. In dieser Sektion des Historikertages, die sich vor allem an Lehrer richtet, steht allerdings der schulische Aspekt im Vordergrund, zumal die meisten Archivpädagogen, schon von ihrer Beauftragung her, den größten Teil ihrer Arbeitszeit für Schüler und Lehrer verwenden.

Den Archivpädagogen kommt die Mittlerrolle zwischen Archiv und Schule zu. Dies bedeutet, daß sie die Interessen der beiden Institutionen, Archiv und Schule, zusammenführen müssen. Wissenschaftlich und im Umgang mit dem Archivgut arbeiten sie mit Archivaren zusammen, pädagogisch schöpfen sie aus ihrer Unterrichtserfahrung und beraten sich mit Lehrern, um ihre Arbeit so praxisgerecht wie möglich leisten zu können. Sie wählen solche Archivalien aus, die sich für die Nutzung durch Schüler eignen und erarbeiten Hilfen. Dabei dürfen sie jedoch den traditionellen Auftrag des Archivs nicht aus dem Auge verlieren. Sie berücksichtigen daher den konservatorischen Aspekt und beachten sowohl die für die Nutzung von Archivgut bestehenden rechtlichen Regelungen als auch die Gepflogenheiten des einzelnen Archivs.

Die Bandbreite der auf die Schule bezogenen archivpädagogischen Tätigkeit ist beträchtlich. Alle Archivpädagogen bieten mit unterschiedlicher Schwerpunktsetzung folgende Dienstleistungen an bzw. beabsichtigen, dies zu tun: Unterricht im Archiv für Klassen, Betreuung von Schülern bei Schülerwettbewerben oder während Projektwochen, didaktische Konzeption von Ausstellungen und Mitwirkung bei ihrer Entstehung, Führungen in Ausstellung und Archiv, Entwicklung von ausstellungsbezogenen und anderen Arbeitsmaterialien, Kontaktpflege zu Schulen, Lehrerfortbildung, Beratung von Fachkonferenzen und einzelnen Lehrern, Herausgabe von Quellenmaterial für Unterrichtszwecke. Die Aufnahme von Verbindung zu den Studienseminaren und den historischen Seminaren der Hochschulen als den Orten der Ausbildung künftiger Lehrer ist ebenfalls als Aufgabe allgemein anerkannt, aber in der Praxis unterentwickelt.

Ziel der Sektion ist es, einzelne Schwerpunkte archivpädagogischer Arbeit vorzustellen und auf die Möglichkeiten der Archivpädagogik aufmerksam zu machen. Die Arbeit der Archivpädagogen soll als Anregung und Angebot für den Unterricht verstanden werden. Gleichzeitig erhoffen sich die Archivpädagogen kritische Begleitung ihrer Tätigkeit. Vielleicht sind auch Kollegen aus den neuen Bundesländern, von deren Aktivitäten wir bisher nur aus Zeitschriftenaufsätzen wissen, in der Lage, ihre Erfahrungen einzubringen.
Die Referentin und die Referenten der Sektion sind Archivpädagogen an Staatsarchiven. Aber auch an kommunalen Archiven sind Archivpädagogen beschäftigt. Darüber hinaus wird manchmal auch an solchen Archiven archivpädagogische Arbeit geleistet, bei denen keine Archivpädagogen beschäftigt sind. Die entsprechende Nachfrage bei einem nahegelegenen Archiv lohnt.

T. Lange

Didaktischer Umgang mit Regionalgeschichte – zum Erkenntniswert regionalgeschichtlicher Quellen

Archivalische Quellen wurden zuerst außerhalb des Unterrichts als Material entdeckt, wobei Geschichtswerkstätten und Geschichtswettbewerben eine Pilotfunktion zukam. Im Geschichtsunterricht werden sie meist den Themenbereichen „Regionalgeschichte“ oder „Alltagsgeschichte“ zugeschlagen oder aber – und das dürfte die überwiegende Praxis sein – ohne fachdidaktische „Rückversicherung“ genutzt. Es wäre zu klären, wo diese Quellen nun in dem Spannungsfeld zwischen gesamtstaatlicher Geschichtsschreibung und Regionalgeschichte, zwischen politisch erwünschten oder sozialwissenschaftlich akzentuierten Lernzielen (Stichwort: Identität) ihren didaktisch zureichend bestimmbaren Ort finden können.
Regional- und Heimatgeschichte verstehen sich heute überwiegend sozialgeschichtlich und anthropologisch. In didaktischer Hinsicht verweist die Regionalgeschichte darauf, daß ihre Quellen Unmittelbarkeit und lokalen Bezug haben, die den Schülern selbständig entdeckendes Lernen ermöglichen. Die Heimatgeschichte bietet an,

> „das Verflochtensein der Schüler in bestimmte sozio-kulturelle Zusammenhänge, ihre sprachliche, gedankliche, emotionale Einbindung in historisch begründete Traditionen, in kollektive Erfahrungen“ (P. Leidinger)

zu untersuchen und dadurch zu „kritischer Loyalität“ anzuregen. In diesem Zusammenhang wird neuerdings oft „Identität“ als Erziehungsziel des Geschichtsunterrichts genannt, wobei darunter von der Geschichtsdidaktik nicht eine vorgeschriebene oder durch Zensuren erzwingbare Gruppenidentität verstanden wird, sondern eine „ständige Reflexion des Verhältnisses von Ich-Identität und gesellschaftlicher Identität“. Denn der Geschichtsunterricht soll nicht nur „Geschichtsbewußtsein“ vermitteln, sondern zugleich auch die „Identifikations- und Legitimationsmechanismen“, aus denen es entsteht. Gerade bei Lernzielen wie „Identität“ kann „Fremdheit“ als didaktisch hilfreiche Kategorie des Geschichtsunterrichts begriffen werden: „Fremde“ wird dabei nicht örtlich, sondern zeitlich verstanden. Vergangenheit wäre ein „fremdes Land“ oder eine „fremde Kultur“, an die der Geschichtsunterricht sich multiperspektivisch annähert; denn:

„Nur wer in der Lage ist, vom Eigenen zu abstrahieren, gewinnt ein historisches Verständnis, das über bloßes Faktenwissen hinausgeht“ (K. H. Spinner).

Manche Didakten der Regionalgeschichte wollen über ein „bloße(s) Vertauschen von Perspektiven“ hinausgehen. Die „historische Verhaltensforschung“ etwa will von einer staatsbezogenen zu einer um das Individuum zentrierten Geschichte kommen: untersucht werden nicht Gesellschaftsstrukturen, sondern Handlungen von Individuen, die Form des Handelns und die damit verknüpften Erwartungen. Mit Gestaltpädagogik soll ein ganzheitliches Lernen über Identifikationsprozesse von Einzelnen mit historischen Personen möglich werden. (Z. B. im Nachspielen von historischem Bildmaterial, im Berühren von Gegenständen, durch das „Erfahren“ oder Erlaufen von Orten historischer Ereignisse.)

In Hinsicht auf das Quellenmaterial, das die Archivpädagogik dem Geschichtsunterricht zugänglich macht, stellt sich angesichts der überwiegend nicht-individualisierten Schriftzeugnisse der älteren Zeit (vor dem 18. Jahrhundert) nun aber die Frage, ob mit Methoden, die auf Herstellung einer Art unmittelbaren Kontakts mit der Vergangenheit abheben, nicht entscheidende Dimensionen des Lernziels Geschichtsbewußtsein verfehlt werden: ist nicht eher die Bewußtmachung von Fremdheit geeignet, Veränderung als entscheidendes Moment von Geschichte zu erfahren?

An einigen Beispielen der archivpädagogischen Arbeit am Staatsarchiv Darmstadt sollen die bisher benannten Möglichkeiten und Schwierigkeiten deutlich gemacht werden. Diese archivischen Quellen blättern eine winzige Episode aus der Zeit des Neubaus des Darmstädter Schlosses nach 1715 auf, die in zeitgenössischen Berichten oder späteren Darstellungen kein weiteres Echo gefunden hat, weil sie für sich genommen zu wenig bedeutsam war. Doch entsprechen diese Quellen andererseits ganz ideal einigen Anforderungen an archivpädagogisches Material:

1. Sie stehen in ergänzendem Zusammenhang zur gesamthistorischen Entwicklung, denn der Neubau des im Zentrum der Residenz gelegenen Darmstädter Schlosses stellt einen eigenständigen Beitrag im Rahmen des Barockzeitalters dar, verbindet die Geschichte Hessen-Darmstadts so mit der allgemeinen Entwicklung des Zeitalters.
2. Regionalgeschichtlich hat dies Bauprojekt insofern einen eigenen Wert, weil es durch seine immensen Kosten die weitere Geschichte der Landgrafenschaft erheblich (durch Erhöhung der Staatsverschuldung) beeinflußte.
3. Diese Quellen sind einige von den ganz wenigen aus der Zeit des Absolutismus in Hessen-Darmstadt, in denen etwas vom Alltagsleben der „kleinen Leute“ faßbar wird.
4. Das Schloß bietet einen Ansatzpunkt für regionale Identität, weil es bis heute eine Art Zentralpunkt der Innenstadt bildet, jedem Darmstädter Schüler zumindest von außen her als markantes Bauwerk ein Begriff ist.

Aus den Quellen kann man eine Art Arbeitskonflikt im Absolutismus ablesen: die zur Arbeitsleistung („Fron“) befohlenen Bewohner der umliegenden Dörfer verweigern sich (streiken?), die Räte des Landgrafen aber nehmen ihre Partei und der Landgraf gibt nach. An diesen Texten läßt sich einiges erkennen über Fronarbeit, die Art der Arbeitsbelastung, die ohne öffentliche Kontrolle fungierende Regierung, auch über die Grenzen absolutistischer Macht. Zur ökonomischen (Landtag) und gesellschaftlichen Struktur (zusätzliche Arbeitsleistung der Bewohner) kann man hier viel erarbeiten. Aber gerade die regionale Identität bleibt fraglich. Eher kann man ja am Beispiel des Darmstädter Barockschlosses auf mangelndes Regionalbewußtsein insofern hinweisen, als der vom

Landgrafen eingestellte Architekt, dem Zeitgeschmack entsprechend, Franzose war (Louis Rémy de la Fosse), während die später geholten Facharbeiter mindestens zum Teil italienischer Herkunft waren.
Im ganzen geben diese Quellen von der Lebenswelt in der hessen-darmstädtischen Barockzeit eher den Eindruck einer recht fremden Wirklichkeit. Dies wird einem dann klar, wenn man auf die in den Dokumenten gespiegelten Ereignisse ganz bewußt einen „ethnologischen Blick" richtet: will heißen, sie als zeitliche und kulturelle Ferne akzeptiert. Zwar kann man anhand der Dokumente einen politischen Entscheidungsprozeß nachvollziehen (es ist ja ein wesentliches Ziel der Archivpädagogik, Geschichte als gestaltete, im Prozeß der Entstehung erkennbar zu machen). Dennoch bleibt bei vielem, was man mit „Mentalität" umschreiben kann (Formen, Motive, Handlungen, Gedanken) eine Leerstelle. Fern und fremd sind Gedankenwelt und Lebensumstände dieser widerspenstigen Untertanen, ähnlich fern sind eigentlich auch die Räte mit ihrer „ohnmaßgeblichen" (und doch wirkungsvollen) Meinung oder der Landesherr „von Gottes Gnaden", der hier einmal klein beigibt. Die Archivpädagogik kann mit ihren Mitteln – und das sind eben die unveränderten, allenfalls transkribierten Originalquellen – eher die Fremdheit der Vergangenheit bewußt machen als die zeitliche Ferne in eine mißverständliche Nähe zu holen. Diese Chance der Erkenntnis sollte gewahrt werden.

W. Müller

Geschichtsunterricht im Archiv

Daß die Arbeit mit Schülern und Jugendlichen einen sehr wichtigen Bestandteil der historischen Bildungsarbeit der Archive ausmacht, ist trotz einiger mißverständlicher Äußerungen der letzten Zeit (Jakobi, Röschlau) unbestritten. Ebenso unbestritten ist, daß der Geschichtsunterricht neue Wege gehen muß; und für diese neuen Wege hat der „Lernort Archiv" viel zu bieten. Hier können in einem viel stärkeren Maße, als es noch so gute Lehrbücher und Quellenpublikationen erlauben, regional- und alltagsgeschichtliche Themen bearbeitet werden. Hier läßt der Umgang mit den Archivalien die Schüler Menschen und Situationen in der Vergangenheit mit größerer Unmittelbarkeit erfahren, hier erkennen sie mehr als bei den herkömmlichen Unterrichtsmaterialien den Prozeßcharakter des Geschehens und die Interessenvielfalt der Beteiligten und gewinnen Einblicke in die Arbeitsweise der Archive und der Geschichtswissenschaft (vgl. Scheper, Link, Specker).
Ich möchte im folgenden für ein ganz bestimmtes Modell von „Geschichtsunterricht im Archiv" plädieren, das in Detmold schon im 5. Jahr mit großer Resonanz praktiziert wird. Dieses Modell nimmt das Wort „im" und den Begriff „Unterricht" sehr ernst, indem es bewußt auf alles verzichtet, was die Schüler in Wirklichkeit doch „außen vor" läßt oder sie gar vom Archiv wieder wegführt und ein didaktisch und methodisch recht genau geplantes Arbeiten vorsieht. Dieses Modell stellt sich der Aufgabe der „historischen Leseerziehung", statt durch das bloße Herausstellen des leichter eingängigen Sammlungsgutes (Plakate, Bilder, Filme usw.) die Museen zu imitieren.
Kurse und Schulklassen können sich nur selten aus dem üblichen Schultagesablauf lösen, bei größeren Entfernungen zwischen dem Schulort und dem Ort des Archivs kommt noch das Problem der Kosten des Transports dazu. Auch aus diesen Gründen, und nicht nur,

um den Schülern die Relevanz des Lernorts Archiv für die historische Bildung einsichtig zu machen, ist es nötig, daß die Schüler schon bei einer mehrstündigen Unterrichtsveranstaltung oder einem Studientag im Archiv ein Erfolgserlebnis haben, das darin besteht, daß sie durch das Bearbeiten einer überschaubaren Zahl von Originalquellen zu selbständigen Ergebnissen kommen.

Nach meinen Erfahrungen wird das am besten erreicht, wenn der Archivpädagoge die Vorarbeiten weitgehend selbst übernimmt. Nur in den seltensten Fällen sind nämlich Lehrer, auch wenn sie archivkundig sind, aus zeitlichen Gründen in der Lage, die Fülle der vorhandenen Materialien im Hinblick auf ein bestimmtes Unterrichtsprojekt zu überprüfen. In der Regel wird es so sein, daß der Fachlehrer entsprechend dem Curriculum oder wegen eines besonderen historischen Anlasses das gewünschte Thema nennt und die Lerngruppe beschreibt. Der Archivpädagoge wird sich dann mit Hilfe der im Archiv vorhandenen wissenschaftlichen Literatur für das Thema sachkundig machen und alle für das Thema in Frage kommenden Quellen sichten: Akten, Plakate, Bilder, Flugschriften, amtliche Schriften, Zeitungen usw. Er stellt dann die ausgewählten Quellen zu Gruppen zusammen und formuliert Unterthemen für die Partner- oder Gruppenarbeit. Seine Arbeit geht aber noch weiter, neben allgemeinen Arbeitsaufträgen und Fragen, die bei der Analyse von Originalquellen zu beachten sind, muß er auch überschaubare Kataloge von inhaltlichen Arbeitsaufträgen und Fragen für die einzelnen Gruppen formulieren. Die Zahl der Gruppenthemen hängt dabei von der Größe der Lerngruppe ab, die sich angekündigt hat.

Auch für die Abschlußbesprechung sollte sich der Archivpädagoge neben den Fragen nach den Erfahrungen der Schüler bei der Arbeit mit den Originalquellen auch inhaltliche Gesichtspunkte überlegen, durch welche die Ergebnisse der Gruppenarbeit zu einem „Gesamtbild“ koordiniert, zu Thesen in der regionalen oder überregionalen Forschungsliteratur in Beziehung gesetzt oder mit aktuellen Problemen und Fragestellungen konfrontiert werden können.

Zu den Vorarbeiten, die der Archivpädagoge zu leisten hätte, gehört auch, für die Hand der Schüler in einem Papier oder einem kleinen Themenheft die Gruppenthemen, die ausgewählten Quellen, die Arbeitsaufträge und Fragen und die Gesichtspunkte für die Schlußbesprechung zu fixieren. Je intensiver die Vorarbeiten des Archivpädagogen sind, desto schneller und erfolgreicher können die Schüler mit der eigentlichen Quellenarbeit beginnen.

Das ganze mag verteufelt nach „Verschulung“ riechen, aber ein guter Betreuer im Benutzersaal wird im Gespräch oft ähnliche Hilfen geben, die selbst Studenten nicht verschmähen, und zwei bis drei Akten, ein Reichsgesetz und zwei Plakate als Grundlage für eine Gruppenarbeit und die Atmosphäre der Forschungsstätte Archiv sorgen dafür, daß der Eindruck von Schule erst gar nicht entstehen kann. Zudem handelt es sich immer um „echte“ Gruppenarbeit, deren Ergebnisse singulär und für die Schlußbesprechung unverzichtbar sind. Der zunächst „naive“ Umgang mit den Originalquellen und die Freude an den dokumentierten Alltagsphänomenen, auf die die Schüler stoßen, brauchen dabei gar nicht zu kurz zu kommen. Auch müssen die Schüler selbst noch aus den Materialien viele weitere Fragen entwickeln, so daß von einer zu starken Gängelung keine Rede sein kann.

Wenn die Schüler im Unterrichtsraum eingetroffen sind, sollten die Vorbemerkungen und Erläuterungen vorweg möglichst knapp gehalten werden. Die Gruppenthemen und

die Quellen werden mit Hilfe des Themenheftes nur ganz kurz vorgestellt und die Schüler gebeten, sich rasch für ein Thema zu entscheiden und ihre Gruppen zu bilden. Dann bekommen sie die Originalquellen in die Hand und können durch Blättern und ein erstes Lesen einen ersten Eindruck von der Art der Materialien gewinnen. Nach meinen Erfahrungen gehen die Schüler dabei mit den Archivalien in der Regel pfleglicher um als manche „Großbenutzer" im Benutzersaal. Nach einer halben Stunde sollte der Archivpädagoge die Arbeit unterbrechen und die Schüler auffordern, von ihren Eindrücken und Schwierigkeiten zu berichten. Jetzt kann er viel sinnvoller in ganz knapper Form erläutern, was z. B. eine Akte ist und in welchem Verhältnis die Schriftstücke in ihr zueinander und zu anderen Quellenarten stehen. Danach steht er den einzelnen Gruppen als Berater zur Verfügung, wird aber immer dann, wenn Fragen gestellt werden, die alle Gruppen betreffen, allgemeine Erläuterungen für alle geben.
Bei der Planung sollte darauf geachtet werden, daß genügend Zeit für die Gruppenberichte und die Abschlußbesprechung noch im Archiv bleibt. Die Gruppenberichte können sich dabei auf Kurzüberblicke beschränken, sie geben aber dem Archivpädagogen und dem Fachlehrer die Möglichkeit, noch „vor Ort" Mißverständnisse auszuräumen und offensichtliche Fehlinterpretationen zu korrigieren. Die ausführlichen Gruppenberichte können der Nachbereitung im Unterricht vorbehalten bleiben. Bei der Abschlußbesprechung sollten neben den inhaltlichten Problemen auch die Fragen zur Arbeit im Archiv gebührend erörtert werden. Nach einem Studientag im Archiv sind die Schüler in der Regel in der Lage, sachkundig darüber zu sprechen, welche Probleme sich bei der Arbeit mit Archivalien ergeben, welche Informationen ihnen zum Verständnis der Quellen und der untersuchten Sachverhalte noch fehlen und wie das Studium von wissenschaftlicher Literatur und die Analyse von Quellen aufeinander bezogen werden müssen.
Der Archivpädagoge sollte auch darauf hinwirken, daß die Schüler die Ergebnisse ihrer Arbeit dokumentieren und wenigstens der Schulöffentlichkeit vorstellen, denn häufig kommen doch – trotz der Betonung des Begriffs Unterricht am Anfang – respektable wissenschaftliche Leistungen zustande.
An einigen Beispielen aus der Fülle von Unterrichtsprojekten, die schon ausprobiert worden sind, soll dann erläutert werden, wie die eben erwähnten Vorarbeiten des Archivpädagogen aussehen können.
Die Freude, mit der sich die Schüler in der Regel an einem solchen Geschichtsunterricht beteiligen, und auch die Ergebnisse ihrer Arbeit rechtfertigen die aufwendigen Vorarbeiten des Archivpädagogen. Sie sind allerdings nur von Archivpädagogen zu leisten, die mit voller Stundenzahl im Archiv arbeiten, ein Archivar, der wahrhaftig genug andere Aufgaben hat, oder ein Archivpädagoge, der nur mit wenigen Stunden von der Schule zum Archiv abgeordnet ist, wird sie sich nur selten einmal zumuten können.
Die Vorarbeiten können auch auf alle Jahrgangsstufen und auch auf alle Schulformen zugeschnitten werden, auf keinen Fall sollte nur die Oberstufe des Gymnasiums der Adressat dieser Bemühungen sein. Die Fachlehrer, von denen bisher wenig die Rede war, können sich in jeder gewünschten Form an den Vorbereitungen beteiligen, vor allem Referendare tun das häufig in erfreulichem Maße, sie können aber auch einmal den Versuch machen, sich voll und ganz auf eine außerschulische Lehrkraft zu verlassen.
Ein Geschichtsunterricht in der Art, wie er hier vorgestellt worden ist, läßt sich vor allem bei Themen aus dem 20. Jahrhundert verwirklichen. Nur bei Themen aus dem 20. Jahrhundert können wegen der Lesbarkeit der Schrift die wichtigsten Quellen, die in den

Archiven verwahrt werden, die Akten nämlich, auf die ihnen gebührende Weise von den Schülern unmittelbar bearbeitet werden. Im Geschichtsunterricht ab der 9. Jahrgangsstufe, ab dieser Jahrgangsstufe empfiehlt sich das Arbeiten im Archiv, herrschen ja, wie die Curricula und die Lehrbücher ausweisen, sowieso Themen aus dem 20. Jahrhundert vor. Für die Themen aus den früheren Jahrhunderten muß man den Weg über transkribierte Unterrichtsmaterialien gehen, und auch da haben die Archivpädagogen schon einiges geleistet.

G. Rohdenburg

Der „aktuelle Anlaß“ – ein Angebot für die Lehrerfortbildung

LehrerInnen (nicht nur HistorikerInnen!) für Archivarbeit gewinnen bedeutet die Überwindung mehrerer Hürden – drei davon will ich hier aufgreifen.

- *Inhaltlich* muß der besondere Stellenwert historischen Lernens im Bildungsprozeß immer wieder hervorgehoben und der notwendige Zeitaufwand unverzichtbar gemacht werden. Denn eine Vielzahl anderer Institutionen erhofft sich von der Schule Multiplikatoreneffekte und bedrängt demzufolge LehrerInnen, gerade ihr Thema zu behandeln, besonders den einen oder anderen Aspekt im Unterricht zu verwirklichen. Dabei werden häufig verlockende Medien und Unterrichtsmaterialien angeboten, die die Umsetzung unmittelbar erleichtern und LehrerInnen die Vorbereitungsarbeit weitgehend abnehmen, die aber in den seltensten Fällen historische Aspkte ausreichend berücksichtigen.
- Auch *organisatorisch* konkurriert das Archiv mit anderen außerschulischen Lernorten. Die Realität an Schule ist, daß ein erheblicher organisatorischer Aufwand zu betreiben ist, um Unterrichtsgänge zu verwirklichen. Nicht nur Direktoren stehen dem häufig entgegen, sondern vor allem auch KollegInnen, die sich immer wieder über Unterrichtsausfall beklagen. Die Widerstände, die es zu überwinden gilt, sind gerade hier häufig sehr groß und in sich widersprüchlich. Hinzu kommt die häufig nur knappe Zeit, die zur Unterrichtsvorbereitung, zumal zur Perspektivplanung, zur Verfügung steht, sowie die Situation, „von der Hand in den Mund“ zu leben.
- *Subjektiv persönlich* muß sich die LehrerIn auf nicht Planbares, Unbekanntes einlassen; Anforderungen, denen man sich möglicherweise nicht gewachsen fühlt, müssen bewältigt werden. Schließlich bedeutet es auch eine gewisse Bereitschaft, Neues auszuprobieren, weil es in der Regel mit Mehrarbeit verbunden ist und der Erfolg keineswegs sicher ist.

Warum also diesen Hürdenlauf überhaupt bestreiten? Dieser Frage will ich hier nicht nachgehen, denn den besonderen Stellenwert historischer und archivischer Bildungsarbeit auf einem Historikertag allgemein zu begründen, hieße wirklich, Eulen nach Athen zu tragen.

Aber wie?

Damit ist die Kernfrage verkürzt formuliert. Welche Hilfestellung kann das Archiv dem Lehrerkollegen anbieten, um diesen Hürdenlauf zu bestehen? Dabei ist zu beachten, daß alle drei Hürden bewältigt werden müssen, soll die KollegIn nicht ins Stolpern geraten.

Die *persönliche Hürde* zu überwinden scheint mir am leichtesten, wenn es gelingt, immer

wieder Interesse zu wecken, neue Anstöße zu geben, etwas Anderes, Neues zu machen. Dabei muß gleichzeitig deutlich werden, daß die Verwirklichung dieser Ideen gleich mitgedacht oder mitgeliefert wird, zumindest aber erleichtert wird.
Aktuelle Themen erscheinen hier als Aufhänger besonders günstig, weil der Erwartungsdruck auf Lehrer besonders hoch ist, sich mit solchen Themen zu beschäftigen. Damit ist eine gewisse Bereitschaft, sich mit den entsprechenden Angeboten des Archivpädagogen zu beschäftigen und seine Hilfestellungen anzunehmen, vorgegeben. Gleichzeitig kann hier auch ein persönliches Anfangsinteresse – losgelöst vom konkreten Unterricht – erwartet werden als Ansatzpunkt für vielleicht weitergehende Fragestellungen oder Projekte.
Die Anforderungen an das Material sind hier besonders hoch, denn es muß sowohl präzise und kurze Hintergrundinformationen enthalten wie schulbezogenes Quellenmaterial bereitstellen. Die Anforderungen sollten gleichwohl nicht überspannt werden, denn es kann im Unterricht ruhig deutlich werden, daß der Lehrer nicht immer der Wissende sein, sondern durchaus auch mit SchülerInnen gemeinsam nach Informationen und Lösungen suchen kann.
Bei Jahrestagen kann diese postulierte Aufnahmebereitschaft allerdings umschlagen, besonders dann, wenn administrativ deren Behandlung verordnet wird. Trotzdem ist das Aufgreifen von Jahrestagen sinnvoll, weil bei solchen Gelegenheiten eine größere Bereitschaft vorhanden ist (oder erzwungen werden kann), Ressourcen für Unterrichtsmaterialien bereitzustellen. Die Behandlung des 9. November 1938/1988 ist dafür (zumindest in Bremen) ein gutes Beispiel: hier ist es gelungen, das Thema Judenverfolgung umfangreich und vielfältig für Schule aufzubereiten und dauerhaft bereitzustellen.
Die *organisatorische Hürde* ist vom Archiv aus nur bedingt beeinflußbar. Hier wird es vorwiegend darum gehen, nicht zusätzlich Zweifel aufkommen zu lassen, ob der ganze organisatorische Aufwand sich lohnt. Die LehrerInnen werden um so leichter diese Hürde nehmen, je sicherer sie Erfolg und Notwendigkeit der geplanten Maßnahmen beurteilen können. Sie werden zudem um so weniger Schwierigkeiten bei KollegInnen und Schulleitung haben, je mehr auch diese vom Sinn archivischer Arbeit wissen oder gar überzeugt sind. Insofern wirkt schulische Breitenarbeit doppelt. Diese Wirkung kann gerade mit Materialien zu aktuellen Anlässen verstärkt werden, weil hier die Aufnahmebereitschaft für Informationen auch bei nicht primär historisch Interessierten besonders hoch angenommen werden kann.
Erleichternd wirkt darüber hinaus im „alltäglichen Geschäft“ jedes Angebot von Unterrichtsmaterialien, was den LehrerInnen den wesentlichen Teil der „Sucharbeit“ abnimmt, ohne zu sehr einzuschränken. Der Steinbruchcharakter der Materialien mit knapper inhaltlicher Hintergrundinformation erfüllt diese Bedingung. Die Orientierung an aktuellen Anlässen oder Jahrestagen bedeutet, daß dem Lehrer gerade dort gezielt unter die Arme gegriffen wird, wo es besonders zeitaufwendig und schwierig erscheint, schulbezogene Materialien zu finden.
Die *inhaltliche Hürde* läßt sich mit aktuellen Themen bewältigen, weil hier gut zu demonstrieren ist, welche Bedeutung der historische Rückblick haben kann für die Versachlichung und Beruhigung der Diskussion sowie für die Verortung des eigenen Standpunktes. Gerade hier wird die Funktion des Geschichtsunterrichtes spürbar, „in Prozessen rationaler Argumentation und kultivierter Emotion zwischen Lebenspraxis und Menschheitsgeschichte zu vermitteln“ (v. Borries). So kann auch der Gefahr entgegengewirkt

werden, daß von politisch interessierter Seite Begriffe einseitig gefüllt werden mit dem Ziel, den „Vertrauenskitt" herzustellen, der die von der Risikogesellschaft erzeugten Risse in der Gesellschaft überdeckt. „Wer die Erinnerung füllt, die Begriffe prägt und die Vergangenheit deutet, der gewinnt die Zukunft", formuliert der Historiker Stürmer. Eine unvoreingenommene Deutung ist aber am ehesten mit Originalquellen möglich.

Notwendige Voraussetzung für die Bewältigung der Hürden ist aber – wie im Sport das regelmäßige Training – eine permanente Betreuung. Die regelmäßige Betreuung muß darauf zielen, daß das Archiv mit seinen Möglichkeiten immer im Gedächtnis ist, wenn es um Unterrichtsplanung geht; es muß sozusagen zum selbstverständlichen Kanon methodischer Möglichkeiten aufrücken, damit es immer dann eingeplant werden kann, wenn es inhaltlich am sinnvollsten ist (und nicht dann, wenn es organisatorisch „paßt"). Regelmäßige Info-Dienste, Fortbildungsveranstaltungen, aber auch Ausstellungen, Wettbewerbe und Publikationen können dazu dienen. Die hier behandelten Materialsammlungen sind also nur ein Teil eines möglichen Gesamtkonzeptes.

Was sind dies nun für Materialien, wie sehen sie aus? Ich will das an zwei Beispielen verdeutlichen, von denen das eine ein planbares, das andere ein „ad hoc"-Ereignis aufgreift.

Beide Formen unterscheiden sich durch Umfang und inhaltliche Tiefe, sie haben beide gemeinsam, die Vielfalt der archivischen Materialien vorzustellen und Anreize zur Arbeit mit diesen Materialien zu vermitteln.

Die mit diesem Konzept verbundenen Probleme sollen hier nicht verschwiegen werden.

– Die Orientierung auf aktuelle Auseinandersetzungen ist prinzipiell auf den *„Sofortgenuß"*, auf eine gewisse Kurzatmigkeit ausgerichtet, die dauerhafte Verwertbarkeit der angebotenen Quellenmaterialien ist somit nicht sichergestellt. Der „Sofortgenuß" trifft zwar auf eine breite Akzeptanz innerhalb unserer Gesellschaft, und es kann als sicher gelten, daß Aktualität und Themenwechsel den Schülerinnen wegen der im übrigen von ihnen abgeforderten Rezeptionsformen entgegenkommt. Wieweit Schule sich darauf aber einlassen darf (und/oder muß?), ist nicht ausdiskutiert.

  Auch besteht das Risiko *oberflächlichen Arbeitens,* dem allerdings gerade durch die Bereitstellung von Archivalien und durch das Erarbeiten des historischen Kontextes entgegengesteuert werden soll. (Wäre es nicht sogar sinnvoll, z. B. die monatlichen Inszenierungen der Arbeitslosenstatistik zu nutzen, um deren historische Dimension zu verdeutlichen?)

  Da es sich ja um punktuelle Einsätze handelt und nicht um dominante Arbeitsformen, scheinen diese Risiken insgesamt hinnehmbar. Mehr noch: Wenn dadurch Interesse für Archivarbeit geweckt wird, kann gerade dadurch Intensität und Dauerhaftigkeit des Arbeitens gefördert werden, ohne die historische Forschung nicht denkbar ist. Das Antippen vieler Aspekte, das notwendigerweise oberflächlich bleiben muß, bietet über die Vielfalt der Themen zudem die Chance, bei möglichst vielen LeserInnen auf Interesse zu treffen.

  Zu berücksichtigen ist auch, daß nicht nur „klassische" GeschichtslehrerInnen angesprochen werden sollen, sondern auch z. B. Gemeinschaftskunde/Politik-Lehrer. Es geht also verstärkt um Breitenarbeit bei KollegInnen und SchülerInnen und nicht um die Heranbildung künftiger Doktoranden. Daß dies nicht immer mit den Vorstellungen der Archivare (und auch mancher Historiker) übereinstimmen muß, liegt auf der Hand und gehört zur täglichen Erfahrung der Archivpädagogen.

– Probleme ergeben sich auch bezogen auf die inhaltliche Einordnung, auf die didaktisch begründete Auswahl der Themen.
  Um es klar zu sagen: Hier fehlt ein Konzept! Die Archivpädagogik ist zu jung, um hier schon abgesicherte didaktische Konzepte vorlegen zu können. Insofern entspricht die Auswahl dem derzeitigen, wenn auch unbefriedigenden Stand geschichtsdidaktischer Diskussion, Offenheit zu bewahren, vorhandene Einfälle und Vorschläge aufzugreifen und auf die Geschlossenheit des Begründungszusammenhanges vorerst zu verzichten. Leitprinzip bei der Auswahl ist demnach überwiegend das persönliche, fachwissenschaftliche Interesse der jeweiligen Archivpädagogen. Dies Interesse wird gebrochen durch die eigene Unterrichts- und Vermittlungserfahrung und -praxis (und damit u. a. durch Lehrpläne) sowie durch die Anforderungen und Möglichkeiten des Archivs.
  Da es sich lediglich um Angebote handelt, deren Auswahl und Verwirklichung nochmals durch die verantwortliche Entscheidung der LehrerInnen beeinflußt wird, wäre eine intensive, übergreifende Diskussion über Notwendiges und Machbares, die Schule, Archiv und Wissenschaft einbezieht, zwar wünschenswert, sie bleibt derzeit aber ein Desiderat.

F. Weinforth

Archivalische Quellen für den Geschichtsunterricht in Ausstellung und Quellenpublikation am Beispiel Stadtgeschichte

Die folgenden Überlegungen über die Präsentation archivalischer Quellen für den Geschichtsunterricht mittels der Verbindung von Ausstellung und Quellenpublikation beruhen auf dem archivpädagogischen Konzept des Nordrhein-Westfälischen Hauptstaatsarchivs Düsseldorf vor dem Hintergrund eines auf den Archivsprengel, den Landesteil Nordrhein des Landes Nordrhein-Westfalen, bezogenen regionalen archivpädagogischen Ansatzes. Die Auswahl von Quellen für das Ausstellungs- und Publikationsprojekt „Die rheinische Stadt – Lebensraum im Wandel der Jahrhunderte“, das versucht, sowohl den historisch interessierten Laien wie in besonderem Maße den Schüler zu erreichen, bedurfte besonderer didaktisch-methodischer Vorüberlegungen hinsichtlich der Auswahlkriterien, deren m. E. wichtigste hier vorgestellt werden sollen. Diese Kriterien gelten aber unabhängig von der jeweils gewählten historischen Thematik, sie richten sich allein auf die Quellenauswahl, da es ja nicht nur um die Darstellung eines Themenkomplexes geht, sondern auch um die Öffnung der Archive und die, wie es genannt wurde, „Hebung der Schätze der Archive“. Es sollen Einblicke gegeben werden in die Möglichkeiten des Umgangs mit Archivalien und auch in die dabei entstehenden Probleme.
1. Die Auswahl der vorzustellenden Archivalien sollte den Vorgaben der Richtlinien für den Geschichtsunterricht, ggf. auch in Abhängigkeit der gewählten Thematik denen anderer Unterrichtsfächer, folgen, nicht alleine den fachwissenschaftlichen Bezügen und Anforderungen, die vielleicht gerade ein anderes, in der Historiographie aktuelles Thema und einen anderen Zugang fordern. Die Forderungen der Fachwissenschaft dürfen

gleichwohl nicht außer acht gelassen werden. Von besonderer Bedeutung ist weiterhin der Bezug zur Lebens- und Erfahrungswelt des ins Auge gefaßten Betrachters.
2. Da die Thematik von Archivalienausstellungen normalerweise lokal- oder regionalgeschichtlich ausgerichtet ist, besteht die Gefahr, daß es zur gehäuften Darstellung spezifischer Phänomene des dargestellten Raumes kommt. Dem muß dadurch vorgebeugt werden, daß die allgemeinen wie ortsspezifischen Phänomene in einem abgewogenen Verhältnis zueinander stehen, für das es allerdings keine festen Vorgaben gibt, sondern das von Thema, Intention und Quellenlage bestimmt wird, wobei unter Intention auch die bewußte Formulierung von Lernzielen verstanden wird und den Lernzielen im methodischen Bereich des Umgangs mit Archivmaterial besonderer Rang eingeräumt werden sollte.
3. Der Erkenntniswert hat an erster Stelle zu stehen. Quellen, die rein illustrativen wie vielleicht auch nur ästhetischen Zwecken – sei es wegen ihres „hübschen" Äußeren oder anekdotischen Charakters oder sogar als Sammlung von „curiosa et iocosa" – dienen sollen, können hier und da natürlich eingesetzt werden, doch sollte größtmögliche Vorsicht dabei walten. Außerdem darf es nicht zur Anhäufung einer bestimmten Quellengattung kommen.
4. Die Vielfalt archivischen Quellenmaterials ist zu betonen. Je nach Thematik und Quellenlage sollten möglichst viele Quellengattungen vorgeführt werden, die allerdings hinsichtlich ihrer Aussagekraft funktional in den Ausstellungsablauf oder die Publikation eingebunden werden müssen. Die Vorstellung einer bestimmten Quellengattung nur um ihres Charakters willen sollte einer quellenkundlichen Präsentation dienen, z. B. in einer Ausstellung von Zimelien, nicht einer themenbezogenen. Besonders ist darauf zu achten, daß die Quellen in Verbindung zueinander stehen und nach Möglichkeit den Entstehungsprozeß historischer Erkenntnis zumindest in Teilausschnitten deutlich und nachvollziehbar machen.
5. Die Mehrzahl archivischer Quellen muß dem Betrachter/Benutzer erschlossen werden. Dies ist natürlich stark abhängig von der Entstehungszeit mit den spezifischen paläographischen und sprachlichen Problemen. Hier sind unterschiedliche Wege einzuschlagen. In einer Ausstellung kann natürlich nicht der ganze Text z. B. einer mittelalterlichen Urkunde oder eines frühneuzeitlichen Ratsprotokolls transkribiert bzw. übersetzt werden. Hier sollte ein essentieller, pointierter Textauszug vorgestellt werden, der aber eindeutig dem Originaltext zugeordnet wird (mittels Markierung durch Pfeil, Punkt o. ä.). In der Quellenpublikation ist dagegen Wert auf die Vollständigkeit der Transkription bzw. Übersetzung zu legen. Die gängige Praxis zahlreicher Quellenpublikationen besonders für den Geschichtsunterricht, auf ihre Kernaussagen verkürzte Texte vorzustellen, birgt die Gefahren, daß erstens die Unterschiede zwischen den Quellengattungen nivelliert werden und zweitens der Eindruck entsteht, die Quellen enthielten nur die auf die bestimmte Textstelle bezogene und ggf. auf eine präzise Fragestellung zugeschnittene Information.
6. Der Entstehungszusammenhang jeglicher Quelle sollte entweder aus ihr selbst erkennbar oder mittels Zusatzinformationen verdeutlicht werden. Auf der anderen Seite darf die Quelle nicht zu umfangreich sein, damit sie für den Schüler oder Laien überschaubar bleibt; außerdem sollte sie nicht zuviele Informationen beinhalten, die einer zusätzlichen Erläuterung bedürfen. Wichtig scheint letztlich, daß der Betrachter erkennt, daß die Quelle nicht in einem quasi „leeren" Raum entstand, sondern in einem historischen Zu-

sammenhang, daß sie sich z. B. auf vorhergehende Briefe, Urkunden etc. stützt oder von diesen initiiert wurde und daß sie Widerspruch oder Zustimmung in sie fortsetzenden Quellen fand.

7. Zum Abdruck des Quellentextes in einer Publikation sollte eine Reproduktion des Archivale treten, um dem Betrachter den Zustand des Originals zu zeigen und damit auch dem weit verbreiteten Denken entgegenzutreten, ein Archivale erschlösse sich hinsichtlich Schrift und Sprache sowie Inhalt problemlos oder zumindest sehr einfach. Ästhetische Gesichtspunkte sollten hierbei zurücktreten, fachwissenschaftliche wie didaktisch-methodische Überlegungen stehen eindeutig im Vordergrund. Dem steht auch die manchmal noch geäußerte Meinung entgegen, in Archivalienausstellungen sollten nur Zimelien präsentiert werden, die ja tatsächlich nur einen Bruchteil des in den Archiven ruhenden Materials ausmachen. Auf der anderen Seite sollte Gleichförmigkeit im äußeren Erscheinungsbild vermieden werden, auch mit der Konsequenz, daß z. B. Originale neben Konzepten, Abschriften oder Drucken verwendet werden. Die technische Komponente ist bei der Auswahl ebenfalls zu berücksichtigen. Die Quellen müssen reproduzierbar sein. Ein Beispiel dazu: Ein Stadtplan mit vielen, in sich abgestuften Farben eignet sich kaum für die meist aus Kostengründen erfolgende Schwarz-Weiß-Reproduktion, zumal man bedenken muß, daß für den Unterrichtsgebrauch noch Kopien auf Folien für den Overhead-Projektor gefertigt werden.

8. Quellentexte müssen als solche erkennbar sein. Problematisch ist bei der Präsentation in Ausstellung und Publikation, daß vielfach die Quellentexte nicht von den Einleitungs-, Erläuterungs- oder Überleitungstexten getrennt werden. Die sicherlich beste Möglichkeit bietet die optisch trennende Wirkung unterschiedlicher Drucktypen, wobei besonders an die Verwendung einer Kursive für die Quellentexte entsprechend dem fachwissenschaftlichen Vorbild gedacht ist. Dies entspräche auch den Forderungen der Richtlinien hinsichtlich der Wissenschaftspropädeutik.

Die vorgestellten grundlegenden Forderungen an die Quellenauswahl können sicherlich nur in Ausnahmefällen so erfüllt werden, wie sie hier in knapper Form vorgestellt wurden. Doch sollten sie berücksichtigt werden bei dem Versuch, Schüler wie historische Laien an das Archiv heranzuführen und die Probleme, aber noch betonter die Möglichkeiten der Arbeit an Originalen im Archiv selbst aufzuzeigen.

G. Westphal

Fächerübergreifende Bezüge eines Unterrichts im Lernort Archiv

Das Thema ist als Anregung gedacht und soll zeigen, daß das Archiv nicht nur als Lernort für historische Fächer zu betrachten ist, sondern, je nach Fragestellung, auch für alle anderen Schulfächer ein reizvolles Eroberungsgebiet darstellt.

Da es sich bei den archivalischen Unterlagen nicht um für den Forscher bereitgestelltes Material handelt, sondern um die Akten behördlicher Institutionen, ist dem Untersuchungsansatz individueller Raum gelassen.

Das Thema kann sich von zwei Ansatzpunkten her entfalten:

1. Der gesellschaftskundliche Unterricht greift mit Hilfe des Archivmaterials in andere Fächer hinein und bedient sich ihrer als Hilfswissenschaften: Deutsch, Erdkunde, Bio-

logie, Chemie, Physik, Kunst, Musik, Religion. Dieser Aspekt soll vernachlässigt werden.

2. Die genannten Fächer formulieren ihre Themen und greifen selbst zum Material zur Erweiterung der Betrachtung.

Dabei kann der Umgang mit archivalischen Informationen sowohl im Zusammenhang des laufenden Unterrichts erfolgen, was sicher schwierig ist angesichts der Fülle des Lehrstoffs eines jeden Faches, wie auch im Projektunterricht, der die fächerimmanenten oder -übergreifenden Bezüge aufgrund seines zeitlichen Rahmens besser verwirklichen kann.

Es können dabei sowohl Langzeitbetrachtungen angestellt werden (Entwicklung der Kartographie, Veränderung von Landschaftsformen, Ernährungsgewohnheiten, Auswirkung der chemischen Düngerproduktion auf die Ernteerträge), wie auch die Untersuchung punktueller, zeitspezifischer Ansätze im Mittelpunkt stehen können (chemische und technische Neuerungen in Gewerbe und Landwirtschaft, Wasserversorgung, endemische Krankheiten).

Langzeitbetrachtungen zeigen Entwicklungen im Umfeld der sich historisch verändernden oder erweiterten Bedürfnisse, beim punktuellen Ansatz geht es um die Konstatierung eines Phänomens. Bei beiden Ansätzen kann der Bezug zur augenblicklichen, den Schüler betreffenden Situation hergestellt werden.

Bei jedem der einbezogenen Fächer sollte im Mittelpunkt der Überlegungen der lokale oder regionale Aspekt stehen, der den Erfahrungsraum des Schülers berücksichtigt. Das übergeordnete Phänomen kann am lokalen Beispiel entfaltet werden, um mit seiner Darstellung den Hintergrund der eigenen Lebenswelt zu verdeutlichen. Der lokale Aspekt darf dabei nicht zum Selbstzweck in der schulischen Vermittlung werden, er soll exemplarisch auf allgemeine Zusammenhänge verweisen. Dieses Anliegen auch aller internationalen Erörterungen zur Archivpädagogik hat nichts mit Heimattümelei zu tun, sondern kann dem Schüler die Einordnung von Erkenntnissen erleichtern. An einem Beispiel soll dies erläutert werden:

Das 19. Jahrhundert erhält einen besonderen Stellenwert, weil Beginn und Entfaltung der Industriellen Revolution in viele Bereiche hineinwirkt und damit auch für die genannten Fächer bedeutsam wird. Hier wird der Lehrer, ausgehend vom übergeordneten Phänomen, je nach regionaler Besonderheit seine Schwerpunkte setzen. In einem früh industrialisierten Gebiet, das sich schnell zu einem industriellen Ballungsraum entwickelt hat, wird der Physik- oder Chemielehrer anderen Techniken (Schmelzofentechnik, Walzwerke, Farbenwerke) den Vorzug geben als in einem ländlich geprägten Raum, in dem mittelständische und Kleingewerbe sich neuer Verfahren bedienen (Gerbereien, Färbereien, Glashütten). Der Erdkundelehrer wird Flur- und Anbauformen und ihre Veränderung seiner Region untersuchen, der Biologielehrer auf die Beeinträchtigungen der heimischen Landschaft (Wasser, Wiesen- und Waldgebiete, Tierbestand) eingehen. Tagebau, Steinbrüche, Ziegeleien, Bautätigkeit, Straßenbau, Eisenbahnentwicklung, Einwanderung, Beginn statistischer Übersichten als Folgen der Industrialisierung werden sich am deutlichsten am heimischen Beispiel zeigen lassen unter Verweis auf die allgemeine Entwicklung, wie auch die Situation sonstiger gesellschaftlicher Verhältnisse (Verwaltungsentwicklung, Wissenschaftsentwicklung, Bankentwicklung).

Einige Fächer werden bezüglich der schulischen Verwertbarkeit, hier gemeint als nicht zu abliegende Themenbereiche, im zeitlichen Untersuchungsraum beschränkt sein, andere können bis ins Mittelalter zurückgehen. Insgesamt jedoch können alle genannten Fächer

in ihrer Gebundenheit an gesellschaftspolitische Verhältnisse und Entwicklungen oder technische Neuerungen das Archiv als Lernort einbeziehen.
Die Fächer Erdkunde, Biologie, Chemie, Physik finden: Kartenmaterial, tabellarisch-statistische Übersichten (Einwohnerzahlen, Viehbestand, Grundflächenerträge, Gewerbezahlen), Erörterungen zur chemisch-technischen Entwicklung, Darstellungen der Industrien, der medizinisch-hygienischen Situation, Baupläne. Besonders das Thema Umwelt mit den Aspekten Landschaftsveränderung, Ausbau der Infrastruktur, Zerstörung von Lebensräumen bei gleichzeitiger Verbesserung der Lebensbedingungen, Verschwinden und Aufkommen von Berufsständen kann in vielfältiger Weise erforscht werden.
Das Fach Deutsch wird im Archiv Informationen finden, um literarische Epochen, einzelne Werke der Literatur oder die Biographie eines Autors zu verdeutlichen. Der literarische Text kann dabei, abgesehen von seinen werkimmanenten Qualitäten, als Zeitprodukt betrachtet werden, der seine Prägung von zeitgenössischen politisch-gesellschaftlichen Faktoren erhält. Dabei wird sowohl das Aufgreifen zeitkritischer Aspekte wie auch ihre Vermeidung symptomatisch sein. (Eichendorff – Heine vor dem Hintergrund der Metternich-Zeit und des Vormärz, Zensur und Polizeiaufsicht.)
Für Religion gibt es für das Reformationszeitalter nicht nur Unterlagen zur Gestaltung der zu bildenden Landeskirchen, auch theologische Erörterungen, die Verquickung des protestantischen Geistes mit einem neuen Bildungsansatz (Beispiel Hessen: das protestantische Schulwesen) und immer wieder das Eingreifen des absolutistischen Staates in den Kirchenbereich.
Daß Kunst und Musik einen Marktwert hatten, ist keine moderne Erscheinung. Rechnungen und Belege für Käufe und Sammlungen, Förderung und Ablehnung gehören zum Bild der Territorialherrscher, wie auch die Anweisungen für das Verhalten während musikalischer Aufführungen. Die Bevölkerung singt das Fischerlied aus der „Stummen von Portici“ bei sog. aufrührerischen Versammlungen im Vormärz.

5. Geschichtslehrpläne auf dem Prüfstand

Leitung: *W. Hug (Freiburg)*

W. Hug: Einleitung

B. Schönemann (Münster): Konvergenzen und Divergenzen in neueren Richtlinien und Lehrplänen für das Fach Geschichte

E. Erdmann (Freiburg): Fachwissenschaftliche und fachdidaktische Defizite in den bundesdeutschen Geschichtslehrplänen am Beispiel der Alten Geschichte

H.-E. Hilpert (Regensburg): Regionale, nationale und universale Perspektivierung in den Geschichtslehrplänen

W. Hug

Einleitung

Seitdem es Lehrpläne gibt, gibt es Kritik an ihnen. Was ist von den bundesdeutschen Geschichtslehrplänen zu halten? Können Lehrpläne aus westlichen Bundesländern den neuen Ländern in der Ex-DDR zum Vorbild dienen?
Es kann und soll in dieser Sektion nicht in erster Linie darüber verhandelt werden, welche Akzeptanz unsere Geschichtslehrpläne in der Praxis finden. Dazu fehlen weitgehend empirische Befunde. Es geht uns auch nicht darum, die Effizienz der Geschichtslehrpläne zu überprüfen. Es wird meist unwidersprochen behauptet, daß Schulbücher die Praxis des Geschichtsunterrichts und seine Wirkung stärker beeinflussen als Lehrpläne. Ob diese These zutrifft, steht indes hier nicht zur Debatte.
Es geht vielmehr darum, die Qualität neuerer Geschichtslehrpläne zu überprüfen. Dazu werden drei Referenten im ersten Teil unserer Veranstaltung die von ihnen entwickelten Kriterien darlegen und das Ergebnis ihrer Untersuchungen zur Diskussion stellen. Im zweiten Teil wird am Beispiel der neuen Richtlinien für „Geschichte – Politik“ in den Hauptschulen in Nordrhein-Westfalen dargelegt, wie ein Geschichtslehrplan nach modernem Verfahren entwickelt wurde und worin seine Eigenart besteht.
Zur Einführung in die Thematik und zur Orientierung über den Diskussionsstand wird verwiesen auf den soeben erschienenen Band 65 der Schriftenreihe des Georg-Eckert-Instituts von Karl-Ernst Jeismann und Bernd Schönemann: Geschichte amtlich. Lehrpläne und Richtlinien der Bundesländer. Analyse, Vergleich, Kritik. Frankfurt 1989.

B. Schönemann

Konvergenzen und Divergenzen in neueren Richtlinien und Lehrplänen für das Fach Geschichte

I Unterschiedliche Lehrplantypen

Die Lehrplan-Landschaft Bundesrepublik weist gegenwärtig ein durchaus heterogenes Gepräge auf. Nach Maßgabe der Vollständigkeit und Funktionalität der vier Kernkomponenten (Ziele, Inhalte, Methoden, Kontrollen), nach dem Grad ihrer Reglementierungsdichte und nach der Größe des verbleibenden Planungsfreiraums für Fachkonferenzen und Lehrer „vor Ort“ lassen sich *3 Haupttypen von Lehrplänen* unterscheiden:

- erstens der *Stoffkatalog,* der sich auf die Setzung und Aneinanderreihung von Inhalten beschränkt, auf jegliche didaktische Reflexion verzichtet und praxeologischen Vorgehensweisen aller Art einen Freibrief ausstellt;
- zweitens die *Unterrichtspartitur,* ein ebenso feinabgestimmtes wie engmaschiges Regelwerk, das Ziele, Inhalte, Methoden und Kontrollen meist in Form einer fortlaufenden Synopse präsentiert, die Unterrichtsvorbereitung bis in die Einzelstunde hinein verbindlich steuert und den Lehrer zum Erfüllungsgehilfen des Lehrplans degradiert;
- drittens schließlich der *Planungsrahmen,* der sich mit einer relativ geringen Anzahl

ausführlich begründeter Vorhaben größerer Reichweite begnügt, dadurch erhebliche Mitspracherechte und Entscheidungskompetenzen an den Sachverstand „vor Ort" delegiert, andererseits aber auch vergleichsweise hohe Anforderungen an diesen stellt, da er sich gegen eine rasche und problemlose Umsetzung sperrt.

Daneben gibt es eine Reihe von Lehrplänen, die sich einer stringenten typologischen Zuordnung entziehen und deshalb als *Mischformen* einzustufen sind.

II Tendenzen im Lernzielbereich

Nimmt man die Lehrpläne und Richtlinien zusammen, die überhaupt allgemeine Fachlernziele und themenbezogene Zielbestimmungen geringerer Reichweite ausweisen, dann kann man folgende übergreifende Tendenzen feststellen:

- erstens das unentschiedene *Schwanken zwischen gradueller oder fundamentaler Differenzierung der schulform- und kursartenspezifischen Lernleistungserwartungen* (deutlichstes, aber bei weitem nicht einziges Indiz: Erlaß gemeinsamer oder getrennter Lehrpläne für die verschiedenen Schulformen der Sekundarstufe I bzw. für die Grund- und Leistungskurse der gymnasialen Oberstufe);
- zweitens eine *Renaissance des Faktischen,* die sich im quantitativen Übergewicht einfacher kognitiver Lernziele, in der Überbetonung eines in sog. Datentabellen präsentierten Grund- und Orientierungswissens, nicht zuletzt aber auch in der Bevorzugung der „späten Wertung" äußert;
- drittens schließlich eine – glücklicherweise bislang nur z. T. beobachtbare – *Indifferenz gegenüber präzisen Zielbeschreibungen,* die der Rückkehr zum „reinen" Stoffkatalog Vorschub zu leisten geeignet ist. Beispiel: Rheinland-Pfalz. Lehrplan Geschichte (Klasse 7–9/10). Hauptschule. Realschule. Gymnasium (1984), S.V: „Als Lernziele der mittleren Abstraktionsebene sind die Angaben zu verstehen, die die Stoffbereichspläne in der Spalte ‚Inhalte' machen. Diese ‚Inhalte' lassen sich, wenn nötig [!], leicht in die übliche Form der Lernzielbeschreibung bringen (Die Schüler sollen wissen, verstehen, einsehen, erklären können usw.)."

III Tendenzen im Inhaltsbereich

Da die epochenspezifische Verteilung des Lernstoffes sowie seine regionale, nationale und universale Perspektivierung in den beiden Folgereferaten eingehend behandelt werden, seien hier nur zwei Inhaltsprobleme angeführt:

- zum einen die *Einengung der historischen Thementypenvielfalt:* in der Sekundarstufe I sowie in den Grundkursen der gymnasialen Oberstufe dominiert nach wie vor der chronologische Durchgang; alternative Formen der Inhaltsanordnung, vor allem der thematische Längsschnitt und die regressive Vertiefung aktueller Fragen, bleiben weitgehend auf die Leistungskurse beschränkt (Ausnahme: NRW);
- zum anderen die (an sich positive) *Aufwertung der Landes-, Regional- und Lokalgeschichte,* die der bundesweiten Zulassung von Geschichtslehrbüchern erhebliche Hindernisse entgegenstellt; die dadurch vorangetriebene Regionalisierung des Schulbuchmarktes bindet verlegerische Investitionen, die sonst auf die Verbesserung der Lehrbücher verwandt werden könnten.

IV Resümee

Alles in allem ist festzustellen, daß die Divergenzen zwischen den Lehrplänen und Richtlinien der einzelnen Bundesländer ein besorgniserregendes Ausmaß erreicht haben und daß selbst in den Bereichen, in denen die Konvergenzen überwiegen, ein erheblicher didaktischer Modernisierungsbedarf besteht. Man sollte daher ernsthaft in Erwägung ziehen, ob nicht eine *KMK-Empfehlung zur Lehrplanarbeit aller Bundesländer* Abhilfe schaffen könnte. Vor dem Hintergrund der jüngsten deutschlandpolitischen Entwicklung gewinnt dieser Gedanke zusätzliche Plausibilität.

E. Erdmann

Fachwissenschaftliche und fachdidaktische Defizite in den bundesdeutschen Geschichtslehrplänen am Beispiel der Alten Geschichte

Alte Geschichte nimmt in den Lehrplänen keinen umfangreichen und bedeutenden Platz ein. Da die Lehrpläne für die Sekundarstufe I in der Regel chronologisch strukturiert sind, ergibt sich daraus, daß Alte Geschichte lediglich zu Beginn des Geschichtsunterrichts behandelt wird. In der Sekundarstufe II wird ca. ein Fünftel bis ein Drittel der für den Geschichtsunterricht zur Verfügung stehenden Zeit für Antike, Mittelalter und Frühe Neuzeit zusammen verwendet.

Im folgenden sollen am Beispiel der Alten Geschichte fachwissenschaftliche und fachdidaktische Defizite aufgezeigt werden. Dabei geht es nicht um destruktive Kritik, sondern es soll gezeigt werden, wo Verbesserungen möglich sind, wobei die geschilderte Situation der Alten Geschichte in den Lehrplänen berücksichtigt wird.

Mängel in den derzeit gültigen Lehrplänen lassen sich am Beispiel der Alten Geschichte folgendermaßen gliedern:

1. Sachliche Unrichtigkeiten: z. B. Schüler sollen sich das Jahr 0 als das Jahr von Christi Geburt einprägen.
2. Lernziele, die sachlich nicht haltbar oder zumindest als ausschließliche Deutung problematisch sind: z. B. „Bereitschaft, die wirtschaftlichen und zivilisatorischen Errungenschaften des Römischen Reiches an der Ausbeutung der Sklaven zu messen."
3. Da in der Regel in der Sekundarstufe I über 2000 Jahre alter und europäischer Geschichte in einem Schuljahr behandelt werden, liegt es nahe, in Analogie zur Geschichtswissenschaft Schwerpunkte zu bilden. Während die Geschichtswissenschaft versucht, durch die Verbindung verschiedener Fragestellungen und Forschungsschwerpunkte die historische Erkenntnis zu fördern, ist es äußerst problematisch, wenn das antike Griechenland nur unter kulturellen Aspekten oder das Römische Reich nur unter dem Aspekt der Machtentfaltung zur Zeit des Kaisers Augustus behandelt werden.
4. Lokal-, regional- und landesgeschichtliche Themen in die Lehrpläne aufzunehmen, ist eine sinnvolle Erweiterung der Möglichkeiten historischen Lernens. Schulartenspezifische Unterschiede müßten allerdings begründet werden. Nicht einsehbar ist, weshalb in den Haupt- und Realschulen Baden-Württembergs die Kelten als ehemalige Bewohner behandelt werden sollen, in den Gymnasien dagegen nicht.

5. In manchen Lehrplänen wird darauf verwiesen, wie wichtig es sei, bestimmte Arbeitstechniken einzuüben, z. B. die Interpretation von schriftlichen Quellen, aber auch von Bild- und Sachzeugnissen, die Einsicht in die Bedeutung der Archäologie für die Alte und Mittlere Geschichte, die Einbeziehung von historischen Museen, noch sichtbaren Bodendenkmälern und historischen Bauten in den Geschichtsunterricht. Gerade die Alte Geschichte kann zur Erfüllung dieser Forderungen einen hervorragenden Beitrag leisten. Allerdings müßten dazu Anleitungen gegeben werden.
6. In den Lehrplänen dominiert im allgemeinen das chronologisch strukturierende Unterrichtsverfahren. Damit werden andere Thementypen vernachlässigt oder infolge der engen Vorschriften unterbunden. Gerade zentrale Themen wie die Entstehung und Entwicklung des Christentums oder das Verhältnis von Staat und Kirche können nicht im Zusammenhang, sondern nur fragmentarisch und auf die gesamte Unterrichtszeit verteilt behandelt werden. Dasselbe gilt auch für Themen, die eine universalhistorische oder wirkungsgeschichtliche Ausweitung erfahren könnten.

Vorschläge zu einer Veränderung (mit Beispielen):
Sachliche Defizite und unbegründete schulartspezifische Unterschiede lassen sich beheben, wenn man entsprechende Fachleute zu einer Lehrplanrevision hinzuzieht und außerdem den Austausch zwischen den Lehrplankommissionen für die einzelnen Schularten ermöglicht, sofern man sich nicht für eine integrierte Richtlinienkommission entscheiden kann.
Ohne eine unbillige Ausdehnung des Anteils der Alten Geschichte im Geschichtsunterricht der Sekundarstufen I und II lassen sich die genannten Defizite verbessern bzw. beheben: Im unterstützenden Teil des Lehrplans, der der praktischen Umsetzung gewidmet ist, könnten entsprechende Handreichungen gegeben werden. Daneben wäre auch ein Handbuch mit Erläuterungen zum Lehrplan denkbar. Solche Handreichungen bieten den Lehrern Empfehlungen und Vorschläge, die jedoch nicht verpflichtend sind und Alternativen aufzeigen. Voraussetzung dafür ist jedoch, daß der einzelne Lehrer im Rahmen der thematischen Vorgaben und der allgemeinen Fachlernziele mehr Kompetenz erhält.

H.-E. Hilpert

Regionale, nationale und universale Perspektivierung in den Geschichtslehrplänen

1. Am Ende der Kontroversen um allgemeindidaktisch ausgerichtete Curriculumforschung und am Ende der seit den frühen 70er Jahren von Historikern geführten Diskussionen um die Konzeptionierung eines konsensfähigen historischen Lehrplanmodells steht in einer Hinsicht ein mageres Ergebnis: Im Bereich der formalen Anlage von Geschichtslehrplänen gibt es keinen allgemein akzeptierten Sach- und Forschungsstand. Jedes Bundesland hat seinen eigenen Typ entwickelt, der jeweils auf behördeninternen Vorgaben beruht, nicht aber bezüglich der Adressatenwirkung durch wissenschaftliche Verfahren der Verifizierung bzw. Falsifizierung begründet ist. Im bildungspolitischen Umfeld der Länder der Bundesrepublik erscheint es zur Zeit sehr wenig erfolgversprechend, die Debatte um die formalen Eigenschaften der Lehrpläne erneut grundsätzlich aufzurollen.

2. Statt dessen soll versucht werden, inhaltliche Komponenten von Lehrplänen auf der Ebene von allgemeinen, nicht selbst inhaltsgebundenen Kriterien zu beurteilen und weiterzuentwickeln, die geeignet sind, Aussagen über Funktionen eines historischen Lerninhalts für die Ausprägung des im schulischen Unterricht angestrebten Geschichtsbildes zu treffen.

3. Dieser Ansatz geht letztlich zurück auf die schon bei den UNESCO-Tagungen der 50er Jahre und in der internationalen Schulbuchforschung unternommenen Versuche der Vorurteilsrevision, der Eliminierung nationalistischer Geschichtsvorstellungen und dem Aufbau eines supranatioal bestimmten Geschichtsbildes. Gegenüber den dominierend europäisch-abendländischen Entwürfen noch vor 30 Jahren sind in der Schulbuchentwicklung der letzten 15 Jahre markante Fortschritte festzustellen, die in den Lehrplänen meist unzureichend rezipiert worden sind. Seit Schmids „Fragen an die Geschichte" und Hugs „Geschichtliche Weltkunde" bis hin zum Cornelsen-Geschichtsbuch haben einerseits universale Horizonterweiterungen ihren festen Platz gefunden, andererseits wird modellhafte und zum Teil „heimatbezogene" Regionalgeschichte vermehrt berücksichtigt.

4. Für die unterschiedlichen Perspektiven historischer Betrachtung und des Unterrichts gibt es jeweils für sich überzeugende Begründungen.
- *Universaler Horizont:* Erfassen anthropologischer Dimensionen menschlicher Geschichte und Existenz, Verständnis anderer Kulturkreise nicht aus der Optik europäischer Welterfahrung.
- *Nationalgeschichte:* Notwendige gesicherte Kenntnisse von Schlüsselepochen, die für das Geschichtsbewußtsein von Großgruppen entscheidende Bedeutung haben, die nationaler Legendenbildung entgegenwirken und populäre Fehlurteile korrigieren; Beispiel: Konsens in der Bundesrepublik, im Unterricht für die Zeit von 1918–1945 die Weimarer Republik und den Nationalsozialismus besonders gründlich zu erarbeiten und dafür die außerdeutsche Geschichte, was die Proportionen betrifft, zurücktreten zu lassen.
- *Regionalgeschichte:* Als Geschichte eines erfahrbaren Raumes (visuelles Einbeziehen der Historischen Geographie, z. B. durch Exkursionen); für die Grundschule steht stärker der Aspekt des heimatbezogenen, mehr affektiven als kognitiven Lernens im Vordergrund (was von einigen Bundesländern für die Sekundarstufe I manchmal etwas lächerlich überakzentuiert wird). Dazu als aus der Forschung abgeleitetes Argument: Regionalgeschichte ist auch eine Methode, die auf die Verifizierung von allgemeinen Befunden und Theorien mit quasi „mikroskopischen" Verfahren abzielt; in diesem Sinne ist Regionalgeschichte nicht an Heimat gebunden, sondern kann auch entfernte Regionen wegen ihres modellhaften Charakters auswählen.

5. Diese Begründungen sind zwar für sich einleuchtend, verhelfen aber zu keinem klaren Kriterium, welche Perspektive an welcher Stelle angemessen ist bzw. welcher Thematik am ehesten gerecht wird. Es wird oft bei Lehrplanarbeit ganz punktuell im Sinne des jeweils schon zu Papier gebrachten Entwurfes argumentiert, während es eigentlich um eine Entscheidung zwischen Alternativen geht, von denen nicht nur eine allein brauchbar ist.

6. Der wichtigste Ansatzpunkt zur Lösung dieser Frage ist der von R. Schörken betonte notwendige *Perspektivenwechsel* als Planungselement des Geschichtsunterrichts. Unter-

suchungs- und Darstellungsperspektiven legitimieren sich nicht aus sich selbst heraus, sondern aus dem Konspektus, dem erzielten Kontrasteffekt gegenüber anderen Teilen des Unterrichts. Das spielt nicht nur punktuell eine Rolle, sondern vor allem im Ensemble. Schörken verwendet in diesem Zusammenhang den Begriff der *Perspektivik*. Für unseren Zweck wird dieser Begriff weitergehend definiert: als Verfahren der Verbindung von thematisch zunächst isolierten Perspektiven und als Abschätzung der sich daraus ergebenden Gesamtresultate. – Dieser Vorgang dient als Hilfsmittel, um die inhaltlich-thematische Auswahl und die Verknüpfung historischer Lerngegenstände zu begründen.

7. Dieses Verfahren ist sehr viel weniger stark formalisiert als die Curriculum-Verfahren der 70er Jahre und sehr viel stärker hermeneutisch orientiert. Seine Leistungsfähigkeit kann man kaum theoretisch beschreiben, sondern eher induktiv an den beiden Polen „inhaltliche Modernisierung" und „Konsensstiftung" ermessen.
Der Erläuterung dieses Verfahrens dienen die abschließenden Beispiele (hier nicht mitabgedruckt).

6. Geschichtsforschung in der Schule? (Schülerwettbewerb Deutsche Geschichte um den Preis des Bundespräsidenten)

Leitung: *S. Graßmann (Ammersbek)*
S. Graßmann: Einleitung
J. Reulecke (Siegen): Schülerwettbewerb und Geschichtswissenschaft. Anregungen, Einflüsse, Verbindung
B. von Borries (Hamburg): Schülerwettbewerb und Geschichtsdidaktik. Forschendes Lernen in regionalgeschichtlichen Projekten
W. Müller (Detmold): Schülerwettbewerbe und Archive, Probleme und Chancen
H.-U. Eggert (Münster): Schülerwettbewerb und Lehrer

S. Graßmann

Einleitung

Der *Schülerwettbewerb Deutsche Geschichte* hat in mehrfacher Weise wichtige Einflüsse für die Beschäftigung mit Geschichte in der deutschen Öffentlichkeit gebracht:

1. Es wurden *Themen* in den Mittelpunkt gerückt, die ohne den Wettbewerb und seine Multiplikation durch die Medien nicht in dem Maße in Schule und Wissenschaft beachtet worden wären.

2. Der Wettbewerb förderte neue *Methoden* der Beschäftigung mit Geschichte. Sein Vorgehen im Spuren- und Quellensuchen unterstützte *entdeckendes und forschendes Lernen* als neuartige Möglichkeit des Lernens im Geschichtsunterricht. Dazu trat dann auch noch die *Interview*-Methode der oral history.

3. Die *regionale* (bzw. personale) Anbindung der Themen unterstützte *lokalgeschichtliche* Rückbindung allgemeiner (großer) Geschichte.

4. *Sozial- und Alltagsgeschichte* gewannen einen neuen Stellenwert.

Seine Wirkung beschränkte sich dabei nicht allein auf diejenigen, die sich unmittelbar beteiligten und Arbeiten einreichten; die Aufgaben, Anregungen und Materialien, die in großen Auflagenzahlen Schulen und Öffentlichkeit erreichten, gaben auch für zahlreiche andere Unterrichtsvorhaben, regionale historische Arbeitskreise, Lehrpläne und Lehrbücher innovative Anstöße.
Die Körber-Stiftung, die anfangs eine viertel Million Deutsche Mark jährlich für diesen Wettbewerb aussetzte, organisierte auf privater Basis diesen Wettbewerb. Die Schirmherrschaft des ersten – und später aller weiteren – Bundespräsidenten, nachdem die Umbenennung vom Gustav-Heinemann-Preis in die Bezeichnung „Preis des Bundespräsidenten“ erfolgt war, – öffnete dem Wettbewerb die Türen über die föderalen Kultusministerien in alle Schulen – zuletzt jetzt 1990 auch über das Ostberliner Ministerium für Bildung und Wissenschaft in die fünf Länder der ehemaligen DDR.
Getragen wurde dieses rein privat initiierte Preisausschreiben von unzähligen freiwillig – und ehrenamtlich – mitarbeitenden Lehrerinnen und Lehrern, von Didaktikern und Fachhistorikern. In zunehmendem Maße bildete aber die ganz kleine hauptamtliche Geschäftsstelle unter dem Geschäftsführer (seit 1975 Dr. Wolfgang Schmidt) das Rückgrad des Wettbewerbs. Sie übernahm immer mehr die Organisation, wie auch die intellektuelle Strukturierung der Arbeit, publizierte Ergebnisse, Forschungsansätze und Innovationen für die Öffentlichkeit, zog Fachleute für Anregungen zu einem wissenschaftlichen Beirat und auf Tagungen zusammen und betrieb die Öffentlichkeitsarbeit vor den Medien bis in die Schule.
Die Verantwortung für die Schülerwettbewerbe liegt bei einem (unabhängigen) Kuratorium, das vom jeweiligen Staatssekretär des Bundespräsidenten geleitet wird und dem neben dem Stifter Staatssekretäre aus Kultusministerien, Historiker, Lehrer und Medienvertreter angehören.
Als sich erstmals im August 1973 unter dem Vorsitz von Prof. Georg Eckert Geschichtslehrer und Historiker im Bergedorfer Schloß trafen, war nicht abzusehen, welche Wirkung der Wettbewerb für die öffentliche Beschäftigung mit der Geschichte entwickeln sollte. Anfangs unter dem etwas altmodisch klingenden Namen „Wettbewerb für die Schuljugend zum Verständnis deutscher Freiheitsbewegungen (Gustav-Heinemann-Preis)“ firmierend, entwickelte sich dieses Unternehmen bald zu einem der führenden Schülerwettbewerbe in der Bundesrepublik Deutschland, an dem jedes Mal durchschnittlich 1000 Beiträge von 5000 Teilnehmern eingehen. Der Anteil hochqualifizierter Arbeiten führte auch dazu, daß ab 1981 die ersten Preisträger des 12. bzw. 13. Jahrganges direkt in ein Auswahlverfahren der Studienstiftung des Dt. Volkes gelangen.
Die Themenbereiche wechselten im Laufe der zwölf bislang ausgeschriebenen Wettbewerbe: Die Freiheitsbewegungen der deutschen Geschichte behandelten 1848/49, 1918/19 und 1945/46 – vielleicht kann noch in einigen Jahren der Zeitraum 1989/90 angeführt werden, es folgte eine Reihe „Sozialgeschichte im Alltag“ mit drei eher strukturellen Themen (Arbeitswelt und Technik; Wohnen; Feierabend und Freizeit im Wandel) und drei chronologischen Themen (Alltag im Nat.Soz. 1933–39; in den Kriegsjahren 1939–45 und in der Nachkriegszeit). Ein Neuansatz ergab sich seit 1986 mit der Reihe Gegen-

wartsprobleme auf dem Prüfstand der Geschichte, die zunächst die Umwelt, dann „Unser Ort – Heimat für Fremde“ und jetzt gerade „Mensch und Verkehr in der Geschichte“ behandelt.

Wie die Themenbereiche wechselten auch die Teilnahmemöglichkeiten: Waren anfangs lediglich Gruppenarbeiten zugelassen, so öffnete sich der Wettbewerb ab 1977/78 auch für Einzelarbeiten.

Der Wettbewerb ist unter den Schülerwettbewerben der Bundesrepublik, die Spitzenleistungen verlangen, einer der quantitativ und qualitativ größten und erfolgreichsten. Seine Spitzenarbeiten haben durchaus gelegentlich das Niveau von Staatsarbeiten des 1. Staatsexamens *nach* einem Geschichtsstudium.

Neben den Spitzenarbeiten hatte der Wettbewerb stets eine Breitenwirkung angestrebt, er wurde nie ein reiner Gymnasialwettbewerb, dessen Anteil lag stets nur bei rund 50 %. Auch Haupt-, Real- und Berufsschüler beteiligten sich von Anfang an (und errangen Erste Preise). Später kam ein gesonderter Junior-Wettbewerb dazu, seit 1988 konnten sich auch erstmals dann Grundschulschüler beteiligen, wie auch ein gesonderter Ausländerwettbewerb ausgeschrieben wurde.

Damit soll aber nicht darüber hinweggesehen werden, daß sich sein unmittelbarer Teilnehmerkreis lediglich auf einen recht kleinen Anteil unter den deutschen Schülern bezieht. Diesen Anteil zu vergrößern ist die Arbeit derer, die an der Gestaltung des Wettbewerbs mitwirken. Und es ist Ziel dieser Sektion, zum Nachdenken über Weiterentwicklung im Geschichtsunterricht anzuregen, indem ein Rückblick auf die Arbeit mit dem und im Wettbewerb gezeigt wird.

Unser Thema: „Geschichtsforschung in der Schule“ hat ein Fragezeichen – nicht weil fraglich ist, ob Geschichtsforschung in die Schule einwirkt, sondern um bescheidener zu unterstreichen, wieweit die Geschichtsforschung bzw. -wissenschaft den Wettbewerb berührt hat. Das wird Prof. *Reulecke* nachprüfen.

Geschichtsforschung enthält auch die Frage nach der Geschichtsdidaktik. Die Rolle didaktischer Überlegungen bei dem Wettbewerb, die Rolle des forschend zu lösenden historischen Projekts in der Schule untersucht Prof. von *Borries*.

Herr *Müller* vom Staatsarchiv in Detmold wird die konkreten Möglichkeiten, aber auch Probleme der aktiven Forschungsarbeit von Schülern in Archiven aufzeigen. – Und Herr *Eggert* aus Münster schließlich, der selbst mit den Schülern des Hittorf-Gymnasiums den Schulpreis des Bundespräsidenten gewonnen hat, kann aufzeigen, wie das Ganze im Schulalltag realisiert werden kann.

Alle Beteiligten sind langjährig in verschiedenen Funktionen (Wissenschaftlicher Beirat, Jury u. a.) mit dem Wettbewerb vertraut.

Das Fragezeichen hinter dem Thema will weniger in Frage stellen, *ob* durch ein forschungsartiges Vorgehen in der Schule Geschichte gelernt werden kann, sondern zielt eher darauf, mit Ihnen zu erörtern, *wie* durch diesen Wettbewerb oder Geschichtsprojekte überhaupt Geschichte (besser) in der Schule betrieben werden kann.

J. Reulecke

„Schülerwettbewerb und Geschichtswissenschaft: Anregungen, Einflüsse, Verbindungen"

Bei der gesamten Konzeption des Schülerwettbewerbs, bei der Planung der einzelnen Wettbewerbe und bei der Bewertung der eingereichten Beiträge ist von vorn herein und immer wieder neu Wert auf ein funktionierendes Dreiergespann gelegt worden: Schulpraktiker-, Fachdidaktiker- und Fachwissenschaftler/-innen haben in allen Phasen der Wettbewerbsgeschichte intensiv zusammengewirkt: Im Kuratorium wie im Beirat und in der zentralen Jury der Wettbewerbe saßen und sitzen auch Vertreter der Fachwissenschaft, d. h. Hochschullehrer der Geschichte. Es versteht sich von selbst, daß diese zunächst einmal in besonderer Weise aufgefordert sind, so etwas wie die „wissenschaftliche Rückendeckung" bei der Wettbewerbsplanung, bei den Bewertungskriterien und bei der Außendarstellung zu liefern und in dieser Hinsicht als gleichberechtigte Partner wie auch anregende Kommunikationspartner der Wettbewerbsleitung zur Verfügung zu stehen.

Aus der Rückschau und mit dem Erfahrungsfundus aus inzwischen elf erfolgreich abgeschlossenen Wettbewerben läßt sich die Beziehung zwischen der Geschichtswissenschaft und dem Schülerwettbewerb „Deutsche Geschichte" jedoch erheblich weiter fassen und über den genannten Aspekt hinaus auf drei bedeutsame zusätzliche Aspekte bringen. Engere Beziehungsstränge lassen sich – ohne daß jeweils im einzelnen ganz klar gesagt werden könnte, was jeweils „Henne" und was „Ei" war – feststellen

1. hinsichtlich der Themenwahl der Wettbewerbe insgesamt als auch hinsichtlich der im Rahmen der einzelnen Wettbewerbe bevorzugt angesprochenen Teilthemen,
2. hinsichtlich des Blickwinkels und der Zugriffsweisen, d. h. der Perspektiven, unter denen die einzelnen Themen angegangen worden sind, sowie
3. hinsichtlich der methodischen Zugriffe, d. h. des verwendeten Instrumentariums, das bei dem „entdeckenden Lernen" bevorzugt benutzt wurde.

In Beispielen ist in dieser Sektion gezeigt worden, wie dieses Gegenseitigkeitsverhältnis sowohl auf die Fachhistoriker als auch auf den Schülerwettbewerb gewirkt hat, wobei der Wirkungsgrad umso größer einzuschätzen sein dürfte, je mehr man unter „Fachhistorie" auch die außerhalb der Hochschulen angesiedelten, mit wissenschaftlichem Anspruch auftretenden Geschichtsinitiativen versteht.

Grundsätzlich mag es jedoch darüber hinaus so sein, daß durch den engen wechselseitigen Konnex zwischen dem Schülerwettbewerb und den Fachhistorikern eine wichtige, aber allzu oft vernachlässigte Funktion der Geschichtswissenschaft wieder bewußter geworden ist: die der *Kommunikation,* verstanden als bewußt gewollte und in Aktivität umgesetzte Bereitschaft, sich der Öffentlichkeit bei ihrer historischen Selbstvergewisserung als kompetenter Gesprächspartner und Informand zur Verfügung zu stellen. Während die beiden übrigen Funktionen, die der *Dokumentation* (= Quellen aufspüren, Geschichte bewahren und schreiben) und der *Interpretation* (= Geschichte erforschen, analysieren und in ihr nach Sinnhaftem suchen), unbestritten sind, scheint die Funktion der Kommunikation eher oft zu kurz zu kommen, dies sowohl in der Ausbildung des Nachwuchses als auch in der Außenwirkung der „Zunft" gerade angesichts rasanter Wandlungen in Stadt und Gesellschaft. Hier besitzt der Schülerwettbewerb (wenn auch sicher mit begrenzter Wirkung) auch so etwas wie einen – zugespitzt ausgedrückt – Public-relation-Effekt für die Kommunikationsfunktion der Geschichtswissenschaft mit Blick auf die Öffentlichkeit und mit vermutlich erheblichen Langzeitwirkungen zumindestens bei den Schülern und Tutoren einerseits, Geschichtswissenschaftlern andererseits, die den Schülerwettbewerb „Deutsche Geschichte" intensiver kennengelernt haben.

B. von Borries

Schülerwettbewerb und Geschichtsdidaktik. Forschendes Lernen in regionalgeschichtlichen Projekten

Der „Schülerwettbewerb Deutsche Geschichte um den Preis des Bundespräsidenten" hat zumindest das Verdienst, daß über das Thema „Forschendes Lernen in regionalgeschichtlichen Projekten" nicht spekulativ oder theoretisch-normativ geredet werden muß, sondern erfahrungsgesättigt, deskriptiv und praxisorientiert diskutiert werden kann. In elf Wettbewerben wurden von über 50 000 Teilnehmern mehr als 10 000 Arbeiten im Umfang von vielleicht einer halben Million Seiten eingereicht.
Auch diese große Zahl stellt allerdings bezogen auf alle Schüler(innen) der Bundesrepublik eine winzige Minderheit dar. Der Schülerwettbewerb ist also zu groß, um ihn in bildungspolitischen und fachdidaktischen Diskussionen über Praxis und Reform des Geschichtsunterrichts einfach zu ignorieren oder zu bagatellisieren, zu klein, um allein auf seine Erfahrungen generelle Änderungen des Schulfaches stützen zu wollen, zumal der größere Teil der Wettbewerbsbeiträge nicht unmittelbar in unterrichtlicher Arbeit entsteht.
Die bisherige Geschichte des Wettbewerbs bildet ein fachdidaktisches Feldexperiment und Beobachtungsobjekt, wie es in dieser Größenordnung im richtliniengesteuerten Normalunterricht kaum zustande kommen könnte. Zudem liefert sie eine Art Seismograph für Formen und Strömungen des historischen (und politischen) Bewußtseins in der westdeutschen Jugend. Sein Potential zum Anstoßen von Änderungen ist zweifellos wichtig, aber begrenzt; daneben sollte der diagnostische Wert mehr beachtet werden.
Die Ziele des Schülerwettbewerbs Deutsche Geschichte sind noch einmal kurz zu nennen:
- demokratische Tradition und politische Partizipation,
- forschendes Lernen und historische Projektarbeit,
- lokale Anbindung und lebensweltlicher Bezug,
- originelle Hochbegabtenförderung und solide Breitenarbeit.

Die politischen, historiographischen und pädagogischen Ziele müssen von den Jurys sorgfältig im Gleichgewicht gehalten werden.
Angesichts der anderen Beiträge der Sektion geht es im Vortrag nur um fachdidaktische Ansprüche und Ergebnisse des Wettbewerbs. Dabei sind zwei Argumentationsketten aufzubauen, eine zum „forschenden Lernen" als besonderer Methode und eine zur „regionalen Alltagsgeschichte" als besonderem Thema. Beide Linien treffen schließlich darin zusammen, daß autonome Erkundungsarbeit zur Sozialgeschichte des Alltags nach allem, was wir wissen, in besonderem Maße zur Bildung historischer Kompetenz und Identität von Jugendlichen beiträgt.

„Forschendes Lernen“, das durchaus noch nicht mit „wissenschaftlicher Forschung“ identisch ist, hat eine lange Tradition seit der „pädagogischen Bewegung“. Im Schülerwettbewerb wird es u. a. festgemacht an:

- freiwilliger Teilnahme und selbständigem Finden bzw. Wählen einer begrenzten und zugespitzten Untersuchungsaufgabe,
- angeleitetem, aber selbst vollzogenem Suchen nach Dokumenten (z. B. Akten, Bilder, Geländespuren, Gegenstände, Familienpapiere, Druckschriften) und Darstellungen, u. ä. in Archiven, Behörden, Redaktionen, Haushalten,
- offener und methodengerechter, d. h. Widersprüche, Lücken und Unentscheidbares des Materials bezeichnender Verarbeitung und Präsentation,
- eigenem Versuch einer Lösung, eines Urteils sowie gegenwarts- und zukunftsbezogener Reflexion von Konsequenzen.

Stärker als bei allen anderen Methoden und Lernarten wird beim „forschenden Lernen“ das oberste Lernziel „historische Urteilsfähigkeit“ gefördert; die gewonnene Autonomie und Einsicht trägt zugleich zur Bildung einer „historischen Identität“ bei. Lernpsychologisch könnte man, da die Prozesse teilweise noch über „Einsichts- und Entdeckungslernen“ hinausführen, von „Identitäts- und Balancelernen“ sprechen. Die politische Bedeutung für demokratische Beteiligung und historisch fundierte Entscheidungen ist offenkundig.

Der Club of Rome hat 1979 analysiert, für das Überleben der Menschheit sei es zwingend, bisheriges „Traditionslernen“ und „Schocklernen“ durch „innovatorisches Lernen“ abzulösen, das im einzelnen als „antizipatorisches“ und „partizipatorisches“ Lernen bestimmt wird. Wenn im Fach Geschichte dieses Prinzip überhaupt eingelöst werden kann und soll, kommt ihm „forschendes Lernen“ im Sinne des Wettbewerbs zweifellos am nächsten. Es ist geradezu die fachspezifische Umsetzung der alten aufklärerischen Forderung Kants „Habe Mut dich deines eigenen Verstandes zu bedienen“ und deren zeitgenössischer Fortschreibung durch den Club of Rome.

Der thematische Bezug auf regionale Alltags- und Mentalitätsgeschichte ist dem Konzept nicht äußerlich, sondern ein substanzieller Teil, mindestens eine naheliegende Ergänzung. Die lokale und lebensweltliche Anbindung ist aus mehreren Gründen wichtig:

- Rein arbeitstechnisch wären Dokumente zu „großen“ politischen Entscheidungen z. B. in der Hauptstadt weder neu aufzufinden noch angemessen zu bearbeiten.
- Motivational erweist sich die Nähe der Themen zu den Erfahrungen, Lebensvollzügen (und weißen Flecken!) der Schüler als großer Gewinn.
- Im Sinne der politischen Beteiligung ist die Aufarbeitung des Nahbereichs wichtig, in dem eine individuelle und kollektive Einflußnahme direkt nachweisbar ist bzw. künftig aussichtsreich erscheint; dabei wird insbesondere die Abgrenzung von „häuslich“ und „öffentlich“ problematisiert: auch das Private ist politisch.
- Fachwissenschaftlich läßt sich in der Region gerade der Bereich als geschichtsbestimmt und wandlungsfähig erkennen, der oft eher als anthropologische Konstante mißverstanden wird: Denkgewohnheiten, Gefühle, Körperlichkeit, Nahkommunikation, kurz die Mentalität. Diese Einsicht kann zunächst verunsichernd und belastend wirken, setzt aber auch Chancen frei und öffnet Handlungsspielräume.

Die radikale Historisierung von Alltagsleben, Sozialbeziehungen und Charakterstrukturen teilt der Schülerwettbewerb mit der sich entwickelnden „historischen Anthropologie“. Mehr als an anderen Themen können Schüler(innen) hier lernen, ihre eigenen „kulturellen Selbstverständlichkeiten“ nicht als natürliche Gegebenheiten, sondern als historische Erzeugnisse wahrzunehmen.

In der Alltags- und Mentalitätsgeschichte geht es stets um Identitätsbildungen und -wandlungen kollektiver Art. In wichtigen Teilbereichen wie Kindheits-, Jugend-, Alters- und Krankheitsgeschichte lassen sich ansatzweise sogar individuelle Prozesse der Ausprägung und Veränderung von Identitäten fassen und subjektive Faktoren sichtbar machen. Für Kinder und Jugendliche, die selbst auf der Suche nach sich und ihrer Stellung in Gesellschaft und Geschichte sind, dürfte kaum ein historisches Thema belangvoller und motivierender sein, was Schwellenängste, Lernblockaden und Enttäuschungen natürlich keineswegs ausschließt.

Nimmt man „Fremdverstehen“ als zentrale Leistung von Alltags- und Mentalitätsgeschichte hinzu – schon die Denkmuster unserer Großeltern sind uns sehr fremd geworden –, dann wird glaubhaft, daß der Schülerwettbewerb auch durch seine besondere thematische Zuspitzung Rollenkompetenz und Identitätsgewinn fördert.

Freilich muß der Transfer (bzw. die Transferunmöglichkeit!) vom Einzelfall auf die Verallgemeinerung, vom Nahbereich auf die „sekundären Systeme“, von der Region auf die „Menschheit“ tatsächlich geprüft und abgewogen werden. Nicht zufällig hat hier bisher ein besonderes Defizit des Wettbewerbs gelegen.

W. Müller

Schülerwettbewerbe und Archive, Probleme und Chancen

„Leider nur eine Literaturarbeit!“ Ein solches Urteil über eine Wettbewerbsarbeit ist in der Zentraljury des Schülerwettbewerbs Deutsche Geschichte um den Preis des Bundespräsidenten, den die Körber-Stiftung alle zwei Jahre veranstaltet, und von diesem Wettbewerb soll hier stellvertretend für alle seriösen Geschichtswettbewerbe die Rede sein, nicht selten zu hören. Gemeint ist damit, daß sich der Wettbewerbsteilnehmer „nur“ auf wissenschaftliche Literatur oder edierte Quellen gestützt und keine Archivalien benutzt hat. Zwar sind durchaus Arbeiten möglich, die ohne archivalistische Quellen auskommen, der lokal- oder regionalgeschichtliche Ansatz dieses Wettbewerbs und die Aufforderung in der Ausschreibung, die Archive aufzusuchen, führen dazu, daß Kinder und Jugendliche plötzlich und manchmal „in Scharen“ in den Archiven auftauchen. Und das führt in den Augen vieler Archivare zu einer Fülle von *Problemen.* Sie machen natürlich mehr Arbeit als Benutzer mit Archiverfahrungen, weil ihnen die Grundkenntnisse des historischen Forschens, der Behördenstruktur und der Regional- und Alltagsgeschichte fehlen, von den Schwierigkeiten mit der deutschen Schrift ganz zu schweigen, und weil sie anfangs vielleicht auch einmal etwas sorgloser mit den Archivalien umgehen als die Erwachsenen.

Die Schülerwettbewerbe bieten aber auch den Archiven eine Fülle von *Chancen*, ihre historische Bildungsarbeit zu verstärken. Die intensive Betreuung eines Schülerwettbewerbs durch das Archiv kann ähnlich wie die Arbeiten, die durch ein historisches Jubiläum angeregt werden, eine Ausstellung oder ein Forschungsprojekt einer Universität dazu führen, daß Bestände eines Archivs ins Bewußtsein der Archivmitarbeiter und der Öffentlichkeit gehoben und auf eine Weise erschlossen werden, die weit über die herkömmliche Verzeichnung hinausgeht. Die Arbeit, die in die Betreuung eines Schülerwettbewerbs investiert wird, kommt auf vielfältige Art der Benutzungsberatung, den Geschichtswerkstätten und den historischen Vereinen zugute. Und die Schüler, die das Archiv als wichtige Stätte des Forschens und Lernens erfahren haben, werden wiederkommen – beim nächsten Wettbewerb, mit ihren Geschichtskursen, als Studenten oder Vereinsmitglieder.

Der Schülerwettbewerb Deutsche Geschichte hat von Anfang an die Zusammenarbeit mit den Archiven gesucht, und in der Regel haben auch die Archivare den Wettbewerb mit Rat und Tat unterstützt. Die Archivpädagogen, die es seit einigen Jahren in den Staats- und Stadtarchiven gibt, setzen die schon geleistete Arbeit fort, die Betreuung der Teilnehmer an den Schülerwettbewerben hat sich sogar zu einem ihrer wichtigsten Betätigungsfelder entwickelt.

Im Idealfall wird der Archivpädagoge von den Ausrichtern der Schülerwettbewerbe schon am Prozeß der Themenfindung und der Gestaltung der Ausschreibungsunterlagen beteiligt. Sonst beginnt seine eigentliche Arbeit, wenn die Ausschreibungsunterlagen vorliegen, und die Ausrichter sollten sie ihm lange vor den Schulen zukommen lassen. Der Archivpädagoge prüft die Bestände seines Archivs im Hinblick auf die vorgeschlagenen Themen, formuliert eigene Themenvorschläge für Wettbewerbsbeiträge und ergänzt die Ausschreibung durch Unterlagen für die Hand der Tutoren und Wettbewerbsteilnehmer, die auf das eigene Archiv und dessen Sprengel bezogen sind. Wie umfangreich und wie aufwendig diese Unterlagen gestaltet werden, hängt natürlich von den Möglichkeiten des Archivs und der Arbeitszeit ab, die der Archivpädagoge dafür aufbringen kann.

Daß der Archivpädagoge diese Unterlagen für Interessenten bereithält, könnte durch die Presse publik gemacht werden. Als noch günstiger hat sich erwiesen, die Unterlagen im Rahmen von Lehrerfortbildungsveranstaltungen, die in Zusammenarbeit mit den Regierungspräsidenten oder den Schulämtern durchgeführt werden können, vorzustellen. Bei einem kleinen Archivsprengel wäre es vielleicht auch denkbar, alle Schulen und Institutionen der Jugendarbeit mit diesen Unterlagen zu versorgen. Nach solchen Werbeaktionen braucht man dann in der Regel nicht mehr lange auf die jungen Benutzer zu warten.

Der Archivpädagoge sollte sich für ihre Betreuung viel Zeit nehmen, er erläutert die Vorschläge für die Themen, deren Bearbeitung sich nach seiner Kenntnis der Archivalien anbietet, er gibt Literaturtips und alle erdenklichen Hilfen für die Arbeit mit den Archivalien. In Einzelfällen könnte er sogar bei Akten, die aus Gründen des Persönlichkeitsschutzes Benutzern vorenthalten werden müssen, Kopien wichtiger Schriftstücke in anonymisierter Form zur Verfügung stellen. Er wird vielleicht auch Zeitzeugen, von deren Existenz und Aussagebereitschaft er erfahren hat, vermitteln und mit den Wettbewerbsteilnehmern zusammen diese Zeitzeugen befragen. Er sollte die Teilnehmer immer wieder in der „Einsamkeit des Benutzersaals“ aufsuchen und sie ermutigen nicht aufzugeben. Er wird mit Hilfe der Findmittel fremder Archive, die in seinem Archiv vorhanden sind, die weitere Arbeit planen helfen und auch Musterarbeiten aus früheren Wettbewerben als Anschauungsmaterial für die Gestaltung der äußeren Form zur Verfügung stellen.

Der Archivpädagoge sollte natürlich eng mit den Tutoren zusammenarbeiten oder, und das ist schon oft geschehen, kann selbst als Tutor einen oder mehrere Wettbewerbsteilnehmer betreuen.

Und sollten dann all diese Anstrengungen mit einem Preis für einen Wettbewerbsbeitrag belohnt werden, so ist das sicher auch eine gute Werbung für das Archiv, mit dessen Hilfe die Arbeit entstanden ist.

Wie die Betreuung des Schülerwettbewerbs Deutsche Geschichte im Nordrhein-Westfälischen Staatsarchiv Detmold aussieht, sollen die vorgestellten Materialien zeigen, die zu den Wettbewerben „Umwelt hat Geschichte", „Unser Ort: Heimat für Fremde?" und „Tempo, Tempo ... Mensch und Verkehr in der Geschichte" entstanden sind.

H.-U. Eggert

Schülerwettbewerb und Lehrer

Der Schülerwettbewerb Deutsche Geschichte als Chance, Defizite des Geschichtsunterrichts auszugleichen und neue Motivationen bei Schülern und Lehrern zu wecken: Auf diesen Nenner lassen sich die Erfahrungen im Umgang mit entdeckendem Lernen und Projektarbeit bringen, die sich nun schon seit Jahren an etlichen Schulen summieren. Um gleich zwei Mißverständnissen vorzubeugen: Erstens handelt es sich hier nicht um ein frustlösendes Billigangebot an die Schüler, sondern im Gegenteil um eine Aufforderung zu mehr Engagement und größeren Anstrengungen. Zweitens kann es nicht darum gehen, neue Absolutheitsansprüche zu erheben und bewährte Verfahren des Geschichtsunterrichts als obsolet auszumustern. Gefordert ist nicht Verdrängung, sondern Erweiterung. Das mit dem Schülerwettbewerb verbundene neue Geschichtslernen sollte also fester Bestandteil des Schulfachs Geschichte werden, und zwar im Interesse eines besseren Unterrichts.

Wohl nur wenigen Lehrern bleibt die ernüchternde Einsicht erspart, daß es oft nicht gelingt, den Schülern die im Geschichtsbuch dargestellten Zusammenhänge als ihre eigene Geschichte zu vermitteln. Viel zu häufig bleiben historische Ereignisse und Entwicklungen nicht nur in zeitlicher Hinsicht fern und unvorstellbar. Zwischen der Lebenswelt der Schüler, ihren besonderen Interessen, Erwartungen und Bedürfnissen und den vom Lehrer vorgestellten historischen Themen liegt eine nur schwer zu überwindende Distanz.

An genau dieser Stelle eröffnet nun der Schülerwettbewerb Auswege, indem er die Möglichkeit schafft, die Geschichte aus den Schulbüchern herauszuholen und somit das oben angesprochene Überbrückungsproblem zu lösen. Nicht die Haupt- und Staatsaktionen stehen im Mittelpunkt, sondern die vernachlässigte, vergessene oder verdrängte Geschichte vor der eigenen Haustür. In der Auseinandersetzung mit Alltagsgeschichte erhalten die Schüler die Chance, Geschichte auf eine neue Art zu erfahren und zu verarbeiten. Indem sie den Zugang zur Geschichte von unten suchen, der Vergangenheit der eigenen Familie, des Stadtviertels, der Pfarrei, der Schule oder des Sportvereins nachspüren, verfestigt sich die oft genug nebulöse große Geschichte und wird konkret vorstellbar. Die dabei entstehenden Nahaufnahmen zeigen, daß Geschichte nicht in erster Linie im Geschichtsbuch stattfindet, sondern in der eigenen Lebenswelt.

Die Anziehungskraft des neuen Geschichtslernens geht so einerseits von den Inhalten aus, andererseits aber auch von dem damit verbundenen Methodenwechsel. Das Prinzip des entdeckenden Lernens konfrontiert die Schüler mit der Aufgabe, die ganze Bandbreite historischer Arbeitsformen zu erproben. Geschichte soll nicht länger bloß konsumiert, sondern anhand eines konkreten, eingegrenzten Falles rekonstruiert und geschrieben werden. Themenentscheidung, Materialsuche von der Arbeit im Archiv bis zur Befragung von Zeitzeugen, Verarbeitung der Funde und sprachliche Darstellung der Ergebnisse heißen die Stationen des Arbeitsprozesses.

Befragt man am Ende eines Projekts die Teilnehmer nach ihren Erfahrungen, so wird deutlich, daß die mit der Erforschung eines alltagsgeschichtlichen Themas verbundene inhaltliche und persönliche Herausforderung die wohl entscheidende Antriebskraft darstellt. Die Chance, unbekanntes und doch naheliegendes historisches Terrain selbständig zu erschließen, erweist sich als so verlockend, daß auch Durststrecken durchgestanden werden. Das Überwinden von Stillstand durch das Aufspüren neuer Quellen, nachdem man fast schon resigniert hatte, die Eröffnung ganz neuer Perspektiven durch eine besonders ergiebige Augenzeugenbefragung, die erfolgreiche Untermauerung einer Ausgangshypothese aus dem historischen Material heraus – solche Erfahrungen und Erfolgserlebnisse setzen die entscheidenden Energien frei.

Praktiziert werden kann das entdeckende Lernen im Rahmen des Schülerwettbewerbs als „Klassen-Arbeit" im regulären Geschichtsunterricht wie auch in außerunterrichtlichen Arbeitsgemeinschaften. Natürlich sind Hindernisse zu überwinden. Dabei spielen aber schulorganisatorische Zwänge oder richtlinienbedingte Festlegungen eine geringere Rolle, als vielfach angenommen wird. Gerade neuere Richtlinien für den Geschichtsunterricht geben dem entdeckenden historischen Lernen an konkreten lokalen bzw. alltagsgeschichtlichen Projekten Raum und unterstützen so das Anliegen des Schülerwettbewerbs. Die wirklichen Probleme beginnen damit, daß es für historische Projektarbeit unumgänglich ist, das Klassenzimmer zu verlassen und im Lernfeld Stadt gewissermaßen eine eigene Infrastruktur aufzubauen. Konkret geht es darum, Kontakte zu Archiven, Bibliotheken und Behörden herzustellen und die Überzeugung zu verbreiten, daß Schüler auch seriöse Benutzer dieser Einrichtungen und nicht nur lästige Störenfriede sein können. Die Lokalpresse muß dafür gewonnen werden, durch ihre Berichterstattung Hilfestellung für laufende Projekte zu leisten, etwa durch Aufrufe an Zeitzeugen, sich für eine Befragung zur Verfügung zu stellen.

Es sind also in vielfältiger Weise Wege zu ebnen und Türen zu öffnen. Dabei ist der das Projekt begleitende Tutor in besonderem Maße gefordert. Doch mit zunehmender Dauer des Arbeits- und Lernprozesses werden die festen Lehrer- und Schülerrollen jedenfalls partiell aufgehoben: Der im normalen Unterricht allwissende Lehrer wird zum interessiert Fragenden und zum aufmerksamen Zuhörer, wenn seine Schüler über Fortschritte oder Probleme bei ihren Nachforschungen berichten, Zusammenhänge herstellen und neue Sachverhalte erklären. Unter diesem Blickwinkel stellt das forschende Lernen im Rahmen des Schülerwettbewerbs nicht zuletzt auch eine besonders attraktive Form der Lehrerfortbildung dar.